招标采购
合规实务丛书

招标投标合规指南
核心法条注释、法规汇编与典型案例指引（含实操流程图）

白如银　苏　静　编著

中国法制出版社
CHINA LEGAL PUBLISHING HOUSE

编者说明

采购一直是风险多发的领域，也是合规管理的重要领域。目前，以《招标投标法》《招标投标法实施条例》为核心，辅助《工程建设项目施工招标投标办法》等部门规章和规范性文件，共同构建起了我国招标投标的法律体系。招标投标活动首先要遵从这些合规依据。为了帮助招标人和投标人全面、准确理解和适用招标投标法，依法合规组织招标投标活动，防控采购合规风险、审计风险、廉政风险，经得起行政监督、审计监督、巡视巡察等合规检验，我们编写了本书，旨在为读者提供一本全面、时新、实用、好用的合规实务指南。

本指南分为三个部分。第一部分"《招标投标法》读懂法条与典型案例"，以《招标投标法》的条文序号编排，每项条文下安排"读懂法条"（精要解读条文、阐述适用要点）和"典型案例"（摘要人民法院裁判要旨），设置44个重点法律问题分析，收录86个典型案例。帮助读者从立法释义、司法观点中掌握合规采购实务操作要点。

第二部分"招标投标法规文件汇编"收录截至2023年5月31日前国家颁布、现行有效的86件招标投标法律文件，从法律规范上掌握合规采购依据。

第三部分"招标投标流程图"，收录公开招标、邀请招标流程图以及和招标投标投诉处理流程图，从程序上直观、具象化展示合规采购流程。

由此，为读者提供一本"法条+释义+裁判+流程"四位一体、实务实用、内容全面的工具书，全景式介绍招标投标法律制度、合规依据和实操要点。

本指南具有以下特点：一是全面性。只要与招标投标密切关联就"应收尽收"，给读者最全面的法条、释义、案例等信息，确保"一册在手、查阅无忧"。二是权威性。《招标投标法》项下"读懂法条"内容参考立法机关编写的法律释义和专家权威观点，以客观呈现"立法本意"。案例精选最高人民法院公报案例、裁判案例及地方法院经典案例，反映当前主流裁判观点。汇编收录的法律文件均来自政府部门权威官网。三是实用性。配套招标投标及投诉流程图，为招标投标提供"路线图""作业书"。《招标投标法》各项法条下设计"读懂法条+典型案例"的体例框架，能同时满足读者研究法理、研读案例的不同需求。"典型案例"只收录了供诠释法条的核心裁判观点，方便读者快速了解司法观点（可根据案号登录"中国裁判文书网"查询裁判文书全文）。四是时效性。本指南全面收录出版之前最新公布的法律文件，如《国家发展改革委等部门关于完善招标投标交易担保制度进一步降低招标投标交易成本的通知》（发改法规〔2023〕27号）已经收录在内，方便在招标投标工作实务中查阅参考。

　　凡收录的法律法规都可能被修改调整，请读者随时关注国家招标投标立法的最新变化，在工作中注意引用最新的法律条文。各地方人大或人民政府出台的地方性法律文件，适用于在当地组织的招标投标活动。

　　读者对本指南的修订意见、建议，请反馈至编者 E-mail：449076137@qq.com。

目 录

第一部分 《招标投标法》读懂法条与典型案例

中华人民共和国招标投标法 …………………………………………………… 003
 第一章　总　　则 ……………………………………………………………… 003
  第一条　【读懂法条】本法的立法目的／003
     招标投标的应用范围包括哪些？／003
  【典型案例】
    （2020）京行终 7853 号行政判决书／004
  第二条　【读懂法条】本法的适用范围和调整对象／004
     招标投标法和政府采购法的适用规则是什么？／005
  【典型案例】
    （2021）最高法民申 150 号民事裁定书／005
    （2021）鲁民申 10895 号民事裁定书／005
  第三条　【读懂法条】依法必须招标的项目，即法定强制招标项目
     的范围／005
     建设工程的范围不仅限于建筑物和构筑物／006
     并非所有的工程建设项目采购都必须依照本法的规定
      进行招标投标／006
  【典型案例】
    （2021）最高法民终 517 号民事判决书／008
    （2018）最高法民终 153 号民事裁定书／008

第四条　【读懂法条】法定强制招标项目禁止规避招标／009

　　　　【典型案例】

　　　　　（2019）渝民再 189 号民事判决书／010

第五条　【读懂法条】招标投标活动必须遵循的基本原则／010

　　　　招投标活动中，需要公开哪些内容及怎样的公开方式才算合规？／011

　　　　招投标活动中公正原则的 5 点具体要求／011

　　　　诚信原则在招投标活动中的具体规定是什么？／012

　　　　【典型案例】

　　　　　（2019）最高法民终 347 号民事判决书／012

　　　　　（2014）渝高法民终字第 00056 号民事判决书／014

第六条　【读懂法条】禁止在招标投标活动中搞地方保护、行业垄断以及禁止以任何其他形式非法干涉招标投标活动／014

　　　　其他法律法规对地域和部门限制以及非法干涉招投标是如何规定的？／014

　　　　【典型案例】

　　　　　（2015）泰商终字第 218 号民事判决书／015

第七条　【读懂法条】对招标投标活动实施行政监督／015

　　　　招标投标活动中，政府部门行政监督的职责划分是什么？／016

　　　　【典型案例】

　　　　　（2018）皖行申 368 号行政裁定书／016

第二章　招　　标 …………………………………………………………… 017

　第八条　【读懂法条】招标人的定义／017

　　　　如何理解"进行招标"？／017

　　　　不同项目的招标人分别指什么？／017

　　　　【典型案例】

　　　　　（2016）最高法民再 11 号民事判决书／018

（2020）湘 07 民再 3 号民事判决书 / 018

第 九 条　【读懂法条】招标项目应具备的先决条件 / 019

　　　　　按照国家有关规定需要履行项目审批、核准手续的项目操作流程是什么？/ 019

　　　　　对招标人的资金来源要求及种类是什么？/ 019

　　　　　【典型案例】

　　　　　（2018）晋民再 108 号民事判决书 / 020

第 十 条　【读懂法条】招标方式 / 021

　　　　　议标或者其他采购方式采购的如何适用法律？/ 022

　　　　　【典型案例】

　　　　　（2019）最高法民申 264 号民事裁定书 / 022

　　　　　（2019）最高法民申 343 号民事裁定书 / 022

第十一条　【读懂法条】邀请招标的适用情形 / 023

　　　　　邀请招标的适用情形是什么？/ 023

　　　　　"比例过大"如何界定？/ 024

　　　　　【典型案例】

　　　　　（2019）川民申 4578 号民事裁定书 / 024

　　　　　（2017）云民终 197 号民事判决书 / 024

第十二条　【读懂法条】自行招标和代理招标两种招标组织形式 / 025

第十三条　【读懂法条】招标代理机构及条件 / 025

第十四条　【读懂法条】招标代理机构的独立性 / 026

第十五条　【读懂法条】招标代理机构的代理范围 / 026

　　　　　委托合同应包含的内容是什么？/ 027

　　　　　【典型案例】

　　　　　（2021）新 01 民终 2978 号民事判决书 / 027

第十六条　【读懂法条】招标人发布招标公告和招标公告的内容 / 028

　　　　　招标公告的内容具体包括哪些？/ 028

　　　　　　　【典型案例】
　　　　　　　　　（2014）张中行初字第 27 号行政判决书／028
第 十 七 条　【读懂法条】投标邀请书的发布范围及内容／029
　　　　　　　【典型案例】
　　　　　　　　　（2020）最高法民终 744 号民事判决书／029
第 十 八 条　【读懂法条】资格审查／030
　　　　　　　资格预审的详细操作流程是什么？／030
　　　　　　　以不合理条件限制、排斥潜在投标人或者投标人
　　　　　　　　的具体表现是什么？／031
　　　　　　　【典型案例】
　　　　　　　　　（2020）最高法民终 115 号民事判决书／031
　　　　　　　　　（2020）云 0112 行初 33 号行政判决书／031
第 十 九 条　【读懂法条】招标文件的编制及其内容／032
　　　　　　　【典型案例】
　　　　　　　　　（2016）赣民终 82 号民事判决书／033
第 二 十 条　【读懂法条】招标文件中不得载有歧视性内容／034
　　　　　　　随意和盲目地设定投标人资格限制或排斥潜在投
　　　　　　　　标人的具体表现是什么？／034
　　　　　　　【典型案例】
　　　　　　　　　（2014）张中行初字第 27 号行政判决书／034
第二十一条　【读懂法条】踏勘现场／035
第二十二条　【读懂法条】招标人的保密义务／035
　　　　　　　电子招标项目的保密义务具体是什么？／035
　　　　　　　标底指的什么？／036
　　　　　　　【典型案例】
　　　　　　　　　（2021）粤 20 民终 93 号民事判决书／036
第二十三条　【读懂法条】招标文件的澄清和修改／036

【典型案例】

(2014) 粤高法民二申字第 449 号民事裁定书／037

第二十四条 【读懂法条】投标人编制投标文件的期限／038

【典型案例】

(2004) 行终字第 6 号行政判决书／038

(2011) 湘高法民一终字第 71 号民事判决书／039

第三章 投　　标…………………………………………………… 039

第二十五条 【读懂法条】投标人的定义／039

【典型案例】

(2017) 闽 04 行终 49 号行政裁定书／040

第二十六条 【读懂法条】投标人的资格条件／040

法律法规对投标人的资格条件有限制的情形主要有哪些？／041

【典型案例】

(2019) 最高法民申 3553 号民事判决书／041

(2003) 湘高法民三终字第 85 号民事判决书／041

(2017) 青 01 民终 831 号民事判决书／042

第二十七条 【读懂法条】投标文件的编制要求／042

不符合投标文件编制要求的法律后果是什么？／043

【典型案例】

(2014) 鲁商终字第 184 号民事判决书／043

(2015) 川民终字第 1019 号民事判决书／043

第二十八条 【读懂法条】投标文件的送达／044

【典型案例】

(2020) 最高法民终 165 号民事判决书／045

第二十九条 【读懂法条】投标文件的补充、修改、撤回／045

【典型案例】

(2020) 苏 0602 民初 1109 号民事判决书／046

第 三 十 条　【读懂法条】拟中标项目分包的要求 / 047

第三十一条　【读懂法条】联合体投标 / 047

　　　　　　【典型案例】

　　　　　　（2017）甘民申 597 号民事裁定书 / 048

第三十二条　【读懂法条】禁止投标人串通投标及向招标人或者评标委员会成员行贿谋取中标 / 049

　　　　　　电子招标投标情况下的串标怎么认定？/ 050

　　　　　　【典型案例】

　　　　　　（2016）苏民终 464 号民事判决书 / 050

　　　　　　（2019）闽 03 民终 2186 号民事判决书 / 051

第三十三条　【读懂法条】禁止投标人以低于成本的报价竞标与骗取中标 / 051

　　　　　　如何理解以他人名义投标以及以其他方式弄虚作假？/ 052

　　　　　　【典型案例】

　　　　　　（2018）最高法民申 4697 号民事裁定书 / 052

　　　　　　（2014）吉民再字第 14 号民事判决书 / 052

第四章　开标、评标和中标 …………………………………………… 053

第三十四条　【读懂法条】开标的时间与地点 / 053

　　　　　　【典型案例】

　　　　　　（2019）赣 08 民终 2206 号民事判决书 / 053

第三十五条　【读懂法条】开标主持人与参加人 / 054

第三十六条　【读懂法条】开标程序 / 054

　　　　　　电子招标项目的开标程序是什么？/ 054

第三十七条　【读懂法条】评标委员会的组成及评标委员会成员的资格 / 055

　　　　　　评标专家如何确定？/ 056

　　　　　　评标委员会成员需要回避的情形有哪些？/ 056

目 录 | 007

【典型案例】
（2018）最高法民申 3724 号民事裁定书 / 057
（2004）九中民一初字第 09 号民事判决书 / 057

第三十八条 【读懂法条】招标人对于评标过程的保密义务和评标不受非法干预和影响 / 058

第三十九条 【读懂法条】评标委员会可以要求投标人进行澄清或者说明 / 059

投标人澄清、说明的要求是什么？/ 059
对计算错误、报价前后表述不一致等问题的修正原则是什么？/ 059

第 四 十 条 【读懂法条】评标委员会应遵循的评标标准和评标结果效力 / 060

评标标准和方法是什么？/ 060
评标结果的公开和异议程序是什么？/ 061

【典型案例】
（2017）闽 09 行终 56 号行政判决书 / 062
（2014）渝三中法行终字第 00077 号行政判决书 / 062

第四十一条 【读懂法条】中标条件 / 063

【典型案例】
（2014）永中法民一初字第 11 号民事判决书 / 063

第四十二条 【读懂法条】评标委员会可以否决所有投标 / 064

【典型案例】
（2018）粤 2071 行初 586 号行政判决书 / 065
（2017）浙 03 行终 20 号行政判决书 / 065

第四十三条 【读懂法条】确定中标人以前招标人不得与投标人就投标实质性内容进行谈判 / 066

确定中标人前进行实质性内容谈判的法律后果是什么？/ 067

【典型案例】

（2017）最高法民申 2541 号民事裁定书 / 067

（2020）最高法民申 348 号民事裁定书 / 068

（2016）苏民终 1286 号民事判决书 / 069

第四十四条　【读懂法条】评标委员会成员履行职务时应遵守的基本准则 / 069

【典型案例】

（2020）辽 02 行终 22 号行政判决书 / 070

第四十五条　【读懂法条】中标通知书的法律效力 / 071

【典型案例】

（2017）最高法民再 51 号民事判决书 / 072

（2019）最高法民申 2241 号民事裁定书 / 072

第四十六条　【读懂法条】订立书面合同和提交履约保证金 / 073

订立中标合同需要注意哪些问题？/ 073

对"合同实质性内容"如何理解？/ 073

"黑白合同"的认定问题 / 074

履约担保是否属于法律要求必须提供的担保措施？/ 074

【典型案例】

（2018）最高法民终 407 号民事判决书 / 075

（2019）最高法民终 1996 号民事判决书 / 075

（2018）苏民终 873 号民事判决书 / 076

（2014）湘高法民二终字第 53 号民事判决书 / 076

（2009）浙民终字第 45 号民事判决书 / 077

第四十七条　【读懂法条】依法必须招标项目的招标人应当书面报告招标投标情况 / 078

第四十八条　【读懂法条】中标人不得转让中标项目和违法分包 / 078

分包的限制性规定 / 079

【典型案例】

(2019) 云民终 65 号民事判决书 / 079

(2017) 粤民申 8847 号民事裁定书 / 080

(2014) 黑高商终字第 51 号民事判决书 / 080

第五章　法律责任 ………………………………………………… 081

第四十九条　【读懂法条】必须进行招标的项目不招标的法律责任 / 081

【典型案例】

(2016) 晋 0109 行初 7 号行政判决书 / 082

(2015) 万行初字第 00014 号行政判决书 / 082

第 五 十 条　【读懂法条】招标代理机构违法泄密或者与招标人、投标人串通应当承担的法律责任 / 082

与招标投标活动有关的情况和资料指的是什么？/ 083

招标代理机构与招标人、投标人串通的情况包括哪几种？/ 083

违反本条一般构成何种犯罪？/ 083

【典型案例】

(2003) 湘高法民三终字第 85 号民事判决书 / 084

第五十一条　【读懂法条】招标人以不合理的条件限制或者排斥潜在投标人等行为应当承担的法律责任 / 085

第五十二条　【读懂法条】招标人向他人透露可能影响公平竞争的有关招标投标的情况或者泄露标底应当承担的法律责任 / 086

第五十三条　【读懂法条】投标人串通投标及以行贿的手段谋取中标行为的法律责任 / 087

【典型案例】

(2019) 最高法民申 5242 号民事裁定书 / 088

(2019) 晋 05 刑终 22 号刑事判决书 / 089

第五十四条　【读懂法条】投标人以他人名义投标或者以其他方式
　　　　　　　弄虚作假骗取中标的法律责任 / 089
　　　　　　【典型案例】
　　　　　　　（2013）粤高法审监民提字第 175 号民事判决书 / 091
　　　　　　　（2020）川行申 109 号行政裁定书 / 092
　　　　　　　（2016）京民申 1908 号民事裁定书 / 092

第五十五条　【读懂法条】依法必须进行招标项目的招标人违法与
　　　　　　　投标人进行实质性谈判的法律责任 / 093
　　　　　　【典型案例】
　　　　　　　（2019）最高法民申 2760 号民事裁定书 / 094
　　　　　　　（2019）最高法民终 347 号民事判决书 / 094

第五十六条　【读懂法条】评标委员会成员违法的法律责任 / 095
　　　　　　【典型案例】
　　　　　　　（2018）渝 01 刑终 727 号刑事判决书 / 096

第五十七条　【读懂法条】招标人在中标候选人以外确定中标人的
　　　　　　　法律责任 / 097

第五十八条　【读懂法条】中标人转让中标项目、违法分包的法律
　　　　　　　责任 / 097
　　　　　　【典型案例】
　　　　　　　（2014）民申字第 952 号民事裁定书 / 098
　　　　　　　（2019）云 07 民终 354 号民事判决书 / 099

第五十九条　【读懂法条】关于招标人与中标人不按招投标文件订
　　　　　　　立合同的法律责任 / 099
　　　　　　【典型案例】
　　　　　　　（2014）闽民终字第 758 号民事判决书 / 100
　　　　　　　（2014）自民三终字第 68 号民事判决书 / 102

第 六 十 条　【读懂法条】中标人不履行与招标人签订的合同的法
　　　　　　　律责任 / 102

　　　　　　　【典型案例】
　　　　　　　（2020）赣执复 26 号执行裁定书 / 103
　　　　　　　（2016）青民初 90 号民事判决书 / 104
第六十一条　【读懂法条】行使本法规定的行政处罚权的机关 / 104
第六十二条　【读懂法条】非法干涉招标投标活动的法律责任 / 105
第六十三条　【读懂法条】国家机关工作人员徇私舞弊、滥用职权
　　　　　　　　　　　　或者玩忽职守的法律责任 / 106
第六十四条　【读懂法条】中标无效的处理 / 107
　　　　　　　【典型案例】
　　　　　　　（2016）粤 05 民终 928 号民事判决书 / 108
　　　　　　　（2020）苏 01 行终 592 号行政判决书 / 108

第六章　附　　则……………………………………………………… 109
第六十五条　【读懂法条】招标投标异议、投诉制度 / 109
　　　　　　　【典型案例】
　　　　　　　（2017）黑行终 577 号行政判决书 / 110
　　　　　　　（2015）一中行终字第 112 号行政判决书 / 111
　　　　　　　（2017）京 01 行初 1113 号行政判决书 / 112
　　　　　　　（2015）赣立终字第 39 号民事裁定书 / 112
第六十六条　【读懂法条】依法必须进行招标项目可以不招标的例
　　　　　　　　　　　　外情形 / 113
　　　　　　　《招标投标法实施条例》规定的不进行招标的特
　　　　　　　殊情况有哪些？/ 114
第六十七条　【读懂法条】使用国际组织或者外国政府贷款、援助
　　　　　　　　　　　　资金的项目进行招标的招标条件和招标
　　　　　　　　　　　　程序的适用规范 / 114
第六十八条　【读懂法条】本法的生效日期 / 115

第二部分　招标投标法规文件汇编

一、综　　合 ··· 119

　　中华人民共和国招标投标法实施条例 ······································ 119

　　　　（2019 年 3 月 2 日）

　　中华人民共和国民法典（节选） ·· 135

　　　　（2020 年 5 月 28 日）

　　中华人民共和国建筑法 ·· 187

　　　　（2019 年 4 月 23 日）

　　必须招标的工程项目规定 ·· 199

　　　　（2018 年 3 月 27 日）

　　必须招标的基础设施和公用事业项目范围规定 ······························ 200

　　　　（2018 年 6 月 6 日）

　　国家发展改革委办公厅关于进一步做好《必须招标的工程项目
　　　规定》和《必须招标的基础设施和公用事业项目范围规定》
　　　实施工作的通知 ·· 201

　　　　（2020 年 10 月 19 日）

　　工程建设项目自行招标试行办法 ·· 203

　　　　（2013 年 3 月 11 日）

　　招标公告和公示信息发布管理办法 ··· 205

　　　　（2017 年 11 月 23 日）

　　评标专家和评标专家库管理暂行办法 ······································· 210

　　　　（2013 年 3 月 11 日）

　　评标委员会和评标方法暂行规定 ·· 214

　　　　（2013 年 3 月 11 日）

　　公平竞争审查制度实施细则 ·· 223

　　　　（2021 年 6 月 29 日）

国家发展改革委等部门关于严格执行招标投标法规制度进一步规范招标投标主体行为的若干意见……………………………………… 237

　　（2022 年 7 月 18 日）

国家发展改革委办公厅、市场监管总局办公厅关于进一步规范招标投标过程中企业经营资质资格审查工作的通知………………… 245

　　（2020 年 9 月 22 日）

国家发展改革委等部门关于完善招标投标交易担保制度进一步降低招标投标交易成本的通知……………………………………… 247

　　（2023 年 1 月 6 日）

二、投资项目管理和招标内容核准……………………………… 249

国务院关于投资体制改革的决定……………………………………… 249

　　（2004 年 7 月 16 日）

国务院关于发布政府核准的投资项目目录（2016 年本）的通知…… 256

　　（2016 年 12 月 12 日）

政府投资条例…………………………………………………………… 262

　　（2019 年 4 月 14 日）

中央预算内直接投资项目管理办法…………………………………… 268

　　（2014 年 1 月 29 日）

国家发展改革委关于审批地方政府投资项目的有关规定（暂行）… 275

　　（2005 年 7 月 27 日）

企业投资项目核准和备案管理条例…………………………………… 276

　　（2016 年 11 月 30 日）

企业投资项目核准和备案管理办法…………………………………… 280

　　（2017 年 3 月 8 日）

国家发展改革委关于改进和完善报请国务院审批或核准的投资项目管理办法……………………………………………………… 292

　　（2005 年 7 月 14 日）

外商投资项目核准和备案管理办法·· 294

（2014 年 12 月 27 日）

工程建设项目申报材料增加招标内容和核准招标事项暂行规定········· 299

（2013 年 3 月 11 日）

国家发展和改革委员会办公厅关于我委办理工程建设项目审批

（核准）时核准招标内容的意见·· 305

（2022 年 7 月 26 日）

三、建设工程招标·· 309

（一）一般规定 ·· 309

工程建设项目勘察设计招标投标办法·· 309

（2013 年 3 月 11 日）

工程建设项目施工招标投标办法·· 320

（2013 年 3 月 11 日）

工程建设项目货物招标投标办法·· 337

（2013 年 3 月 11 日）

《标准施工招标资格预审文件》和《标准施工招标文件》暂行规定····· 350

（2013 年 3 月 11 日）

国家发展改革委、工业和信息化部、财政部等关于印发简明标准

施工招标文件和标准设计施工总承包招标文件的通知············· 352

（2011 年 12 月 20 日）

国家发展改革委、工业和信息化部、住房城乡建设部等关于印发

《标准设备采购招标文件》等五个标准招标文件的通知············· 354

（2017 年 9 月 4 日）

（二）建筑工程和市政工程 ·· 356

建筑工程设计招标投标管理办法·· 356

（2017 年 1 月 24 日）

建筑工程方案设计招标投标管理办法·· 362

（2008 年 3 月 21 日）

房屋建筑和市政基础设施工程施工招标投标管理办法……………… 374
  （2018年9月28日）

房屋建筑和市政基础设施项目工程总承包管理办法……………… 384
  （2019年12月23日）

房屋建筑和市政基础设施工程施工分包管理办法……………… 389
  （2019年3月13日）

建筑工程施工发包与承包违法行为认定查处管理办法……………… 392
  （2019年1月3日）

（三）铁路工程 …………………………………………………… 398

铁路工程建设项目招标投标管理办法……………………………… 398
  （2018年8月31日）

铁路建设工程评标专家库及评标专家管理办法…………………… 410
  （2017年4月20日）

铁路建设工程招标投标监管暂行办法……………………………… 420
  （2016年2月25日）

（四）公路工程 …………………………………………………… 423

公路工程建设项目招标投标管理办法……………………………… 423
  （2015年12月8日）

公路建设项目评标专家库管理办法………………………………… 441
  （2011年12月29日）

公路工程建设项目评标工作细则…………………………………… 447
  （2022年9月30日）

公路建设市场管理办法……………………………………………… 457
  （2015年6月26日）

公路工程设计施工总承包管理办法………………………………… 467
  （2015年6月26日）

公路工程施工分包管理办法………………………………………… 472
  （2021年7月27日）

经营性公路建设项目投资人招标投标管理规定 ……………… 477
  （2015年6月24日）

（五）民航工程 ………………………………………………… 484
民航专业工程建设项目招标投标管理办法 …………………… 484
  （2018年1月8日）
关于进一步明确民航建设工程招投标管理和质量监督工作职责分工的通知 …………………………………………………… 501
  （2011年3月4日）
运输机场专业工程总承包管理办法（试行） ………………… 503
  （2021年1月8日）
关于发布《民航专业工程标准施工招标资格预审文件》和《民航专业工程标准施工招标文件》（2010年版）的通知 …………… 508
  （2010年4月30日）
民航局关于发布《民航专业工程标准施工招标文件（2010年版）》第一修订案的通知 …………………………………… 509
  （2016年2月16日）

（六）水运工程 ………………………………………………… 510
水运工程建设项目招标投标管理办法 ………………………… 510
  （2021年8月11日）

（七）通信工程 ………………………………………………… 526
通信工程建设项目招标投标管理办法 ………………………… 526
  （2014年5月4日）
关于印发《工业和信息化部直属单位固定资产投资项目招标投标管理办法（试行）》的通知 ……………………………… 536
  （2012年4月12日）
工业和信息化部关于印发《通信工程建设项目评标专家及评标专家库管理办法》的通知 ……………………………………… 543
  （2014年7月14日）

（八）水利工程 ·· 552

水利工程建设项目招标投标管理规定 ············ 552

（2001年10月29日）

水利部关于在营商环境创新试点城市暂时调整实施《水利工程建
设项目招标投标管理规定》有关条款的通知 ········ 564

（2022年1月13日）

水利工程建设项目监理招标投标管理办法 ········ 565

（2002年12月25日）

水利工程建设项目招标投标审计办法 ············ 577

（2007年12月29日）

水利建设工程施工分包管理规定 ··············· 581

（2005年7月22日）

四、机电产品国际招标 ································· 585

机电产品国际招标投标实施办法（试行） ········ 585

（2014年2月21日）

商务部关于印发《进一步规范机电产品国际招标投标活动有关规
定》的通知 ······························ 615

（2007年10月10日）

商务部关于印发《机电产品国际招标综合评价法实施规范（试
行）》的通知 ····························· 622

（2008年8月15日）

商务部、国家发展和改革委员会关于印发《重大装备自主化依托
工程设备招标采购活动的有关规定》的通知 ······· 626

（2007年8月14日）

机电产品国际招标代理机构监督管理办法（试行） ···· 629

（2016年11月16日）

商务部办公厅关于印发《机电产品国际招标投标"双随机一公开"监管工作细则》的通知 …………………………………… 637

(2017年8月17日)

五、其他项目招标 …………………………………………………… 641

前期物业管理招标投标管理暂行办法 ……………………………… 641

(2003年6月26日)

委托会计师事务所审计招标规范 …………………………………… 648

(2006年1月26日)

国有金融企业集中采购管理暂行规定 ……………………………… 652

(2018年2月5日)

农业基本建设项目招标投标管理规定 ……………………………… 657

(2004年7月14日)

财政部关于印发《记账式国债招标发行规则》的通知 ………… 670

(2022年1月6日)

财政部关于印发《地方政府债券弹性招标发行业务规程》的通知 … 679

(2018年8月14日)

企业债券招标发行业务指引 ………………………………………… 681

(2019年9月24日)

中国地震局招标与采购管理办法 …………………………………… 687

(2020年11月12日)

交通运输部科技项目招标投标管理（暂行）办法 ………………… 698

(2013年8月5日)

招标拍卖挂牌出让国有建设用地使用权规定 ……………………… 707

(2007年9月28日)

道路旅客运输班线经营权招标投标办法 …………………………… 712

(2008年7月22日)

六、电子招标 ······ 723

电子招标投标办法 ······ 723
（2013 年 2 月 4 日）

国家发展和改革委员会、工业和信息化部、住房和城乡建设部等
关于进一步规范电子招标投标系统建设运营的通知 ······ 733
（2014 年 8 月 25 日）

七、公共资源交易 ······ 736

公共资源交易平台管理暂行办法 ······ 736
（2016 年 6 月 24 日）

公共资源交易平台服务标准（试行） ······ 742
（2019 年 4 月 25 日）

八、招标监督管理 ······ 752

国务院办公厅印发国务院有关部门实施招标投标活动行政监督的
职责分工意见的通知 ······ 752
（2000 年 5 月 3 日）

工程建设项目招标投标活动投诉处理办法 ······ 754
（2013 年 3 月 11 日）

招标投标违法行为记录公告暂行办法 ······ 759
（2008 年 6 月 18 日）

关于在招标投标活动中对失信被执行人实施联合惩戒的通知 ······ 762
（2016 年 8 月 30 日）

第三部分　招标投标流程图

一、公开招标流程图 ······ 767

二、邀请招标流程图 ······ 769

三、投诉处理流程图 ······ 771

第一部分 《招标投标法》读懂法条与典型案例

中华人民共和国招标投标法

（1999年8月30日第九届全国人民代表大会常务委员会第十一次会议通过 根据2017年12月27日第十二届全国人民代表大会常务委员会第三十一次会议《关于修改〈中华人民共和国招标投标法〉、〈中华人民共和国计量法〉的决定》修正）

第一章 总 则

第一条 为了规范招标投标活动，保护国家利益、社会公共利益和招标投标活动当事人的合法权益，提高经济效益，保证项目质量，制定本法。

【读懂法条】

本条规定了本法的立法目的。

采用招标投标方式进行交易活动的最显著特征，是将竞争机制引入交易过程，形成卖方多家竞争的局面，买方居于主导地位，有条件从多家竞争者中择优选择中标者。

招标投标的应用范围包括哪些？

招标投标作为富有竞争性的一种交易方式，除广泛应用于工程以及与工程有关的设备、材料采购及勘察、设计、监理服务等项目外，还扩大到项目选址、融资、咨询、代建以及教材、药品采购等领域。同时，也应用于国有企业产权转让、商业用房出租、特许经营权出让、广告招商、国有土地使用权出让等出售标的的情形，如《民法典》第三百四十八条规定了通过招标、拍卖、协议等出让方式设立建设用地使用权。招标投标也是政府采购的主要方式。

【典型案例】

(2020) 京行终 7853 号行政判决书[①]：北京市高级人民法院认为，根据《中华人民共和国招标投标法》第一条规定，本法的立法目的在于保护国家利益、社会公共利益和招标投标活动当事人的合法权益。《工程建设项目招标投标活动投诉处理办法》第三条规定，投标人和其他利害关系人认为招标投标活动不符合法律、法规和规章规定的，有权依法向有关行政监督部门投诉。前款所称其他利害关系人是指投标人以外的，与招标项目或者招标活动有直接和间接利益关系的法人、其他组织和自然人。本案中，张某等 7 人认为某镇楔形绿地项目前期指挥部新建瞭望塔项目招标、评标活动中存在违法行为，向上海住建委进行投诉举报，后向住建部申请行政复议。但张某等 7 人并非三林楔形绿地项目前期指挥部新建瞭望塔项目招标投标活动的当事人，而在案证据尚不足以证明其属于其他利害关系人。故，被诉复议决定认定张某等 7 人提出的复议申请不符合复议法实施条例所规定的受理条件，驳回张某等 7 人的行政复议申请，并无不当。

第二条　在中华人民共和国境内进行招标投标活动，适用本法。

【读懂法条】

本条规定了本法的适用范围和调整对象。

凡在我国境内进行的招标投标活动，不论是属于本法第三条规定的法定强制招标项目，还是属于由当事人自愿采用招标方式进行采购的项目，其招标投标活动均适用本法。当然，本法没有列入《香港特别行政区基本法》和《澳门特别行政区基本法》的附件三中，因此，本法不适用于这两个特别行政区。根据强制招标项目和非强制招标项目的不同情况，本法有关条文作了有所区别的规定。

---

① 本书案例均精选于中国裁判文书网。

招标投标法和政府采购法的适用规则是什么？

政府采购工程以及与工程建设有关的货物、服务，采用招标方式采购的，适用本法；采用其他方式采购的，适用政府采购法。《招标投标法实施条例》第八十三条也强调："政府采购的法律、行政法规对政府采购货物、服务的招标投标另有规定的，从其规定。"

【典型案例】

（2021）最高法民申150号民事裁定书：最高人民法院认为，对于法律没有设定强制性义务的事项，不排除当事人可以自行选择适用并受其约束。《中华人民共和国招标投标法》的目的，是规范招标投标活动，保护国家利益、社会公共利益和招标投标活动当事人的合法权益，促进公平公开市场竞争，提高经济效益，保证项目质量。对于并非必须进行招投标的项目，当事人自行选择采用招投标方式的，为了保护其他参与招投标活动的投标主体的利益，维护公平的市场竞争秩序，无论招投标是否系自行组织，招投标行为均应当受《中华人民共和国招标投标法》的规范和约束。本案二审判决以某滨海公司选择招标方式，就必须受到招标过程中相关法律法规制约为由，认定某滨海公司和某建公司在招投标前就案涉工程投标价格等实际性内容进行沟通协商违反《中华人民共和国招标投标法》的规定，导致《备案合同》无效，并无不当。

（2021）鲁民申10895号民事裁定书：山东省高级人民法院认为，本案中济南市出租汽车智能顶灯广告发布权项目实为济南市出租汽车智能顶灯广告位的出租，山东某纪锦云网络科技有限公司出具的证明中也说明了某传公司向其支付广告位租赁费。该招租活动虽名为"招标投标"，但实为"公开竞价"的民事交易行为，最大限度获得价格利益是其交易准则。因此案涉项目并非我国招标投标法的规范范围，其合同效力不受招标投标法的约束。

第三条 在中华人民共和国境内进行下列工程建设项目包括项目的勘察、设计、施工、监理以及与工程建设有关的重要设备、材料等的采购，必须进行招标：

（一）大型基础设施、公用事业等关系社会公共利益、公众安全的项目；

（二）全部或者部分使用国有资金投资或者国家融资的项目；

（三）使用国际组织或者外国政府贷款、援助资金的项目。

前款所列项目的具体范围和规模标准，由国务院发展计划部门会同国务院有关部门制订，报国务院批准。

法律或者国务院对必须进行招标的其他项目的范围有规定的，依照其规定。

【读懂法条】

本条规定了依法必须招标的项目，即法定强制招标项目的范围。

这里讲的"工程建设项目"，根据《招标投标法实施条例》第二条的规定，是指工程以及与工程建设有关的货物、服务。所称工程，是指建设工程，包括建筑物和构筑物的新建、改建、扩建及其相关的装修、拆除、修缮等；所称与工程建设有关的货物，是指构成工程不可分割的组成部分，且为实现工程基本功能所必需的设备、材料等；所称与工程建设有关的服务，是指为完成工程所需的勘察、设计、监理等服务。

建设工程的范围不仅限于建筑物和构筑物

需要注意的是，第一，建设工程并不仅限于建筑物和构筑物。根据《建设工程质量管理条例》《建设工程安全生产管理条例》，建设工程，是指土木工程、建筑工程、线路管道和设备安装工程及装修工程。第二，需要与工程同步整体设计施工的货物属于与工程建设有关的货物，可以与工程分别设计、施工或者不需要设计、施工的货物属于与工程建设无关的货物。

并非所有的工程建设项目采购都必须依照本法的规定进行招标投标

只有属于下列情形之一，并属于国务院有关部门依照本条第二款的规定所制定的具体范围和规模标准以内的建设项目，才属于本法规定实行强制招标投标的项目：（1）大型基础设施、公用事业等关系社会公共利益、公众安全的项目［该类项目范围按照《必须招标的基础设施和公用事业项目范围规定》（发改法规规〔2018〕843号）执行］，不论其建设资金来源如何，都必须依照本法规定进行招标投标；（2）全部或者部分使用国有资金投资或者国家融资的项目，包括：（一）使用预算资金200万元人民币以上，并且该资金占投资额10%以上的项目；（二）使用国有企业事业单位资金，并且该资金占控股或者主导地位的项目。所谓"占控股或者主导地位"，参照《公司法》第二百一十六条关于控股股东和实际控制人的理解执行，即"其出资额占有限责任公司资本总额百分之五十以上或者其持有的股份占股份有限公司股本总额百分之五十以上的股东；出资额或者持有股份的比例虽然不足百分之五十，但依其出资额或者持有的股份所享有的表决权已足以对股东会、股东大会的决议产生重大影响的股东"；国有企业事业单位通过投资关系、协议或者其他安排，能够实际支配项目建设的，也属于占控股或者主导地位。项目中国有资金的比例，应当按照项目资金来源中所有国有资金之和计算。（3）使用国际组织或者外国政府贷款、援助资金的项目，包括：（一）使用世界银行、亚洲开发银行等国际组织贷款、援助资金的项目；（二）使用外国政府及其机构贷款、援助资金的项目。（4）根据国家发展改革委令第16号《必须招标的工程项目规定》，上述范围内的项目，其勘察、设计、施工、监理以及与工程建设有关的重要设备、材料等的采购达到下列标准之一的，必须招标：（一）施工单项合同估算价在400万元人民币以上；（二）重要设备、材料等货物的采购，单项合同估算价在200万元人民币以上；（三）勘察、设计、监理等服务的采购，单项合同估算价在100万元人民币以上。同一项目中可以合并进行的勘察、设计、施工、监理以及与工程建设有关的重要设备、材料等的采购，合同估算价合计达到前款规定标准的，必须招标。发包人依法对工程以及与工程建设有关的货物、服务全部或者部分实行总承包发包的，总承包中施工、货物、服务等各部分的估算价中，只要有一项达到前述规定相应标准，即施工部分估算价达到400万元以上，或者货物部分达到200万元以上，或者服务部分达到100万元以上，则整个总承包发包应当招标。上述范围内的项目施工、货物、服务采购的单项合同估算价未达到16号令规定规模标准的，由采购人依法自主选择采购方式，任何单位和个人不得违法干涉；其中，涉及政府采购的，按照政府采购法律法规规定执行。建设工程必须进行招标而未招标或者中标无效的，建设工程施工合同应当根据《民法典》第一百五十三条第一款的规定，认定无效。另外，除了工程建设项目，法律或者国务院对必须进行招标的其他项目的范围有规定的，依照其规定，比如根据《土地复垦条例》第二十六条规定，政府投资进行复垦的，有关国土资源主管部门应当依照招标投标法律法规的规定，通过公开招标的方式确定土地复垦项目的施工单位。

【典型案例】

（2021）最高法民终517号民事判决书：最高人民法院认为，案涉"一湖、两桥、四路"工程属于某县政府投资建设的大型市政基础设施项目，工程关系社会公共利益及公众安全。工程建设虽然采取BT模式实施，但不改变其大型市政基础设施的工程性质，原审法院由此认定案涉工程属于上述法律规定必须进行招标的建设工程项目，并无不当。在涉及使用国有资金进行大型市政基础工程建设的情况下，即便存在相关市场竞争不够充分的情形，也须采取与工程项目建设相适应的缔约机制或履行相应的监管程序，否则难以保障项目建设正当合规的程序要求。某商公司以签订其时社会认知不足、政策规范缺乏、市场竞争不充分为由主张案涉工程项目不属必须招标的范围，理据不足。案涉BT合同及补充合同约定先由某投资公司或某商公司投资建设，工程建设完成后再由政府回购，项目建设资金最终来源于政府财政资金。BT合同虽有政府借以实现融资的目的，但仅此既不足以改变案涉工程作为大型市政基础设施项目的性质，也不构成免于履行招标程序的充分理由。

（2018）最高法民终153号民事裁定书：最高人民法院认为，关于需要公开招标的项目经公开招标确定总承包人后，总承包人依法或依约确定分包人是否仍需要进行公开招标的问题。某煤神马新疆分公司认为，项目使用的资金源头系国有资金，总承包人依约确定分包人时仍需要采取公开招标方式。《招标投标法实施条例》第八条规定，国有资金占控股或者主导地位的依法必须进行招标的项目，应当公开招标。根据一审查明，某投哈密公司的资金系国有企业自有资金，某密一矿选煤厂项目系某投哈密公司建设的煤炭能源项目，属于依法必须进行公开招标的项目。某投哈密公司依照法律规定通过公开招标的方式将某密一矿选煤厂项目以 EPC 总包的方式发包给某地公司。该招投标行为符合法律规定。双方签订的《合同协议书》约定，承包商应按照本合同文件对施工单位的资质规定，通过招标的方式选择，确定合格的分包人，并报业主审核同意，以合同形式委托其完成承包合同范围内的部分项目。该协议授权总包方可以通过招标方式确定分包人。作为总承包人，某地公司并非项目投资建设主体，而是该项目的执行单位。除非有法律规定的必须公开招标的项目，其有权依照约定的方式确定分包人。此外，资金的源头属性，不能无限制延伸。某投哈密公司运用国有资金建设案涉项目，相关资金支付给某地公司后，属于某地公司的资产，并非仍是国有资金。因此，某地公司对外分包，不具有法定必须公开招标的情形。其通过邀请招标的方式确定某煤神马新疆分公司为案涉项目标段 B 的中标单位，符合《合同协议书》的约定，某投哈密公司对某煤神马新疆分公司施工亦未提出异议，表明其认可某地公司的分包行为。故上述分包行为未违反法律、行政法规的强制性规定，某煤神马新疆分公司有关理由不成立。

第四条 任何单位和个人不得将依法必须进行招标的项目化整为零或者以其他任何方式规避招标。

【读懂法条】

本条规定了法定强制招标项目禁止规避招标。

按照本法第三条的规定，对采购资金数额达到国务院有关部门规定的规模标准以上的法定强制招标的采购项目，必须进行招标。一些采购单位为规避法律的规定，对本应作为一个整体的采购项目，采取划分为多个采购项目，分别签订多个采购合同的办法，化整为零，使每一采购合同的金额都低于法定强制招标采购的金额标准，以达到规避招标采购的目的。又比如，一些采购单位对技术并不特别复杂的采购项目，借口其有特殊的技术要求，只能交由某一供应商承担为由，规避招标采购。对此，本条作出禁止性规定。

【典型案例】

（2019）渝民再 189 号民事判决书：重庆市高级人民法院认为，《中华人民共和国招标投标法》第三条规定："在中华人民共和国境内进行下列工程建设项目包括项目的勘察、设计、施工、监理以及与工程建设有关的重要设备、材料等的采购，必须进行招标：……（二）全部或者部分使用国有资金投资或者国家融资的项目；……"第四条："任何单位和个人不得将依法必须进行招标的项目化整为零或者以其他任何方式规避招标。"《农业基本建设项目招标投标管理规定》（农计发〔2004〕10 号）第八条规定："符合下列条件之一的农业基本建设项目必须进行公开招标：（一）施工单项合同估算价在 200 万元人民币以上的；……"本案案涉公路 10 公里，合同估算总价为 480 万元，却分成 5 份合同，每 2 公里为一份合同（合同价为 96 万元）进行协议发包，属于《中华人民共和国招标投标法》第四条规定的将必须进行招标的项目以化整为零的方式规避招标的情形，根据《最高人民法院关于审理建设工程施工合同纠纷案件适用法律问题的解释》第一条规定，建设工程施工合同具有下列情形之一的，应当根据合同法第五十二条第（五）项的规定，认定无效：……（三）建设工程必须进行招标而未招标或者中标无效的。故本案某县某镇政府与某建筑公司签订的 5 份建设工程施工合同应认定为无效合同。

第五条 招标投标活动应当遵循公开、公平、公正和诚实信用的原则。

【读懂法条】

本条规定了招标投标活动必须遵循的基本原则。

招标投标活动应当遵循公开、公平、公正和诚信原则，贯穿招标投标活动全部环节，是招标人、投标人及其他当事人的行为准则。招标人、投标人、招标代理机构以及行政监督部门在处理招标投标中的具体问题或者法院在审理案件时，有具体法律条文的，应适用具体条文，无具体法律条文的，可适用《招标投标法》的上述基本原则来处理。

招投标活动中，需要公开哪些内容及怎样的公开方式才算合规？

公开原则，强调信息公开透明，要求招标投标活动具有较高的透明度，使每一个投标人获得同等、充分的信息，使所有符合条件且感兴趣的潜在投标人都有机会得悉招标信息、参与投标竞争。基本要求是：1. 招标信息要公开。关键是要做到对所有潜在投标人充分公开信息，表现在：招标人采用公开招标方式的，应当面向公众发布招标公告；需要进行资格预审的，应当发布资格预审公告。依法必须招标项目的资格预审公告和招标公告内容及发布方式应遵循《招标公告和公示信息发布管理办法》的规定，中标候选人、中标结果等信息也应公示。招标文件应当载有为潜在投标人作出投标决策、进行投标准备所必需以及其他为保证招标投标过程公开、透明的有关信息。招标投标程序及评标标准和办法应当在招标文件中载明。招标人对已发出的招标文件进行必要的澄清或者修改的，应当以书面形式通知所有招标文件收受人。招标人应向潜在投标人和投标人提供相同的信息。2. 公开开标。招标人应当按照招标文件载明的时间和地点公开开标，所有投标人均可参加开标仪式；开标时，对投标截止时间前收到的所有投标文件应当众拆封，公开各投标人名称、投标价格等投标文件中的主要内容。3. 中标候选人、中标结果要公开。评标结束，依法必须招标的项目应公示中标候选人。确定中标人后，招标人应当向中标人发出中标通知书，并同时将中标结果通知所有未中标的投标人。

公平原则，强调投标人竞争机会平等，要求在招标投标活动中，招标人给予所有投标人平等的机会，使他们享有同等权利和公平的待遇，承担相应义务，这也是优化营商环境、构建统一市场的必然要求。同时，按照民事活动的公平、意思自治原则，也要求招标人和投标人作为民事主体，在招标投标活动中地位平等、权利义务对等，任何一方不得向对方提出不合理要求，不得将自己的意志强加给对方。

招投标活动中公正原则的 5 点具体要求

公正原则，要求招标投标活动严格按照事先公开的条件和程序进行，招标人对所有投标人一视同仁，不歧视任何一方，确保实现招标结果公正。该原则要求：（1）评标委员会成员应由招标人从评标专家库中依法选定且不得与投标人有利害关系，以保证评审结果公正、合理。（2）评标工作应保密进行，免受投标人围猎和外界干扰，任何单位和个人不得非法干涉评标委员会客观、公正、独立评标。（3）评标委员会不得以任何明示或暗示的方式，使某些投标人以澄清方式改变投标文件实质性内容。（4）评标委员会必须严格按事先规定的统一的评标标准和方法，对所有投标人提交的投标文件进行评审，应严格依据招标文件约定和招标投标法规定的条件否决投标。（5）招标人必须在评标委员会推荐的中标候选人范围内依照定标原则确定中标人，并与之按照招标文件和中标人的投标文件订立合同。

诚信原则在招投标活动中的具体规定是什么？

诚信原则，是指招标投标当事人都应以诚实、善意的态度依法行使权利，履行义务，不得有欺诈、背信的行为，不得损害对方、第三人和社会利益。从这一原则出发，《招标投标法》规定了招标投标当事人不得规避招标、串通投标、弄虚作假、骗取中标、转包、违法分包等诸多义务。《招标投标法实施条例》第七十九条也规定"国家建立招标投标信用制度"，通过建立招标投标违法行为记录公告制度、失信联合惩戒机制等，加快推进社会信用体系建设，进一步促进招标投标市场健康有序发展。对招标投标活动中的失信行为，如对于失信被执行人、有行贿犯罪记录的供应商，实行联合惩戒措施，限制其一定期限内的投标资格。

【典型案例】

（2019）最高法民终347号民事判决书：最高人民法院认为，诚信原则既是民商事活动的基本准则，亦是民事诉讼活动应当遵循的基本准则。在建设工程项目中，设立招投标程序是为了保护国家利益、社会公共利益和招标活动当事人的合法权益，提高经济效益，保证项目质量；是为了通过法定的强制的公开竞价的方式为建设单位发包工程建设项目提供平台服务，为发包人的工程建设项目选定施工人。在招投标过程中，较承包人而言，发包人掌握一定主动权。本案中，某房地产公司作为招标人，明知其与某建大桥工程局于招投标之前就合同实质性内容进行谈判的行为可能导致双方其后签订的《建设工程施工合同》因违反《招标投标法》的相关规定而被认定为无效，仍然积极追求或放任该法律后果的发生，经招投标程序后与某建大桥工程局签订了涉案《建设工程施工合同》，某房地产公司对该违法行为具有明显过错，应负主要责任。某建大桥工程局明知违法而参与竞标，最终中标并签订涉案《建设工程施工合同》，亦存在过错，应负次要责任。综上，某房地产公司与某建大桥工程局在案涉项目招投标过程中皆有违诚信原则。……某房地产公司在本案二审中提出涉案《建设工程施工合同》无效的上诉主张，是认为涉案《建设工程施工合同》有效将为其带来不利，或者所带来的利益小于合同无效所带来的利益，其目的是规避应承担的付款义务，免除或者减轻一审判决确定由其承担的民事责任。法院认为，合同约定应当严守，诚信观念应当强化。某房地产公司作为涉案建设工程的招标人、甲方，主导签订了涉案《建设工程施工合同》，在合同相对方某建大桥工程局按约履行合同而其并未按约支付工程款，一审判决某房地产公司承担相应责任后，某房地产公司以其自身的招标行为存在违法违规为由，于二审中主张合同无效，其行为不仅违反诚信基本原则，而且不利于民事法律关系的稳定，属于不讲诚信、为追求自身利益最大化而置他人利益于不顾的恶意抗辩行为。合同无效制度设立的重要目的在于防止因为无效合同的履行给国家、社会以及第三人利益带来损失，维护社会的法治秩序和公共道德。而本案中，某房地产公司作为违法行为人恶意主动请求确认合同无效，如支持其诉求，意味着体现双方真实意愿的合同约定不仅对其没有约束力，甚至可能使其获得不正当利益，这将违背合同无效制度设立的宗旨，也将纵容违法行为人从事违法行为，使合同无效制度沦为违法行为人追求不正当甚至非法利益的手段。综上，某房地产公司在二审中主张涉案《建设工程施工合同》无效，该主张有违诚信原则，故，某房地产公司关于其与某建大桥工程局于招投标前就合同实质性内容进行谈判的行为违反了《招标投标法》的规定，导致涉案《建设工程施工合同》无效的主张，缺乏事实和法律依据，法院予以驳回。

(2014) 渝高法民终字第 00056 号民事判决书：重庆市高级人民法院认为，某区委党校将涉案项目进行公开招投标时，未在其招标公告中将涉案工程已有部分工程由某建设公司施工完成的情况告知潜在投标人，违反了《招标投标法》第五条关于招标活动应当遵循公开原则和诚信原则的规定。同时，某区委党校将已经施工的工程对外进行招标的行为，亦违反了《招标投标法实施条例》第二条关于依法进行招投标的建设工程是指建筑物和构筑物的新建、改建、扩建及其相关的装修、拆除、修缮等的规定。故某区委党校与某建设公司签订的《建设工程施工合同》属于《合同法》第五十二条第（五）项（现《民法典》第一百五十三条）规定的无效合同。

第六条 依法必须进行招标的项目，其招标投标活动不受地区或者部门的限制。任何单位和个人不得违法限制或者排斥本地区、本系统以外的法人或者其他组织参加投标，不得以任何方式非法干涉招标投标活动。

【读懂法条】

本条规定了禁止在招标投标活动中搞地方保护、行业垄断以及禁止以任何其他形式非法干涉招标投标活动。

在招标投标活动中实行地方保护或行业垄断，以及行政机关或领导人违法干涉正常的招标投标活动的做法，破坏了市场的统一性，违反了公平竞争的原则，严重影响招标投标活动的正常开展，也给腐败行为留下可乘之机。为此，本条明确予以禁止。

其他法律法规对地域和部门限制以及非法干涉招投标是如何规定的？

《优化营商环境条例》第十三条强调："招标投标和政府采购应当公开透明、公平公正，依法平等对待各类所有制和不同地区的市场主体，不得以不合理条件或者产品产地来源等进行限制或者排斥。政府有关部门应当加强招标投标和政府采购监管，依法纠正和查处违法违规行为。"《国务院关于禁止在市场经济活动中实行地区封锁的规定》《制止滥用行政权力排除、限制竞争行为暂行规定》《公平竞争审查制度实施细则》《工程项目招投标领域营商环境专项整治工作方案》等法规、规章、规范性文件都对招标投标市场准入提出了标准，列出了"负面清单"，要求招标文件不得设置不合理和歧视性的准入条件限制竞争，以推进全国统一大市场建设。

【典型案例】

（2015）泰商终字第218号民事判决书：山东省泰安市中级人民法院认为，《中华人民共和国招标投标法》第五条规定："招标投标活动应当遵循公开、公平、公正和诚实信用的原则。"第六条规定："依法必须进行招标的项目，其招标投标活动不受地区或者部门的限制。任何单位和个人不得违法限制或者排斥本地区、本系统以外的法人或者其他组织参加投标，不得以任何方式非法干涉招标投标活动。"本案中，上诉人李某与被上诉人郑某啸订立居间协议的目的系由李某帮助某航五洲公司取得江苏某汇纸业有限公司厂房工程项目。双方当事人对于江苏某汇纸业有限公司厂房工程项目是某航五洲公司通过招投标程序获得并无异议，而二审庭审中，经法庭询问，上诉人李某明确其从事的居间工作主要是找人际关系促成建设工程施工合同的签订。上诉人李某的该种居间行为明显违反了《中华人民共和国招标投标法》规定的招投标过程中要求遵循的公开、公平、公正、诚信原则，扰乱了建筑市场正常招投标活动的秩序。故当事人签订的居间协议因违反相关法律规定而无效。

第七条 招标投标活动及其当事人应当接受依法实施的监督。

有关行政监督部门依法对招标投标活动实施监督，依法查处招标投标活动中的违法行为。

对招标投标活动的行政监督及有关部门的具体职权划分，由国务院规定。

【读懂法条】

本条规定了对招标投标活动实施行政监督。

招标投标活动须依法接受行政监督。有关行政监督管理部门对招标投标活动实施监督管理的事项主要包括：(1) 对依照本法必须招标的项目是否进行招标进行监督；(2) 对法定招标投标项目是否依照本法规定的规则和程序进行招标投标实施监督；(3) 依法查处招标投标活动中的违法行为。对招标投标活动的具体行政监督，以及有关行政部门在招标投标监督管理中的职权划分，由国务院规定。

招标投标活动中，政府部门行政监督的职责划分是什么？

根据《招标投标法实施条例》第四条的规定，国务院发展改革部门指导和协调全国招标投标工作，对国家重大建设项目的工程招标投标活动实施监督检查。国务院工业和信息化、住房城乡建设、交通运输、铁道、水利、商务等部门，按照规定的职责分工对有关招标投标活动实施监督。县级以上地方人民政府发展改革部门指导和协调本行政区域的招标投标工作。县级以上地方人民政府有关部门按照规定的职责分工，对招标投标活动实施监督，依法查处招标投标活动中的违法行为。县级以上地方人民政府对其所属部门有关招标投标活动的监督职责分工另有规定的，从其规定。财政部门依法对实行招标投标的政府采购工程建设项目的政府采购政策执行情况实施监督。监察机关依法对与招标投标活动有关的监察对象实施监察。

【典型案例】

（2018）皖行申368号行政裁定书：安徽省高级人民法院认为，《招标投标法》第七条规定，招标投标活动及其当事人应当接受依法实施的监督。有关行政监督部门依法对招标投标活动实施监督，依法查处招标投标活动中的违法行为。对招标投标活动的行政监督及有关部门的具体职权划分，由国务院规定。国务院办公厅发布的《关于国务院有关部门实施招标投标活动行政监督的职责分工的意见》（国办发〔2000〕34号）规定，工业（含内贸）、水利、交通、铁道、民航、信息产业等行业和产业项目的招投标活动的监督执法，分别由经贸、水利、交通、铁道、民航、信息产业等行政主管部门负责。另外，《招标投标法实施条例》第四条第二款规定，县级以上地方人民政府有关部门按照规定的职责分工，对招标投标活动实施监督，依法查处招标投标活动中的违法行为。县级以上地方人民政府对其所属部门有关招标投标活动的监督职责分工另有规定的，从其规定。故被申请人具有对涉案项目招投标活动的监督管理职权。原审所作判决并无不当。

第二章　招　　标

第八条　招标人是依照本法规定提出招标项目、进行招标的法人或者其他组织。

【读懂法条】

本条规定了招标人的定义。

所谓"提出招标项目"，是指根据实际情况和《招标投标法》的有关规定，提出和确定拟招标的项目，办理有关审批手续，落实项目的资金来源等。

如何理解"进行招标"？

"进行招标"，是指提出招标方案，拟定或决定招标方式，编制招标文件，发布招标公告，审查潜在投标人资格，主持开标，组织评标，确定中标人等活动。这些工作既可由招标人自行办理，又可委托招标代理机构办理，招标代理机构代表了招标人的意志并在其授权范围内行事，视为招标人"进行招标"。

不同项目的招标人分别指什么？

货物采购项目的招标人，通常为货物的买方；工程建设项目发包的招标人，通常为建设工程项目的投资人即项目业主、建设单位；服务项目的招标人，通常为该服务项目的需求方。招标人须是法人或非法人组织（《民法典》将民事主体区分为法人、非法人组织和自然人）。值得注意的是，本法适格的招标人不包括自然人。

【典型案例】

（2016）最高法民再11号民事判决书：最高人民法院认为，根据《中华人民共和国招标投标法》第八条的规定，"招标人是依照本法规定提出招标项目、进行招标的法人或者其他组织"，位于哈萨克斯坦国阿克纠宾地区50万吨EM油田产能建设地面工程设计项目系某新资源公司的境外工程项目，某新资源公司对该工程设计项目进行招标，具有招标人主体资格。某新资源公司主张其不具有招标人主体资格，缺乏事实依据，不能成立。在某新资源公司北京分公司发出的《投标邀请函》中，要求投标人在国内拥有油田地面建设甲级设计资质，且在哈萨克斯坦国拥有合法注册的设计单位。本案中，某油田公司向某新资源公司北京分公司提交了国内《工程设计甲级资质证书》及其在哈萨克斯坦国成立的D公司的《营业执照》及《设计许可证》，因此某油田公司具有某新资源公司认可的投标人主体资格。某新资源公司认为某油田公司不具有投标人主体资格，也缺乏相应的事实依据，不能成立。

（2020）湘07民再3号民事判决书：湖南省常德市中级人民法院认为，《招标投标法》第八条、第十条第三款、第十二条、第十七条第一款、第二十二条第一款分别规定："招标人是依照本法规定提出招标项目、进行招标的法人或者其他组织。""邀请招标，是指招标人以投标邀请书的方式邀请特定的法人或者其他组织投标。""招标人有权自行选择招标代理机构，委托其办理招标事宜。任何单位和个人不得以任何方式为招标人指定招标代理机构。招标人具有编制招标文件和组织评标能力的，可以自行办理招标事宜。任何单位和个人不得强制其委托招标代理机构办理招标事宜。依法必须进行招标的项目，招标人自行办理招标事宜的，应当向有关行政监督部门备案。""招标人采用邀请招标方式的，应当向三个以上具备承担招标项目的能力、资信良好的特定的法人或者其他组织发出投标邀请书。""招标人不得向他人透露已获取招标文件的潜在投标人的名称、数量以及可能影响公平竞争的有关招标投标的其他情况。"由于某瀚公司是三岔溪水电站的项目法人，是该项目的招标人，且由其决定自行邀请招标。因此，有无进行招投标、邀请招标是否真实、合法均应由招标人某瀚公司承担举证责任并承担相应的法律后果。

第九条 招标项目按照国家有关规定需要履行项目审批手续的，应当先履行审批手续，取得批准。

招标人应当有进行招标项目的相应资金或者资金来源已经落实，并应当在招标文件中如实载明。

【读懂法条】

本条规定了招标项目应具备的先决条件。

根据《国务院关于投资体制改革的决定》，我国对政府投资项目实行审批制，对企业投资项目分别情况实行核准制或备案制。《政府投资条例》《企业投资项目核准和备案管理条例》《外商投资项目核准和备案管理办法》《政府核准的投资项目目录（2016年本）》等法规文件规定了需要立项审批、核准的项目及程序。该审批、核准工作应当在招标前完成。应审批、核准、备案而未经审批、核准、备案的项目，或违反审批、核准、备案权限而审批、核准、备案的项目，均不得进行招标。对于国家未规定必须进行审批、核准、备案的项目，招标人可以自行决定招标。

按照国家有关规定需要履行项目审批、核准手续的项目操作流程是什么？

按照国家有关规定需要履行项目审批、核准手续的依法必须进行招标的项目，其招标范围、招标方式、招标组织形式应当报项目审批、核准部门审批、核准，具体按照《工程建设项目申报材料增加招标内容和核准招标事项暂行规定》等规定办理。项目审批、核准部门应当及时将审批、核准确定的招标范围、招标方式、招标组织形式通报有关行政监督部门。

对招标人的资金来源要求及种类是什么？

招标人还应当有进行招标项目的相应资金或者有确定的资金来源，这是招标人对项目进行招标并最终完成该项目的物质保证。招标项目的资金来源一般包括：国家和地方政府的财政拨款、企业的自有资金及包括银行贷款在内的各种方式的融资，以及外国政府和有关国际组织的贷款。招标人在招标时必须拥有相应的资金或者有能证明其资金来源已经落实的合法文件为保证，并应当在招标文件中如实载明项目资金数额及资金来源，不得违背诚信原则，作出虚假的陈述。其中，对于纳入资本金制度的固定资产投资项目，招标人在招标前应落实资本金。根据《国务院关于加强固定资产投资项目资本金管理的通知》（国发〔2019〕26号），港口、沿海及内河航运项目，项目最低资本金比例为20%；机场项目最低资本金比例为25%；其他一般投资项目最低资本金比例仍保持20%不变。

【典型案例】

（2018）晋民再108号民事判决书：山西省高级人民法院认为，2011年12月，山西省某剧院与山西某建筑设计研究院、案外人太原市某建筑设计研究院签订了《建设工程设计合同一》。该招标公告及设计合同中除了上述建筑面积为10600平方米的一期工程外，还包含了建筑面积为5万—6万平方米的二期工程。但根据山西省发展和改革委员会、山西省文化厅的批复文件，不包括二期工程。……《中华人民共和国招标投标法》第九条规定："招标项目按照国家有关规定需要履行项目审批手续的，应当先履行审批手续，取得批准；招标人应当有进行招标项目的相应资金或者资金来源已经落实，并应当在招标文件中如实载明"。《建设工程勘察设计管理条例》第二十五条规定："编制建设工程勘察、设计文件，应当以下列规定为依据：（一）项目批准文件；（二）城乡规划；（三）工程建设强制性标准；（四）国家规定的建设工程勘察、设计深度要求"。本案双方当事人签订建设工程设计合同时，虽然经过招标投标程序，但该项目仅一期工程取得项目建设审批手续，二期工程尚未取得项目建设审批手续。因发包人在行政许可方面的缺失，不仅违反了相关法律规定，也使发包人在缔约行为能力上缺乏必要的要件。依据上述法律的规定，《建设工程设计合同一》中关于一期工程的约定合法有效，二期工程的约定属无效约定。山西省某剧院应支付山西某建筑设计研究院一期工程未付设计费62万元及相应的违约金。山西省某剧院作为发包方，明知其二期工程项目尚未取得工程建设审批，尚未达到招标条件，而将二期工程作为招标范围与山西某建筑设计研究院签订《建设工程设计合同》，存在过错。山西某建筑设计研究院是具有相应资质的设计单位，从事工程设计多年，应知道建设工程项目的设计招标条件，但其在明知二期工程未取得审批手续的情形下而签订《建设工程设计合同》，亦存在过错。《中华人民共和国合同法》第五十八条（现《民法典》第一百五十七条）规定："合同无效或者被撤销后，因该合同取得的财产，应当予以返还。不能返还或者没有必要返还的，应当折价补偿。有过错的一方应当赔偿对方因此所受到的损失，双方都有过错的，应当各自承担相应的责任"。据此，鉴于本案双方当事人对二期工程无效的约定均存在过错，应当各自承担相应的责任。

第十条 招标分为公开招标和邀请招标。

公开招标，是指招标人以招标公告的方式邀请不特定的法人或者其他组织投标。

邀请招标，是指招标人以投标邀请书的方式邀请特定的法人或者其他组织投标。

【读懂法条】

本条规定了招标方式。

根据招标人发布招标信息、邀请潜在投标人参与投标竞争的方式不同，招标分为公开招标和邀请招标。公开招标，是指招标人以招标公告的方式邀请不特定的法人或者其他组织参加投标竞争，招标人从中择优选择中标人的招标方式。公开招标方式最能体现"公开、公平、公正"的特点，可最大限度实现信息公开、充分竞争，实践中被普遍采用。邀请招标，是指招标人以发送投标邀请书的方式邀请特定的法人或者其他组织参加投标竞争并从中选择中标人的方式。采用邀请招标方式的，应当向3个以上具备承担招标项目的能力、资信良好的特定的法人或者其他组织发出投标邀请书。无论采取哪一种招标方式，都离不开招标的基本特性，即招标的公开性、竞争性和公平性。

议标或者其他采购方式采购的如何适用法律？

《招标投标法》规定的招标方式只有公开招标和邀请招标两种方式。议标或者竞争性谈判、竞争性磋商、询价等其他采购方式都不是法律规定的招标方式。依法必须招标的项目不得采取议标或者其他采购方式采购，否则因"应当招标而未招标"导致合同无效。非依法必须招标项目采取议标或者其他采购方式采购的，不适用《招标投标法》的规定来调整，应当适用《民法典》的一般规定。

【典型案例】

（2019）最高法民申264号民事裁定书：最高人民法院认为，案涉工程系某源公司带资承建，待项目建成后由某黔公司回购，且某县人民政府承诺某黔公司到期不能回购则由其回购。因此，案涉工程系使用国有资金进行投融资建设，属于《招标投标法》第三条第一款规定的必须进行招投标的项目。案涉工程系通过竞争性谈判方式承建，亦不符合《政府采购法》第三十条可采用竞争性谈判方式采购的规定。同时根据《政府采购法》第四条"政府采购工程进行招标投标的，适用招标投标法"的规定，《招标投标法》与《政府采购法》在本案的法律适用上亦无冲突。因此，原判决认定某源公司通过竞争性谈判方式而非公开招投标的方式承建案涉项目，违反了《招标投标法》的规定，依照《最高人民法院关于审理建设工程施工合同纠纷案件适用法律问题的解释》①的规定认定案涉合同无效，适用法律并无不当。

（2019）最高法民申343号民事裁定书：最高人民法院认为，涉案施工合同约定的建设工程包括酒店、公务楼、球馆、会展中心及16栋别墅等附属工程，建筑面积约100000平方米，属于大型城市旅游基础设施，工程的发包必须进行招标。根据《最高人民法院关于审理建设工程施工合同纠纷案

---

① 目前该文件已失效。失效依据为《最高人民法院关于废止部分司法解释及相关规范性文件的决定》，现可参见《最高人民法院关于审理建设工程施工合同纠纷案件适用法律问题的解释（一）》的规定，后同。

件适用法律问题的解释》第一条之规定,"建设工程施工合同具有下列情形之一的,应当根据合同法第五十二条第(五)项的规定,认定无效:……(三)建设工程必须进行招标而未招标或者中标无效的",涉案合同应认定无效。某建筑襄阳分公司作为专业建筑公司,对上述建设工程必须进行招投标应当是明知的,却与某前襄阳东湖酒店公司在没有进行招投标的情况下通过议标签订建设工程施工合同,故一审、二审判决认定双方对于合同的无效均有责任并无不当。

第十一条 国务院发展计划部门确定的国家重点项目和省、自治区、直辖市人民政府确定的地方重点项目不适宜公开招标的,经国务院发展计划部门或者省、自治区、直辖市人民政府批准,可以进行邀请招标。

【读懂法条】

本条规定了邀请招标的适用情形。

依法必须进行招标的国家重点项目和地方重点项目,一般应采用公开招标的方式进行招标。不适宜公开招标的项目,是指由于项目本身的原因,致使无法采用公开招标方式进行采购(例如,项目的技术要求复杂或有特殊的专业要求,只有少量潜在投标人可供选择),或者采用公开招标方式采购不符合经济合理性要求(例如,有的重点项目规模不大,与公开招标所需的费用与时间不成比例,需要通过限制投标者人数来达到节约与效率的目的)。对不适宜公开招标的国家和地方重点项目,经批准可以采用邀请招标的方式。

邀请招标的适用情形是什么?

《招标投标法实施条例》第八条规定:"国有资金占控股或者主导地位的依法必须进行招标的项目,应当公开招标;但有下列情形之一的,可以邀请招标:(一)技术复杂、有特殊要求或者受自然环境限制,只有少量潜在投标人可供选择;(二)采用公开招标方式的费用占项目合同金额的比例过大。有前款第二项所列情形,属于本条例第七条规定的项目,由项目审批、核准部门在审批、核准项目时作出认定；其他项目由招标人申请有关行政监督部门作出认定。"

"比例过大"如何界定？

由于实践中不同招标项目差别较大，故没有统一界定何为"比例过大"，需根据部门规章和项目实际核定，如《通信工程建设项目招标投标管理办法》规定采用公开招标方式的费用占项目合同金额的比例超过 1.5%，且采用邀请招标方式的费用明显低于公开招标方式的费用的，可被认定为"比例过大"。本条规定的邀请招标条件，是对依法必须公开招标的项目而言的。对于非依法必须公开招标的项目，由招标人自主确定公开招标还是邀请招标。

【典型案例】

（2019）川民申 4578 号民事裁定书：四川省高级人民法院认为，本案案涉工程系商品住宅项目，属于关系社会公共利益、公众安全的建设项目，依据上述法律规定，必须进行招标，故涉案工程是否进行了招投标直接影响了双方所签订的施工合同的效力。根据《招标投标法》第十一条"国务院发展计划部门确定的国家重点项目和省、自治区、直辖市人民政府确定的地方重点项目不适宜公开招标的，经国务院发展计划部门或者省、自治区、直辖市人民政府批准，可以进行邀请招标"的规定，涉案工程不属于可以进行邀请招标的范畴，故该工程应当进行公开招标。由于案涉工程未履行公开招标程序，某建筑公司申请再审称案涉工程系邀请招标且招投标行为有效的理由不能成立。

（2017）云民终 197 号民事判决书：某金集团主张其为国有资金占控股或者主导地位的企业，涉案项目应当公开招标，邀请招标违反法律规定，应属无效。云南省高级人民法院认为，本案项目招标发生于 2012 年 10 月至 2013 年 1 月间，根据某金集团二审提交的公司章程记载，在 2013 年 11 月以前，某金集团国有股东持股比例为 36.6%，非国有股东持股比例为 63.4%，故某金集团不属于国有资金占控股或者主导地位的公司，涉案项目也不属于国有资金占控股或者主导地位的项目，采用邀请招标的形式没有违反法律、行政法规的强制性规定，某金集团与某安公司之间的建设工程设计合同合法有效。

第十二条 招标人有权自行选择招标代理机构，委托其办理招标事宜。任何单位和个人不得以任何方式为招标人指定招标代理机构。

招标人具有编制招标文件和组织评标能力的，可以自行办理招标事宜。任何单位和个人不得强制其委托招标代理机构办理招标事宜。

依法必须进行招标的项目，招标人自行办理招标事宜的，应当向有关行政监督部门备案。

【读懂法条】

本条规定了自行招标和代理招标两种招标组织形式。

招标组织形式分为自行招标和委托代理招标。所谓自行招标，就是指招标人自己办理招标公告、资格预审公告、投标邀请、编制资格预审文件和招标文件、对资格预审文件和招标文件进行澄清说明、组织开标、组建评标委员会评标、定标等全过程招标事项。不具备自行招标能力的招标人应当委托招标代理机构办理招标事宜，具备自行招标能力的招标人也可以将全部或者部分招标事宜委托招标代理机构办理，但任何单位和个人不得为招标人指定招标代理机构。招标人具有编制招标文件和组织评标能力，是指招标人具有与招标项目规模和复杂程度相适应的技术、经济等方面的专业人员（包括项目投资咨询师、项目管理师、工程造价师、专业工程师、会计师等，或具有相同专业水平和类似项目工作经验、业绩的专业人员）。

第十三条 招标代理机构是依法设立、从事招标代理业务并提供相关服务的社会中介组织。

招标代理机构应当具备下列条件：

（一）有从事招标代理业务的营业场所和相应资金；

（二）有能够编制招标文件和组织评标的相应专业力量。

【读懂法条】

本条规定了招标代理机构及条件。

招标代理机构是社会中介服务机构，专门提供专业代理服务。招标代理机构可以以多种组织形式存在，有限责任公司最为常见；主要业务是从事招标代理业务，即接受招标人委托，组织招标活动。招标代理机构应当拥有一定数量的具备编制招标文件、组织评标等相应能力的专业人员。

第十四条 招标代理机构与行政机关和其他国家机关不得存在隶属关系或者其他利益关系。

【读懂法条】

本条规定了招标代理机构的独立性。

本条中的"其他国家机关"，包括各级国家权力机关和司法机关；"隶属关系"，是指招标代理机构与行政机关或其他国家机关的直属上下级关系；"其他利益关系"，主要是指经济上的利益关系，比如有的招标代理机构将其业务收入的一部分上交给其依附的行政机关。

第十五条 招标代理机构应当在招标人委托的范围内办理招标事宜，并遵守本法关于招标人的规定。

【读懂法条】

本条规定了招标代理机构的代理范围。

招标人和招标代理机构之间在法律上是委托代理关系，具体表现是：第一，招标代理机构应在招标人委托权限范围内，以招标人的名义，办理招标事宜，其代理活动的后果由招标人承担。第二，没有得到招标人的委托或超过委托权限范围从事代理活动，或在代理权已被终止情况下作出的行为所产生的后果，招标人未追认的，由招标代理机构自行承担。第三，招标代理机构应亲自行使代理权，善尽勤勉和谨慎的义务。未尽职责行使代理权、滥用代理权或无权代理，给招标人造成损失的，应依法承担赔偿责任。第四，招标代理机构不得在所代理的招标项目中投标或者代理投标，也不得为所代理的招标项目的投标人提供咨询。第五，招标代理机构应当遵守《招标投标法》对招标人的规定，如依据本法第二十二条第一款的规定，不得向他人透露已获取招标文件的潜在投标人的名称、数量以及可能影响公平竞争的有关招标投标的其他情况。

委托合同应包含的内容是什么？

招标人应当与被委托的招标代理机构签订书面委托合同，明确招标代理服务范围、服务期限、招标代理服务费收费标准、支付方式等事项。招标代理服务费应由招标人支付，招标人和招标代理机构也可以约定向中标人收取。招标代理服务费标准原实行政府指导价，现已调整为市场调节价，由招标人与招标代理机构协商确定计费标准。

【典型案例】

（2021）新01民终2978号民事判决书：新疆维吾尔自治区乌鲁木齐市中级人民法院认为，根据《中华人民共和国招标投标法》第十五条，"招标代理机构应当在招标人委托的范围内办理招标事宜，并遵守本法关于招标人的规定"，招标中心作为招标代理人，代招标人新疆某能源公司行使权利，招标过程中的权利义务应由招标人新疆某能源公司行使并承担，故返还保证金的义务应当由招标人新疆某能源公司承担。虽然招标人新疆某能源公司与招标代理人招标中心签订的《招标代理合同》并未对投标保证金的收取和返还进行约定，但在新疆某能源公司与招标中心共同对外发布的招标文件中，已明确载明"投标保证金为招标文件的组成内容"，且该招标文件中也明确载明要求投标人将投标保证金在指定的时间内以电汇的形式汇到招标代理人即招标中心开户的银行账户内，并约定在招标人与中标人签订合同后5个工作日内，向未中标的投标人和中标人返还投标保证金。因此，从该招标文件中公布事项即可认定新疆某能源公司对于招标中心在招标过程中收取投标保证金的行为是知晓的。故，基于新疆某能源公司与招标中心之间的委托代理关系及招标文件的约定，在投标人未中标的情况下，应当由新疆某能源公司承担返还投标保证金的责任。

第十六条 招标人采用公开招标方式的，应当发布招标公告。依法必须进行招标的项目的招标公告，应当通过国家指定的报刊、信息网络或者其他媒介发布。

招标公告应当载明招标人的名称和地址、招标项目的性质、数量、实施地点和时间以及获取招标文件的办法等事项。

【读懂法条】

本条规定了招标人发布招标公告和招标公告的内容。

招标公告是指招标人以公开方式邀请不特定的潜在投标人就某一项目进行投标的明确的意思表示。公开招标的项目，应当发布招标公告、编制招标文件。招标人采用资格预审办法对潜在投标人进行资格审查的，应当发布资格预审公告、编制资格预审文件。

招标公告的内容具体包括哪些？

根据《招标公告和公示信息发布管理办法》的规定，依法必须招标项目的资格预审公告和招标公告，应当载明以下内容：（一）招标项目名称、内容、范围、规模、资金来源；（二）投标资格能力要求，以及是否接受联合体投标；（三）获取资格预审文件或招标文件的时间、方式；（四）递交资格预审文件或投标文件的截止时间、方式；（五）招标人及其招标代理机构的名称、地址、联系人及联系方式；（六）采用电子招标投标方式的，潜在投标人访问电子招标投标交易平台的网址和方法；（七）其他依法应当载明的内容。依法必须招标项目的招标公告和公示信息应当在"中国招标投标公共服务平台"或者项目所在地省级电子招标投标公共服务平台发布。指定媒介发布依法必须进行招标的项目的境内资格预审公告、招标公告，不得收取费用。

【典型案例】

（2014）张中行初字第27号行政判决书：湖南省张家界市中级人民法院认为，《招标投标法实施条例》第十六条规定，招标人应当按照资格预审公告、招标公告或者投标邀请书规定的时间、地点发售资格预审文件或者招标文件。资格预审文件或者招标文件的发售期不得少于 5 日。本案中被告招标公告仅规定 4 天发售期（2012 年 11 月 13 日至 2012 年 11 月 16 日），明显低于法律规定的最低期限。应当认定被告《招标公告》程序违法。

第十七条 招标人采用邀请招标方式的，应当向三个以上具备承担招标项目的能力、资信良好的特定的法人或者其他组织发出投标邀请书。

投标邀请书应当载明本法第十六条第二款规定的事项。

【读懂法条】

本条规定了投标邀请书的发布范围及内容。

邀请招标的，招标人所选定的潜在投标人应当具备承接招标项目的人力、财力、物力上的条件，特别是应具有与招标项目要求相适应的技术力量。国家对项目承接人有资质要求的，受邀请的投标人必须具有该资质。本条中的"资信良好"，是指受邀请投标人应当有与招标项目相适应的经济实力，业绩好，信誉佳；不得有违法乱纪的不良记录。依法被限制投标资格的失信被执行人等供应商不得被选定为邀请投标人。投标邀请书的内容与招标公告的内容基本相同。

【典型案例】

（2020）最高法民终 744 号民事判决书：最高人民法院认为，案涉工程不再属于必须招标的工程项目。但由于某克斯公司依据《中华人民共和国招标投标法》的规定采取邀请招标的方式，故仍应当依照该法的规定进行招投标活动。由于某克斯公司违反了《中华人民共和国招标投标法》第十七条关于"招标人采用邀请招标方式的，应当向三个以上具备承担招标项目的能力、资信良好的特定的法人或者其他组织发出投标邀请书"等相关规定，一审法院认定四份《备案合同》和《施工合同》均无效并无明显不当。

第十八条 招标人可以根据招标项目本身的要求，在招标公告或者投标邀请书中，要求潜在投标人提供有关资质证明文件和业绩情况，并对潜在投标人进行资格审查；国家对投标人的资格条件有规定的，依照其规定。

招标人不得以不合理的条件限制或者排斥潜在投标人，不得对潜在投标人实行歧视待遇。

【读懂法条】

本条规定了资格审查。

招标人对投标人的资格审查可以分为资格预审和资格后审两种方式。资格预审，是招标人在发出投标邀请书或者发售招标文件前，通过审查潜在投标人的资格条件，确定合格投标人名单的一种资格审查方式，也就是招标人通过发布资格预审公告，向不特定的潜在投标人发出投标邀请，由招标人或者由其依法组建的资格审查委员会按照资格预审文件确定的审查方法、资格条件以及审查标准，对资格预审申请人的经营资格、专业资质、财务状况、类似项目业绩、履约信誉等条件进行评审，以确定通过资格预审的申请人。解决的是招标人将邀请谁参加投标、给谁投标机会的问题。未通过资格预审的申请人，不具有投标的资格。资格后审，是开标后由评标委员会在比较和评审投标人的投标文件时对投标人是否具有履行合同能力所进行的审查，解决的是谁的投标资格符合招标文件要求的问题。招标人采用资格后审办法对投标人进行资格审查的，应当在开标后由评标委员会按照招标文件规定的标准和方法对投标人的资格进行审查。

资格预审的详细操作流程是什么？

资格预审的，招标人应当发布资格预审公告、发售资格预审文件，投标申请人提交资格预审申请文件，招标人组建资格审查委员会或组织专家进行资格预审。资格预审结束后，招标人应当及时向资格预审申请人发出资格预审结果通知书。未通过资格预审的申请人不具有投标资格。

以不合理条件限制、排斥潜在投标人或者投标人的具体表现是什么？

《招标投标法实施条例》第三十二条补充规定，招标人不得以不合理的条件限制、排斥潜在投标人或者投标人。招标人有下列行为之一的，属于以不合理条件限制、排斥潜在投标人或者投标人：（一）就同一招标项目向潜在投标人或者投标人提供有差别的项目信息；（二）设定的资格、技术、商务条件与招标项目的具体特点和实际需要不相适应或者与合同履行无关；（三）依法必须进行招标的项目以特定行政区域或者特定行业的业绩、奖项作为加分条件或者中标条件；（四）对潜在投标人或者投标人采取不同的资格审查或者评标标准；（五）限定或者指定特定的专利、商标、品牌、原产地或者供应商；（六）依法必须进行招标的项目非法限定潜在投标人或者投标人的所有制形式或者组织形式；（七）以其他不合理条件限制、排斥潜在投标人或者投标人。

【典型案例】

（2020）最高法民终115号民事判决书：最高人民法院认为，案涉工程属于依法应当进行招标的项目。《招标投标法》第十八条第二款规定，招标人不得以不合理的条件限制或者排斥潜在投标人。《招标投标法实施条例》第三十二条第二款规定："招标人有下列行为之一的，属于以不合理条件限制、排斥潜在投标人或者投标人：……（二）设定的资格、技术、商务条件与招标项目的具体特点和实际需要不相适应或者与合同履行无关；……"本案中，某管委会于2017年8月10日、2017年8月23日通过某县公共资源交易中心网站发布的关于某城西创新创业产业园设计施工一体化（EPC）项目的两次招标公告在第三部分"资格条件"的第14项均要求投标人如中标本项目，则需出具承诺函，承诺同期在该县投资兴建装配式建筑生产项目，并明确表述若未充分兑现承诺则自愿无条件退出项目、签订的本项目及其他相关合同无效、赔偿招标人的各项损失、无须补偿投标人的所有投入。上述资格条件的设置与案涉项目的实际需要不相适应，且与本案合同履行无关，属于以不合理条件限制、排斥潜在投标人的行为。

（2020）云0112行初33号行政判决书：云南省昆明市西山区人民法院

认为，由于招标公告中对于所需要的入滇登记表是针对施工资质还是设计资质并未进行明确，因此，会使得未进行设计资质入滇登记的企业在看到此条件后即放弃投标，但第二次补遗公告中关于"仅要求施工资质的入滇信息登记，不要求设计资质的入滇信息登记"的内容使得不具有设计资质入滇信息登记的企业也具有了投标的资格。相比较可以看出，第二次补遗公告的内容涉及投标资格的变更，属于对实质内容的变更，已改变了招标公告中对投标人的资质要求条件。但在此时，投标已经结束，在补遗公告发布后，符合其他投标条件但未进行设计资质入滇登记的企业已丧失了投标的机会。《中华人民共和国招标投标法》第十八条第二款规定，招标人不得以不合理的条件限制或者排斥潜在投标人，不得对潜在投标人实行歧视待遇。《中华人民共和国招标投标法实施条例》第三十二条规定：招标人不得以不合理的条件限制、排斥潜在投标人或者投标人。招标人有下列行为之一的，属于以不合理条件限制、排斥潜在投标人或者投标人：（一）就同一招标项目向潜在投标人或者投标人提供有差别的项目信息；……（七）以其他不合理条件限制、排斥潜在投标人或者投标人。由此可见，本案中，在投标结束后又发布包含改变投标人资格要求的补遗文件的行为已排斥了潜在的投标人。更何况，补遗公告的发布并未进行公告，仅有参与投标人才能通过附件查看，有违招投标活动应当遵循的公开、公平、公正的原则。

第十九条 招标人应当根据招标项目的特点和需要编制招标文件。招标文件应当包括招标项目的技术要求、对投标人资格审查的标准、投标报价要求和评标标准等所有实质性要求和条件以及拟签订合同的主要条款。

国家对招标项目的技术、标准有规定的，招标人应当按照其规定在招标文件中提出相应要求。

招标项目需要划分标段、确定工期的，招标人应当合理划分标段、确定工期，并在招标文件中载明。

【读懂法条】

本条规定了招标文件的编制及其内容。

招标文件是招标投标活动中最重要的法律文件,它不仅规定了完整的招标程序,而且还提出了各项具体的技术标准和交易条件,规定了拟订立的合同的主要内容,是投标人准备投标文件和参加投标的依据,是评标委员会评标的依据,也是拟订合同的基础。潜在投标人或者其他利害关系人对招标文件的内容有异议的,应当在投标截止时间10日前提出。招标人应当自收到异议之日起3日内作出答复;作出答复前,应当暂停招标投标活动。招标人编制的资格预审文件、招标文件的内容违反法律、行政法规的强制性规定,违反公开、公平、公正和诚信原则,影响资格预审结果或者潜在投标人投标的,依法必须进行招标的项目的招标人应当在修改资格预审文件或者招标文件后重新招标。

【典型案例】

(2016)赣民终82号民事判决书:某鼎公司认为招标文件关于"工程实施中将不再对人工工资进行调整"的约定是格式条款,自始无效。江西省高级人民法院认为,格式条款是当事人为了重复使用而预先拟定,并在订立合同时未与对方协商的条款。《招标投标法》第十九条规定:"招标人应当根据招标项目的特点和需要编制招标文件。招标文件应当包括招标项目的技术要求、对投标人资格审查的标准、投标报价要求和评标标准等所有实质性要求和条件以及拟签订合同的主要条款。……招标项目需要划分标段、确定工期的,招标人应当合理划分标段、确定工期,并在招标文件中载明。"六个标段招标文件关于人工工资不另行调整的规定,是对某市中心城区滨江四期危旧房(棚户区)改造工程实行的统一标准,是一个工程项目中的计价标准,对参与投标单位而言是公开公平的,不存在重复使用同一合同条款的情形。况且二标段招标文件对人工工资是否调整的问题在"投标报价风险"相关条款中采用了下划线并加粗字体的醒目凸显表述方式,应当认定招标人已充分尽到提请投标人注意之义务,既不具有《合同法》第五十二条和第五十三条规定(现《民法典》第一百五十三条和第五百零六条)的情形,也不存在免除己方责任、加重对方责任、排除投标人主要权利的情形。因此，某鼎公司主张开发公司出具的招标文件中"工程实施中将不再对人工工资进行调整"系格式条款，应认定为无效的上诉理由不能成立。

第二十条 招标文件不得要求或者标明特定的生产供应者以及含有倾向或者排斥潜在投标人的其他内容。

【读懂法条】

本条规定了招标文件中不得载有歧视性内容。

随意和盲目地设定投标人资格限制或排斥潜在投标人的具体表现是什么？

招标人可以在招标文件中要求潜在投标人有相应的资格、技术和商务条件，但不得脱离招标项目的具体特点和实际需要，随意和盲目地设定投标人资格要求，不得限定或者指定特定的专利、商标、品牌、原产地或者供应商，不得以其他不合理的条件限制或排斥潜在投标人，如以各种借口阻挠潜在投标人取得资格预审文件或者招标文件，要求投标人递交超过规定比例的投标保证金等。如果必须引用某一品牌或生产供应商才能准确清楚地说明招标项目的技术标准和要求，则应当在引用的品牌或生产供应商名称前加上"参照或相当于"的字样，而且引用的货物品牌或生产供应商在市场上具有可选择性。

【典型案例】

（2014）张中行初字第27号行政判决书：湖南省张家界市中级人民法院认为，本案被告《招标公告》评分办法中规定"注册资本达到500万元及以上的计5分；达到100万元及以上低于500万元的计2分；低于100万元的不计分"；"投标人或其控股公司参与永定城区出租汽车新能源建设的计15分；没有参加的不计分"。以上评分内容、标准违背了湖南省人民政府办公厅、湖南省交通运输厅以及张家界市政府会议纪要确定的此次招投标应按照公开、公平、公正的原则，以服务质量、企业责任承诺、企业信誉为主要条件进行招投标的规定，也违反了法律、行政法规的强制性规定，显失公平、公正，有倾向性的偏向部分投标人，排斥其他投标人。应当认定被告的

《招标公告》有违法之处，因此构成行政行为违法。

第二十一条 招标人根据招标项目的具体情况，可以组织潜在投标人踏勘项目现场。

【读懂法条】

本条规定了踏勘现场。

工程施工招标项目一般需要实地踏勘招标项目现场。货物和服务招标项目如果与现场环境条件关联性不大，则不需要踏勘现场。根据招标项目情况，招标人可以组织潜在投标人踏勘，也可以不组织踏勘。招标人组织潜在投标人踏勘项目现场的，应当组织所有购买招标文件或接收投标邀请书的潜在投标人实地踏勘项目现场，但不得组织单个或者部分潜在投标人踏勘项目现场。潜在投标人对踏勘项目现场后自行作出的判断负责。对于潜在投标人在阅读招标文件和现场踏勘中提出的疑问，招标人可以书面形式或召开投标预备会的方式解答，但需同时将解答以书面方式通知所有购买招标文件的潜在投标人。该解答的内容为招标文件的组成部分。

第二十二条 招标人不得向他人透露已获取招标文件的潜在投标人的名称、数量以及可能影响公平竞争的有关招标投标的其他情况。

招标人设有标底的，标底必须保密。

【读懂法条】

本条规定了招标人的保密义务。

本条第一款中"招标人"包括招标单位、招标代理机构和参与招标工作的所有知情人员；"他人"指任何人。对可能影响公平竞争的信息予以保密是招标人的法定义务，招标人不得违反。

电子招标项目的保密义务具体是什么？

实行电子招标的项目，在投标截止时间前，电子招标投标交易平台运营机构不得向招标人或者其委托的招标代理机构以外的任何单位和个人泄露下载资格预审文件、招标文件的潜在投标人名称、数量以及可能影响公平竞争的其他信息。

标底指的什么？

标底即招标项目的底价，是招标人购买工程、货物、服务的预算。招标人设有标底的，应当依据国家规定的工程量计算规则及招标文件规定的计价方法和要求编制标底，并在开标前保密。一个招标工程只能编制一个标底。在整个招标活动过程中所有接触过标底的人员都有对其保密的义务。

【典型案例】

（2021）粤20民终93号民事判决书：广东省中山市中级人民法院认为，《中华人民共和国招标投标法》第二十二条规定，"招标人不得向他人透露已获取招标文件的潜在投标人的名称、数量以及可能影响公平竞争的有关招标投标的其他情况。招标人设有标底的，标底必须保密。"即潜在投标人的名称、数量及报价等信息属于可能影响公平竞争的信息而不得向他人透露。李某毅与某艺公司之间的居间合同的内容系通过招标人内部的工作人员，采用不正当手段获取涉案招标投标活动中依法应当保密的信息。双方的行为显然违背招标投标活动应当遵循的公开、公平、公正和诚信原则，属于恶意串通，损害其他投标人合法权益的情形。

第二十三条 招标人对已发出的招标文件进行必要的澄清或者修改的，应当在招标文件要求提交投标文件截止时间至少十五日前，以书面形式通知所有招标文件收受人。该澄清或者修改的内容为招标文件的组成部分。

【读懂法条】

本条规定了招标文件的澄清和修改。

这里的"澄清"，是指对于招标文件中内容不清楚、含义不明确的地方作出书面解释，使招标文件的收受人能够准确理解招标文件有关内容的含义。招标人可以根据投标人的要求，对招标文件作出澄清；也可以对自己认为需要澄清的内容主动加以澄清。

"修改"，是指招标人对于招标文件的有关内容根据需要进行必要的修正和改变。这通常是招标人的一种主动的行为。《招标投标法实施条例》第二十一条明确规定："招标人可以对已发出的资格预审文件或者招标文件进行必要的澄清或者修改。澄清或者修改的内容可能影响资格预审申请文件或者投标文件编制的，招标人应当在提交资格预审申请文件截止时间至少3日前，或者投标截止时间至少15日前，以书面形式通知所有获取资格预审文件或者招标文件的潜在投标人；不足3日或者15日的，招标人应当顺延提交资格预审申请文件或者投标文件的截止时间。"招标人对于已发出的招标文件所进行的澄清或者修改的内容视为招标文件的组成部分，与已发出的招标文件具有同等的效力。

【典型案例】

(2014) 粤高法民二申字第449号民事裁定书：广东省高级人民法院认为，《招标投标法实施条例》第二十一条规定，招标人可以对已发出的资格预审文件或者招标文件进行必要的澄清或者修改。澄清或者修改的内容可能影响资格预审申请文件或者投标文件编制的，招标人应当在提交资格预审申请文件截止时间至少3日前，或者投标截止时间至少15日前，以书面形式通知所有获取资格预审文件或者招标文件的潜在投标人；不足3日或者15日的，招标人应当顺延提交资格预审申请文件或者投标文件的截止时间。本案某正公司接受某铜公司委托在原定开标日即2012年11月20日开标前通知某隅公司将开标时间延期至2012年12月11日，并且在原定开标日后第2日书面通知投标人对招标文件内容作出调整，符合上述法律和法规规定，并无不当。尽管某正公司、某铜公司在发出修改招标文件补充通知的当日未向某隅公司解释修改招标文件的原因，但某正公司、某铜公司在收到某隅公司书面异议后，已在第3日即作出书面答复，告知修改招标文件是因为某江家具公司在2012年11月16日就招标文件中评审因素表要求和评分标准提出书面质疑而做了澄清和修改，某正公司、某铜公司的行为亦符合《招标投标法实施条例》第二十二条招标人应当自收到投标人对招标文件异议之日起3日内作出答复的规定。且某正公司、某铜公司解释未在招标过程中告知投标人具体的修改原因是根据招投标行业的惯例，不宜将投标人的情况及质疑情况告知其他投标人，也符合《招标投标法》第二十二条"招标人不得向他人透露已获取招标文件的潜在投标人的名称、数量以及可能影响公平竞争的有关招标投标的其他情况"的规定。而且修改的内容主要是针对原招标文件中家具样品的评分标准和技术说明，并不足以证明修改后的招标文件存在某铜公司故意设定不同评标标准以限制、排斥投标人的情形，也没有证据证明某铜公司与某江家具公司存在串通投标的情形。

第二十四条 招标人应当确定投标人编制投标文件所需要的合理时间；但是，依法必须进行招标的项目，自招标文件开始发出之日起至投标人提交投标文件截止之日止，最短不得少于二十日。

【读懂法条】

本条规定了投标人编制投标文件的期限。

依法必须进行招标项目的招标人在招标文件中规定的给予投标人编制投标文件的时间，可以超过20日，但不得少于20日。这段时间的起算是从第一份招标文件开始发出之日起，而不是指向每一个别投标人发出招标文件之日起。不属于法定强制招标的项目，则不受本条规定的限制。

【典型案例】

（2004）行终字第6号行政判决书：最高人民法院认为，根据《招标投标法》第二十四条关于"依法必须进行招标的项目，自招标文件开始发出之日起至投标人提交投标文件截止之日止，最短不得少于二十日"之规定，给投标人的准备时间不得少于20日。市计委给投标人的准备时间起自2003年5月2日，截止至同年5月12日，共计10日，明显少于法律规定的准备时间，构成违反法定程序。被上诉人市政府提出，由于招标时离"西气东输"在周口开口的时间已非常紧迫,故给投标人的准备时间短于法定时限情有可原。法院认为,被上诉人市政府提出的答辩理由虽具有一定合理性,但不能改变其行为的违法性。

(2011) 湘高法民一终字第71号民事判决书:湖南省高级人民法院认为,虽然《招标投标法》第二十四条规定:招标人应当确定投标人编制投标文件所需要的合理时间;但是,依法必须进行招标的项目,自招标文件开始发出之日起至投标人提交投标文件截止之日止,最短不得少于20日。该条规定并非效力性强制规定,如果某欣公司认为自己编制投标文件的合理时间不够,应在招投标时向招投标代理公司提出给予合理时间的请求,某欣公司并未提出此请求且已顺利参加招投标并中标,说明其编制标书的时间已经足够。况且,从投标邀请书载明的时间来看,并未低于20日,涉案工程项目亦并非《招标投标法》规定的必须进行招标的项目,故对某欣公司以此主张招标投标行为无效的上诉理由不予支持。

第三章 投　　标

第二十五条　投标人是响应招标、参加投标竞争的法人或者其他组织。

依法招标的科研项目允许个人参加投标的,投标的个人适用本法有关投标人的规定。

【读懂法条】

本条规定了投标人的定义。

《招标投标法》对招标人、投标人的主体资格是有限制的,招标人仅限于法人或非法人组织;投标人主要是法人或非法人组织,依法招标的科研项目允许自然人参加投标的,自然人是适格的投标人。招标人组织的招标投标活动,以及依法招标的科研项目以外的其他项目允许自然人参加投标的,都不具有本法规定的招标投标主体资格,该类招标投标活动也不属于本法第二条所调整的

"招标投标活动"。对这类民事法律行为，因属于意思自治范畴，适用《民法典》等一般的民事法律规定和当事人之间的约定。

【典型案例】

（2017）闽04行终49号行政裁定书：本案某村房屋出租虽参照了招投标的程序，但是并不属于《中华人民共和国招标投标法》规定的必须实施招标投标项目的范围，且龚某珍系自然人，其不是为了科研项目参与投标，不符合个人作为投标人的法定情形，故本案纠纷不适用《中华人民共和国招标投标法》。某村房屋出租虽参考招标投标的方式进行，但实质是为了选择租赁合同相对方而采取的一种方式，属于民事合同意思自治的协商过程，属于民事要约或者要约邀请，是民事法律行为。

第二十六条 投标人应当具备承担招标项目的能力；国家有关规定对投标人资格条件或者招标文件对投标人资格条件有规定的，投标人应当具备规定的资格条件。

【读懂法条】

本条规定了投标人的资格条件。

本条中"投标人应当具备承担招标项目的能力"，指的是投标人在资金、技术、人员、装备等方面，要具备与完成招标项目的需要相适应的能力或者条件。投标人的资格条件是招标文件的核心内容之一，可以区分为法定资格条件和招标文件约定资格条件。国家有关规定对投标人资格条件有规定的，必须执行，即使招标文件未要求该类资格条件（一般为强制性的规定，如《建筑法》规定的建筑业企业资质条件、工业产品生产许可证），投标人也应具备这些规定的资格条件；招标人还可以在不违反法律、行政法规强制性规定的前提下，在招标文件中合理设置投标人的相应资格条件（如对业绩的要求、限制失信被执行人投标）。投标人必须具备法律规定或招标文件约定的资格条件，否则其投标将被否决。

法律法规对投标人的资格条件有限制的情形主要有哪些？

法律法规对投标人的资格条件有限制的，从其规定，如《招标投标法实施条例》第三十四条规定："与招标人存在利害关系可能影响招标公正性的法人、其他组织或者个人，不得参加投标。单位负责人为同一人或者存在控股、管理关系的不同单位，不得参加同一标段投标或者未划分标段的同一招标项目投标。违反前两款规定的，相关投标均无效。"《电子招标投标办法》第二十三条规定："电子招标投标交易平台的运营机构，以及与该机构有控股或者管理关系可能影响招标公正性的任何单位和个人，不得在该交易平台进行的招标项目中投标和代理投标。"

【典型案例】

（2019）最高法民申3553号民事判决书：最高人民法院认为，根据《招标投标法实施条例》第三十四条第二款、第三款的规定，单位负责人为同一人或者存在控股、管理关系的不同单位，不得参加同一标段投标或者未划分标段的同一招标项目投标，否则相关投标无效。该条中的"控股关系"，应理解为参加同一招标项目投标的一单位为另一单位的控股股东。《公司法》第二百一十六条第（二）项规定："控股股东，是指其出资额占有限责任公司资本总额百分之五十以上或者其持有的股份占股份有限公司股本总额百分之五十以上的股东；出资额或者持有股份的比例虽然不足百分之五十，但依其出资额或者持有的股份所享有的表决权已足以对股东会、股东大会的决议产生重大影响的股东。"本案中，某坚公司与某瑞德公司之间不存在相互持股的情形，不存在《招标投标法实施条例》第三十四条第二款规定的控股关系。二审判决不支持某之泉公司关于某坚公司与某瑞德公司之间存在控股关系并导致投标无效的主张，适用法律并无错误。

（2003）湘高法民三终字第85号民事判决书：湖南省高级人民法院认为，本案所涉安装服务属于建筑工程中的一种活动，从事该项工程依法必须取得建筑资质。原审法院关于从事涉案安装服务的企业必须取得建筑资质的认定正确，予以维持。虽然招标文件并未要求投标人应当具有建筑资质，但是根据《招标投标法》第二十六条"投标人应当具备承担招标项目的能力；国家有关规定对投标人资格条件或者招标文件对投标人资格条件有规定的，投标人应当具备规定的资格条件"的规定，无论对于招标项目中的主体、关键性工程，还是非主体、非关键性工程，投标人除应具备招标文件规定的资格条件之外，还应知晓国家对投标人资格条件的有关规定，并具备相应的资格条件。

（2017）青01民终831号民事判决书：西宁市中级人民法院认为，招投标是合同订立之初要约邀请与要约的过程，中标通知书为对要约的承诺，全部环节为缔约阶段，受合同民事法律关系的调整，对违反相关法律规定的行为，应当承担相应的法律后果。本案上诉人某跃公司作为投标人，其制造压力容器的资质并不符合招标人在招标公告中罗列的资质条件，违反《招标投标法》"投标人应当具备承担招标项目的能力；国家有关规定对投标人资格条件或者招标文件对投标人资格条件有规定的，投标人应当具备规定的资格条件"之规定，依据《合同法》第五十二条（现《民法典》第一百五十三条），某众公司发出的承诺，即中标通知书属于无效合同。无效的合同，自始无效。

第二十七条 投标人应当按照招标文件的要求编制投标文件。投标文件应当对招标文件提出的实质性要求和条件作出响应。

招标项目属于建设施工的，投标文件的内容应当包括拟派出的项目负责人与主要技术人员的简历、业绩和拟用于完成招标项目的机械设备等。

【读懂法条】

本条规定了投标文件的编制要求。

投标文件是投标人按照招标文件要求编制的对招标文件提出的要求和条件作出实质性响应的法律文书。投标人应当按照招标文件载明的要求编制自己的投标文件，应对招标文件提出的实质性要求和条件作出响应，也就是投标文件的内容应当对与招标文件规定的实质要求和条件（包括招标项目的技术要求、投标报价要求和评标标准等）——作出相对应的回答，不能存有遗漏或重大的偏离。

不符合投标文件编制要求的法律后果是什么？

投标文件没有完全响应招标文件的实质性要求和条件的，属于无效投标文件，评标委员会将否决该投标，投标人也就将失去中标的资格。根据《电子招标投标办法》第二十六条规定，投标人应当按照招标文件和电子招标投标交易平台的要求编制并加密投标文件。投标人未按规定加密的投标文件，电子招标投标交易平台应当拒收并提示。

【典型案例】

（2014）鲁商终字第184号民事判决书：山东省高级人民法院认为，某国资运营中心发布的（2012）044号招标文件载明，项目名称为某城管局集中供暖链条式热水锅炉项目，所购设备链条式热水锅炉数量为3台，投标文件必须响应"投标人投标产品（设备）齐全，符合招标文件要求"等全部实质性要求和条款，否则应当认定为无效投标文件。营口某源公司所投标书中《投标分项报价明细表》《投标货物描述表》载明的项目名称均为某市城市管理局供热站辽河路供热站搬迁改造工程锅炉，《投标货物描述表》中载明"锅炉本体""炉排""分层给煤""减速机""仪表阀门""吹灰器"等设备数量均为2台（套）。因此，营口某源公司的投标文件没有完全响应招标文件的实质性要求和条款，属于无效投标文件，应当认定其不具备中标资格，营口某源公司的中标资格应当予以取消。

（2015）川民终字第1019号民事判决书：四川省高级人民法院经审查，某供水公司编制的招标文件包含了招标公告、投标人须知、评标办法、工程量清单、图纸等一系列文件。根据"工程量清单"第1条关于"本工程量清单应与招标文件中的投标人须知、通用合同条款、专用合同条款、技术标准和要求及图纸等一起阅读和理解"以及"投标人须知"第141条"投标人资质条件、能力和荣誉"中关于"投标人须提交投标人本次投标的 PE 钢丝网骨架聚乙烯管材和钢管须提供有效期内的省级及以上塑料制品或国家建材产品质量监督检验中心检验合格的检测报告"的内容，招标文件对投标人资质的要求规定明确具体，并无任何歧义。投标人编制的投标文件应当包含本次投标需使用的 DN560PE 管材的检测报告。而某金属制品公司提交的投标文件中并未包含前述型号、规格的管材检测报告，结合输水管道是影响案涉工程项目质量至关重要的设备的事实，应当认定某金属制品公司制作的投标文件未响应招标文件的实质性要求的事实客观存在，某金属制品公司关于其未提交 DN560PE 管材的检测报告并不构成对招标文件的是实质性要求的不响应的上诉理由不能成立，不予支持。同时，根据《招标投标法实施条例》第五十一条关于"投标文件没有对招标文件的实质性要求和条件作出响应的，评标委员会应当否决其投标"的规定，因某金属制品公司未对招标文件的实质性要求作出响应的事实客观存在，本次招标的评审委员会于 2014 年 7 月 15 日作出了废标的质询意见。在此情形下，某供水公司向某金属制品公司发出通知取消其中标符合《合同法》第九十四条（现《民法典》第五百六十三条第一款第五项）关于"在法律规定的其他情形下，当事人可以解除合同"的规定。据此，案涉合同虽在某供水公司向某金属制品公司发出中标通知书后成立，但基于某金属制品公司并不具备招标文件要求的资质，某供水公司解除合同具有正当的理由，并不违反法律的规定。

第二十八条 投标人应当在招标文件要求提交投标文件的截止时间前，将投标文件送达投标地点。招标人收到投标文件后，应当签收保存，不得开启。投标人少于三个的，招标人应当依照本法重新招标。

在招标文件要求提交投标文件的截止时间后送达的投标文件，招标人应当拒收。

【读懂法条】

本条规定了投标文件的送达。

投标文件应当按照招标文件要求的时间送达,即在招标文件要求提交投标文件的截止时间前送达。投标人将投标文件按照招标文件规定的时间、地点送达以后,招标人应当签收。招标人应当如实记载投标文件的送达时间和密封情况,并存档备查。投标文件密封不合格的,招标人或者招标代理机构工作人员应予拒收。根据《招标投标法实施条例》第三十六条规定,未通过资格预审的申请人提交的投标文件,以及逾期送达或者不按照招标文件要求密封的投标文件,招标人应当拒收。投标人少于三个的,不能保证必要的竞争程度,原则上应当重新招标。

【典型案例】

(2020)最高法民终165号民事判决书:最高人民法院认为,《招商公告》载明的提交投资文件期间内,仅有中某公司与建某公司组成的联合体投标。环某公司通知联合体中标,并与其订立案涉《BT合同》。中某公司主张招投标活动违反《中华人民共和国招标投标法》第二十八条规定,因而案涉《BT合同》应属无效。《中华人民共和国合同法》第五十二条第(五)项(现《民法典》第一百五十三条)规定,违反法律、行政法规的强制性规定的合同无效。《最高人民法院关于适用〈中华人民共和国合同法〉若干问题的解释(二)》①第十四条进一步规定,合同法第五十二条第(五)项规定的"强制性规定",是指效力性强制性规定。《中华人民共和国招标投标法》规定的中标无效情形并不包括投标人少于三个的招标。故一审判决认定该程序性瑕疵不属于《中华人民共和国招标投标法》规定的会导致合同无效的情形并无不当。

第二十九条 投标人在招标文件要求提交投标文件的截止时间前,可以补充、修改或者撤回已提交的投标文件,并书面通知

---

① 目前该文件已失效。

招标人。补充、修改的内容为投标文件的组成部分。

【读懂法条】

本条规定了投标文件的补充、修改、撤回。

从合同订立的角度讲，投标属于要约。投标截止时间就是投标（要约）生效的时间，也是投标有效期起算的时间。潜在投标人是否作出要约，完全取决于自己的意愿。因此，在投标截止时间前，允许投标人补充、撤回其投标，但投标人应当书面通知招标人。补充、修改的内容为投标文件的组成部分，即补充、修改的内容同投标文件的其他内容具有同等的法律效力，投标人应受补充、修改的投标文件的内容的约束。《招标投标法实施条例》第三十五条补充规定，投标人撤回已提交的投标文件，应当在投标截止时间前书面通知招标人。招标人已收取投标保证金的，应当自收到投标人书面撤回通知之日起5日内退还。投标截止后投标人撤销投标文件的，招标人可以不退还投标保证金。

【典型案例】

（2020）苏0602民初1109号民事判决书：江苏省南通市崇川区人民法院认为，本案被告念某恩公司即通过《邀标函》的形式邀请原告南某公司崇川分公司投标。根据《中华人民共和国招标投标法》第二十九条、《招标投标法实施条例》第三十五条的规定，投标人在招标文件要求提交投标文件的截止时间前，可以补充、修改或者撤回已提交的投标文件，并书面通知招标人；投标人撤回已提交的投标文件，应当在投标截止时间前书面通知招标人，招标人已收取投标保证金的，应当自收到投标人书面撤回通知之日起5日内退还。根据现有证据及原告庭审陈述，本案原告南某公司崇川分公司系在被告念某恩公司发布招标文件前申请退出投标，被告念某恩公司并未在《邀标函》中明确限定投标截止时间，故原告行为属于在投标截止时间前撤回投标的情形，被告念某恩公司理应自收到原告书面通知之日起5日内退还保证金，故原告要求被告念某恩公司退还剩余8万元保证金并支付逾期利息的诉讼请求，符合法律规定，该院依法予以支持，但利息起算时间应调整为2019年12月25日，对于超过部分不予支持。

第三十条 投标人根据招标文件载明的项目实际情况，拟在中标后将中标项目的部分非主体、非关键性工作进行分包的，应当在投标文件中载明。

【读懂法条】

本条规定了拟中标项目分包的要求。

分包，是指投标人拟在中标后将自己中标的项目的一部分工作交由他人完成的行为。分包人和总承包人具有合同关系，和招标人没有合同关系，招标人和总承包人即投标人有合同关系。分包由投标人自己决定，招标人不得为投标人指定分包人。分包的内容为"中标项目的部分非主体、非关键性工作"。至于何为"非主体、非关键性工作"，需要根据各类招标项目的具体情况来加以判断。

第三十一条 两个以上法人或者其他组织可以组成一个联合体，以一个投标人的身份共同投标。

联合体各方均应当具备承担招标项目的相应能力；国家有关规定或者招标文件对投标人资格条件有规定的，联合体各方均应当具备规定的相应资格条件。由同一专业的单位组成的联合体，按照资质等级较低的单位确定资质等级。

联合体各方应当签订共同投标协议，明确约定各方拟承担的工作和责任，并将共同投标协议连同投标文件一并提交招标人。联合体中标的，联合体各方应当共同与招标人签订合同，就中标项目向招标人承担连带责任。

招标人不得强制投标人组成联合体共同投标，不得限制投标人之间的竞争。

【读懂法条】

本条规定了联合体投标。

联合体形式，可以是两个以上法人组成的联合体、两个以上非法人组织组成的联合体或者是法人与非法人组织组成的联合体。联合体对外以一个投标人的身份共同投标。也就是说，联合体虽然不是一个法人组织，但是对外投标应以所有组成联合体各方的共同的名义进行，不能以其中一个主体或者部分主体的名义进行。联合体内部之间权利、义务、责任的承担等问题，需要以联合体各方订立的合同为依据。联合体的组成是"可以组成"，也可以不组成。联合体的组成属于各方自愿的共同的一致的法律行为，投标人是否组成联合体以及与谁组成联合体投标，都属于其自主权，招标人不得干涉。

联合体各方均应当具备承担招标项目的相应能力，是指具备完成招标项目所需要的技术、资金、设备、管理等方面的能力。国家有关规定或者招标文件对投标人资格条件有规定的，联合体各方均应当具备规定的相应资格条件。联合体协议约定同一专业分工由两个及以上单位共同承担的，按照就低不就高的原则确定联合体的资质，业绩的考核以各自的工作量所占比例加权折算；不同专业分工由不同单位分别承担的，按照各自的专业资质确定联合体的资质，业绩的考核按照其专业分别计算。

联合体各方在组成共同投标的联合体时，应当订立共同投标协议。中标的联合体各方应当共同与招标人签订合同。这里所讲的共同"签订合同"，是指联合体各方均应参加合同的订立，并应在合同书上签字或者盖章。联合体各方就中标项目向招标人承担连带责任，招标人可以要求联合体的任何一方履行全部的义务，被要求的一方不得以"内部订立的权利义务关系"为由而拒绝履行。当然，就联合体的内部关系上来讲，代他人履行义务的一方，仍有求偿权。联合体成员又加入其他联合体或单独以自己的名义在同一招标项目中投标的，联合体和联合体成员的投标均无效。

【典型案例】

（2017）甘民申597号民事裁定书：甘肃省高级人民法院认为，南京某源公司、南京某郎公司组成的联合体就所投标工程中标，双方又共同与某门油田分公司签订了《建设工程分包合同》。依据《招标投标法》第三十一条第一款"两个以上法人或者其他组织可以组成一个联合体，以一个投标人的身份共同投标"、第三款"联合体各方应当签订共同投标协议，明确约定各方拟承担的工作和责任，并将共同投标协议连同投标文件一并提交招标人。联合体中标的，联合体各方应当共同与招标人签订合同，就中标项目向招标人承担连带责任"及《建筑法》第二十七条第一款"大型建筑工程或者结构复杂的建筑工程，可以由两个以上的承包单位联合共同承包。共同承包的各方对承包合同的履行承担连带责任"的规定，以及双方《联合体协议书》的约定，南京某源公司与南京某朗公司应当对所施工工程对发包人某门油田分公司承担连带责任。

第三十二条 投标人不得相互串通投标报价，不得排挤其他投标人的公平竞争，损害招标人或者其他投标人的合法权益。

投标人不得与招标人串通投标，损害国家利益、社会公共利益或者他人的合法权益。

禁止投标人以向招标人或者评标委员会成员行贿的手段谋取中标。

【读懂法条】

本条规定了禁止投标人串通投标及向招标人或者评标委员会成员行贿谋取中标。

串通投标，是指投标人通过一定途径，秘密伙同招标人或其他投标人共同商量投标策略，串通投标报价，排斥其他投标人参与公平竞争或损害招标人利益，以非法手段谋取特定人中标的一种不正当竞争行为。一种是投标人之间相互串通，部分投标人之间串通排挤另一部分投标人或串通起来欺诈招标人；另一种是投标人与招标人相互勾结串通投标排挤其他投标人。当然还可能是招标代理机构与投标人串通起来欺诈招标人或者其他投标人。《招标投标法实施条例》第三十九条至第四十一条规定了常见情形。因串通投标的意思表示具有隐秘性，主观意图较难证明，故司法实践一般依据高度盖然性标准认定串通投标行为，在无直接证据证明当事人通过意思联络形成排挤其他竞争对手公平竞争的共同意图时，如果相关间接证据能够形成连贯一致、合乎逻辑、真实完整的证据链条，且当事人无法作出合理解释的，即可认定存在串通投标。

电子招标投标情况下的串标怎么认定？

在电子招标投标情况下，可利用大数据等技术手段，通过开评标电子系统分析比对出投标文件中的内容异常一致、由同一单位或个人编制投标文件或办理投标事宜等行为，认定串通投标有了更高"技术"要求和更便利的技术条件。如不同投标人的投标文件由同一电子设备编制、打包加密或者上传，不同投标人的投标文件由同一投标人的电子设备打印、复印的，就可通过电子技术手段识别不同投标人的投标文件是否出自同一台电脑，进而来判断是否由同一单位或同一个人编制。一些地方就此已经作出相关规定。

本条所讲"行贿"，是指投标人以谋取中标为目的，给予招标人（包括其工作人员）或者评标委员会成员财物（包括有形财物和其他好处）的行为。

【典型案例】

（2016）苏民终464号民事判决书：江苏省高级人民法院认为，《招标投标法》第三十二条第二款规定，投标人不得与招标人串通投标，损害国家利益、社会公共利益或者他人的合法权益。第四十三条规定，在确定中标人前，招标人不得与投标人就投标价格、投标方案等实质性内容进行谈判。本案中，中某公司于2010年8月27日就涉案工程进行投标，金某公司于2010年9月3日向中某公司发出中标通知书。但在此之前，中某公司与金某公司已于2010年6月29日签订《施工承包合同》确定涉案工程由中某公司承包施工，双方还就工程质量、工期、工程价款结算方式、付款方式等实质性内容作出明确约定，并明确待邀请招标程序结束后纳入格式化合同中专用条款。中某公司亦于2010年7月10日即开始参加金某公司的工地会议。上述事实表明，中某公司与金某公司在招投标前即确定中标人，剥夺了其他投标人公平竞争的权利，破坏了市场竞争秩序，属于串通招投标，违反了上述法律禁止性规定。依据《合同法》第五十二条第（五）项（现《民法典》第一百五十三条）之规定，违反法律强制性规定的合同应属无效，故中某公司与金某公司签订的《建设工程施工合同》、《施工承包合同》及补充合同、附属合同均属无效，中某公司关于上述合同有效的上诉理由不能成立。

（2019）闽03民终2186号民事判决书：福建省莆田市中级人民法院认为，各方当事人对"某园林公司和某建设公司的电子投标文件中投标报价清单的加密锁序列信息相同（同为：AE2F01000000XXXXX）"的事实并无异议。某保险公司、某园林公司与某自来水公司的争议，实质上可归纳为"加密锁序列信息相同能否认定为串标"。……本案为民事诉讼案件，人民法院认定案件事实，应根据法律、法规的相关规定，并适用民事证据规则进行。不同招标人制作的投标报价清单，其电子文件的加密锁序列信息相同，因加密锁序列为16位符号组成，根据日常经验和生活常识，可以排除偶同的盖然性，进行形成投标报价清单为同一单位或者个人编制，并经复制形成的内心确信。因投标报价清单属于电子投标文件的组成部分，而《中华人民共和国招标投标法实施条例》第四十条第一项规定"不同投标人的投标文件由同一单位或者个人编制，视为投标人相互串通投标"。结合以上证据、常识、规定，无论指导意见是否适用，任何理性自然人均会得到"加密锁序列信息相同"→"同一单位或者个人编制"→"视为串通投标"的逻辑结论，故应认定某园林公司的行为构成串标。

第三十三条 投标人不得以低于成本的报价竞标，也不得以他人名义投标或者以其他方式弄虚作假，骗取中标。

【读懂法条】

本条规定了禁止投标人以低于成本的报价竞标与骗取中标。

这里讲的"低于成本"，是指低于投标人的为完成投标项目所需支出的个别成本。由于每个投标人的管理水平、技术能力与条件不同，即使完成同样的招标项目，其个别成本也不可能完全相同，管理水平高、技术先进的投标人，生产、经营成本低，有条件以较低的报价参加投标竞争，这是其竞争实力强的表现。实行招标投标的目的，正是通过投标人之间的竞争，特别在投标报价方面的竞争，择优选择中标者，因此，只要投标人的报价不低于自身的个别成本，即使是低于行业平均成本，也是完全可以的。

如何理解以他人名义投标以及以其他方式弄虚作假？

使用通过受让或者租借等方式获取的资格、资质证书投标的，属于本条规定的以他人名义投标。投标人有下列情形之一的，属于本条规定的以其他方式弄虚作假的行为：（一）使用伪造、变造的许可证件；（二）提供虚假的财务状况或者业绩；（三）提供虚假的项目负责人或者主要技术人员简历、劳动关系证明；（四）提供虚假的信用状况；（五）其他弄虚作假的行为。投标活动中任何形式的弄虚作假行为都严重违背诚信的基本原则，严重破坏招标投标活动的正常秩序，必须予以禁止。

【典型案例】

（2018）最高法民申4697号民事裁定书：最高人民法院认为，广东某工程造价咨询有限公司参照佛山市材料信息平均价或市场价就案涉土建工程作出的不含利润的鉴定造价，属于当地建筑市场的社会平均成本，即使以低于该社会平均成本的价格作为标准确定合同价格，也并不当然属于《招标投标法》所称的"低于成本"的情形。本案中，除广东某工程造价咨询有限公司作出的《报告书》之外，中建某局并未提供其他证据证明存在合同约定价格低于中建某局个别成本的情形，其应自行承担相应的不利后果。中建某局以丰某公司《报告书》的鉴定价格明显低于成本价为由主张原判决认定工程价款有误，法院不予支持。

（2014）吉民再字第14号民事判决书：吉林省高级人民法院认为，两次中标及金某公司与东某公司于2008年7月17日签订的《建设工程施工合同》均无效。庄某富自认其分别以华某公司和金某公司的名义投标并中标，依据《中华人民共和国招标投标法》第五十四条"投标人以他人名义投标或者以其他方式弄虚作假，骗取中标的，中标无效"的规定，庄某富以华某公司名义投标并中标，后在工程已经实际施工一年后，又以金某公司名义投标并中标，均属于骗取中标，两次中标均无效。

第四章　开标、评标和中标

第三十四条　开标应当在招标文件确定的提交投标文件截止时间的同一时间公开进行；开标地点应当为招标文件中预先确定的地点。

【读懂法条】

本条规定了开标的时间与地点。

开标时间应与提交投标文件的截止时间相一致，防止招标人或者投标人利用提交投标文件的截止时间以后与开标时间之前的一段时间间隔进行暗箱操作。开标活动应当向所有提交投标文件的投标人公开。招标人如果确有特殊原因，需要变动开标地点，则应当按照本法第二十三条的规定对招标文件作出修改，作为招标文件的补充文件，书面通知每一个提交投标文件的投标人。电子开标应当按照招标文件确定的时间，在电子招标投标交易平台上公开进行，所有投标人均应当准时在线参加开标。投标人对开标有异议的，应当在开标现场提出，招标人应当当场作出答复，并制作记录。

【典型案例】

(2019)赣08民终2206号民事判决书：江西省吉安市中级人民法院认为，《招标投标法》第三十四条、第三十五条规定，开标应当在招标文件确定的提交投标文件截止时间的同一时间公开进行；开标地点应当为招标文件中预先确定的地点。开标由招标人主持，邀请所有投标人参加。聚某公司并未在其招标文件中具体载明开标时间和地点，也未邀请森某公司等投标人参加开标、评标程序。在本案中，聚某公司积极开展招标前的准备工作，提前向森某公司等潜在投标单位发送招标图纸文件，表现其欲通过邀标方式确定施工人的招标意图，但在森某公司积极应标后，聚某公司却未严格按照招投标法及招标文件要求，组织开标或重新招标，无招标诚意，有违诚信原则，应承担相应的缔约过失责任，赔偿森某公司因应标产生的相关费用。

第三十五条 开标由招标人主持，邀请所有投标人参加。

【读懂法条】

本条规定了开标主持人与参加人。

招标人自行办理招标事宜的，自行主持开标；招标人委托招标代理机构办理招标事宜的，可以由招标代理机构按照委托招标合同的约定负责主持开标事宜。招标人应邀请所有投标人参加开标，以确保开标在所有投标人的参与、监督下，按照公开、透明的原则进行。参加开标是每一投标人的法定权利，招标人不得以任何理由排斥、限制任何投标人参加开标，投标人可以放弃参加开标会。开标工作人员包括监督人员不应在开标现场对投标文件作出有效或者无效的判断处理。

第三十六条 开标时，由投标人或者其推选的代表检查投标文件的密封情况，也可以由招标人委托的公证机构检查并公证；经确认无误后，由工作人员当众拆封，宣读投标人名称、投标价格和投标文件的其他主要内容。

招标人在招标文件要求提交投标文件的截止时间前收到的所有投标文件，开标时都应当当众予以拆封、宣读。

开标过程应当记录，并存档备查。

【读懂法条】

本条规定了开标程序。

检查投标文件的密封情况，投标人数较少时，可由投标人自行检查；投标人数较多时，也可以由投标人推举代表进行检查。招标人也可以根据情况委托公证机构进行检查并公证。如果是招标文件所要求的提交投标文件的截止时间以后收到的投标文件，则应不予开启，原封不动地退回。

电子招标项目的开标程序是什么？

对于电子招标项目而言，开标时，电子招标投标交易平台自动提取所有投标文件，提示招标人和投标人按招标文件规定方式按时在线解密。解密全部完成后，应当向所有投标人公布投标人名称、投标价格和招标文件规定的其他内容。因投标人原因造成投标文件未解密的，视为撤销其投标文件；因投标人之外的原因造成投标文件未解密的，视为撤回其投标文件，投标人有权要求责任方赔偿因此遭受的直接损失。部分投标文件未解密的，其他投标文件的开标可以继续进行。招标人可以在招标文件中明确投标文件解密失败的补救方案，投标文件应按照招标文件的要求作出响应。电子招标投标交易平台应当生成开标记录并向社会公众公布，但依法应当保密的除外。

第三十七条 评标由招标人依法组建的评标委员会负责。

依法必须进行招标的项目，其评标委员会由招标人的代表和有关技术、经济等方面的专家组成，成员人数为五人以上单数，其中技术、经济等方面的专家不得少于成员总数的三分之二。

前款专家应当从事相关领域工作满八年并具有高级职称或者具有同等专业水平，由招标人从国务院有关部门或者省、自治区、直辖市人民政府有关部门提供的专家名册或者招标代理机构的专家库内的相关专业的专家名单中确定；一般招标项目可以采取随机抽取方式，特殊招标项目可以由招标人直接确定。

与投标人有利害关系的人不得进入相关项目的评标委员会；已经进入的应当更换。

评标委员会成员的名单在中标结果确定前应当保密。

【读懂法条】

本条规定了评标委员会的组成及评标委员会成员的资格。

所谓评标，是指按照规定的评标标准和方法，对各投标人的投标文件进行评价比较和分析，从中选出最佳投标人的过程。评标工作由评标委员会完成。评标委员会是由招标人依法组建的，负责按照招标文件规定的评标标准和方法对投标文件进行评审和比较，向招标人推荐中标候选人或者根据招标人的授权直接确定中标人的临时组织。

对于依法必须进行招标的项目即法定强制招标项目，评标委员会的组成必须符合本条第二款、第三款的规定；对法定强制招标项目以外的自愿招标项目的评标委员会的组成，本法未作规定，招标人可以自行决定。

评标专家如何确定？

评标专家一般采取随机抽取方式产生，因技术复杂、专业性强或者国家有特殊要求，采取随机抽取方式确定的专家难以保证胜任评标工作的特殊招标项目，评标专家可以由招标人直接确定。招标人的代表参加评标委员会，可以在评标过程中充分表达招标人的意见，与评标委员会的其他成员进行沟通，并对评标的全过程实施必要的监督。相关专业的技术专家参加评标委员会，主要对投标文件所提方案的技术上的可行性、合理性、先进性和质量可靠性等技术指标进行评审比较，以确定在技术和质量方面确实能满足招标文件要求的投标。由经济方面的专家对投标文件所报的投标价格、投标方案的运营成本、投标人的财务状况等投标文件的商务条款进行评审比较，以确定在经济上对招标人最有利的投标。根据招标项目的不同情况，招标人还可聘请法律等方面的专家参加评审。

评标委员会成员需要回避的情形有哪些？

评标委员会成员与投标人有利害关系（主要是指投标人、投标人主要负责人的近亲属，或者与投标人有经济利益关系，或者曾因在招标、评标以及其他与招投标有关活动中从事违法行为而受过行政处罚或刑事处罚）的，应当主动回避。招标投标行政监督部门、招标项目的审核部门、主管部门和审计部门工作人员不得担任本部门负责监督项目的评标委员会成员。评标过程中，评标委员会成员有回避事由、擅离职守或者因健康等原因不能继续评标的，应当及时更换。被更换的评标委员会成员作出的评审结论无效，由更换后的评标委员会成员重新进行评审。

评标委员会虽依据法律规定组建，以相对独立于招标人的意志进行评标，招标人在组建评标委员会和评标过程中意思自治受限制，但评标委员会实际受招标人委托行使评标职责并向招标人提出中标候选人甚至受托定标，类似于受托人完成委托人的委托事项，二者关系可以界定为委托关系，故评标委员会在评标错误等行为的法律后果应由招标人承担，由此造成投标人损失时，投标人有权向招标人主张权益。

【典型案例】

（2018）最高法民申3724号民事裁定书：最高人民法院经审查认为，第一，本案中，涉案工程是住宅工程，属于《招标投标法》第三条规定的必须招投标的项目。《招标投标法》第十二条第三款规定："依法必须进行招标的项目，招标人自行办理招标事宜的，应当向有关行政监督部门备案。"第三十七条前三款规定："评标由招标人依法组建的评标委员会负责。依法必须进行招标的项目，其评标委员会由招标人的代表和有关技术、经济等方面的专家组成，成员人数为五人以上单数，其中技术、经济等方面的专家不得少于成员总数的三分之二。前款专家应当从事相关领域工作满八年并具有高级职称或者具有同等专业水平，由招标人从国务院有关部门或者省、自治区、直辖市人民政府有关部门提供的专家名册或者招标代理机构的专家库内的相关专业的专家名单中确定；一般招标项目可以采取随机抽取方式，特殊招标项目可以由招标人直接确定。"本案中，涉案项目进行招标活动未邀请行政主管部门人员参加，参加投标报价的评委均为某置业公司工作人员组成，未从评标委员会专家库中提选专家评委，招投标程序不规范。

（2004）九中民一初字第09号民事判决书：江西省九江市中级人民法院认为，《招标投标法》第三十七条第一款规定："评标由招标人依法组建的评标委员会负责。"评标委员会的专家委员虽是招标人从符合法律规定条件的专家库中抽取的，但专家委员的专业素养并不保证其认识及评标行为永远正确。在因评标委员会认识错误下的行为造成投标人的损失时，投标人有权获得司法救济，评标委员会的非实体及无自身利益的性质决定了其不应作为承担民事责任的主体。专家委员在评标过程中的认识错误实质是专家依凭专业知识进行主观性判断时难以彻底避免的风险。招标人虽不能控制这种风险,但这种风险早已隐藏在招标人组建评标委员会时所包含的对专家委员的信任关系之中,即便此等信任是因国家强制力而引起,信任中的风险亦应由招标人承担。另评标委员会虽以独立于招标人的意志进行评标,但其工作任务在于确定招标人提出的招标项目的中标人,类似于受托人完成委托人的委托事项。故评标委员会与招标人可界定为委托关系,评标委员会行为的法律后果由招标人承担。评标委员会的评标活动应依法进行,做到客观、公正。本案中,评标委员会以原告湖南某总擅自变更法人委托人为由作出了废标决定,但是评标委员会依据的《评标委员会和评标方法暂行规定》及2003年七部委第30号令均没有规定投标人擅自变更委托人可予以废标。参加投标作为投标人的一种经营活动,委托及变更委托均为投标人的意志自由,受托人行为的法律后果由委托人承担,受托人的变更并不影响委托人的信用,对于合同缔约相对方而言不形成任何商业风险。投标人湖南某总的工作人员持投标人的委托书参加投标,评标委员会作出废标决定属错误理解行政法规,违背了合同缔约过程中的诚实信用原则,对投标人造成的损失应由评标委员会的委托人招标人某市林科所承担。

第三十八条 招标人应当采取必要的措施,保证评标在严格保密的情况下进行。

任何单位和个人不得非法干预、影响评标的过程和结果。

【读懂法条】

本条规定了招标人对于评标过程的保密义务和评标不受非法干预和影响。

招标人应当采取的必要保密措施通常可包括:(1)对于评标委员会成员的名单对外应当保密。(2)在可能和必要的情况下,为评标委员会进行评标工作提供比较安静、不易受外界干扰的评标地点,并对该评标地点保密。"影响评标的过程和结果",可表现为任何单位和个人违反法律规定,将自己的意图转达给评标委员会,使评标委员会成员在评标时,对施加影响者的意见予以考虑或者直接推荐中标候选人,作为评标委员会推荐的中标候选人供招标人选择。评标委员会的成员不代表各自的单位或组织，也不受任何单位或个人的干扰。

第三十九条　评标委员会可以要求投标人对投标文件中含义不明确的内容作必要的澄清或者说明，但是澄清或者说明不得超出投标文件的范围或者改变投标文件的实质性内容。

【读懂法条】

本条规定了评标委员会可以要求投标人进行澄清或者说明。

评标委员会在对投标人的投标文件进行评审和比较时，遇到投标文件中所载事项内容不清楚、不明确的地方，可以要求投标人对此予以说明，以便客观地对投标文件进行审查和比较，准确地了解投标人真实的意思表示。投标文件中有含义不明确的内容、对同类问题表述不一致、明显文字或者计算错误，评标委员会认为需要投标人作出必要澄清、说明的，应当书面通知该投标人。

投标人澄清、说明的要求是什么？

投标人的澄清、说明应当采用书面形式，并不得超出投标文件的范围或者改变投标文件的实质性内容。对于投标文件中意思表示明确或者根据投标文件的上下文能够准确判断其含义的内容，评标委员会不得要求投标人进行澄清或者说明。对于明显背离招标文件实质性要求的偏差，则不应要求投标人给予澄清或者说明，否则会影响评标结果的公正性。当评标委员会要求投标人予以澄清或者说明时，投标人应当如实加以澄清或者说明。投标人对于投标文件的澄清或者说明只能限于投标文件已记载的内容，不得超出投标文件的范围。投标人对于投标文件的澄清或者说明也不得改变投标文件的实质性内容。评标委员会不得暗示或者诱导投标人作出澄清、说明，不得接受投标人主动提出的澄清、说明。

对计算错误、报价前后表述不一致等问题的修正原则是什么？

评标委员会对投标报价进行校核时，对计算错误、报价前后表述不一致等问题应当按下述原则进行修正：（一）用数字表示的数额与用文字表示的数额不一致时，以文字数额为准；（二）单价与工程量的乘积与总价之间不一致时，以单价为准。若单价有明显的小数点错位，应以总价为准，并修改单价。按前款规定调整后的报价经投标人确认后产生约束力。在评标过程中，评标委员会发现投标人的报价明显低于其他投标报价或者在设有标底时明显低于标底，使得其投标报价可能低于其个别成本的，应当要求该投标人作出书面说明并提供相关证明材料。投标人不能合理说明或者不能提供相关证明材料的，由评标委员会认定该投标人以低于成本报价竞标，应当否决其投标。

投标人拒不按照要求对投标文件进行澄清、说明或者补正的，评标委员会可以否决其投标。评标委员会应当书面要求存在细微偏差的投标人在评标结束前予以补正。拒不补正的，在详细评审时可以对细微偏差作不利于该投标人的量化，量化标准应当在招标文件中规定。

第四十条 评标委员会应当按照招标文件确定的评标标准和方法，对投标文件进行评审和比较；设有标底的，应当参考标底。评标委员会完成评标后，应当向招标人提出书面评标报告，并推荐合格的中标候选人。

招标人根据评标委员会提出的书面评标报告和推荐的中标候选人确定中标人。招标人也可以授权评标委员会直接确定中标人。

国务院对特定招标项目的评标有特别规定的，从其规定。

【读懂法条】

本条规定了评标委员会应遵循的评标标准和评标结果效力。

评标委员会成员应当依照本法规定，按照招标文件规定的评标标准和方法，客观、公正地对投标文件提出评审意见。招标文件没有规定的评标标准和方法不得作为评标的依据。

评标标准和方法是什么？

评标标准和方法通常包括以下内容：评标方法、评标纪律、评标委员会组成及来源、评标程序、评审因素及其评审标准、确定中标候选人原则等。评标标准和方法必须在招标文件中载明,在评标过程中,不得随意增加、删减评审因素,也不得调整每个评审因素的评审标准和权重。评标方法包括经评审的最低投标价法、综合评估法或者法律、行政法规允许的其他评标方法。经评审的最低投标价法一般适用于具有通用技术、性能标准或者招标人对其技术、性能没有特殊要求的招标项目。不宜采用经评审的最低投标价法的招标项目,一般应当采取综合评估法进行评审,可以是以采取折算为货币的方法、打分的方法或者其他方法。评标委员会成员应当客观、公正地提出评审意见。招标项目设有标底的,招标人应当在开标时公布。标底只能作为评标的参考,不得以投标报价是否接近标底作为中标条件,也不得以投标报价超过标底上下浮动范围作为否决投标的条件。

评标结果的公开和异议程序是什么?

评标完成后,评标委员会应当向招标人提交书面评标报告和中标候选人名单。中标候选人应当不超过 3 个,并标明排序。依法必须进行招标的项目,招标人应当自收到评标报告之日起 3 日内公示中标候选人,公示期不得少于 3 日。投标人或者其他利害关系人对依法必须进行招标的项目的评标结果有异议的,应当在中标候选人公示期间提出。招标人应当自收到异议之日起 3 日内作出答复;作出答复前,应当暂停招标投标活动。需要公示中标候选人的项目范围限定在依法必须进行招标的项目,其他招标项目是否公示中标候选人由招标人自主决定。在中标候选人公示期间有关评标结果的异议成立的,招标人应当组织原评标委员会对有关的问题予以纠正,招标人无法组织原评标委员会予以纠正或者评标委员会无法自行予以纠正的,招标人应当报告有关行政监督部门,由有关行政监督部门依法作出处理,问题纠正后再公示中标候选人。

评标报告,是评标委员会根据全体评标委员会成员签字的原始评标记录和评标结果编写的、全面反映评标情况的书面报告。评标报告应当由评标委员会全体成员签字。对评标结果有不同意见的评标委员会成员应当以书面形式说明其不同意见和理由,评标报告应当注明该不同意见。评标委员会成员拒绝在评标报告上签字又不书面说明其不同意见和理由的,视为同意评标结果。

【典型案例】

（2017）闽09行终56号行政判决书：福建省宁德市中级人民法院认为，2017年4月7日，中建某局集团有限公司收到资格审查不合格的通知，中建某局集团有限公司对此不服向某省某县医院提出了异议、向上诉人提出了投诉。上诉人受理投诉后，经过调查查明某省住房和城乡建设厅于2015年9月15日作出《关于将重庆某科建设（集团）有限公司等17家企业列入"欠薪黑名单"的通知》，将中建某局集团有限公司列入"欠薪黑名单"；但因有关单位对"欠薪黑名单"认定工作不够认真、严谨，某省住房和城乡建设厅核实后于2015年12月24日作出《关于中建某局集团有限公司等4家企业移出"欠薪黑名单"的通知》，将中建某局集团有限公司移出企业"欠薪黑名单"，中建某局集团有限公司不属于不符合招标文件中"投标人应当具备五年内未因拖欠农民工工资进入欠薪黑名单资格"的情形，应是合格的投标人。据此，上诉人认为福建众某工程项目管理有限公司及某省某县医院没有认真查询、核实，错误评定中建某局集团有限公司为不合格投标人，对评标结果造成实质性影响，应予以纠正，并根据《招标投标法实施条例》第八十二条（注：《招标投标法实施条例》修改后已调整为第八十一条）规定作出处理决定书，确定本次评标无效，依法重新招标。

（2014）渝三中法行终字第00077号行政判决书：重庆市第三中级人民法院认为，《招标投标法实施条例》第五十四条第一款规定："依法必须进行招标的项目，招标人应当自收到评标报告之日起3日内公示中标候选人，公示期不得少于3日"，《重庆市招标投标条例》第三十六条第二款规定："公开招标项目，招标人应当在评标结束后三日内，将评标委员会推荐的中标候选人在发布招标公告的指定媒介上公示"，第三十七条第一款规定："公示期间无异议或者投诉、异议不成立的，招标人应当在公示期结束后五日内，按照招标文件规定的定标办法确定中标人"、第三款规定："招标人应当在确定中标人后五日内发出中标通知书"。可见，评标后，在确定中标人之前，招标人应当公示中标候选人；公示中标候选人并非确定中标人，前者是后者的前置程序；招标人确定中标人后，应在5日内发出中标通知书，不需经过公示异议程序。本案中，招标人发布的《中标结果公示表》中载明了三个中标候选人，告知了投诉异议权利和期限，是对中标候选人的公示，不能据此得出上海兰某科技公司已经被确定为中标人。上海兰某科技公司认为其已经被该公示表确定为中标人并经公示的上诉理由不能成立。

第四十一条 中标人的投标应当符合下列条件之一：

（一）能够最大限度地满足招标文件中规定的各项综合评价标准；

（二）能够满足招标文件的实质性要求，并且经评审的投标价格最低；但是投标价格低于成本的除外。

【读懂法条】

本条规定了中标条件。

定标，是招标人确定中标人的意思表示，是对投标人的投标要约作出承诺的法律行为。招标人必须依据招标文件中规定的中标条件定标，采用综合评估法评标的项目，能够最大限度地满足招标文件中规定的各项综合评价标准的投标人为中标人；采用经评审的最低投标价法评标的项目，经评审的最低能够满足招标文件的实质性要求，并且经评审的投标价格最低的投标人为中标人。本条规定实际上也是推荐中标候选人进行排序的原则。《招标投标法实施条例》第五十五条在此基础上区分项目性质，进一步明确规定："国有资金占控股或者主导地位的依法必须进行招标的项目，招标人应当确定排名第一的中标候选人为中标人。排名第一的中标候选人放弃中标、因不可抗力不能履行合同、不按照招标文件要求提交履约保证金，或者被查实存在影响中标结果的违法行为等情形，不符合中标条件的，招标人可以按照评标委员会提出的中标候选人名单排序依次确定其他中标候选人为中标人，也可以重新招标。"

【典型案例】

（2014）永中法民一初字第11号民事判决书：湖南省永州市中级人民法院认为，被告湖南某技师学院因新校区建设项目选择投资人委托湖南省某招标咨询有限责任公司进行了招标（第二次），并于2011年12月27日在永州市建设工程交易中心举行开标、评标，经评标委员会评审并确定了中标候选人，而原告永州市某房地产开发有限公司亦为新校区建设项目的中标候选人（排名第二）。在公示期满后，第一中标候选人湖南某建设集团公司虽然被确定为中标人，但该公司明确表示主动放弃中标项目。依据《招标投标法》等法律法规的规定，湖南某技师学院作为招标人可以根据评标委员会提出的中标候选人名单排序依次确定其他中标候选人为中标人，但招标人如认为其他中标候选人与自己预期差距较大以致不利于协议履行的可重新招标，即被告湖南某技师学院有权根据实际情况作出相应选择。据此，湖南某技师学院在中标候选人放弃中标后有权对新校区建设项目（选择投资人）依次另行确定排名第二的中标候选人，也有权重新招标。2014年湖南某技师学院已重新挂牌招标，确认了新的中标人。原告在重新招标中并未报名。因此，原告永州市某房地产开发有限公司要求确认其为被告湖南某技师学院就新校区建设项目中标人并签订投资协议，法院不予支持。

第四十二条 评标委员会经评审，认为所有投标都不符合招标文件要求的，可以否决所有投标。

依法必须进行招标的项目的所有投标被否决的，招标人应当依照本法重新招标。

【读懂法条】

本条规定了评标委员会可以否决所有投标。

评标委员会按照招标文件中规定的评标标准，对每一份投标文件的各项指标进行评审后，如果认为某一份投标文件具有《招标投标法实施条例》《评标委员会和评标方法暂行规定》等法规、规章规定的投标无效、重大偏差等情形，或者没有对招标文件提出的实质性要求和条件作出响应，评标委员会可以否决投标。如果认为所有的投标都不符合招标文件的要求，可以否决所有投标。所有投标文件都不符合招标文件的要求，通常有以下几种情况：（1）最低评标价大大超过标底或合同估价，招标人无力接受投标；(2) 所有投标人在实质上均未响应招标文件的要求；(3) 投标人过少，没有达到预期的竞争性。对于依法必须进行招标的项目，如果所有的投标都被否决，招标人应当按照本法规定的招标程序，重新进行招标。对于招标人自愿选择招标采购方式的项目，则可不受本条规定必须重新招标的限制，招标人可以重新招标，也可以采用其他采购方式。

【典型案例】

（2018）粤2071行初586号行政判决书：广东省中山市第一人民法院认为，关于原告的《投标文件》基本资料《承诺书》中对施工工期的承诺是否属于"实质性未响应招标文件要求和条件"的问题。根据《招标投标法》第二十七条关于"投标人应当按照招标文件的要求编制投标文件。投标文件应当对招标文件提出的实质性要求和条件作出响应"、《招标投标法实施条例》第五十一条关于"有下列情形之一的，评标委员会应当否决其投标：……（六）投标文件没有对招标文件的实质性要求和条件作出响应……"及《评标委员会和评标办法暂行规定》第二十五条关于"下列情况属于重大偏差：……（七）不符合招标文件中规定的其他实质性要求。投标文件有上述情形之一的，为未能对招标文件作出实质性响应，并按本规定第二十三条规定作否决投标处理"的规定，投标人编制的投标文件应对招标文件的实质要求和条件作出响应，即投标文件应当符合招标文件中明确规定的实质内容，若投标文件被认定为重大偏差的属未对招标文件作出实质性响应，应作否决投标处理。本案中，原告承诺履行期限即施工工期为"计划工期"，与《招标文件》基本资料"承诺书"中对施工工期要求明确的清晰的回应的要求不同，评标委员会成员一致认为，原告的《承诺书》中施工工期表述为"计划工期：300个日历天"属于对《招标文件》的要求没有明确响应。按照《招标文件》第52页响应性评审标准《承诺书》内容未响应招标文件要求，因此，评标委员会否决原告《投标文件》符合法律法规和招标文件的规定。

（2017）浙03行终20号行政判决书：浙江省温州市中级人民法院认为，

……二、关于涉案招标文件将授权委托书代理人未签字或盖章作为否决投标条款是否合法。《招标投标法实施条例》第二十三条规定，招标文件的内容违反法律、行政法规的强制性规定，违反公开、公平、公正和诚实信用原则，影响潜在投标人投标的，依法必须进行招标项目的招标人应当在修改招标文件后重新招标。《评标委员会和评标方法暂行规定》第十七条第二款规定，招标文件中规定的评标标准和评标方法应当合理，不得含有倾向性内容，不得妨碍或者限制投标人之间的竞争。本案中，涉案招标文件将授权委托书代理人未签字或盖章作为否决投标的效力性条款，不存在上述违反招标文件合法性或评标标准、评标方法合理性的情形。被上诉人新某公司认为该条款违反《民法通则》第六十五条（现《民法典》第一百六十五条至第一百六十七条）有关民事委托代理的一般规定，不利于鼓励交易等，并据此主张该内容无效，缺乏法律依据，法院不予采纳。三、关于涉案授权委托书代理人未签字或盖章是否属于重大偏差问题。《评标委员会和评标方法暂行规定》第二十四条规定，评标委员会应当根据招标文件，审查并逐项列出投标文件的全部投标偏差。投标偏差分为重大偏差和细微偏差。第二十五条第二款规定，招标文件对重大偏差另有规定的，从其规定。根据涉案招标文件评标程序 3.4 投标人文件审查有关应当否决投标情形的规定，足以认定该招标文件已对重大偏差作了另行规定，其中包括涉案授权委托书代理人未签字或盖章的情形，评标时应从其规定。被上诉人新某公司主张涉案授权委托书代理人未签字或盖章属于细微偏差中的漏项，理由不能成立，法院不予采纳。

第四十三条 在确定中标人前，招标人不得与投标人就投标价格、投标方案等实质性内容进行谈判。

【读懂法条】

本条规定了确定中标人以前招标人不得与投标人就投标实质性内容进行谈判。

招标投标与询价以外的其他采购方式相比，比较典型的一个特点是在确定中标人之前禁止招标人与投标人进行实质性谈判。在定标前，如果招标人与投标人就已经进行实质性谈判达成一致意见确定了"中标人"，确定了中标价格、中标方案等合同实质性内容，或者已经签订合同或执行合同项目之后补办招标程序，这实际属于"未招先定""明标暗定"的虚假招标投标行为，也属于招标人与投标人串通的行为，实际违反了《招标投标法》规定的招标投标程序，使得招标投标活动流于形式，违背诚信原则。

确定中标人前进行实质性内容谈判的法律后果是什么？

对这种违法行为，本法第五十五条明确规定，依法必须进行招标的项目，招标人违反本法规定，与投标人就投标价格、投标方案等实质性内容进行谈判，影响中标结果的，中标无效。中标无效，则签订的合同失去合法的基础，应随之无效。因此，确定招标人之前，招标人与投标人不得就投标价格、投标方案等实质性内容进行谈判。招标人不得向中标人提出压低报价、增加工作量、增加配件或者售后服务量、缩短工期或其他违背中标人意愿的要求，以此作为发出中标通知书和签订合同的条件。

【典型案例】

（2017）最高法民申 2541 号民事裁定书：最高人民法院认为，本案诉争工程为重大建设施工工程，为法律规定的必须进行招投标的工程。依据《最高人民法院关于审理建设工程施工合同纠纷案件适用法律问题的解释》第一条第（三）项①的规定，建设工程必须进行招标而未招标的应当认定为无效。诉争《施工总承包合同书》于 2011 年 10 月 25 日签订，此时还未经过评标委员会评议，实际还未经过招标投标程序，因此，未经招投标程序签订的《施工总承包合同书》无效。……《招标投标法》第四十三条规定："在确定中标人前，招标人不得与投标人就投标价格、投标方案等实质性内容进行谈判。"第五十五条规定："依法必须进行招标的项目，招标人违反本法规定，与投标人就投标价格、投标方案等实质性内容进行谈判的，给予警

---

① 该文件已失效。现参考《最高人民法院关于审理建设工程施工合同纠纷案件适用法律问题的解释（一）》第一条第三项。

告，对单位直接负责的主管人员和其他直接责任人员依法给予处分。前款所列行为影响中标结果的，中标无效。"湖南某建与万某公司在进行招投标前已经就诉争工程的价格、工程施工等实质性内容签订了合同，双方对于合同价格、具体施工等实质性内容进行了直接约定，在进行招标投标之前就在实质上先行确定了工程承包人，直接导致湖南某建中标。因此，湖南某建与万某公司的行为属于相互串通进行投标，直接影响到中标结果，损害了其他投标人的利益，中标应属无效。根据《最高人民法院关于审理建设工程施工合同纠纷案件适用法律问题的解释》第一条第（三）项的规定，中标无效的建设工程施工合同无效，故万某公司与湖南某建于2011年11月1日签订的《建设工程施工合同》亦无效。

（2020）最高法民申348号民事裁定书：最高人民法院认为，涉案工程已经进行了招标，合同是否无效需依据中标是否无效进行认定。虽然《招标投标法》第四十三条规定在确定中标人前，招标人不得与投标人就投标价格、投标方案等实质性内容进行谈判，该规定也系强制性规定，但《招标投标法》第五十五条"依法必须进行招标的项目，招标人违反本法规定，与投标人就投标价格、投标方案等实质性内容进行谈判的，给予警告，对单位直接负责的主管人员和其他直接责任人员依法给予处分。前款所列行为影响中标结果的，中标无效"的规定表明：招标人违反本法规定，与投标人就投标价格、投标方案等实质性内容进行谈判的，只是对有关人员给予警告等处分，而非一概认定中标无效；只有在就投标价格、投标方案等实质性内容进行谈判的行为影响中标结果时，才能认定中标无效。也只有在中标无效的前提下，才能认定由此签订的合同无效。在本案中，虽然双方在招投标前进行了谈判并达成合作意向，签订了框架协议，但该协议中没有约定投标方案等内容，未载明开工时间，约定的"项目建筑施工总概算约人民币3亿元"也与《建设工程施工合同》约定的工程价款418332352.72元有明显不同。框架协议签订后，双方按照《招标投标法》的规定，履行了招投标相关手续，即使存在铁某工程公司在招投标之前就已经进场施工的情况，华某房地产公司并未提供充分证据证明其与铁某工程公司在涉案工程中的系列违法违规行为影响了中标结果。因此，原判决认定《建设工程施工合同》有效，并在此基础上维持一审判决，并非仅依据一审中双方当事人均未提出合同无效意见的事实，而是根据《建设工程施工合同》系双方真实意思表示，且不符合法律规定中标无效的情形以及合同的履行和违约事实认定的，不存在缺乏证据证明和适用法律错误的问题。

（2016）苏民终 1286 号民事判决书：江苏省高级人民法院认为，本案中，2010 年 12 月 8 日，宝某公司与二建某分公司签订建设工程施工合同，宝某公司将涉案工程发包给二建某分公司施工，沈某根作为二建某分公司的委托代表人在该协议上签字。根据二审中宝某公司提交的施工任务单、工程现场签证单可以表明沈某根在招投标之前已经实际进场施工。2010 年 12 月 30 日，二建某分公司经过招投标中标承建涉案工程中（一期）1、2、4、5 号楼，2011 年 1 月 6 日，宝某公司与二建某分公司就 1、2、4、5 号楼签订建设工程施工合同。2011 年 4 月，二建某分公司经过投标又中标涉案工程中（二期）3 号楼，2011 年 5 月 28 日，宝某公司与二建某分公司就 3 号楼签订建设工程施工合同。从双方签订合同的过程、内容以及履行情况看，在涉案工程招投标前，双方已就相关权利义务达成合意，通过"明招暗定"方式规避招投标，违反《招标投标法》第四十三条、第五十五条规定，导致中标无效。依照《最高人民法院关于审理建设工程施工合同纠纷案件适用法律问题的解释》[①] 第一条关于具有中标无效情形的施工合同无效的规定，2010 年 12 月 8 日、2011 年 1 月 6 日、2011 年 5 月 28 日宝某公司与二建某分公司签订的建设工程施工合同均为无效合同。

第四十四条 评标委员会成员应当客观、公正地履行职务，遵守职业道德，对所提出的评审意见承担个人责任。

评标委员会成员不得私下接触投标人，不得收受投标人的财

[①] 该文件已失效。现参考《最高人民法院关于审理建设工程施工合同纠纷案件适用法律问题的解释（一）》第一条。

物或者其他好处。

评标委员会成员和参与评标的有关工作人员不得透露对投标文件的评审和比较、中标候选人的推荐情况以及与评标有关的其他情况。

【读懂法条】

本条规定了评标委员会成员履行职务时应遵守的基本准则。

评标委员会成员应当客观、公正地履行职务。这里讲的"客观",是指评标委员会成员在评审投标文件时,必须做到实事求是,不得带有主观偏见。评标委员会成员在评审投标文件时,要综合各方面的因素,严格按照招标文件确定的标准和方法对投标文件进行客观的分析、评价。这里讲的"公正",是指评标委员会成员在评标过程中要以独立、超脱的地位,不偏不倚地对待每个投标人,要严格按照招标文件规定的程序和方法评审每个投标人的投标,不能厚此薄彼、区别对待。评标委员会成员不得与任何投标人或者与招标结果有利害关系的人进行私下接触,不得收受投标人、中介人、其他利害关系人的财物或者其他好处,不得向招标人征询其确定中标人的意向,不得接受任何单位或者个人明示或者暗示提出的倾向或者排斥特定投标人的要求,不得有其他不客观、不公正履行职务的行为。招标人应当向评标委员会提供评标所必需的信息,但不得明示或者暗示其倾向或者排斥特定投标人。

【典型案例】

(2020)辽02行终22号行政判决书:辽宁省大连市中级人民法院认为,本案中,从案涉处理决定的内容看,被上诉人认为在案涉项目评标时存在以下违法问题:一、评标委员会相关成员未按照有关规定作出判断,而是凭主观臆断作出了选择性的符合性审查;二、评标委员会成员在评标过程中实施了沟通、协调、上网等行为,直接影响了本项目的评标结果。……本案中,从现有证据看,案涉评标专家均是从评标专家库依法抽取,即其均是符合法律规定的有权参与评标的专家。案涉评标专家运用自身的专业技能对案涉项目发表评标意见,行使的是法律赋予的权利,在无据证明其存在法律所规定的禁止性行为的情况下,其评标意见是具有法律效力的意见。此外,从前述法律规定的内容看,评标委员会成员的评标意见是否系按照有关规定作出,是否属于主观臆断,关系到的是评标委员会成员的个人责任,并非是否定其评标意见法律效力的法定理由。故上诉人以此为由认定案涉项目评标违法,缺乏法律依据。另外,从现有证据看,如原审法院所述,上诉人提供的评标委员会人员王某哲、尤某红、崔某、林某、刘某菊《询问(调查)笔录》中,评标委员会成员均否认在评标过程中存在相关单位和个人的干扰或不当要求。上诉人提供的证据中也没有评标委员会成员违法沟通、协调行为的记载,故上诉人无据证明案涉评标委员会成员存在前述法律规定的不得私下接触投标人、不得收受投标人的财物或者其他好处、不得透露对投标文件的评审和比较、中标候选人的推荐情况以及与评标有关的其他情况等禁止性行为,上诉人仅以评标专家在评标过程中进行了上网查询即认定其存在违法行为,缺乏事实和法律依据。

第四十五条 中标人确定后,招标人应当向中标人发出中标通知书,并同时将中标结果通知所有未中标的投标人。

中标通知书对招标人和中标人具有法律效力。中标通知书发出后,招标人改变中标结果的,或者中标人放弃中标项目的,应当依法承担法律责任。

【读懂法条】

本条规定了中标通知书的法律效力。

中标通知书是招标人向中标的投标人发出的告知其中标的书面通知文件,是招标人向中标人作出的接受其要约的承诺。承诺应当由受要约人作出,故中标通知书应当由招标人发出或者招标人授权的招标代理机构或其他单位发出。未经招标人明确授权,其他人发出的中标通知书无效,不属于招标人作出的承诺,对招标人不具有约束力。中标通知书对招标人和中标人所具有的法律效力,就是招标人和中标人不得擅自毁标,不得改变中标结果或者放弃中标项目,而应当履行按招标文件和投标文件订立书面合同的义务，否则应当依法承担法律责任。对于这种责任，属于缔约过失责任还是违约责任，《招标投标法》并没有明确，法院在裁判案件时这几种观点都有采纳。最高人民法院倾向于认为，招标人发出中标通知书后，即产生在招标人、中标人之间成立书面合同的效力，当事人拒绝签订合同，应承担违约责任。

【典型案例】

（2017）最高法民再51号民事判决书：最高人民法院认为，《招标投标法》第四十五条规定："中标人确定后，招标人应当向中标人发出中标通知书，并同时将中标结果通知所有未中标的投标人。中标通知书对招标人和中标人具有法律效力……"第四十六条第一款规定："招标人和中标人应当自中标通知书发出之日起三十日内，按照招标文件和中标人的投标文件订立书面合同。"滑某公司投标为要约，交易中心发出中标通知书为承诺，又根据《合同法》第二十六条（现《民法典》第四百八十四条）"承诺通知到达要约人时生效"和第二十五条（现《民法典》第四百八十条）"承诺生效时合同成立"的规定，只有在交易中心向滑某公司发出的中标通知书到达滑某公司时，招投标行为始告完成，双方基于招投标行为而形成的合同始告成立。而本案中，交易中心并未向滑某公司发出中标通知书，因此双方未就此达成合意，以滑某公司投标价格为基础的合同并未成立，亦不能作为判定双方权利义务的依据，故滑某公司主张以其投标价作为核算工程款的标准，没有事实依据，法院不予支持。

（2019）最高法民申2241号民事裁定书：最高人民法院认为，招投标活动是招标人与投标人为缔结合同而进行的活动。招标人发出招标通告或投标邀请书是一种要约邀请，投标人进行投标是一种要约，而招标人确定中标人的行为则是承诺。承诺生效时合同成立，因此，在招标活动中，当中标人确定，中标通知书到达中标人时，招标人与中标人之间以招标文件和中标人的投标文件为内容的合同已经成立。《招标投标法》第四十六条和涉案招标文件、投标文件要求双方按照招标文件和投标文件订立书面合同的规定和约定,是招标人和中标人继中标通知书到达中标人之后,也就是涉案合同成立之后,应再履行的法定义务和合同义务,该义务没有履行并不影响涉案合同经过招投标程序而已成立的事实。因此,签订书面合同,只是对招标人与中标人之间的业已成立的合同关系的一种书面细化和确认,其目的是履约的方便以及对招投标进行行政管理的方便,不是合同成立的实质要件。

第四十六条 招标人和中标人应当自中标通知书发出之日起三十日内,按照招标文件和中标人的投标文件订立书面合同。招标人和中标人不得再行订立背离合同实质性内容的其他协议。

招标文件要求中标人提交履约保证金的,中标人应当提交。

【读懂法条】

本条规定了订立书面合同和提交履约保证金。

中标合同是体现和确认招标投标结果的法律文件,是招标人与中标人意思表示一致达成的合意。订立中标合同,既要遵循《民法典》的一般规定,也要符合《招标投标法》的特殊规定。

订立中标合同需要注意哪些问题?

根据本条规定,订立中标合同需要注意:一是招标人与中标人签订的中标合同应当采用书面形式。二是双方必须在中标通知书发出之日起30日内订立合同,也必须在投标有效期内订立合同,否则中标人承诺的投标有效期届满,其投标要约失效不再受其投标文件约束,可以拒绝订立合同。司法实践中,一般认为双方当事人应当在中标通知书发出之日起30日内订立合同的规定,属于管理性强制性法律规定,如果超出30日订立合同,该合同并不因违反该规定而无效。三是招标人和中标人必须按照招标文件和中标人的投标文件订立书面合同,不得背离合同实质性内容另行订立其他协议,否则该实质性变更内容无效。

对"合同实质性内容"如何理解?

《招标投标法》未予以明确。从现有司法观点来看,"合同实质性内容",是指影响或决定当事人基本权利义务的条款。不同的合同类型,实质性条款并不完全相同。《最高人民法院关于审理建设工程施工合同纠纷案件适用法律问题的解释（一）》第二条规定了建设工程施工合同的实质性内容为"工程范围、建设工期、工程质量、工程价款等"。是否构成"合同实质性内容"，其判断因素是如果变更该项合同内容，其一，是否影响其他中标人中标；其二，是否对招标人与中标人的权利义务产生较大影响。当然，对合同主要条款的微调以及非主要条款的变更则一般不属于实质性背离，而应为当事人根据意思自治变更合同的权利范围。

"黑白合同"的认定问题

背离中标合同实质性内容另行签订的协议即产生"黑白合同"的问题。需要把握"黑白合同"的签订与正常合同变更的界线。合同变更权的行使存在于所有的合同履行过程中。如果在合同实际履行过程中存在设计变更、工程量增加等法定或中标合同约定的变更事由影响中标合同的履行时，对中标合同的内容进行修改属于正常的合同变更。建设工程开工后，因设计变更、建设工程规划指标调整等客观原因，发包人与承包人通过补充协议、会议纪要、往来函件、签证等洽商记录形式变更工期、工程价款、工程项目性质的，不应认定为变更中标合同的实质性内容。因情势变更，为了平衡合同当事人的利益，也可能导致对合同实质性内容进行变更，对此也不能认定为"黑白合同"。

履约担保是否属于法律要求必须提供的担保措施？

履约保证金，实务中也称"履约担保"，属于中标人向招标人提供的在合同签订后的履行阶段用以保障其履行合同义务的担保，用于保障中标合同的履行，防范中标人违约的风险，也有利于预防和遏制招投标活动中弄虚作假行为和低于成本报价的恶性竞争。履约担保不属于法律要求必须提供的担保措施，因此是否要求中标人提交履约担保，由招标人自主决定但必须在招标文件中载明，而且其金额不超过合同金额的10%。招标文件要求中标人提供履约保证金的，中标人有义务交纳；不按招标文件规定提交履约保证金的，视为放弃中标资格。合同履行完毕，招标人应当退还履约保证金，中标人有违约行为的，招标人可以依据合同约定扣减相应履约保证金。

【典型案例】

（2018）最高法民终 407 号民事判决书：亿某公司提出施工合同签订主体和中标通知书记载不一致因此合同无效的抗辩理由。最高人民法院认为，虽然《中标通知书》载明案涉工程中标单位为中某公司，但公司的中标项目交与其分支机构中某国际工程有限责任公司青海分公司（以下简称中某公司青海分公司）施工，并不为法律所禁止，且亿某公司与中某公司青海分公司签订施工合同和补充协议，明确同意中某公司青海分公司施工并支付工程款，亿某公司亦无证据证明中某公司青海分公司系借用资质挂靠施工，故亿某公司该抗辩理由不能成立。

（2019）最高法民终 1996 号民事判决书：最高人民法院认为，招标人发布招标公告是要约邀请，投标人投标是要约，招标人向中标人发出中标通知书是承诺。中标通知书到达中标人时承诺生效，合同成立。招标文件、中标人的投标文件和中标通知书构成建设工程施工合同的文本。《招标投标法》第四十六条第一款规定："招标人和中标人应当自中标通知书发出之日起三十日内，按照招标文件和中标人的投标文件订立书面合同。招标人和中标人不得再行订立背离合同实质性内容的其他协议。"从实践情况看，招标人和中标人依据本条规定自中标通知书发出之日起三十日内，按照招标文件和中标人的投标文件订立的书面合同，实际是根据招标文件和中标人的投标文件订立的合同书。因此，在当事人通过招标投标方式订立建设工程施工合同的情况下，招标文件、中标人的投标文件以及中标通知书，本身就是合同文本的组成部分。《最高人民法院关于审理建设工程施工合同纠纷案件适用法律问题的解释（二）》第十条[①]规定："当事人签订的建设工程施工合同与招标文件、投标文件、中标通知书载明的工程范围、建设工期、工程质量、工程价款不一致，一方当事人请求将招标文件、投标文件、中标通知书作为结算工程价款的依据的，人民法院应予支持。"因此，在建设工程施工合同有

---

① 该文件已失效，现参考《最高人民法院关于审理建设工程施工合同纠纷案件适用法律问题的解释（一）》第二十二条。

效的情况下，对于建设工程施工合同的工程范围、建设工期、工程质量、工程价款等实质性内容，应当以招标文件、投标文件、中标通知书为准。对于工程范围、建设工期、工程质量、工程价款等非实质性内容，以当事人的真实意思表示为准。招标人和中标人按照招标文件和中标人的投标文件订立的建设工程施工合同未约定支付工程价款时间而招标文件约定了建设工程价款时间的，应当以招标文件的约定为依据。案涉招标文件已经约定工程价款付款时间。中某建筑公司在投标文件中承诺，如其中标，完全接受并响应招标文件主要合同条款规定的全部内容。因此，中某建筑公司关于兴某公司、领导小组办公室发布的招标公告中关于付款方式等内容不能构成合同约定，其与兴某公司或兴某公司及领导小组办公室签订的建设工程施工合同大部分对付款时间未作出约定或约定不明的上诉理由不能成立，法院不予支持。

（2018）苏民终873号民事判决书：江苏省高级人民法院认为，根据《招标投标法》的规定，全部或者部分使用国有资金投资或者国家融资的项目，必须进行招标。通过招投标方式签订的中标合同经备案后受法律保护，招标人和中标人不得再行订立背离合同实质性内容的协议。但协议变更合同是法律赋予合同当事人的基本权利。建设工程开工后，如因设计变更、建设工程规划指标调整等客观原因，发包人与承包人通过补充协议、签证、会议纪要等洽商记录形式对工程进行变更的，不能以变更中标合同实质性内容为由认定合同变更无效。本案中，中某公司与苏某公司通过招投标程序签订了《建设工程施工合同》并进行了备案，该合同为当事人真实意思表示，不违反法律、行政法规的强制性规定，依法应认定为有效。涉案工程在施工过程中施工内容发生变化并形成签证单、会议纪要，此种变更与当事人为了获取不正当利益，在签订中标合同前后、工程内容没有变化的情况下，另行签订变更中标合同实质性内容的"黑白合同"有本质区别。因此，涉案工程在施工过程中增加工程量为当事人真实意思表示，不具有违法目的，涉案《建设工程施工合同》及合同外增加工程约定依法应认定为有效。

（2014）湘高法民二终字第53号民事判决书：湖南省高级人民法院认为，达某公司向山东某公司交纳了投标保证金50万元参与投标，并于2012

年12月14日与山东某大岳七项目部签订了《土方施工意向书》,其后达某公司接通知进场施工,山东某公司已初步确定达某公司为涉案工程的中标单位。达某公司在将50万元投标保证金转为履约保证金后,还应按《招标文件》的规定,再向山东某公司交纳50万元履约保证金,而达某公司未及时向山东某公司交纳履约保证金且在接到山东路某公司催收50万元履约保证金的通知后,仍未交纳。本案中,《招标文件》第2篇投标人须知资料表中第9项、第10项记载了有关履约担保金交纳和合同签订的时间,该时间是按接到中标通知(15天)和收到中标通知书后(10天)不同条件下的时间规定,该表是要求投标人应交纳的资料表,从表中排项亦可看出,履约保证金是在签订合同之前交纳,且第21条明确规定中标人在收到中标通知书,并在签订合同协议前,向招标人提交100万元履约保证金,该100万元履约保证金应在《劳务分包合同》签订之前交纳。根据《招标投标法》第四十六条第二款"招标文件要求中标人提交履约保证金的,中标人应当提交"及《招标文件》的规定,山东某公司有权解除双方签订的《土方施工意向书》,不与达某公司签订《劳务分包合同》。原审法院认定山东路某公司应先与达某公司签订《劳务分包合同》后才交纳100万元履约保证金认定错误,法院予以纠正。山东某公司在通知达某公司中标无效及要求达某公司退场后,双方协商达某公司退场事宜,山东某公司退还了达某公司50万元投标保证金,并补偿了经达某公司确认的前期费用,双方签订的《土方施工意向书》实际上已被解除。

(2009)浙民终字第45号民事判决书:浙江省高级人民法院认为,《招标投标法》第四十六条第一款"招标人和中标人应当自中标通知书发出之日起三十日内,按照招标文件和中标人的投标文件订立书面合同。招标人和中标人不得再行订立背离合同实质性内容的其他协议"的规定,主要价值取向是规范招标投标活动,保证项目质量,维护国家利益与社会公共利益,就建设工程施工招投标签订中标备案合同后,当事人变更合同的权利仅限于与合同内容不发生实质性背离的范围。目的也仅仅是限定一定时间约束当事人尽快订立合同,并未规定在限定时间内未签订书面合同而导致合同无效的法律后果。因此，并不能仅因双方当事人根据招标文件和中标人的投标文件内容签订的合同超过了该规定时间即认定无效。

第四十七条 依法必须进行招标的项目，招标人应当自确定中标人之日起十五日内，向有关行政监督部门提交招标投标情况的书面报告。

【读懂法条】

本条规定了依法必须招标项目的招标人应当书面报告招标投标情况。

书面报告的内容包括招标项目基本情况，投标、开标、评标情况，中标结果和签订合同等招标投标的情况。对于不是属于依法必须进行招标的项目，招标人不必向有关行政监督部门提交招标投标情况的书面报告。

第四十八条 中标人应当按照合同约定履行义务，完成中标项目。中标人不得向他人转让中标项目，也不得将中标项目肢解后分别向他人转让。

中标人按照合同约定或者经招标人同意，可以将中标项目的部分非主体、非关键性工作分包给他人完成。接受分包的人应当具备相应的资格条件，并不得再次分包。

中标人应当就分包项目向招标人负责，接受分包的人就分包项目承担连带责任。

【读懂法条】

本条规定了中标人不得转让中标项目和违法分包。

中标人应当全面履行合同约定的义务，完成中标项目。所谓中标人全面履行合同约定的义务，是指中标人应当按照合同约定的有关招标项目的标的、质量、数量、履行期限、造价及结算办法等要求，全面履行其义务，完成中标项目，不得瑕疵履行，擅自变更合同，也不得随意毁约。《建筑工程施工发包与承包违法行为认定查处管理办法》列举了挂靠、转包、违法分包的常见情形。

为了防止层层转包，保证工程安全和质量，法律规定中标人在合同实施过程中，不得转让中标项目，不得非法分包项目。转让，是指中标人将与发包人签订合同所约定的权利、义务和风险转由其他人来承担，中标人退出原合同关系。对一些招标项目而言，中标人可以亲自履行合同，完成整个项目所有工作，但是，鉴于有些项目综合性、复杂性和分工专业化的特点以及从项目成本方面考虑，实行总承包与分包相结合的方式，允许承包人在一定的条件下，将总承包工程项目中的部分劳务工程或者自己不擅长的专业工程分包给其他承包人，也是必要的。

分包的限制性规定

为了确保质量，对分包行为作了四点限制性规定：一是分包的内容只能是非主体、非关键性的工作，主体和关键性工作不得分包；二是接受分包的单位应当具有相应资格条件和履约能力；三是分包应按照合同约定或者取得招标人同意后进行；四是接受分包的人不得再次分包，即分包只能进行一次。在分包的情况下，分包人不履行分包合同时，招标人既可以要求总承包人承担责任，也可以直接要求分包人承担责任。

《招标投标法实施条例》第五十九条也规定："中标人应当按照合同约定履行义务，完成中标项目。中标人不得向他人转让中标项目，也不得将中标项目肢解后分别向他人转让。中标人按照合同约定或者经招标人同意，可以将中标项目的部分非主体、非关键性工作分包给他人完成。接受分包的人应当具备相应的资格条件，并不得再次分包。中标人应当就分包项目向招标人负责，接受分包的人就分包项目承担连带责任。"如果中标人转让项目或者非法分包可能导致合同无效。

【典型案例】

（2019）云民终65号民事判决书：云南省高级人民法院认为，关于本案中双方所签合同的性质和效力如何认定的问题。首先，本案中，杨某与云南某投签订的《工程劳务承包合同》及镕某公司与云南某投签订的《工程劳务承包合同》，除了主体一方变更外，其余内容是一致的，双方签订的《工程劳务承包合同》名为劳务承包，实为建设工程分包，据此本案属于建设工程分包合同纠纷。其次，根据《最高人民法院关于审理建设工程施工合同纠纷案件适用法律问题的解释》第一条[①]"建设工程施工合同具有下列情形之一的，应当根据合同法第五十二条第（五）项的规定，认定无效：（一）承包人未取得建筑施工企业资质或者超越资质等级的"和第四条"承包人非法转包、违法分包建设工程或者没有资质的实际施工人借用有资质的建筑施工企业名义与他人签订建设工程施工合同的行为无效"的规定，杨某和镕某公司均无相应的施工资质，杨某与云南某投签订的《工程劳务承包合同》以及镕某公司与云南某投签订的《工程劳务承包合同》，因一方合同主体无相应的施工资质，违反了法律强制性规定导致合同无效。本案中，杨某、镕某公司以及云南某投三方对杨某、镕某公司的主体不适格是明知的，因此，案涉合同无效三方均有责任。一审法院认定合同有效不当，法院予以纠正。

（2017）粤民申8847号民事裁定书：广东省高级人民法院认为，《招标投标法》第四十八条第一款、第二款规定："中标人应当按照合同约定履行义务，完成中标项目。中标人不得向他人转让中标项目，也不得将中标项目肢解后分别向他人转让。中标人按照合同约定或者经招标人同意，可以将中标项目的部分非主体、非关键性工作分包给他人完成。接受分包的人应当具备相应的资格条件，并不得再次分包。"根据本案已查明的事实，冯某满以园林公司名义投标，中标后将涉案中标工程又转包给王某成、刘某，其行为已违反了上述强制性规定，应属无效。王某成、刘某向冯某满出具的《承诺书》虽然是其二人的真实意思表示，但该《承诺书》基于上述违法转包行为而产生，亦已违反了上述《招标投标法》第四十八条的强制性规定，故王某成、刘某出具的《承诺书》亦属无效，冯某满诉请王某成、刘某依据《承诺书》的约定支付酬劳费，依法无据，二审判决对此认定正确。

（2014）黑高商终字第51号民事判决书：黑龙江省高级人民法院认为，某机械公司应否承担连带清偿责任。根据某机械公司出具的《关于大唐鸡西

---

① 该文件已失效，现参考《最高人民法院关于审理建设工程施工合同纠纷案件适用法律问题的解释（一）》第一条。

B厂滚筒冷渣器的性能要求》、《冷渣器供货范围说明》、《冷渣器供货差异会议纪要》、《鸡西冷渣机问题回函》及2011年12月28日《会议纪要》等文件可以证实,案涉冷渣器的生产、安装指导、维修改造工作均由某机械公司完成,某机械公司在设计图纸上加盖公章的行为,亦表明其参与了案涉冷渣器的设计工作。鉴于某设备公司将案涉冷渣器的关键性工作分包给某机械公司完成,原审法院根据《招标投标法》第四十八条第三款关于"中标人应当就分包项目向招标人负责,接受分包的人就分包项目承担连带责任"的规定,判令某机械公司对案涉债务承担连带清偿责任亦无不当,某机械公司关于其不应承担连带清偿责任的上诉主张,法院不予支持。

第五章 法律责任

第四十九条 违反本法规定,必须进行招标的项目而不招标的,将必须进行招标的项目化整为零或者以其他任何方式规避招标的,责令限期改正,可以处项目合同金额千分之五以上千分之十以下的罚款;对全部或者部分使用国有资金的项目,可以暂停项目执行或者暂停资金拨付;对单位直接负责的主管人员和其他直接责任人员依法给予处分。

【读懂法条】

本条规定了必须进行招标的项目不招标的法律责任。

"化整为零"规避招标,是指有关单位和个人将依法必须招标的一个整体项目人为地划分为若干个项目,使各个项目在规模上低于依法必须招标的项目的规模标准,从而达到规避招标的目的的行为。所谓"以其他任何方式"规避招标,是指除化整为零规避招标以外的其他规避招标的方式。责令限期改正,即由有关行政执法机关以行政决定的方式,要求有关单位和个人限期纠正其对必须进行招标的项目不招标的行为。罚款是行政处罚中的一种经济处罚,是对犯有一般违法行为的单位或者个人的一种经济上的制裁方法,具体表现为依法责令违法单位或者个人向国家缴纳一定数额的金钱。所谓"可以处以罚款"，是指可以罚款，也可以不罚款，是否处以罚款由本法规定的行政执法部门根据具体情况决定。政务处分的形式主要有警告、记过、记大过、降级、撤职、开除等。除政务处分之外的其他处分，主要是指实施处分的单位依照其单位内部的规章制度进行的处分。

【典型案例】

（2016）晋0109行初7号行政判决书：山西省太原市万柏林区人民法院认为，原告山西某房地产开发有限公司于2014年7月28日在虎峪河南岸煤机西路建设朝南水岸二期鼎盛佳园B座工程，该工程未进行招标投标施工，违反了《中华人民共和国招标投标法》的规定，被告某市城乡管理行政执法局有权对其进行处罚。被告某市城乡管理行政执法局作出的并城乡执罚字（2014）第1004-2号《行政处罚决定书》事实清楚、证据确凿、适用法律正确、符合法定程序，应予确认。

（2015）万行初字第00014号行政判决书：山西省太原市万柏林区人民法院认为，原告山西某科技集团有限公司在太原市迎泽区新沟村建设厂房工程，不属于《中华人民共和国招标投标法》第三条规定的必须进行招标投标的项目，被告某市城乡管理行政执法局依据该规定对原告作出处罚适用法律错误，应予撤销。

第五十条 招标代理机构违反本法规定，泄露应当保密的与招标投标活动有关的情况和资料的，或者与招标人、投标人串通损害国家利益、社会公共利益或者他人合法权益的，处五万元以上二十五万元以下的罚款；对单位直接负责的主管人员和其他直接责任人员处单位罚款数额百分之五以上百分之十以下的罚款；有违法所得的，并处没收违法所得；情节严重的，禁止其一年至二年内代理依法必须进行招标的项目并予以公告，直至由工商行政管理机关吊销营业执照；构成犯罪的，依法追究刑事责任。给他人造成损失的,依法承担赔偿责任。

前款所列行为影响中标结果的,中标无效。

【读懂法条】

本条规定了招标代理机构违法泄密或者与招标人、投标人串通应当承担的法律责任。

招标人和招标代理机构之间属于委托代理关系。招标代理机构可接受招标人的委托参与招标投标活动,但不得泄露应当保密的与招标投标活动有关的情况和资料。

与招标投标活动有关的情况和资料指的是什么?

这里所讲的"与招标投标活动有关的情况和资料",包括编制和发售招标文件阶段的潜在投标人的名称、数量以及可能影响公平竞争的有关招标投标的其他情况,招标项目的标底,评标阶段的评标保密措施,对投标文件的评审和比较,中标候选人的推荐情况以及与评标有关的其他情况,等等。

招标代理机构与招标人、投标人串通的情况包括哪几种?

招标代理机构与招标人、投标人串通包括以下几种情况:一是招标代理机构与招标人串通违反本法的规定进行招标投标。二是招标代理机构与投标人串通以使该投标人中标从中谋取不正当利益等。三是招标人、招标代理机构、投标人共同串通谋取非法利益等。这里所讲的"他人",主要是指招标人和利益受到损害的其他投标人。对招标代理机构的上述行为实行"双罚"原则,既对招标代理机构予以罚款,也对单位的相关人员处以罚款。"违法所得",是指招标代理机构因泄密或者因与招标人、投标人串通而获得的违法收入,对此应予以没收。

违反本条一般构成何种犯罪?

违反本条构成犯罪的,"依法追究刑事责任",主要是指依照《刑法》第二百一十九条、第二百二十条关于侵犯商业秘密罪的规定追究刑事责任。所谓侵犯商业秘密罪,是指以非法手段获取、泄露、使用他人的商业秘密,并给商业秘密的权利人造成重大损失的行为。所谓商业秘密,是指不为公众所知悉,能为权利人带来经济利益,具有实用性并经权利人采取保密措施的技术信息和经营信息。

【典型案例】

(2003)湘高法民三终字第85号民事判决书:湖南省高级人民法院认为,在本案所涉安装服务要求投标人具备建筑资质,而富某达公司没有该资质的情况下,富某达公司与省招标公司在创某公司投诉后,为达到使富某达公司中标的目的,相互串通伪造富某达公司投标文件中的《指定安装单位说明》,富某安装公司《建筑业企业资质证书》《企业法人营业执照》,使某市招标投标办公室依据伪造的投标文件,认定富某达公司已将安装服务依法分包给富某安装公司,错误地作出维护中标结果的处理决定。富某达公司与省招标公司串通伪造富某达公司投标文件的行为损害了国家利益、社会公共利益,破坏了招标投标活动的公平性,损害了创某公司的合法权益,违反了《反不正当竞争法》第二条第一款"经营者在市场交易中,应当遵循自愿、平等、公平、诚实信用的原则,遵守公认的商业道德"的规定,构成不正当竞争。……同时,《招标投标法》第五十条第一款规定:招标代理机构……与……投标人串通损害国家利益、社会公共利益或者他人合法权益的……给他人造成损失的,依法承担赔偿责任。在被侵害的经营者的损失难以计算,侵权行为人没有获得利润或者利润无法查明时,侵权行为人的赔偿责任并不能免除。人民法院可以根据权利人遭受侵害的实际情形公平酌定赔偿额。创某公司主张赔偿其经营利润损失37万元的诉讼请求,证据不足,法院根据侵权行为的性质,酌情确定由富某达公司和省招标公司共同赔偿创某公司15万元。……省招标公司与富某达公司串通伪造富某达公司投标文件的行为,造成某市招标投标办公室针对创某公司的投诉作出了错误的判断,并使得本案招标活动最终确定了富某达公司为中标人,其对本案所涉招标项目的中标结果具有实质性影响,故法院认为,因富某达公司与省招标公司存在串通行为并影响中标结果,且该串通行为系弄虚作假、骗取中标的行为,根据《招标投标法》第五十条、第五十四条第一款之规定,富某达公司中标无效，因中标而导致的富某达公司与某市地税局签订的合同当然无效。鉴于本案合同已经履行，合同无效将导致返还财产、折价补偿的法律后果，使国家财产蒙受巨大损失，为维护社会关系的稳定，应维持该合同履行的现状，富某达空调及机房配套、附属设备由某市地税局保有，合同约定的价款作为折价款返还给富某达公司。

第五十一条 招标人以不合理的条件限制或者排斥潜在投标人的，对潜在投标人实行歧视待遇的，强制要求投标人组成联合体共同投标的，或者限制投标人之间竞争的，责令改正，可以处一万元以上五万元以下的罚款。

【读懂法条】

本条规定了招标人以不合理的条件限制或者排斥潜在投标人等行为应当承担的法律责任。

所谓以"不合理的条件限制或者排斥潜在投标人"，实践中有多种情况，如要求投标人必须是在本地区注册的企业，或者招标人故意提出不合理的条件，使投标人难以满足其要求而不愿意投标或者即使投标也没有中标的可能性，从而使招标成为走过场、搞形式，等等。所谓"对潜在投标人实行歧视待遇"，是指招标人不以公正的态度对待潜在投标人，实行区别对待，故意规定或者设置促使其偏向的潜在投标人中标的有利条件。

行政处罚，是指有行政处罚权的国家行政机关或者法律、法规授权的组织，对违反行政法律规范，但尚不构成犯罪的公民、法人或其他组织实施的一种制裁形式。根据《行政处罚法》第九条的规定，行政处罚的种类主要有：警告、通报批评，罚款、没收违法所得、没收非法财物，暂扣许可证件、降低资质等级、吊销许可证件，限制开展生产经营活动、责令停产停业、责令关闭、限制从业，行政拘留，法律、行政法规规定的其他行政处罚。责令改正不是一种制裁，而是对违法行为及违法后果的纠正，以强制行为人履行法定义务。因此，责令改正适用于能够改正的情况。在实际操作过程中，通过受理投诉、举报或者日常监督检查发现问题的，有关行政监督部门应当采取责令改正，包括立即停止违法行为，限期改正，主动协助有关行政监督部门调查处理等。本条所讲的"责令改正"，是指由行政执法机关责令招标人改变其提出的不合理的条件，重新修正其招标文件，公正地对待所有的潜在投标人；行政执法机关责令招标人分开强制组成的投标联合体，符合条件的各成员单位各以一个投标人的身份进行投标；招标人要改正其限制投标人竞争的行为，取消限制竞争的条件，严格按照本法的规定对项目进行招标。

罚款，是行政处罚中的一种经济处罚，是对违法行为人的一种经济制裁措施。这里的"可以罚款"，是指行政监督机关对招标人可以罚款，也可以不罚款，是否处以罚款由行政监督机关根据招标人违法情节的轻重、影响大小等因素决定，但处罚结果应当与违法行为相适应。

第五十二条 依法必须进行招标的项目的招标人向他人透露已获取招标文件的潜在投标人的名称、数量或者可能影响公平竞争的有关招标投标的其他情况的，或者泄露标底的，给予警告，可以并处一万元以上十万元以下的罚款；对单位直接负责的主管人员和其他直接责任人员依法给予处分；构成犯罪的，依法追究刑事责任。

前款所列行为影响中标结果的，中标无效。

【读懂法条】

本条规定了招标人向他人透露可能影响公平竞争的有关招标投标的情况或者泄露标底应当承担的法律责任。

对于招标人透露应当保密的信息的情况和泄露标底的行为，行政执法机关给予警告，申诫招标人改正这类行为，尽量弥补其所产生的后果。本条所讲的"追究刑事责任"，主要是指需要依照《刑法》第二百一十九条、第二百二十条追究侵犯商业秘密的犯罪。招标人透露的应当是投标人的商业秘密。如果招标人透露投标人的商业秘密符合《反不正当竞争法》和《刑法》的相关规定，就可追究其相应的刑事责任。《电子招标投标办法》第五十六条还规定，电子招标投标系统运营机构向他人透露已获取招标文件的潜在投标人的名称、数量、投标文件内容或者对投标文件的评审和比较以及其他可能影响公平竞争的招标投标信息，参照招标投标法第五十二条关于招标人泄密的规定予以处罚。

第五十三条 投标人相互串通投标或者与招标人串通投标的，投标人以向招标人或者评标委员会成员行贿的手段谋取中标的，中标无效，处中标项目金额千分之五以上千分之十以下的罚款，对单位直接负责的主管人员和其他直接责任人员处单位罚款数额百分之五以上百分之十以下的罚款；有违法所得的，并处没收违法所得；情节严重的，取消其一年至二年内参加依法必须进行招标的项目的投标资格并予以公告，直至由工商行政管理机关吊销营业执照；构成犯罪的，依法追究刑事责任。给他人造成损失的，依法承担赔偿责任。

【读懂法条】

本条规定了投标人串通投标及以行贿的手段谋取中标行为的法律责任。

本条规定的中标无效不以串通行为是否影响中标结果为前提，只要行为人实施了串通行为，不管该行为是否影响了中标结果，中标一律无效。投标人相互串通投标或者与招标人串通投标行为情节严重构成犯罪的，按《刑法》第二百二十三条规定的串通投标罪处罚。根据《最高人民检察院、公安部关于公安机关管辖的刑事案件立案追诉标准的规定（二）》第六十八条规定，串通投标案（《刑法》第二百二十三条）投标人相互串通投标报价，或者投标人与招标人串通投标，涉嫌下列情形之一的，应予立案追诉：（一）损害招标人、投标人或者国家、集体、公民的合法利益，造成直接经济损失数额在五十万元以上的；（二）违法所得数额在二十万元以上的；（三）中标项目金额在四百万元以上的；（四）采取威胁、欺骗或者贿赂等非法手段的；（五）虽未达到上述数额标准，但二年内因串通投标受过二次以上行政处罚，又串通投标的；（六）其他情节严重的情形。行贿谋取中标的行为情节严重构成犯罪的，按《刑法》第三百八十九条、第三百九十条和第三百九十三条规定的行贿罪，依法追究违法行为人的刑事责任。单位构成犯罪的，对单位判处罚金，对直接负责的主管人员和其他直接责任人员处以相应刑罚。

《招标投标法实施条例》第六十七条补充规定："投标人相互串通投标或者与招标人串通投标的，投标人向招标人或者评标委员会成员行贿谋取中标的，中标无效；构成犯罪的，依法追究刑事责任；尚不构成犯罪的，依照招标投标法第五十三条的规定处罚。投标人未中标的，对单位的罚款金额按照招标项目合同金额依照招标投标法规定的比例计算。投标人有下列行为之一的，属于招标投标法第五十三条规定的情节严重行为，由有关行政监督部门取消其1年至2年内参加依法必须进行招标的项目的投标资格：（一）以行贿谋取中标；（二）3年内2次以上串通投标；（三）串通投标行为损害招标人、其他投标人或者国家、集体、公民的合法利益，造成直接经济损失30万元以上；（四）其他串通投标情节严重的行为。投标人自本条第二款规定的处罚执行期限届满之日起3年内又有该款所列违法行为之一的，或者串通投标、以行贿谋取中标情节特别严重的，由工商行政管理机关吊销营业执照。法律、行政法规对串通投标报价行为的处罚另有规定的，从其规定。"

【典型案例】

（2019）最高法民申5242号民事裁定书：最高人民法院认为，关于《20150605合同》的效力问题。首先，根据宝某公司一审中出示的《评标报告》《开标、评标阶段记录文件》《20150605合同》的记载内容，谌某作为核某公司的工作人员，却以宝某公司代表的身份成为评标委员会成员参与评标，依据《招标投标法》第三十七条第四款关于"与投标人有利害关系的人不得进入相关项目的评标委员会；已经进入的应当更换"的规定，谌某进入评标委员会确属不当。《20140715合同》的签订表明，宝某公司作为招标人在招投标程序开始前与投标人核某公司就工程范围、建设工期、工程价款等实质性内容达成一致意见，而谌某进入评标委员会、核某公司中标，上述行为符合《招标投标法实施条例》第四十一条第二款第（六）项规定的

"招标人与投标人为谋求特定投标人中标而采取的其他串通行为"情形，属于招标人与投标人串通投标。依据《招标投标法》第五十三条的规定，核某公司的中标无效。根据《最高人民法院关于审理建设工程施工合同纠纷案件适用法律问题的解释》第一条第（三）项[①]"建设工程施工合同具有下列情形之一的，应当根据合同法第五十二条第（五）项的规定，认定无效：……（三）建设工程必须进行招标而未招标或者中标无效的"的规定，因核某公司的中标无效，故宝某公司与其签订的《20150605合同》应为无效，故二审判决对该合同的效力认定不当。

（2019）晋05刑终22号刑事判决书：山西省晋城市中级人民法院认为，上诉人（原审被告人）崔某杰通过原审被告人李某东，联系有资质的公司，采用为相关公司支付参与投标相关费用、制作标书，甚至支付弃标费的方式，与相关公司相互串通参与投标，并使得上诉人（原审被告人）崔某杰组织围标的公司中标标的价值为730余万元的某市神农镇××村拆迁安置工程。原审被告人赵某山作为参与投标的投标公司之一在招投标过程中以放弃竞标为条件，指使原审被告人赵某强与其他参与同一招标项目的投标公司联系，并收取该公司（最后中标公司）弃标费3万元后放弃竞标。以上各被告人的行为侵犯了投标市场竞争秩序与国家、社会和公民的合法权益，情节严重，破坏和干扰了招标秩序，均构成串通投标罪，系共同犯罪，应予刑罚处罚。

第五十四条 投标人以他人名义投标或者以其他方式弄虚作假，骗取中标的，中标无效，给招标人造成损失的，依法承担赔偿责任；构成犯罪的，依法追究刑事责任。

依法必须进行招标的项目的投标人有前款所列行为尚未构成犯罪的，处中标项目金额千分之五以上千分之十以下的罚款，对

[①] 该文件已失效，现参考《最高人民法院关于审理建设工程施工合同纠纷案件适用法律问题的解释（一）》第一条。

单位直接负责的主管人员和其他直接责任人员处单位罚款数额百分之五以上百分之十以下的罚款；有违法所得的，并处没收违法所得；情节严重的，取消其一年至三年内参加依法必须进行招标的项目的投标资格并予以公告，直至由工商行政管理机关吊销营业执照。

【读懂法条】

本条规定了投标人以他人名义投标或者以其他方式弄虚作假骗取中标的法律责任。

投标人以弄虚作假的方式骗取中标的，不管骗取中标的行为是否影响中标结果，其中标一概无效。本条涉及的犯罪，主要是指《刑法》第二百二十四条规定的合同诈骗罪。构成合同诈骗罪须满足以下几个条件：一是行为人主观上具有非法占有他人财物的目的；二是行为人客观上实施了法律规定的诈骗行为；三是行为人骗取了对方当事人的财物。在招标活动中，投标人以非法占有招标人的财物为目的，冒用他人名义参加投标或以其他弄虚作假的手段骗取中标取得合同后，骗取招标人支付的预付款或首期工程款等财物数额较大，而并不履行合同义务的，其行为已构成《刑法》第二百二十四条规定的合同诈骗罪，应按照《刑法》的规定承担刑事责任。根据《最高人民检察院、公安部关于公安机关管辖的刑事案件立案追诉标准的规定（二）》第六十九条规定，合同诈骗案（刑法第二百二十四条）以非法占有为目的，在签订、履行合同过程中，骗取对方当事人财物，数额在二万元以上的，应予立案追诉。《招标投标法实施条例》第六十八条补充规定："投标人以他人名义投标或者以其他方式弄虚作假骗取中标的，中标无效；构成犯罪的，依法追究刑事责任；尚不构成犯罪的，依照招标投标法第五十四条的规定处罚。依法必须进行招标的项目的投标人未中标的，对单位的罚款金额按照招标项目合同金额依照招标投标法规定的比例计算。投标人有下列行为之一的，属于招标投标法第五十四条规定的情节严重行为，由有关行政监督部门取消其1年至3年内参加依法必须进行招标的项目的投标资格：（一）伪造、变造资格、资质证书或者其他许可证件骗取中标；

(二) 3 年内 2 次以上使用他人名义投标；(三) 弄虚作假骗取中标给招标人造成直接经济损失 30 万元以上；(四) 其他弄虚作假骗取中标情节严重的行为。投标人自本条第二款规定的处罚执行期限届满之日起 3 年内又有该款所列违法行为之一的，或者弄虚作假骗取中标情节特别严重的，由工商行政管理机关吊销营业执照。"第六十九条规定："出让或者出租资格、资质证书供他人投标的，依照法律、行政法规的规定给予行政处罚；构成犯罪的，依法追究刑事责任。"出租资质证书，是指通过非法手段以许可证的使用权换取租金的行为。出让或者出租资格、资质证书的行为构成《刑法》第二百二十五条规定的非法经营罪的，依法承担刑事责任。

【典型案例】

（2013）粤高法审监民提字第 175 号民事判决书：广东省高级人民法院认为，本案再审的争议焦点是污水治理公司与环境装备公司签订的《建设工程设备采购合同》是否有效。根据本案查明的事实，首先，在环境装备公司投标过程中，阎某龙公司职员郭某良作为联系人在《购标书登记表》上签名购买招标文件；在环境装备公司提交的投标文件第 1 页"投标书"中，环境装备公司写明"我方环境工程装备总公司作为投标人正式授权郭某良作为销售经理代表我方进行有关本投标的一切事宜"。其次，在环境装备公司中标后，环境装备公司于 2010 年 2 月 8 日授权郭某良领取《中标通知书》，授权书中仍写明郭某良是环境装备公司销售经理；环境装备公司于 2010 年 2 月 8 日收到《中标通知书》，次日即出具《委托书》给阎某龙公司，将其中标的广州市某污水处理系统四期厂区工程第二批设备采购第一包矩形沉淀池刮泥机及附属设备项目，委托阎某龙公司代为采购和签订采购合同并办理验货手续；阎某龙公司以自己的名义分别于 2010 年 3 月 5 日、2010 年 3 月 10 日和宝某金公司、无锡通某公司签订了采购合同，同年 4 月 7 日阎某龙公司向无锡通某公司支付了预付金 174 万元；阎某龙公司职员陈某伟多次出席相关会议，与污水治理公司协商交货时间等。以上事实表明，环境装备公司在投标过程中隐瞒了郭某良是阎某龙公司职员的身份，授权郭某良以销售经理的身份代表环境装备公司进行有关投标的一切事宜，中标后又立即出具《委托书》将其中标项目委托阀某龙公司履行，且未将委托情况向污水治理公司说明，该名为委托的行为明显违背污水治理公司确定环境装备公司为中标人的招标目的。原二审判决认为"只要环境装备公司向污水治理公司交付的是约定供应商的设备，那么无论由谁去购买该批设备都不会损害污水治理公司的利益，也不会改变这些设备的性能，对合同履行并无实质影响"不当，应予纠正。环境装备公司在再审中称阀某龙公司也具备投标人资格，无须借用其名义进行投标。是否具备投标人资格与是否能成为中标人是两个问题，在均具有投标人资格的投标人之间，也存在实力、资信等方面的差异，环境装备公司该辩称理据不足。环境装备公司在一审中辩称委托阀某龙公司代签合同、代办验货，仅是从商业的角度降低采购价格和由阀某龙公司人员提供纯劳务的活动。环境装备公司一方面称其需向阀某龙公司支付相关报酬，案涉工程设备的实际制造商宝某金公司和无锡通某公司知道其与阀某龙公司存在委托关系，一方面又称委托阀某龙公司可从商业角度降低采购价格，其辩称缺乏合理性。综上所述，根据环境装备公司在投标过程中的行为与中标后的行为，原一审判决认为环境装备公司违反了《招标投标法》第三十三条的规定，根据《招标投标法》第五十四条的规定认定环境装备公司与污水治理公司签订的《建设工程设备采购合同》无效有事实依据和法律依据，应予维持。

（2020）川行申109号行政裁定书：四川省高级人民法院认为，明某公司对在白马二期移民新村第五组团工程招投标过程中提供的招标文件的类似业绩存在虚假这一事实没有异议。某县住建局依照上述规定对明某公司处以中标项目金额千分之五的罚款，认定事实清楚，适用法律正确，程序合法。《中华人民共和国行政处罚法》第二十四条规定"对当事人的同一个违法行为，不得给予两次以上罚款的行政处罚"。《四川省建筑市场责任主体不良行为记录管理办法》第十六条规定"不良行为记录扣分不替代其它行政处罚……"某县住建局对明某公司的不良行为记录扣分后，再对明某公司处以罚款，并不违反"一事不再罚"的原则。

（2016）京民申1908号民事裁定书：北京市高级人民法院认为，某通信北京公司在招标文件中要求投标人提供《环境管理体系认证证书》并对该证书的真实性进行审查的行为符合相关法律精神。招标文件同时规定，投标人在投标文件中提供虚假的文件和材料，意图骗取中标的，投标保证金不予退还。法院认为，投标人提交真实、合法且有效的资质证明文件是确保招标投标法律活动得以顺利实施的基础，亦是投标人具备基本履约能力的前提，招标文件的上述规定，其目的在于通过保证金的方式约束投标人在投标时即具备相应资质，该项规定之内容不悖法律规定，应为合法有效。投标人在招投标阶段可依自身资质情况选择是否接受招标文件之规定，并自由决定是否选择投标，但投标人一经投标并交纳相应的保证金，该规定即对投标人产生约束力。某管业公司在本案投标时并不具有《环境管理体系认证证书》，某通信北京公司根据其提交虚假资质文件的行为，不予退还其投标保证金，并无不当。

第五十五条 依法必须进行招标的项目，招标人违反本法规定，与投标人就投标价格、投标方案等实质性内容进行谈判的，给予警告，对单位直接负责的主管人员和其他直接责任人员依法给予处分。

前款所列行为影响中标结果的，中标无效。

【读懂法条】

本条规定了依法必须进行招标项目的招标人违法与投标人进行实质性谈判的法律责任。

公平、公正、公开是招标活动必须遵循的基本原则，招标人在中标人确定前，与投标人就投标价格、投标方案等实质性内容进行谈判，是对这一原则的违背，很可能产生招标人与投标人串通投标、排斥其他投标人的结果；另外，招标人在中标人确定前，与投标人就投标价格、投标方案等实质性内容进行谈判时有可能利用一个投标人的投标对另一个投标人施加压力，迫使其降低报价或提供在其他方面更有利的投标。因此本法规定，依法必须进行招标项目的招标人在确定中标人前与投标人就投标价格、投标方案等实质性内容进行谈判的行为是违法行为，招标人有上述行为的应承担相应的法律责任。警告是《行政处罚法》第九条规定的行政处罚的一种。这里是指根据本法第七条的规定，对招标投标活动行使监督权的行政监督部门，发现招标人有本条规定的违法行为时，对其提出告诫，使其认识自己违法所在和如何改正的一种行政处罚，属于申诫罚。这里的处分包括政务处分和纪律处分。政务处分，是指国家机关、企事业单位依法给予隶属于它的犯有轻微违法行为人员的一种制裁性处理。纪律处分，是指违反单位内部制定的纪律而受到的制裁，由各单位根据其单位纪律的规定，向违反纪律的行为人作出。对于国家公务员的政务处分包括警告、记过、记大过、降级、撤职、开除六种。

【典型案例】

（2019）最高法民申2760号民事裁定书：最高人民法院认为，本案中，发包人瀚某公司与承包人东某云公司在履行招投标程序前的2013年即就案涉工程签订了《建设工程施工合同》，对工程范围、开竣工时间、计价方式、付款方式等作出明确约定。根据已经查明的事实，合同签订后，东某云公司进驻工程现场，进行工程建设的前期准备工作及工程图纸交接、工程放线等地基处理工作，上述工作并非施工企业投标前所需的准备工作内容，东某云公司该项再审主张依据不足。瀚某公司其后履行了招标程序，东某云公司中标。二审判决认定东某云公司在招投标前即已进场施工，因此影响中标结果，中标无效，2014年合同因中标无效而无效，并无不当。

（2019）最高法民终347号民事判决书：最高人民法院认为，关于涉案《建设工程施工合同》是否有效的问题。本案中，华某房地产公司上诉主张，其与铁建大桥工程局在招投标之前，就施工合同实质性内容进行了谈判磋商，本案属于通过"明招暗定"形式规避《招标投标法》等法律、行政法规规定的行为，本案中标无效，《建设工程施工合同》无效。根据前述法律法规的规定，招标人与投标人就合同实质性内容进行谈判的行为影响了中标结果的，中标无效，中标无效将导致合同无效。就招投标过程中的违法违规行为，利害关系人有权提出异议或者依法向有关行政监督部门投诉，对违法违规行为负有直接责任的单位和个人，将受到政务处分。本案中，双方在招投标前进行了谈判并达成合作意向，签订了《建筑施工合作框架协议书》。该协议书中没有约定投标方案等内容，未载明开工时间，合同条款中还存在大量不确定的约定，如关于施工内容，双方约定"具体规划指标与建设内容以政府相关部门最终的批复文件为准"，关于合同概算，双方约定"项目建筑施工总概算约人民币叁亿元，具体概算数值待规划文件、设计方案确定后双方另行约定"。《建筑施工合作框架协议书》签订后，双方按照《招标投标法》的规定，履行了招投标相关手续，没有证据证明涉案工程在招投标过程中存在其他违法违规行为可能影响合同效力的情形。华某房地产公司虽称其自身违反《招标投标法》的规定致使中标无效，但该违法违规行为是否影响了中标结果，华某房地产公司未予以证明。本案亦不存在因招投标活动不符合法律规定，利害关系人提出异议或者依法向有关行政监督部门投诉，致使相关人员被追责的情形。综上，一审法院认定涉案《建设工程施工合同》真实有效，该认定并无不当，法院予以维持。

第五十六条 评标委员会成员收受投标人的财物或者其他好处的，评标委员会成员或者参加评标的有关工作人员向他人透露对投标文件的评审和比较、中标候选人的推荐以及与评标有关的其他情况的，给予警告，没收收受的财物，可以并处三千元以上五万元以下的罚款，对有所列违法行为的评标委员会成员取消担任评标委员会成员的资格，不得再参加任何依法必须进行招标的项目的评标；构成犯罪的，依法追究刑事责任。

【读懂法条】

本条规定了评标委员会成员违法的法律责任。

本条所讲的"其他好处"，是指除了财物以外，能给评标委员会成员或其家属亲友带来的物质或精神上的其他便利，如安排评标委员会成员及其家属旅游、安排评标委员会成员子女或亲友入学或工作等。"参加评标的有关工作人员"，是指本身不是评标委员会成员，但为评标提供服务，如会计、文秘等，在一定程度上了解评标情况的工作人员。"他人"，主要是指投标人以及其他与招标活动有利害关系的人员。本条涉及的犯罪，主要是指《刑法》第一百六十三条规定的非国家工作人员受贿犯罪、第三百九十八条规定的泄露国家秘密犯罪和第二百一十九条规定的侵犯商业秘密犯罪。

《招标投标法实施条例》第七十一条补充规定："评标委员会成员有下列行为之一的，由有关行政监督部门责令改正；情节严重的，禁止其在一定期限内参加依法必须进行招标的项目的评标；情节特别严重的，取消其担任评标委员会成员的资格：（一）应当回避而不回避；（二）擅离职守；（三）不按照招标文件规定的评标标准和方法评标；（四）私下接触投标人；（五）向招标人征询确定中标人的意向或者接受任何单位或者个人明示或者暗示提出的倾向或者排斥特定投标人的要求；（六）对依法应当否决的投标不提出否决意见；（七）暗示或者诱导投标人作出澄清、说明或者接受投标人主动提出的澄清、说明；（八）其他不客观、不公正履行职务的行为。"第七十二条规定："评标委员会成员收受投标人的财物或者其他好处的，没收收受的财物，处3000元以上5万元以下的罚款，取消担任评标委员会成员的资格，不得再参加依法必须进行招标的项目的评标；构成犯罪的，依法追究刑事责任。"

【典型案例】

（2018）渝01刑终727号刑事判决书：重庆市第一中级人民法院认为，上诉人陈某波、原审被告人郭某伟在参与投标过程中，串通投标报价，并采用贿赂手段，情节严重，其行为均构成串通投标罪；二人为谋取不正当利益，给予评标委员会成员等人财物，数额较大，其行为均构成对非国家工作人员行贿罪；二人均犯数罪，依法应予并罚。原审被告人代某身为评标委员会成员，利用职务上的便利，非法收受他人财物，为他人谋取利益，数额较大，其行为构成非国家工作人员受贿罪，依法应予惩处。在共同犯罪中，陈某波安排郭某伟联系并贿赂评标委员会成员等人，系主犯，郭某伟处于次要辅助地位，系从犯。

第五十七条 招标人在评标委员会依法推荐的中标候选人以外确定中标人的，依法必须进行招标的项目在所有投标被评标委员会否决后自行确定中标人的，中标无效，责令改正，可以处中标项目金额千分之五以上千分之十以下的罚款；对单位直接负责的主管人员和其他直接责任人员依法给予处分。

【读懂法条】

本条规定了招标人在中标候选人以外确定中标人的法律责任。

根据本条规定，招标人在评标委员会依法推荐的中标候选人以外确定中标人的，依法必须进行招标的项目在所有投标被评标委员会否决后自行确定中标人的，应当依法限期责令改正，即由对招标投标活动负有行政监督职责的行政机关要求招标人停止违法行为，并采取改正措施，依照法律在评标委员会推荐的中标候选人中确定中标人，或者依照法律重新进行招标。责令改正并不是《行政处罚法》中规定的一种行政处罚，而是实施行政处罚时，必须采取的一种行政措施。招标人应当在评标委员会推荐的中标候选人中确定中标人以及法定强制招标项目的所有投标被评标委员会否决后招标人应当重新招标的规定，属于法律的强制性规定，招标人违反法律的强制性规定确定的中标结果应属无效，招标人应依法重新选择中标人。

第五十八条 中标人将中标项目转让给他人的，将中标项目肢解后分别转让给他人的，违反本法规定将中标项目的部分主体、关键性工作分包给他人的，或者分包人再次分包的，转让、分包无效，处转让、分包项目金额千分之五以上千分之十以下的罚款；有违法所得的，并处没收违法所得；可以责令停业整顿；情节严重的，由工商行政管理机关吊销营业执照。

【读懂法条】

本条规定了中标人转让中标项目、违法分包的法律责任。

中标人转让中标项目合同、中标人违法分包合同、分包人再次分包合同均无效。该无效为自始无效，行为人因此取得的财产应当返还给对方当事人，有过错的一方当事人还应赔偿对方因此所受的损失，即中标人和分包人应赔偿招标人因此所受的损失。赔偿的范围包括直接损失和间接损失。中标人转包或违法分包，以及分包人再次分包所获得的收入应当没收。"可以责令停业整顿"是一种供选择的行政处罚方式，行政机关应根据违法行为的具体情节作出决定。通过罚款和没收违法所得能够实现制裁目的的，无须责令停业整顿。责令停业整顿后，行为人在规定期间内纠正了违法行为或者完善相关措施的，可以恢复经营。吊销营业执照，是指国家行政机关对违反行政管理秩序的法人或者其他组织依法实行剥夺当事人从事某项生产和经营活动的一种行政处罚，是一种比较严厉的行为能力罚。《招标投标法实施条例》第七十六条补充规定："中标人将中标项目转让给他人的，将中标项目肢解后分别转让给他人的，违反招标投标法和本条例规定将中标项目的部分主体、关键性工作分包给他人的，或者分包人再次分包的，转让、分包无效，处转让、分包项目金额5‰以上10‰以下的罚款；有违法所得的，并处没收违法所得；可以责令停业整顿；情节严重的，由工商行政管理机关吊销营业执照。"

【典型案例】

（2014）民申字第952号民事裁定书：最高人民法院认为，2007年5月11日，某村委会作为招标人就诉争工程招标，华某建设公司中标，某村委会与华某建设公司成立建设工程施工预约合同关系并已发生法律效力。同年8月8日，华某建设公司就诉争工程与诚某投资公司签订《某村民公寓20号21号24号25号28号29号楼工程施工合同》。该合同为转包合同，即华某建设公司作为诉争工程总承包人取得承包建设合同权利后，不履行约定的责任和义务，将其承包的建设工程转给诚某投资公司承包。同年9月11日，诚某投资公司、华某建设公司、林州采某公司签订《协议书》，将完成少量施工任务的诉争工程再次转包给林州采某公司。三手法律关系各自独立又相互关联，《某村民公寓20号21号24号25号28号29号楼工程施工合同》和《协议书》因违反《中华人民共和国合同法》（现《民法典》）、《中华人民共和国招标投标法》、《中华人民共和国建筑法》、《建设工程质量管理条例》、《最高人民法院关于审理建设工程施工合同纠纷案件适用法律问题的解释》等法律、法规、司法解释规定而无效。

(2019) 云 07 民终 354 号民事判决书：云南省丽江市中级人民法院认为，因案涉建设工程系招投标工程，建设质量直接关涉人民生命财产安全和公共利益，故《中华人民共和国招标投标法》第五十八条"中标人将中标项目转让给他人的，将中标项目肢解后分别转让给他人的，违反本法规定将中标项目的部分主体、关键性工作分包给他人的，或者分包人再次分包的，转让、分包无效"和《中华人民共和国合同法》第二百七十二条第三款（现《民法典》第七百九十一条）规定"禁止承包人将工程分包给不具备相应资质条件的单位"等体现了国家强制力干预工程质量，并对建设施工企业市场准入资格作出禁止性规定，是效力性强制规定。现上诉人云南某工程公司中标案涉建设工程，不履行合同约定的责任和义务，而将中标工程违法分包给红河某桥梁公司，并由不具备相应资格条件张某云借名实际施工，违反了上述两条效力性强制规定，《施工协作协议》及《工程服务协议》认定无效。

第五十九条 招标人与中标人不按照招标文件和中标人的投标文件订立合同的，或者招标人、中标人订立背离合同实质性内容的协议的，责令改正；可以处中标项目金额千分之五以上千分之十以下的罚款。

【读懂法条】

本条是关于招标人与中标人不按招投标文件订立合同的法律责任。

招标人不按照招标文件和中标人的投标文件订立合同的，应停止违法行为，并根据法律规定，按照招标文件和中标人的投标文件订立合同；招标人与中标人订立背离合同实质性内容的协议的，其订立的协议无效，并应按照招标文件和中标人的投标文件重新订立合同。除了限期改正外，要承担罚款的法律责任。

中标人有上述违法行为时，招标人可以取消其中标资格，并根据《招标投标法实施条例》第五十五条规定，可以按照评标委员会推荐的中标候选人名单排序依次确定其他中标候选人为中标人，也可以重新招标。中标人有上述违法行为时，不管中标人的行为是否给招标人造成损失，均不予退还中标人提交的投标保证金。《招标投标法实施条例》第七十三条补充规定："依法必须进行招标的项目的招标人有下列情形之一的，由有关行政监督部门责令改正，可以处中标项目金额10‰以下的罚款；给他人造成损失的，依法承担赔偿责任；对单位直接负责的主管人员和其他直接责任人员依法给予处分：（一）无正当理由不发出中标通知书；（二）不按照规定确定中标人；（三）中标通知书发出后无正当理由改变中标结果；（四）无正当理由不与中标人订立合同；（五）在订立合同时向中标人提出附加条件。"第七十四条规定："中标人无正当理由不与招标人订立合同，在签订合同时向招标人提出附加条件，或者不按照招标文件要求提交履约保证金的，取消其中标资格，投标保证金不予退还。对依法必须进行招标的项目的中标人，由有关行政监督部门责令改正，可以处中标项目金额10‰以下的罚款。"第七十五条规定："招标人和中标人不按照招标文件和中标人的投标文件订立合同，合同的主要条款与招标文件、中标人的投标文件的内容不一致，或者招标人、中标人订立背离合同实质性内容的协议的，由有关行政监督部门责令改正，可以处中标项目金额5‰以上10‰以下的罚款。"

【典型案例】

（2014）闽民终字第758号民事判决书：福建省高级人民法院认为，（一）关于招标文件中中标人弃标的违约责任规定是否对上诉人第X工程公司适用的问题。上诉人第X工程公司认为，被上诉人的招标书包含内容很多，上诉人出具的投标函仅对招标文件中部分内容进行了答复，对招标文件中约定的违约责任没有承诺。根据《合同法》第三十条（现《民法典》第四百八十八条）之规定，上诉人对被上诉人要约的内容已经作出了实质性变更，因此为新的要约。在上诉人没有收到被上诉人的新承诺之前，该招标文件中规定的违约责任对上诉人依法没有法律效力。被上诉人林某公司认为，上诉人虽未与被上诉人订立书面合同，但双方权利义务受招标文件、投标文件、中标通知书的约束。同时，投标函具有担保性质，是单方声明行为，并非对招标文件进行答复，更不是新的要约。上诉人未按照招标文件要求在规定期限内提交履约保证金、签订施工合同，并回函表示无法履约，根据《招标投标法》第四十五条、第四十六条、第六十条和《招标投标法实施条例》第七十四条、《福建省招标投标条例》第七十二条规定，应承担相应的责任。法院认为，招标文件第三章评标办法中已经明确将"投标人对合同纠纷、事故处理办法未提出异议"作为评审标准之一，而上诉人自愿参加投标并在投标函中明确表示其已仔细研究了施工招标文件的全部内容，且通过了评审，即说明其投标时未对招标文件中的合同纠纷、事故处理办法提出异议，并认可了有关合同纠纷、事故处理办法对其适用。同时，上诉人已经收到了中标通知书，故双方合同关系成立。而根据《招标投标法》第四十六条的规定，双方应严格按照招标文件和中标人的投标文件订立书面合同。故尽管双方尚未订立书面合同，但招标文件中有关合同纠纷、事故处理办法（包括违约责任）的规定应对于双方当事人均具有法律效力。（三）关于被上诉人林某公司的直接经济损失能否按第一中标价与第二中标价之间的差价（即2776445.67元）来认定的问题。上诉人第X工程公司认为，本案所涉工程概算建安总投资为4263万元，上诉人因失误给出的投标报价为27240947.36元，远远低于工程概算造价，也严重低于成本价。同时，被上诉人在取消上诉人中标资格后，确定某市公路工程处为中标单位，中标价为30017393.03元，也低于工程概算造价。因此，上诉人的行为并没有给被上诉人造成直接经济损失。被上诉人以第一中标价与第二中标价之间的差价计算直接经济损失，违背了公平、诚信原则。本案中，在上诉人及时通知被上诉人其无法履约后，被上诉人完全可以进行二次招标来减少损失并防止损失扩大。被上诉人林某公司认为，根据《评标委员会和评标方法暂行规定》第二十一条规定，出现低于成本报价竞标的情况，由评标委员会认定，否决其投标。本案中评标委员会并未认定上诉人投标报价低于成本报价否决其投标，而是确认上诉人为一中标人。故上诉人认为由于其中标价低于成本价，没有给被上诉人造成损失的主张完全不成立。根据本案投标文件的评标结果条款约定，第一中标人放弃中标的，可以直接确认第二中标人为中标人。根据此约定，无须再次举行招标活动。法院认为，上诉人仅以其中标价低于工程概算造价和工程最高控制价（不含暂列金）为由，认为其中标价低于成本价的主张缺乏依据，依法不予认定，且中标价格低亦不能构成导致其无法履约的不可抗力原因。因此，上诉人应对其中标后拒绝履约的行为承担违约责任。由于招标文件已经对当第一中标候选人放弃中标时，招标人可直接依排名顺序确定中标人，以及中标人非因不可抗力原因放弃中标导致招标人从其他中标候选人中重新确定中标人的情况下，招标人直接损失的计算方法进行了明确规定，即"直接损失＝中标人的中标价与评标推荐排序次中标候选人投标报价差额"。故被上诉人以第一中标价格与第二中标价格之间的差价 2776445.67 元作为其直接经济损失的主张并无不当。综上，法院认为，上诉人同被上诉人合同关系成立并生效。在未存在不可抗力的情况下，上诉人拒绝履约，应承担违约责任，依约向被上诉人赔偿因第一中标价格与第二中标价格之间差价造成的损失 2776445.67 元。故除由被上诉人没收的投标保证金 70 万元外，上诉人还应向被上诉人赔偿经济损失 2076445.67 元。

（2014）自民三终字第 68 号民事判决书：四川省自贡市中级人民法院认为，上诉人天某建设公司在收到被上诉人东某锅炉公司的中标通知后，应按招标文件规定履行合同内容，而上诉人天某建设公司不但不按招标文件规定履行合同内容，反而向被上诉人东某锅炉公司要求增加中标报价，上诉人天某建设公司的行为是对招标文件实质内容的重大修改。在被上诉人东某锅炉公司明确拒绝其调价要求，并再次限期其书面回复未果的情况下，被上诉人东某锅炉公司决定取消上诉人天某建设公司的中标资格，并不予退还投标保证金 500000 元，符合法律规定，法院予以支持。

第六十条 中标人不履行与招标人订立的合同的，履约保证金不予退还，给招标人造成的损失超过履约保证金数额的，还应当对超过部分予以赔偿；没有提交履约保证金的，应当对招标人的损失承担赔偿责任。

中标人不按照与招标人订立的合同履行义务，情节严重的，取消其二年至五年内参加依法必须进行招标的项目的投标资格并予以公告，直至由工商行政管理机关吊销营业执照。

因不可抗力不能履行合同的，不适用前两款规定。

【读懂法条】

本条规定了中标人不履行与招标人签订的合同的法律责任。

中标人不履行与招标人签订的合同的，构成了违约，应承担相应的法律责任，包括以下内容：（1）履约保证金不予退还。当出现中标人违约的情况时，根据本条的规定，履约保证金归招标人所有，中标人无权要求返还。（2）赔偿招标人的损失。中标人不履行与招标人订立的合同，构成违约，给招标人造成损失的，应当按照《民法典》的规定，承担赔偿责任。中标人提交履约保证金的，首先履约保证金归招标人所有，招标人的损失超过履约保证金数额的，中标人还应当对超过部分予以赔偿。（3）情节严重的，取消其二年至五年内参加依法必须招标的项目的投标资格并予以公告，直至由市场监督管理机关吊销营业执照，即对有违法行为的中标人取消原来发给的营业执照，以剥夺其从事经营活动的权利。因不可抗力不履行合同的当事人，不承担违约责任，是合同法理论的一条基本原则。这里所说的不可抗力，是指不能预见、不能避免并不能克服的客观情况，包括自然事件如地震、洪水以及社会事件如战争等。

【典型案例】

（2020）赣执复26号执行裁定书：江西省高级人民法院认为，首先，依照《招标投标法》第六十条第一款的规定，中标人不履行与招标人订立的合同的，履约保证金不予退还，给招标人造成的损失超过履约保证金数额的，还应当对超过部分予以赔偿；没有提交履约保证金的，应当对招标人的损失承担赔偿责任。本案中，中标人中某公司因未能在约定期限内将工程竣工，违约造成政某公司延误工期致使其举行第二次招标给该公司造成直接经济损失，为此被本案执行依据的中国国际经济贸易仲裁委员会（2018）中国贸仲西裁字第0029号仲裁裁决确定中某公司应当向招标人政某公司支付误期赔偿费、另行招标费用、另行招标溢价工程款共计 570 万余元，依法向建行某支行基于其与政某公司签订的《履约银行保函（无条件）》协议向政某公司支付的履约保证金应当不予退还，给招标人政某公司造成的损失超过履约保证金数额的，还应当对超过部分予以赔偿。政某公司主张该履约保证金仅具有惩罚性质而不具有赔偿损失的功能应当没收，与法律规定不符。

（2016）青民初 90 号民事判决书：青海省高级人民法院认为，璞某公司与邢某公司于 2014 年 8 月 21 日签订的《补充协议》有效，该协议约定："在钢材和商砼建材商确认供货后次日退乙方（邢某公司）履约保证金壹佰伍拾万元整，再于 2014 年 9 月 25 日退还乙方履约保证金壹佰伍拾万元。如甲方（璞某公司）未在约定的期限内支付工程进度款、工程竣工结算款和保证金，应支付乙方违约金。违约金以甲方实际欠款金额为基数，每逾期一日，按逾期金额的千分之一支付违约金。"璞某公司未能举证证明该《补充协议》签订后，其已全额退还邢某公司履约保证金 300 万元，璞某公司所举证据仅能证明退还履约保证金 95 万元的事实，故剩余 205 万元应予退还。《补充协议》约定按日千分之一计算违约金过高，应予调整。璞某公司未按《补充协议》约定如期退还邢某公司履约保证金，构成违约，其违约行为造成邢某公司被占用资金期间的利息损失，因违约金除具有补偿性之外兼具惩罚性，故璞某公司应按中国人民银行发布的同期同类贷款利率上浮 30% 支付邢某公司违约金，以 205 万元为基数自 2014 年 9 月 26 日起计算至付清之日止。

第六十一条 本章规定的行政处罚，由国务院规定的有关行政监督部门决定。本法已对实施行政处罚的机关作出规定的除外。

【读懂法条】

本条规定了行使本法规定的行政处罚权的机关。

行政处罚由具有行政处罚权的行政机关在法定职权范围内实施。根据本法

第七条、《招标投标法实施条例》第四条等规定，国务院工业和信息化、住房城乡建设、交通运输、铁道、水利、商务等部门，按照规定的职责分工对有关招标投标活动实施监督，依法查处招标投标活动中的违法行为，依照相关法律规定行使行政处罚权，如本法第五十三条、第五十四条、第五十八条、第六十条规定了市场监督管理部门可以依法作出吊销营业执照的行政处罚。

第六十二条 任何单位违反本法规定，限制或者排斥本地区、本系统以外的法人或者其他组织参加投标的，为招标人指定招标代理机构的，强制招标人委托招标代理机构办理招标事宜的，或者以其他方式干涉招标投标活动的，责令改正；对单位直接负责的主管人员和其他直接责任人员依法给予警告、记过、记大过的处分，情节较重的，依法给予降级、撤职、开除的处分。

个人利用职权进行前款违法行为的，依照前款规定追究责任。

【读懂法条】

本条规定了非法干涉招标投标活动的法律责任。

根据本条规定，单位或个人违反本法规定，限制或者排斥本地区、本系统以外的法人或者其他组织参加投标，为招标人指定招标代理机构，强制招标人委托招标代理机构办理招标事宜，或者以其他方式干涉招标投标活动的，首先应当限期责令改正。所谓责令改正，是指对招标投标活动负有行政监督职责的行政机关发现任何单位和个人有本条规定的违法行为时，应责令其立即停止，并采取改正措施，包括：违法限制或者排斥本地区、本系统以外的法人或者其他组织参加投标的，应当取消这些限制，允许所有符合条件的法人或者其他组织参加投标；为招标人指定招标代理机构的，应撤销指定，由招标人自行选择招标代理机构；强制招标人委托招标代理机构的，应停止其违法行为，允许符合法律规定的可以自行招标的招标人自行办理招标事宜；有其他非法干涉招标投标活动的，也应立即停止。

《招标投标法实施条例》第七十条第二款规定："国家工作人员以任何方式非法干涉选取评标委员会成员的，依照本条例第八十条的规定追究法律责任。"国家工作人员违法干涉评标委员会成员的选取的主要表现形式有：一是应当随机抽取而要求招标人直接确定。二是应当直接确定而要求招标人随机抽取。三是违法干涉招标人根据招标项目的特点和实际需要设置抽取评标专家的条件。四是直接指定或者变相指定评标委员会专家成员。该条例第八十条规定："国家工作人员利用职务便利，以直接或者间接、明示或者暗示等任何方式非法干涉招标投标活动，有下列情形之一的，依法给予记过或者记大过处分；情节严重的，依法给予降级或者撤职处分；情节特别严重的，依法给予开除处分；构成犯罪的，依法追究刑事责任：（一）要求对依法必须进行招标的项目不招标，或者要求对依法应当公开招标的项目不公开招标；（二）要求评标委员会成员或者招标人以其指定的投标人作为中标候选人或者中标人，或者以其他方式非法干涉评标活动，影响中标结果；（三）以其他方式非法干涉招标投标活动。"

第六十三条 对招标投标活动依法负有行政监督职责的国家机关工作人员徇私舞弊、滥用职权或者玩忽职守，构成犯罪的，依法追究刑事责任；不构成犯罪的，依法给予行政处分。

【读懂法条】

本条规定了国家机关工作人员徇私舞弊、滥用职权或者玩忽职守的法律责任。

徇私舞弊，是指国家机关工作人员为徇个人私利或者亲友私情，置国家利益于不顾的行为；滥用职权，是指国家机关工作人员违反法律规定的权限和程序，滥用职权或者超越职权的行为；玩忽职守，是指国家机关工作人员不履行、不正确履行或者放弃履行其职责的行为。根据本条的规定，对招标投标活动依法负有行政监督职责的国家机关工作人员有徇私舞弊、滥用职权或者玩忽职守的行为并构成犯罪的，应按照《刑法》第三百九十七条的规定追究其刑事责任。不构成犯罪的，依据《公务员法》和《公职人员政务处分法》给予政务处分，政务处分的种类为：警告、记过、记大过、降级、撤职、开除。《招标投标法实施条例》第七十九条补充规定："项目审批、核准部门不依法审批、核准项目招标范围、招标方式、招标组织形式的，对单位直接负责的主管人员和其他直接责任人员依法给予处分。有关行政监督部门不依法履行职责，对违反招标投标法和本条例规定的行为不依法查处，或者不按照规定处理投诉、不依法公告对招标投标当事人违法行为的行政处理决定的，对直接负责的主管人员和其他直接责任人员依法给予处分。项目审批、核准部门和有关行政监督部门的工作人员徇私舞弊、滥用职权、玩忽职守，构成犯罪的，依法追究刑事责任。"

第六十四条 依法必须进行招标的项目违反本法规定，中标无效的，应当依照本法规定的中标条件从其余投标人中重新确定中标人或者依照本法重新进行招标。

【读懂法条】

本条规定了中标无效的处理。

本法规定中标无效的情形有六种：一是违规代理导致的中标无效。二是招标人泄露相关信息导致的中标无效。三是串通投标导致的中标无效。四是弄虚作假导致的中标无效。五是违法谈判导致的中标无效。六是违法确定中标人导致的中标无效。《招标投标法实施条例》第八十一条还规定，依法必须进行招标的项目的招标投标活动违反招标投标法和本条例的规定，对中标结果造成实质性影响，且不能采取补救措施予以纠正的，招标、投标、中标无效，应当依法重新招标或者评标。本法及《招标投标法实施条例》所列可能导致招标无效、投标无效的行为，如果是在中标通知书发出后被查实且影响中标结果的，中标无效。除了已有规定外，实践中可能导致中标无效的其他违法行为主要有但不限于以下几种情形：一是招标人或者招标代理机构接受未通过资格预审的单位或者个人参加投标。二是招标人或者招标代理机构接受应当拒收的投标文件。三是评标委员会的组建违反《招标投标法》和《招标投标法实施条例》规定。四是评标委员会成员有《招标投标法》第五十六条，以及《招标投标法实施条例》第七十一条、第七十二条所列行为之一。以上行为，如果在中标通知书发出前发现并被查实的，责令改正，重新评标；如果在中标通知书发出后发现并查实,且对中标结果造成实质性影响的,中标无效,依照本法规定的中标条件从其余投标人中重新确定中标人。根据实际情况,从剩余的投标人中重新确定中标人有可能违反公平、公开、公正原则,从而产生不公平的结果时,招标人应当重新进行招标。

【典型案例】

(2016)粤05民终928号民事判决书:广东省汕头市中级人民法院认为,《中华人民共和国招标投标法》第六十四条规定:"依法必须进行招标的项目违反本法规定,中标无效的,应当依照本法规定的中标条件从其余投标人中重新确定中标人或者依照本法重新进行招标。"在中标无效的情况下,采购人有权选择"从其余投标供应商中重新确定中标人"或"依法重新进行招标"。以上两种做法均不违反法律规定。……飞某公司在投标活动中提供了虚假的企业信用资质材料,符合《中华人民共和国招标投标法实施条例》第四十二条第二款第(四)项的规定,属于招标投标法第三十三条规定的以其他方式弄虚作假的行为,根据《中华人民共和国招标投标法》第三十三条关于"投标人不得以低于成本的报价竞标,也不得以他人名义投标或者以其他方式弄虚作假,骗取中标"和第五十四条第一款关于"投标人以他人名义投标或者以其他方式弄虚作假,骗取中标的,中标无效,给招标人造成损失的,依法承担赔偿责任;构成犯罪的,依法追究刑事责任"的规定,应认定涉案采购项目招投标中飞某公司的中标无效。……因涉案招投标《采购文件》并未规定在第一中标候选人中标无效的情况下直接确认第二中标候选人为中标人,故在中标无效的情况下,招标人有权选择从其余投标供应商中重新确定中标人或者依法重新进行招标。因此,利某公司主张濠某教育局在判决生效后三个工作日内向利某公司发出利某公司为中标人的中标通知书的诉讼请求,缺乏事实和法律依据,应予驳回。

(2020)苏01行终592号行政判决书:江苏省南京市中级人民法院认为,《中华人民共和国招标投标法》第五十条、第五十二条至第五十五条、第五十七条明确规定了导致中标无效的六种违法情形,以及中标无效的法律责任。《中华人民共和国招标投标法》第六十四条和《中华人民共和国招标投标法实施条例》第八十一条是关于强制招标项目中标无效后应当如何处理的规定。适用上述规定监督执法时应遵循的逻辑顺序关系为：认定违法情形、确定中标无效、重新招标或者评标。根据上述规定，某区城建局如认为投诉事项属实，涉案招标投标活动确有违法行为，则应当在投诉处理决定书中列明该违法行为所对应的中标无效情形的具体条款，其在没有认定导致中标无效的具体违法情形的情况下，即按照《中华人民共和国招标投标法》第六十四条和《中华人民共和国招标投标法实施条例》第八十一条关于中标无效后的处理的规定，径行作出重新招标或者评标的处理决定，缺乏认定违法情形的前提，属适用法律不当。……需要说明的是，《房屋建筑和市政基础设施工程施工招标投标管理办法》第四十九条规定："招标投标活动中有《招标投标法》规定中标无效情形的，由县级以上地方人民政府建设行政主管部门宣布中标无效，责令重新组织招标，并依法追究有关责任人责任。"据此，某区城建局作为县级以上地方人民政府建设行政主管部门，具有宣布招投标项目中标无效，责令重新组织招标的法定职权。原审法院认为某区城建局作出"责令招标人重新招标或者评标"的投诉处理决定超越职权不当，法院予以纠正。

第六章　附　　则

第六十五条　投标人和其他利害关系人认为招标投标活动不符合本法有关规定的，有权向招标人提出异议或者依法向有关行政监督部门投诉。

【读懂法条】

本条规定了招标投标异议、投诉制度。

异议是招标投标当事人之间自主化解矛盾、快速解决争议的自我救济、维权手段；处理投诉也是招标投标行政监督部门进行行政监督的重要渠道。异议是指投标人或者其他利害关系人对资格预审文件、招标文件内容、开标过程及评标结果可能存在的违反法律、法规和规章规定的问题，依法向招标人提出不同意见、要求纠正的行为。投诉是指投标人或者其他利害关系人认为招标投标活动不符合法律、法规和规章规定，或者其自身合法权益受到侵害，以及异议人对招标人的异议答复不服，依法在规定的期限内向行政监督部门提出要求制止违法行为或者保护其合法权益的行为。本法对异议和投诉的具体程序未作规定，需要由国务院或国务院有关主管部门作出相应的规定，如《招标投标法实施条例》第六十条到第六十二条，用三个条文，从异议前置程序、投诉期限、投诉处理时限、处理投诉行政程序等方面对异议和投诉制度作出基本规定，其中第六十条在本条基础上进一步规定："投标人或者其他利害关系人认为招标投标活动不符合法律、行政法规规定的，可以自知道或者应当知道之日起 10 日内向有关行政监督部门投诉。投诉应当有明确的请求和必要的证明材料。就本条例第二十二条、第四十四条、第五十四条规定事项投诉的，应当先向招标人提出异议，异议答复期间不计算在前款规定的期限内。"根据该条规定，对资格预审文件、招标文件的内容、开标过程以及评标结果三项事项提出投诉的，必须先提出异议，对异议答复不满意或者答复期满未予答复的，才可以提起投诉；对其他事项，无须履行异议前置程序。《工程建设项目招标投标活动投诉处理办法》对工程建设领域招标投标活动的投诉处理程序专门进行规范。对其他招标项目的异议和投诉，依据该领域部门规章或者地方立法中的相关规定执行，如对于机电产品国际招标项目，依据《机电产品国际招标投标实施办法（试行）》第八十二条至第九十二条处理异议和投诉。

【典型案例】

（2017）黑行终 577 号行政判决书：黑龙江省高级人民法院认为，根据《招标投标法》第七条第二款、第三十七条第一款、第四十条第一款，《招标投标法实施条例》第四十九条第一款、第五十一条第（三）项规定，评标由招标人依法组建的评标委员会负责；评标委员会应当按照招标文件确定的评标标准和方法，对投标文件进行评审；投标人不符合国家或者招标文件规定的资格条件，评标委员会应当否决其投标。据此，投标人在参加投标过程中是否符合招标文件规定的资格条件，认定权在评标委员会。行政监督部门经查实认为招标投标活动存在违反《招标投标法》及其实施条例规定情形的，应当依法进行处理，但无权对投标文件是否符合招标文件进行直接认定。同理，行政复议机关也无权对投标文件是否符合招标文件进行认定。就本案而言，钛某科技股份有限公司在参与某市幸福沟水库工程（第三标段）施工投标中提交的《高新技术企业证书》和《水文、水资源调查评价资质证书》是否符合招标文件的要求，应由案涉招标工程的评标委员会进行认定。某市政府在行政复议决定中直接评价认定钛某科技股份有限公司的投标文件不符合招标文件规定的资格条件不当，不符合前述法律规定。根据《招标投标法实施条例》第五十四条、第六十条第二款，《工程建设项目招标投标活动投诉处理办法》第十一条第一款第（一）项的规定，投标人或者其他利害关系人对依法必须进行招标的项目的评标结果有异议的，应当在中标候选人公示期间提出；就《招标投标法实施条例》第五十四条规定事项投诉的，应当先向招标人提出异议。本案中，宏某公司在中标候选人公示期间未向招标人提出异议，而是直接向某市水务局提出投诉，某市水务局未予审查即予受理并作出处理决定书，属程序违法。某市政府行政复议决定以此理由撤销某市水务局的处理决定书正确，应予维持。因宏某公司对案涉评标结果提出投诉前，未向招标人提出异议是前置程序，故某市政府责令某市水务局重新作出处理决定没有法律依据，应予撤销。

（2015）一中行终字第112号行政判决书：北京市第一中级人民法院认为，《招标投标法》第二十二条第一款规定："招标人不得向他人透露已获取招标文件的潜在投标人的名称、数量以及可能影响公平竞争的有关招标投标的其他情况。"《招标投标法》第四十四条第三款规定："评标委员会成员和参与评标的有关工作人员不得透露对投标文件的评审和比较、中标候选人的推荐情况以及与评标有关的其他情况。"因此，在招标人未办理投标人投标资格登记前，已获取招标文件的潜在投标人的名称、数量、资格预审申请文件内容等均应保密。本案中，中国建某公司于2014年5月20日办理投标人投标资格登记，某消防公司于2014年4月28日进行的投诉，此时，被投诉对象北京某泰信达消防工程有限公司等尚属于潜在投标人，其相关信息理应不为外人所知悉。因此，根据《招标投标法实施条例》第六十一条第三款的规定，"投诉人捏造事实、伪造材料或者以非法手段取得证明材料进行投诉的，行政监督部门应当予以驳回"，市住建委要求投诉人某消防公司对其投诉信息来源予以补充说明，要求合理，并无不当。故在某消防公司未就投诉信息的合法来源予以说明的情况下，市住建委依据《工程建设项目招标投标活动投诉处理办法》第二十条第（一）项的规定，"投诉缺乏事实根据或者法律依据的，驳回投诉"，驳回某消防公司的投诉，并无不当。

（2017）京01行初1113号行政判决书：北京市第一中级人民法院认为，本案中，原告向招标人、招标代理机构提出异议后，于2014年11月18日收到回函，招标人并未认定评标结果或招标过程存在违法，故原告至迟于上述时点应当知道其权益可能已经受到侵害，但原告直至2015年4月8日方才就此向河南发改委进行投诉，明显已经超过了《招标投标法实施条例》和《工程建设项目招标投标活动投诉处理办法》规定的投诉期限，河南发改委据此作出《告知书》，对原告的投诉不予受理，并无不当。但河南发改委在2015年4月8日收到原告投诉后，于2015年5月19日作出《告知书》，决定对原告的投诉不予受理，超过了《招标投标法实施条例》规定的期限，属于程序违法。被诉复议决定认定《告知书》程序违法，但处理结果并无不当，决定确认《告知书》违法，符合相关法律规定，处理结果亦无不当。

（2015）赣立终字第39号民事裁定书：江西省高级人民法院认为，本案系一起因招投标活动引发的纠纷案件，上诉人江西省某建设监理有限公司参加某市田中人工湖景观工程施工监理招投标，最终落选未中标，上诉人认为被上诉人某市汇某投资有限公司取消其中标资格，侵犯了其合法权益。根据《招标投标法》第六十五条的规定，投标人和其他利害关系人认为招标投标活动不符合本法有关规定的，有权向招标人提出异议或者依法向有关行政监督部门投诉。《招标投标法实施条例》第六十条规定，投标人或者其他利害关系人认为招标投标活动不符合法律、行政法规规定的，可以自知道或者应当知道之日起 10 日内向有关行政监督部门投诉；第六十一条第二款规定，行政监督部门应当自收到投诉之日起 3 个工作日内决定是否受理投诉，并自受理投诉之日起 30 个工作日内作出书面处理决定。《招标投标法》规定的对招标投标活动的投诉属法定的权利救济途径，有关行政监督部门对当事人的投诉应依法进行处理，以履行监督职责。当事人对行政监督部门的投诉处理决定不服或者行政监督部门逾期未做处理的，可以依法申请行政复议或者向人民法院提起行政诉讼。本案上诉人江西省某建设监理有限公司作为投标人，其对招投标活动有异议，有权依上述法律、法规的规定投诉被上诉人，通过行政监督途径解决。综上，本案中上诉人起诉要求确认投标中标行为有效，依法不属于人民法院受理民事诉讼的范围，一审裁定驳回其起诉，并无不当。

第六十六条 涉及国家安全、国家秘密、抢险救灾或者属于利用扶贫资金实行以工代赈、需要使用农民工等特殊情况，不适宜进行招标的项目，按照国家有关规定可以不进行招标。

【读懂法条】

本条规定了依法必须进行招标项目可以不招标的例外情形。

依照本条规定，属于本法第三条规定的范围内的依法必须招标的项目，有下列特殊情况之一的，可以不进行招标：(1) 涉及国家安全、国家秘密不适宜招标。例如，有关国防科技、军事装备等项目的选址、规划、建设等事项均有严格的保密及管理规定。招标投标的公开性要求与保密规定之间存在着无法回避的矛盾。因此，凡涉及国家安全和秘密确实不能公开披露信息的项目，除适宜招标的可以邀请符合保密要求的单位参加投标外，其他项目只能采取非招标的方式组织采购。(2) 抢险救灾不适宜招标。这包括发生地震、风暴、洪涝、泥石流、火灾等异常紧急灾害情况，需要立即组织抢险救灾的项目。这些抢险救灾项目无法按照规定的程序和时间组织招标，否则将对国家和人民群众生命财产安全带来巨大损失。不适宜招标的抢险救灾项目需要同时满足以下两个条件：一是在紧急情况下实施，不能满足招标所需时间；二是不立即实施将会造成人民群众生命财产损失。(3) 利用扶贫资金实行以工代赈、需要使用农民工不适宜招标。其中，以工代赈是现阶段的一项农村扶贫政策。因此，使用以工代赈资金建设的工程，实施单位应组织工程所在地的农民参加工程建设，并支付劳务报酬，不适宜通过招标方式选择承包单位。但技术复杂、投资规模大的工程，特别是按规定必须具备相关资质才能承包施工的桥梁、隧道等工程，可以通过招标选择具有相应资质的施工承包单位，将组织工程所在地农民为工程施工提供劳务并支付报酬作为招标的基本条件。(4) 因其他特殊情况不适宜进行招标的项目。

《招标投标法实施条例》规定的不进行招标的特殊情况有哪些？

《招标投标法实施条例》第九条补充规定，除招标投标法第六十六条规定的可以不进行招标的特殊情况外，有下列情形之一的，可以不进行招标：（一）需要采用不可替代的专利或者专有技术；（二）采购人依法能够自行建设、生产或者提供；（三）已通过招标方式选定的特许经营项目投资人依法能够自行建设、生产或者提供；（四）需要向原中标人采购工程、货物或者服务，否则将影响施工或者功能配套要求；（五）国家规定的其他特殊情形。招标人为适用前款规定弄虚作假的，属于招标投标法第四条规定的规避招标。

第六十七条 使用国际组织或者外国政府贷款、援助资金的项目进行招标，贷款方、资金提供方对招标投标的具体条件和程序有不同规定的，可以适用其规定，但违背中华人民共和国的社会公共利益的除外。

【读懂法条】

本条规定了使用国际组织或者外国政府贷款、援助资金的项目进行招标的招标条件和招标程序的适用规范。

提供贷款、援助资金的有关国际组织或外国政府，通常对使用这些贷款的项目的招标事项提出要求，世界银行和亚洲开发银行还分别制定了各自的贷款采购指南或贷款采购准则,对使用其贷款的项目的招标条件和招标程序作了规定,其中有些规定与我国《招标投标法》的规定有所不同。遇到这类不同规定时,依照本条规定,可以优先适用提供贷款或援助资金的有关国际组织或外国政府的规定。例如,《国际复兴开发银行贷款和国际开发协会信贷采购指南》[①]规定,世行的贷款资金只能用于支付由世行成员国国民提供的以及在世行成员国生产或由世行成员国提供的货物或工程的费用,因此,非世行成员国国民或者提供非世行成员国生产的货物或工程的供应商、承包商,将没有资格参加全部或部分使用世行贷款支付的合同的投标。

第六十八条 本法自 2000 年 1 月 1 日起施行。

【读懂法条】

本条规定了本法的生效日期。

本法于 1999 年 8 月 30 日第九届全国人民代表大会常务委员会第十一次会议通过,为了学习、宣传和贯彻落实的需要,规定自 2000 年 1 月 1 日起施行。2017 年 12 月 27 日,第十二届全国人民代表大会常务委员会第三十一次会议通过的《关于修改〈中华人民共和国招标投标法〉、〈中华人民共和国计量法〉的决定》对本法进行了修正:(一)删去第十三条第二款第三项;(二)删去第十四条第一款。(三)将第五十条第一款中的"情节严重的,暂停直至取消招标代理资格"修改为"情节严重的,禁止其一年至二年内代理依法必须进行招标的项目并予以公告,直至由工商行政管理机关吊销营业执照"。该三处修正内容自 2017 年 12 月 28 日起施行。

[①] 中国招标投标协会编:《中国招标采购常用法规》,中国计划出版社 2008 年版,第 1037 页。

第二部分　招标投标法规文件汇编

一、综　　合

中华人民共和国招标投标法实施条例

（2011年12月20日中华人民共和国国务院令第613号公布　根据2017年3月1日《国务院关于修改和废止部分行政法规的决定》第一次修订　根据2018年3月19日《国务院关于修改和废止部分行政法规的决定》第二次修订　根据2019年3月2日《国务院关于修改部分行政法规的决定》第三次修订）

第一章　总　　则

第一条　为了规范招标投标活动，根据《中华人民共和国招标投标法》（以下简称招标投标法），制定本条例。

第二条　招标投标法第三条所称工程建设项目，是指工程以及与工程建设有关的货物、服务。

前款所称工程，是指建设工程，包括建筑物和构筑物的新建、改建、扩建及其相关的装修、拆除、修缮等；所称与工程建设有关的货物，是指构成工程不可分割的组成部分，且为实现工程基本功能所必需的设备、材料等；所称与工程建设有关的服务，是指为完成工程所需的勘察、设计、监理等服务。

第三条　依法必须进行招标的工程建设项目的具体范围和规模标准，由国务院发展改革部门会同国务院有关部门制订，报国务院批准后公布施行。

第四条　国务院发展改革部门指导和协调全国招标投标工作，对国家重大建设项目的工程招标投标活动实施监督检查。国务院工业和信息化、住房城乡建设、交通运输、铁道、水利、商务等部门，按照规定的职责分工对有关招标投标活动实施监督。

县级以上地方人民政府发展改革部门指导和协调本行政区域的招标投标工

作。县级以上地方人民政府有关部门按照规定的职责分工，对招标投标活动实施监督，依法查处招标投标活动中的违法行为。县级以上地方人民政府对其所属部门有关招标投标活动的监督职责分工另有规定的，从其规定。

财政部门依法对实行招标投标的政府采购工程建设项目的政府采购政策执行情况实施监督。

监察机关依法对与招标投标活动有关的监察对象实施监察。

第五条 设区的市级以上地方人民政府可以根据实际需要，建立统一规范的招标投标交易场所，为招标投标活动提供服务。招标投标交易场所不得与行政监督部门存在隶属关系，不得以营利为目的。

国家鼓励利用信息网络进行电子招标投标。

第六条 禁止国家工作人员以任何方式非法干涉招标投标活动。

第二章 招　　标

第七条 按照国家有关规定需要履行项目审批、核准手续的依法必须进行招标的项目，其招标范围、招标方式、招标组织形式应当报项目审批、核准部门审批、核准。项目审批、核准部门应当及时将审批、核准确定的招标范围、招标方式、招标组织形式通报有关行政监督部门。

第八条 国有资金占控股或者主导地位的依法必须进行招标的项目，应当公开招标；但有下列情形之一的，可以邀请招标：

（一）技术复杂、有特殊要求或者受自然环境限制，只有少量潜在投标人可供选择；

（二）采用公开招标方式的费用占项目合同金额的比例过大。

有前款第二项所列情形，属于本条例第七条规定的项目，由项目审批、核准部门在审批、核准项目时作出认定；其他项目由招标人申请有关行政监督部门作出认定。

第九条 除招标投标法第六十六条规定的可以不进行招标的特殊情况外，有下列情形之一的，可以不进行招标：

（一）需要采用不可替代的专利或者专有技术；

（二）采购人依法能够自行建设、生产或者提供；

（三）已通过招标方式选定的特许经营项目投资人依法能够自行建设、生产或者提供；

（四）需要向原中标人采购工程、货物或者服务，否则将影响施工或者功能配套要求；

（五）国家规定的其他特殊情形。

招标人为适用前款规定弄虚作假的，属于招标投标法第四条规定的规避招标。

第十条 招标投标法第十二条第二款规定的招标人具有编制招标文件和组织评标能力，是指招标人具有与招标项目规模和复杂程度相适应的技术、经济等方面的专业人员。

第十一条 国务院住房城乡建设、商务、发展改革、工业和信息化等部门，按照规定的职责分工对招标代理机构依法实施监督管理。

第十二条 招标代理机构应当拥有一定数量的具备编制招标文件、组织评标等相应能力的专业人员。

第十三条 招标代理机构在招标人委托的范围内开展招标代理业务，任何单位和个人不得非法干涉。

招标代理机构代理招标业务，应当遵守招标投标法和本条例关于招标人的规定。招标代理机构不得在所代理的招标项目中投标或者代理投标，也不得为所代理的招标项目的投标人提供咨询。

第十四条 招标人应当与被委托的招标代理机构签订书面委托合同，合同约定的收费标准应当符合国家有关规定。

第十五条 公开招标的项目，应当依照招标投标法和本条例的规定发布招标公告、编制招标文件。

招标人采用资格预审办法对潜在投标人进行资格审查的，应当发布资格预审公告、编制资格预审文件。

依法必须进行招标的项目的资格预审公告和招标公告，应当在国务院发展改革部门依法指定的媒介发布。在不同媒介发布的同一招标项目的资格预审公告或者招标公告的内容应当一致。指定媒介发布依法必须进行招标的项目的境内资格预审公告、招标公告，不得收取费用。

编制依法必须进行招标的项目的资格预审文件和招标文件，应当使用国务院发展改革部门会同有关行政监督部门制定的标准文本。

第十六条　招标人应当按照资格预审公告、招标公告或者投标邀请书规定的时间、地点发售资格预审文件或者招标文件。资格预审文件或者招标文件的发售期不得少于5日。

招标人发售资格预审文件、招标文件收取的费用应当限于补偿印刷、邮寄的成本支出，不得以营利为目的。

第十七条　招标人应当合理确定提交资格预审申请文件的时间。依法必须进行招标的项目提交资格预审申请文件的时间，自资格预审文件停止发售之日起不得少于5日。

第十八条　资格预审应当按照资格预审文件载明的标准和方法进行。

国有资金占控股或者主导地位的依法必须进行招标的项目，招标人应当组建资格审查委员会审查资格预审申请文件。资格审查委员会及其成员应当遵守招标投标法和本条例有关评标委员会及其成员的规定。

第十九条　资格预审结束后，招标人应当及时向资格预审申请人发出资格预审结果通知书。未通过资格预审的申请人不具有投标资格。

通过资格预审的申请人少于3个的，应当重新招标。

第二十条　招标人采用资格后审办法对投标人进行资格审查的，应当在开标后由评标委员会按照招标文件规定的标准和方法对投标人的资格进行审查。

第二十一条　招标人可以对已发出的资格预审文件或者招标文件进行必要的澄清或者修改。澄清或者修改的内容可能影响资格预审申请文件或者投标文件编制的，招标人应当在提交资格预审申请文件截止时间至少3日前，或者投标截止时间至少15日前，以书面形式通知所有获取资格预审文件或者招标文件的潜在投标人；不足3日或者15日的，招标人应当顺延提交资格预审申请文件或者投标文件的截止时间。

第二十二条　潜在投标人或者其他利害关系人对资格预审文件有异议的，应当在提交资格预审申请文件截止时间2日前提出；对招标文件有异议的，应当在投标截止时间10日前提出。招标人应当自收到异议之日起3日内作出答复；作出答复前，应当暂停招标投标活动。

第二十三条　招标人编制的资格预审文件、招标文件的内容违反法律、行政法规的强制性规定，违反公开、公平、公正和诚实信用原则，影响资格预审结果或者潜在投标人投标的，依法必须进行招标的项目的招标人应当在修改资格预审文件或者招标文件后重新招标。

第二十四条　招标人对招标项目划分标段的，应当遵守招标投标法的有关规定，不得利用划分标段限制或者排斥潜在投标人。依法必须进行招标的项目的招标人不得利用划分标段规避招标。

第二十五条　招标人应当在招标文件中载明投标有效期。投标有效期从提交投标文件的截止之日起算。

第二十六条　招标人在招标文件中要求投标人提交投标保证金的，投标保证金不得超过招标项目估算价的 2%。投标保证金有效期应当与投标有效期一致。

依法必须进行招标的项目的境内投标单位，以现金或者支票形式提交的投标保证金应当从其基本账户转出。

招标人不得挪用投标保证金。

第二十七条　招标人可以自行决定是否编制标底。一个招标项目只能有一个标底。标底必须保密。

接受委托编制标底的中介机构不得参加受托编制标底项目的投标，也不得为该项目的投标人编制投标文件或者提供咨询。

招标人设有最高投标限价的，应当在招标文件中明确最高投标限价或者最高投标限价的计算方法。招标人不得规定最低投标限价。

第二十八条　招标人不得组织单个或者部分潜在投标人踏勘项目现场。

第二十九条　招标人可以依法对工程以及与工程建设有关的货物、服务全部或者部分实行总承包招标。以暂估价形式包括在总承包范围内的工程、货物、服务属于依法必须进行招标的项目范围且达到国家规定规模标准的，应当依法进行招标。

前款所称暂估价，是指总承包招标时不能确定价格而由招标人在招标文件中暂时估定的工程、货物、服务的金额。

第三十条　对技术复杂或者无法精确拟定技术规格的项目，招标人可以分两阶段进行招标。

第一阶段，投标人按照招标公告或者投标邀请书的要求提交不带报价的技术建议，招标人根据投标人提交的技术建议确定技术标准和要求，编制招标文件。

第二阶段，招标人向在第一阶段提交技术建议的投标人提供招标文件，投标人按照招标文件的要求提交包括最终技术方案和投标报价的投标文件。

招标人要求投标人提交投标保证金的，应当在第二阶段提出。

第三十一条　招标人终止招标的，应当及时发布公告，或者以书面形式通知被邀请的或者已经获取资格预审文件、招标文件的潜在投标人。已经发售资格预审文件、招标文件或者已经收取投标保证金的，招标人应当及时退还所收取的资格预审文件、招标文件的费用，以及所收取的投标保证金及银行同期存款利息。

第三十二条　招标人不得以不合理的条件限制、排斥潜在投标人或者投标人。

招标人有下列行为之一的，属于以不合理条件限制、排斥潜在投标人或者投标人：

（一）就同一招标项目向潜在投标人或者投标人提供有差别的项目信息；

（二）设定的资格、技术、商务条件与招标项目的具体特点和实际需要不相适应或者与合同履行无关；

（三）依法必须进行招标的项目以特定行政区域或者特定行业的业绩、奖项作为加分条件或者中标条件；

（四）对潜在投标人或者投标人采取不同的资格审查或者评标标准；

（五）限定或者指定特定的专利、商标、品牌、原产地或者供应商；

（六）依法必须进行招标的项目非法限定潜在投标人或者投标人的所有制形式或者组织形式；

（七）以其他不合理条件限制、排斥潜在投标人或者投标人。

第三章　投　　标

第三十三条　投标人参加依法必须进行招标的项目的投标，不受地区或者部门的限制，任何单位和个人不得非法干涉。

第三十四条 与招标人存在利害关系可能影响招标公正性的法人、其他组织或者个人，不得参加投标。

单位负责人为同一人或者存在控股、管理关系的不同单位，不得参加同一标段投标或者未划分标段的同一招标项目投标。

违反前两款规定的，相关投标均无效。

第三十五条 投标人撤回已提交的投标文件，应当在投标截止时间前书面通知招标人。招标人已收取投标保证金的，应当自收到投标人书面撤回通知之日起5日内退还。

投标截止后投标人撤销投标文件的，招标人可以不退还投标保证金。

第三十六条 未通过资格预审的申请人提交的投标文件，以及逾期送达或者不按照招标文件要求密封的投标文件，招标人应当拒收。

招标人应当如实记载投标文件的送达时间和密封情况，并存档备查。

第三十七条 招标人应当在资格预审公告、招标公告或者投标邀请书中载明是否接受联合体投标。

招标人接受联合体投标并进行资格预审的，联合体应当在提交资格预审申请文件前组成。资格预审后联合体增减、更换成员的，其投标无效。

联合体各方在同一招标项目中以自己名义单独投标或者参加其他联合体投标的，相关投标均无效。

第三十八条 投标人发生合并、分立、破产等重大变化的，应当及时书面告知招标人。投标人不再具备资格预审文件、招标文件规定的资格条件或者其投标影响招标公正性的，其投标无效。

第三十九条 禁止投标人相互串通投标。

有下列情形之一的，属于投标人相互串通投标：

（一）投标人之间协商投标报价等投标文件的实质性内容；

（二）投标人之间约定中标人；

（三）投标人之间约定部分投标人放弃投标或者中标；

（四）属于同一集团、协会、商会等组织成员的投标人按照该组织要求协同投标；

（五）投标人之间为谋取中标或者排斥特定投标人而采取的其他联合行动。

第四十条 有下列情形之一的，视为投标人相互串通投标：

（一）不同投标人的投标文件由同一单位或者个人编制；

（二）不同投标人委托同一单位或者个人办理投标事宜；

（三）不同投标人的投标文件载明的项目管理成员为同一人；

（四）不同投标人的投标文件异常一致或者投标报价呈规律性差异；

（五）不同投标人的投标文件相互混装；

（六）不同投标人的投标保证金从同一单位或者个人的账户转出。

第四十一条 禁止招标人与投标人串通投标。

有下列情形之一的，属于招标人与投标人串通投标：

（一）招标人在开标前开启投标文件并将有关信息泄露给其他投标人；

（二）招标人直接或者间接向投标人泄露标底、评标委员会成员等信息；

（三）招标人明示或者暗示投标人压低或者抬高投标报价；

（四）招标人授意投标人撤换、修改投标文件；

（五）招标人明示或者暗示投标人为特定投标人中标提供方便；

（六）招标人与投标人为谋求特定投标人中标而采取的其他串通行为。

第四十二条 使用通过受让或者租借等方式获取的资格、资质证书投标的，属于招标投标法第三十三条规定的以他人名义投标。

投标人有下列情形之一的，属于招标投标法第三十三条规定的以其他方式弄虚作假的行为：

（一）使用伪造、变造的许可证件；

（二）提供虚假的财务状况或者业绩；

（三）提供虚假的项目负责人或者主要技术人员简历、劳动关系证明；

（四）提供虚假的信用状况；

（五）其他弄虚作假的行为。

第四十三条 提交资格预审申请文件的申请人应当遵守招标投标法和本条例有关投标人的规定。

第四章　开标、评标和中标

第四十四条　招标人应当按照招标文件规定的时间、地点开标。

投标人少于3个的，不得开标；招标人应当重新招标。

投标人对开标有异议的，应当在开标现场提出，招标人应当当场作出答复，并制作记录。

第四十五条　国家实行统一的评标专家专业分类标准和管理办法。具体标准和办法由国务院发展改革部门会同国务院有关部门制定。

省级人民政府和国务院有关部门应当组建综合评标专家库。

第四十六条　除招标投标法第三十七条第三款规定的特殊招标项目外，依法必须进行招标的项目，其评标委员会的专家成员应当从评标专家库内相关专业的专家名单中以随机抽取方式确定。任何单位和个人不得以明示、暗示等任何方式指定或者变相指定参加评标委员会的专家成员。

依法必须进行招标的项目的招标人非因招标投标法和本条例规定的事由，不得更换依法确定的评标委员会成员。更换评标委员会的专家成员应当依照前款规定进行。

评标委员会成员与投标人有利害关系的，应当主动回避。

有关行政监督部门应当按照规定的职责分工，对评标委员会成员的确定方式、评标专家的抽取和评标活动进行监督。行政监督部门的工作人员不得担任本部门负责监督项目的评标委员会成员。

第四十七条　招标投标法第三十七条第三款所称特殊招标项目，是指技术复杂、专业性强或者国家有特殊要求，采取随机抽取方式确定的专家难以保证胜任评标工作的项目。

第四十八条　招标人应当向评标委员会提供评标所必需的信息，但不得明示或者暗示其倾向或者排斥特定投标人。

招标人应当根据项目规模和技术复杂程度等因素合理确定评标时间。超过三分之一的评标委员会成员认为评标时间不够的，招标人应当适当延长。

评标过程中，评标委员会成员有回避事由、擅离职守或者因健康等原因不能继续评标的，应当及时更换。被更换的评标委员会成员作出的评审结论无效，由更换后的评标委员会成员重新进行评审。

第四十九条 评标委员会成员应当依照招标投标法和本条例的规定，按照招标文件规定的评标标准和方法，客观、公正地对投标文件提出评审意见。招标文件没有规定的评标标准和方法不得作为评标的依据。

评标委员会成员不得私下接触投标人，不得收受投标人给予的财物或者其他好处，不得向招标人征询确定中标人的意向，不得接受任何单位或者个人明示或者暗示提出的倾向或者排斥特定投标人的要求，不得有其他不客观、不公正履行职务的行为。

第五十条 招标项目设有标底的，招标人应当在开标时公布。标底只能作为评标的参考，不得以投标报价是否接近标底作为中标条件，也不得以投标报价超过标底上下浮动范围作为否决投标的条件。

第五十一条 有下列情形之一的，评标委员会应当否决其投标：

（一）投标文件未经投标单位盖章和单位负责人签字；

（二）投标联合体没有提交共同投标协议；

（三）投标人不符合国家或者招标文件规定的资格条件；

（四）同一投标人提交两个以上不同的投标文件或者投标报价，但招标文件要求提交备选投标的除外；

（五）投标报价低于成本或者高于招标文件设定的最高投标限价；

（六）投标文件没有对招标文件的实质性要求和条件作出响应；

（七）投标人有串通投标、弄虚作假、行贿等违法行为。

第五十二条 投标文件中有含义不明确的内容、明显文字或者计算错误，评标委员会认为需要投标人作出必要澄清、说明的，应当书面通知该投标人。投标人的澄清、说明应当采用书面形式，并不得超出投标文件的范围或者改变投标文件的实质性内容。

评标委员会不得暗示或者诱导投标人作出澄清、说明，不得接受投标人主动提出的澄清、说明。

第五十三条 评标完成后，评标委员会应当向招标人提交书面评标报告和中标候选人名单。中标候选人应当不超过3个，并标明排序。

评标报告应当由评标委员会全体成员签字。对评标结果有不同意见的评标委员会成员应当以书面形式说明其不同意见和理由，评标报告应当注明该不同意见。评标委员会成员拒绝在评标报告上签字又不书面说明其不同意见和理由的，视为同意评标结果。

第五十四条 依法必须进行招标的项目，招标人应当自收到评标报告之日起 3 日内公示中标候选人，公示期不得少于 3 日。

投标人或者其他利害关系人对依法必须进行招标的项目的评标结果有异议的，应当在中标候选人公示期间提出。招标人应当自收到异议之日起 3 日内作出答复；作出答复前，应当暂停招标投标活动。

第五十五条 国有资金占控股或者主导地位的依法必须进行招标的项目，招标人应当确定排名第一的中标候选人为中标人。排名第一的中标候选人放弃中标、因不可抗力不能履行合同、不按照招标文件要求提交履约保证金，或者被查实存在影响中标结果的违法行为等情形，不符合中标条件的，招标人可以按照评标委员会提出的中标候选人名单排序依次确定其他中标候选人为中标人，也可以重新招标。

第五十六条 中标候选人的经营、财务状况发生较大变化或者存在违法行为，招标人认为可能影响其履约能力的，应当在发出中标通知书前由原评标委员会按照招标文件规定的标准和方法审查确认。

第五十七条 招标人和中标人应当依照招标投标法和本条例的规定签订书面合同，合同的标的、价款、质量、履行期限等主要条款应当与招标文件和中标人的投标文件的内容一致。招标人和中标人不得再行订立背离合同实质性内容的其他协议。

招标人最迟应当在书面合同签订后 5 日内向中标人和未中标的投标人退还投标保证金及银行同期存款利息。

第五十八条 招标文件要求中标人提交履约保证金的，中标人应当按照招标文件的要求提交。履约保证金不得超过中标合同金额的 10%。

第五十九条 中标人应当按照合同约定履行义务，完成中标项目。中标人不得向他人转让中标项目，也不得将中标项目肢解后分别向他人转让。

中标人按照合同约定或者经招标人同意，可以将中标项目的部分非主体、非关键性工作分包给他人完成。接受分包的人应当具备相应的资格条件，并不得再次分包。

中标人应当就分包项目向招标人负责，接受分包的人就分包项目承担连带责任。

第五章 投诉与处理

第六十条 投标人或者其他利害关系人认为招标投标活动不符合法律、行政法规规定的，可以自知道或者应当知道之日起 10 日内向有关行政监督部门投诉。投诉应当有明确的请求和必要的证明材料。

就本条例第二十二条、第四十四条、第五十四条规定事项投诉的，应当先向招标人提出异议，异议答复期间不计算在前款规定的期限内。

第六十一条 投诉人就同一事项向两个以上有权受理的行政监督部门投诉的，由最先收到投诉的行政监督部门负责处理。

行政监督部门应当自收到投诉之日起 3 个工作日内决定是否受理投诉，并自受理投诉之日起 30 个工作日内作出书面处理决定；需要检验、检测、鉴定、专家评审的，所需时间不计算在内。

投诉人捏造事实、伪造材料或者以非法手段取得证明材料进行投诉的，行政监督部门应当予以驳回。

第六十二条 行政监督部门处理投诉，有权查阅、复制有关文件、资料，调查有关情况，相关单位和人员应当予以配合。必要时，行政监督部门可以责令暂停招标投标活动。

行政监督部门的工作人员对监督检查过程中知悉的国家秘密、商业秘密，应当依法予以保密。

第六章 法律责任

第六十三条 招标人有下列限制或者排斥潜在投标人行为之一的，由有关行政监督部门依照招标投标法第五十一条的规定处罚：

（一）依法应当公开招标的项目不按照规定在指定媒介发布资格预审公告或者招标公告；

（二）在不同媒介发布的同一招标项目的资格预审公告或者招标公告的内

容不一致，影响潜在投标人申请资格预审或者投标。

依法必须进行招标的项目的招标人不按照规定发布资格预审公告或者招标公告，构成规避招标的，依照招标投标法第四十九条的规定处罚。

第六十四条 招标人有下列情形之一的，由有关行政监督部门责令改正，可以处10万元以下的罚款：

（一）依法应当公开招标而采用邀请招标；

（二）招标文件、资格预审文件的发售、澄清、修改的时限，或者确定的提交资格预审申请文件、投标文件的时限不符合招标投标法和本条例规定；

（三）接受未通过资格预审的单位或者个人参加投标；

（四）接受应当拒收的投标文件。

招标人有前款第一项、第三项、第四项所列行为之一的，对单位直接负责的主管人员和其他直接责任人员依法给予处分。

第六十五条 招标代理机构在所代理的招标项目中投标、代理投标或者向该项目投标人提供咨询的，接受委托编制标底的中介机构参加受托编制标底项目的投标或者为该项目的投标人编制投标文件、提供咨询的，依照招标投标法第五十条的规定追究法律责任。

第六十六条 招标人超过本条例规定的比例收取投标保证金、履约保证金或者不按照规定退还投标保证金及银行同期存款利息的，由有关行政监督部门责令改正，可以处5万元以下的罚款；给他人造成损失的，依法承担赔偿责任。

第六十七条 投标人相互串通投标或者与招标人串通投标的，投标人向招标人或者评标委员会成员行贿谋取中标的，中标无效；构成犯罪的，依法追究刑事责任；尚不构成犯罪的，依照招标投标法第五十三条的规定处罚。投标人未中标的，对单位的罚款金额按照招标项目合同金额依照招标投标法规定的比例计算。

投标人有下列行为之一的，属于招标投标法第五十三条规定的情节严重行为，由有关行政监督部门取消其1年至2年内参加依法必须进行招标的项目的投标资格：

（一）以行贿谋取中标；

（二）3年内2次以上串通投标；

（三）串通投标行为损害招标人、其他投标人或者国家、集体、公民的合法利益，造成直接经济损失 30 万元以上；

（四）其他串通投标情节严重的行为。

投标人自本条第二款规定的处罚执行期限届满之日起 3 年内又有该款所列违法行为之一的，或者串通投标、以行贿谋取中标情节特别严重的，由工商行政管理机关吊销营业执照。

法律、行政法规对串通投标报价行为的处罚另有规定的，从其规定。

第六十八条 投标人以他人名义投标或者以其他方式弄虚作假骗取中标的，中标无效；构成犯罪的，依法追究刑事责任；尚不构成犯罪的，依照招标投标法第五十四条的规定处罚。依法必须进行招标的项目的投标人未中标的，对单位的罚款金额按照招标项目合同金额依照招标投标法规定的比例计算。

投标人有下列行为之一的，属于招标投标法第五十四条规定的情节严重行为，由有关行政监督部门取消其 1 年至 3 年内参加依法必须进行招标的项目的投标资格：

（一）伪造、变造资格、资质证书或者其他许可证件骗取中标；

（二）3 年内 2 次以上使用他人名义投标；

（三）弄虚作假骗取中标给招标人造成直接经济损失 30 万元以上；

（四）其他弄虚作假骗取中标情节严重的行为。

投标人自本条第二款规定的处罚执行期限届满之日起 3 年内又有该款所列违法行为之一的，或者弄虚作假骗取中标情节特别严重的，由工商行政管理机关吊销营业执照。

第六十九条 出让或者出租资格、资质证书供他人投标的，依照法律、行政法规的规定给予行政处罚；构成犯罪的，依法追究刑事责任。

第七十条 依法必须进行招标的项目的招标人不按照规定组建评标委员会，或者确定、更换评标委员会成员违反招标投标法和本条例规定的，由有关行政监督部门责令改正，可以处 10 万元以下的罚款，对单位直接负责的主管人员和其他直接责任人员依法给予处分；违法确定或者更换的评标委员会成员作出的评审结论无效，依法重新进行评审。

国家工作人员以任何方式非法干涉选取评标委员会成员的，依照本条例第八十条的规定追究法律责任。

第七十一条 评标委员会成员有下列行为之一的,由有关行政监督部门责令改正;情节严重的,禁止其在一定期限内参加依法必须进行招标的项目的评标;情节特别严重的,取消其担任评标委员会成员的资格:

(一) 应当回避而不回避;

(二) 擅离职守;

(三) 不按照招标文件规定的评标标准和方法评标;

(四) 私下接触投标人;

(五) 向招标人征询确定中标人的意向或者接受任何单位或者个人明示或者暗示提出的倾向或者排斥特定投标人的要求;

(六) 对依法应当否决的投标不提出否决意见;

(七) 暗示或者诱导投标人作出澄清、说明或者接受投标人主动提出的澄清、说明;

(八) 其他不客观、不公正履行职务的行为。

第七十二条 评标委员会成员收受投标人的财物或者其他好处的,没收收受的财物,处 3000 元以上 5 万元以下的罚款,取消担任评标委员会成员的资格,不得再参加依法必须进行招标的项目的评标;构成犯罪的,依法追究刑事责任。

第七十三条 依法必须进行招标的项目的招标人有下列情形之一的,由有关行政监督部门责令改正,可以处中标项目金额 10‰以下的罚款;给他人造成损失的,依法承担赔偿责任;对单位直接负责的主管人员和其他直接责任人员依法给予处分:

(一) 无正当理由不发出中标通知书;

(二) 不按照规定确定中标人;

(三) 中标通知书发出后无正当理由改变中标结果;

(四) 无正当理由不与中标人订立合同;

(五) 在订立合同时向中标人提出附加条件。

第七十四条 中标人无正当理由不与招标人订立合同,在签订合同时向招标人提出附加条件,或者不按照招标文件要求提交履约保证金的,取消其中标资格，投标保证金不予退还。对依法必须进行招标的项目的中标人，由有关行政监督部门责令改正，可以处中标项目金额10‰以下的罚款。

第七十五条 招标人和中标人不按照招标文件和中标人的投标文件订立合同，合同的主要条款与招标文件、中标人的投标文件的内容不一致，或者招标人、中标人订立背离合同实质性内容的协议的，由有关行政监督部门责令改正，可以处中标项目金额5‰以上10‰以下的罚款。

第七十六条 中标人将中标项目转让给他人的，将中标项目肢解后分别转让给他人的，违反招标投标法和本条例规定将中标项目的部分主体、关键性工作分包给他人的，或者分包人再次分包的，转让、分包无效，处转让、分包项目金额5‰以上10‰以下的罚款；有违法所得的，并处没收违法所得；可以责令停业整顿；情节严重的，由工商行政管理机关吊销营业执照。

第七十七条 投标人或者其他利害关系人捏造事实、伪造材料或者以非法手段取得证明材料进行投诉，给他人造成损失的，依法承担赔偿责任。

招标人不按照规定对异议作出答复，继续进行招标投标活动的，由有关行政监督部门责令改正，拒不改正或者不能改正并影响中标结果的，依照本条例第八十一条的规定处理。

第七十八条 国家建立招标投标信用制度。有关行政监督部门应当依法公告对招标人、招标代理机构、投标人、评标委员会成员等当事人违法行为的行政处理决定。

第七十九条 项目审批、核准部门不依法审批、核准项目招标范围、招标方式、招标组织形式的，对单位直接负责的主管人员和其他直接责任人员依法给予处分。

有关行政监督部门不依法履行职责，对违反招标投标法和本条例规定的行为不依法查处，或者不按照规定处理投诉、不依法公告对招标投标当事人违法行为的行政处理决定的，对直接负责的主管人员和其他直接责任人员依法给予处分。

项目审批、核准部门和有关行政监督部门的工作人员徇私舞弊、滥用职权、玩忽职守，构成犯罪的，依法追究刑事责任。

第八十条 国家工作人员利用职务便利，以直接或者间接、明示或者暗示等任何方式非法干涉招标投标活动，有下列情形之一的，依法给予记过或者记大过处分；情节严重的，依法给予降级或者撤职处分；情节特别严重的，依法给予开除处分；构成犯罪的，依法追究刑事责任：

（一）要求对依法必须进行招标的项目不招标，或者要求对依法应当公开招标的项目不公开招标；

（二）要求评标委员会成员或者招标人以其指定的投标人作为中标候选人或者中标人，或者以其他方式非法干涉评标活动，影响中标结果；

（三）以其他方式非法干涉招标投标活动。

第八十一条　依法必须进行招标的项目的招标投标活动违反招标投标法和本条例的规定，对中标结果造成实质性影响，且不能采取补救措施予以纠正的，招标、投标、中标无效，应当依法重新招标或者评标。

第七章　附　　则

第八十二条　招标投标协会按照依法制定的章程开展活动，加强行业自律和服务。

第八十三条　政府采购的法律、行政法规对政府采购货物、服务的招标投标另有规定的，从其规定。

第八十四条　本条例自 2012 年 2 月 1 日起施行。

中华人民共和国民法典（节选）

(2020 年 5 月 28 日第十三届全国人民代表大会第三次会议通过　2020 年 5 月 28 日中华人民共和国主席令第 45 号公布　自 2021 年 1 月 1 日起施行)

第一编　总　　则

第一章　基 本 规 定

第一条　为了保护民事主体的合法权益，调整民事关系，维护社会和经济秩序，适应中国特色社会主义发展要求，弘扬社会主义核心价值观，根据宪法，制定本法。

第二条 民法调整平等主体的自然人、法人和非法人组织之间的人身关系和财产关系。

第三条 民事主体的人身权利、财产权利以及其他合法权益受法律保护，任何组织或者个人不得侵犯。

第四条 民事主体在民事活动中的法律地位一律平等。

第五条 民事主体从事民事活动，应当遵循自愿原则，按照自己的意思设立、变更、终止民事法律关系。

第六条 民事主体从事民事活动，应当遵循公平原则，合理确定各方的权利和义务。

第七条 民事主体从事民事活动，应当遵循诚信原则，秉持诚实，恪守承诺。

第八条 民事主体从事民事活动，不得违反法律，不得违背公序良俗。

第九条 民事主体从事民事活动，应当有利于节约资源、保护生态环境。

第十条 处理民事纠纷，应当依照法律；法律没有规定的，可以适用习惯，但是不得违背公序良俗。

第十一条 其他法律对民事关系有特别规定的，依照其规定。

第十二条 中华人民共和国领域内的民事活动，适用中华人民共和国法律。法律另有规定的，依照其规定。

第二章 自 然 人

第一节 民事权利能力和民事行为能力

第十三条 自然人从出生时起到死亡时止，具有民事权利能力，依法享有民事权利，承担民事义务。

第十四条 自然人的民事权利能力一律平等。

第十五条 自然人的出生时间和死亡时间，以出生证明、死亡证明记载的时间为准；没有出生证明、死亡证明的，以户籍登记或者其他有效身份登记记载的时间为准。有其他证据足以推翻以上记载时间的,以该证据证明的时间为准。

第十六条 涉及遗产继承、接受赠与等胎儿利益保护的,胎儿视为具有民事权利能力。但是,胎儿娩出时为死体的,其民事权利能力自始不存在。

第十七条 十八周岁以上的自然人为成年人。不满十八周岁的自然人为未成年人。

第十八条 成年人为完全民事行为能力人,可以独立实施民事法律行为。

十六周岁以上的未成年人,以自己的劳动收入为主要生活来源的,视为完全民事行为能力人。

第十九条 八周岁以上的未成年人为限制民事行为能力人,实施民事法律行为由其法定代理人代理或者经其法定代理人同意、追认;但是,可以独立实施纯获利益的民事法律行为或者与其年龄、智力相适应的民事法律行为。

第二十条 不满八周岁的未成年人为无民事行为能力人,由其法定代理人代理实施民事法律行为。

第二十一条 不能辨认自己行为的成年人为无民事行为能力人,由其法定代理人代理实施民事法律行为。

八周岁以上的未成年人不能辨认自己行为的,适用前款规定。

第二十二条 不能完全辨认自己行为的成年人为限制民事行为能力人,实施民事法律行为由其法定代理人代理或者经其法定代理人同意、追认;但是,可以独立实施纯获利益的民事法律行为或者与其智力、精神健康状况相适应的民事法律行为。

第二十三条 无民事行为能力人、限制民事行为能力人的监护人是其法定代理人。

第二十四条 不能辨认或者不能完全辨认自己行为的成年人,其利害关系人或者有关组织,可以向人民法院申请认定该成年人为无民事行为能力人或者限制民事行为能力人。

被人民法院认定为无民事行为能力人或者限制民事行为能力人的,经本人、利害关系人或者有关组织申请,人民法院可以根据其智力、精神健康恢复的状况,认定该成年人恢复为限制民事行为能力人或者完全民事行为能力人。

本条规定的有关组织包括：居民委员会、村民委员会、学校、医疗机构、妇女联合会、残疾人联合会、依法设立的老年人组织、民政部门等。

第二十五条　自然人以户籍登记或者其他有效身份登记记载的居所为住所；经常居所与住所不一致的，经常居所视为住所。

第二节　监　护

第二十六条　父母对未成年子女负有抚养、教育和保护的义务。

成年子女对父母负有赡养、扶助和保护的义务。

第二十七条　父母是未成年子女的监护人。

未成年人的父母已经死亡或者没有监护能力的，由下列有监护能力的人按顺序担任监护人：

（一）祖父母、外祖父母；

（二）兄、姐；

（三）其他愿意担任监护人的个人或者组织，但是须经未成年人住所地的居民委员会、村民委员会或者民政部门同意。

第二十八条　无民事行为能力或者限制民事行为能力的成年人，由下列有监护能力的人按顺序担任监护人：

（一）配偶；

（二）父母、子女；

（三）其他近亲属；

（四）其他愿意担任监护人的个人或者组织，但是须经被监护人住所地的居民委员会、村民委员会或者民政部门同意。

第二十九条　被监护人的父母担任监护人的，可以通过遗嘱指定监护人。

第三十条　依法具有监护资格的人之间可以协议确定监护人。协议确定监护人应当尊重被监护人的真实意愿。

第三十一条　对监护人的确定有争议的，由被监护人住所地的居民委员会、村民委员会或者民政部门指定监护人，有关当事人对指定不服的，可以向人民法院申请指定监护人；有关当事人也可以直接向人民法院申请指定监护人。

居民委员会、村民委员会、民政部门或者人民法院应当尊重被监护人的真实意愿,按照最有利于被监护人的原则在依法具有监护资格的人中指定监护人。

依据本条第一款规定指定监护人前,被监护人的人身权利、财产权利以及其他合法权益处于无人保护状态的,由被监护人住所地的居民委员会、村民委员会、法律规定的有关组织或者民政部门担任临时监护人。

监护人被指定后,不得擅自变更;擅自变更的,不免除被指定的监护人的责任。

第三十二条　没有依法具有监护资格的人的,监护人由民政部门担任,也可以由具备履行监护职责条件的被监护人住所地的居民委员会、村民委员会担任。

第三十三条　具有完全民事行为能力的成年人,可以与其近亲属、其他愿意担任监护人的个人或者组织事先协商,以书面形式确定自己的监护人,在自己丧失或者部分丧失民事行为能力时,由该监护人履行监护职责。

第三十四条　监护人的职责是代理被监护人实施民事法律行为,保护被监护人的人身权利、财产权利以及其他合法权益等。

监护人依法履行监护职责产生的权利,受法律保护。

监护人不履行监护职责或者侵害被监护人合法权益的,应当承担法律责任。

因发生突发事件等紧急情况,监护人暂时无法履行监护职责,被监护人的生活处于无人照料状态的,被监护人住所地的居民委员会、村民委员会或者民政部门应当为被监护人安排必要的临时生活照料措施。

第三十五条　监护人应当按照最有利于被监护人的原则履行监护职责。监护人除为维护被监护人利益外,不得处分被监护人的财产。

未成年人的监护人履行监护职责,在作出与被监护人利益有关的决定时,应当根据被监护人的年龄和智力状况,尊重被监护人的真实意愿。

成年人的监护人履行监护职责,应当最大程度地尊重被监护人的真实意愿,保障并协助被监护人实施与其智力、精神健康状况相适应的民事法律行为。对被监护人有能力独立处理的事务,监护人不得干涉。

第三十六条　监护人有下列情形之一的,人民法院根据有关个人或者组织的申请,撤销其监护人资格,安排必要的临时监护措施,并按照最有利于被监护人的原则依法指定监护人:

（一）实施严重损害被监护人身心健康的行为；

（二）怠于履行监护职责，或者无法履行监护职责且拒绝将监护职责部分或者全部委托给他人，导致被监护人处于危困状态；

（三）实施严重侵害被监护人合法权益的其他行为。

本条规定的有关个人、组织包括：其他依法具有监护资格的人、居民委员会、村民委员会、学校、医疗机构、妇女联合会、残疾人联合会、未成年人保护组织、依法设立的老年人组织、民政部门等。

前款规定的个人和民政部门以外的组织未及时向人民法院申请撤销监护人资格的，民政部门应当向人民法院申请。

第三十七条 依法负担被监护人抚养费、赡养费、扶养费的父母、子女、配偶等，被人民法院撤销监护人资格后，应当继续履行负担的义务。

第三十八条 被监护人的父母或者子女被人民法院撤销监护人资格后，除对被监护人实施故意犯罪的外，确有悔改表现的，经其申请，人民法院可以在尊重被监护人真实意愿的前提下，视情况恢复其监护人资格，人民法院指定的监护人与被监护人的监护关系同时终止。

第三十九条 有下列情形之一的，监护关系终止：

（一）被监护人取得或者恢复完全民事行为能力；

（二）监护人丧失监护能力；

（三）被监护人或者监护人死亡；

（四）人民法院认定监护关系终止的其他情形。

监护关系终止后，被监护人仍然需要监护的，应当依法另行确定监护人。

第三节 宣告失踪和宣告死亡

第四十条 自然人下落不明满二年的，利害关系人可以向人民法院申请宣告该自然人为失踪人。

第四十一条 自然人下落不明的时间自其失去音讯之日起计算。战争期间下落不明的，下落不明的时间自战争结束之日或者有关机关确定的下落不明之日起计算。

第四十二条 失踪人的财产由其配偶、成年子女、父母或者其他愿意担任财产代管人的人代管。

代管有争议,没有前款规定的人,或者前款规定的人无代管能力的,由人民法院指定的人代管。

第四十三条 财产代管人应当妥善管理失踪人的财产,维护其财产权益。

失踪人所欠税款、债务和应付的其他费用,由财产代管人从失踪人的财产中支付。

财产代管人因故意或者重大过失造成失踪人财产损失的,应当承担赔偿责任。

第四十四条 财产代管人不履行代管职责、侵害失踪人财产权益或者丧失代管能力的,失踪人的利害关系人可以向人民法院申请变更财产代管人。

财产代管人有正当理由的,可以向人民法院申请变更财产代管人。

人民法院变更财产代管人的,变更后的财产代管人有权请求原财产代管人及时移交有关财产并报告财产代管情况。

第四十五条 失踪人重新出现,经本人或者利害关系人申请,人民法院应当撤销失踪宣告。

失踪人重新出现,有权请求财产代管人及时移交有关财产并报告财产代管情况。

第四十六条 自然人有下列情形之一的,利害关系人可以向人民法院申请宣告该自然人死亡:

(一) 下落不明满四年;

(二) 因意外事件,下落不明满二年。

因意外事件下落不明,经有关机关证明该自然人不可能生存的,申请宣告死亡不受二年时间的限制。

第四十七条 对同一自然人,有的利害关系人申请宣告死亡,有的利害关系人申请宣告失踪,符合本法规定的宣告死亡条件的,人民法院应当宣告死亡。

第四十八条 被宣告死亡的人,人民法院宣告死亡的判决作出之日视为其死亡的日期;因意外事件下落不明宣告死亡的,意外事件发生之日视为其死亡的日期。

第四十九条 自然人被宣告死亡但是并未死亡的,不影响该自然人在被宣告死亡期间实施的民事法律行为的效力。

第五十条 被宣告死亡的人重新出现，经本人或者利害关系人申请，人民法院应当撤销死亡宣告。

第五十一条 被宣告死亡的人的婚姻关系，自死亡宣告之日起消除。死亡宣告被撤销的，婚姻关系自撤销死亡宣告之日起自行恢复。但是，其配偶再婚或者向婚姻登记机关书面声明不愿意恢复的除外。

第五十二条 被宣告死亡的人在被宣告死亡期间，其子女被他人依法收养的，在死亡宣告被撤销后，不得以未经本人同意为由主张收养行为无效。

第五十三条 被撤销死亡宣告的人有权请求依照本法第六编取得其财产的民事主体返还财产；无法返还的，应当给予适当补偿。

利害关系人隐瞒真实情况，致使他人被宣告死亡而取得其财产的，除应当返还财产外，还应当对由此造成的损失承担赔偿责任。

第四节 个体工商户和农村承包经营户

第五十四条 自然人从事工商业经营，经依法登记，为个体工商户。个体工商户可以起字号。

第五十五条 农村集体经济组织的成员，依法取得农村土地承包经营权，从事家庭承包经营的，为农村承包经营户。

第五十六条 个体工商户的债务，个人经营的，以个人财产承担；家庭经营的，以家庭财产承担；无法区分的，以家庭财产承担。

农村承包经营户的债务，以从事农村土地承包经营的农户财产承担；事实上由农户部分成员经营的，以该部分成员的财产承担。

第三章 法　　人

第一节 一　般　规　定

第五十七条 法人是具有民事权利能力和民事行为能力，依法独立享有民事权利和承担民事义务的组织。

第五十八条 法人应当依法成立。

法人应当有自己的名称、组织机构、住所、财产或者经费。法人成立的具体条件和程序，依照法律、行政法规的规定。

设立法人，法律、行政法规规定须经有关机关批准的，依照其规定。

第五十九条　法人的民事权利能力和民事行为能力，从法人成立时产生，到法人终止时消灭。

第六十条　法人以其全部财产独立承担民事责任。

第六十一条　依照法律或者法人章程的规定，代表法人从事民事活动的负责人，为法人的法定代表人。

法定代表人以法人名义从事的民事活动，其法律后果由法人承受。

法人章程或者法人权力机构对法定代表人代表权的限制，不得对抗善意相对人。

第六十二条　法定代表人因执行职务造成他人损害的，由法人承担民事责任。

法人承担民事责任后，依照法律或者法人章程的规定，可以向有过错的法定代表人追偿。

第六十三条　法人以其主要办事机构所在地为住所。依法需要办理法人登记的，应当将主要办事机构所在地登记为住所。

第六十四条　法人存续期间登记事项发生变化的，应当依法向登记机关申请变更登记。

第六十五条　法人的实际情况与登记的事项不一致的，不得对抗善意相对人。

第六十六条　登记机关应当依法及时公示法人登记的有关信息。

第六十七条　法人合并的，其权利和义务由合并后的法人享有和承担。

法人分立的，其权利和义务由分立后的法人享有连带债权，承担连带债务，但是债权人和债务人另有约定的除外。

第六十八条　有下列原因之一并依法完成清算、注销登记的，法人终止：

（一）法人解散；

（二）法人被宣告破产；

（三）法律规定的其他原因。

法人终止，法律、行政法规规定须经有关机关批准的，依照其规定。

第六十九条 有下列情形之一的，法人解散：

（一）法人章程规定的存续期间届满或者法人章程规定的其他解散事由出现；

（二）法人的权力机构决议解散；

（三）因法人合并或者分立需要解散；

（四）法人依法被吊销营业执照、登记证书，被责令关闭或者被撤销；

（五）法律规定的其他情形。

第七十条 法人解散的，除合并或者分立的情形外，清算义务人应当及时组成清算组进行清算。

法人的董事、理事等执行机构或者决策机构的成员为清算义务人。法律、行政法规另有规定的，依照其规定。

清算义务人未及时履行清算义务，造成损害的，应当承担民事责任；主管机关或者利害关系人可以申请人民法院指定有关人员组成清算组进行清算。

第七十一条 法人的清算程序和清算组职权，依照有关法律的规定；没有规定的，参照适用公司法律的有关规定。

第七十二条 清算期间法人存续，但是不得从事与清算无关的活动。

法人清算后的剩余财产，按照法人章程的规定或者法人权力机构的决议处理。法律另有规定的，依照其规定。

清算结束并完成法人注销登记时，法人终止；依法不需要办理法人登记的，清算结束时，法人终止。

第七十三条 法人被宣告破产的，依法进行破产清算并完成法人注销登记时，法人终止。

第七十四条 法人可以依法设立分支机构。法律、行政法规规定分支机构应当登记的，依照其规定。

分支机构以自己的名义从事民事活动，产生的民事责任由法人承担；也可以先以该分支机构管理的财产承担，不足以承担的，由法人承担。

第七十五条 设立人为设立法人从事的民事活动，其法律后果由法人承受；法人未成立的，其法律后果由设立人承受，设立人为二人以上的，享有连带债权，承担连带债务。

设立人为设立法人以自己的名义从事民事活动产生的民事责任，第三人有权选择请求法人或者设立人承担。

第二节　营利法人

第七十六条　以取得利润并分配给股东等出资人为目的成立的法人，为营利法人。

营利法人包括有限责任公司、股份有限公司和其他企业法人等。

第七十七条　营利法人经依法登记成立。

第七十八条　依法设立的营利法人，由登记机关发给营利法人营业执照。营业执照签发日期为营利法人的成立日期。

第七十九条　设立营利法人应当依法制定法人章程。

第八十条　营利法人应当设权力机构。

权力机构行使修改法人章程，选举或者更换执行机构、监督机构成员，以及法人章程规定的其他职权。

第八十一条　营利法人应当设执行机构。

执行机构行使召集权力机构会议，决定法人的经营计划和投资方案，决定法人内部管理机构的设置，以及法人章程规定的其他职权。

执行机构为董事会或者执行董事的，董事长、执行董事或者经理按照法人章程的规定担任法定代表人；未设董事会或者执行董事的，法人章程规定的主要负责人为其执行机构和法定代表人。

第八十二条　营利法人设监事会或者监事等监督机构的，监督机构依法行使检查法人财务，监督执行机构成员、高级管理人员执行法人职务的行为，以及法人章程规定的其他职权。

第八十三条　营利法人的出资人不得滥用出资人权利损害法人或者其他出资人的利益；滥用出资人权利造成法人或者其他出资人损失的，应当依法承担民事责任。

营利法人的出资人不得滥用法人独立地位和出资人有限责任损害法人债权人的利益；滥用法人独立地位和出资人有限责任，逃避债务，严重损害法人债权人的利益的，应当对法人债务承担连带责任。

第八十四条 营利法人的控股出资人、实际控制人、董事、监事、高级管理人员不得利用其关联关系损害法人的利益；利用关联关系造成法人损失的，应当承担赔偿责任。

第八十五条 营利法人的权力机构、执行机构作出决议的会议召集程序、表决方式违反法律、行政法规、法人章程，或者决议内容违反法人章程的，营利法人的出资人可以请求人民法院撤销该决议。但是，营利法人依据该决议与善意相对人形成的民事法律关系不受影响。

第八十六条 营利法人从事经营活动，应当遵守商业道德，维护交易安全，接受政府和社会的监督，承担社会责任。

第三节 非营利法人

第八十七条 为公益目的或者其他非营利目的成立，不向出资人、设立人或者会员分配所取得利润的法人，为非营利法人。

非营利法人包括事业单位、社会团体、基金会、社会服务机构等。

第八十八条 具备法人条件，为适应经济社会发展需要，提供公益服务设立的事业单位，经依法登记成立，取得事业单位法人资格；依法不需要办理法人登记的，从成立之日起，具有事业单位法人资格。

第八十九条 事业单位法人设理事会的，除法律另有规定外，理事会为其决策机构。事业单位法人的法定代表人依照法律、行政法规或者法人章程的规定产生。

第九十条 具备法人条件，基于会员共同意愿，为公益目的或者会员共同利益等非营利目的设立的社会团体，经依法登记成立，取得社会团体法人资格；依法不需要办理法人登记的，从成立之日起，具有社会团体法人资格。

第九十一条 设立社会团体法人应当依法制定法人章程。

社会团体法人应当设会员大会或者会员代表大会等权力机构。

社会团体法人应当设理事会等执行机构。理事长或者会长等负责人按照法人章程的规定担任法定代表人。

第九十二条 具备法人条件，为公益目的以捐助财产设立的基金会、社会服务机构等，经依法登记成立，取得捐助法人资格。

依法设立的宗教活动场所，具备法人条件的，可以申请法人登记，取得捐助法人资格。法律、行政法规对宗教活动场所有规定的，依照其规定。

第九十三条 设立捐助法人应当依法制定法人章程。

捐助法人应当设理事会、民主管理组织等决策机构，并设执行机构。理事长等负责人按照法人章程的规定担任法定代表人。

捐助法人应当设监事会等监督机构。

第九十四条 捐助人有权向捐助法人查询捐助财产的使用、管理情况，并提出意见和建议，捐助法人应当及时、如实答复。

捐助法人的决策机构、执行机构或者法定代表人作出决定的程序违反法律、行政法规、法人章程，或者决定内容违反法人章程的，捐助人等利害关系人或者主管机关可以请求人民法院撤销该决定。但是，捐助法人依据该决定与善意相对人形成的民事法律关系不受影响。

第九十五条 为公益目的成立的非营利法人终止时，不得向出资人、设立人或者会员分配剩余财产。剩余财产应当按照法人章程的规定或者权力机构的决议用于公益目的；无法按照法人章程的规定或者权力机构的决议处理的，由主管机关主持转给宗旨相同或者相近的法人，并向社会公告。

第四节　特　别　法　人

第九十六条 本节规定的机关法人、农村集体经济组织法人、城镇农村的合作经济组织法人、基层群众性自治组织法人，为特别法人。

第九十七条 有独立经费的机关和承担行政职能的法定机构从成立之日起，具有机关法人资格，可以从事为履行职能所需要的民事活动。

第九十八条 机关法人被撤销的，法人终止，其民事权利和义务由继任的机关法人享有和承担；没有继任的机关法人的，由作出撤销决定的机关法人享有和承担。

第九十九条 农村集体经济组织依法取得法人资格。

法律、行政法规对农村集体经济组织有规定的，依照其规定。

第一百条 城镇农村的合作经济组织依法取得法人资格。

法律、行政法规对城镇农村的合作经济组织有规定的，依照其规定。

第一百零一条 居民委员会、村民委员会具有基层群众性自治组织法人资格，可以从事为履行职能所需要的民事活动。

未设立村集体经济组织的，村民委员会可以依法代行村集体经济组织的职能。

第四章 非法人组织

第一百零二条 非法人组织是不具有法人资格，但是能够依法以自己的名义从事民事活动的组织。

非法人组织包括个人独资企业、合伙企业、不具有法人资格的专业服务机构等。

第一百零三条 非法人组织应当依照法律的规定登记。

设立非法人组织，法律、行政法规规定须经有关机关批准的，依照其规定。

第一百零四条 非法人组织的财产不足以清偿债务的，其出资人或者设立人承担无限责任。法律另有规定的，依照其规定。

第一百零五条 非法人组织可以确定一人或者数人代表该组织从事民事活动。

第一百零六条 有下列情形之一的，非法人组织解散：

（一）章程规定的存续期间届满或者章程规定的其他解散事由出现；

（二）出资人或者设立人决定解散；

（三）法律规定的其他情形。

第一百零七条 非法人组织解散的，应当依法进行清算。

第一百零八条 非法人组织除适用本章规定外，参照适用本编第三章第一节的有关规定。

第五章 民事权利

第一百零九条 自然人的人身自由、人格尊严受法律保护。

第一百一十条 自然人享有生命权、身体权、健康权、姓名权、肖像权、名誉权、荣誉权、隐私权、婚姻自主权等权利。

法人、非法人组织享有名称权、名誉权和荣誉权。

第一百一十一条 自然人的个人信息受法律保护。任何组织或者个人需要获取他人个人信息的，应当依法取得并确保信息安全，不得非法收集、使用、加工、传输他人个人信息，不得非法买卖、提供或者公开他人个人信息。

第一百一十二条 自然人因婚姻家庭关系等产生的人身权利受法律保护。

第一百一十三条 民事主体的财产权利受法律平等保护。

第一百一十四条 民事主体依法享有物权。

物权是权利人依法对特定的物享有直接支配和排他的权利，包括所有权、用益物权和担保物权。

第一百一十五条 物包括不动产和动产。法律规定权利作为物权客体的，依照其规定。

第一百一十六条 物权的种类和内容，由法律规定。

第一百一十七条 为了公共利益的需要，依照法律规定的权限和程序征收、征用不动产或者动产的，应当给予公平、合理的补偿。

第一百一十八条 民事主体依法享有债权。

债权是因合同、侵权行为、无因管理、不当得利以及法律的其他规定，权利人请求特定义务人为或者不为一定行为的权利。

第一百一十九条 依法成立的合同，对当事人具有法律约束力。

第一百二十条 民事权益受到侵害的，被侵权人有权请求侵权人承担侵权责任。

第一百二十一条 没有法定的或者约定的义务，为避免他人利益受损失而进行管理的人，有权请求受益人偿还由此支出的必要费用。

第一百二十二条 因他人没有法律根据，取得不当利益，受损失的人有权请求其返还不当利益。

第一百二十三条 民事主体依法享有知识产权。

知识产权是权利人依法就下列客体享有的专有的权利：

（一）作品；

（二）发明、实用新型、外观设计；

（三）商标；

（四）地理标志；

（五）商业秘密；

（六）集成电路布图设计；

（七）植物新品种；

（八）法律规定的其他客体。

第一百二十四条 自然人依法享有继承权。

自然人合法的私有财产，可以依法继承。

第一百二十五条 民事主体依法享有股权和其他投资性权利。

第一百二十六条 民事主体享有法律规定的其他民事权利和利益。

第一百二十七条 法律对数据、网络虚拟财产的保护有规定的，依照其规定。

第一百二十八条 法律对未成年人、老年人、残疾人、妇女、消费者等的民事权利保护有特别规定的，依照其规定。

第一百二十九条 民事权利可以依据民事法律行为、事实行为、法律规定的事件或者法律规定的其他方式取得。

第一百三十条 民事主体按照自己的意愿依法行使民事权利，不受干涉。

第一百三十一条 民事主体行使权利时，应当履行法律规定的和当事人约定的义务。

第一百三十二条 民事主体不得滥用民事权利损害国家利益、社会公共利益或者他人合法权益。

第六章 民事法律行为

第一节 一般规定

第一百三十三条 民事法律行为是民事主体通过意思表示设立、变更、终止民事法律关系的行为。

第一百三十四条 民事法律行为可以基于双方或者多方的意思表示一致成立，也可以基于单方的意思表示成立。

法人、非法人组织依照法律或者章程规定的议事方式和表决程序作出决议的，该决议行为成立。

第一百三十五条 民事法律行为可以采用书面形式、口头形式或者其他形式；法律、行政法规规定或者当事人约定采用特定形式的，应当采用特定形式。

第一百三十六条 民事法律行为自成立时生效，但是法律另有规定或者当事人另有约定的除外。

行为人非依法律规定或者未经对方同意，不得擅自变更或者解除民事法律行为。

第二节 意思表示

第一百三十七条 以对话方式作出的意思表示，相对人知道其内容时生效。

以非对话方式作出的意思表示，到达相对人时生效。以非对话方式作出的采用数据电文形式的意思表示，相对人指定特定系统接收数据电文的，该数据电文进入该特定系统时生效；未指定特定系统的，相对人知道或者应当知道该数据电文进入其系统时生效。当事人对采用数据电文形式的意思表示的生效时间另有约定的，按照其约定。

第一百三十八条 无相对人的意思表示，表示完成时生效。法律另有规定的，依照其规定。

第一百三十九条 以公告方式作出的意思表示，公告发布时生效。

第一百四十条 行为人可以明示或者默示作出意思表示。

沉默只有在有法律规定、当事人约定或者符合当事人之间的交易习惯时，才可以视为意思表示。

第一百四十一条 行为人可以撤回意思表示。撤回意思表示的通知应当在意思表示到达相对人前或者与意思表示同时到达相对人。

第一百四十二条 有相对人的意思表示的解释，应当按照所使用的词句，结合相关条款、行为的性质和目的、习惯以及诚信原则，确定意思表示的含义。

无相对人的意思表示的解释，不能完全拘泥于所使用的词句，而应当结合相关条款、行为的性质和目的、习惯以及诚信原则，确定行为人的真实意思。

第三节 民事法律行为的效力

第一百四十三条 具备下列条件的民事法律行为有效：

（一）行为人具有相应的民事行为能力；

（二）意思表示真实；

（三）不违反法律、行政法规的强制性规定，不违背公序良俗。

第一百四十四条 无民事行为能力人实施的民事法律行为无效。

第一百四十五条 限制民事行为能力人实施的纯获利益的民事法律行为或者与其年龄、智力、精神健康状况相适应的民事法律行为有效；实施的其他民事法律行为经法定代理人同意或者追认后有效。

相对人可以催告法定代理人自收到通知之日起三十日内予以追认。法定代理人未作表示的，视为拒绝追认。民事法律行为被追认前，善意相对人有撤销的权利。撤销应当以通知的方式作出。

第一百四十六条 行为人与相对人以虚假的意思表示实施的民事法律行为无效。

以虚假的意思表示隐藏的民事法律行为的效力，依照有关法律规定处理。

第一百四十七条 基于重大误解实施的民事法律行为，行为人有权请求人民法院或者仲裁机构予以撤销。

第一百四十八条 一方以欺诈手段，使对方在违背真实意思的情况下实施的民事法律行为，受欺诈方有权请求人民法院或者仲裁机构予以撤销。

第一百四十九条 第三人实施欺诈行为，使一方在违背真实意思的情况下实施的民事法律行为，对方知道或者应当知道该欺诈行为的，受欺诈方有权请求人民法院或者仲裁机构予以撤销。

第一百五十条 一方或者第三人以胁迫手段，使对方在违背真实意思的情况下实施的民事法律行为，受胁迫方有权请求人民法院或者仲裁机构予以撤销。

第一百五十一条 一方利用对方处于危困状态、缺乏判断能力等情形，致使民事法律行为成立时显失公平的，受损害方有权请求人民法院或者仲裁机构予以撤销。

第一百五十二条 有下列情形之一的，撤销权消灭：

（一）当事人自知道或者应当知道撤销事由之日起一年内、重大误解的当事人自知道或者应当知道撤销事由之日起九十日内没有行使撤销权；

（二）当事人受胁迫，自胁迫行为终止之日起一年内没有行使撤销权；

（三）当事人知道撤销事由后明确表示或者以自己的行为表明放弃撤销权。

当事人自民事法律行为发生之日起五年内没有行使撤销权的,撤销权消灭。

第一百五十三条 违反法律、行政法规的强制性规定的民事法律行为无效。但是,该强制性规定不导致该民事法律行为无效的除外。

违背公序良俗的民事法律行为无效。

第一百五十四条 行为人与相对人恶意串通,损害他人合法权益的民事法律行为无效。

第一百五十五条 无效的或者被撤销的民事法律行为自始没有法律约束力。

第一百五十六条 民事法律行为部分无效,不影响其他部分效力的,其他部分仍然有效。

第一百五十七条 民事法律行为无效、被撤销或者确定不发生效力后,行为人因该行为取得的财产,应当予以返还;不能返还或者没有必要返还的,应当折价补偿。有过错的一方应当赔偿对方由此所受到的损失;各方都有过错的,应当各自承担相应的责任。法律另有规定的,依照其规定。

第四节 民事法律行为的附条件和附期限

第一百五十八条 民事法律行为可以附条件,但是根据其性质不得附条件的除外。附生效条件的民事法律行为,自条件成就时生效。附解除条件的民事法律行为,自条件成就时失效。

第一百五十九条 附条件的民事法律行为,当事人为自己的利益不正当地阻止条件成就的,视为条件已经成就;不正当地促成条件成就的,视为条件不成就。

第一百六十条 民事法律行为可以附期限,但是根据其性质不得附期限的除外。附生效期限的民事法律行为,自期限届至时生效。附终止期限的民事法律行为,自期限届满时失效。

第七章 代 理

第一节 一般规定

第一百六十一条 民事主体可以通过代理人实施民事法律行为。

依照法律规定、当事人约定或者民事法律行为的性质,应当由本人亲自实施的民事法律行为，不得代理。

第一百六十二条 代理人在代理权限内，以被代理人名义实施的民事法律行为，对被代理人发生效力。

第一百六十三条 代理包括委托代理和法定代理。

委托代理人按照被代理人的委托行使代理权。法定代理人依照法律的规定行使代理权。

第一百六十四条 代理人不履行或者不完全履行职责，造成被代理人损害的，应当承担民事责任。

代理人和相对人恶意串通，损害被代理人合法权益的，代理人和相对人应当承担连带责任。

第二节 委托代理

第一百六十五条 委托代理授权采用书面形式的，授权委托书应当载明代理人的姓名或者名称、代理事项、权限和期限，并由被代理人签名或者盖章。

第一百六十六条 数人为同一代理事项的代理人的，应当共同行使代理权，但是当事人另有约定的除外。

第一百六十七条 代理人知道或者应当知道代理事项违法仍然实施代理行为，或者被代理人知道或者应当知道代理人的代理行为违法未作反对表示的，被代理人和代理人应当承担连带责任。

第一百六十八条 代理人不得以被代理人的名义与自己实施民事法律行为，但是被代理人同意或者追认的除外。

代理人不得以被代理人的名义与自己同时代理的其他人实施民事法律行为，但是被代理的双方同意或者追认的除外。

第一百六十九条 代理人需要转委托第三人代理的，应当取得被代理人的同意或者追认。

转委托代理经被代理人同意或者追认的，被代理人可以就代理事务直接指示转委托的第三人，代理人仅就第三人的选任以及对第三人的指示承担责任。

转委托代理未经被代理人同意或者追认的，代理人应当对转委托的第三人的行为承担责任；但是，在紧急情况下代理人为了维护被代理人的利益需要转委托第三人代理的除外。

第一百七十条 执行法人或者非法人组织工作任务的人员，就其职权范围内的事项，以法人或者非法人组织的名义实施的民事法律行为，对法人或者非法人组织发生效力。

法人或者非法人组织对执行其工作任务的人员职权范围的限制，不得对抗善意相对人。

第一百七十一条 行为人没有代理权、超越代理权或者代理权终止后，仍然实施代理行为，未经被代理人追认的，对被代理人不发生效力。

相对人可以催告被代理人自收到通知之日起三十日内予以追认。被代理人未作表示的，视为拒绝追认。行为人实施的行为被追认前，善意相对人有撤销的权利。撤销应当以通知的方式作出。

行为人实施的行为未被追认的，善意相对人有权请求行为人履行债务或者就其受到的损害请求行为人赔偿。但是，赔偿的范围不得超过被代理人追认时相对人所能获得的利益。

相对人知道或者应当知道行为人无权代理的，相对人和行为人按照各自的过错承担责任。

第一百七十二条 行为人没有代理权、超越代理权或者代理权终止后，仍然实施代理行为，相对人有理由相信行为人有代理权的，代理行为有效。

第三节 代理终止

第一百七十三条 有下列情形之一的，委托代理终止：

（一）代理期限届满或者代理事务完成；

（二）被代理人取消委托或者代理人辞去委托；

（三）代理人丧失民事行为能力；

（四）代理人或者被代理人死亡；

（五）作为代理人或者被代理人的法人、非法人组织终止。

第一百七十四条 被代理人死亡后，有下列情形之一的，委托代理人实施的代理行为有效：

（一）代理人不知道且不应当知道被代理人死亡；

(二) 被代理人的继承人予以承认；

(三) 授权中明确代理权在代理事务完成时终止；

(四) 被代理人死亡前已经实施，为了被代理人的继承人的利益继续代理。

作为被代理人的法人、非法人组织终止的，参照适用前款规定。

第一百七十五条　有下列情形之一的，法定代理终止：

(一) 被代理人取得或者恢复完全民事行为能力；

(二) 代理人丧失民事行为能力；

(三) 代理人或者被代理人死亡；

(四) 法律规定的其他情形。

第八章　民事责任

第一百七十六条　民事主体依照法律规定或者按照当事人约定，履行民事义务，承担民事责任。

第一百七十七条　二人以上依法承担按份责任，能够确定责任大小的，各自承担相应的责任；难以确定责任大小的，平均承担责任。

第一百七十八条　二人以上依法承担连带责任的，权利人有权请求部分或者全部连带责任人承担责任。

连带责任人的责任份额根据各自责任大小确定；难以确定责任大小的，平均承担责任。实际承担责任超过自己责任份额的连带责任人，有权向其他连带责任人追偿。

连带责任，由法律规定或者当事人约定。

第一百七十九条　承担民事责任的方式主要有：

(一) 停止侵害；

(二) 排除妨碍；

(三) 消除危险；

(四) 返还财产；

(五) 恢复原状；

(六) 修理、重作、更换；

(七) 继续履行；

（八）赔偿损失；

（九）支付违约金；

（十）消除影响、恢复名誉；

（十一）赔礼道歉。

法律规定惩罚性赔偿的，依照其规定。

本条规定的承担民事责任的方式，可以单独适用，也可以合并适用。

第一百八十条　因不可抗力不能履行民事义务的，不承担民事责任。法律另有规定的，依照其规定。

不可抗力是不能预见、不能避免且不能克服的客观情况。

第一百八十一条　因正当防卫造成损害的，不承担民事责任。

正当防卫超过必要的限度，造成不应有的损害的，正当防卫人应当承担适当的民事责任。

第一百八十二条　因紧急避险造成损害的，由引起险情发生的人承担民事责任。

危险由自然原因引起的，紧急避险人不承担民事责任，可以给予适当补偿。

紧急避险采取措施不当或者超过必要的限度，造成不应有的损害的，紧急避险人应当承担适当的民事责任。

第一百八十三条　因保护他人民事权益使自己受到损害的，由侵权人承担民事责任，受益人可以给予适当补偿。没有侵权人、侵权人逃逸或者无力承担民事责任，受害人请求补偿的，受益人应当给予适当补偿。

第一百八十四条　因自愿实施紧急救助行为造成受助人损害的，救助人不承担民事责任。

第一百八十五条　侵害英雄烈士等的姓名、肖像、名誉、荣誉，损害社会公共利益的，应当承担民事责任。

第一百八十六条　因当事人一方的违约行为，损害对方人身权益、财产权益的，受损害方有权选择请求其承担违约责任或者侵权责任。

第一百八十七条　民事主体因同一行为应当承担民事责任、行政责任和刑事责任的，承担行政责任或者刑事责任不影响承担民事责任；民事主体的财产不足以支付的，优先用于承担民事责任。

第九章 诉讼时效

第一百八十八条 向人民法院请求保护民事权利的诉讼时效期间为三年。法律另有规定的，依照其规定。

诉讼时效期间自权利人知道或者应当知道权利受到损害以及义务人之日起计算。法律另有规定的，依照其规定。但是，自权利受到损害之日起超过二十年的，人民法院不予保护，有特殊情况的，人民法院可以根据权利人的申请决定延长。

第一百八十九条 当事人约定同一债务分期履行的，诉讼时效期间自最后一期履行期限届满之日起计算。

第一百九十条 无民事行为能力人或者限制民事行为能力人对其法定代理人的请求权的诉讼时效期间，自该法定代理终止之日起计算。

第一百九十一条 未成年人遭受性侵害的损害赔偿请求权的诉讼时效期间，自受害人年满十八周岁之日起计算。

第一百九十二条 诉讼时效期间届满的，义务人可以提出不履行义务的抗辩。

诉讼时效期间届满后，义务人同意履行的，不得以诉讼时效期间届满为由抗辩；义务人已经自愿履行的，不得请求返还。

第一百九十三条 人民法院不得主动适用诉讼时效的规定。

第一百九十四条 在诉讼时效期间的最后六个月内，因下列障碍，不能行使请求权的，诉讼时效中止：

（一）不可抗力；

（二）无民事行为能力人或者限制民事行为能力人没有法定代理人，或者法定代理人死亡、丧失民事行为能力、丧失代理权；

（三）继承开始后未确定继承人或者遗产管理人；

（四）权利人被义务人或者其他人控制；

（五）其他导致权利人不能行使请求权的障碍。

自中止时效的原因消除之日起满六个月，诉讼时效期间届满。

第一百九十五条 有下列情形之一的，诉讼时效中断，从中断、有关程序终结时起，诉讼时效期间重新计算：

（一）权利人向义务人提出履行请求；

（二）义务人同意履行义务；

（三）权利人提起诉讼或者申请仲裁；

（四）与提起诉讼或者申请仲裁具有同等效力的其他情形。

第一百九十六条 下列请求权不适用诉讼时效的规定：

（一）请求停止侵害、排除妨碍、消除危险；

（二）不动产物权和登记的动产物权的权利人请求返还财产；

（三）请求支付抚养费、赡养费或者扶养费；

（四）依法不适用诉讼时效的其他请求权。

第一百九十七条 诉讼时效的期间、计算方法以及中止、中断的事由由法律规定，当事人约定无效。

当事人对诉讼时效利益的预先放弃无效。

第一百九十八条 法律对仲裁时效有规定的，依照其规定；没有规定的，适用诉讼时效的规定。

第一百九十九条 法律规定或者当事人约定的撤销权、解除权等权利的存续期间，除法律另有规定外，自权利人知道或者应当知道权利产生之日起计算，不适用有关诉讼时效中止、中断和延长的规定。存续期间届满，撤销权、解除权等权利消灭。

第十章 期间计算

第二百条 民法所称的期间按照公历年、月、日、小时计算。

第二百零一条 按照年、月、日计算期间的，开始的当日不计入，自下一日开始计算。

按照小时计算期间的，自法律规定或者当事人约定的时间开始计算。

第二百零二条 按照年、月计算期间的，到期月的对应日为期间的最后一日；没有对应日的，月末日为期间的最后一日。

第二百零三条 期间的最后一日是法定休假日的，以法定休假日结束的次日为期间的最后一日。

期间的最后一日的截止时间为二十四时；有业务时间的，停止业务活动的时间为截止时间。

第二百零四条 期间的计算方法依照本法的规定，但是法律另有规定或者当事人另有约定的除外。

……

第三编 合 同

第一分编 通 则

第一章 一般规定

第四百六十三条 本编调整因合同产生的民事关系。

第四百六十四条 合同是民事主体之间设立、变更、终止民事法律关系的协议。

婚姻、收养、监护等有关身份关系的协议，适用有关该身份关系的法律规定；没有规定的，可以根据其性质参照适用本编规定。

第四百六十五条 依法成立的合同，受法律保护。

依法成立的合同，仅对当事人具有法律约束力，但是法律另有规定的除外。

第四百六十六条 当事人对合同条款的理解有争议的，应当依据本法第一百四十二条第一款的规定，确定争议条款的含义。

合同文本采用两种以上文字订立并约定具有同等效力的，对各文本使用的词句推定具有相同含义。各文本使用的词句不一致的，应当根据合同的相关条款、性质、目的以及诚信原则等予以解释。

第四百六十七条 本法或者其他法律没有明文规定的合同，适用本编通则的规定，并可以参照适用本编或者其他法律最相类似合同的规定。

在中华人民共和国境内履行的中外合资经营企业合同、中外合作经营企业合同、中外合作勘探开发自然资源合同，适用中华人民共和国法律。

第四百六十八条 非因合同产生的债权债务关系，适用有关该债权债务关系的法律规定；没有规定的，适用本编通则的有关规定，但是根据其性质不能适用的除外。

第二章　合同的订立

第四百六十九条　当事人订立合同，可以采用书面形式、口头形式或者其他形式。

书面形式是合同书、信件、电报、电传、传真等可以有形地表现所载内容的形式。

以电子数据交换、电子邮件等方式能够有形地表现所载内容，并可以随时调取查用的数据电文，视为书面形式。

第四百七十条　合同的内容由当事人约定，一般包括下列条款：

（一）当事人的姓名或者名称和住所；

（二）标的；

（三）数量；

（四）质量；

（五）价款或者报酬；

（六）履行期限、地点和方式；

（七）违约责任；

（八）解决争议的方法。

当事人可以参照各类合同的示范文本订立合同。

第四百七十一条　当事人订立合同，可以采取要约、承诺方式或者其他方式。

第四百七十二条　要约是希望与他人订立合同的意思表示，该意思表示应当符合下列条件：

（一）内容具体确定；

（二）表明经受要约人承诺，要约人即受该意思表示约束。

第四百七十三条　要约邀请是希望他人向自己发出要约的表示。拍卖公告、招标公告、招股说明书、债券募集办法、基金招募说明书、商业广告和宣传、寄送的价目表等为要约邀请。

商业广告和宣传的内容符合要约条件的，构成要约。

第四百七十四条 要约生效的时间适用本法第一百三十七条的规定。

第四百七十五条 要约可以撤回。要约的撤回适用本法第一百四十一条的规定。

第四百七十六条 要约可以撤销，但是有下列情形之一的除外：

（一）要约人以确定承诺期限或者其他形式明示要约不可撤销；

（二）受要约人有理由认为要约是不可撤销的，并已经为履行合同做了合理准备工作。

第四百七十七条 撤销要约的意思表示以对话方式作出的，该意思表示的内容应当在受要约人作出承诺之前为受要约人所知道；撤销要约的意思表示以非对话方式作出的，应当在受要约人作出承诺之前到达受要约人。

第四百七十八条 有下列情形之一的，要约失效：

（一）要约被拒绝；

（二）要约被依法撤销；

（三）承诺期限届满，受要约人未作出承诺；

（四）受要约人对要约的内容作出实质性变更。

第四百七十九条 承诺是受要约人同意要约的意思表示。

第四百八十条 承诺应当以通知的方式作出；但是，根据交易习惯或者要约表明可以通过行为作出承诺的除外。

第四百八十一条 承诺应当在要约确定的期限内到达要约人。

要约没有确定承诺期限的，承诺应当依照下列规定到达：

（一）要约以对话方式作出的，应当即时作出承诺；

（二）要约以非对话方式作出的，承诺应当在合理期限内到达。

第四百八十二条 要约以信件或者电报作出的，承诺期限自信件载明的日期或者电报交发之日开始计算。信件未载明日期的，自投寄该信件的邮戳日期开始计算。要约以电话、传真、电子邮件等快速通讯方式作出的，承诺期限自要约到达受要约人时开始计算。

第四百八十三条 承诺生效时合同成立，但是法律另有规定或者当事人另有约定的除外。

第四百八十四条 以通知方式作出的承诺,生效的时间适用本法第一百三十七条的规定。

承诺不需要通知的,根据交易习惯或者要约的要求作出承诺的行为时生效。

第四百八十五条 承诺可以撤回。承诺的撤回适用本法第一百四十一条的规定。

第四百八十六条 受要约人超过承诺期限发出承诺,或者在承诺期限内发出承诺,按照通常情形不能及时到达要约人的,为新要约;但是,要约人及时通知受要约人该承诺有效的除外。

第四百八十七条 受要约人在承诺期限内发出承诺,按照通常情形能够及时到达要约人,但是因其他原因致使承诺到达要约人时超过承诺期限的,除要约人及时通知受要约人因承诺超过期限不接受该承诺外,该承诺有效。

第四百八十八条 承诺的内容应当与要约的内容一致。受要约人对要约的内容作出实质性变更的,为新要约。有关合同标的、数量、质量、价款或者报酬、履行期限、履行地点和方式、违约责任和解决争议方法等的变更,是对要约内容的实质性变更。

第四百八十九条 承诺对要约的内容作出非实质性变更的,除要约人及时表示反对或者要约表明承诺不得对要约的内容作出任何变更外,该承诺有效,合同的内容以承诺的内容为准。

第四百九十条 当事人采用合同书形式订立合同的,自当事人均签名、盖章或者按指印时合同成立。在签名、盖章或者按指印之前,当事人一方已经履行主要义务,对方接受时,该合同成立。

法律、行政法规规定或者当事人约定合同应当采用书面形式订立,当事人未采用书面形式但是一方已经履行主要义务,对方接受时,该合同成立。

第四百九十一条 当事人采用信件、数据电文等形式订立合同要求签订确认书的,签订确认书时合同成立。

当事人一方通过互联网等信息网络发布的商品或者服务信息符合要约条件的,对方选择该商品或者服务并提交订单成功时合同成立,但是当事人另有约定的除外。

第四百九十二条 承诺生效的地点为合同成立的地点。

采用数据电文形式订立合同的，收件人的主营业地为合同成立的地点；没有主营业地的，其住所地为合同成立的地点。当事人另有约定的，按照其约定。

第四百九十三条 当事人采用合同书形式订立合同的，最后签名、盖章或者按指印的地点为合同成立的地点，但是当事人另有约定的除外。

第四百九十四条 国家根据抢险救灾、疫情防控或者其他需要下达国家订货任务、指令性任务的，有关民事主体之间应当依照有关法律、行政法规规定的权利和义务订立合同。

依照法律、行政法规的规定负有发出要约义务的当事人，应当及时发出合理的要约。

依照法律、行政法规的规定负有作出承诺义务的当事人，不得拒绝对方合理的订立合同要求。

第四百九十五条 当事人约定在将来一定期限内订立合同的认购书、订购书、预订书等，构成预约合同。

当事人一方不履行预约合同约定的订立合同义务的，对方可以请求其承担预约合同的违约责任。

第四百九十六条 格式条款是当事人为了重复使用而预先拟定，并在订立合同时未与对方协商的条款。

采用格式条款订立合同的，提供格式条款的一方应当遵循公平原则确定当事人之间的权利和义务，并采取合理的方式提示对方注意免除或者减轻其责任等与对方有重大利害关系的条款，按照对方的要求，对该条款予以说明。提供格式条款的一方未履行提示或者说明义务，致使对方没有注意或者理解与其有重大利害关系的条款的，对方可以主张该条款不成为合同的内容。

第四百九十七条 有下列情形之一的，该格式条款无效：

（一）具有本法第一编第六章第三节和本法第五百零六条规定的无效情形；

（二）提供格式条款一方不合理地免除或者减轻其责任、加重对方责任、限制对方主要权利；

（三）提供格式条款一方排除对方主要权利。

第四百九十八条 对格式条款的理解发生争议的，应当按照通常理解予以解释。对格式条款有两种以上解释的，应当作出不利于提供格式条款一方的解释。格式条款和非格式条款不一致的，应当采用非格式条款。

第四百九十九条 悬赏人以公开方式声明对完成特定行为的人支付报酬的，完成该行为的人可以请求其支付。

第五百条 当事人在订立合同过程中有下列情形之一，造成对方损失的，应当承担赔偿责任：

（一）假借订立合同，恶意进行磋商；

（二）故意隐瞒与订立合同有关的重要事实或者提供虚假情况；

（三）有其他违背诚信原则的行为。

第五百零一条 当事人在订立合同过程中知悉的商业秘密或者其他应当保密的信息，无论合同是否成立，不得泄露或者不正当地使用；泄露、不正当地使用该商业秘密或者信息，造成对方损失的，应当承担赔偿责任。

第三章　合同的效力

第五百零二条 依法成立的合同，自成立时生效，但是法律另有规定或者当事人另有约定的除外。

依照法律、行政法规的规定，合同应当办理批准等手续的，依照其规定。未办理批准等手续影响合同生效的，不影响合同中履行报批等义务条款以及相关条款的效力。应当办理申请批准等手续的当事人未履行义务的，对方可以请求其承担违反该义务的责任。

依照法律、行政法规的规定，合同的变更、转让、解除等情形应当办理批准等手续的，适用前款规定。

第五百零三条 无权代理人以被代理人的名义订立合同，被代理人已经开始履行合同义务或者接受相对人履行的，视为对合同的追认。

第五百零四条 法人的法定代表人或者非法人组织的负责人超越权限订立的合同，除相对人知道或者应当知道其超越权限外，该代表行为有效，订立的合同对法人或者非法人组织发生效力。

第五百零五条 当事人超越经营范围订立的合同的效力，应当依照本法第一编第六章第三节和本编的有关规定确定，不得仅以超越经营范围确认合同无效。

第五百零六条 合同中的下列免责条款无效：

（一）造成对方人身损害的；

（二）因故意或者重大过失造成对方财产损失的。

第五百零七条 合同不生效、无效、被撤销或者终止的，不影响合同中有关解决争议方法的条款的效力。

第五百零八条 本编对合同的效力没有规定的，适用本法第一编第六章的有关规定。

第四章 合同的履行

第五百零九条 当事人应当按照约定全面履行自己的义务。

当事人应当遵循诚信原则，根据合同的性质、目的和交易习惯履行通知、协助、保密等义务。

当事人在履行合同过程中，应当避免浪费资源、污染环境和破坏生态。

第五百一十条 合同生效后，当事人就质量、价款或者报酬、履行地点等内容没有约定或者约定不明确的，可以协议补充；不能达成补充协议的，按照合同相关条款或者交易习惯确定。

第五百一十一条 当事人就有关合同内容约定不明确，依据前条规定仍不能确定的，适用下列规定：

（一）质量要求不明确的，按照强制性国家标准履行；没有强制性国家标准的，按照推荐性国家标准履行；没有推荐性国家标准的，按照行业标准履行；没有国家标准、行业标准的，按照通常标准或者符合合同目的的特定标准履行。

（二）价款或者报酬不明确的，按照订立合同时履行地的市场价格履行；依法应当执行政府定价或者政府指导价的，依照规定履行。

（三）履行地点不明确，给付货币的，在接受货币一方所在地履行；交付不动产的，在不动产所在地履行；其他标的，在履行义务一方所在地履行。

（四）履行期限不明确的，债务人可以随时履行，债权人也可以随时请求履行，但是应当给对方必要的准备时间。

（五）履行方式不明确的，按照有利于实现合同目的的方式履行。

（六）履行费用的负担不明确的，由履行义务一方负担；因债权人原因增加的履行费用，由债权人负担。

第五百一十二条 通过互联网等信息网络订立的电子合同的标的为交付商品并采用快递物流方式交付的，收货人的签收时间为交付时间。电子合同的标的为提供服务的，生成的电子凭证或者实物凭证中载明的时间为提供服务时间；前述凭证没有载明时间或者载明时间与实际提供服务时间不一致的，以实际提供服务的时间为准。

电子合同的标的物为采用在线传输方式交付的，合同标的物进入对方当事人指定的特定系统且能够检索识别的时间为交付时间。

电子合同当事人对交付商品或者提供服务的方式、时间另有约定的，按照其约定。

第五百一十三条 执行政府定价或者政府指导价的，在合同约定的交付期限内政府价格调整时，按照交付时的价格计价。逾期交付标的物的，遇价格上涨时，按照原价格执行；价格下降时，按照新价格执行。逾期提取标的物或者逾期付款的，遇价格上涨时，按照新价格执行；价格下降时，按照原价格执行。

第五百一十四条 以支付金钱为内容的债，除法律另有规定或者当事人另有约定外，债权人可以请求债务人以实际履行地的法定货币履行。

第五百一十五条 标的有多项而债务人只需履行其中一项的，债务人享有选择权；但是，法律另有规定、当事人另有约定或者另有交易习惯的除外。

享有选择权的当事人在约定期限内或者履行期限届满未作选择，经催告后在合理期限内仍未选择的，选择权转移至对方。

第五百一十六条 当事人行使选择权应当及时通知对方，通知到达对方时，标的确定。标的确定后不得变更，但是经对方同意的除外。

可选择的标的发生不能履行情形的，享有选择权的当事人不得选择不能履行的标的，但是该不能履行的情形是由对方造成的除外。

第五百一十七条 债权人为二人以上，标的可分，按照份额各自享有债权的，为按份债权；债务人为二人以上，标的可分，按照份额各自负担债务的，为按份债务。

按份债权人或者按份债务人的份额难以确定的，视为份额相同。

第五百一十八条 债权人为二人以上，部分或者全部债权人均可以请求债务人履行债务的，为连带债权；债务人为二人以上，债权人可以请求部分或者全部债务人履行全部债务的，为连带债务。

连带债权或者连带债务，由法律规定或者当事人约定。

第五百一十九条 连带债务人之间的份额难以确定的，视为份额相同。

实际承担债务超过自己份额的连带债务人，有权就超出部分在其他连带债务人未履行的份额范围内向其追偿，并相应地享有债权人的权利，但是不得损害债权人的利益。其他连带债务人对债权人的抗辩，可以向该债务人主张。

被追偿的连带债务人不能履行其应分担份额的，其他连带债务人应当在相应范围内按比例分担。

第五百二十条 部分连带债务人履行、抵销债务或者提存标的物的，其他债务人对债权人的债务在相应范围内消灭；该债务人可以依据前条规定向其他债务人追偿。

部分连带债务人的债务被债权人免除的，在该连带债务人应当承担的份额范围内，其他债务人对债权人的债务消灭。

部分连带债务人的债务与债权人的债权同归于一人的，在扣除该债务人应当承担的份额后，债权人对其他债务人的债权继续存在。

债权人对部分连带债务人的给付受领迟延的，对其他连带债务人发生效力。

第五百二十一条 连带债权人之间的份额难以确定的，视为份额相同。

实际受领债权的连带债权人，应当按比例向其他连带债权人返还。

连带债权参照适用本章连带债务的有关规定。

第五百二十二条 当事人约定由债务人向第三人履行债务，债务人未向第三人履行债务或者履行债务不符合约定的，应当向债权人承担违约责任。

法律规定或者当事人约定第三人可以直接请求债务人向其履行债务，第三人未在合理期限内明确拒绝，债务人未向第三人履行债务或者履行债务不符合约定的，第三人可以请求债务人承担违约责任；债务人对债权人的抗辩，可以向第三人主张。

第五百二十三条 当事人约定由第三人向债权人履行债务，第三人不履行债务或者履行债务不符合约定的，债务人应当向债权人承担违约责任。

第五百二十四条 债务人不履行债务，第三人对履行该债务具有合法利益的，第三人有权向债权人代为履行；但是，根据债务性质、按照当事人约定或者依照法律规定只能由债务人履行的除外。

债权人接受第三人履行后，其对债务人的债权转让给第三人，但是债务人和第三人另有约定的除外。

第五百二十五条 当事人互负债务，没有先后履行顺序的，应当同时履行。一方在对方履行之前有权拒绝其履行请求。一方在对方履行债务不符合约定时，有权拒绝其相应的履行请求。

第五百二十六条 当事人互负债务，有先后履行顺序，应当先履行债务一方未履行的，后履行一方有权拒绝其履行请求。先履行一方履行债务不符合约定的，后履行一方有权拒绝其相应的履行请求。

第五百二十七条 应当先履行债务的当事人，有确切证据证明对方有下列情形之一的，可以中止履行：

（一）经营状况严重恶化；

（二）转移财产、抽逃资金，以逃避债务；

（三）丧失商业信誉；

（四）有丧失或者可能丧失履行债务能力的其他情形。

当事人没有确切证据中止履行的，应当承担违约责任。

第五百二十八条 当事人依据前条规定中止履行的，应当及时通知对方。对方提供适当担保的，应当恢复履行。中止履行后，对方在合理期限内未恢复履行能力且未提供适当担保的，视为以自己的行为表明不履行主要债务，中止履行的一方可以解除合同并可以请求对方承担违约责任。

第五百二十九条 债权人分立、合并或者变更住所没有通知债务人，致使履行债务发生困难的，债务人可以中止履行或者将标的物提存。

第五百三十条 债权人可以拒绝债务人提前履行债务，但是提前履行不损害债权人利益的除外。

债务人提前履行债务给债权人增加的费用，由债务人负担。

第五百三十一条 债权人可以拒绝债务人部分履行债务，但是部分履行不损害债权人利益的除外。

债务人部分履行债务给债权人增加的费用，由债务人负担。

第五百三十二条 合同生效后，当事人不得因姓名、名称的变更或者法定代表人、负责人、承办人的变动而不履行合同义务。

第五百三十三条 合同成立后，合同的基础条件发生了当事人在订立合同时无法预见的、不属于商业风险的重大变化，继续履行合同对于当事人一方明显不公平的，受不利影响的当事人可以与对方重新协商；在合理期限内协商不成的，当事人可以请求人民法院或者仲裁机构变更或者解除合同。

人民法院或者仲裁机构应当结合案件的实际情况，根据公平原则变更或者解除合同。

第五百三十四条 对当事人利用合同实施危害国家利益、社会公共利益行为的，市场监督管理和其他有关行政主管部门依照法律、行政法规的规定负责监督处理。

第五章 合同的保全

第五百三十五条 因债务人怠于行使其债权或者与该债权有关的从权利，影响债权人的到期债权实现的，债权人可以向人民法院请求以自己的名义代位行使债务人对相对人的权利，但是该权利专属于债务人自身的除外。

代位权的行使范围以债权人的到期债权为限。债权人行使代位权的必要费用，由债务人负担。

相对人对债务人的抗辩，可以向债权人主张。

第五百三十六条 债权人的债权到期前，债务人的债权或者与该债权有关的从权利存在诉讼时效期间即将届满或者未及时申报破产债权等情形，影响债权人的债权实现的，债权人可以代位向债务人的相对人请求其向债务人履行、向破产管理人申报或者作出其他必要的行为。

第五百三十七条 人民法院认定代位权成立的，由债务人的相对人向债权人履行义务，债权人接受履行后，债权人与债务人、债务人与相对人之间相应的权利义务终止。债务人对相对人的债权或者与该债权有关的从权利被采取保全、执行措施，或者债务人破产的，依照相关法律的规定处理。

第五百三十八条 债务人以放弃其债权、放弃债权担保、无偿转让财产等方式无偿处分财产权益，或者恶意延长其到期债权的履行期限，影响债权人的债权实现的，债权人可以请求人民法院撤销债务人的行为。

第五百三十九条 债务人以明显不合理的低价转让财产、以明显不合理的高价受让他人财产或者为他人的债务提供担保，影响债权人的债权实现，债务人的相对人知道或者应当知道该情形的，债权人可以请求人民法院撤销债务人的行为。

第五百四十条 撤销权的行使范围以债权人的债权为限。债权人行使撤销权的必要费用，由债务人负担。

第五百四十一条 撤销权自债权人知道或者应当知道撤销事由之日起一年内行使。自债务人的行为发生之日起五年内没有行使撤销权的，该撤销权消灭。

第五百四十二条 债务人影响债权人的债权实现的行为被撤销的，自始没有法律约束力。

第六章 合同的变更和转让

第五百四十三条 当事人协商一致，可以变更合同。

第五百四十四条 当事人对合同变更的内容约定不明确的，推定为未变更。

第五百四十五条 债权人可以将债权的全部或者部分转让给第三人，但是有下列情形之一的除外：

（一）根据债权性质不得转让；

（二）按照当事人约定不得转让；

（三）依照法律规定不得转让。

当事人约定非金钱债权不得转让的，不得对抗善意第三人。当事人约定金钱债权不得转让的，不得对抗第三人。

第五百四十六条 债权人转让债权，未通知债务人的，该转让对债务人不发生效力。

债权转让的通知不得撤销，但是经受让人同意的除外。

第五百四十七条 债权人转让债权的，受让人取得与债权有关的从权利，但是该从权利专属于债权人自身的除外。

受让人取得从权利不因该从权利未办理转移登记手续或者未转移占有而受到影响。

第五百四十八条 债务人接到债权转让通知后，债务人对让与人的抗辩，可以向受让人主张。

第五百四十九条 有下列情形之一的，债务人可以向受让人主张抵销：

（一）债务人接到债权转让通知时，债务人对让与人享有债权，且债务人的债权先于转让的债权到期或者同时到期；

（二）债务人的债权与转让的债权是基于同一合同产生。

第五百五十条 因债权转让增加的履行费用，由让与人负担。

第五百五十一条 债务人将债务的全部或者部分转移给第三人的，应当经债权人同意。

债务人或者第三人可以催告债权人在合理期限内予以同意，债权人未作表示的，视为不同意。

第五百五十二条 第三人与债务人约定加入债务并通知债权人，或者第三人向债权人表示愿意加入债务，债权人未在合理期限内明确拒绝的，债权人可以请求第三人在其愿意承担的债务范围内和债务人承担连带债务。

第五百五十三条 债务人转移债务的，新债务人可以主张原债务人对债权人的抗辩；原债务人对债权人享有债权的，新债务人不得向债权人主张抵销。

第五百五十四条 债务人转移债务的，新债务人应当承担与主债务有关的从债务，但是该从债务专属于原债务人自身的除外。

第五百五十五条 当事人一方经对方同意，可以将自己在合同中的权利和义务一并转让给第三人。

第五百五十六条 合同的权利和义务一并转让的，适用债权转让、债务转移的有关规定。

第七章 合同的权利义务终止

第五百五十七条 有下列情形之一的，债权债务终止：

（一）债务已经履行；

（二）债务相互抵销；

（三）债务人依法将标的物提存；

（四）债权人免除债务；

（五）债权债务同归于一人；

（六）法律规定或者当事人约定终止的其他情形。

合同解除的，该合同的权利义务关系终止。

第五百五十八条 债权债务终止后，当事人应当遵循诚信等原则，根据交易习惯履行通知、协助、保密、旧物回收等义务。

第五百五十九条 债权债务终止时，债权的从权利同时消灭，但是法律另有规定或者当事人另有约定的除外。

第五百六十条 债务人对同一债权人负担的数项债务种类相同，债务人的给付不足以清偿全部债务的，除当事人另有约定外，由债务人在清偿时指定其履行的债务。

债务人未作指定的，应当优先履行已经到期的债务；数项债务均到期的，优先履行对债权人缺乏担保或者担保最少的债务；均无担保或者担保相等的，优先履行债务人负担较重的债务；负担相同的，按照债务到期的先后顺序履行；到期时间相同的，按照债务比例履行。

第五百六十一条 债务人在履行主债务外还应当支付利息和实现债权的有关费用，其给付不足以清偿全部债务的，除当事人另有约定外，应当按照下列顺序履行：

（一）实现债权的有关费用；

（二）利息；

（三）主债务。

第五百六十二条 当事人协商一致，可以解除合同。

当事人可以约定一方解除合同的事由。解除合同的事由发生时，解除权人可以解除合同。

第五百六十三条 有下列情形之一的，当事人可以解除合同：

（一）因不可抗力致使不能实现合同目的；

（二）在履行期限届满前，当事人一方明确表示或者以自己的行为表明不履行主要债务；

（三）当事人一方迟延履行主要债务，经催告后在合理期限内仍未履行；

（四）当事人一方迟延履行债务或者有其他违约行为致使不能实现合同

目的；

（五）法律规定的其他情形。

以持续履行的债务为内容的不定期合同，当事人可以随时解除合同，但是应当在合理期限之前通知对方。

第五百六十四条 法律规定或者当事人约定解除权行使期限，期限届满当事人不行使的，该权利消灭。

法律没有规定或者当事人没有约定解除权行使期限，自解除权人知道或者应当知道解除事由之日起一年内不行使，或者经对方催告后在合理期限内不行使的，该权利消灭。

第五百六十五条 当事人一方依法主张解除合同的，应当通知对方。合同自通知到达对方时解除；通知载明债务人在一定期限内不履行债务则合同自动解除，债务人在该期限内未履行债务的，合同自通知载明的期限届满时解除。对方对解除合同有异议的，任何一方当事人均可以请求人民法院或者仲裁机构确认解除行为的效力。

当事人一方未通知对方，直接以提起诉讼或者申请仲裁的方式依法主张解除合同，人民法院或者仲裁机构确认该主张的，合同自起诉状副本或者仲裁申请书副本送达对方时解除。

第五百六十六条 合同解除后，尚未履行的，终止履行；已经履行的，根据履行情况和合同性质，当事人可以请求恢复原状或者采取其他补救措施，并有权请求赔偿损失。

合同因违约解除的，解除权人可以请求违约方承担违约责任，但是当事人另有约定的除外。

主合同解除后，担保人对债务人应当承担的民事责任仍应当承担担保责任，但是担保合同另有约定的除外。

第五百六十七条 合同的权利义务关系终止，不影响合同中结算和清理条款的效力。

第五百六十八条 当事人互负债务，该债务的标的物种类、品质相同的，任何一方可以将自己的债务与对方的到期债务抵销；但是，根据债务性质、按照当事人约定或者依照法律规定不得抵销的除外。

当事人主张抵销的,应当通知对方。通知自到达对方时生效。抵销不得附条件或者附期限。

第五百六十九条 当事人互负债务,标的物种类、品质不相同的,经协商一致,也可以抵销。

第五百七十条 有下列情形之一,难以履行债务的,债务人可以将标的物提存:

(一)债权人无正当理由拒绝受领;

(二)债权人下落不明;

(三)债权人死亡未确定继承人、遗产管理人,或者丧失民事行为能力未确定监护人;

(四)法律规定的其他情形。

标的物不适于提存或者提存费用过高的,债务人依法可以拍卖或者变卖标的物,提存所得的价款。

第五百七十一条 债务人将标的物或者将标的物依法拍卖、变卖所得价款交付提存部门时,提存成立。

提存成立的,视为债务人在其提存范围内已经交付标的物。

第五百七十二条 标的物提存后,债务人应当及时通知债权人或者债权人的继承人、遗产管理人、监护人、财产代管人。

第五百七十三条 标的物提存后,毁损、灭失的风险由债权人承担。提存期间,标的物的孳息归债权人所有。提存费用由债权人负担。

第五百七十四条 债权人可以随时领取提存物。但是,债权人对债务人负有到期债务的,在债权人未履行债务或者提供担保之前,提存部门根据债务人的要求应当拒绝其领取提存物。

债权人领取提存物的权利,自提存之日起五年内不行使而消灭,提存物扣除提存费用后归国家所有。但是,债权人未履行对债务人的到期债务,或者债权人向提存部门书面表示放弃领取提存物权利的,债务人负担提存费用后有权取回提存物。

第五百七十五条 债权人免除债务人部分或者全部债务的,债权债务部分或者全部终止,但是债务人在合理期限内拒绝的除外。

第五百七十六条 债权和债务同归于一人的,债权债务终止,但是损害第三人利益的除外。

第八章 违约责任

第五百七十七条 当事人一方不履行合同义务或者履行合同义务不符合约定的,应当承担继续履行、采取补救措施或者赔偿损失等违约责任。

第五百七十八条 当事人一方明确表示或者以自己的行为表明不履行合同义务的,对方可以在履行期限届满前请求其承担违约责任。

第五百七十九条 当事人一方未支付价款、报酬、租金、利息,或者不履行其他金钱债务的,对方可以请求其支付。

第五百八十条 当事人一方不履行非金钱债务或者履行非金钱债务不符合约定的,对方可以请求履行,但是有下列情形之一的除外:

(一)法律上或者事实上不能履行;

(二)债务的标的不适于强制履行或者履行费用过高;

(三)债权人在合理期限内未请求履行。

有前款规定的除外情形之一,致使不能实现合同目的的,人民法院或者仲裁机构可以根据当事人的请求终止合同权利义务关系,但是不影响违约责任的承担。

第五百八十一条 当事人一方不履行债务或者履行债务不符合约定,根据债务的性质不得强制履行的,对方可以请求其负担由第三人替代履行的费用。

第五百八十二条 履行不符合约定的,应当按照当事人的约定承担违约责任。对违约责任没有约定或者约定不明确,依据本法第五百一十条的规定仍不能确定的,受损害方根据标的的性质以及损失的大小,可以合理选择请求对方承担修理、重作、更换、退货、减少价款或者报酬等违约责任。

第五百八十三条 当事人一方不履行合同义务或者履行合同义务不符合约定的,在履行义务或者采取补救措施后,对方还有其他损失的,应当赔偿损失。

第五百八十四条 当事人一方不履行合同义务或者履行合同义务不符合约定,造成对方损失的,损失赔偿额应当相当于因违约所造成的损失,包括合同履行后可以获得的利益;但是,不得超过违约一方订立合同时预见到或者应当预见到的因违约可能造成的损失。

第五百八十五条 当事人可以约定一方违约时应当根据违约情况向对方支付一定数额的违约金，也可以约定因违约产生的损失赔偿额的计算方法。

约定的违约金低于造成的损失的，人民法院或者仲裁机构可以根据当事人的请求予以增加；约定的违约金过分高于造成的损失的，人民法院或者仲裁机构可以根据当事人的请求予以适当减少。

当事人就迟延履行约定违约金的，违约方支付违约金后，还应当履行债务。

第五百八十六条 当事人可以约定一方向对方给付定金作为债权的担保。定金合同自实际交付定金时成立。

定金的数额由当事人约定；但是，不得超过主合同标的额的百分之二十，超过部分不产生定金的效力。实际交付的定金数额多于或者少于约定数额的，视为变更约定的定金数额。

第五百八十七条 债务人履行债务的，定金应当抵作价款或者收回。给付定金的一方不履行债务或者履行债务不符合约定，致使不能实现合同目的的，无权请求返还定金；收受定金的一方不履行债务或者履行债务不符合约定，致使不能实现合同目的的，应当双倍返还定金。

第五百八十八条 当事人既约定违约金，又约定定金的，一方违约时，对方可以选择适用违约金或者定金条款。

定金不足以弥补一方违约造成的损失的，对方可以请求赔偿超过定金数额的损失。

第五百八十九条 债务人按照约定履行债务，债权人无正当理由拒绝受领的，债务人可以请求债权人赔偿增加的费用。

在债权人受领迟延期间，债务人无须支付利息。

第五百九十条 当事人一方因不可抗力不能履行合同的，根据不可抗力的影响，部分或者全部免除责任，但是法律另有规定的除外。因不可抗力不能履行合同的，应当及时通知对方，以减轻可能给对方造成的损失，并应当在合理期限内提供证明。

当事人迟延履行后发生不可抗力的，不免除其违约责任。

第五百九十一条 当事人一方违约后，对方应当采取适当措施防止损失的扩大；没有采取适当措施致使损失扩大的，不得就扩大的损失请求赔偿。

当事人因防止损失扩大而支出的合理费用，由违约方负担。

第五百九十二条 当事人都违反合同的，应当各自承担相应的责任。

当事人一方违约造成对方损失，对方对损失的发生有过错的，可以减少相应的损失赔偿额。

第五百九十三条 当事人一方因第三人的原因造成违约的，应当依法向对方承担违约责任。当事人一方和第三人之间的纠纷，依照法律规定或者按照约定处理。

第五百九十四条 因国际货物买卖合同和技术进出口合同争议提起诉讼或者申请仲裁的时效期间为四年。

第二分编　典　型　合　同

第九章　买　卖　合　同

第五百九十五条 买卖合同是出卖人转移标的物的所有权于买受人，买受人支付价款的合同。

第五百九十六条 买卖合同的内容一般包括标的物的名称、数量、质量、价款、履行期限、履行地点和方式、包装方式、检验标准和方法、结算方式、合同使用的文字及其效力等条款。

第五百九十七条 因出卖人未取得处分权致使标的物所有权不能转移的，买受人可以解除合同并请求出卖人承担违约责任。

法律、行政法规禁止或者限制转让的标的物，依照其规定。

第五百九十八条 出卖人应当履行向买受人交付标的物或者交付提取标的物的单证，并转移标的物所有权的义务。

第五百九十九条 出卖人应当按照约定或者交易习惯向买受人交付提取标的物单证以外的有关单证和资料。

第六百条 出卖具有知识产权的标的物的，除法律另有规定或者当事人另有约定外，该标的物的知识产权不属于买受人。

第六百零一条 出卖人应当按照约定的时间交付标的物。约定交付期限的，出卖人可以在该交付期限内的任何时间交付。

第六百零二条 当事人没有约定标的物的交付期限或者约定不明确的,适用本法第五百一十条、第五百一十一条第四项的规定。

第六百零三条 出卖人应当按照约定的地点交付标的物。

当事人没有约定交付地点或者约定不明确,依据本法第五百一十条的规定仍不能确定的,适用下列规定:

(一)标的物需要运输的,出卖人应当将标的物交付给第一承运人以运交给买受人;

(二)标的物不需要运输,出卖人和买受人订立合同时知道标的物在某一地点的,出卖人应当在该地点交付标的物;不知道标的物在某一地点的,应当在出卖人订立合同时的营业地交付标的物。

第六百零四条 标的物毁损、灭失的风险,在标的物交付之前由出卖人承担,交付之后由买受人承担,但是法律另有规定或者当事人另有约定的除外。

第六百零五条 因买受人的原因致使标的物未按照约定的期限交付的,买受人应当自违反约定时起承担标的物毁损、灭失的风险。

第六百零六条 出卖人出卖交由承运人运输的在途标的物,除当事人另有约定外,毁损、灭失的风险自合同成立时起由买受人承担。

第六百零七条 出卖人按照约定将标的物运送至买受人指定地点并交付给承运人后,标的物毁损、灭失的风险由买受人承担。

当事人没有约定交付地点或者约定不明确,依据本法第六百零三条第二款第一项的规定标的物需要运输的,出卖人将标的物交付给第一承运人后,标的物毁损、灭失的风险由买受人承担。

第六百零八条 出卖人按照约定或者依据本法第六百零三条第二款第二项的规定将标的物置于交付地点,买受人违反约定没有收取的,标的物毁损、灭失的风险自违反约定时起由买受人承担。

第六百零九条 出卖人按照约定未交付有关标的物的单证和资料的,不影响标的物毁损、灭失风险的转移。

第六百一十条 因标的物不符合质量要求,致使不能实现合同目的的,买受人可以拒绝接受标的物或者解除合同。买受人拒绝接受标的物或者解除合同的，标的物毁损、灭失的风险由出卖人承担。

第六百一十一条 标的物毁损、灭失的风险由买受人承担的，不影响因出卖人履行义务不符合约定，买受人请求其承担违约责任的权利。

第六百一十二条 出卖人就交付的标的物，负有保证第三人对该标的物不享有任何权利的义务，但是法律另有规定的除外。

第六百一十三条 买受人订立合同时知道或者应当知道第三人对买卖的标的物享有权利的，出卖人不承担前条规定的义务。

第六百一十四条 买受人有确切证据证明第三人对标的物享有权利的，可以中止支付相应的价款，但是出卖人提供适当担保的除外。

第六百一十五条 出卖人应当按照约定的质量要求交付标的物。出卖人提供有关标的物质量说明的，交付的标的物应当符合该说明的质量要求。

第六百一十六条 当事人对标的物的质量要求没有约定或者约定不明确，依据本法第五百一十条的规定仍不能确定的，适用本法第五百一十一条第一项的规定。

第六百一十七条 出卖人交付的标的物不符合质量要求的，买受人可以依据本法第五百八十二条至第五百八十四条的规定请求承担违约责任。

第六百一十八条 当事人约定减轻或者免除出卖人对标的物瑕疵承担的责任，因出卖人故意或者重大过失不告知买受人标的物瑕疵的，出卖人无权主张减轻或者免除责任。

第六百一十九条 出卖人应当按照约定的包装方式交付标的物。对包装方式没有约定或者约定不明确，依据本法第五百一十条的规定仍不能确定的，应当按照通用的方式包装；没有通用方式的，应当采取足以保护标的物且有利于节约资源、保护生态环境的包装方式。

第六百二十条 买受人收到标的物时应当在约定的检验期限内检验。没有约定检验期限的，应当及时检验。

第六百二十一条 当事人约定检验期限的，买受人应当在检验期限内将标的物的数量或者质量不符合约定的情形通知出卖人。买受人怠于通知的，视为标的物的数量或者质量符合约定。

当事人没有约定检验期限的，买受人应当在发现或者应当发现标的物的数量或者质量不符合约定的合理期限内通知出卖人。买受人在合理期限内未通知或者自收到标的物之日起二年内未通知出卖人的，视为标的物的数量或者质量符合约定；但是，对标的物有质量保证期的，适用质量保证期，不适用该二年的规定。

出卖人知道或者应当知道提供的标的物不符合约定的，买受人不受前两款规定的通知时间的限制。

第六百二十二条　当事人约定的检验期限过短，根据标的物的性质和交易习惯，买受人在检验期限内难以完成全面检验的，该期限仅视为买受人对标的物的外观瑕疵提出异议的期限。

约定的检验期限或者质量保证期短于法律、行政法规规定期限的，应当以法律、行政法规规定的期限为准。

第六百二十三条　当事人对检验期限未作约定，买受人签收的送货单、确认单等载明标的物数量、型号、规格的，推定买受人已经对数量和外观瑕疵进行检验，但是有相关证据足以推翻的除外。

第六百二十四条　出卖人依照买受人的指示向第三人交付标的物，出卖人和买受人约定的检验标准与买受人和第三人约定的检验标准不一致的，以出卖人和买受人约定的检验标准为准。

第六百二十五条　依照法律、行政法规的规定或者按照当事人的约定，标的物在有效使用年限届满后应予回收的，出卖人负有自行或者委托第三人对标的物予以回收的义务。

第六百二十六条　买受人应当按照约定的数额和支付方式支付价款。对价款的数额和支付方式没有约定或者约定不明确的，适用本法第五百一十条、第五百一十一条第二项和第五项的规定。

第六百二十七条　买受人应当按照约定的地点支付价款。对支付地点没有约定或者约定不明确，依据本法第五百一十条的规定仍不能确定的，买受人应当在出卖人的营业地支付；但是，约定支付价款以交付标的物或者交付提取标的物单证为条件的，在交付标的物或者交付提取标的物单证的所在地支付。

第六百二十八条　买受人应当按照约定的时间支付价款。对支付时间没有约定或者约定不明确，依据本法第五百一十条的规定仍不能确定的，买受人应当在收到标的物或者提取标的物单证的同时支付。

第六百二十九条 出卖人多交标的物的，买受人可以接收或者拒绝接收多交的部分。买受人接收多交部分的，按照约定的价格支付价款；买受人拒绝接收多交部分的，应当及时通知出卖人。

第六百三十条 标的物在交付之前产生的孳息，归出卖人所有；交付之后产生的孳息，归买受人所有。但是，当事人另有约定的除外。

第六百三十一条 因标的物的主物不符合约定而解除合同的，解除合同的效力及于从物。因标的物的从物不符合约定被解除的，解除的效力不及于主物。

第六百三十二条 标的物为数物，其中一物不符合约定的，买受人可以就该物解除。但是，该物与他物分离使标的物的价值显受损害的，买受人可以就数物解除合同。

第六百三十三条 出卖人分批交付标的物的，出卖人对其中一批标的物不交付或者交付不符合约定，致使该批标的物不能实现合同目的的，买受人可以就该批标的物解除。

出卖人不交付其中一批标的物或者交付不符合约定，致使之后其他各批标的物的交付不能实现合同目的的，买受人可以就该批以及之后其他各批标的物解除。

买受人如果就其中一批标的物解除，该批标的物与其他各批标的物相互依存的，可以就已经交付和未交付的各批标的物解除。

第六百三十四条 分期付款的买受人未支付到期价款的数额达到全部价款的五分之一，经催告后在合理期限内仍未支付到期价款的，出卖人可以请求买受人支付全部价款或者解除合同。

出卖人解除合同的，可以向买受人请求支付该标的物的使用费。

第六百三十五条 凭样品买卖的当事人应当封存样品，并可以对样品质量予以说明。出卖人交付的标的物应当与样品及其说明的质量相同。

第六百三十六条 凭样品买卖的买受人不知道样品有隐蔽瑕疵的，即使交付的标的物与样品相同，出卖人交付的标的物的质量仍然应当符合同种物的通常标准。

第六百三十七条 试用买卖的当事人可以约定标的物的试用期限。对试用期限没有约定或者约定不明确，依据本法第五百一十条的规定仍不能确定的，由出卖人确定。

第六百三十八条 试用买卖的买受人在试用期内可以购买标的物，也可以拒绝购买。试用期限届满，买受人对是否购买标的物未作表示的，视为购买。

试用买卖的买受人在试用期内已经支付部分价款或者对标的物实施出卖、出租、设立担保物权等行为的，视为同意购买。

第六百三十九条 试用买卖的当事人对标的物使用费没有约定或者约定不明确的，出卖人无权请求买受人支付。

第六百四十条 标的物在试用期内毁损、灭失的风险由出卖人承担。

第六百四十一条 当事人可以在买卖合同中约定买受人未履行支付价款或者其他义务的，标的物的所有权属于出卖人。

出卖人对标的物保留的所有权，未经登记，不得对抗善意第三人。

第六百四十二条 当事人约定出卖人保留合同标的物的所有权，在标的物所有权转移前，买受人有下列情形之一，造成出卖人损害的，除当事人另有约定外，出卖人有权取回标的物：

（一）未按照约定支付价款，经催告后在合理期限内仍未支付；

（二）未按照约定完成特定条件；

（三）将标的物出卖、出质或者作出其他不当处分。

出卖人可以与买受人协商取回标的物；协商不成的，可以参照适用担保物权的实现程序。

第六百四十三条 出卖人依据前条第一款的规定取回标的物后，买受人在双方约定或者出卖人指定的合理回赎期限内，消除出卖人取回标的物的事由的，可以请求回赎标的物。

买受人在回赎期限内没有回赎标的物，出卖人可以以合理价格将标的物出卖给第三人，出卖所得价款扣除买受人未支付的价款以及必要费用后仍有剩余的，应当返还买受人；不足部分由买受人清偿。

第六百四十四条 招标投标买卖的当事人的权利和义务以及招标投标程序等，依照有关法律、行政法规的规定。

第六百四十五条 拍卖的当事人的权利和义务以及拍卖程序等，依照有关法律、行政法规的规定。

第六百四十六条 法律对其他有偿合同有规定的，依照其规定；没有规定的，参照适用买卖合同的有关规定。

第六百四十七条 当事人约定易货交易，转移标的物的所有权的，参照适用买卖合同的有关规定。

……

第十八章 建设工程合同

第七百八十八条 建设工程合同是承包人进行工程建设，发包人支付价款的合同。

建设工程合同包括工程勘察、设计、施工合同。

第七百八十九条 建设工程合同应当采用书面形式。

第七百九十条 建设工程的招标投标活动，应当依照有关法律的规定公开、公平、公正进行。

第七百九十一条 发包人可以与总承包人订立建设工程合同，也可以分别与勘察人、设计人、施工人订立勘察、设计、施工承包合同。发包人不得将应当由一个承包人完成的建设工程支解成若干部分发包给数个承包人。

总承包人或者勘察、设计、施工承包人经发包人同意，可以将自己承包的部分工作交由第三人完成。第三人就其完成的工作成果与总承包人或者勘察、设计、施工承包人向发包人承担连带责任。承包人不得将其承包的全部建设工程转包给第三人或者将其承包的全部建设工程支解以后以分包的名义分别转包给第三人。

禁止承包人将工程分包给不具备相应资质条件的单位。禁止分包单位将其承包的工程再分包。建设工程主体结构的施工必须由承包人自行完成。

第七百九十二条 国家重大建设工程合同，应当按照国家规定的程序和国家批准的投资计划、可行性研究报告等文件订立。

第七百九十三条 建设工程施工合同无效，但是建设工程经验收合格的，可以参照合同关于工程价款的约定折价补偿承包人。

建设工程施工合同无效，且建设工程经验收不合格的，按照以下情形处理：

（一）修复后的建设工程经验收合格的，发包人可以请求承包人承担修复费用；

（二）修复后的建设工程经验收不合格的，承包人无权请求参照合同关于工程价款的约定折价补偿。

发包人对因建设工程不合格造成的损失有过错的，应当承担相应的责任。

第七百九十四条 勘察、设计合同的内容一般包括提交有关基础资料和概预算等文件的期限、质量要求、费用以及其他协作条件等条款。

第七百九十五条 施工合同的内容一般包括工程范围、建设工期、中间交工工程的开工和竣工时间、工程质量、工程造价、技术资料交付时间、材料和设备供应责任、拨款和结算、竣工验收、质量保修范围和质量保证期、相互协作等条款。

第七百九十六条 建设工程实行监理的，发包人应当与监理人采用书面形式订立委托监理合同。发包人与监理人的权利和义务以及法律责任，应当依照本编委托合同以及其他有关法律、行政法规的规定。

第七百九十七条 发包人在不妨碍承包人正常作业的情况下，可以随时对作业进度、质量进行检查。

第七百九十八条 隐蔽工程在隐蔽以前，承包人应当通知发包人检查。发包人没有及时检查的，承包人可以顺延工程日期，并有权请求赔偿停工、窝工等损失。

第七百九十九条 建设工程竣工后，发包人应当根据施工图纸及说明书、国家颁发的施工验收规范和质量检验标准及时进行验收。验收合格的，发包人应当按照约定支付价款，并接收该建设工程。

建设工程竣工经验收合格后，方可交付使用；未经验收或者验收不合格的，不得交付使用。

第八百条 勘察、设计的质量不符合要求或者未按照期限提交勘察、设计文件拖延工期，造成发包人损失的，勘察人、设计人应当继续完善勘察、设计，减收或者免收勘察、设计费并赔偿损失。

第八百零一条 因施工人的原因致使建设工程质量不符合约定的，发包人有权请求施工人在合理期限内无偿修理或者返工、改建。经过修理或者返工、改建后，造成逾期交付的，施工人应当承担违约责任。

第八百零二条 因承包人的原因致使建设工程在合理使用期限内造成人身损害和财产损失的，承包人应当承担赔偿责任。

第八百零三条 发包人未按照约定的时间和要求提供原材料、设备、场地、资金、技术资料的，承包人可以顺延工程日期，并有权请求赔偿停工、窝工等损失。

第八百零四条 因发包人的原因致使工程中途停建、缓建的，发包人应当采取措施弥补或者减少损失，赔偿承包人因此造成的停工、窝工、倒运、机械设备调迁、材料和构件积压等损失和实际费用。

第八百零五条 因发包人变更计划，提供的资料不准确，或者未按照期限提供必需的勘察、设计工作条件而造成勘察、设计的返工、停工或者修改设计，发包人应当按照勘察人、设计人实际消耗的工作量增付费用。

第八百零六条 承包人将建设工程转包、违法分包的，发包人可以解除合同。

发包人提供的主要建筑材料、建筑构配件和设备不符合强制性标准或者不履行协助义务，致使承包人无法施工，经催告后在合理期限内仍未履行相应义务的，承包人可以解除合同。

合同解除后，已经完成的建设工程质量合格的，发包人应当按照约定支付相应的工程价款；已经完成的建设工程质量不合格的，参照本法第七百九十三条的规定处理。

第八百零七条 发包人未按照约定支付价款的，承包人可以催告发包人在合理期限内支付价款。发包人逾期不支付的，除根据建设工程的性质不宜折价、拍卖外，承包人可以与发包人协议将该工程折价，也可以请求人民法院将该工程依法拍卖。建设工程的价款就该工程折价或者拍卖的价款优先受偿。

第八百零八条 本章没有规定的，适用承揽合同的有关规定。

……

中华人民共和国建筑法

（1997年11月1日第八届全国人民代表大会常务委员会第二十八次会议通过　根据2011年4月22日第十一届全国人民代表大会常务委员会第二十次会议《关于修改〈中华人民共和国建筑法〉的决定》第一次修正　根据2019年4月23日第十三届全国人民代表大会常务委员会第十次会议《关于修改〈中华人民共和国建筑法〉等八部法律的决定》第二次修正）

第一章　总　　则

第一条　为了加强对建筑活动的监督管理，维护建筑市场秩序，保证建筑工程的质量和安全，促进建筑业健康发展，制定本法。

第二条　在中华人民共和国境内从事建筑活动，实施对建筑活动的监督管理，应当遵守本法。

本法所称建筑活动，是指各类房屋建筑及其附属设施的建造和与其配套的线路、管道、设备的安装活动。

第三条　建筑活动应当确保建筑工程质量和安全，符合国家的建筑工程安全标准。

第四条　国家扶持建筑业的发展，支持建筑科学技术研究，提高房屋建筑设计水平，鼓励节约能源和保护环境，提倡采用先进技术、先进设备、先进工艺、新型建筑材料和现代管理方式。

第五条　从事建筑活动应当遵守法律、法规，不得损害社会公共利益和他人的合法权益。

任何单位和个人都不得妨碍和阻挠依法进行的建筑活动。

第六条　国务院建设行政主管部门对全国的建筑活动实施统一监督管理。

第二章　建筑许可

第一节　建筑工程施工许可

第七条　建筑工程开工前，建设单位应当按照国家有关规定向工程所在地县级以上人民政府建设行政主管部门申请领取施工许可证；但是，国务院建设行政主管部门确定的限额以下的小型工程除外。

按照国务院规定的权限和程序批准开工报告的建筑工程，不再领取施工许可证。

第八条 申请领取施工许可证，应当具备下列条件：

（一）已经办理该建筑工程用地批准手续；

（二）依法应当办理建设工程规划许可证的，已经取得建设工程规划许可证；

（三）需要拆迁的，其拆迁进度符合施工要求；

（四）已经确定建筑施工企业；

（五）有满足施工需要的资金安排、施工图纸及技术资料；

（六）有保证工程质量和安全的具体措施。

建设行政主管部门应当自收到申请之日起七日内，对符合条件的申请颁发施工许可证。

第九条 建设单位应当自领取施工许可证之日起三个月内开工。因故不能按期开工的，应当向发证机关申请延期；延期以两次为限，每次不超过三个月。既不开工又不申请延期或者超过延期时限的，施工许可证自行废止。

第十条 在建的建筑工程因故中止施工的，建设单位应当自中止施工之日起一个月内，向发证机关报告，并按照规定做好建筑工程的维护管理工作。

建筑工程恢复施工时，应当向发证机关报告；中止施工满一年的工程恢复施工前，建设单位应当报发证机关核验施工许可证。

第十一条 按照国务院有关规定批准开工报告的建筑工程，因故不能按期开工或者中止施工的，应当及时向批准机关报告情况。因故不能按期开工超过六个月的，应当重新办理开工报告的批准手续。

第二节 从业资格

第十二条 从事建筑活动的建筑施工企业、勘察单位、设计单位和工程监理单位，应当具备下列条件：

（一）有符合国家规定的注册资本；

（二）有与其从事的建筑活动相适应的具有法定执业资格的专业技术人员；

（三）有从事相关建筑活动所应有的技术装备；

（四）法律、行政法规规定的其他条件。

第十三条 从事建筑活动的建筑施工企业、勘察单位、设计单位和工程监理单位，按照其拥有的注册资本、专业技术人员、技术装备和已完成的建筑工程业绩等资质条件，划分为不同的资质等级，经资质审查合格，取得相应等级的资质证书后，方可在其资质等级许可的范围内从事建筑活动。

第十四条 从事建筑活动的专业技术人员，应当依法取得相应的执业资格证书，并在执业资格证书许可的范围内从事建筑活动。

第三章 建筑工程发包与承包

第一节 一般规定

第十五条 建筑工程的发包单位与承包单位应当依法订立书面合同，明确双方的权利和义务。

发包单位和承包单位应当全面履行合同约定的义务。不按照合同约定履行义务的，依法承担违约责任。

第十六条 建筑工程发包与承包的招标投标活动，应当遵循公开、公正、平等竞争的原则，择优选择承包单位。

建筑工程的招标投标，本法没有规定的，适用有关招标投标法律的规定。

第十七条 发包单位及其工作人员在建筑工程发包中不得收受贿赂、回扣或者索取其他好处。

承包单位及其工作人员不得利用向发包单位及其工作人员行贿、提供回扣或者给予其他好处等不正当手段承揽工程。

第十八条 建筑工程造价应当按照国家有关规定，由发包单位与承包单位在合同中约定。公开招标发包的，其造价的约定，须遵守招标投标法律的规定。

发包单位应当按照合同的约定，及时拨付工程款项。

第二节 发 包

第十九条 建筑工程依法实行招标发包，对不适于招标发包的可以直接发包。

第二十条 建筑工程实行公开招标的，发包单位应当依照法定程序和方式，发布招标公告，提供载有招标工程的主要技术要求、主要的合同条款、评标的标准和方法以及开标、评标、定标的程序等内容的招标文件。

开标应当在招标文件规定的时间、地点公开进行。开标后应当按照招标文件规定的评标标准和程序对标书进行评价、比较，在具备相应资质条件的投标者中，择优选定中标者。

第二十一条 建筑工程招标的开标、评标、定标由建设单位依法组织实施，并接受有关行政主管部门的监督。

第二十二条 建筑工程实行招标发包的，发包单位应当将建筑工程发包给依法中标的承包单位。建筑工程实行直接发包的，发包单位应当将建筑工程发包给具有相应资质条件的承包单位。

第二十三条 政府及其所属部门不得滥用行政权力，限定发包单位将招标发包的建筑工程发包给指定的承包单位。

第二十四条 提倡对建筑工程实行总承包，禁止将建筑工程肢解发包。

建筑工程的发包单位可以将建筑工程的勘察、设计、施工、设备采购一并发包给一个工程总承包单位，也可以将建筑工程勘察、设计、施工、设备采购的一项或者多项发包给一个工程总承包单位；但是，不得将应当由一个承包单位完成的建筑工程肢解成若干部分发包给几个承包单位。

第二十五条 按照合同约定，建筑材料、建筑构配件和设备由工程承包单位采购的，发包单位不得指定承包单位购入用于工程的建筑材料、建筑构配件和设备或者指定生产厂、供应商。

第三节 承 包

第二十六条 承包建筑工程的单位应当持有依法取得的资质证书，并在其资质等级许可的业务范围内承揽工程。

禁止建筑施工企业超越本企业资质等级许可的业务范围或者以任何形式用其他建筑施工企业的名义承揽工程。禁止建筑施工企业以任何形式允许其他单位或者个人使用本企业的资质证书、营业执照，以本企业的名义承揽工程。

第二十七条 大型建筑工程或者结构复杂的建筑工程，可以由两个以上的承包单位联合共同承包。共同承包的各方对承包合同的履行承担连带责任。

两个以上不同资质等级的单位实行联合共同承包的，应当按照资质等级低的单位的业务许可范围承揽工程。

第二十八条 禁止承包单位将其承包的全部建筑工程转包给他人，禁止承包单位将其承包的全部建筑工程肢解以后以分包的名义分别转包给他人。

第二十九条 建筑工程总承包单位可以将承包工程中的部分工程发包给具有相应资质条件的分包单位；但是，除总承包合同中约定的分包外，必须经建设单位认可。施工总承包的，建筑工程主体结构的施工必须由总承包单位自行完成。

建筑工程总承包单位按照总承包合同的约定对建设单位负责；分包单位按照分包合同的约定对总承包单位负责。总承包单位和分包单位就分包工程对建设单位承担连带责任。

禁止总承包单位将工程分包给不具备相应资质条件的单位。禁止分包单位将其承包的工程再分包。

第四章 建筑工程监理

第三十条 国家推行建筑工程监理制度。

国务院可以规定实行强制监理的建筑工程的范围。

第三十一条 实行监理的建筑工程，由建设单位委托具有相应资质条件的工程监理单位监理。建设单位与其委托的工程监理单位应当订立书面委托监理合同。

第三十二条 建筑工程监理应当依照法律、行政法规及有关的技术标准、设计文件和建筑工程承包合同，对承包单位在施工质量、建设工期和建设资金使用等方面，代表建设单位实施监督。

工程监理人员认为工程施工不符合工程设计要求、施工技术标准和合同约定的，有权要求建筑施工企业改正。

工程监理人员发现工程设计不符合建筑工程质量标准或者合同约定的质量要求的，应当报告建设单位要求设计单位改正。

第三十三条 实施建筑工程监理前,建设单位应当将委托的工程监理单位、监理的内容及监理权限,书面通知被监理的建筑施工企业。

第三十四条 工程监理单位应当在其资质等级许可的监理范围内,承担工程监理业务。

工程监理单位应当根据建设单位的委托,客观、公正地执行监理任务。

工程监理单位与被监理工程的承包单位以及建筑材料、建筑构配件和设备供应单位不得有隶属关系或者其他利害关系。

工程监理单位不得转让工程监理业务。

第三十五条 工程监理单位不按照委托监理合同的约定履行监理义务,对应当监督检查的项目不检查或者不按照规定检查,给建设单位造成损失的,应当承担相应的赔偿责任。

工程监理单位与承包单位串通,为承包单位谋取非法利益,给建设单位造成损失的,应当与承包单位承担连带赔偿责任。

第五章 建筑安全生产管理

第三十六条 建筑工程安全生产管理必须坚持安全第一、预防为主的方针,建立健全安全生产的责任制度和群防群治制度。

第三十七条 建筑工程设计应当符合按照国家规定制定的建筑安全规程和技术规范,保证工程的安全性能。

第三十八条 建筑施工企业在编制施工组织设计时,应当根据建筑工程的特点制定相应的安全技术措施;对专业性较强的工程项目,应当编制专项安全施工组织设计,并采取安全技术措施。

第三十九条 建筑施工企业应当在施工现场采取维护安全、防范危险、预防火灾等措施;有条件的,应当对施工现场实行封闭管理。

施工现场对毗邻的建筑物、构筑物和特殊作业环境可能造成损害的,建筑施工企业应当采取安全防护措施。

第四十条 建设单位应当向建筑施工企业提供与施工现场相关的地下管线资料,建筑施工企业应当采取措施加以保护。

第四十一条 建筑施工企业应当遵守有关环境保护和安全生产的法律、法规的规定，采取控制和处理施工现场的各种粉尘、废气、废水、固体废物以及噪声、振动对环境的污染和危害的措施。

第四十二条 有下列情形之一的，建设单位应当按照国家有关规定办理申请批准手续：

（一）需要临时占用规划批准范围以外场地的；

（二）可能损坏道路、管线、电力、邮电通讯等公共设施的；

（三）需要临时停水、停电、中断道路交通的；

（四）需要进行爆破作业的；

（五）法律、法规规定需要办理报批手续的其他情形。

第四十三条 建设行政主管部门负责建筑安全生产的管理，并依法接受劳动行政主管部门对建筑安全生产的指导和监督。

第四十四条 建筑施工企业必须依法加强对建筑安全生产的管理，执行安全生产责任制度，采取有效措施，防止伤亡和其他安全生产事故的发生。

建筑施工企业的法定代表人对本企业的安全生产负责。

第四十五条 施工现场安全由建筑施工企业负责。实行施工总承包的，由总承包单位负责。分包单位向总承包单位负责，服从总承包单位对施工现场的安全生产管理。

第四十六条 建筑施工企业应当建立健全劳动安全生产教育培训制度，加强对职工安全生产的教育培训；未经安全生产教育培训的人员，不得上岗作业。

第四十七条 建筑施工企业和作业人员在施工过程中，应当遵守有关安全生产的法律、法规和建筑行业安全规章、规程，不得违章指挥或者违章作业。作业人员有权对影响人身健康的作业程序和作业条件提出改进意见，有权获得安全生产所需的防护用品。作业人员对危及生命安全和人身健康的行为有权提出批评、检举和控告。

第四十八条 建筑施工企业应当依法为职工参加工伤保险缴纳工伤保险费。鼓励企业为从事危险作业的职工办理意外伤害保险，支付保险费。

第四十九条 涉及建筑主体和承重结构变动的装修工程，建设单位应当在施工前委托原设计单位或者具有相应资质条件的设计单位提出设计方案；没有设计方案的，不得施工。

第五十条　房屋拆除应当由具备保证安全条件的建筑施工单位承担，由建筑施工单位负责人对安全负责。

第五十一条　施工中发生事故时，建筑施工企业应当采取紧急措施减少人员伤亡和事故损失，并按照国家有关规定及时向有关部门报告。

第六章　建筑工程质量管理

第五十二条　建筑工程勘察、设计、施工的质量必须符合国家有关建筑工程安全标准的要求，具体管理办法由国务院规定。

有关建筑工程安全的国家标准不能适应确保建筑安全的要求时，应当及时修订。

第五十三条　国家对从事建筑活动的单位推行质量体系认证制度。从事建筑活动的单位根据自愿原则可以向国务院产品质量监督管理部门或者国务院产品质量监督管理部门授权的部门认可的认证机构申请质量体系认证。经认证合格的，由认证机构颁发质量体系认证证书。

第五十四条　建设单位不得以任何理由，要求建筑设计单位或者建筑施工企业在工程设计或者施工作业中，违反法律、行政法规和建筑工程质量、安全标准，降低工程质量。

建筑设计单位和建筑施工企业对建设单位违反前款规定提出的降低工程质量的要求，应当予以拒绝。

第五十五条　建筑工程实行总承包的，工程质量由工程总承包单位负责，总承包单位将建筑工程分包给其他单位的，应当对分包工程的质量与分包单位承担连带责任。分包单位应当接受总承包单位的质量管理。

第五十六条　建筑工程的勘察、设计单位必须对其勘察、设计的质量负责。勘察、设计文件应当符合有关法律、行政法规的规定和建筑工程质量、安全标准、建筑工程勘察、设计技术规范以及合同的约定。设计文件选用的建筑材料、建筑构配件和设备，应当注明其规格、型号、性能等技术指标，其质量要求必须符合国家规定的标准。

第五十七条　建筑设计单位对设计文件选用的建筑材料、建筑构配件和设备，不得指定生产厂、供应商。

第五十八条 建筑施工企业对工程的施工质量负责。

建筑施工企业必须按照工程设计图纸和施工技术标准施工，不得偷工减料。工程设计的修改由原设计单位负责，建筑施工企业不得擅自修改工程设计。

第五十九条 建筑施工企业必须按照工程设计要求、施工技术标准和合同的约定，对建筑材料、建筑构配件和设备进行检验，不合格的不得使用。

第六十条 建筑物在合理使用寿命内，必须确保地基基础工程和主体结构的质量。

建筑工程竣工时，屋顶、墙面不得留有渗漏、开裂等质量缺陷；对已发现的质量缺陷，建筑施工企业应当修复。

第六十一条 交付竣工验收的建筑工程，必须符合规定的建筑工程质量标准，有完整的工程技术经济资料和经签署的工程保修书，并具备国家规定的其他竣工条件。

建筑工程竣工经验收合格后，方可交付使用；未经验收或者验收不合格的，不得交付使用。

第六十二条 建筑工程实行质量保修制度。

建筑工程的保修范围应当包括地基基础工程、主体结构工程、屋面防水工程和其他土建工程，以及电气管线、上下水管线的安装工程，供热、供冷系统工程等项目；保修的期限应当按照保证建筑物合理寿命年限内正常使用，维护使用者合法权益的原则确定。具体的保修范围和最低保修期限由国务院规定。

第六十三条 任何单位和个人对建筑工程的质量事故、质量缺陷都有权向建设行政主管部门或者其他有关部门进行检举、控告、投诉。

第七章 法律责任

第六十四条 违反本法规定，未取得施工许可证或者开工报告未经批准擅自施工的，责令改正，对不符合开工条件的责令停止施工，可以处以罚款。

第六十五条 发包单位将工程发包给不具有相应资质条件的承包单位的，或者违反本法规定将建筑工程肢解发包的，责令改正，处以罚款。

超越本单位资质等级承揽工程的，责令停止违法行为，处以罚款，可以责令停业整顿，降低资质等级；情节严重的，吊销资质证书；有违法所得的，予以没收。

未取得资质证书承揽工程的，予以取缔，并处罚款；有违法所得的，予以没收。

以欺骗手段取得资质证书的，吊销资质证书，处以罚款；构成犯罪的，依法追究刑事责任。

第六十六条 建筑施工企业转让、出借资质证书或者以其他方式允许他人以本企业的名义承揽工程的，责令改正，没收违法所得，并处罚款，可以责令停业整顿，降低资质等级；情节严重的，吊销资质证书。对因该项承揽工程不符合规定的质量标准造成的损失，建筑施工企业与使用本企业名义的单位或者个人承担连带赔偿责任。

第六十七条 承包单位将承包的工程转包的，或者违反本法规定进行分包的，责令改正，没收违法所得，并处罚款，可以责令停业整顿，降低资质等级；情节严重的，吊销资质证书。

承包单位有前款规定的违法行为的，对因转包工程或者违法分包的工程不符合规定的质量标准造成的损失，与接受转包或者分包的单位承担连带赔偿责任。

第六十八条 在工程发包与承包中索贿、受贿、行贿，构成犯罪的，依法追究刑事责任；不构成犯罪的，分别处以罚款，没收贿赂的财物，对直接负责的主管人员和其他直接责任人员给予处分。

对在工程承包中行贿的承包单位，除依照前款规定处罚外，可以责令停业整顿，降低资质等级或者吊销资质证书。

第六十九条 工程监理单位与建设单位或者建筑施工企业串通，弄虚作假、降低工程质量的，责令改正，处以罚款，降低资质等级或者吊销资质证书；有违法所得的，予以没收；造成损失的，承担连带赔偿责任；构成犯罪的，依法追究刑事责任。

工程监理单位转让监理业务的，责令改正，没收违法所得，可以责令停业整顿，降低资质等级；情节严重的，吊销资质证书。

第七十条 违反本法规定，涉及建筑主体或者承重结构变动的装修工程擅自施工的，责令改正，处以罚款；造成损失的，承担赔偿责任；构成犯罪的，依法追究刑事责任。

第七十一条　建筑施工企业违反本法规定，对建筑安全事故隐患不采取措施予以消除的，责令改正，可以处以罚款；情节严重的，责令停业整顿，降低资质等级或者吊销资质证书；构成犯罪的，依法追究刑事责任。

建筑施工企业的管理人员违章指挥、强令职工冒险作业，因而发生重大伤亡事故或者造成其他严重后果的，依法追究刑事责任。

第七十二条　建设单位违反本法规定，要求建筑设计单位或者建筑施工企业违反建筑工程质量、安全标准，降低工程质量的，责令改正，可以处以罚款；构成犯罪的，依法追究刑事责任。

第七十三条　建筑设计单位不按照建筑工程质量、安全标准进行设计的，责令改正，处以罚款；造成工程质量事故的，责令停业整顿，降低资质等级或者吊销资质证书，没收违法所得，并处罚款；造成损失的，承担赔偿责任；构成犯罪的，依法追究刑事责任。

第七十四条　建筑施工企业在施工中偷工减料的，使用不合格的建筑材料、建筑构配件和设备的，或者有其他不按照工程设计图纸或者施工技术标准施工的行为的，责令改正，处以罚款；情节严重的，责令停业整顿，降低资质等级或者吊销资质证书；造成建筑工程质量不符合规定的质量标准的，负责返工、修理，并赔偿因此造成的损失；构成犯罪的，依法追究刑事责任。

第七十五条　建筑施工企业违反本法规定，不履行保修义务或者拖延履行保修义务的，责令改正，可以处以罚款，并对在保修期内因屋顶、墙面渗漏、开裂等质量缺陷造成的损失，承担赔偿责任。

第七十六条　本法规定的责令停业整顿、降低资质等级和吊销资质证书的行政处罚，由颁发资质证书的机关决定；其他行政处罚，由建设行政主管部门或者有关部门依照法律和国务院规定的职权范围决定。

依照本法规定被吊销资质证书的，由工商行政管理部门吊销其营业执照。

第七十七条　违反本法规定，对不具备相应资质等级条件的单位颁发该等级资质证书的，由其上级机关责令收回所发的资质证书，对直接负责的主管人员和其他直接责任人员给予行政处分；构成犯罪的，依法追究刑事责任。

第七十八条　政府及其所属部门的工作人员违反本法规定，限定发包单位将招标发包的工程发包给指定的承包单位的，由上级机关责令改正；构成犯罪的，依法追究刑事责任。

第七十九条　负责颁发建筑工程施工许可证的部门及其工作人员对不符合施工条件的建筑工程颁发施工许可证的，负责工程质量监督检查或者竣工验收的部门及其工作人员对不合格的建筑工程出具质量合格文件或者按合格工程验收的，由上级机关责令改正，对责任人员给予行政处分；构成犯罪的，依法追究刑事责任；造成损失的，由该部门承担相应的赔偿责任。

第八十条　在建筑物的合理使用寿命内，因建筑工程质量不合格受到损害的，有权向责任者要求赔偿。

第八章　附　　则

第八十一条　本法关于施工许可、建筑施工企业资质审查和建筑工程发包、承包、禁止转包，以及建筑工程监理、建筑工程安全和质量管理的规定，适用于其他专业建筑工程的建筑活动，具体办法由国务院规定。

第八十二条　建设行政主管部门和其他有关部门在对建筑活动实施监督管理中，除按照国务院有关规定收取费用外，不得收取其他费用。

第八十三条　省、自治区、直辖市人民政府确定的小型房屋建筑工程的建筑活动，参照本法执行。

依法核定作为文物保护的纪念建筑物和古建筑等的修缮，依照文物保护的有关法律规定执行。

抢险救灾及其他临时性房屋建筑和农民自建低层住宅的建筑活动，不适用本法。

第八十四条　军用房屋建筑工程建筑活动的具体管理办法，由国务院、中央军事委员会依据本法制定。

第八十五条　本法自 1998 年 3 月 1 日起施行。

必须招标的工程项目规定

(2018年3月27日国家发展和改革委员会令第16号公布 自2018年6月1日起施行)

第一条 为了确定必须招标的工程项目,规范招标投标活动,提高工作效率、降低企业成本、预防腐败,根据《中华人民共和国招标投标法》第三条的规定,制定本规定。

第二条 全部或者部分使用国有资金投资或者国家融资的项目包括:

(一)使用预算资金200万元人民币以上,并且该资金占投资额10%以上的项目;

(二)使用国有企业事业单位资金,并且该资金占控股或者主导地位的项目。

第三条 使用国际组织或者外国政府贷款、援助资金的项目包括:

(一)使用世界银行、亚洲开发银行等国际组织贷款、援助资金的项目;

(二)使用外国政府及其机构贷款、援助资金的项目。

第四条 不属于本规定第二条、第三条规定情形的大型基础设施、公用事业等关系社会公共利益、公众安全的项目,必须招标的具体范围由国务院发展改革部门会同国务院有关部门按照确有必要、严格限定的原则制订,报国务院批准。

第五条 本规定第二条至第四条规定范围内的项目,其勘察、设计、施工、监理以及与工程建设有关的重要设备、材料等的采购达到下列标准之一的,必须招标:

(一)施工单项合同估算价在400万元人民币以上;

(二)重要设备、材料等货物的采购,单项合同估算价在200万元人民币以上;

(三)勘察、设计、监理等服务的采购,单项合同估算价在100万元人民币以上。

同一项目中可以合并进行的勘察、设计、施工、监理以及与工程建设有关的重要设备、材料等的采购，合同估算价合计达到前款规定标准的，必须招标。

第六条 本规定自 2018 年 6 月 1 日起施行。

必须招标的基础设施和公用事业项目范围规定

（2018 年 6 月 6 日　发改法规规〔2018〕843 号）

第一条 为明确必须招标的大型基础设施和公用事业项目范围，根据《中华人民共和国招标投标法》和《必须招标的工程项目规定》，制定本规定。

第二条 不属于《必须招标的工程项目规定》第二条、第三条规定情形的大型基础设施、公用事业等关系社会公共利益、公众安全的项目，必须招标的具体范围包括：

（一）煤炭、石油、天然气、电力、新能源等能源基础设施项目；

（二）铁路、公路、管道、水运，以及公共航空和 A1 级通用机场等交通运输基础设施项目；

（三）电信枢纽、通信信息网络等通信基础设施项目；

（四）防洪、灌溉、排涝、引（供）水等水利基础设施项目；

（五）城市轨道交通等城建项目。

第三条 本规定自 2018 年 6 月 6 日起施行。

国家发展改革委办公厅关于进一步做好《必须招标的工程项目规定》和《必须招标的基础设施和公用事业项目范围规定》实施工作的通知

(2020年10月19日　发改办法规〔2020〕770号)

各省、自治区、直辖市、新疆生产建设兵团发展改革委、公共资源交易平台整合牵头部门：

为加强政策指导，进一步做好《必须招标的工程项目规定》（国家发展改革委2018年第16号令，以下简称"16号令"）和《必须招标的基础设施和公用事业项目范围规定》（发改法规规〔2018〕843号，以下简称"843号文"）实施工作，现就有关事项通知如下：

一、准确理解依法必须招标的工程建设项目范围

（一）关于使用国有资金的项目。16号令第二条第（一）项中"预算资金"，是指《预算法》规定的预算资金，包括一般公共预算资金、政府性基金预算资金、国有资本经营预算资金、社会保险基金预算资金。第（二）项中"占控股或者主导地位"，参照《公司法》第二百一十六条关于控股股东和实际控制人的理解执行，即"其出资额占有限责任公司资本总额百分之五十以上或者其持有的股份占股份有限公司股本总额百分之五十以上的股东；出资额或者持有股份的比例虽然不足百分之五十，但依其出资额或者持有的股份所享有的表决权已足以对股东会、股东大会的决议产生重大影响的股东"；国有企业事业单位通过投资关系、协议或者其他安排，能够实际支配项目建设的，也属于占控股或者主导地位。项目中国有资金的比例，应当按照项目资金来源中所有国有资金之和计算。

（二）关于项目与单项采购的关系。16号令第二条至第四条及843号文第二条规定范围的项目，其勘察、设计、施工、监理以及与工程建设有关的重要设备、材料等的单项采购分别达到16号令第五条规定的相应单项合同价估算标

准的，该单项采购必须招标；该项目中未达到前述相应标准的单项采购，不属于 16 号令规定的必须招标范畴。

（三）关于招标范围列举事项。依法必须招标的工程建设项目范围和规模标准，应当严格执行《招标投标法》第三条和 16 号令、843 号文规定；法律、行政法规或者国务院对必须进行招标的其他项目范围有规定的，依照其规定。没有法律、行政法规或者国务院规定依据的，对 16 号令第五条第一款第（三）项中没有明确列举规定的服务事项、843 号文第二条中没有明确列举规定的项目，不得强制要求招标。

（四）关于同一项目中的合并采购。16 号令第五条规定的"同一项目中可以合并进行的勘察、设计、施工、监理以及与工程建设有关的重要设备、材料等的采购，合同估算价合计达到前款规定标准的，必须招标"，目的是防止发包方通过化整为零方式规避招标。其中"同一项目中可以合并进行"，是指根据项目实际，以及行业标准或行业惯例，符合科学性、经济性、可操作性要求，同一项目中适宜放在一起进行采购的同类采购项目。

（五）关于总承包招标的规模标准。对于 16 号令第二条至第四条规定范围内的项目，发包人依法对工程以及与工程建设有关的货物、服务全部或者部分实行总承包发包的，总承包中施工、货物、服务等各部分的估算价中，只要有一项达到 16 号令第五条规定相应标准，即施工部分估算价达到 400 万元以上，或者货物部分达到 200 万元以上，或者服务部分达到 100 万元以上，则整个总承包发包应当招标。

二、规范规模标准以下工程建设项目的采购

16 号令第二条至第四条及 843 号文第二条规定范围的项目，其施工、货物、服务采购的单项合同估算价未达到 16 号令第五条规定规模标准的，该单项采购由采购人依法自主选择采购方式，任何单位和个人不得违法干涉；其中，涉及政府采购的，按照政府采购法律法规规定执行。国有企业可以结合实际，建立健全规模标准以下工程建设项目采购制度，推进采购活动公开透明。

三、严格执行依法必须招标制度

各地方应当严格执行 16 号令和 843 号文规定的范围和规模标准，不得另行制定必须进行招标的范围和规模标准，也不得作出与 16 号令、843 号文和本通知相抵触的规定，持续深化招标投标领域"放管服"改革，努力营造良好市场环境。

工程建设项目自行招标试行办法

（2000年7月1日国家计委令第5号发布　根据2013年3月11日国家发展改革委、工业和信息化部、财政部、住房城乡建设部、交通运输部、铁道部、水利部、广电总局、民航局令第23号修订）

第一条　为了规范工程建设项目招标人自行招标行为，加强对招标投标活动的监督，根据《中华人民共和国招标投标法》（以下简称招标投标法）、《中华人民共和国招标投标法实施条例》（以下简称招标投标法实施条例）和《国务院办公厅印发国务院有关部门实施招标投标活动行政监督的职责分工意见的通知》（国办发〔2000〕34号），制定本办法。

第二条　本办法适用于经国家发展改革委审批、核准（含经国家发展改革委初审后报国务院审批）依法必须进行招标的工程建设项目的自行招标活动。

前款工程建设项目的招标范围和规模标准，适用《工程建设项目招标范围和规模标准规定》（国家计委第3号令）。

第三条　招标人是指依照法律规定进行工程建设项目的勘察、设计、施工、监理以及与工程建设有关的重要设备、材料等招标的法人。

第四条　招标人自行办理招标事宜，应当具有编制招标文件和组织评标的能力，具体包括：

（一）具有项目法人资格（或者法人资格）；

（二）具有与招标项目规模和复杂程度相适应的工程技术、概预算、财务和工程管理等方面专业技术力量；

（三）有从事同类工程建设项目招标的经验；

（四）拥有3名以上取得招标职业资格的专职招标业务人员；

（五）熟悉和掌握招标投标法及有关法规规章。

第五条 招标人自行招标的，项目法人或者组建中的项目法人应当在向国家发展改革委上报项目可行性研究报告或者资金申请报告、项目申请报告时，一并报送符合本办法第四条规定的书面材料。

书面材料应当至少包括：

（一）项目法人营业执照、法人证书或者项目法人组建文件；

（二）与招标项目相适应的专业技术力量情况；

（三）取得招标职业资格的专职招标业务人员的基本情况；

（四）拟使用的专家库情况；

（五）以往编制的同类工程建设项目招标文件和评标报告，以及招标业绩的证明材料；

（六）其他材料。

在报送可行性研究报告或者资金申请报告、项目申请报告前，招标人确需通过招标方式或者其他方式确定勘察、设计单位开展前期工作的，应当在前款规定的书面材料中说明。

第六条 国家发展改革委审查招标人报送的书面材料，核准招标人符合本办法规定的自行招标条件的，招标人可以自行办理招标事宜。任何单位和个人不得限制其自行办理招标事宜，也不得拒绝办理工程建设有关手续。

第七条 国家发展改革委审查招标人报送的书面材料，认定招标人不符合本办法规定的自行招标条件的，在批复、核准可行性研究报告或者资金申请报告、项目申请报告时，要求招标人委托招标代理机构办理招标事宜。

第八条 一次核准手续仅适用于一个工程建设项目。

第九条 招标人不具备自行招标条件，不影响国家发展改革委对项目的审批或者核准。

第十条 招标人自行招标的，应当自确定中标人之日起十五日内，向国家发展改革委提交招标投标情况的书面报告。书面报告至少应包括下列内容：

（一）招标方式和发布资格预审公告、招标公告的媒介；

（二）招标文件中投标人须知、技术规格、评标标准和方法、合同主要条款等内容；

（三）评标委员会的组成和评标报告；

（四）中标结果。

第十一条　招标人不按本办法规定要求履行自行招标核准手续的或者报送的书面材料有遗漏的，国家发展改革委要求其补正；不及时补正的，视同不具备自行招标条件。

招标人履行核准手续中有弄虚作假情况的，视同不具备自行招标条件。

第十二条　招标人不按本办法提交招标投标情况的书面报告的，国家发展改革委要求补正；拒不补正的，给予警告，并视招标人是否有招标投标法第五章以及招标投标法实施条例第六章规定的违法行为，给予相应的处罚。

第十三条　任何单位和个人非法强制招标人委托招标代理机构或者其他组织办理招标事宜的，非法拒绝办理工程建设有关手续的，或者以其他任何方式非法干预招标人自行招标活动的，由国家发展改革委依据招标投标法以及招标投标法实施条例的有关规定处罚或者向有关行政监督部门提出处理建议。

第十四条　本办法自发布之日起施行。

招标公告和公示信息发布管理办法

（2017年11月23日国家发展和改革委员会令第10号公布　自2018年1月1日起施行）

第一条　为规范招标公告和公示信息发布活动，保证各类市场主体和社会公众平等、便捷、准确地获取招标信息，根据《中华人民共和国招标投标法》《中华人民共和国招标投标法实施条例》等有关法律法规规定，制定本办法。

第二条　本办法所称招标公告和公示信息，是指招标项目的资格预审公告、招标公告、中标候选人公示、中标结果公示等信息。

第三条　依法必须招标项目的招标公告和公示信息，除依法需要保密或者涉及商业秘密的内容外，应当按照公益服务、公开透明、高效便捷、集中共享的原则，依法向社会公开。

第四条　国家发展改革委根据招标投标法律法规规定，对依法必须招标项目招标公告和公示信息发布媒介的信息发布活动进行监督管理。

省级发展改革部门对本行政区域内招标公告和公示信息发布活动依法进行监督管理。省级人民政府另有规定的，从其规定。

第五条 依法必须招标项目的资格预审公告和招标公告，应当载明以下内容：

（一）招标项目名称、内容、范围、规模、资金来源；

（二）投标资格能力要求，以及是否接受联合体投标；

（三）获取资格预审文件或招标文件的时间、方式；

（四）递交资格预审文件或投标文件的截止时间、方式；

（五）招标人及其招标代理机构的名称、地址、联系人及联系方式；

（六）采用电子招标投标方式的，潜在投标人访问电子招标投标交易平台的网址和方法；

（七）其他依法应当载明的内容。

第六条 依法必须招标项目的中标候选人公示应当载明以下内容：

（一）中标候选人排序、名称、投标报价、质量、工期（交货期），以及评标情况；

（二）中标候选人按照招标文件要求承诺的项目负责人姓名及其相关证书名称和编号；

（三）中标候选人响应招标文件要求的资格能力条件；

（四）提出异议的渠道和方式；

（五）招标文件规定公示的其他内容。

依法必须招标项目的中标结果公示应当载明中标人名称。

第七条 依法必须招标项目的招标公告和公示信息应当根据招标投标法律法规，以及国家发展改革委会同有关部门制定的标准文件编制，实现标准化、格式化。

第八条 依法必须招标项目的招标公告和公示信息应当在"中国招标投标公共服务平台"或者项目所在地省级电子招标投标公共服务平台（以下统一简称"发布媒介"）发布。

第九条 省级电子招标投标公共服务平台应当与"中国招标投标公共服务

平台"对接，按规定同步交互招标公告和公示信息。对依法必须招标项目的招标公告和公示信息，发布媒介应当与相应的公共资源交易平台实现信息共享。

"中国招标投标公共服务平台"应当汇总公开全国招标公告和公示信息，以及本办法第八条规定的发布媒介名称、网址、办公场所、联系方式等基本信息，及时维护更新，与全国公共资源交易平台共享，并归集至全国信用信息共享平台，按规定通过"信用中国"网站向社会公开。

第十条 拟发布的招标公告和公示信息文本应当由招标人或其招标代理机构盖章，并由主要负责人或其授权的项目负责人签名。采用数据电文形式的，应当按规定进行电子签名。

招标人或其招标代理机构发布招标公告和公示信息，应当遵守招标投标法律法规关于时限的规定。

第十一条 依法必须招标项目的招标公告和公示信息鼓励通过电子招标投标交易平台录入后交互至发布媒介核验发布，也可以直接通过发布媒介录入并核验发布。

按照电子招标投标有关数据规范要求交互招标公告和公示信息文本的，发布媒介应当自收到起12小时内发布。采用电子邮件、电子介质、传真、纸质文本等其他形式提交或者直接录入招标公告和公示信息文本的，发布媒介应当自核验确认起1个工作日内发布。核验确认最长不得超过3个工作日。

招标人或其招标代理机构应当对其提供的招标公告和公示信息的真实性、准确性、合法性负责。发布媒介和电子招标投标交易平台应当对所发布的招标公告和公示信息的及时性、完整性负责。

发布媒介应当按照规定采取有效措施，确保发布招标公告和公示信息的数据电文不被篡改、不遗漏和至少10年内可追溯。

第十二条 发布媒介应当免费提供依法必须招标项目的招标公告和公示信息发布服务，并允许社会公众和市场主体免费、及时查阅前述招标公告和公示的完整信息。

第十三条 发布媒介应当通过专门栏目发布招标公告和公示信息，并免费提供信息归类和检索服务，对新发布的招标公告和公示信息作醒目标识，方便市场主体和社会公众查阅。

发布媒介应当设置专门栏目，方便市场主体和社会公众就其招标公告和公示信息发布工作反映情况、提出意见，并及时反馈。

第十四条　发布媒介应当实时统计本媒介招标公告和公示信息发布情况，及时向社会公布，并定期报送相应的省级以上发展改革部门或省级以上人民政府规定的其他部门。

第十五条　依法必须招标项目的招标公告和公示信息除在发布媒介发布外，招标人或其招标代理机构也可以同步在其他媒介公开，并确保内容一致。

其他媒介可以依法全文转载依法必须招标项目的招标公告和公示信息，但不得改变其内容，同时必须注明信息来源。

第十六条　依法必须招标项目的招标公告和公示信息有下列情形之一的，潜在投标人或者投标人可以要求招标人或其招标代理机构予以澄清、改正、补充或调整：

（一）资格预审公告、招标公告载明的事项不符合本办法第五条规定，中标候选人公示载明的事项不符合本办法第六条规定；

（二）在两家以上媒介发布的同一招标项目的招标公告和公示信息内容不一致；

（三）招标公告和公示信息内容不符合法律法规规定。

招标人或其招标代理机构应当认真核查，及时处理，并将处理结果告知提出意见的潜在投标人或者投标人。

第十七条　任何单位和个人认为招标人或其招标代理机构在招标公告和公示信息发布活动中存在违法违规行为的，可以依法向有关行政监督部门投诉、举报；认为发布媒介在招标公告和公示信息发布活动中存在违法违规行为的，根据有关规定可以向相应的省级以上发展改革部门或其他有关部门投诉、举报。

第十八条　招标人或其招标代理机构有下列行为之一的，由有关行政监督部门责令改正，并视情形依照《中华人民共和国招标投标法》第四十九条、第五十一条及有关规定处罚：

（一）依法必须公开招标的项目不按照规定在发布媒介发布招标公告和公示信息；

（二）在不同媒介发布的同一招标项目的资格预审公告或者招标公告的内

容不一致，影响潜在投标人申请资格预审或者投标；

（三）资格预审公告或者招标公告中有关获取资格预审文件或者招标文件的时限不符合招标投标法律法规规定；

（四）资格预审公告或者招标公告中以不合理的条件限制或者排斥潜在投标人。

第十九条 发布媒介在发布依法必须招标项目的招标公告和公示信息活动中有下列情形之一的，由相应的省级以上发展改革部门或其他有关部门根据有关法律法规规定，责令改正；情节严重的，可以处1万元以下罚款：

（一）违法收取费用；

（二）无正当理由拒绝发布或者拒不按规定交互信息；

（三）无正当理由延误发布时间；

（四）因故意或重大过失导致发布的招标公告和公示信息发生遗漏、错误；

（五）违反本办法的其他行为。

其他媒介违规发布或转载依法必须招标项目的招标公告和公示信息的，由相应的省级以上发展改革部门或其他有关部门根据有关法律法规规定，责令改正；情节严重的，可以处1万元以下罚款。

第二十条 对依法必须招标项目的招标公告和公示信息进行澄清、修改，或者暂停、终止招标活动，采取公告形式向社会公布的，参照本办法执行。

第二十一条 使用国际组织或者外国政府贷款、援助资金的招标项目，贷款方、资金提供方对招标公告和公示信息的发布另有规定的，适用其规定。

第二十二条 本办法所称以上、以下包含本级或本数。

第二十三条 本办法由国家发展改革委负责解释。

第二十四条 本办法自2018年1月1日起施行。《招标公告发布暂行办法》（国家发展计划委第4号令）和《国家计委关于指定发布依法必须招标项目招标公告的媒介的通知》（计政策〔2000〕868号）同时废止。

评标专家和评标专家库管理暂行办法

(2003年2月22日国家计委令第29号公布 根据2013年3月11日国家发展改革委、工业和信息化部、财政部、住房城乡建设部、交通运输部、铁道部、水利部、广电总局、民航局令第23号修订)

第一条 为加强对评标专家的监督管理，健全评标专家库制度，保证评标活动的公平、公正，提高评标质量，根据《中华人民共和国招标投标法》(简称为《招标投标法》)、《中华人民共和国招标投标法实施条例》(简称《招标投标法实施条例》)，制定本办法。

第二条 本办法适用于评标专家的资格认定、入库及评标专家库的组建、使用、管理活动。

第三条 评标专家库由省级（含，下同）以上人民政府有关部门或者依法成立的招标代理机构依照《招标投标法》、《招标投标法实施条例》以及国家统一的评标专家专业分类标准和管理办法的规定自主组建。

评标专家库的组建活动应当公开，接受公众监督。

第四条 省级人民政府、省级以上人民政府有关部门、招标代理机构应当加强对其所建评标专家库及评标专家的管理，但不得以任何名义非法控制、干预或者影响评标专家的具体评标活动。

第五条 政府投资项目的评标专家，必须从政府或者政府有关部门组建的评标专家库中抽取。

第六条 省级人民政府、省级以上人民政府有关部门组建评标专家库，应当有利于打破地区封锁，实现评标专家资源共享。

省级人民政府和国务院有关部门应当组建跨部门、跨地区的综合评标专家库。

第七条 入选评标专家库的专家，必须具备如下条件：

(一)从事相关专业领域工作满八年并具有高级职称或同等专业水平；

（二）熟悉有关招标投标的法律法规；

（三）能够认真、公正、诚实、廉洁地履行职责；

（四）身体健康，能够承担评标工作；

（五）法规规章规定的其他条件。

第八条　评标专家库应当具备下列条件：

（一）具有符合本办法第七条规定条件的评标专家，专家总数不得少于500人；

（二）有满足评标需要的专业分类；

（三）有满足异地抽取、随机抽取评标专家需要的必要设施和条件；

（四）有负责日常维护管理的专门机构和人员。

第九条　专家入选评标专家库，采取个人申请和单位推荐两种方式。采取单位推荐方式的，应事先征得被推荐人同意。

个人申请书或单位推荐书应当存档备查。个人申请书或单位推荐书应当附有符合本办法第七条规定条件的证明材料。

第十条　组建评标专家库的省级人民政府、政府部门或者招标代理机构，应当对申请人或被推荐人进行评审，决定是否接受申请或者推荐，并向符合本办法第七条规定条件的申请人或被推荐人颁发评标专家证书。

评审过程及结果应做成书面记录，并存档备查。

组建评标专家库的政府部门，可以对申请人或者被推荐人进行必要的招标投标业务和法律知识培训。

第十一条　组建评标专家库的省级人民政府、政府部门或者招标代理机构，应当为每位入选专家建立档案，详细记载评标专家评标的具体情况。

第十二条　组建评标专家库的省级人民政府、政府部门或者招标代理机构，应当建立年度考核制度，对每位入选专家进行考核。评标专家因身体健康、业务能力及信誉等原因不能胜任评标工作的，停止担任评标专家，并从评标专家库中除名。

第十三条　评标专家享有下列权利：

（一）接受招标人或其招标代理机构聘请，担任评标委员会成员；

（二）依法对投标文件进行独立评审，提出评审意见，不受任何单位或者个人的干预；

（三）接受参加评标活动的劳务报酬；

（四）国家规定的其他权利。

第十四条 评标专家负有下列义务：

（一）有《招标投标法》第三十七条、《招标投标法实施条例》第四十六条和《评标委员会和评标方法暂行规定》第十二条规定情形之一的，应当主动提出回避；

（二）遵守评标工作纪律，不得私下接触投标人，不得收受投标人或者其他利害关系人的财物或者其他好处，不得透露对投标文件的评审和比较、中标候选人的推荐情况以及与评标有关的其他情况；

（三）客观公正地进行评标；

（四）协助、配合有关行政监督部门的监督、检查；

（五）国家规定的其他义务。

第十五条 评标专家有下列情形之一的，由有关行政监督部门责令改正；情节严重的，禁止其在一定期限内参加依法必须进行招标的项目的评标；情节特别严重的，取消其担任评标委员会成员的资格：

（一）应当回避而不回避；

（二）擅离职守；

（三）不按照招标文件规定的评标标准和方法评标；

（四）私下接触投标人；

（五）向招标人征询确定中标人的意向或者接受任何单位或者个人明示或者暗示提出的倾向或者排斥特定投标人的要求；

（六）对依法应当否决的投标不提出否决意见；

（七）暗示或者诱导投标人作出澄清、说明或者接受投标人主动提出的澄清、说明；

（八）其他不客观、不公正履行职务的行为。

评标委员会成员收受投标人的财物或者其他好处的，评标委员会成员或者与评标活动有关的工作人员向他人透露对投标文件的评审和比较、中标候选人的推荐以及与评标有关的其他情况的，给予警告，没收收受的财物，可以并处三千元以上五万元以下的罚款；对有所列违法行为的评标委员会成员取消担任评标委员会成员的资格，不得再参加任何依法必须进行招标项目的评标；构成犯罪的，依法追究刑事责任。

第十六条 组建评标专家库的政府部门或者招标代理机构有下列情形之一的，由有关行政监督部门给予警告；情节严重的，暂停直至取消招标代理机构相应的招标代理资格：

（一）组建的评标专家库不具备本办法规定条件的；

（二）未按本办法规定建立评标专家档案或对评标专家档案作虚假记载的；

（三）以管理为名，非法干预评标专家的评标活动的。

法律法规对前款规定的行为处罚另有规定的，从其规定。

第十七条 依法必须进行招标的项目的招标人不按照规定组建评标委员会，或者确定、更换评标委员会成员违反《招标投标法》和《招标投标法实施条例》规定的，由有关行政监督部门责令改正，可以处十万元以下的罚款，对单位直接负责的主管人员和其他直接责任人员依法给予处分；违法确定或者更换的评标委员会成员作出的评审结论无效，依法重新进行评审。

政府投资项目的招标人或其委托的招标代理机构不遵守本办法第五条的规定，不从政府或者政府有关部门组建的评标专家库中抽取专家的，评标无效；情节严重的，由政府有关部门依法给予警告。

第十八条 本办法由国家发展改革委负责解释。

第十九条 本办法自二〇〇三年四月一日起实施。

评标委员会和评标方法暂行规定

（2001 年 7 月 5 日国家计委、国家经贸委、建设部、铁道部、交通部、信息产业部、水利部令第 12 号发布　根据 2013 年 3 月 11 日国家发展改革委、工业和信息化部、财政部、住房城乡建设部、交通运输部、铁道部、水利部、广电总局、民航局令第 23 号修订）

第一章　总　　则

第一条　为了规范评标活动，保证评标的公平、公正，维护招标投标活动当事人的合法权益，依照《中华人民共和国招标投标法》、《中华人民共和国招标投标法实施条例》，制定本规定。

第二条　本规定适用于依法必须招标项目的评标活动。

第三条　评标活动遵循公平、公正、科学、择优的原则。

第四条　评标活动依法进行，任何单位和个人不得非法干预或者影响评标过程和结果。

第五条　招标人应当采取必要措施，保证评标活动在严格保密的情况下进行。

第六条　评标活动及其当事人应当接受依法实施的监督。

有关行政监督部门依照国务院或者地方政府的职责分工，对评标活动实施监督，依法查处评标活动中的违法行为。

第二章　评标委员会

第七条　评标委员会依法组建，负责评标活动，向招标人推荐中标候选人或者根据招标人的授权直接确定中标人。

第八条　评标委员会由招标人负责组建。

评标委员会成员名单一般应于开标前确定。评标委员会成员名单在中标结果确定前应当保密。

第九条 评标委员会由招标人或其委托的招标代理机构熟悉相关业务的代表,以及有关技术、经济等方面的专家组成,成员人数为五人以上单数,其中技术、经济等方面的专家不得少于成员总数的三分之二。

评标委员会设负责人的,评标委员会负责人由评标委员会成员推举产生或者由招标人确定。评标委员会负责人与评标委员会的其他成员有同等的表决权。

第十条 评标委员会的专家成员应当从依法组建的专家库内的相关专家名单中确定。

按前款规定确定评标专家,可以采取随机抽取或者直接确定的方式。一般项目,可以采取随机抽取的方式;技术复杂、专业性强或者国家有特殊要求的招标项目,采取随机抽取方式确定的专家难以保证胜任的,可以由招标人直接确定。

第十一条 评标专家应符合下列条件:

(一) 从事相关专业领域工作满八年并具有高级职称或者同等专业水平;

(二) 熟悉有关招标投标的法律法规,并具有与招标项目相关的实践经验;

(三) 能够认真、公正、诚实、廉洁地履行职责。

第十二条 有下列情形之一的,不得担任评标委员会成员:

(一) 投标人或者投标人主要负责人的近亲属;

(二) 项目主管部门或者行政监督部门的人员;

(三) 与投标人有经济利益关系,可能影响对投标公正评审的;

(四) 曾因在招标、评标以及其他与招标投标有关活动中从事违法行为而受过行政处罚或刑事处罚的。

评标委员会成员有前款规定情形之一的,应当主动提出回避。

第十三条 评标委员会成员应当客观、公正地履行职责,遵守职业道德,对所提出的评审意见承担个人责任。

评标委员会成员不得与任何投标人或者与招标结果有利害关系的人进行私下接触,不得收受投标人、中介人、其他利害关系人的财物或者其他好处,不得向招标人征询其确定中标人的意向,不得接受任何单位或者个人明示或者暗示提出的倾向或者排斥特定投标人的要求,不得有其他不客观、不公正履行职务的行为。

第十四条 评标委员会成员和与评标活动有关的工作人员不得透露对投标文件的评审和比较、中标候选人的推荐情况以及与评标有关的其他情况。

前款所称与评标活动有关的工作人员，是指评标委员会成员以外的因参与评标监督工作或者事务性工作而知悉有关评标情况的所有人员。

第三章　评标的准备与初步评审

第十五条 评标委员会成员应当编制供评标使用的相应表格，认真研究招标文件，至少应了解和熟悉以下内容：

（一）招标的目标；

（二）招标项目的范围和性质；

（三）招标文件中规定的主要技术要求、标准和商务条款；

（四）招标文件规定的评标标准、评标方法和在评标过程中考虑的相关因素。

第十六条 招标人或者其委托的招标代理机构应当向评标委员会提供评标所需的重要信息和数据，但不得带有明示或者暗示倾向或者排斥特定投标人的信息。

招标人设有标底的，标底在开标前应当保密，并在评标时作为参考。

第十七条 评标委员会应当根据招标文件规定的评标标准和方法，对投标文件进行系统地评审和比较。招标文件中没有规定的标准和方法不得作为评标的依据。

招标文件中规定的评标标准和评标方法应当合理，不得含有倾向或者排斥潜在投标人的内容，不得妨碍或者限制投标人之间的竞争。

第十八条 评标委员会应当按照投标报价的高低或者招标文件规定的其他方法对投标文件排序。以多种货币报价的，应当按照中国银行在开标日公布的汇率中间价换算成人民币。

招标文件应当对汇率标准和汇率风险作出规定。未作规定的，汇率风险由投标人承担。

第十九条 评标委员会可以书面方式要求投标人对投标文件中含义不明确、对同类问题表述不一致或者有明显文字和计算错误的内容作必要的澄清、说明或者补正。澄清、说明或者补正应以书面方式进行并不得超出投标文件的范围或者改变投标文件的实质性内容。

投标文件中的大写金额和小写金额不一致的，以大写金额为准；总价金额与单价金额不一致的，以单价金额为准，但单价金额小数点有明显错误的除外；对不同文字文本投标文件的解释发生异议的，以中文文本为准。

第二十条 在评标过程中，评标委员会发现投标人以他人的名义投标、串通投标、以行贿手段谋取中标或者以其他弄虚作假方式投标的，应当否决该投标人的投标。

第二十一条 在评标过程中，评标委员会发现投标人的报价明显低于其他投标报价或者在设有标底时明显低于标底，使得其投标报价可能低于其个别成本的，应当要求该投标人作出书面说明并提供相关证明材料。投标人不能合理说明或者不能提供相关证明材料的，由评标委员会认定该投标人以低于成本报价竞标，应当否决其投标。

第二十二条 投标人资格条件不符合国家有关规定和招标文件要求的，或者拒不按照要求对投标文件进行澄清、说明或者补正的，评标委员会可以否决其投标。

第二十三条 评标委员会应当审查每一投标文件是否对招标文件提出的所有实质性要求和条件作出响应。未能在实质上响应的投标，应当予以否决。

第二十四条 评标委员会应当根据招标文件，审查并逐项列出投标文件的全部投标偏差。

投标偏差分为重大偏差和细微偏差。

第二十五条 下列情况属于重大偏差：

（一）没有按照招标文件要求提供投标担保或者所提供的投标担保有瑕疵；

（二）投标文件没有投标人授权代表签字和加盖公章；

（三）投标文件载明的招标项目完成期限超过招标文件规定的期限；

（四）明显不符合技术规格、技术标准的要求；

（五）投标文件载明的货物包装方式、检验标准和方法等不符合招标文件的要求；

（六）投标文件附有招标人不能接受的条件；

（七）不符合招标文件中规定的其他实质性要求。

投标文件有上述情形之一的，为未能对招标文件作出实质性响应，并按本规定第二十三条规定作否决投标处理。招标文件对重大偏差另有规定的，从其规定。

第二十六条　细微偏差是指投标文件在实质上响应招标文件要求，但在个别地方存在漏项或者提供了不完整的技术信息和数据等情况，并且补正这些遗漏或者不完整不会对其他投标人造成不公平的结果。细微偏差不影响投标文件的有效性。

评标委员会应当书面要求存在细微偏差的投标人在评标结束前予以补正。拒不补正的，在详细评审时可以对细微偏差作不利于该投标人的量化，量化标准应当在招标文件中规定。

第二十七条　评标委员会根据本规定第二十条、第二十一条、第二十二条、第二十三条、第二十五条的规定否决不合格投标后，因有效投标不足三个使得投标明显缺乏竞争的，评标委员会可以否决全部投标。

投标人少于三个或者所有投标被否决的，招标人在分析招标失败的原因并采取相应措施后，应当依法重新招标。

第四章　详细评审

第二十八条　经初步评审合格的投标文件，评标委员会应当根据招标文件确定的评标标准和方法，对其技术部分和商务部分作进一步评审、比较。

第二十九条　评标方法包括经评审的最低投标价法、综合评估法或者法律、行政法规允许的其他评标方法。

第三十条　经评审的最低投标价法一般适用于具有通用技术、性能标准或者招标人对其技术、性能没有特殊要求的招标项目。

第三十一条　根据经评审的最低投标价法，能够满足招标文件的实质性要求，并且经评审的最低投标价的投标，应当推荐为中标候选人。

第三十二条　采用经评审的最低投标价法的，评标委员会应当根据招标文件中规定的评标价格调整方法，对所有投标人的投标报价以及投标文件的商务部分作必要的价格调整。

采用经评审的最低投标价法的，中标人的投标应当符合招标文件规定的技术要求和标准，但评标委员会无需对投标文件的技术部分进行价格折算。

第三十三条 根据经评审的最低投标价法完成详细评审后，评标委员会应当拟定一份"标价比较表"，连同书面评标报告提交招标人。"标价比较表"应当载明投标人的投标报价、对商务偏差的价格调整和说明以及经评审的最终投标价。

第三十四条 不宜采用经评审的最低投标价法的招标项目，一般应当采取综合评估法进行评审。

第三十五条 根据综合评估法，最大限度地满足招标文件中规定的各项综合评价标准的投标，应当推荐为中标候选人。

衡量投标文件是否最大限度地满足招标文件中规定的各项评价标准，可以采取折算为货币的方法、打分的方法或者其他方法。需量化的因素及其权重应当在招标文件中明确规定。

第三十六条 评标委员会对各个评审因素进行量化时，应当将量化指标建立在同一基础或者同一标准上，使各投标文件具有可比性。

对技术部分和商务部分进行量化后，评标委员会应当对这两部分的量化结果进行加权，计算出每一投标的综合评估价或者综合评估分。

第三十七条 根据综合评估法完成评标后，评标委员会应当拟定一份"综合评估比较表"，连同书面评标报告提交招标人。"综合评估比较表"应当载明投标人的投标报价、所作的任何修正、对商务偏差的调整、对技术偏差的调整、对各评审因素的评估以及对每一投标的最终评审结果。

第三十八条 根据招标文件的规定，允许投标人投备选标的，评标委员会可以对中标人所投的备选标进行评审，以决定是否采纳备选标。不符合中标条件的投标人的备选标不予考虑。

第三十九条 对于划分有多个单项合同的招标项目，招标文件允许投标人为获得整个项目合同而提出优惠的，评标委员会可以对投标人提出的优惠进行审查，以决定是否将招标项目作为一个整体合同授予中标人。将招标项目作为一个整体合同授予的，整体合同中标人的投标应当最有利于招标人。

第四十条 评标和定标应当在投标有效期内完成。不能在投标有效期内完成评标和定标的，招标人应当通知所有投标人延长投标有效期。拒绝延长投标有效期的投标人有权收回投标保证金。同意延长投标有效期的投标人应当相应延长其投标担保的有效期，但不得修改投标文件的实质性内容。因延长投标有效期造成投标人损失的，招标人应当给予补偿，但因不可抗力需延长投标有效期的除外。

招标文件应当载明投标有效期。投标有效期从提交投标文件截止日起计算。

第五章 推荐中标候选人与定标

第四十一条 评标委员会在评标过程中发现的问题，应当及时作出处理或者向招标人提出处理建议，并作书面记录。

第四十二条 评标委员会完成评标后，应当向招标人提出书面评标报告，并抄送有关行政监督部门。评标报告应当如实记载以下内容：

（一）基本情况和数据表；

（二）评标委员会成员名单；

（三）开标记录；

（四）符合要求的投标一览表；

（五）否决投标的情况说明；

（六）评标标准、评标方法或者评标因素一览表；

（七）经评审的价格或者评分比较一览表；

（八）经评审的投标人排序；

（九）推荐的中标候选人名单与签订合同前要处理的事宜；

（十）澄清、说明、补正事项纪要。

第四十三条 评标报告由评标委员会全体成员签字。对评标结论持有异议的评标委员会成员可以书面方式阐述其不同意见和理由。评标委员会成员拒绝在评标报告上签字且不陈述其不同意见和理由的，视为同意评标结论。评标委员会应当对此作出书面说明并记录在案。

第四十四条 向招标人提交书面评标报告后，评标委员会应将评标过程中使用的文件、表格以及其他资料应当即时归还招标人。

第四十五条 评标委员会推荐的中标候选人应当限定在一至三人，并标明排列顺序。

第四十六条　中标人的投标应当符合下列条件之一：

（一）能够最大限度满足招标文件中规定的各项综合评价标准；

（二）能够满足招标文件的实质性要求，并且经评审的投标价格最低；但是投标价格低于成本的除外。

第四十七条　招标人不得与投标人就投标价格、投标方案等实质性内容进行谈判。

第四十八条　国有资金占控股或者主导地位的项目，招标人应当确定排名第一的中标候选人为中标人。排名第一的中标候选人放弃中标、因不可抗力提出不能履行合同，或者招标文件规定应当提交履约保证金而在规定的期限内未能提交，或者被查实存在影响中标结果的违法行为等情形，不符合中标条件的，招标人可以按照评标委员会提出的中标候选人名单排序依次确定其他中标候选人为中标人。依次确定其他中标候选人与招标人预期差距较大，或者对招标人明显不利的，招标人可以重新招标。

招标人可以授权评标委员会直接确定中标人。

国务院对中标人的确定另有规定的，从其规定。

第四十九条　中标人确定后，招标人应当向中标人发出中标通知书，同时通知未中标人，并与中标人在投标有效期内以及中标通知书发出之日起30日之内签订合同。

第五十条　中标通知书对招标人和中标人具有法律约束力。中标通知书发出后，招标人改变中标结果或者中标人放弃中标的，应当承担法律责任。

第五十一条　招标人应当与中标人按照招标文件和中标人的投标文件订立书面合同。招标人与中标人不得再行订立背离合同实质性内容的其他协议。

第五十二条　招标人与中标人签订合同后5日内，应当向中标人和未中标的投标人退还投标保证金。

第六章　罚　则

第五十三条　评标委员会成员有下列行为之一的，由有关行政监督部门责令改正；情节严重的，禁止其在一定期限内参加依法必须进行招标的项目的评标；情节特别严重的，取消其担任评标委员会成员的资格：

（一）应当回避而不回避；

（二）擅离职守；

（三）不按照招标文件规定的评标标准和方法评标；

（四）私下接触投标人；

（五）向招标人征询确定中标人的意向或者接受任何单位或者个人明示或者暗示提出的倾向或者排斥特定投标人的要求；

（六）对依法应当否决的投标不提出否决意见；

（七）暗示或者诱导投标人作出澄清、说明或者接受投标人主动提出的澄清、说明；

（八）其他不客观、不公正履行职务的行为。

第五十四条 评标委员会成员收受投标人的财物或者其他好处的，评标委员会成员或者与评标活动有关的工作人员向他人透露对投标文件的评审和比较、中标候选人的推荐以及与评标有关的其他情况的，给予警告，没收收受的财物，可以并处三千元以上五万元以下的罚款；对有所列违法行为的评标委员会成员取消担任评标委员会成员的资格，不得再参加任何依法必须进行招标项目的评标；构成犯罪的，依法追究刑事责任。

第五十五条 招标人有下列情形之一的，责令改正，可以处中标项目金额千分之十以下的罚款；给他人造成损失的，依法承担赔偿责任；对单位直接负责的主管人员和其他直接责任人员依法给予处分：

（一）无正当理由不发出中标通知书；

（二）不按照规定确定中标人；

（三）中标通知书发出后无正当理由改变中标结果；

（四）无正当理由不与中标人订立合同；

（五）在订立合同时向中标人提出附加条件。

第五十六条 招标人与中标人不按照招标文件和中标人的投标文件订立合同的，合同的主要条款与招标文件、中标人的投标文件的内容不一致，或者招标人、中标人订立背离合同实质性内容的协议的，由有关行政监督部门责令改正，可以处中标项目金额千分之五以上千分之十以下的罚款。

第五十七条 中标人无正当理由不与招标人订立合同,在签订合同时向招标人提出附加条件,或者不按照招标文件要求提交履约保证金的,取消其中标资格,投标保证金不予退还。对依法必须进行招标的项目的中标人,由有关行政监督部门责令改正,可以处中标项目金额10‰以下的罚款。

第七章 附 则

第五十八条 依法必须招标项目以外的评标活动,参照本规定执行。

第五十九条 使用国际组织或者外国政府贷款、援助资金的招标项目的评标活动,贷款方、资金提供方对评标委员会与评标方法另有规定的,适用其规定,但违背中华人民共和国的社会公共利益的除外。

第六十条 本规定颁布前有关评标机构和评标方法的规定与本规定不一致的,以本规定为准。法律或者行政法规另有规定的,从其规定。

第六十一条 本规定由国家发展改革委会同有关部门负责解释。

第六十二条 本规定自发布之日起施行。

公平竞争审查制度实施细则

(2021年6月29日 国市监反垄规〔2021〕2号)

第一章 总 则

第一条 为全面落实公平竞争审查制度,健全公平竞争审查机制,规范有效开展审查工作,根据《中华人民共和国反垄断法》、《国务院关于在市场体系建设中建立公平竞争审查制度的意见》(国发〔2016〕34号,以下简称《意见》),制定本细则。

第二条 行政机关以及法律、法规授权的具有管理公共事务职能的组织(以下统称政策制定机关),在制定市场准入和退出、产业发展、招商引资、招标投标、政府采购、经营行为规范、资质标准等涉及市场主体经济活动的规章、规范性文件、其他政策性文件以及"一事一议"形式的具体政策措施(以下统称政策措施）时，应当进行公平竞争审查，评估对市场竞争的影响，防止排除、限制市场竞争。

经公平竞争审查认为不具有排除、限制竞争效果或者符合例外规定的，可以实施；具有排除、限制竞争效果且不符合例外规定的，应当不予出台或者调整至符合相关要求后出台；未经公平竞争审查的，不得出台。

第三条 涉及市场主体经济活动的行政法规、国务院制定的政策措施，以及政府部门负责起草的地方性法规、自治条例和单行条例，由起草部门在起草过程中按照本细则规定进行公平竞争审查。未经公平竞争审查的，不得提交审议。

以县级以上地方各级人民政府名义出台的政策措施，由起草部门或者本级人民政府指定的相关部门进行公平竞争审查。起草部门在审查过程中，可以会同本级市场监管部门进行公平竞争审查。未经审查的，不得提交审议。

以多个部门名义联合制定出台的政策措施，由牵头部门负责公平竞争审查，其他部门在各自职责范围内参与公平竞争审查。政策措施涉及其他部门职权的，政策制定机关在公平竞争审查中应当充分征求其意见。

第四条 市场监管总局、发展改革委、财政部、商务部会同有关部门，建立健全公平竞争审查工作部际联席会议制度，统筹协调和监督指导全国公平竞争审查工作。

县级以上地方各级人民政府负责建立健全本地区公平竞争审查工作联席会议制度（以下简称联席会议），统筹协调和监督指导本地区公平竞争审查工作，原则上由本级人民政府分管负责同志担任联席会议召集人。联席会议办公室设在市场监管部门，承担联席会议日常工作。

地方各级联席会议应当每年向本级人民政府和上一级联席会议报告本地区公平竞争审查制度实施情况，接受其指导和监督。

第二章 审查机制和程序

第五条 政策制定机关应当建立健全公平竞争内部审查机制，明确审查机构和程序，可以由政策制定机关的具体业务机构负责，也可以采取内部特定机构统一审查或者由具体业务机构初审后提交特定机构复核等方式。

第六条 政策制定机关开展公平竞争审查应当遵循审查基本流程（可参考附件1），识别相关政策措施是否属于审查对象、判断是否违反审查标准、分析是否适用例外规定。属于审查对象的，经审查后应当形成明确的书面审查结论。审查结论应当包括政策措施名称、涉及行业领域、性质类别、起草机构、审查机构、征求意见情况、审查结论、适用例外规定情况、审查机构主要负责人意见等内容（可参考附件2）。政策措施出台后，审查结论由政策制定机关存档备查。

未形成书面审查结论出台政策措施的，视为未进行公平竞争审查。

第七条 政策制定机关开展公平竞争审查，应当以适当方式征求利害关系人意见，或者通过政府部门网站、政务新媒体等便于社会公众知晓的方式公开征求意见，并在书面审查结论中说明征求意见情况。

在起草政策措施的其他环节已征求过利害关系人意见或者向社会公开征求意见的，可以不再专门就公平竞争审查问题征求意见。对出台前需要保密或者有正当理由需要限定知悉范围的政策措施，由政策制定机关按照相关法律法规处理。

利害关系人指参与相关市场竞争的经营者、上下游经营者、行业协会商会、消费者以及政策措施可能影响其公平参与市场竞争的其他市场主体。

第八条 政策制定机关进行公平竞争审查，可以咨询专家学者、法律顾问、专业机构的意见。征求上述方面意见的，应当在书面审查结论中说明有关情况。

各级联席会议办公室可以根据实际工作需要，建立公平竞争审查工作专家库，便于政策制定机关进行咨询。

第九条 政策制定机关可以就公平竞争审查中遇到的具体问题，向本级联席会议办公室提出咨询。提出咨询请求的政策制定机关，应当提供书面咨询函、政策措施文稿、起草说明、相关法律法规依据及其他相关材料。联席会议办公室应当在收到书面咨询函后及时研究回复。

对涉及重大公共利益，且在制定过程中被多个单位或者个人反映或者举报涉嫌排除、限制竞争的政策措施，本级联席会议办公室可以主动向政策制定机关提出公平竞争审查意见。

第十条 对多个部门联合制定或者涉及多个部门职责的政策措施，在公平竞争审查中出现较大争议或者部门意见难以协调一致时，政策制定机关可以提请本级联席会议协调。联席会议办公室认为确有必要的，可以根据相关工作规则召开会议进行协调。仍无法协调一致的，由政策制定机关提交上级机关决定。

第十一条　政策制定机关应当对本年度公平竞争审查工作进行总结，于次年1月15日前将书面总结报告报送本级联席会议办公室。

地方各级联席会议办公室汇总形成本级公平竞争审查工作总体情况，于次年1月20日前报送本级人民政府和上一级联席会议办公室，并以适当方式向社会公开。

第十二条　对经公平竞争审查后出台的政策措施，政策制定机关应当对其影响统一市场和公平竞争的情况进行定期评估。评估报告应当向社会公开征求意见，评估结果应当向社会公开。经评估认为妨碍统一市场和公平竞争的，应当及时废止或者修改完善。定期评估可以每三年进行一次，或者在定期清理规章、规范性文件时一并评估。

第三章　审查标准

第十三条　市场准入和退出标准。

（一）不得设置不合理或者歧视性的准入和退出条件，包括但不限于：

1. 设置明显不必要或者超出实际需要的准入和退出条件，排斥或者限制经营者参与市场竞争；

2. 没有法律、行政法规或者国务院规定依据，对不同所有制、地区、组织形式的经营者实施不合理的差别化待遇，设置不平等的市场准入和退出条件；

3. 没有法律、行政法规或者国务院规定依据，以备案、登记、注册、目录、年检、年报、监制、认定、认证、认可、检验、监测、审定、指定、配号、复检、复审、换证、要求设立分支机构以及其他任何形式，设定或者变相设定市场准入障碍；

4. 没有法律、行政法规或者国务院规定依据，对企业注销、破产、挂牌转让、搬迁转移等设定或者变相设定市场退出障碍；

5. 以行政许可、行政检查、行政处罚、行政强制等方式，强制或者变相强制企业转让技术，设定或者变相设定市场准入和退出障碍。

（二）未经公平竞争不得授予经营者特许经营权，包括但不限于：

1. 在一般竞争性领域实施特许经营或者以特许经营为名增设行政许可；

2. 未明确特许经营权期限或者未经法定程序延长特许经营权期限；

3. 未依法采取招标、竞争性谈判等竞争方式，直接将特许经营权授予特定经营者；

4. 设置歧视性条件，使经营者无法公平参与特许经营权竞争。

（三）不得限定经营、购买、使用特定经营者提供的商品和服务，包括但不限于：

1. 以明确要求、暗示、拒绝或者拖延行政审批、重复检查、不予接入平台或者网络、违法违规给予奖励补贴等方式，限定或者变相限定经营、购买、使用特定经营者提供的商品和服务；

2. 在招标投标、政府采购中限定投标人所在地、所有制形式、组织形式，或者设定其他不合理的条件排斥或者限制经营者参与招标投标、政府采购活动；

3. 没有法律、行政法规或者国务院规定依据，通过设置不合理的项目库、名录库、备选库、资格库等条件，排斥或限制潜在经营者提供商品和服务。

（四）不得设置没有法律、行政法规或者国务院规定依据的审批或者具有行政审批性质的事前备案程序，包括但不限于：

1. 没有法律、行政法规或者国务院规定依据，增设行政审批事项，增加行政审批环节、条件和程序；

2. 没有法律、行政法规或者国务院规定依据，设置具有行政审批性质的前置性备案程序。

（五）不得对市场准入负面清单以外的行业、领域、业务等设置审批程序，主要指没有法律、行政法规或者国务院规定依据，采取禁止进入、限制市场主体资质、限制股权比例、限制经营范围和商业模式等方式，限制或者变相限制市场准入。

第十四条 商品和要素自由流动标准。

（一）不得对外地和进口商品、服务实行歧视性价格和歧视性补贴政策，包括但不限于：

1. 制定政府定价或者政府指导价时，对外地和进口同类商品、服务制定歧视性价格；

2. 对相关商品、服务进行补贴时，对外地同类商品、服务，国际经贸协定允许外的进口同类商品以及我国作出国际承诺的进口同类服务不予补贴或者给予较低补贴。

（二）不得限制外地和进口商品、服务进入本地市场或者阻碍本地商品运出、服务输出，包括但不限于：

1. 对外地商品、服务规定与本地同类商品、服务不同的技术要求、检验标准，或者采取重复检验、重复认证等歧视性技术措施；

2. 对进口商品规定与本地同类商品不同的技术要求、检验标准，或者采取重复检验、重复认证等歧视性技术措施；

3. 没有法律、行政法规或者国务院规定依据，对进口服务规定与本地同类服务不同的技术要求、检验标准，或者采取重复检验、重复认证等歧视性技术措施；

4. 设置专门针对外地和进口商品、服务的专营、专卖、审批、许可、备案，或者规定不同的条件、程序和期限等；

5. 在道路、车站、港口、航空港或者本行政区域边界设置关卡，阻碍外地和进口商品、服务进入本地市场或者本地商品运出和服务输出；

6. 通过软件或者互联网设置屏蔽以及采取其他手段，阻碍外地和进口商品、服务进入本地市场或者本地商品运出和服务输出。

（三）不得排斥或者限制外地经营者参加本地招标投标活动，包括但不限于：

1. 不依法及时、有效、完整地发布招标信息；

2. 直接规定外地经营者不能参与本地特定的招标投标活动；

3. 对外地经营者设定歧视性的资质资格要求或者评标评审标准；

4. 将经营者在本地区的业绩、所获得的奖项荣誉作为投标条件、加分条件、中标条件或者用于评价企业信用等级，限制或者变相限制外地经营者参加本地招标投标活动；

5. 没有法律、行政法规或者国务院规定依据，要求经营者在本地注册设立分支机构，在本地拥有一定办公面积，在本地缴纳社会保险等，限制或者变相限制外地经营者参加本地招标投标活动；

6. 通过设定与招标项目的具体特点和实际需要不相适应或者与合同履行无关的资格、技术和商务条件，限制或者变相限制外地经营者参加本地招标投标活动。

（四）不得排斥、限制或者强制外地经营者在本地投资或者设立分支机构，包括但不限于：

1. 直接拒绝外地经营者在本地投资或者设立分支机构；

2. 没有法律、行政法规或者国务院规定依据，对外地经营者在本地投资的规模、方式以及设立分支机构的地址、模式等进行限制；

3. 没有法律、行政法规或者国务院规定依据，直接强制外地经营者在本地投资或者设立分支机构；

4. 没有法律、行政法规或者国务院规定依据，将在本地投资或者设立分支机构作为参与本地招标投标、享受补贴和优惠政策等的必要条件，变相强制外地经营者在本地投资或者设立分支机构。

（五）不得对外地经营者在本地的投资或者设立的分支机构实行歧视性待遇，侵害其合法权益，包括但不限于：

1. 对外地经营者在本地的投资不给予与本地经营者同等的政策待遇；

2. 对外地经营者在本地设立的分支机构在经营规模、经营方式、税费缴纳等方面规定与本地经营者不同的要求；

3. 在节能环保、安全生产、健康卫生、工程质量、市场监管等方面，对外地经营者在本地设立的分支机构规定歧视性监管标准和要求。

第十五条 影响生产经营成本标准。

（一）不得违法给予特定经营者优惠政策，包括但不限于：

1. 没有法律、行政法规或者国务院规定依据，给予特定经营者财政奖励和补贴；

2. 没有专门的税收法律、法规和国务院规定依据，给予特定经营者税收优惠政策；

3. 没有法律、行政法规或者国务院规定依据，在土地、劳动力、资本、技术、数据等要素获取方面，给予特定经营者优惠政策；

4. 没有法律、行政法规或者国务院规定依据，在环保标准、排污权限等方面给予特定经营者特殊待遇；

5. 没有法律、行政法规或者国务院规定依据，对特定经营者减免、缓征或停征行政事业性收费、政府性基金、住房公积金等。

给予特定经营者的优惠政策应当依法公开。

（二）安排财政支出一般不得与特定经营者缴纳的税收或非税收入挂钩，主要指根据特定经营者缴纳的税收或者非税收入情况，采取列收列支或者违法违规采取先征后返、即征即退等形式，对特定经营者进行返还，或者给予特定经营者财政奖励或补贴、减免土地等自然资源有偿使用收入等优惠政策。

（三）不得违法违规减免或者缓征特定经营者应当缴纳的社会保险费用，主要指没有法律、行政法规或者国务院规定依据，根据经营者规模、所有制形式、组织形式、地区等因素，减免或者缓征特定经营者需要缴纳的基本养老保险费、基本医疗保险费、失业保险费、工伤保险费、生育保险费等。

（四）不得在法律规定之外要求经营者提供或扣留经营者各类保证金，包括但不限于：

1. 没有法律、行政法规依据或者经国务院批准，要求经营者交纳各类保证金；

2. 限定只能以现金形式交纳投标保证金或履约保证金；

3. 在经营者履行相关程序或者完成相关事项后，不依法退还经营者交纳的保证金及银行同期存款利息。

第十六条 影响生产经营行为标准。

（一）不得强制经营者从事《中华人民共和国反垄断法》禁止的垄断行为，主要指以行政命令、行政授权、行政指导等方式或者通过行业协会商会，强制、组织或者引导经营者达成垄断协议、滥用市场支配地位，以及实施具有或者可能具有排除、限制竞争效果的经营者集中等行为。

（二）不得违法披露或者违法要求经营者披露生产经营敏感信息，为经营者实施垄断行为提供便利条件。生产经营敏感信息是指除依据法律、行政法规或者国务院规定需要公开之外，生产经营者未主动公开，通过公开渠道无法采集的生产经营数据。主要包括：拟定价格、成本、营业收入、利润、生产数量、销售数量、生产销售计划、进出口数量、经销商信息、终端客户信息等。

（三）不得超越定价权限进行政府定价，包括但不限于：

1. 对实行政府指导价的商品、服务进行政府定价；

2. 对不属于本级政府定价目录范围内的商品、服务制定政府定价或者政府指导价；

3. 违反《中华人民共和国价格法》等法律法规采取价格干预措施。

（四）不得违法干预实行市场调节价的商品和服务的价格水平，包括但不限于：

1. 制定公布商品和服务的统一执行价、参考价；

2. 规定商品和服务的最高或者最低限价；

3. 干预影响商品和服务价格水平的手续费、折扣或者其他费用。

第四章 例外规定

第十七条 属于下列情形之一的政策措施，虽然在一定程度上具有限制竞争的效果，但在符合规定的情况下可以出台实施：

（一）维护国家经济安全、文化安全、科技安全或者涉及国防建设的；

（二）为实现扶贫开发、救灾救助等社会保障目的；

（三）为实现节约能源资源、保护生态环境、维护公共卫生健康安全等社会公共利益的；

（四）法律、行政法规规定的其他情形。

属于前款第一项至第三项情形的，政策制定机关应当说明相关政策措施对实现政策目的不可或缺，且不会严重限制市场竞争，并明确实施期限。

第十八条 政策制定机关应当在书面审查结论中说明政策措施是否适用例外规定。认为适用例外规定的，应当对符合适用例外规定的情形和条件进行详细说明。

第十九条 政策制定机关应当逐年评估适用例外规定的政策措施的实施效果，形成书面评估报告。实施期限到期或者未达到预期效果的政策措施，应当及时停止执行或者进行调整。

第五章　第三方评估

第二十条　政策制定机关可以根据工作实际，委托具备相应评估能力的高等院校、科研院所、专业咨询公司等第三方机构，对有关政策措施进行公平竞争评估，或者对公平竞争审查有关工作进行评估。

各级联席会议办公室可以委托第三方机构，对本地公平竞争审查制度总体实施情况开展评估。

第二十一条　政策制定机关在开展公平竞争审查工作的以下阶段和环节，均可以采取第三方评估方式进行：

（一）对拟出台的政策措施进行公平竞争审查；

（二）对经公平竞争审查出台的政策措施进行定期评估；

（三）对适用例外规定出台的政策措施进行逐年评估；

（四）对公平竞争审查制度实施情况进行综合评价；

（五）与公平竞争审查工作相关的其他阶段和环节。

第二十二条　对拟出台的政策措施进行公平竞争审查时，存在以下情形之一的，应当引入第三方评估：

（一）政策制定机关拟适用例外规定的；

（二）被多个单位或者个人反映或者举报涉嫌违反公平竞争审查标准的。

第二十三条　第三方评估结果作为政策制定机关开展公平竞争审查、评价制度实施成效、制定工作推进方案的重要参考。对拟出台的政策措施进行第三方评估的，政策制定机关应当在书面审查结论中说明评估情况。最终做出的审查结论与第三方评估结果不一致的，应当在书面审查结论中说明理由。

第二十四条　第三方评估经费纳入预算管理。政策制定机关依法依规做好第三方评估经费保障。

第六章　监督与责任追究

第二十五条　政策制定机关涉嫌未进行公平竞争审查或者违反审查标准出台政策措施的，任何单位和个人可以向政策制定机关反映，也可以向政策制定机关的上级机关或者本级及以上市场监管部门举报。反映或者举报采用书面形式并提供相关事实依据的，有关部门要及时予以处理。涉嫌违反《中华人民共和国反垄断法》的，由反垄断执法机构依法调查。

第二十六条　政策制定机关未进行公平竞争审查出台政策措施的，应当及时补做审查。发现存在违反公平竞争审查标准问题的，应当按照相关程序停止执行或者调整相关政策措施。停止执行或者调整相关政策措施的，应当依照《中华人民共和国政府信息公开条例》要求向社会公开。

第二十七条　政策制定机关的上级机关经核实认定政策制定机关未进行公平竞争审查或者违反审查标准出台政策措施的，应当责令其改正；拒不改正或者不及时改正的，对直接负责的主管人员和其他直接责任人员依据《中华人民共和国公务员法》、《中华人民共和国公职人员政务处分法》、《行政机关公务员处分条例》等法律法规给予处分。本级及以上市场监管部门可以向政策制定机关或者其上级机关提出整改建议；整改情况要及时向有关方面反馈。违反《中华人民共和国反垄断法》的，反垄断执法机构可以向有关上级机关提出依法处理的建议。相关处理决定和建议依法向社会公开。

第二十八条　市场监管总局负责牵头组织政策措施抽查，检查有关政策措施是否履行审查程序、审查流程是否规范、审查结论是否准确等。对市场主体反映比较强烈、问题比较集中、滥用行政权力排除限制竞争行为多发的行业和地区，进行重点抽查。抽查结果及时反馈被抽查单位，并以适当方式向社会公开。对抽查发现的排除、限制竞争问题，被抽查单位应当及时整改。

各地应当结合实际，建立本地区政策措施抽查机制。

第二十九条　县级以上地方各级人民政府建立健全公平竞争审查考核制度，对落实公平竞争审查制度成效显著的单位予以表扬激励，对工作推进不力的进行督促整改，对工作中出现问题并造成不良后果的依法依规严肃处理。

第七章　附　　则

第三十条　各地区、各部门在遵循《意见》和本细则规定的基础上，可以根据本地区、本行业实际情况，制定公平竞争审查工作办法和具体措施。

第三十一条　本细则自公布之日起实施。《公平竞争审查制度实施细则（暂行）》（发改价监〔2017〕1849号）同时废止。

附件：1. 公平竞争审查基本流程
　　　2. 公平竞争审查表

附件1：

公平竞争审查基本流程

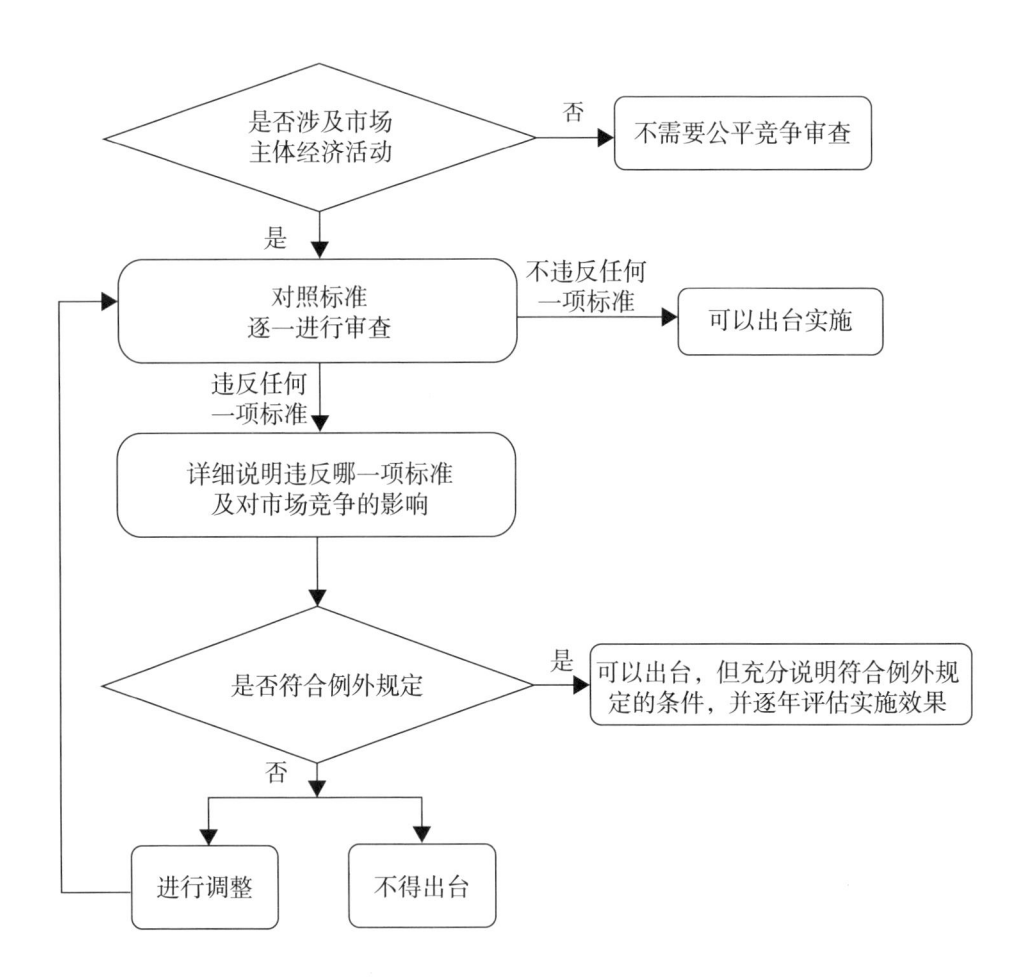

```
                  ┌─────────────┐
                  │是否涉及市场  │  否    ┌──────────────┐
                  │主体经济活动  ├──────→│不需要公平竞争审查│
                  └──────┬──────┘        └──────────────┘
                         │是
                         ▼
       ┌──────────────────────┐  不违反任何    ┌──────────┐
   ┌──→│   对照标准           │  一项标准     │可以出台实施│
   │   │   逐一进行审查       ├─────────────→└──────────┘
   │   └──────────┬───────────┘
   │              │违反任何
   │              │一项标准
   │              ▼
   │   ┌──────────────────────┐
   │   │详细说明违反哪一项标准 │
   │   │及对市场竞争的影响    │
   │   └──────────┬───────────┘
   │              │
   │              ▼
   │       ┌─────────────┐   是   ┌──────────────────────┐
   │       │是否符合例外规定├──────→│可以出台，但充分说明符合例外规│
   │       └──────┬──────┘        │定的条件，并逐年评估实施效果│
   │              │否              └──────────────────────┘
   │       ┌──────┴──────┐
   │       ▼             ▼
   │  ┌────────┐    ┌────────┐
   └──┤进行调整│    │不得出台│
      └────────┘    └────────┘
```

附2：

公平竞争审查表

年　月　日

政策措施名称	
涉及行业领域	
性质	行政法规草案□　　地方性法规草案□　　规章□ 规范性文件　□　　其他政策措施　　□
起草机构	名　称： 联系人：　　　　　　　　　电话：
审查机构	名　称： 联系人：　　　　　　　　　电话：
征求意见情况	征求利害关系人意见□　　向社会公开征求意见□ 具体情况（时间、对象、意见反馈和采纳情况）： （可附相关报告）
咨询及第三方评估情况（可选）	 （可附相关报告）

续表

审查结论	（可附相关报告）		
适用例外规定	是□　　否□		
^	选择"是"时详细说明理由		
其他需要说明的情况			
审查机构主要负责人意见			
	签字：　　　　盖章：		

国家发展改革委等部门关于严格执行招标投标法规制度进一步规范招标投标主体行为的若干意见

(2022年7月18日　发改法规规〔2022〕1117号)

各省、自治区、直辖市、新疆生产建设兵团发展改革委、工业和信息化主管部门、公安厅（局）、住房城乡建设厅（委、局）、交通运输厅（局、委）、水利（水务）厅（局）、农业农村厅（局、委）、商务厅（局）、审计厅（局）、广播电视局、能源局、招标投标指导协调工作牵头部门、公共资源交易平台整合工作牵头部门，各省、自治区、直辖市通信管理局，审计署各特派员办事处、国家能源局各派出机构、各地区铁路监管局、民航各地区管理局，全国公共资源交易平台、中国招标投标公共服务平台：

　　招标投标制度是社会主义市场经济体制的重要组成部分，对于充分发挥市场在资源配置中的决定性作用，更好发挥政府作用，深化投融资体制改革，提高国有资金使用效益，预防惩治腐败具有重要意义。近年来，各地区、各部门认真执行《招标投标法》及配套法规规章，全社会依法招标投标意识不断增强，招标投标活动不断规范，在维护国家利益、社会公共利益和招标投标活动当事人合法权益方面发挥了重要作用。但是当前招标投标市场还存在不少突出问题，招标人主体责任落实不到位，各类不合理限制和隐性壁垒尚未完全消除，规避招标、虚假招标、围标串标、有关部门及领导干部插手干预等违法行为仍然易发高发，招标代理服务水平参差不齐，一些评标专家不公正、不专业，导致部分项目中标结果不符合实际需求或者实施效果不佳，制约了招标投标制度竞争择优功能的发挥。为全面贯彻党的十九大和十九届历次全会精神，按照第十九届中央纪委第六次全会、国务院第五次廉政工作会议部署，现就严格执行招标投标法规制度、进一步规范招标投标各方主体行为提出以下意见。

　　一、强化招标人主体责任

　　（一）依法落实招标自主权。切实保障招标人在选择招标代理机构、编制招标文件、在统一的公共资源交易平台体系内选择电子交易系统和交易场所、组建评标委员会、委派代表参加评标、确定中标人、签订合同等方面依法享有的自主权。任何单位和个人不得以任何方式为招标人指定招标代理机构，不得违法限定招标人选择招标代理机构的方式，不得强制具有自行招标能力的招标人委托招标代理机构办理招标事宜。任何单位不得设定没有法律、行政法规依据的招标文件审查等前置审批或审核环节。对实行电子招标投标的项目，取消招标文件备案或者实行网上办理。

（二）严格执行强制招标制度。依法经项目审批、核准部门确定的招标范围、招标方式、招标组织形式，未经批准不得随意变更。依法必须招标项目拟不进行招标的、依法应当公开招标的项目拟邀请招标的，必须符合法律法规规定情形并履行规定程序；除涉及国家秘密或者商业秘密的外，应当在实施采购前公示具体理由和法律法规依据。不得以支解发包、化整为零、招小送大、设定不合理的暂估价或者通过虚构涉密项目、应急项目等形式规避招标；不得以战略合作、招商引资等理由搞"明招暗定""先建后招"的虚假招标；不得通过集体决策、会议纪要、函复意见、备忘录等方式将依法必须招标项目转为采用谈判、询比、竞价或者直接采购等非招标方式。对于涉及应急抢险救灾、疫情防控等紧急情况，以及重大工程建设项目经批准增加的少量建设内容，可以按照《招标投标法》第六十六条和《招标投标法实施条例》第九条规定不进行招标，同时强化项目单位在资金使用、质量安全等方面责任。不得随意改变法定招标程序；不得采用抽签、摇号、抓阄等违规方式直接选择投标人、中标候选人或中标人。除交易平台暂不具备条件等特殊情形外，依法必须招标项目应当实行全流程电子化交易。

（三）规范招标文件编制和发布。招标人应当高质量编制招标文件，鼓励通过市场调研、专家咨询论证等方式，明确招标需求，优化招标方案；对于委托招标代理机构编制的招标文件，应当认真组织审查，确保合法合规、科学合理、符合需求；对于涉及公共利益、社会关注度较高的项目，以及技术复杂、专业性强的项目，鼓励就招标文件征求社会公众或行业意见。依法必须招标项目的招标文件，应当使用国家规定的标准文本，根据项目的具体特点与实际需要编制。招标文件中资质、业绩等投标人资格条件要求和评标标准应当以符合项目具体特点和满足实际需要为限度审慎设置，不得通过设置不合理条件排斥或者限制潜在投标人。依法必须招标项目不得提出注册地址、所有制性质、市场占有率、特定行政区域或者特定行业业绩、取得非强制资质认证、设立本地分支机构、本地缴纳税收社保等要求，不得套用特定生产供应者的条件设定投标人资格、技术、商务条件。简化投标文件形式要求，一般不得将装订、纸张、明显的文字错误等列为否决投标情形。鼓励参照《公平竞争审查制度实施细则》，建立依法必须招标项目招标文件公平竞争审查机制。鼓励建立依法必须招标项目招标文件公示或公开制度。严禁设置投标报名等没有法律法规依据的前置环节。

（四）规范招标人代表条件和行为。招标人应当选派或者委托责任心强、熟悉业务、公道正派的人员作为招标人代表参加评标，并遵守利益冲突回避原则。严禁招标人代表私下接触投标人、潜在投标人、评标专家或相关利害关系人；严禁在评标过程中发表带有倾向性、误导性的言论或者暗示性的意见建议，干扰或影响其他评标委员会成员公正独立评标。招标人代表发现其他评标委员会成员不按照招标文件规定的评标标准和方法评标的，应当及时提醒、劝阻并向有关招标投标行政监督部门（以下简称行政监督部门）报告。

（五）加强评标报告审查。招标人应当在中标候选人公示前认真审查评标委员会提交的书面评标报告，发现异常情形的，依照法定程序进行复核，确认存在问题的，依照法定程序予以纠正。重点关注评标委员会是否按照招标文件规定的评标标准和方法进行评标；是否存在对客观评审因素评分不一致，或者评分畸高、畸低现象；是否对可能低于成本或者影响履约的异常低价投标和严重不平衡报价进行分析研判；是否依法通知投标人进行澄清、说明；是否存在随意否决投标的情况。加大评标情况公开力度，积极推进评分情况向社会公开、投标文件被否决原因向投标人公开。

（六）畅通异议渠道。招标人是异议处理的责任主体，应当畅通异议渠道，在招标公告和公示信息中公布受理异议的联系人和联系方式，在法定时限内答复和处理异议，积极引导招标投标活动当事人和利害关系人按照法定程序维护自身权益。实行电子招标投标的，应当支持系统在线提出异议、跟踪处理进程、接收异议答复。不得故意拖延、敷衍，无故回避实质性答复，或者在作出答复前继续进行招标投标活动。

（七）落实合同履约管理责任。招标人应当高度重视合同履约管理，健全管理机制，落实管理责任。依法必须招标项目的招标人应当按照《公共资源交易领域基层政务公开标准指引》要求，及时主动公开合同订立信息，并积极推进同履行及变更信息公开。加强对依法必须招标项目合同订立、履行及变更的行政监督，强化信用管理，防止"阴阳合同""低中高结"等违法违规行为发生，及时依法查处违法违规行为。

（八）加强招标档案管理。招标人应当按照有关规定加强招标档案管理，及时收集、整理、归档招标投标交易和合同履行过程中产生的各种文件资料和信息数据，并采取有效措施确保档案的完整和安全，不得篡改、损毁、伪造或者擅自销毁招标档案。加快推进招标档案电子化、数字化。招标人未按照规定进行归档、篡改、损毁、伪造、擅自销毁招标档案，或者在依法开展的监督检查中不如实提供招标档案的，由行政监督部门责令改正。

（九）强化内部控制管理。招标人应当建立健全招标投标事项集体研究、合法合规性审查等议事决策机制，积极发挥内部监督作用；对招标投标事项管理集中的部门和岗位实行分事行权、分岗设权、分级授权，强化内部控制。依法必须招标项目应当在组织招标前，按照权责匹配原则落实主要负责人和相关负责人。鼓励招标人建立招标项目绩效评价机制和招标采购专业化队伍，加大对招标项目管理人员的问责问效力度，将招标投标活动合法合规性、交易结果和履约绩效与履职评定、奖励惩处挂钩。

二、坚决打击遏制违法投标和不诚信履约行为

（十）严格规范投标和履约行为。投标人应当严格遵守有关法律法规和行业标准规范，依法诚信参加投标，自觉维护公平竞争秩序。不得通过受让、租借或者挂靠资质投标；不得伪造、变造资质、资格证书或者其他许可证件，提供虚假业绩、奖项、项目负责人等材料，或者以其他方式弄虚作假投标；不得与招标人、招标代理机构或其他投标人串通投标；不得与评标委员会成员私下接触，或向招标人、招标代理机构、交易平台运行服务机构、评标委员会成员、行政监督部门人员等行贿谋取中标；不得恶意提出异议、投诉或者举报，干扰正常招标投标活动。中标人不得无正当理由不与招标人订立合同，在签订合同

时向招标人提出附加条件，不按照招标文件要求提交履约保证金或履约保函，或者将中标项目转包、违法分包。

（十一）加大违法投标行为打击力度。密切关注中标率异常低、不以中标为目的投标的"陪标专业户"。重点关注投标人之间存在关联关系、不同投标人高级管理人员之间存在交叉任职、人员混用或者亲属关系、经常性"抱团"投标等围标串标高风险迹象。严厉打击操纵投标或出借资质等行为导致中标率异常高的"标王"及其背后的违法犯罪团伙。经查实存在违法行为的，行政监督部门严格依法实施行政处罚，并按照规定纳入信用记录；对其中负有责任的领导人员和直接责任人员，需要给予党纪、政务处分或组织处理的，移交有关机关、单位依规依纪依法处理；涉嫌犯罪的，及时向有关机关移送。不得以行政约谈、内部处理等代替行政处罚，不得以行政处罚代替刑事处罚。

三、加强评标专家管理

（十二）严肃评标纪律。评标专家应当认真、公正、诚实、廉洁、勤勉地履行专家职责，按时参加评标，严格遵守评标纪律。评标专家与投标人有利害关系的，应当主动提出回避；不得对其他评标委员会成员的独立评审施加不当影响；不得私下接触投标人，不得收受投标人、中介人、其他利害关系人的财物或者其他好处，不得接受任何单位或者个人明示或者暗示提出的倾向或者排斥特定投标人的要求；不得透露评标委员会成员身份和评标项目；不得透露对投标文件的评审和比较、中标候选人的推荐情况、在评标过程中知悉的国家秘密和商业秘密以及与评标有关的其他情况；不得故意拖延评标时间，或者敷衍塞责随意评标；不得在合法的评标劳务费之外额外索取、接受报酬或者其他好处；严禁组建或者加入可能影响公正评标的微信群、QQ群等网络通讯群组。招标人、招标代理机构、投标人发现评标专家有违法行为的，应当及时向行政监督部门报告。行政监督部门对评标专家违法行为应当依法严肃查处，并通报评标专家库管理单位、评标专家所在单位和入库审查单位，不得简单以暂停或者取消评标专家资格代替行政处罚；暂停或者取消评标专家资格的决定应当公开，强化社会监督；涉嫌犯罪的，及时向有关机关移送。

（十三）提高评标质量。评标委员会成员应当遵循公平、公正、科学、择优的原则，认真研究招标文件，根据招标文件规定的评标标准和方法，对投标文件进行系统地评审和比较。评标过程中发现问题的，应当及时向招标人提出处理建议；发现招标文件内容违反有关强制性规定或者招标文件存在歧义、重大缺陷导致评标无法进行时，应当停止评标并向招标人说明情况；发现投标文件中含义不明确、对同类问题表述不一致、有明显文字和计算错误、投标报价可能低于成本影响履约的，应当先请投标人作必要的澄清、说明，不得直接否决投标；有效投标不足三个的，应当对投标是否明显缺乏竞争和是否需要否决全部投标进行充分论证，并在评标报告中记载论证过程和结果；发现违法行为的，以及评标过程和结果受到非法影响或者干预的，应当及时向行政监督部门报告。招标人既要重视发挥评标专家的专业和经验优势，又要通过科学设置评标标准和方法，引导专家在专业技术范围内规范行使自由裁量权；根据招标项目实际需要，合理设置专家抽取专业，并保证充足的评标时间。积极探索完善智能辅助评标等机制，减轻专家不必要的工作量。鼓励有条件的地方和单位探索招标人按照工作价值灵活确定评标劳务费支付标准的新机制。

（十四）强化评标专家动态管理。充分依托省级人民政府组建的综合评标专家库和国务院有关部门组建的评标专家库，建立健全对评标专家的入库审查、岗前培训、继续教育、考核评价和廉洁教育等管理制度。加强专家库及评标专家信息保密管理，除依法配合有关部门调查外，任何单位和个人不得泄露相关信息。严格规范评标专家抽取工作，做到全程留痕、可追溯。评标专家库管理单位应当建立评标专家动态考核机制，将专家依法客观公正履职情况作为主要考核内容，根据考核情况及时清退不合格专家。

（十五）严格规范和优化评标组织方式。积极推广网络远程异地评标，打破本地评标专家"小圈子"，推动优质专家资源跨省市、跨行业互联共享。评标场所应当封闭运行，配备专门装置设备，严禁评标期间评标委员会成员与外界的一切非正常接触和联系，实现所有人员的语言、行为、活动轨迹全过程可跟踪、可回溯。有关部门应当规范隔夜评标管理，落实行政监督责任；评标场所应当为隔夜评标提供便利条件，做好配套服务保障。

四、规范招标代理服务行为

（十六）切实规范招标代理行为。招标代理机构及其从业人员应当依法依规、诚信自律经营，严禁采取行贿、提供回扣或者输送不正当利益等非法手段承揽业务；对于招标人、投标人、评标专家等提出的违法要求应当坚决抵制、及时劝阻，不得背离职业道德无原则附和；不得泄露应当保密的与招标投标活动有关的情况和资料；不得以营利为目的收取高额的招标文件等资料费用；招标代理活动结束后，及时向招标人提交全套招标档案资料，不得篡改、损毁、伪造或擅自销毁；不得与招标人、投标人、评标专家、交易平台运行服务机构等串通损害国家利益、社会公共利益和招标投标活动当事人合法权益。

（十七）加强招标代理机构及从业人员管理。行政监督部门应当加强对在本地区执业的招标代理机构及从业人员的动态监管，将招标代理行为作为"双随机、一公开"监管的重点内容，纳入跨部门联合抽查范围，对参与围标串标等扰乱市场秩序的行为严格依法实施行政处罚，并按照规定纳入信用记录。加强招标代理行业自律建设，鼓励行业协会完善招标代理服务标准规范，开展招标代理机构信用评价和从业人员专业技术能力评价，为招标人选择招标代理机构提供参考，推动提升招标代理服务能力。

五、进一步落实监督管理职责

（十八）健全监管机制。各地行政监督部门要按照职责分工，畅通投诉渠道，依法处理招标投标违法行为投诉，投诉处理结果反馈当事人的同时按规定向社会公开，接受社会监督；合理利用信访举报及时发现违法问题线索，鼓励建立内部举报人制度，对举报严重违法行为和提供重要线索的有功人员予以奖励和保护；建立投诉举报案件定期统计分析制度，聚焦突出问题，开展专项整治。积极适应招标投标全流程电子化新形势，加快推进"互联网+监管"，充分依托行政监督平台在线获取交易信息、履行监管职责；不断探索完善智慧监管手段，及时预警、发现和查证违法行为；加强电子招标投标信息的防伪溯源监督管理，防止招标投标电子文件伪造、篡改、破坏等风险发生。健全各行政监督部门协同监管和信息共享机制，监管执法过程中涉及其他部门职责的，及时移交有关部门处理或联合处理，着力解决多头处理、职责交叉、不同行业间行政处罚裁量权标准不一致等问题，提高执法水平和效率。指导公共资源交易平台坚持公共服务定位，健全内部控制机制，切实守住廉洁和安全底线，自觉接受行政监督，并积极配合支持行政监督部门履行职责。加强对行政监督部门及其工作人员的监督约束，严禁以规范和监管之名行违规审批、插手干预、地方保护、行业垄断之实。

（十九）加大监管力度。各地行政监督部门要进一步深化"放管服"改革，切实将监管重心从事前审批核准向事中事后全程监管转移。全面推行"双随机一公开"监管，提升监管主动性和覆盖面。坚决克服监管执法中的地方保护、行业保护，以零容忍态度打击招标投标违法行为，对影响恶劣的案件依法从严从重处罚并通报曝光。招标人发生违法行为的，依法严肃追究负有责任的主管人员和直接责任人员的法律责任，不得以他人插手干预招标投标活动为由减轻或免除责任。与公安机关建立有效的协调联动机制，加大对围标串标等违法犯罪行为的打击力度。加强与纪检监察机关、审计机关协作配合，按照规定做好招标投标领域违规违纪违法问题线索移交，对收到的问题线索认真核查处理。加强地方监管执法力量建设，鼓励监管体制改革创新，推动人财物更多投入到监管一线，加强监管的技术保障和资源保障。

（二十）健全信用体系。加快推进招标投标领域信用体系建设，构建以信用为基础、衔接标前标中标后各环节的新型监管机制。严格执行具有一定社会影响的行政处罚决定依法公开的规定，并及时推送至全国信用信息共享平台和公共资源交易平台，同步通过"信用中国"网站依法公示。坚持行政监督、社会监督和行业自律相结合，科学建立招标投标市场主体信用评价指标和标准，推动信用信息在招标投标活动中的合理规范应用。对违法失信主体依法依规实施失信惩戒，情节严重的依法实施市场禁入措施。

各地招标投标指导协调工作牵头部门和行政监督部门要进一步强化政治站位，认真履职尽责，推动招标投标法规制度切实执行，大力营造公开、公平、公正和诚实信用的市场环境。国家发展改革委会同国务院有关部门加强对各地招标投标工作的指导协调和典型经验复制推广，适时开展专项督查检查，对监管职责不履行、责任落实不到位的地方和单位，视情进行督办、通报、向有关方面提出问责建议。

本意见自 2022 年 9 月 1 日起施行，有效期至 2027 年 8 月 31 日。

国家发展改革委办公厅、市场监管总局办公厅关于进一步规范招标投标过程中企业经营资质资格审查工作的通知

(2020年9月22日　发改办法规〔2020〕727号)

各省、自治区、直辖市、新疆生产建设兵团发展改革委、市场监督管理局（厅、委）、招标投标指导协调工作牵头部门：

为贯彻落实《优化营商环境条例》要求，深化招标投标领域"放管服"改革，推进"证照分离"改革，依法保障企业经营自主权，破除招标投标领域各种隐性壁垒和不合理门槛，维护公平竞争的招标投标营商环境，现就进一步规范招标投标过程中企业经营资质资格审查有关要求通知如下：

一、进一步明确招标投标过程中对企业经营资质资格的审查标准

企业依法享有经营自主权，其经营范围由其章程确定，并依法按照相关标准办理经营范围登记，以向社会公示其主要经营活动内容。招标人在招标项目资格预审公告、资格预审文件、招标公告、招标文件中不得以营业执照记载的经营范围作为确定投标人经营资质资格的依据，不得将投标人营业执照记载的经营范围采用某种特定表述或者明确记载某个特定经营范围细项作为投标、加分或者中标条件，不得以招标项目超出投标人营业执照记载的经营范围为由认定其投标无效。招标项目对投标人经营资质资格有明确要求的，应当对其是否被准予行政许可、取得相关资质资格情况进行审查，不应以对营业执照经营范围的审查代替，或以营业执照经营范围明确记载行政许可批准证件上的具体内容作为审查标准。

二、持续深化招标投标领域"放管服"改革

各地发展改革部门、招标投标指导协调工作牵头部门要加强指导协调，会同各有关行政监督部门，持续深化"放管服"改革，维护招标投标市场公平竞争。各有关行政监督部门要落实招标人主体责任，引导和监督招标人根据招标

项目实际需要合理设定投标人资格条件，公平对待各类市场主体；按照规定的职责分工，强化事中事后监管，畅通投诉举报渠道，实施常态化的随机抽查，严厉打击各种不合理排斥或限制投标人的行为。加强改革创新，分领域探索简化淡化对投标人经营资质资格要求，逐步建立以业绩、信用、履约能力为核心的投标人资格审查制度。加快全面推广电子招标投标，推进招标投标信息资源互联共享，为改革提供坚实支撑。

三、落实"证照分离"改革要求做好企业登记工作

各地市场监管部门要认真落实国务院"证照分离"改革要求，稳步推动经营范围登记规范化工作，使用市场监管总局发布的经营范围规范表述目录办理相关业务，提高经营范围登记的规范化、标准化水平，提高政策的透明度和可预期性，做好对企业和社会公众的说明和服务。要积极做好与各相关部门行政许可的信息共享和业务协同，推动各相关部门合理规范使用企业经营范围信息，减少对企业经营范围的行政强制性要求、限制或者变相限制。推动电子营业执照在招标投标领域的应用，降低企业交易成本。

四、形成各部门共同维护招标投标市场公平竞争的工作合力

各地发展改革部门、市场监管部门、招标投标指导协调工作牵头部门要会同各有关行政监督部门，以进一步规范招标投标过程中企业经营资质资格审查工作为契机，加强沟通协作，形成共同维护招标投标市场公平竞争的工作合力。市场监管部门要指导协调各有关部门严格落实公平竞争审查制度，防止起草制定含有不合理排斥或限制投标人内容的政策措施。发展改革部门、招标投标指导协调工作牵头部门以及各有关行政监督部门要将妨害公平竞争行为作为招标投标日常监管重点，加强与市场监管部门的工作衔接，建立投诉举报线索共享和执法协作机制，切实维护企业合法权益，营造良好的招标投标营商环境。

关于个体工商户、农民专业合作社依法参加招标投标的，相关工作要求参照此通知执行。

国家发展改革委等部门关于完善招标投标交易担保制度进一步降低招标投标交易成本的通知

(2023年1月6日　发改法规〔2023〕27号)

各省、自治区、直辖市、新疆生产建设兵团发展改革委、工业和信息化主管部门、住房城乡建设厅（委、局）、交通运输厅（局、委）、水利厅（局）、农业农村厅（局、委）、商务厅（局）、国资委、广播电视局、能源局、招标投标指导协调工作牵头部门、公共资源交易平台整合工作牵头部门，各省、自治区、直辖市通信管理局，国家能源局各派出机构、各地区铁路监管局、民航各地区管理局、各银保监局，全国公共资源交易平台、中国招标投标公共服务平台：

为深入贯彻落实《国务院关于印发扎实稳住经济一揽子政策措施的通知》（国发〔2022〕12号）要求，加快推动招标投标交易担保制度改革，降低招标投标市场主体特别是中小微企业交易成本，保障各方主体合法权益，优化招标投标领域营商环境，现就完善招标投标交易担保制度、进一步降低招标投标交易成本有关要求通知如下：

一、严格规范招标投标交易担保行为。招标人、招标代理机构以及其他受委托提供保证金代收代管服务的平台和服务机构应当严格遵守招标投标交易担保规定，严禁巧立名目变相收取没有法律法规依据的保证金或其他费用。招标人应当同时接受现金保证金和银行保函等非现金交易担保方式，在招标文件中规范约定招标投标交易担保形式、金额或比例、收退时间等。依法必须招标项目的招标人不得强制要求投标人、中标人缴纳现金保证金。

二、全面推广保函（保险）。鼓励招标人接受担保机构的保函、保险机构的保单等其他非现金交易担保方式缴纳投标保证金、履约保证金、工程质量保证金。投标人、中标人在招标文件约定范围内，可以自行选择交易担保方式，招标人、招标代理机构和其他任何单位不得排斥、限制或拒绝。鼓励使用电子保函，降低电子保函费用。任何单位和个人不得为投标人、中标人指定出具保函、保单的银行、担保机构或保险机构。

三、规范保证金收取和退还。招标人、招标代理机构以及其他受委托提供保证金代收代管服务的平台和服务机构应当严格按照法律规定、招标文件和合同中明确约定的保证金收退的具体方式和期限，及时退还保证金。任何单位不得非法扣押、拖欠、侵占、挪用各类保证金。以现金形式提交保证金的，应当同时退还保证金本金和银行同期存款利息。

四、清理历史沉淀保证金。2023年3月底前，各地方政府有关部门、各有关单位和企业组织开展清理历史沉淀保证金专项行动，按照"谁收取、谁清理、谁退还"的原则，督促招标人、招标代理机构以及其他受委托提供保证金代收代管服务的平台和服务机构全面清理投标保证金、履约保证金、工程质量保证金等各类历史沉淀保证金，做到应退尽退。各地政府有关部门、各有关单位和企业要每年定期开展历史沉淀保证金清理工作，并通过相关公共服务平台网络、窗口或门户网站向社会公开清理结果。

五、鼓励减免政府投资项目投标保证金。2023年3月底前，各省级招标投标指导协调工作牵头部门应当会同各有关行政监督部门，制定出台鼓励本地区政府投资项目招标人全面或阶段性停止收取投标保证金，或者分类减免投标保证金的政策措施，并完善保障招标人合法权益的配套机制。

六、鼓励实行差异化缴纳投标保证金。对于政府投资项目以外的依法必须招标项目和非依法必须招标项目，各地要制定相应政策，鼓励招标人根据项目特点和投标人诚信状况，在招标文件中明确减免投标保证金的措施。鼓励招标人对无失信记录的中小微企业或信用记录良好的投标人，给予减免投标保证金的优惠待遇。鼓励国有企事业单位招标人制定实施分类减免投标保证金的相关措施。企事业单位实行集中招标采购制度的，可以探索试行与集中招标采购范围对应的集中交易担保机制，避免投标人重复提供投标保证金。

七、加快完善招标投标交易担保服务体系。依托公共资源交易平台、招标投标公共服务平台、电子招标投标交易平台、信用信息共享平台等，依法依规公开市场主体资质资格、业绩、行为信用信息和担保信用信息等，为招标人减免投标保证金提供客观信息依据。推动建立银行、担保机构和保险机构间的招标投标市场主体履约信用信息共享机制，鼓励各类银行、担保机构、保险机构和电子招标投标交易平台对符合条件的投标人、中标人简化交易担保办理流程、降低服务手续费用。依法依规对银行、担保机构和保险机构加强信用监管，严格防范并依法惩戒交易担保违法失信行为。

各地要充分认识完善招标投标交易担保制度、降低招标投标交易成本的重要意义，切实提高政治站位，结合实际制定落实本通知的实施方案或具体措施，并于2023年5月底前将落实本通知的有关工作安排、阶段性进展和成效，以及历史沉淀保证金清理情况报送国家发展改革委。国务院各有关部门要加强对本行业、本系统降低招标投标交易成本工作的指导督促，及时研究解决地方工作过程中反映的问题。

二、投资项目管理和招标内容核准

国务院关于投资体制改革的决定

（2004年7月16日　国发〔2004〕20号）

各省、自治区、直辖市人民政府，国务院各部委、各直属机构：

改革开放以来，国家对原有的投资体制进行了一系列改革，打破了传统计划经济体制下高度集中的投资管理模式，初步形成了投资主体多元化、资金来源多渠道、投资方式多样化、项目建设市场化的新格局。但是，现行的投资体制还存在不少问题，特别是企业的投资决策权没有完全落实，市场配置资源的基础性作用尚未得到充分发挥，政府投资决策的科学化、民主化水平需要进一步提高，投资宏观调控和监管的有效性需要增强。为此，国务院决定进一步深化投资体制改革。

一、深化投资体制改革的指导思想和目标

（一）深化投资体制改革的指导思想是：按照完善社会主义市场经济体制的要求，在国家宏观调控下充分发挥市场配置资源的基础性作用，确立企业在投资活动中的主体地位，规范政府投资行为，保护投资者的合法权益，营造有利于各类投资主体公平、有序竞争的市场环境，促进生产要素的合理流动和有效配置，优化投资结构，提高投资效益，推动经济协调发展和社会全面进步。

（二）深化投资体制改革的目标是：改革政府对企业投资的管理制度，按照"谁投资、谁决策、谁收益、谁承担风险"的原则，落实企业投资自主权；合理界定政府投资职能，提高投资决策的科学化、民主化水平，建立投资决策责任追究制度；进一步拓宽项目融资渠道，发展多种融资方式；培育规范的投资中介服务组织，加强行业自律，促进公平竞争；健全投资宏观调控体系，改进调控方式，完善调控手段；加快投资领域的立法进程；加强投资监管，维护规范的投资和建设市场秩序。通过深化改革和扩大开放，最终建立起市场引导投资、企业自主决策、银行独立审贷、融资方式多样、中介服务规范、宏观调控有效的新型投资体制。

二、转变政府管理职能，确立企业的投资主体地位

（一）改革项目审批制度，落实企业投资自主权。彻底改革现行不分投资主体、不分资金来源、不分项目性质，一律按投资规模大小分别由各级政府及有关部门审批的企业投资管理办法。对于企业不使用政府投资建设的项目，一律不再实行审批制，区别不同情况实行核准制和备案制。其中，政府仅对重大项目和限制类项目从维护社会公共利益角度进行核准，其他项目无论规模大小，均改为备案制，项目的市场前景、经济效益、资金来源和产品技术方案等均由企业自主决策、自担风险，并依法办理环境保护、土地使用、资源利用、安全生产、城市规划等许可手续和减免税确认手续。对于企业使用政府补助、转贷、贴息投资建设的项目，政府只审批资金申请报告。各地区、各部门要相应改进管理办法，规范管理行为，不得以任何名义截留下放给企业的投资决策权利。

（二）规范政府核准制。要严格限定实行政府核准制的范围，并根据变化的情况适时调整。《政府核准的投资项目目录》（以下简称《目录》）由国务院投资主管部门会同有关部门研究提出，报国务院批准后实施。未经国务院批准，各地区、各部门不得擅自增减《目录》规定的范围。

企业投资建设实行核准制的项目，仅需向政府提交项目申请报告，不再经过批准项目建议书、可行性研究报告和开工报告的程序。政府对企业提交的项目申请报告，主要从维护经济安全、合理开发利用资源、保护生态环境、优化重大布局、保障公共利益、防止出现垄断等方面进行核准。对于外商投资项目，政府还要从市场准入、资本项目管理等方面进行核准。政府有关部门要制定严格规范的核准制度，明确核准的范围、内容、申报程序和办理时限，并向社会公布，提高办事效率，增强透明度。

（三）健全备案制。对于《目录》以外的企业投资项目，实行备案制，除国家另有规定外，由企业按照属地原则向地方政府投资主管部门备案。备案制的具体实施办法由省级人民政府自行制定。国务院投资主管部门要对备案工作加强指导和监督，防止以备案的名义变相审批。

（四）扩大大型企业集团的投资决策权。基本建立现代企业制度的特大型企业集团，投资建设《目录》内的项目，可以按项目单独申报核准，也可编制中长期发展建设规划，规划经国务院或国务院投资主管部门批准后，规划中属于《目录》内的项目不再另行申报核准，只须办理备案手续。企业集团要及时向国务院有关部门报告规划执行和项目建设情况。

（五）鼓励社会投资。放宽社会资本的投资领域，允许社会资本进入法律法规未禁入的基础设施、公用事业及其他行业和领域。逐步理顺公共产品价格，通过注入资本金、贷款贴息、税收优惠等措施，鼓励和引导社会资本以独资、合资、合作、联营、项目融资等方式，参与经营性的公益事业、基础设施项目建设。对于涉及国家垄断资源开发利用、需要统一规划布局的项目，政府在确定建设规划后，可向社会公开招标选定项目业主。鼓励和支持有条件的各种所有制企业进行境外投资。

（六）进一步拓宽企业投资项目的融资渠道。允许各类企业以股权融资方式筹集投资资金，逐步建立起多种募集方式相互补充的多层次资本市场。经国务院投资主管部门和证券监管机构批准，选择一些收益稳定的基础设施项目进行试点，通过公开发行股票、可转换债券等方式筹集建设资金。在严格防范风险的前提下，改革企业债券发行管理制度，扩大企业债券发行规模，增加企业债券品种。按照市场化原则改进和完善银行的固定资产贷款审批和相应的风险管理制度，运用银团贷款、融资租赁、项目融资、财务顾问等多种业务方式，支持项目建设。允许各种所有制企业按照有关规定申请使用国外贷款。制定相关法规，组织建立中小企业融资和信用担保体系，鼓励银行和各类合格担保机构对项目融资的担保方式进行研究创新，采取多种形式增强担保机构资本实力，推动设立中小企业投资公司，建立和完善创业投资机制。规范发展各类投资基金。鼓励和促进保险资金间接投资基础设施和重点建设工程项目。

（七）规范企业投资行为。各类企业都应严格遵守国土资源、环境保护、安全生产、城市规划等法律法规，严格执行产业政策和行业准入标准，不得投资建设国家禁止发展的项目；应诚信守法，维护公共利益，确保工程质量，提高投资效益。国有和国有控股企业应按照国有资产管理体制改革和现代企业制度的要求，建立和完善国有资产出资人制度、投资风险约束机制、科学民主的投资决策制度和重大投资责任追究制度。严格执行投资项目的法人责任制、资本金制、招标投标制、工程监理制和合同管理制。

三、完善政府投资体制，规范政府投资行为

（一）合理界定政府投资范围。政府投资主要用于关系国家安全和市场不能有效配置资源的经济和社会领域，包括加强公益性和公共基础设施建设，保护和改善生态环境，促进欠发达地区的经济和社会发展，推进科技进步和高新技术产业化。能够由社会投资建设的项目，尽可能利用社会资金建设。合理划分中央政府与地方政府的投资事权。中央政府投资除本级政权等建设外，主要安排跨地区、跨流域以及对经济和社会发展全局有重大影响的项目。

（二）健全政府投资项目决策机制。进一步完善和坚持科学的决策规则和程序，提高政府投资项目决策的科学化、民主化水平；政府投资项目一般都要经过符合资质要求的咨询中介机构的评估论证，咨询评估要引入竞争机制，并制定合理的竞争规则；特别重大的项目还应实行专家评议制度；逐步实行政府投资项目公示制度，广泛听取各方面的意见和建议。

（三）规范政府投资资金管理。编制政府投资的中长期规划和年度计划，统筹安排、合理使用各类政府投资资金，包括预算内投资、各类专项建设基金、统借国外贷款等。政府投资资金按项目安排，根据资金来源、项目性质和调控需要，可分别采取直接投资、资本金注入、投资补助、转贷和贷款贴息等方式。以资本金注入方式投入的，要确定出资人代表。要针对不同的资金类型和资金运用方式，确定相应的管理办法，逐步实现政府投资的决策程序和资金管理的科学化、制度化和规范化。

（四）简化和规范政府投资项目审批程序，合理划分审批权限。按照项目性质、资金来源和事权划分，合理确定中央政府与地方政府之间、国务院投资主管部门与有关部门之间的项目审批权限。对于政府投资项目，采用直接投资和资本金注入方式的，从投资决策角度只审批项目建议书和可行性研究报告，除特殊情况外不再审批开工报告，同时应严格政府投资项目的初步设计、概算审批工作；采用投资补助、转贷和贷款贴息方式的，只审批资金申请报告。具体的权限划分和审批程序由国务院投资主管部门会同有关方面研究制定，报国务院批准后颁布实施。

（五）加强政府投资项目管理，改进建设实施方式。规范政府投资项目的建设标准，并根据情况变化及时修订完善。按项目建设进度下达投资资金计划。加强政府投资项目的中介服务管理，对咨询评估、招标代理等中介机构实行资质管理，提高中介服务质量。对非经营性政府投资项目加快推行"代建制"，即通过招标等方式，选择专业化的项目管理单位负责建设实施，严格控制项目投资、质量和工期，竣工验收后移交给使用单位。增强投资风险意识，建立和完善政府投资项目的风险管理机制。

（六）引入市场机制，充分发挥政府投资的效益。各级政府要创造条件，利用特许经营、投资补助等多种方式，吸引社会资本参与有合理回报和一定投资回收能力的公益事业和公共基础设施项目建设。对于具有垄断性的项目，试行特许经营，通过业主招标制度，开展公平竞争，保护公众利益。已经建成的政府投资项目，具备条件的经过批准可以依法转让产权或经营权，以回收的资金滚动投资于社会公益等各类基础设施建设。

四、加强和改善投资的宏观调控

（一）完善投资宏观调控体系。国家发展和改革委员会要在国务院领导下会同有关部门，按照职责分工，密切配合、相互协作、有效运转、依法监督，调控全社会的投资活动，保持合理投资规模，优化投资结构，提高投资效益，促进国民经济持续快速协调健康发展和社会全面进步。

（二）改进投资宏观调控方式。综合运用经济的、法律的和必要的行政手段，对全社会投资进行以间接调控方式为主的有效调控。国务院有关部门要依据国民经济和社会发展中长期规划，编制教育、科技、卫生、交通、能源、农业、林业、水利、生态建设、环境保护、战略资源开发等重要领域的发展建设规划，包括必要的专项发展建设规划，明确发展的指导思想、战略目标、总体布局和主要建设项目等。按照规定程序批准的发展建设规划是投资决策的重要依据。各级政府及其有关部门要努力提高政府投资效益，引导社会投资。制定并适时调整国家固定资产投资指导目录、外商投资产业指导目录，明确国家鼓励、限制和禁止投资的项目。建立投资信息发布制度，及时发布政府对投资的调控目标、主要调控政策、重点行业投资状况和发展趋势等信息，引导全社会投资活动。建立科学的行业准入制度，规范重点行业的环保标准、安全标准、能耗水耗标准和产品技术、质量标准，防止低水平重复建设。

（三）协调投资宏观调控手段。根据国民经济和社会发展要求以及宏观调控需要，合理确定政府投资规模，保持国家对全社会投资的积极引导和有效调控。灵活运用投资补助、贴息、价格、利率、税收等多种手段，引导社会投资，优化投资的产业结构和地区结构。适时制定和调整信贷政策，引导中长期贷款的总量和投向。严格和规范土地使用制度，充分发挥土地供应对社会投资的调控和引导作用。

（四）加强和改进投资信息、统计工作。加强投资统计工作，改革和完善投资统计制度，进一步及时、准确、全面地反映全社会固定资产存量和投资的运行态势，并建立各类信息共享机制，为投资宏观调控提供科学依据。建立投资风险预警和防范体系，加强对宏观经济和投资运行的监测分析。

五、加强和改进投资的监督管理

（一）建立和完善政府投资监管体系。建立政府投资责任追究制度，工程咨询、投资项目决策、设计、施工、监理等部门和单位，都应有相应的责任约束，对不遵守法律法规给国家造成重大损失的，要依法追究有关责任人的行政和法律责任。完善政府投资制衡机制，投资主管部门、财政主管部门以及有关部门，要依据职能分工，对政府投资的管理进行相互监督。审计机关要依法全面履行职责，进一步加强对政府投资项目的审计监督，提高政府投资管理水平和投资效益。完善重大项目稽察制度，建立政府投资项目后评价制度，对政府投资项目进行全过程监管。建立政府投资项目的社会监督机制，鼓励公众和新闻媒体对政府投资项目进行监督。

（二）建立健全协同配合的企业投资监管体系。国土资源、环境保护、城市规划、质量监督、银行监管、证券监管、外汇管理、工商管理、安全生产监管等部门，要依法加强对企业投资活动的监管，凡不符合法律法规和国家政策规定的，不得办理相关许可手续。在建设过程中不遵守有关法律法规的，有关部门要责令其及时改正，并依法严肃处理。各级政府投资主管部门要加强对企业投资项目的事中和事后监督检查，对于不符合产业政策和行业准入标准的项目，以及不按规定履行相应核准或许可手续而擅自开工建设的项目，要责令其停止建设，并依法追究有关企业和人员的责任。审计机关依法对国有企业的投资进行审计监督，促进国有资产保值增值。建立企业投资诚信制度，对于在项目申报和建设过程中提供虚假信息、违反法律法规的，要予以惩处，并公开披露，在一定时间内限制其投资建设活动。

（三）加强对投资中介服务机构的监管。各类投资中介服务机构均须与政府部门脱钩，坚持诚信原则，加强自我约束，为投资者提供高质量、多样化的中介服务。鼓励各种投资中介服务机构采取合伙制、股份制等多种形式改组改造。健全和完善投资中介服务机构的行业协会，确立法律规范、政府监督、行业自律的行业管理体制。打破地区封锁和行业垄断，建立公开、公平、公正的投资中介服务市场，强化投资中介服务机构的法律责任。

（四）完善法律法规，依法监督管理。建立健全与投资有关的法律法规，依法保护投资者的合法权益，维护投资主体公平、有序竞争，投资要素合理流动、市场发挥配置资源的基础性作用的市场环境，规范各类投资主体的投资行为和政府的投资管理活动。认真贯彻实施有关法律法规，严格财经纪律，堵塞管理漏洞，降低建设成本，提高投资效益。加强执法检查，培育和维护规范的建设市场秩序。

附件：政府核准的投资项目目录（2004年本）（略）

国务院关于发布政府核准的投资项目目录
（2016年本）的通知

（2016年12月12日　国发〔2016〕72号）

各省、自治区、直辖市人民政府，国务院各部委、各直属机构：

为贯彻落实《中共中央 国务院关于深化投融资体制改革的意见》，进一步加大简政放权、放管结合、优化服务改革力度，使市场在资源配置中起决定性作用，更好发挥政府作用，切实转变政府投资管理职能，加强和改进宏观调控，确立企业投资主体地位，激发市场主体扩大合理有效投资和创新创业的活力，现发布《政府核准的投资项目目录（2016年本）》，并就有关事项通知如下：

一、企业投资建设本目录内的固定资产投资项目，须按照规定报送有关项目核准机关核准。企业投资建设本目录外的项目，实行备案管理。事业单位、社会团体等投资建设的项目，按照本目录执行。

原油、天然气（含煤层气）开发项目由具有开采权的企业自行决定，并报国务院行业管理部门备案。具有开采权的相关企业应依据相关法律法规，坚持统筹规划，合理开发利用资源，避免资源无序开采。

二、法律、行政法规和国家制定的发展规划、产业政策、总量控制目标、技术政策、准入标准、用地政策、环保政策、用海用岛政策、信贷政策等是企业开展项目前期工作的重要依据，是项目核准机关和国土资源、环境保护、城乡规划、海洋管理、行业管理等部门以及金融机构对项目进行审查的依据。

发展改革部门要会同有关部门抓紧编制完善相关领域专项规划，为各地区做好项目核准工作提供依据。

环境保护部门应根据项目对环境的影响程度实行分级分类管理，对环境影响大、环境风险高的项目严格环评审批，并强化事中事后监管。

三、要充分发挥发展规划、产业政策和准入标准对投资活动的规范引导作用。把发展规划作为引导投资方向，稳定投资运行，规范项目准入，优化项目布局，合理配置资金、土地、能源、人力等资源的重要手段。完善产业结构调整指导目录、外商投资产业指导目录等，为企业投资活动提供依据和指导。构建更加科学、更加完善、更具可操作性的行业准入标准体系，强化节地节能节水、环境、技术、安全等市场准入标准。完善行业宏观调控政策措施和部门间协调机制，形成工作合力，促进相关行业有序发展。

四、对于钢铁、电解铝、水泥、平板玻璃、船舶等产能严重过剩行业的项目，要严格执行《国务院关于化解产能严重过剩矛盾的指导意见》（国发〔2013〕41号），各地方、各部门不得以其他任何名义、任何方式备案新增产能项目，各相关部门和机构不得办理土地（海域、无居民海岛）供应、能评、环评审批和新增授信支持等相关业务，并合力推进化解产能严重过剩矛盾各项工作。

对于煤矿项目，要严格执行《国务院关于煤炭行业化解过剩产能实现脱困发展的意见》（国发〔2016〕7号）要求，从2016年起3年内原则上停止审批新建煤矿项目、新增产能的技术改造项目和产能核增项目；确需新建煤矿的，一律实行减量置换。

严格控制新增传统燃油汽车产能，原则上不再核准新建传统燃油汽车生产企业。积极引导新能源汽车健康有序发展，新建新能源汽车生产企业须具有动力系统等关键技术和整车研发能力，符合《新建纯电动乘用车企业管理规定》等相关要求。

五、项目核准机关要改进完善管理办法，切实提高行政效能，认真履行核准职责，严格按照规定权限、程序和时限等要求进行审查。有关部门要密切配合，按照职责分工，相应改进管理办法，依法加强对投资活动的管理。

六、按照谁审批谁监管、谁主管谁监管的原则，落实监管责任，注重发挥地方政府就近就便监管作用，行业管理部门和环境保护、质量监督、安全监管等部门专业优势，以及投资主管部门综合监管职能，实现协同监管。投资项目核准、备案权限下放后，监管责任要同步下移。地方各级政府及其有关部门要积极探索创新监管方式方法，强化事中事后监管，切实承担起监管职责。

七、按照规定由国务院核准的项目，由国家发展改革委审核后报国务院核准。核报国务院及国务院投资主管部门核准的项目，事前须征求国务院行业管理部门的意见。

八、由地方政府核准的项目，各省级政府可以根据本地实际情况，按照下放层级与承接能力相匹配的原则，具体划分地方各级政府管理权限，制定本行政区域内统一的政府核准投资项目目录。基层政府承接能力要作为政府管理权限划分的重要因素，不宜简单地"一放到底"。对于涉及本地区重大规划布局、重要资源开发配置的项目，应充分发挥省级部门在政策把握、技术力量等方面的优势，由省级政府核准，原则上不下放到地市级政府、一律不得下放到县级及以下政府。

九、对取消核准改为备案管理的项目，项目备案机关要加强发展规划、产业政策和准入标准把关，行业管理部门与城乡规划、土地管理、环境保护、安全监管等部门要按职责分工加强对项目的指导和约束。

十、法律、行政法规和国家有专门规定的，按照有关规定执行。商务主管部门按国家有关规定对外商投资企业的设立和变更、国内企业在境外投资开办企业（金融企业除外）进行审核或备案管理。

十一、本目录自发布之日起执行，《政府核准的投资项目目录（2014年本）》即行废止。

政府核准的投资项目目录（2016年本）

一、农业水利

农业：涉及开荒的项目由省级政府核准。

水利工程：涉及跨界河流、跨省（区、市）水资源配置调整的重大水利项目由国务院投资主管部门核准，其中库容10亿立方米及以上或者涉及移民1万人及以上的水库项目由国务院核准。其余项目由地方政府核准。

二、能源

水电站：在跨界河流、跨省（区、市）河流上建设的单站总装机容量50万千瓦及以上项目由国务院投资主管部门核准，其中单站总装机容量300万千瓦及以上或者涉及移民1万人及以上的项目由国务院核准。其余项目由地方政府核准。

抽水蓄能电站：由省级政府按照国家制定的相关规划核准。

火电站（含自备电站）：由省级政府核准，其中燃煤燃气火电项目应在国家依据总量控制制定的建设规划内核准。

热电站（含自备电站）：由地方政府核准，其中抽凝式燃煤热电项目由省级政府在国家依据总量控制制定的建设规划内核准。

风电站：由地方政府在国家依据总量控制制定的建设规划及年度开发指导规模内核准。

核电站：由国务院核准。

电网工程：涉及跨境、跨省（区、市）输电的±500千伏及以上直流项目，涉及跨境、跨省（区、市）输电的500千伏、750千伏、1000千伏交流项目，由国务院投资主管部门核准，其中±800千伏及以上直流项目和1000千伏交流项目报国务院备案；不涉及跨境、跨省（区、市）输电的±500千伏及以上直流项目和500千伏、750千伏、1000千伏交流项目由省级政府按照国家制定的相关规划核准，其余项目由地方政府按照国家制定的相关规划核准。

煤矿：国家规划矿区内新增年生产能力120万吨及以上煤炭开发项目由国务院行业管理部门核准，其中新增年生产能力500万吨及以上的项目由国务院投资主管部门核准并报国务院备案；国家规划矿区内的其余煤炭开发项目和一般煤炭开发项目由省级政府核准。国家规定禁止建设或列入淘汰退出范围的项目，不得核准。

煤制燃料：年产超过20亿立方米的煤制天然气项目、年产超过100万吨的煤制油项目，由国务院投资主管部门核准。

液化石油气接收、存储设施（不含油气田、炼油厂的配套项目）：由地方政府核准。

进口液化天然气接收、储运设施：新建（含异地扩建）项目由国务院行业管理部门核准，其中新建接收储运能力300万吨及以上的项目由国务院投资主管部门核准并报国务院备案。其余项目由省级政府核准。

输油管网（不含油田集输管网）：跨境、跨省（区、市）干线管网项目由国务院投资主管部门核准，其中跨境项目报国务院备案。其余项目由地方政府核准。

输气管网（不含油气田集输管网）：跨境、跨省（区、市）干线管网项目由国务院投资主管部门核准，其中跨境项目报国务院备案。其余项目由地方政府核准。

炼油：新建炼油及扩建一次炼油项目由省级政府按照国家批准的相关规划核准。未列入国家批准的相关规划的新建炼油及扩建一次炼油项目，禁止建设。

变性燃料乙醇：由省级政府核准。

三、交通运输

新建（含增建）铁路：列入国家批准的相关规划中的项目，中国铁路总公司为主出资的由其自行决定并报国务院投资主管部门备案，其他企业投资的由省级政府核准；地方城际铁路项目由省级政府按照国家批准的相关规划核准，并报国务院投资主管部门备案；其余项目由省级政府核准。

公路：国家高速公路网和普通国道网项目由省级政府按照国家批准的相关规划核准，地方高速公路项目由省级政府核准，其余项目由地方政府核准。

独立公（铁）路桥梁、隧道：跨境项目由国务院投资主管部门核准并报国务院备案。国家批准的相关规划中的项目，中国铁路总公司为主出资的由其自行决定并报国务院投资主管部门备案，其他企业投资的由省级政府核准；其余独立铁路桥梁、隧道及跨10万吨级及以上航道海域、跨大江大河（现状或规划为一级及以上通航段）的独立公路桥梁、隧道项目，由省级政府核准，其中跨长江干线航道的项目应符合国家批准的相关规划。其余项目由地方政府核准。

煤炭、矿石、油气专用泊位：由省级政府按国家批准的相关规划核准。

集装箱专用码头：由省级政府按国家批准的相关规划核准。

内河航运：跨省（区、市）高等级航道的千吨级及以上航电枢纽项目由省级政府按国家批准的相关规划核准，其余项目由地方政府核准。

民航：新建运输机场项目由国务院、中央军委核准，新建通用机场项目、扩建军民合用机场（增建跑道除外）项目由省级政府核准。

四、信息产业

电信：国际通信基础设施项目由国务院投资主管部门核准；国内干线传输网（含广播电视网）以及其他涉及信息安全的电信基础设施项目，由国务院行业管理部门核准。

五、原材料

稀土、铁矿、有色矿山开发：由省级政府核准。

石化：新建乙烯、对二甲苯（PX）、二苯基甲烷二异氰酸酯（MDI）项目由省级政府按照国家批准的石化产业规划布局方案核准。未列入国家批准的相关规划的新建乙烯、对二甲苯（PX）、二苯基甲烷二异氰酸酯（MDI）项目，禁止建设。

煤化工：新建煤制烯烃、新建煤制对二甲苯（PX）项目，由省级政府按照国家批准的相关规划核准。新建年产超过100万吨的煤制甲醇项目，由省级政府核准。其余项目禁止建设。

稀土：稀土冶炼分离项目、稀土深加工项目由省级政府核准。

黄金：采选矿项目由省级政府核准。

六、机械制造

汽车：按照国务院批准的《汽车产业发展政策》执行。其中，新建中外合资轿车生产企业项目，由国务院核准；新建纯电动乘用车生产企业（含现有汽车企业跨类生产纯电动乘用车）项目，由国务院投资主管部门核准；其余项目由省级政府核准。

七、轻工

烟草：卷烟、烟用二醋酸纤维素及丝束项目由国务院行业管理部门核准。

八、高新技术

民用航空航天：干线支线飞机、6吨/9座及以上通用飞机和3吨及以上直升机制造、民用卫星制造、民用遥感卫星地面站建设项目，由国务院投资主管部门核准；6吨/9座以下通用飞机和3吨以下直升机制造项目由省级政府核准。

九、城建

城市快速轨道交通项目：由省级政府按照国家批准的相关规划核准。

城市道路桥梁、隧道：跨10万吨级及以上航道海域、跨大江大河（现状或规划为一级及以上通航段）的项目由省级政府核准。

其他城建项目：由地方政府自行确定实行核准或者备案。

十、社会事业

主题公园：特大型项目由国务院核准，其余项目由省级政府核准。

旅游：国家级风景名胜区、国家自然保护区、全国重点文物保护单位区域内总投资 5000 万元及以上旅游开发和资源保护项目，世界自然和文化遗产保护区内总投资 3000 万元及以上项目，由省级政府核准。

其他社会事业项目：按照隶属关系由国务院行业管理部门、地方政府自行确定实行核准或者备案。

十一、外商投资

《外商投资产业指导目录》中总投资（含增资）3 亿美元及以上限制类项目，由国务院投资主管部门核准，其中总投资（含增资）20 亿美元及以上项目报国务院备案。《外商投资产业指导目录》中总投资（含增资）3 亿美元以下限制类项目，由省级政府核准。

前款规定之外的属于本目录第一至十条所列项目，按照本目录第一至十条的规定执行。

十二、境外投资

涉及敏感国家和地区、敏感行业的项目，由国务院投资主管部门核准。

前款规定之外的中央管理企业投资项目和地方企业投资 3 亿美元及以上项目报国务院投资主管部门备案。

政府投资条例

(2018 年 12 月 5 日国务院第 33 次常务会议通过　2019 年 4 月 14 日中华人民共和国国务院令第 712 号公布　自 2019 年 7 月 1 日起施行)

第一章　总　　则

第一条　为了充分发挥政府投资作用，提高政府投资效益，规范政府投资行为，激发社会投资活力，制定本条例。

第二条　本条例所称政府投资，是指在中国境内使用预算安排的资金进行固定资产投资建设活动，包括新建、扩建、改建、技术改造等。

第三条 政府投资资金应当投向市场不能有效配置资源的社会公益服务、公共基础设施、农业农村、生态环境保护、重大科技进步、社会管理、国家安全等公共领域的项目，以非经营性项目为主。

国家完善有关政策措施，发挥政府投资资金的引导和带动作用，鼓励社会资金投向前款规定的领域。

国家建立政府投资范围定期评估调整机制，不断优化政府投资方向和结构。

第四条 政府投资应当遵循科学决策、规范管理、注重绩效、公开透明的原则。

第五条 政府投资应当与经济社会发展水平和财政收支状况相适应。

国家加强对政府投资资金的预算约束。政府及其有关部门不得违法违规举借债务筹措政府投资资金。

第六条 政府投资资金按项目安排，以直接投资方式为主；对确需支持的经营性项目，主要采取资本金注入方式，也可以适当采取投资补助、贷款贴息等方式。

安排政府投资资金，应当符合推进中央与地方财政事权和支出责任划分改革的有关要求，并平等对待各类投资主体，不得设置歧视性条件。

国家通过建立项目库等方式，加强对使用政府投资资金项目的储备。

第七条 国务院投资主管部门依照本条例和国务院的规定，履行政府投资综合管理职责。国务院其他有关部门依照本条例和国务院规定的职责分工，履行相应的政府投资管理职责。

县级以上地方人民政府投资主管部门和其他有关部门依照本条例和本级人民政府规定的职责分工，履行相应的政府投资管理职责。

第二章 政府投资决策

第八条 县级以上人民政府应当根据国民经济和社会发展规划、中期财政规划和国家宏观调控政策，结合财政收支状况，统筹安排使用政府投资资金的项目，规范使用各类政府投资资金。

第九条 政府采取直接投资方式、资本金注入方式投资的项目（以下统称政府投资项目），项目单位应当编制项目建议书、可行性研究报告、初步设计，按照政府投资管理权限和规定的程序，报投资主管部门或者其他有关部门审批。

项目单位应当加强政府投资项目的前期工作，保证前期工作的深度达到规定的要求，并对项目建议书、可行性研究报告、初步设计以及依法应当附具的其他文件的真实性负责。

第十条 除涉及国家秘密的项目外，投资主管部门和其他有关部门应当通过投资项目在线审批监管平台（以下简称在线平台），使用在线平台生成的项目代码办理政府投资项目审批手续。

投资主管部门和其他有关部门应当通过在线平台列明与政府投资有关的规划、产业政策等，公开政府投资项目审批的办理流程、办理时限等，并为项目单位提供相关咨询服务。

第十一条 投资主管部门或者其他有关部门应当根据国民经济和社会发展规划、相关领域专项规划、产业政策等，从下列方面对政府投资项目进行审查，作出是否批准的决定：

（一）项目建议书提出的项目建设的必要性；

（二）可行性研究报告分析的项目的技术经济可行性、社会效益以及项目资金等主要建设条件的落实情况；

（三）初步设计及其提出的投资概算是否符合可行性研究报告批复以及国家有关标准和规范的要求；

（四）依照法律、行政法规和国家有关规定应当审查的其他事项。

投资主管部门或者其他有关部门对政府投资项目不予批准的，应当书面通知项目单位并说明理由。

对经济社会发展、社会公众利益有重大影响或者投资规模较大的政府投资项目，投资主管部门或者其他有关部门应当在中介服务机构评估、公众参与、专家评议、风险评估的基础上作出是否批准的决定。

第十二条 经投资主管部门或者其他有关部门核定的投资概算是控制政府投资项目总投资的依据。

初步设计提出的投资概算超过经批准的可行性研究报告提出的投资估算10%的，项目单位应当向投资主管部门或者其他有关部门报告，投资主管部门或者其他有关部门可以要求项目单位重新报送可行性研究报告。

第十三条 对下列政府投资项目，可以按照国家有关规定简化需要报批的文件和审批程序：

（一）相关规划中已经明确的项目；

（二）部分扩建、改建项目；

（三）建设内容单一、投资规模较小、技术方案简单的项目；

（四）为应对自然灾害、事故灾难、公共卫生事件、社会安全事件等突发事件需要紧急建设的项目。

前款第三项所列项目的具体范围，由国务院投资主管部门会同国务院其他有关部门规定。

第十四条 采取投资补助、贷款贴息等方式安排政府投资资金的，项目单位应当按照国家有关规定办理手续。

第三章 政府投资年度计划

第十五条 国务院投资主管部门对其负责安排的政府投资编制政府投资年度计划，国务院其他有关部门对其负责安排的本行业、本领域的政府投资编制政府投资年度计划。

县级以上地方人民政府有关部门按照本级人民政府的规定，编制政府投资年度计划。

第十六条 政府投资年度计划应当明确项目名称、建设内容及规模、建设工期、项目总投资、年度投资额及资金来源等事项。

第十七条 列入政府投资年度计划的项目应当符合下列条件：

（一）采取直接投资方式、资本金注入方式的，可行性研究报告已经批准或者投资概算已经核定；

（二）采取投资补助、贷款贴息等方式的，已经按照国家有关规定办理手续；

（三）县级以上人民政府有关部门规定的其他条件。

第十八条 政府投资年度计划应当和本级预算相衔接。

第十九条 财政部门应当根据经批准的预算，按照法律、行政法规和国库管理的有关规定，及时、足额办理政府投资资金拨付。

第四章 政府投资项目实施

第二十条 政府投资项目开工建设，应当符合本条例和有关法律、行政法规规定的建设条件；不符合规定的建设条件的，不得开工建设。

国务院规定应当审批开工报告的重大政府投资项目，按照规定办理开工报告审批手续后方可开工建设。

第二十一条 政府投资项目应当按照投资主管部门或者其他有关部门批准的建设地点、建设规模和建设内容实施；拟变更建设地点或者拟对建设规模、建设内容等作较大变更的，应当按照规定的程序报原审批部门审批。

第二十二条 政府投资项目所需资金应当按照国家有关规定确保落实到位。

政府投资项目不得由施工单位垫资建设。

第二十三条 政府投资项目建设投资原则上不得超过经核定的投资概算。

因国家政策调整、价格上涨、地质条件发生重大变化等原因确需增加投资概算的，项目单位应当提出调整方案及资金来源，按照规定的程序报原初步设计审批部门或者投资概算核定部门核定；涉及预算调整或者调剂的，依照有关预算的法律、行政法规和国家有关规定办理。

第二十四条 政府投资项目应当按照国家有关规定合理确定并严格执行建设工期，任何单位和个人不得非法干预。

第二十五条 政府投资项目建成后，应当按照国家有关规定进行竣工验收，并在竣工验收合格后及时办理竣工财务决算。

政府投资项目结余的财政资金，应当按照国家有关规定缴回国库。

第二十六条 投资主管部门或者其他有关部门应当按照国家有关规定选择有代表性的已建成政府投资项目，委托中介服务机构对所选项目进行后评价。后评价应当根据项目建成后的实际效果，对项目审批和实施进行全面评价并提出明确意见。

第五章 监督管理

第二十七条 投资主管部门和依法对政府投资项目负有监督管理职责的其

他部门应当采取在线监测、现场核查等方式,加强对政府投资项目实施情况的监督检查。

项目单位应当通过在线平台如实报送政府投资项目开工建设、建设进度、竣工的基本信息。

第二十八条 投资主管部门和依法对政府投资项目负有监督管理职责的其他部门应当建立政府投资项目信息共享机制,通过在线平台实现信息共享。

第二十九条 项目单位应当按照国家有关规定加强政府投资项目档案管理,将项目审批和实施过程中的有关文件、资料存档备查。

第三十条 政府投资年度计划、政府投资项目审批和实施以及监督检查的信息应当依法公开。

第三十一条 政府投资项目的绩效管理、建设工程质量管理、安全生产管理等事项,依照有关法律、行政法规和国家有关规定执行。

第六章 法律责任

第三十二条 有下列情形之一的,责令改正,对负有责任的领导人员和直接责任人员依法给予处分:

(一) 超越审批权限审批政府投资项目;

(二) 对不符合规定的政府投资项目予以批准;

(三) 未按照规定核定或者调整政府投资项目的投资概算;

(四) 为不符合规定的项目安排投资补助、贷款贴息等政府投资资金;

(五) 履行政府投资管理职责中其他玩忽职守、滥用职权、徇私舞弊的情形。

第三十三条 有下列情形之一的,依照有关预算的法律、行政法规和国家有关规定追究法律责任:

(一) 政府及其有关部门违法违规举借债务筹措政府投资资金;

(二) 未按照规定及时、足额办理政府投资资金拨付;

(三) 转移、侵占、挪用政府投资资金。

第三十四条 项目单位有下列情形之一的,责令改正,根据具体情况,暂停、停止拨付资金或者收回已拨付的资金,暂停或者停止建设活动,对负有责任的领导人员和直接责任人员依法给予处分：

（一）未经批准或者不符合规定的建设条件开工建设政府投资项目；

（二）弄虚作假骗取政府投资项目审批或者投资补助、贷款贴息等政府投资资金；

（三）未经批准变更政府投资项目的建设地点或者对建设规模、建设内容等作较大变更；

（四）擅自增加投资概算；

（五）要求施工单位对政府投资项目垫资建设；

（六）无正当理由不实施或者不按照建设工期实施已批准的政府投资项目。

第三十五条　项目单位未按照规定将政府投资项目审批和实施过程中的有关文件、资料存档备查，或者转移、隐匿、篡改、毁弃项目有关文件、资料的，责令改正，对负有责任的领导人员和直接责任人员依法给予处分。

第三十六条　违反本条例规定，构成犯罪的，依法追究刑事责任。

第七章　附　　则

第三十七条　国防科技工业领域政府投资的管理办法，由国务院国防科技工业管理部门根据本条例规定的原则另行制定。

第三十八条　中国人民解放军和中国人民武装警察部队的固定资产投资管理，按照中央军事委员会的规定执行。

第三十九条　本条例自 2019 年 7 月 1 日起施行。

中央预算内直接投资项目管理办法

（2014 年 1 月 29 日国家发展和改革委员会令第 7 号公布　自 2014 年 3 月 1 日起施行）

第一章　总　　则

第一条　为切实加强和进一步规范中央预算内直接投资项目管理，健全科学、民主的投资决策机制，提高投资效益，依据《国务院关于投资体制改革的决定》和有关法律法规，制定本办法。

第二条 本办法所称中央预算内直接投资项目（以下简称直接投资项目或者项目），是指国家发展改革委安排中央预算内投资建设的中央本级（包括中央部门及其派出机构、垂直管理单位、所属事业单位）非经营性固定资产投资项目。

党政机关办公楼建设项目按照党中央、国务院规定严格管理。

第三条 直接投资项目实行审批制，包括审批项目建议书、可行性研究报告、初步设计。情况特殊、影响重大的项目，需要审批开工报告。

国务院、国家发展改革委批准的专项规划中已经明确、前期工作深度达到项目建议书要求、建设内容简单、投资规模较小的项目，可以直接编报可行性研究报告，或者合并编报项目建议书。

第四条 申请安排中央预算内投资3000万元及以上的项目，以及需要跨地区、跨部门、跨领域统筹的项目，由国家发展改革委审批或者由国家发展改革委委托中央有关部门审批，其中特别重大项目由国家发展改革委核报国务院批准；其余项目按照隶属关系，由中央有关部门审批后抄送国家发展改革委。

按照规定权限和程序批准的项目，国家发展改革委在编制年度计划时统筹安排中央预算内投资。

第五条 审批直接投资项目时，一般应当委托具备相应资质的工程咨询机构对项目建议书、可行性研究报告进行评估。特别重大的项目实行专家评议制度。

第六条 直接投资项目在可行性研究报告、初步设计及投资概算的编制、审批以及建设过程中，应当符合国家有关建设标准和规范。

第七条 发展改革委与财政、城乡规划、国土资源、环境保护、金融监管、行业管理等部门建立联动机制，实现信息共享。

凡不涉及国家安全和国家秘密、法律法规未禁止公开的直接投资项目，审批部门应当按照政府信息公开的有关规定，将项目审批情况向社会公开。

第二章 项目决策

第八条 适宜编制规划的领域，国家发展改革委和中央有关部门应当编制专项规划。按照规定权限和程序批准的专项规划，是项目决策的重要依据。

第九条 国家发展改革委会同有关部门建立项目储备库，作为项目决策和年度计划安排的重要依据。

第十条 项目建议书要对项目建设的必要性、主要建设内容、拟建地点、拟建规模、投资匡算、资金筹措以及社会效益和经济效益等进行初步分析，并附相关文件资料。项目建议书的编制格式、内容和深度应当达到规定要求。

由国家发展改革委负责审批的项目，其项目建议书应当由具备相应资质的甲级工程咨询机构编制。

第十一条 项目建议书编制完成后，由项目单位按照规定程序报送项目审批部门审批。项目审批部门对符合有关规定、确有必要建设的项目，批准项目建议书，并将批复文件抄送城乡规划、国土资源、环境保护等部门。

项目审批部门可以在项目建议书批复文件中规定批复文件的有效期。

第十二条 项目单位依据项目建议书批复文件，组织开展可行性研究，并按照规定向城乡规划、国土资源、环境保护等部门申请办理规划选址、用地预审、环境影响评价等审批手续。

第十三条 项目审批部门在批准项目建议书之后，应当按照有关规定进行公示。公示期间征集到的主要意见和建议，作为编制和审批项目可行性研究报告的重要参考。

第十四条 项目建议书批准后，项目单位应当委托工程咨询机构编制可行性研究报告，对项目在技术和经济上的可行性以及社会效益、节能、资源综合利用、生态环境影响、社会稳定风险等进行全面分析论证，落实各项建设和运行保障条件，并按照有关规定取得相关许可、审查意见。可行性研究报告的编制格式、内容和深度应当达到规定要求。

由国家发展改革委负责审批的项目，其可行性研究报告应当由具备相应资质的甲级工程咨询机构编制。

第十五条 项目可行性研究报告应当包含以下招标内容：

（一）项目的勘察、设计、施工、监理以及重要设备、材料等采购活动的具体招标范围（全部或者部分招标）。

（二）项目的勘察、设计、施工、监理以及重要设备、材料等采购活动拟采用的招标组织形式（委托招标或者自行招标）。按照有关规定拟自行招标的，应当按照国家有关规定提交书面材料。

（三）项目的勘察、设计、施工、监理以及重要设备、材料等采购活动拟采用的招标方式（公开招标或者邀请招标）。按照有关规定拟邀请招标的，应当按照国家有关规定提交书面材料。

第十六条 可行性研究报告编制完成后，由项目单位按照规定程序报送项目审批部门审批，并应当附以下文件：

（一）城乡规划行政主管部门出具的选址意见书；

（二）国土资源行政主管部门出具的用地预审意见；

（三）环境保护行政主管部门出具的环境影响评价审批文件；

（四）项目的节能评估报告书、节能评估报告表或者节能登记表（由中央有关部门审批的项目，需附国家发展改革委出具的节能审查意见）；

（五）根据有关规定应当提交的其他文件。

第十七条 项目审批部门对符合有关规定、具备建设条件的项目，批准可行性研究报告，并将批复文件抄送城乡规划、国土资源、环境保护等部门。

项目审批部门可以在可行性研究报告批复文件中规定批复文件的有效期。

对于情况特殊、影响重大的项目，需要审批开工报告的，应当在可行性研究报告批复文件中予以明确。

第十八条 经批准的可行性研究报告是确定建设项目的依据。项目单位可以依据可行性研究报告批复文件，按照规定向城乡规划、国土资源等部门申请办理规划许可、正式用地手续等，并委托具有相应资质的设计单位进行初步设计。

第十九条 初步设计应当符合国家有关规定和可行性研究报告批复文件的有关要求，明确各单项工程或者单位工程的建设内容、建设规模、建设标准、用地规模、主要材料、设备规格和技术参数等设计方案，并据此编制投资概算。投资概算应当包括国家规定的项目建设所需的全部费用。

由国家发展改革委负责审批的项目，其初步设计应当由具备相应资质的甲级设计单位编制。

第二十条 投资概算超过可行性研究报告批准的投资估算百分之十的，或者项目单位、建设性质、建设地点、建设规模、技术方案等发生重大变更的，项目单位应当报告项目审批部门。项目审批部门可以要求项目单位重新组织编制和报批可行性研究报告。

第二十一条 初步设计编制完成后，由项目单位按照规定程序报送项目审批部门审批。法律法规对直接投资项目的初步设计审批权限另有规定的，从其规定。

对于由国家发展改革委审批项目建议书、可行性研究报告的项目，其初步设计经中央有关部门审核后，由国家发展改革委审批或者经国家发展改革委核定投资概算后由中央有关部门审批。

经批准的初步设计及投资概算应当作为项目建设实施和控制投资的依据。

第二十二条 直接投资项目应当符合规划、产业政策、环境保护、土地使用、节约能源、资源利用等方面的有关规定。

第三章 建设管理

第二十三条 对于项目单位缺乏相关专业技术人员和建设管理经验的直接投资项目，项目审批部门应当在批复可行性研究报告时要求实行代理建设制度（"代建制"），通过招标等方式选择具备工程项目管理资质的工程咨询机构，作为项目管理单位负责组织项目的建设实施。项目管理单位按照与项目单位签订的合同，承担项目建设实施的相关权利义务，严格执行项目的投资概算、质量标准和建设工期等要求，在项目竣工验收后将项目交付项目单位。

第二十四条 直接投资项目应当依法办理相关手续，在具备国家规定的各项开工条件后，方可开工建设。

对于按照可行性研究报告批复文件的规定需要审批开工报告的项目，应当在开工报告批准后方可开工建设。

第二十五条 直接投资项目的招标采购，按照《招标投标法》等有关法律法规规定办理。从事直接投资项目招标代理业务的招标代理机构，应当具备中央投资项目招标代理资格。

第二十六条　建立项目建设情况报告制度。项目单位应当按照规定向项目审批部门定期报告项目建设进展情况。

第二十七条　项目由于政策调整、价格上涨、地质条件发生重大变化等原因确需调整投资概算的，由项目单位提出调整方案，按照规定程序报原概算核定部门核定。概算调增幅度超过原批复概算百分之十的，概算核定部门原则上先商请审计机关进行审计，并依据审计结论进行概算调整。

第二十八条　建立健全直接投资项目的工程保险和工程担保制度，加强直接投资项目的风险管理。

第二十九条　直接投资项目应当遵守国家档案管理的有关规定，做好项目档案管理工作。项目档案验收不合格的，应当限期整改，经复查合格后，方可进行竣工验收。

第三十条　直接投资项目竣工后，应当按照规定编制竣工决算。项目竣工决算具体审查和审批办法，按照国家有关规定执行。

第三十一条　直接投资项目建成后，项目单位应当按照国家有关规定报请项目可行性研究报告审批部门组织竣工验收。

第三十二条　直接投资项目建成运行后，项目审批部门可以依据有关规定，组织具备相应资质的工程咨询机构，对照项目可行性研究报告批复文件及批准的可行性研究报告的主要内容开展项目后评价，必要时应当参照初步设计文件的相关内容进行对比分析，进一步加强和改进项目管理，不断提高决策水平和投资效益。

第四章　监督检查和法律责任

第三十三条　发展改革、财政、审计、监察和其他有关部门，依据职能分工，对直接投资项目进行监督检查。

第三十四条　国家发展改革委和有关部门应当依法接受单位、个人对直接投资项目在审批、建设过程中违法违规行为的投诉和举报，并按照有关规定进行查处。

第三十五条　项目审批部门和其他有关部门有下列行为之一的，责令限期改正，并对直接负责的主管人员和其他直接责任人员依法给予处分：

（一）违反本办法规定批准项目建议书、可行性研究报告、初步设计及核定投资概算的；

（二）强令或者授意项目单位违反本办法规定的；

（三）因故意或者重大过失造成重大损失或者严重损害公民、法人和其他组织合法权益的；

（四）其他违反本办法规定的行为。

第三十六条 国家机关及有关单位的工作人员在项目建设过程中滥用职权、玩忽职守、徇私舞弊、索贿受贿的，依法追究行政或者法律责任。

第三十七条 项目单位和项目管理单位有下列行为之一的，国家发展改革委和有关部门将其纳入不良信用记录，责令其限期整改、暂停项目建设或者暂停投资安排；对直接负责的主管人员和其他直接责任人员，依法追究行政或者法律责任：

（一）提供虚假情况骗取项目审批和中央预算内投资的；

（二）违反国家有关规定擅自开工建设的；

（三）未经批准擅自调整建设标准或者投资规模、改变建设地点或者建设内容的；

（四）转移、侵占或者挪用建设资金的；

（五）未及时办理竣工验收手续、未经竣工验收或者验收不合格即交付使用的；

（六）已经批准的项目，无正当理由未及时实施或者完成的；

（七）不按国家规定履行招标程序的；

（八）其他违反本办法规定的行为。

第三十八条 有关工程咨询机构或者设计单位在编制项目建议书、可行性研究报告、初步设计及投资概算以及开展咨询评估或者项目后评价时，弄虚作假或者咨询评估意见严重失实的，国家发展改革委和有关部门将其纳入不良信用记录，根据其情节轻重，依法给予警告、停业整顿、降低资质等级或者撤销资质等处罚；造成损失的，依法承担赔偿责任。相关责任人员涉嫌犯罪的，依法移送司法机关处理。

第三十九条 直接投资项目发生重大质量安全事故的,按照国家有关规定,由有关部门依法追究项目单位、项目管理单位和勘察设计、施工、监理、招标代理等单位以及相关人员的法律责任。

第五章 附 则

第四十条 中央有关部门可以根据本办法的规定及职能分工,制订本部门的具体管理办法。省级发展改革部门可以参照本办法制订本地区的管理办法。

第四十一条 本办法由国家发展改革委负责解释。

第四十二条 本办法自 2014 年 3 月 1 日起施行。

国家发展改革委关于审批地方政府投资项目的有关规定(暂行)

(2005 年 7 月 27 日 发改投资〔2005〕1392 号)

根据《国务院关于投资体制改革的决定》(以下简称《决定》)精神,现对国家发展改革委审批地方政府投资项目的有关要求作如下规定:

一、各级地方政府采用直接投资(含通过各类投资机构)或以资本金注入方式安排地方各类财政性资金,建设《政府核准的投资项目目录》(《决定》附件)范围内应由国务院或国务院投资主管部门管理的固定资产投资项目,需由省级投资主管部门报国家发展改革委会同有关部门审批或核报国务院审批。

省级投资主管部门,是指省级发展改革委和具有投资管理职能的经委(经贸委)。具有投资管理职能的省级经委(经贸委)应与发展改革委联合报送有关文件。

二、需上报审批的地方政府投资项目,只需报批项目建议书。国家发展改革委主要从发展建设规划、产业政策以及经济安全等方面进行审查。

项目建议书经国家发展改革委批准后,项目单位应当按照国家法律法规和地方政府的有关规定履行其他报批程序。

三、地方政府投资项目申请中央政府投资补助、贴息和转贷的，按照国家发展改革委发布的有关规定报批资金申请报告，也可在向国家发展改革委报批项目建议书时，一并提出申请。

四、本规定以外的地方政府投资项目，按照地方政府的有关规定审批。

企业投资项目核准和备案管理条例

（2016年10月8日国务院第149次常务会议通过 2016年11月30日中华人民共和国国务院令第673号公布 自2017年2月1日起施行）

第一条 为了规范政府对企业投资项目的核准和备案行为，加快转变政府的投资管理职能，落实企业投资自主权，制定本条例。

第二条 本条例所称企业投资项目（以下简称项目），是指企业在中国境内投资建设的固定资产投资项目。

第三条 对关系国家安全、涉及全国重大生产力布局、战略性资源开发和重大公共利益等项目，实行核准管理。具体项目范围以及核准机关、核准权限依照政府核准的投资项目目录执行。政府核准的投资项目目录由国务院投资主管部门会同国务院有关部门提出，报国务院批准后实施，并适时调整。国务院另有规定的，依照其规定。

对前款规定以外的项目，实行备案管理。除国务院另有规定的，实行备案管理的项目按照属地原则备案，备案机关及其权限由省、自治区、直辖市和计划单列市人民政府规定。

第四条 除涉及国家秘密的项目外，项目核准、备案通过国家建立的项目在线监管平台（以下简称在线平台）办理。

核准机关、备案机关以及其他有关部门统一使用在线平台生成的项目代码办理相关手续。

国务院投资主管部门会同有关部门制定在线平台管理办法。

第五条 核准机关、备案机关应当通过在线平台列明与项目有关的产业政策，公开项目核准的办理流程、办理时限等，并为企业提供相关咨询服务。

第六条 企业办理项目核准手续，应当向核准机关提交项目申请书；由国务院核准的项目，向国务院投资主管部门提交项目申请书。项目申请书应当包括下列内容：

（一）企业基本情况；

（二）项目情况，包括项目名称、建设地点、建设规模、建设内容等；

（三）项目利用资源情况分析以及对生态环境的影响分析；

（四）项目对经济和社会的影响分析。

企业应当对项目申请书内容的真实性负责。

法律、行政法规规定办理相关手续作为项目核准前置条件的，企业应当提交已经办理相关手续的证明文件。

第七条 项目申请书由企业自主组织编制，任何单位和个人不得强制企业委托中介服务机构编制项目申请书。

核准机关应当制定并公布项目申请书示范文本，明确项目申请书编制要求。

第八条 由国务院有关部门核准的项目，企业可以通过项目所在地省、自治区、直辖市和计划单列市人民政府有关部门（以下称地方人民政府有关部门）转送项目申请书，地方人民政府有关部门应当自收到项目申请书之日起5个工作日内转送核准机关。

由国务院核准的项目，企业通过地方人民政府有关部门转送项目申请书的，地方人民政府有关部门应当在前款规定的期限内将项目申请书转送国务院投资主管部门，由国务院投资主管部门审核后报国务院核准。

第九条 核准机关应当从下列方面对项目进行审查：

（一）是否危害经济安全、社会安全、生态安全等国家安全；

（二）是否符合相关发展建设规划、技术标准和产业政策；

（三）是否合理开发并有效利用资源；

（四）是否对重大公共利益产生不利影响。

项目涉及有关部门或者项目所在地地方人民政府职责的，核准机关应当书面征求其意见，被征求意见单位应当及时书面回复。

核准机关委托中介服务机构对项目进行评估的，应当明确评估重点；除项目情况复杂的，评估时限不得超过30个工作日。评估费用由核准机关承担。

第十条 核准机关应当自受理申请之日起20个工作日内，作出是否予以核准的决定；项目情况复杂或者需要征求有关单位意见的，经本机关主要负责人批准，可以延长核准期限，但延长的期限不得超过40个工作日。核准机关委托中介服务机构对项目进行评估的，评估时间不计入核准期限。

核准机关对项目予以核准的，应当向企业出具核准文件；不予核准的，应当书面通知企业并说明理由。由国务院核准的项目，由国务院投资主管部门根据国务院的决定向企业出具核准文件或者不予核准的书面通知。

第十一条 企业拟变更已核准项目的建设地点，或者拟对建设规模、建设内容等作较大变更的，应当向核准机关提出变更申请。核准机关应当自受理申请之日起20个工作日内，作出是否同意变更的书面决定。

第十二条 项目自核准机关作出予以核准决定或者同意变更决定之日起2年内未开工建设，需要延期开工建设的，企业应当在2年期限届满的30个工作日前，向核准机关申请延期开工建设。核准机关应当自受理申请之日起20个工作日内，作出是否同意延期开工建设的决定。开工建设只能延期一次，期限最长不得超过1年。国家对项目延期开工建设另有规定的，依照其规定。

第十三条 实行备案管理的项目，企业应当在开工建设前通过在线平台将下列信息告知备案机关：

（一）企业基本情况；

（二）项目名称、建设地点、建设规模、建设内容；

（三）项目总投资额；

（四）项目符合产业政策的声明。

企业应当对备案项目信息的真实性负责。

备案机关收到本条第一款规定的全部信息即为备案；企业告知的信息不齐全的，备案机关应当指导企业补正。

企业需要备案证明的，可以要求备案机关出具或者通过在线平台自行打印。

第十四条 已备案项目信息发生较大变更的，企业应当及时告知备案机关。

第十五条 备案机关发现已备案项目属于产业政策禁止投资建设或者实行核准管理的，应当及时告知企业予以纠正或者依法办理核准手续，并通知有关部门。

第十六条　核准机关、备案机关以及依法对项目负有监督管理职责的其他有关部门应当加强事中事后监管，按照谁审批谁监管、谁主管谁监管的原则，落实监管责任，采取在线监测、现场核查等方式，加强对项目实施的监督检查。

企业应当通过在线平台如实报送项目开工建设、建设进度、竣工的基本信息。

第十七条　核准机关、备案机关以及依法对项目负有监督管理职责的其他有关部门应当建立项目信息共享机制，通过在线平台实现信息共享。

企业在项目核准、备案以及项目实施中的违法行为及其处理信息，通过国家社会信用信息平台向社会公示。

第十八条　实行核准管理的项目，企业未依照本条例规定办理核准手续开工建设或者未按照核准的建设地点、建设规模、建设内容等进行建设的，由核准机关责令停止建设或者责令停产，对企业处项目总投资额1‰以上5‰以下的罚款；对直接负责的主管人员和其他直接责任人员处2万元以上5万元以下的罚款，属于国家工作人员的，依法给予处分。

以欺骗、贿赂等不正当手段取得项目核准文件，尚未开工建设的，由核准机关撤销核准文件，处项目总投资额1‰以上5‰以下的罚款；已经开工建设的，依照前款规定予以处罚；构成犯罪的，依法追究刑事责任。

第十九条　实行备案管理的项目，企业未依照本条例规定将项目信息或者已备案项目的信息变更情况告知备案机关，或者向备案机关提供虚假信息的，由备案机关责令限期改正；逾期不改正的，处2万元以上5万元以下的罚款。

第二十条　企业投资建设产业政策禁止投资建设项目的，由县级以上人民政府投资主管部门责令停止建设或者责令停产并恢复原状，对企业处项目总投资额5‰以上10‰以下的罚款；对直接负责的主管人员和其他直接责任人员处5万元以上10万元以下的罚款，属于国家工作人员的，依法给予处分。法律、行政法规另有规定的，依照其规定。

第二十一条　核准机关、备案机关及其工作人员在项目核准、备案工作中玩忽职守、滥用职权、徇私舞弊的，对负有责任的领导人员和直接责任人员依法给予处分；构成犯罪的，依法追究刑事责任。

第二十二条　事业单位、社会团体等非企业组织在中国境内投资建设的固定资产投资项目适用本条例，但通过预算安排的固定资产投资项目除外。

第二十三条　国防科技工业企业在中国境内投资建设的固定资产投资项目核准和备案管理办法，由国务院国防科技工业管理部门根据本条例的原则另行制定。

第二十四条　本条例自2017年2月1日起施行

企业投资项目核准和备案管理办法

（2017年3月8日国家发展改革委令第2号公布　自2017年4月8日起施行）

第一章　总　　则

第一条　为落实企业投资自主权，规范政府对企业投资项目的核准和备案行为，实现便利、高效服务和有效管理，依法保护企业合法权益，依据《行政许可法》、《企业投资项目核准和备案管理条例》等有关法律法规，制定本办法。

第二条　本办法所称企业投资项目（以下简称项目），是指企业在中国境内投资建设的固定资产投资项目，包括企业使用自己筹措资金的项目，以及使用自己筹措的资金并申请使用政府投资补助或贷款贴息等的项目。

项目申请使用政府投资补助、贷款贴息的，应在履行核准或备案手续后，提出资金申请报告。

第三条　县级以上人民政府投资主管部门对投资项目履行综合管理职责。

县级以上人民政府其他部门依照法律、法规规定，按照本级政府规定职责分工，对投资项目履行相应管理职责。

第四条　根据项目不同情况，分别实行核准管理或备案管理。

对关系国家安全、涉及全国重大生产力布局、战略性资源开发和重大公共利益等项目，实行核准管理。其他项目实行备案管理。

第五条 实行核准管理的具体项目范围以及核准机关、核准权限，由国务院颁布的《政府核准的投资项目目录》（以下简称《核准目录》）确定。法律、行政法规和国务院对项目核准的范围、权限有专门规定的，从其规定。

《核准目录》由国务院投资主管部门会同有关部门研究提出，报国务院批准后实施，并根据情况适时调整。

未经国务院批准，各部门、各地区不得擅自调整《核准目录》确定的核准范围和权限。

第六条 除国务院另有规定外，实行备案管理的项目按照属地原则备案。

各省级政府负责制定本行政区域内的项目备案管理办法，明确备案机关及其权限。

第七条 依据本办法第五条第一款规定具有项目核准权限的行政机关统称项目核准机关。《核准目录》所称国务院投资主管部门是指国家发展和改革委员会；《核准目录》规定由省级政府、地方政府核准的项目，其具体项目核准机关由省级政府确定。

项目核准机关对项目进行的核准是行政许可事项，实施行政许可所需经费应当由本级财政予以保障。

依据国务院专门规定和省级政府规定具有项目备案权限的行政机关统称项目备案机关。

第八条 项目的市场前景、经济效益、资金来源和产品技术方案等，应当依法由企业自主决策、自担风险，项目核准、备案机关及其他行政机关不得非法干预企业的投资自主权。

第九条 项目核准、备案机关及其工作人员应当依法对项目进行核准或者备案，不得擅自增减审查条件，不得超出办理时限。

第十条 项目核准、备案机关应当遵循便民、高效原则，提高办事效率，提供优质服务。

项目核准、备案机关应当制定并公开服务指南，列明项目核准的申报材料及所需附件、受理方式、审查条件、办理流程、办理时限等；列明项目备案所需信息内容、办理流程等，提高工作透明度，为企业提供指导和服务。

第十一条 县级以上地方人民政府有关部门应当依照相关法律法规和本级

政府有关规定，建立健全对项目核准、备案机关的监督制度，加强对项目核准、备案行为的监督检查。

各级政府及其有关部门应当依照相关法律法规及规定对企业从事固定资产投资活动实施监督管理。

任何单位和个人都有权对项目核准、备案、建设实施过程中的违法违规行为向有关部门检举。有关部门应当及时核实、处理。

第十二条　除涉及国家秘密的项目外，项目核准、备案通过全国投资项目在线审批监管平台（以下简称在线平台）实行网上受理、办理、监管和服务，实现核准、备案过程和结果的可查询、可监督。

第十三条　项目核准、备案机关以及其他有关部门统一使用在线平台生成的项目代码办理相关手续。

项目通过在线平台申报时，生成作为该项目整个建设周期身份标识的唯一项目代码。项目的审批信息、监管（处罚）信息，以及工程实施过程中的重要信息，统一汇集至项目代码，并与社会信用体系对接，作为后续监管的基础条件。

第十四条　项目核准、备案机关及有关部门应当通过在线平台公开与项目有关的发展规划、产业政策和准入标准，公开项目核准、备案等事项的办理条件、办理流程、办理时限等。项目核准、备案机关应根据《政府信息公开条例》有关规定将核准、备案结果予以公开，不得违法违规公开重大工程的关键信息。

第十五条　企业投资建设固定资产投资项目，应当遵守国家法律法规，符合国民经济和社会发展总体规划、专项规划、区域规划、产业政策、市场准入标准、资源开发、能耗与环境管理等要求，依法履行项目核准或者备案及其他相关手续，并依法办理城乡规划、土地（海域）使用、环境保护、能源资源利用、安全生产等相关手续，如实提供相关材料，报告相关信息。

第十六条　对项目核准、备案机关实施的项目核准、备案行为，相关利害关系人有权依法申请行政复议或者提起行政诉讼。

第二章 项目核准的申请文件

第十七条 企业办理项目核准手续，应当按照国家有关要求编制项目申请报告，取得第二十二条规定依法应当附具的有关文件后，按照本办法第二十三条规定报送。

第十八条 组织编制和报送项目申请报告的项目单位，应当对项目申请报告以及依法应当附具文件的真实性、合法性和完整性负责。

第十九条 项目申请报告应当主要包括以下内容：

（一）项目单位情况；

（二）拟建项目情况，包括项目名称、建设地点、建设规模、建设内容等；

（三）项目资源利用情况分析以及对生态环境的影响分析；

（四）项目对经济和社会的影响分析。

第二十条 项目申请报告通用文本由国务院投资主管部门会同有关部门制定，主要行业的项目申请报告示范文本由相应的项目核准机关参照项目申请报告通用文本制定，明确编制内容、深度要求等。

第二十一条 项目申请报告可以由项目单位自行编写，也可以由项目单位自主委托具有相关经验和能力的工程咨询单位编写。任何单位和个人不得强制项目单位委托中介服务机构编制项目申请报告。

项目单位或者其委托的工程咨询单位应当按照项目申请报告通用文本和行业示范文本的要求编写项目申请报告。

工程咨询单位接受委托编制有关文件，应当做到依法、独立、客观、公正，对其编制的文件负责。

第二十二条 项目单位在报送项目申请报告时，应当根据国家法律法规的规定附具以下文件：

（一）城乡规划行政主管部门出具的选址意见书（仅指以划拨方式提供国有土地使用权的项目）；

（二）国土资源（海洋）行政主管部门出具的用地（用海）预审意见（国土资源主管部门明确可以不进行用地预审的情形除外）；

（三）法律、行政法规规定需要办理的其他相关手续。

第三章 项目核准的基本程序

第二十三条 地方企业投资建设应当分别由国务院投资主管部门、国务院行业管理部门核准的项目，可以分别通过项目所在地省级政府投资主管部门、行业管理部门向国务院投资主管部门、国务院行业管理部门转送项目申请报告。属于国务院投资主管部门核准权限的项目，项目所在地省级政府规定由省级政府行业管理部门转送的，可以由省级政府投资主管部门与其联合报送。

国务院有关部门所属单位、计划单列企业集团、中央管理企业投资建设应当由国务院有关部门核准的项目，直接向相应的项目核准机关报送项目申请报告，并附行业管理部门的意见。

企业投资建设应当由国务院核准的项目，按照本条第一、二款规定向国务院投资主管部门报送项目申请报告，由国务院投资主管部门审核后报国务院核准。新建运输机场项目由相关省级政府直接向国务院、中央军委报送项目申请报告。

第二十四条 企业投资建设应当由地方政府核准的项目，应当按照地方政府的有关规定，向相应的项目核准机关报送项目申请报告。

第二十五条 项目申报材料齐全、符合法定形式的，项目核准机关应当予以受理。

申报材料不齐全或者不符合法定形式的，项目核准机关应当在收到项目申报材料之日起5个工作日内一次告知项目单位补充相关文件，或对相关内容进行调整。逾期不告知的，自收到项目申报材料之日起即为受理。

项目核准机关受理或者不予受理申报材料，都应当出具加盖本机关专用印章并注明日期的书面凭证。对于受理的申报材料，书面凭证应注明项目代码，项目单位可以根据项目代码在线查询、监督核准过程和结果。

第二十六条 项目核准机关在正式受理项目申请报告后，需要评估的，应在4个工作日内按照有关规定委托具有相应资质的工程咨询机构进行评估。项目核准机关在委托评估时，应当根据项目具体情况，提出评估重点，明确评估时限。

工程咨询机构与编制项目申请报告的工程咨询机构为同一单位、存在控股、管理关系或者负责人为同一人的，该工程咨询机构不得承担该项目的评估工作。工程咨询机构与项目单位存在控股、管理关系或者负责人为同一人的，该工程咨询机构不得承担该项目单位的项目评估工作。

除项目情况复杂的，评估时限不得超过 30 个工作日。接受委托的工程咨询机构应当在项目核准机关规定的时间内提出评估报告，并对评估结论承担责任。项目情况复杂的，履行批准程序后，可以延长评估时限，但延长的期限不得超过 60 个工作日。

项目核准机关应当将项目评估报告与核准文件一并存档备查。

评估费用由委托评估的项目核准机关承担，评估机构及其工作人员不得收取项目单位的任何费用。

第二十七条 项目涉及有关行业管理部门或者项目所在地地方政府职责的，项目核准机关应当商请有关行业管理部门或地方人民政府在 7 个工作日内出具书面审查意见。有关行业管理部门或地方人民政府逾期没有反馈书面审查意见的，视为同意。

第二十八条 项目建设可能对公众利益构成重大影响的，项目核准机关在作出核准决定前，应当采取适当方式征求公众意见。

相关部门对直接涉及群众切身利益的用地（用海）、环境影响、移民安置、社会稳定风险等事项已经进行实质性审查并出具了相关审批文件的，项目核准机关可不再就相关内容重复征求公众意见。

对于特别重大的项目，可以实行专家评议制度。除项目情况特别复杂外，专家评议时限原则上不得超过 30 个工作日。

第二十九条 项目核准机关可以根据评估意见、部门意见和公众意见等，要求项目单位对相关内容进行调整，或者对有关情况和文件做进一步澄清、补充。

第三十条 项目违反相关法律法规，或者不符合发展规划、产业政策和市场准入标准要求的，项目核准机关可以不经过委托评估、征求意见等程序，直接作出不予核准的决定。

第三十一条 项目核准机关应当在正式受理申报材料后 20 个工作日内作出是否予以核准的决定，或向上级项目核准机关提出审核意见。项目情况复杂或者需要征求有关单位意见的，经本行政机关主要负责人批准，可以延长核准时限，但延长的时限不得超过 40 个工作日，并应当将延长期限的理由告知项目单位。

项目核准机关需要委托评估或进行专家评议的，所需时间不计算在前款规定的期限内。项目核准机关应当将咨询评估或专家评议所需时间书面告知项目单位。

第三十二条　项目符合核准条件的，项目核准机关应当对项目予以核准并向项目单位出具项目核准文件。项目不符合核准条件的，项目核准机关应当出具不予核准的书面通知，并说明不予核准的理由。

属于国务院核准权限的项目，由国务院投资主管部门根据国务院的决定向项目单位出具项目核准文件或者不予核准的书面通知。

项目核准机关出具项目核准文件或者不予核准的书面通知应当抄送同级行业管理、城乡规划、国土资源、水行政管理、环境保护、节能审查等相关部门和下级机关。

第三十三条　项目核准文件和不予核准书面通知的格式文本，由国务院投资主管部门制定。

第三十四条　项目核准机关应制定内部工作规则，不断优化工作流程，提高核准工作效率。

第四章　项目核准的审查及效力

第三十五条　项目核准机关应当从以下方面对项目进行审查：

（一）是否危害经济安全、社会安全、生态安全等国家安全；

（二）是否符合相关发展建设规划、产业政策和技术标准；

（三）是否合理开发并有效利用资源；

（四）是否对重大公共利益产生不利影响。

项目核准机关应当制定审查工作细则，明确审查具体内容、审查标准、审查要点、注意事项及不当行为需要承担的后果等。

第三十六条　除本办法第二十二条要求提供的项目申请报告附送文件之外，项目单位还应在开工前依法办理其他相关手续。

第三十七条 取得项目核准文件的项目，有下列情形之一的，项目单位应当及时以书面形式向原项目核准机关提出变更申请。原项目核准机关应当自受理申请之日起 20 个工作日内作出是否同意变更的书面决定：

（一）建设地点发生变更的；

（二）投资规模、建设规模、建设内容发生较大变化的；

（三）项目变更可能对经济、社会、环境等产生重大不利影响的；

（四）需要对项目核准文件所规定的内容进行调整的其他重大情形。

第三十八条 项目自核准机关出具项目核准文件或同意项目变更决定 2 年内未开工建设，需要延期开工建设的，项目单位应当在 2 年期限届满的 30 个工作日前，向项目核准机关申请延期开工建设。项目核准机关应当自受理申请之日起 20 个工作日内，作出是否同意延期开工建设的决定，并出具相应文件。开工建设只能延期一次，期限最长不得超过 1 年。国家对项目延期开工建设另有规定的，依照其规定。

在 2 年期限内未开工建设也未按照规定向项目核准机关申请延期的，项目核准文件或同意项目变更决定自动失效。

第五章　项目备案

第三十九条 实行备案管理的项目，项目单位应当在开工建设前通过在线平台将相关信息告知项目备案机关，依法履行投资项目信息告知义务，并遵循诚信和规范原则。

第四十条 项目备案机关应当制定项目备案基本信息格式文本，具体包括以下内容：

（一）项目单位基本情况；

（二）项目名称、建设地点、建设规模、建设内容；

（三）项目总投资额；

（四）项目符合产业政策声明。

项目单位应当对备案项目信息的真实性、合法性和完整性负责。

第四十一条 项目备案机关收到本办法第四十条规定的全部信息即为备案。项目备案信息不完整的，备案机关应当及时以适当方式提醒和指导项目单位补正。

项目备案机关发现项目属产业政策禁止投资建设或者依法应实行核准管理，以及不属于固定资产投资项目、依法应实施审批管理、不属于本备案机关权限等情形的，应当通过在线平台及时告知企业予以纠正或者依法申请办理相关手续。

第四十二条 项目备案相关信息通过在线平台在相关部门之间实现互通共享。

项目单位需要备案证明的，可以通过在线平台自行打印或者要求备案机关出具。

第四十三条 项目备案后，项目法人发生变化，项目建设地点、规模、内容发生重大变更，或者放弃项目建设的，项目单位应当通过在线平台及时告知项目备案机关，并修改相关信息。

第四十四条 实行备案管理的项目，项目单位在开工建设前还应当根据相关法律法规规定办理其他相关手续。

第六章　监督管理

第四十五条 上级项目核准、备案机关应当加强对下级项目核准、备案机关的指导和监督，及时纠正项目管理中存在的违法违规行为。

第四十六条 项目核准和备案机关、行业管理、城乡规划（建设）、国家安全、国土（海洋）资源、环境保护、节能审查、金融监管、安全生产监管、审计等部门，应当按照谁审批谁监管、谁主管谁监管的原则，采取在线监测、现场核查等方式，依法加强对项目的事中事后监管。

项目核准、备案机关应当根据法律法规和发展规划、产业政策、总量控制目标、技术政策、准入标准及相关环保要求等，对项目进行监管。

城乡规划、国土（海洋）资源、环境保护、节能审查、安全监管、建设、行业管理等部门，应当履行法律法规赋予的监管职责，在各自职责范围内对项目进行监管。

金融监管部门应当加强指导和监督，引导金融机构按照商业原则，依法独立审贷。

审计部门应当依法加强对国有企业投资项目、申请使用政府投资资金的项目以及其他公共工程项目的审计监督。

第四十七条 各级地方政府有关部门应按照相关法律法规及职责分工，加强对本行政区域内项目的监督检查，发现违法违规行为的，应当依法予以处理，并通过在线平台登记相关违法违规信息。

第四十八条 对不符合法定条件的项目予以核准，或者超越法定职权予以核准的，应依法予以撤销。

第四十九条 各级项目核准、备案机关的项目核准或备案信息，以及国土（海洋）资源、城乡规划、水行政管理、环境保护、节能审查、安全监管、建设、工商等部门的相关手续办理信息、审批结果信息、监管（处罚）信息，应当通过在线平台实现互通共享。

第五十条 项目单位应当通过在线平台如实报送项目开工建设、建设进度、竣工的基本信息。

项目开工前，项目单位应当登录在线平台报备项目开工基本信息。项目开工后，项目单位应当按年度在线报备项目建设动态进度基本信息。项目竣工验收后，项目单位应当在线报备项目竣工基本信息。

第五十一条 项目单位有下列行为之一的，相关信息列入项目异常信用记录，并纳入全国信用信息共享平台：

（一）应申请办理项目核准但未依法取得核准文件的；

（二）提供虚假项目核准或备案信息，或者未依法将项目信息告知备案机关，或者已备案项目信息变更未告知备案机关的；

（三）违反法律法规擅自开工建设的；

（四）不按照批准内容组织实施的；

（五）项目单位未按本办法第五十条规定报送项目开工建设、建设进度、竣工等基本信息，或者报送虚假信息的；

（六）其他违法违规行为。

第七章 法律责任

第五十二条 项目核准、备案机关有下列情形之一的，由其上级行政机关责令改正，对负有责任的领导人员和直接责任人员由有关单位和部门依纪依法给予处分：

（一）超越法定职权予以核准或备案的；

（二）对不符合法定条件的项目予以核准的；

（三）对符合法定条件的项目不予核准的；

（四）擅自增减核准审查条件的，或者以备案名义变相审批、核准的；

（五）不在法定期限内作出核准决定的；

（六）不依法履行监管职责或者监督不力，造成严重后果的。

第五十三条 项目核准、备案机关及其工作人员，以及其他相关部门及其工作人员，在项目核准、备案以及相关审批手续办理过程中玩忽职守、滥用职权、徇私舞弊、索贿受贿的，对负有责任的领导人员和直接责任人员依法给予处分；构成犯罪的，依法追究刑事责任。

第五十四条 项目核准、备案机关，以及国土（海洋）资源、城乡规划、水行政管理、环境保护、节能审查、安全监管、建设等部门违反相关法律法规规定，未依法履行监管职责的，对直接负责的主管人员和其他直接责任人员，依法给予处分；构成犯罪的，依法追究刑事责任。

项目所在地的地方政府有关部门不履行企业投资监管职责的，对直接负责的主管人员和其他直接责任人员，依法给予处分。

第五十五条 企业以分拆项目、隐瞒有关情况或者提供虚假申报材料等不正当手段申请核准、备案的，项目核准机关不予受理或者不予核准、备案，并给予警告。

第五十六条 实行核准管理的项目，企业未依法办理核准手续开工建设或者未按照核准的建设地点、建设规模、建设内容等进行建设的，由核准机关责令停止建设或者责令停产，对企业处项目总投资额1‰以上5‰以下的罚款；对直接负责的主管人员和其他直接责任人员处 2 万元以上 5 万元以下的罚款，属于国家工作人员的，依法给予处分。项目应视情况予以拆除或者补办相关手续。

以欺骗、贿赂等不正当手段取得项目核准文件，尚未开工建设的，由核准机关撤销核准文件，处项目总投资额 1‰以上 5‰以下的罚款；已经开工建设的，依照前款规定予以处罚；构成犯罪的，依法追究刑事责任。

第五十七条　实行备案管理的项目，企业未依法将项目信息或者已备案项目信息变更情况告知备案机关，或者向备案机关提供虚假信息的，由备案机关责令限期改正；逾期不改正的，处 2 万元以上 5 万元以下的罚款。

第五十八条　企业投资建设产业政策禁止投资建设项目的，由县级以上人民政府投资主管部门责令停止建设或者责令停产并恢复原状，对企业处项目总投资额 5‰以上 10‰以下的罚款；对直接负责的主管人员和其他直接责任人员处 5 万元以上 10 万元以下的罚款，属于国家工作人员的，依法给予处分。法律、行政法规另有规定的，依照其规定。

第五十九条　项目单位在项目建设过程中不遵守国土（海洋）资源、城乡规划、环境保护、节能、安全监管、建设等方面法律法规和有关审批文件要求的，相关部门应依法予以处理。

第六十条　承担项目申请报告编写、评估任务的工程咨询评估机构及其人员、参与专家评议的专家，在编制项目申请报告、受项目核准机关委托开展评估或者参与专家评议过程中，违反从业规定，造成重大损失和恶劣影响的，依法降低或撤销工程咨询单位资格，取消主要责任人员的相关职业资格。

第八章　附　　则

第六十一条　本办法所称省级政府包括各省、自治区、直辖市及计划单列市人民政府和新疆生产建设兵团。

第六十二条　外商投资项目和境外投资项目的核准和备案管理办法另行制定。

第六十三条　省级政府和国务院行业管理部门，可以按照《企业投资项目核准和备案管理条例》和本办法的规定，制订具体实施办法。

第六十四条　事业单位、社会团体等非企业组织在中国境内利用自有资金、不申请政府投资建设的固定资产投资项目，按照企业投资项目进行管理。

个人投资建设项目参照本办法的相关规定执行。

第六十五条　本办法由国家发展和改革委员会负责解释。

第六十六条　本办法自 2017 年 4 月 8 日起施行。《政府核准投资项目管理办法》（国家发展改革委令第 11 号）同时废止。

国家发展改革委关于改进和完善报请国务院审批或核准的投资项目管理办法

（2005 年 7 月 14 日　发改投资〔2005〕76 号）

一、对于《国家发展改革委核报国务院核准或审批的固定资产投资项目目录（试行）》（发改投资〔2004〕1927 号文附件，以下简称《目录》）内符合按照国家有关规定批准的行业和专项发展建设规划以及产业政策要求，有关方面意见一致的项目，由国家发展改革委会同有关部门审批或核准，报国务院备案。报国务院备案时应附上国土资源部、环保总局、行业主管部门、其他有关部门、省级人民政府或其投资主管部门、银行等相关单位的意见和咨询机构的评估论证意见，以及国家发展改革委关于该项目符合发展建设规划和产业政策等情况的说明。

二、对于《目录》内属于下列情况之一的项目，由国家发展改革委会同有关部门提出审批或核准的初步意见，报请国务院审批或核准：

（一）发展建设规划以外的项目；

（二）产业政策限制发展的项目；

（三）符合第一条规定的条件，但性质特殊、影响重大的项目；

（四）有关方面意见不尽一致，但从经济和社会发展全局考虑仍有必要建设的项目；

（五）国务院明确要求报送国务院审批或核准的项目。

三、关于城市快速轨道交通规划及项目的审批或核准，分两类情况进行处理：一是对北京、上海、广州、深圳等财力较强、有城市快速轨道交通项目建设和运营管理经验的城市，其城市快速轨道交通规划及项目由国家发展改革委审批或核准，报国务院备案；二是对其他城市，其城市快速轨道交通规划由国家发展改革委核报国务院审批，具体项目由国家发展改革委审批或核准，报国务院备案。

四、对于《国务院关于投资体制改革的决定》发布之前已经国务院常务会议审议通过项目建议书的项目，原则上按上述规定办理，即对于《目录》内可行性研究报告或项目申请报告符合发展建设规划和产业政策的要求、有关方面意见一致的项目，以及《目录》外的项目，由国家发展改革委审批或核准后报国务院备案；对于《目录》内不符合上述条件或在可行性研究阶段对原方案的投资规模、土地使用、环境影响、资金来源等有较大调整的项目，由国家发展改革委核报国务院审批或核准。

五、要逐步建立和完善政府投资责任追究制度，建立健全协同配合的企业投资监管体系。与项目审批、核准、实施有关的单位要各司其职、各负其责：

（一）发展改革部门：对项目的审批（核准）以及向国务院提出审批（核准）的审查意见承担责任，着重对项目是否符合国家宏观调控政策、发展建设规划和产业政策，是否维护了经济安全和公众利益，资源开发利用和重大布局是否合理，是否有效防止出现垄断等负责。

（二）环境保护主管部门：对项目是否符合环境影响评价的法律法规要求，是否符合环境功能区划，拟采取的环保措施能否有效治理环境污染和防止生态破坏等负责。

（三）国土资源主管部门：对项目是否符合土地利用总体规划和国家供地政策，项目拟用地规模是否符合有关规定和控制要求，补充耕地方案是否可行等负责，对土地、矿产资源开发利用是否合理负责。

（四）城市规划主管部门：对项目是否符合城市规划要求、选址是否合理等负责。

（五）有关行业主管部门：对项目是否符合国家法律法规、行业发展建设规划以及行业管理的有关规定负责。

（六）其他有关主管部门：对项目是否符合国家法律法规和国务院的有关规定负责。

（七）金融机构：按照国家有关规定对申请贷款的项目独立审贷，对贷款风险负责。

（八）咨询机构：对咨询评估结论负责。

（九）项目（法人）单位：对项目的申报程序是否符合有关规定、申报材料是否真实、是否按照经审批或核准的建设内容进行建设负责,并承担投资项目的资金来源、技术方案、市场前景、经济效益等方面的风险。

外商投资项目核准和备案管理办法

(2014年5月17日国家发展改革委令第12号公布 根据2014年12月27日《国家发展改革委关于修改〈境外投资项目核准和备案管理办法〉和〈外商投资项目核准和备案管理办法〉有关条款的决定》修正)

第一章 总 则

第一条 为进一步深化外商投资管理体制改革,根据《中华人民共和国行政许可法》、《指导外商投资方向规定》、《国务院关于投资体制改革的决定》及《政府核准的投资项目目录》(以下简称《核准目录》),特制定本办法。

第二条 本办法适用于中外合资、中外合作、外商独资、外商投资合伙、外商并购境内企业、外商投资企业增资及再投资项目等各类外商投资项目。

第二章 项目管理方式

第三条 外商投资项目管理分为核准和备案两种方式。

第四条 外商投资项目核准权限、范围按照国务院发布的《核准目录》执行。

本办法所称项目核准机关,是指《核准目录》中规定的具有项目核准权限的行政机关。

第五条 本办法第四条范围以外的外商投资项目由地方政府投资主管部门备案。

第六条 外商投资企业增资项目总投资以新增投资额计算,并购项目总投资以交易额计算。

第七条 外商投资涉及国家安全的,应当按照国家有关规定进行安全审查。

第三章　项目核准

第八条　拟申请核准的外商投资项目应按国家有关要求编制项目申请报告。项目申请报告应包括以下内容：

（一）项目及投资方情况；

（二）资源利用和生态环境影响分析；

（三）经济和社会影响分析。

外国投资者并购境内企业项目申请报告应包括并购方情况、并购安排、融资方案和被并购方情况、被并购后经营方式、范围和股权结构、所得收入的使用安排等。

第九条　国家发展和改革委员会根据实际需要，编制并颁布项目申请报告通用文本、主要行业的项目申请报告示范文本、项目核准文件格式文本。

对于应当由国家发展和改革委员会核准或者审核后报国务院核准的项目，国家发展和改革委员会制定并颁布《服务指南》，列明项目核准的申报材料和所需附件、受理方式、办理流程、办理时限等内容，为项目申报单位提供指导和服务。

第十条　项目申请报告应附以下文件：

（一）中外投资各方的企业注册证明材料及经审计的最新企业财务报表（包括资产负债表、利润表和现金流量表）、开户银行出具的资金信用证明；

（二）投资意向书，增资、并购项目的公司董事会决议；

（三）城乡规划行政主管部门出具的选址意见书（仅指以划拨方式提供国有土地使用权的项目）；

（四）国土资源行政主管部门出具的用地预审意见（不涉及新增用地，在已批准的建设用地范围内进行改扩建的项目，可以不进行用地预审）；

（五）环境保护行政主管部门出具的环境影响评价审批文件；

（六）节能审查机关出具的节能审查意见；

（七）以国有资产出资的，需由有关主管部门出具的确认文件；

（八）根据有关法律法规的规定应当提交的其他文件。

第十一条　按核准权限属于国家发展和改革委员会核准的项目，由项目所在地省级发展改革部门提出初审意见后，向国家发展和改革委员会报送项目申请报告；计划单列企业集团和中央管理企业可直接向国家发展和改革委员会报送项目申请报告，并附项目所在地省级发展改革部门的意见。

第十二条 项目申报材料不齐全或者不符合有关要求的，项目核准机关应当在收到申报材料后 5 个工作日内一次告知项目申报单位补正。

第十三条 对于涉及有关行业主管部门职能的项目，项目核准机关应当商请有关行业主管部门在 7 个工作日内出具书面审查意见。有关行业主管部门逾期没有反馈书面审查意见的，视为同意。

第十四条 项目核准机关在受理项目申请报告之日起 4 个工作日内，对需要进行评估论证的重点问题委托有资质的咨询机构进行评估论证，接受委托的咨询机构应在规定的时间内提出评估报告。

对于可能会对公共利益造成重大影响的项目，项目核准机关在进行核准时应采取适当方式征求公众意见。对于特别重大的项目，可以实行专家评议制度。

第十五条 项目核准机关自受理项目核准申请之日起 20 个工作日内，完成对项目申请报告的核准。如 20 个工作日内不能做出核准决定的，由本部门负责人批准延长 10 个工作日，并将延长期限的理由告知项目申报单位。

前款规定的核准期限，委托咨询评估和进行专家评议所需的时间不计算在内。

第十六条 对外商投资项目的核准条件是：

（一）符合国家有关法律法规和《外商投资产业指导目录》、《中西部地区外商投资优势产业目录》的规定；

（二）符合发展规划、产业政策及准入标准；

（三）合理开发并有效利用了资源；

（四）不影响国家安全和生态安全；

（五）对公众利益不产生重大不利影响；

（六）符合国家资本项目管理、外债管理的有关规定。

第十七条 对予以核准的项目，项目核准机关出具书面核准文件，并抄送同级行业管理、城乡规划、国土资源、环境保护、节能审查等相关部门；对不予核准的项目，应以书面说明理由，并告知项目申报单位享有依法申请行政复议或者提起行政诉讼的权利。

第四章 项目备案

第十八条 拟申请备案的外商投资项目需由项目申报单位提交项目和投资方基本情况等信息，并附中外投资各方的企业注册证明材料、投资意向书及增资、并购项目的公司董事会决议等其他相关材料；

第十九条 外商投资项目备案需符合国家有关法律法规、发展规划、产业政策及准入标准，符合《外商投资产业指导目录》、《中西部地区外商投资优势产业目录》。

第二十条 对不予备案的外商投资项目，地方投资主管部门应在7个工作日内出具书面意见并说明理由。第五章 项目变更

第二十一条 经核准或备案的项目如出现下列情形之一的，需向原批准机关申请变更：

（一）项目地点发生变化；

（二）投资方或股权发生变化；

（三）项目主要建设内容发生变化；

（四）有关法律法规和产业政策规定需要变更的其他情况。

第二十二条 变更核准和备案的程序比照本办法前述有关规定执行。

第二十三条 经核准的项目若变更后属于备案管理范围的，应按备案程序办理；予以备案的项目若变更后属于核准管理范围的，应按核准程序办理。

第六章 监督管理

第二十四条 核准或备案文件应规定文件的有效期。在有效期内未开工建设的，项目申报单位应当在有效期届满前30个工作日向原核准和备案机关提出延期申请。在有效期内未开工建设且未提出延期申请的，原核准文件期满后自动失效。

第二十五条 对于未按规定权限和程序核准或者备案的项目，有关部门不得办理相关手续，金融机构不得提供信贷支持。

第二十六条 各级项目核准和备案机关要切实履行核准和备案职责，改进监督、管理和服务，提高行政效率，并按照相关规定做好项目核准及备案的信息公开工作。

第二十七条 各级发展改革部门应当会同同级行业管理、城乡规划、国土资源、环境保护、金融监管、安全生产监管等部门，对项目申报单位执行项目情况和外商投资项目核准或备案情况进行稽察和监督检查，加快完善信息系统，建立发展规划、产业政策、准入标准、诚信记录等信息的横向互通制度，及时通报违法违规行为的查处情况，实现行政审批和市场监管的信息共享。

第二十八条 国家发展和改革委员会要联合地方发展改革部门建立完善外商投资项目管理电子信息系统，实现外商投资项目可查询、可监督，提升事中事后监管水平。

第二十九条 省级发展改革部门每月 10 日前汇总整理上月本省项目核准及备案相关情况，包括项目名称、核准及备案文号、项目所在地、中外投资方、建设内容、资金来源（包括总投资、资本金等）等，报送国家发展和改革委员会。

第七章 法律责任

第三十条 项目核准和备案机关及其工作人员违反本办法有关规定的，由其上级行政机关或者监察机关责令改正；情节严重的，对直接负责的主管人员和其他直接责任人员依法给予行政处分。

第三十一条 项目核准和备案机关工作人员，在项目核准和备案过程中滥用职权谋取私利，构成犯罪的，依法追究刑事责任；尚不构成犯罪的，依法给予行政处分。

第三十二条 咨询评估机构及其人员、参与专家评议的专家，在编制项目申请报告、受项目核准机关委托开展评估或者参与专家评议过程中，不遵守国家法律法规和本办法规定的，依法追究相应责任。

第三十三条 项目申报单位以拆分项目或提供虚假材料等不正当手段申请核准或备案的，项目核准和备案机关不予受理或者不予核准及备案。已经取得项目核准或备案文件的，项目核准和备案机关应依法撤销该项目的核准或备案文件。已经开工建设的，依法责令其停止建设。相应的项目核准和备案机关及有关部门应当将其纳入不良信用记录，并依法追究有关责任人的法律责任。

第八章 附　　则

第三十四条 具有项目核准职能的国务院行业管理部门和省级政府有关部门可以按照国家有关法律法规和本办法的规定，制定外商投资项目核准具体实施办法和相应的《服务指南》。

第三十五条 香港特别行政区、澳门特别行政区和台湾地区的投资者在祖国大陆举办的投资项目，参照本办法执行。

外国投资者以人民币在境内投资的项目，按照本办法执行。

第三十六条 法律、行政法规和国家对外商投资项目管理有专门规定的，按照有关规定执行。

第三十七条 本办法由国家发展和改革委员会负责解释。

第三十八条 本办法自 2014 年 6 月 17 日起施行。国家发展和改革委员会 2004 年 10 月 9 日发布的《外商投资项目核准暂行管理办法》（国家发展和改革委员会令第 22 号）同时废止。

工程建设项目申报材料增加招标内容和核准招标事项暂行规定

（2001 年 6 月 18 日国家发展计划委员会令第 9 号公布　根据 2013 年 3 月 11 日国家发展改革委等九部委令第 23 号修订）

第一条 为了规范工程建设项目的招标活动，依据《中华人民共和国招标投标法》、《中华人民共和国招标投标法实施条例》，制定本规定。

第二条 本规定适用于《工程建设项目招标范围和规模标准规定》（国家

发展计划委员会令第 3 号）中规定的依法必须进行招标且按照国家有关规定需要履行项目审批、核准手续的各类工程建设项目。

第三条　本规定第二条包括的工程建设项目，必须在报送的项目可行性研究报告或者资金申请报告、项目申请报告中增加有关招标的内容。

第四条　增加的招标内容包括：

（一）建设项目的勘察、设计、施工、监理以及重要设备、材料等采购活动的具体招标范围（全部或者部分招标）；

（二）建设项目的勘察、设计、施工、监理以及重要设备、材料等采购活动拟采用的招标组织形式（委托招标或者自行招标）；拟自行招标的，还应按照《工程建设项目自行招标试行办法》（国家发展计划委员会令第 5 号）规定报送书面材料；

（三）建设项目的勘察、设计、施工、监理以及重要设备、材料等采购活动拟采用的招标方式（公开招标或者邀请招标）；国家发展改革委确定的国家重点项目和省、自治区、直辖市人民政府确定的地方重点项目，拟采用邀请招标的，应对采用邀请招标的理由作出说明；

（四）其他有关内容。

报送招标内容时应附招标基本情况表（表式见附表一）。

第五条　属于下列情况之一的，建设项目可以不进行招标。但在报送可行性研究报告或者资金申请报告、项目申请报告中须提出不招标申请，并说明不招标原因：

（一）涉及国家安全、国家秘密、抢险救灾或者属于利用扶贫资金实行以工代赈、需要使用农民工等特殊情况，不适宜进行招标；

（二）建设项目的勘察、设计，采用不可替代的专利或者专有技术，或者其建筑艺术造型有特殊要求；

（三）承包商、供应商或者服务提供者少于三家，不能形成有效竞争；

（四）采购人依法能够自行建设、生产或者提供；

（五）已通过招标方式选定的特许经营项目投资人依法能够自行建设、生产或者提供；

（六）需要向原中标人采购工程、货物或者服务，否则将影响施工或者配套要求；

（七）国家规定的其他特殊情形。

第六条 经项目审批、核准部门审批、核准，工程建设项目因特殊情况可以在报送可行性研究报告或者资金申请报告、项目申请报告前先行开展招标活动，但应在报送的可行性研究报告或者资金申请报告、项目申请报告中予以说明。项目审批、核准部门认定先行开展的招标活动中有违背法律、法规的情形的，应要求其纠正。

第七条 在项目可行性研究报告或者资金申请报告、项目申请报告中增加的招标内容，作为附件与可行性研究报告或者资金申请报告、项目申请报告一同报送。

第八条 项目审批、核准部门应依据法律、法规规定的权限，对项目建设单位拟定的招标范围、招标组织形式、招标方式等内容提出是否予以审批、核准的意见。项目审批、核准部门对招标事项审批、核准意见格式见附表二。

第九条 审批、核准招标事项，按以下分工办理：

（一）应报送国家发展改革委审批和国家发展改革委核报国务院审批的建设项目，由国家发展改革委审批；

（二）应报送国务院行业主管部门审批的建设项目，由国务院行业主管部门审批；

（三）应报送地方人民政府发展改革部门审批和地方人民政府发展改革部门核报地方人民政府审批的建设项目，由地方人民政府发展改革部门审批；

（四）按照规定应报送国家发展改革委核准的建设项目，由国家发展改革委核准；

（五）按照规定应报送地方人民政府发展改革部门核准的建设项目，由地方人民政府发展改革部门核准。

第十条 使用国际金融组织或者外国政府资金的建设项目，资金提供方对建设项目报送招标内容有规定的，从其规定。

第十一条 项目建设单位在招标活动中对审批、核准的招标范围、招标组织形式、招标方式等作出改变的，应向原审批部门重新办理有关审批、核准手续。

第十二条　项目审批、核准部门应将审批、核准建设项目招标内容的意见抄送有关行政监督部门。

第十三条　项目建设单位在报送招标内容中弄虚作假，或者在招标活动中违背项目审批、核准部门核准事项，由项目审批、核准部门和有关行政监督部门依法处罚。

第十四条　本规定由国家发展改革委解释。

第十五条　本规定自发布之日起施行。

附表一

招标基本情况表

建设项目名称：

招标范围		招标组织形式		招标方式		不采用招标方式	招标估算金额（万元）	备注
全部招标	部分招标	自行招标	委托招标	公开招标	邀请招标			
勘察								
设计								
建筑工程								
安装工程								
监理								
设备								
重要材料								
其他								

情况说明：

建设单位盖章
年　月　日

注：情况说明在表内填写不下，可附另页。

附表二

审批部门核准意见

建设项目名称：

	招标范围		招标组织形式		招标方式		不采用损毁标方式
	全部招标	部分招标	自行招标	委托招标	公开招标	邀请招标	
勘察							
设计							
建筑工程							
安装工程							
监理							
主要设备							
重要材料							
其他							

审批部门核准意见说明：

审批部门盖章
年　月　日

国家发展和改革委员会办公厅关于我委办理工程建设项目审批（核准）时核准招标内容的意见

（发改办法规〔2005〕824号 根据2022年7月26日国家发展和改革委员会令第51号《关于修改、废止部分规章、行政规范性文件和一般政策性文件的决定》修订）

《招标投标法》颁布实施后，国务院办公厅于2000年5月3日印发了《关于国务院有关部门实施招标投标活动行政监督的职责分工的意见》（国办发〔2000〕34号），规定项目审批部门在审批依法必须进行招标的项目可行性研究报告时，核准项目的招标方式以及国家出资项目的招标范围。根据这一总体要求，我委于2001年6月18日发布了《工程建设项目可行性研究报告增加招标内容和核准招标事项暂行规定》（以下简称原国家计委9号令），进一步明确了招标内容核准的范围、程序以及部门职能分工。几年来，各司局对此比较重视，执行的效果总体是好的。

随着《行政许可法》和《国务院关于投资体制改革的决定》的颁布实施，招标内容的核准需要作相应的调整，主要体现在：一是原国家计委9号令中只原则性地规定依法必须进行招标的项目属于需要核准招标内容的范围，目前需要进一步区分为政府投资项目和企业投资项目，对政府投资项目继续实行审批制，对企业投资项目改为核准制或备案制，这样，对招标内容的核准就需要根据管理方式的改变相应调整；二是需要根据《招标投标法》和《行政许可法》的规定，进一步明确需要核准招标内容的企业投资项目范围；三是原国家计委9号令中没有对我委内部司局核准招标内容时的职责分工、方式和程序等问题作出具体规定，目前很有必要予以细化。为了适应新形势的要求，提高投资监管和调控水平，现就加强和改进我委审批（核准）工程建设项目的招标内容核准工作，提出如下意见。

一、职责分工原则

按照职责分工，谁审批（核准）建设项目可行性研究报告、项目申请报告或资金申请报告，谁负责对项目招标内容进行核准。

（一）投资司负责全委招标内容核准工作的组织协调，以及投资司审批、核准项目招标内容的核准。

（二）其他有关司局负责本司局审批、核准项目招标内容的核准及督促落实。

（三）法规司负责有关招标内容核准政策、规章的制定。

（四）有关司局在办理国家鼓励项目进口设备免税和技改项目采购国产设备抵扣税确认书时，应对已核准的项目招标内容的执行情况进行认真审核。

二、核准招标内容的项目范围

（一）我委审批或者我委初审后报国务院审批的中央政府投资项目。

（二）向我委申请 500 万元人民币以上（含本数，下同）中央政府投资补助、转贷或者贷款贴息的地方政府投资项目或者企业投资项目。

（三）我委核准或者我委初核后报国务院核准的国家重点项目，具体包括：

1. 能源项目：（1）在主要河流上建设的水电项目和总装机容量 25 万千瓦以上水电项目；（2）抽水蓄能电站；（3）火电站；（4）核电站；（5）330 千伏以上电压等级的电网项目；（6）国家规划矿区内的煤炭开发项目；（7）年产 100 万吨以上的新油田开发项目；（8）年产 20 亿立方米以上的新气田项目；（9）进口液化天然气接收、储运设施；（10）跨省（区、市）干线输油管网项目；（11）跨省（区、市）或年输气能力 5 亿立方米以上的输气管网项目。

2. 交通运输项目：（1）跨省（区、市）或 100 公里以上铁路项目；（2）国道主干线、西部开发公路干线、国家高速公路网、跨省（区、市）的公路项目；（3）跨境、跨海湾、跨大江大河（通航段）的桥梁、隧道项目；（4）煤炭、矿石和油气专用泊位的新建港区及年吞吐能力 200 万吨以上港口项目；（5）集装箱专用码头项目；（6）新建机场项目；（7）总投资 10 亿元以上的扩建机场项目；（8）扩建军民合用机场项目；（9）内河航运千吨级以上通航建筑物项目。

3. 邮电通信项目：（1）国内干线传输网、国际电信传输电路、国际关口站、专用电信网的国际通信设施及其他涉及信息安全的电信基础设施项目；（2）国际关口站及其他涉及信息安全的邮政基础设施项目。

4. 水利项目：（1）大中型水库及国际河流和跨省（区、市）河流上的水库项目；（2）需要中央政府协调的国际河流、涉及跨省（区、市）水资源配置调整的项目。

5. 城市设施项目：（1）城市快速轨道交通；（2）跨省（区、市）日调水50万吨以上城市供水项目；（3）跨越大江大河、重要海湾的城市桥梁、隧道项目。

6. 公用事业项目：（1）大学城、医学城及其他园区性建设项目；（2）国家重点风景名胜区、国家自然保护区、国家重点文物保护单位区域内总投资5000万元以上旅游开发和资源保护设施，世界自然、文化遗产保护区内总投资3000万元以上项目；（3）F1赛车场；（4）大型主题公园。

7. 经国家批准的重大技术装备自主化依托工程项目。

三、核准招标内容的方式

（一）本意见第二条第（一）项所列项目，应当在可行性研究报告中包含招标内容，我委在审批可行性研究报告时核准相关招标内容。

（二）本意见第二条第（二）项所列项目中地方政府投资项目，地方政府审批部门在审批项目时核准相关招标内容；向我委提交资金申请报告时，应附核准的招标内容，我委在审批资金申请报告时复核招标内容。

（三）本意见第二条第（二）项所列项目中企业投资项目，向我委提交资金申请报告时，应附招标内容，我委在审批资金申请报告时核准招标内容。

（四）本意见第二条第（三）项所列项目，向我委提交项目申请报告时，应附招标内容，我委在核准或者初核项目申请报告时核准招标内容。

（五）向我委申请中央政府投资补助、转贷或者贷款贴息的地方政府投资项目或者企业投资项目，资金申请额不足500万人民币的，在资金申请报告中不须附招标内容，我委也不核准招标内容；但项目符合《工程建设项目招标范围和规模标准》（原国家计委令第3号）规定范围和标准的，应当依法进行招标。

（六）使用国际金融组织或者外国政府贷款、援助资金的建设项目，贷款方、资金提供方对建设项目报送招标内容另有规定的，从其规定，但违背中华人民共和国的社会公共利益的除外。

四、招标内容应包括的事项

招标内容应包括：

（一）建设项目的勘察、设计、施工、监理以及重要设备、材料等采购活动的具体招标范围（全部或者部分招标）。

（二）建设项目的勘察、设计、施工、监理以及重要设备、材料等采购活动拟采用的招标组织形式（委托招标或者自行招标）；拟自行招标的，还应按照《工程建设项目自行招标试行办法》（原国家计委令第5号）规定报告书面材料。

（三）建设项目的勘察、设计、施工、监理以及重要设备、材料等采购活动拟采用的招标方式（公开招标或者邀请招标）；国家重点项目拟采用邀请招标的，应对采用邀请招标的理由作出说明。

五、核准招标内容的程序

（一）各有关司局审批、核准项目可行性研究报告、项目申请报告或资金申请报告时，按规定会签其他有关司局的，有关司局会签时应一并对相关招标内容提出会签意见。

（二）招标内容核准后，对招标内容的核准意见应包含在对可行性研究报告、项目申请报告或资金申请报告的批复中，具体内容按照本意见第四条的规定确定。

（三）"有关司局核准招标内容后，应将包括招标内容核准意见的可行性研究报告、项目申请报告或者资金申请报告批复文件抄送投资司（一式五份）。

（四）项目建设单位在招标活动中对招标内容提出变更的，应向原核准招标内容的司局重新办理有关招标内容核准手续。

六、本意见自2005年7月1日起施行。

三、建设工程招标

（一）一般规定

工程建设项目勘察设计招标投标办法

（2003年6月12日国家发展改革委、建设部、铁道部、交通部、信息产业部、水利部、民航总局、广电总局令第2号公布 根据2013年3月11日国家发展改革委、工业和信息化部、财政部、住房城乡建设部、交通运输部、铁道部、水利部、广电总局、民航局令第23号修订）

第一章 总 则

第一条 为规范工程建设项目勘察设计招标投标活动，提高投资效益，保证工程质量，根据《中华人民共和国招标投标法》、《中华人民共和国招标投标法实施条例》制定本办法。

第二条 在中华人民共和国境内进行工程建设项目勘察设计招标投标活动，适用本办法。

第三条 工程建设项目符合《工程建设项目招标范围和规模标准规定》（国家计委令第3号）规定的范围和标准的，必须依据本办法进行招标。

任何单位和个人不得将依法必须进行招标的项目化整为零或者以其他任何方式规避招标。

第四条 按照国家规定需要履行项目审批、核准手续的依法必须进行招标的项目，有下列情形之一的，经项目审批、核准部门审批、核准，项目的勘察设计可以不进行招标：

（一）涉及国家安全、国家秘密、抢险救灾或者属于利用扶贫资金实行以工代赈、需要使用农民工等特殊情况，不适宜进行招标；

（二）主要工艺、技术采用不可替代的专利或者专有技术，或者其建筑艺术造型有特殊要求；

（三）采购人依法能够自行勘察、设计；

（四）已通过招标方式选定的特许经营项目投资人依法能够自行勘察、设计；

（五）技术复杂或专业性强，能够满足条件的勘察设计单位少于三家，不能形成有效竞争；

（六）已建成项目需要改、扩建或者技术改造，由其他单位进行设计影响项目功能配套性；

（七）国家规定其他特殊情形。

第五条 勘察设计招标工作由招标人负责。任何单位和个人不得以任何方式非法干涉招标投标活动。

第六条 各级发展改革、工业和信息化、住房城乡建设、交通运输、铁道、水利、商务、广电、民航等部门依照《国务院办公厅印发国务院有关部门实施招标投标活动行政监督的职责分工意见的通知》（国办发［2000］34号）和各地规定的职责分工，对工程建设项目勘察设计招标投标活动实施监督，依法查处招标投标活动中的违法行为。

第二章 招　　标

第七条 招标人可以依据工程建设项目的不同特点，实行勘察设计一次性总体招标；也可以在保证项目完整性、连续性的前提下，按照技术要求实行分段或分项招标。

招标人不得利用前款规定限制或者排斥潜在投标人或者投标。依法必须进行招标的项目的招标人不得利用前款规定规避招标。

第八条 依法必须招标的工程建设项目，招标人可以对项目的勘察、设计、施工以及与工程建设有关的重要设备、材料的采购，实行总承包招标。

第九条 依法必须进行勘察设计招标的工程建设项目，在招标时应当具备下列条件：

（一）招标人已经依法成立；

（二）按照国家有关规定需要履行项目审批、核准或者备案手续的，已经审批、核准或者备案；

（三）勘察设计有相应资金或者资金来源已经落实；

（四）所必需的勘察设计基础资料已经收集完成；

（五）法律法规规定的其他条件。

第十条 工程建设项目勘察设计招标分为公开招标和邀请招标。

国有资金投资占控股或者主导地位的工程建设项目，以及国务院发展和改革部门确定的国家重点项目和省、自治区、直辖市人民政府确定的地方重点项目，除符合本办法第十一条规定条件并依法获得批准外，应当公开招标。

第十一条 依法必须进行公开招标的项目，在下列情况下可以进行邀请招标：

（一）技术复杂、有特殊要求或者受自然环境限制，只有少量潜在投标人可供选择；

（二）采用公开招标方式的费用占项目合同金额的比例过大。

有前款第二项所列情形，属于按照国家有关规定需要履行项目审批、核准手续的项目，由项目审批、核准部门在审批、核准项目时作出认定；其他项目由招标人申请有关行政监督部门作出认定。

招标人采用邀请招标方式的，应保证有三个以上具备承担招标项目勘察设计的能力，并具有相应资质的特定法人或者其他组织参加投标。

第十二条 招标人应当按照资格预审公告、招标公告或者投标邀请书规定的时间、地点出售招标文件或者资格预审文件。自招标文件或者资格预审文件出售之日起至停止出售之日止，最短不得少于五日。

第十三条 进行资格预审的，招标人只向资格预审合格的潜在投标人发售招标文件，并同时向资格预审不合格的潜在投标人告知资格预审结果。

第十四条 凡是资格预审合格的潜在投标人都应被允许参加投标。

招标人不得以抽签、摇号等不合理条件限制或者排斥资格预审合格的潜在投标人参加投标。

第十五条 招标人应当根据招标项目的特点和需要编制招标文件。

勘察设计招标文件应当包括下列内容：

（一）投标须知；

（二）投标文件格式及主要合同条款；

（三）项目说明书，包括资金来源情况；

（四）勘察设计范围，对勘察设计进度、阶段和深度要求；

（五）勘察设计基础资料；

（六）勘察设计费用支付方式，对未中标人是否给予补偿及补偿标准；

（七）投标报价要求；

（八）对投标人资格审查的标准；

（九）评标标准和方法；

（十）投标有效期。

投标有效期，从提交投标文件截止日起计算。

对招标文件的收费应仅限于补偿印刷、邮寄的成本支出，招标人不得通过出售招标文件谋取利益。

第十六条　招标人负责提供与招标项目有关的基础资料，并保证所提供资料的真实性、完整性。涉及国家秘密的除外。

第十七条　对于潜在投标人在阅读招标文件和现场踏勘中提出的疑问，招标人可以书面形式或召开投标预备会的方式解答，但需同时将解答以书面方式通知所有招标文件收受人。该解答的内容为招标文件的组成部分。

第十八条　招标人可以要求投标人在提交符合招标文件规定要求的投标文件外，提交备选投标文件，但应当在招标文件中做出说明，并提出相应的评审和比较办法。

第十九条　招标人应当确定潜在投标人编制投标文件所需要的合理时间。

依法必须进行勘察设计招标的项目，自招标文件开始发出之日起至投标人提交投标文件截止之日止，最短不得少于二十日。

第二十条　除不可抗力原因外，招标人在发布招标公告或者发出投标邀请书后不得终止招标，也不得在出售招标文件后终止招标。

第三章　投　　标

第二十一条　投标人是响应招标、参加投标竞争的法人或者其他组织。

在其本国注册登记，从事建筑、工程服务的国外设计企业参加投标的，必须符合中华人民共和国缔结或者参加的国际条约、协定中所作的市场准入承诺以及有关勘察设计市场准入的管理规定。

投标人应当符合国家规定的资质条件。

第二十二条 投标人应当按照招标文件或者投标邀请书的要求编制投标文件。投标文件中的勘察设计收费报价，应当符合国务院价格主管部门制定的工程勘察设计收费标准。

第二十三条 投标人在投标文件有关技术方案和要求中不得指定与工程建设项目有关的重要设备、材料的生产供应者，或者含有倾向或者排斥特定生产供应者的内容。

第二十四条 招标文件要求投标人提交投标保证金的，保证金数额不得超过勘察设计估算费用的百分之二，最多不超过十万元人民币。

依法必须进行招标的项目的境内投标单位，以现金或者支票形式提交的投标保证金应当从其基本账户转出。

第二十五条 在提交投标文件截止时间后到招标文件规定的投标有效期终止之前，投标人不得撤销其投标文件，否则招标人可以不退还投标保证金。

第二十六条 投标人在投标截止时间前提交的投标文件，补充、修改或撤回投标文件的通知，备选投标文件等，都必须加盖所在单位公章，并且由其法定代表人或授权代表签字，但招标文件另有规定的除外。

招标人在接收上述材料时，应检查其密封或签章是否完好，并向投标人出具标明签收人和签收时间的回执。

第二十七条 以联合体形式投标的，联合体各方应签订共同投标协议，连同投标文件一并提交招标人。

联合体各方不得再单独以自己名义，或者参加另外的联合体投同一个标。

招标人接受联合体投标并进行资格预审的，联合体应当在提交资格预审申请文件前组成。资格预审后联合体增减、更换成员的，其投标无效。

第二十八条 联合体中标的，应指定牵头人或代表，授权其代表所有联合体成员与招标人签订合同，负责整个合同实施阶段的协调工作。但是，需要向招标人提交由所有联合体成员法定代表人签署的授权委托书。

第二十九条 投标人不得以他人名义投标，也不得利用伪造、转让、无效或者租借的资质证书参加投标，或者以任何方式请其他单位在自己编制的投标文件代为签字盖章，损害国家利益、社会公共利益和招标人的合法权益。

第三十条 投标人不得通过故意压低投资额、降低施工技术要求、减少占地面积，或者缩短工期等手段弄虚作假，骗取中标。

第四章　开标、评标和中标

第三十一条 开标应当在招标文件确定的提交投标文件截止时间的同一时间公开进行；除不可抗力原因外，招标人不得以任何理由拖延开标，或者拒绝开标。

投标人对开标有异议的，应当在开标现场提出，招标人应当当场作出答复，并制作记录。

第三十二条 评标工作由评标委员会负责。评标委员会的组成方式及要求，按《中华人民共和国招标投标法》、《中华人民共和国招标投标法实施条例》及《评标委员会和评标方法暂行规定》（国家计委等七部委联合令第 12 号）的有关规定执行。

第三十三条 勘察设计评标一般采取综合评估法进行。评标委员会应当按照招标文件确定的评标标准和方法，结合经批准的项目建议书、可行性研究报告或者上阶段设计批复文件，对投标人的业绩、信誉和勘察设计人员的能力以及勘察设计方案的优劣进行综合评定。

招标文件中没有规定的标准和方法，不得作为评标的依据。

第三十四条 评标委员会可以要求投标人对其技术文件进行必要的说明或介绍，但不得提出带有暗示性或诱导性的问题，也不得明确指出其投标文件中的遗漏和错误。

第三十五条 根据招标文件的规定，允许投标人投备选标的，评标委员会可以对中标人所提交的备选标进行评审，以决定是否采纳备选标。不符合中标条件的投标人的备选标不予考虑。

第三十六条 投标文件有下列情况之一的，评标委员会应当否决其投标：

（一）未经投标单位盖章和单位负责人签字；

（二）投标报价不符合国家颁布的勘察设计取费标准，或者低于成本，或者高于招标文件设定的最高投标限价；

（三）未响应招标文件的实质性要求和条件。

第三十七条 投标人有下列情况之一的，评标委员会应当否决其投标：

（一）不符合国家或者招标文件规定的资格条件；

（二）与其他投标人或者与招标人串通投标；

（三）以他人名义投标，或者以其他方式弄虚作假；

（四）以向招标人或者评标委员会成员行贿的手段谋取中标；

（五）以联合体形式投标，未提交共同投标协议；

（六）提交两个以上不同的投标文件或者投标报价，但招标文件要求提交备选投标的除外。

第三十八条 评标委员会完成评标后，应当向招标人提出书面评标报告，推荐合格的中标候选人。

评标报告的内容应当符合《评标委员会和评标方法暂行规定》第四十二条的规定。但是，评标委员会决定否决所有投标的，应在评标报告中详细说明理由。

第三十九条 评标委员会推荐的中标候选人应当限定在一至三人，并标明排列顺序。

能够最大限度地满足招标文件中规定的各项综合评价标准的投标人，应当推荐为中标候选人。

第四十条 国有资金占控股或者主导地位的依法必须招标的项目，招标人应当确定排名第一的中标候选人为中标人。

排名第一的中标候选人放弃中标、因不可抗力提出不能履行合同，不按照招标文件要求提交履约保证金，或者被查实存在影响中标结果的违法行为等情形，不符合中标条件的，招标人可以按照评标委员会提出的中标候选人名单排序依次确定其他中标候选人为中标人。依次确定其他中标候选人与招标人预期差距较大，或者对招标人明显不利的，招标人可以重新招标。

招标人可以授权评标委员会直接确定中标人。

国务院对中标人的确定另有规定的，从其规定。

第四十一条　招标人应在接到评标委员会的书面评标报告之日起三日内公示中标候选人，公示期不少于三日。

第四十二条　招标人和中标人应当在投标有效期内并在自中标通知书发出之日起三十日内，按照招标文件和中标人的投标文件订立书面合同。

中标人履行合同应当遵守《合同法》以及《建设工程勘察设计管理条例》中勘察设计文件编制实施的有关规定。

第四十三条　招标人不得以压低勘察设计费、增加工作量、缩短勘察设计周期等作为发出中标通知书的条件，也不得与中标人再行订立背离合同实质性内容的其他协议。

第四十四条　招标人与中标人签订合同后五日内，应当向中标人和未中标人一次性退还投标保证金及银行同期存款利息。招标文件中规定给予未中标人经济补偿的，也应在此期限内一并给付。

招标文件要求中标人提交履约保证金的，中标人应当提交；经中标人同意，可将其投标保证金抵作履约保证金。

第四十五条　招标人或者中标人采用其他未中标人投标文件中技术方案的，应当征得未中标人的书面同意，并支付合理的使用费。

第四十六条　评标定标工作应当在投标有效期内完成，不能如期完成的，招标人应当通知所有投标人延长投标有效期。

同意延长投标有效期的投标人应当相应延长其投标担保的有效期，但不得修改投标文件的实质性内容。

拒绝延长投标有效期的投标人有权收回投标保证金。招标文件中规定给予未中标人补偿的，拒绝延长的投标人有权获得补偿。

第四十七条　依法必须进行勘察设计招标的项目，招标人应当在确定中标人之日起十五日内，向有关行政监督部门提交招标投标情况的书面报告。

书面报告一般应包括以下内容：

（一）招标项目基本情况；

（二）投标人情况；

（三）评标委员会成员名单；

（四）开标情况；

（五）评标标准和方法；

（六）否决投标情况；

（七）评标委员会推荐的经排序的中标候选人名单；

（八）中标结果；

（九）未确定排名第一的中标候选人为中标人的原因；

（十）其他需说明的问题。

第四十八条 在下列情况下，依法必须招标项目的招标人在分析招标失败的原因并采取相应措施后，应当依照本办法重新招标：

（一）资格预审合格的潜在投标人不足三个的；

（二）在投标截止时间前提交投标文件的投标人少于三个的；

（三）所有投标均被否决的；

（四）评标委员会否决不合格投标后，因有效投标不足三个使得投标明显缺乏竞争，评标委员会决定否决全部投标的；

（五）根据第四十六条规定，同意延长投标有效期的投标人少于三个的。

第四十九条 招标人重新招标后，发生本办法第四十八条情形之一的，属于按照国家规定需要政府审批、核准的项目，报经原项目审批、核准部门审批、核准后可以不再进行招标；其他工程建设项目，招标人可自行决定不再进行招标。

第五章 罚 则

第五十条 招标人有下列限制或者排斥潜在投标人行为之一的，由有关行政监督部门依照招标投标法第五十一条的规定处罚；其中，构成依法必须进行勘察设计招标的项目的招标人规避招标的，依照招标投标法第四十九条的规定处罚：

（一）依法必须公开招标的项目不按照规定在指定媒介发布资格预审公告或者招标公告；

（二）在不同媒介发布的同一招标项目的资格预审公告或者招标公告的内容不一致，影响潜在投标人申请资格预审或者投标。

第五十一条 招标人有下列情形之一的，由有关行政监督部门责令改正，可以处 10 万元以下的罚款：

（一）依法应当公开招标而采用邀请招标；

（二）招标文件、资格预审文件的发售、澄清、修改的时限，或者确定的提交资格预审申请文件、投标文件的时限不符合招标投标法和招标投标法实施条例规定；

（三）接受未通过资格预审的单位或者个人参加投标；

（四）接受应当拒收的投标文件。

招标人有前款第一项、第三项、第四项所列行为之一的，对单位直接负责的主管人员和其他直接责任人员依法给予处分。

第五十二条　依法必须进行招标的项目的投标人以他人名义投标，利用伪造、转让、租借、无效的资质证书参加投标，或者请其他单位在自己编制的投标文件上代为签字盖章，弄虚作假，骗取中标的，中标无效。尚未构成犯罪的，处中标项目金额千分之五以上千分之十以下的罚款，对单位直接负责的主管人员和其他直接责任人员处单位罚款数额百分之五以上百分之十以下的罚款；有违法所得的，并处没收违法所得；情节严重的，取消其一年至三年内参加依法必须进行招标的项目的投标资格并予以公告，直至由工商行政管理机关吊销营业执照。

第五十三条　招标人以抽签、摇号等不合理的条件限制或者排斥资格预审合格的潜在投标人参加投标，对潜在投标人实行歧视待遇的，强制要求投标人组成联合体共同投标的，或者限制投标人之间竞争的，责令改正，可以处一万元以上五万元以下的罚款。

依法必须进行招标的项目的招标人不按照规定组建评标委员会，或者确定、更换评标委员会成员违反招标投标法和招标投标法实施条例规定的，由有关行政监督部门责令改正，可以处 10 万元以下的罚款，对单位直接负责的主管人员和其他直接责任人员依法给予处分；违法确定或者更换的评标委员会成员作出的评审结论无效，依法重新进行评审。

第五十四条　评标委员会成员有下列行为之一的，由有关行政监督部门责令改正；情节严重的，禁止其在一定期限内参加依法必须进行招标的项目的评标；情节特别严重的，取消其担任评标委员会成员的资格：

（一）不按照招标文件规定的评标标准和方法评标；

（二）应当回避而不回避；

（三）擅离职守；

（四）私下接触投标人；

（五）向招标人征询确定中标人的意向或者接受任何单位或者个人明示或者暗示提出的倾向或者排斥特定投标人的要求；

（六）对依法应当否决的投标不提出否决意见；

（七）暗示或者诱导投标人作出澄清、说明或者接受投标人主动提出的澄清、说明；

（八）其他不客观、不公正履行职务的行为。

第五十五条 招标人与中标人不按照招标文件和中标人的投标文件订立合同，责令改正，可以处中标项目金额千分之五以上千分之十以下的罚款。

第五十六条 本办法对违法行为及其处罚措施未做规定的，依据《中华人民共和国招标投标法》、《中华人民共和国招标投标法实施条例》和有关法律、行政法规的规定执行。

第六章 附 则

第五十七条 使用国际组织或者外国政府贷款、援助资金的项目进行招标，贷款方、资金提供方对工程勘察设计招标投标的条件和程序另有规定的，可以适用其规定，但违背中华人民共和国社会公共利益的除外。

第五十八条 本办法发布之前有关勘察设计招标投标的规定与本办法不一致的，以本办法为准。法律或者行政法规另有规定的，从其规定。

第五十九条 本办法由国家发展和改革委员会会同有关部门负责解释。

第六十条 本办法自 2003 年 8 月 1 日起施行。

工程建设项目施工招标投标办法

（2003年3月8日国家发展计划委员会、建设部、铁道部、交通部、信息产业部、水利部、中国民用航空总局令第30号公布 根据2013年3月11日国家发展改革委等九部委令第23号修订）

第一章 总 则

第一条 为规范工程建设项目施工（以下简称工程施工）招标投标活动，根据《中华人民共和国招标投标法》、《中华人民共和国招标投标法实施条例》和国务院有关部门的职责分工，制定本办法。

第二条 在中华人民共和国境内进行工程施工招标投标活动，适用本办法。

第三条 工程建设项目符合《工程建设项目招标范围和规模标准规定》（国家计委令第3号）规定的范围和标准的，必须通过招标选择施工单位。

任何单位和个人不得将依法必须进行招标的项目化整为零或者以其他任何方式规避招标。

第四条 工程施工招标投标活动应当遵循公开、公平、公正和诚实信用的原则。

第五条 工程施工招标投标活动，依法由招标人负责。任何单位和个人不得以任何方式非法干涉工程施工招标投标活动。

施工招标投标活动不受地区或者部门的限制。

第六条 各级发展改革、工业和信息化、住房城乡建设、交通运输、铁道、水利、商务、民航等部门依照《国务院办公厅印发国务院有关部门实施招标投标活动行政监督的职责分工意见的通知》（国办发〔2000〕34号）和各地规定的职责分工，对工程施工招标投标活动实施监督，依法查处工程施工招标投标活动中的违法行为。

第二章 招 标

第七条 工程施工招标人是依法提出施工招标项目、进行招标的法人或者其他组织。

第八条 依法必须招标的工程建设项目，应当具备下列条件才能进行施工招标：

（一）招标人已经依法成立；

（二）初步设计及概算应当履行审批手续的，已经批准；

（三）有相应资金或资金来源已经落实；

（四）有招标所需的设计图纸及技术资料。

第九条 工程施工招标分为公开招标和邀请招标。

第十条 按照国家有关规定需要履行项目审批、核准手续的依法必须进行施工招标的工程建设项目，其招标范围、招标方式、招标组织形式应当报项目审批部门审批、核准。项目审批、核准部门应当及时将审批、核准确定的招标内容通报有关行政监督部门。

第十一条 依法必须进行公开招标的项目，有下列情形之一的，可以邀请招标：

（一）项目技术复杂或有特殊要求，或者受自然地域环境限制，只有少量潜在投标人可供选择；

（二）涉及国家安全、国家秘密或者抢险救灾，适宜招标但不宜公开招标；

（三）采用公开招标方式的费用占项目合同金额的比例过大。

有前款第二项所列情形，属于本办法第十条规定的项目，由项目审批、核准部门在审批、核准项目时作出认定；其他项目由招标人申请有关行政监督部门作出认定。

全部使用国有资金投资或者国有资金投资占控股或者主导地位的并需要审批的工程建设项目的邀请招标，应当经项目审批部门批准，但项目审批部门只审批立项的，由有关行政监督部门审批。

第十二条 依法必须进行施工招标的工程建设项目有下列情形之一的，可以不进行施工招标：

（一）涉及国家安全、国家秘密、抢险救灾或者属于利用扶贫资金实行以工代赈需要使用农民工等特殊情况，不适宜进行招标；

（二）施工主要技术采用不可替代的专利或者专有技术；

（三）已通过招标方式选定的特许经营项目投资人依法能够自行建设；

（四）采购人依法能够自行建设；

（五）在建工程追加的附属小型工程或者主体加层工程，原中标人仍具备承包能力，并且其他人承担将影响施工或者功能配套要求；

（六）国家规定的其他情形。

第十三条 采用公开招标方式的，招标人应当发布招标公告，邀请不特定的法人或者其他组织投标。依法必须进行施工招标项目的招标公告，应当在国家指定的报刊和信息网络上发布。

采用邀请招标方式的，招标人应当向三家以上具备承担施工招标项目的能力、资信良好的特定的法人或者其他组织发出投标邀请书。

第十四条 招标公告或者投标邀请书应当至少载明下列内容：

（一）招标人的名称和地址；

（二）招标项目的内容、规模、资金来源；

（三）招标项目的实施地点和工期；

（四）获取招标文件或者资格预审文件的地点和时间；

（五）对招标文件或者资格预审文件收取的费用；

（六）对投标人的资质等级的要求。

第十五条 招标人应当按招标公告或者投标邀请书规定的时间、地点出售招标文件或资格预审文件。自招标文件或者资格预审文件出售之日起至停止出售之日止，最短不得少于五日。

招标人可以通过信息网络或者其他媒介发布招标文件，通过信息网络或者其他媒介发布的招标文件与书面招标文件具有同等法律效力，出现不一致时以书面招标文件为准，国家另有规定的除外。

对招标文件或者资格预审文件的收费应当限于补偿印刷、邮寄的成本支出，不得以营利为目的。对于所附的设计文件，招标人可以向投标人酌收押金；对于开标后投标人退还设计文件的，招标人应当向投标人退还押金。

招标文件或者资格预审文件售出后，不予退还。除不可抗力原因外，招标人在发布招标公告、发出投标邀请书后或者售出招标文件或资格预审文件后不得终止招标。

第十六条 招标人可以根据招标项目本身的特点和需要，要求潜在投标人或者投标人提供满足其资格要求的文件，对潜在投标人或者投标人进行资格审查；国家对潜在投标人或者投标人的资格条件有规定的，依照其规定。

第十七条 资格审查分为资格预审和资格后审。

资格预审，是指在投标前对潜在投标人进行的资格审查。

资格后审，是指在开标后对投标人进行的资格审查。

进行资格预审的，一般不再进行资格后审，但招标文件另有规定的除外。

第十八条 采取资格预审的，招标人应当发布资格预审公告。资格预审公告适用本办法第十三条、第十四条有关招标公告的规定。

采取资格预审的，招标人应当在资格预审文件中载明资格预审的条件、标准和方法；采取资格后审的，招标人应当在招标文件中载明对投标人资格要求的条件、标准和方法。

招标人不得改变载明的资格条件或者以没有载明的资格条件对潜在投标人或者投标人进行资格审查。

第十九条 经资格预审后，招标人应当向资格预审合格的潜在投标人发出资格预审合格通知书，告知获取招标文件的时间、地点和方法，并同时向资格预审不合格的潜在投标人告知资格预审结果。资格预审不合格的潜在投标人不得参加投标。

经资格后审不合格的投标人的投标应予否决。

第二十条 资格审查应主要审查潜在投标人或者投标人是否符合下列条件：

（一）具有独立订立合同的权利；

（二）具有履行合同的能力，包括专业、技术资格和能力，资金、设备和其他物质设施状况，管理能力，经验、信誉和相应的从业人员；

（三）没有处于被责令停业，投标资格被取消，财产被接管、冻结，破产状态；

（四）在最近三年内没有骗取中标和严重违约及重大工程质量问题；

（五）国家规定的其他资格条件。

资格审查时，招标人不得以不合理的条件限制、排斥潜在投标人或者投标人，不得对潜在投标人或者投标人实行歧视待遇。任何单位和个人不得以行政手段或者其他不合理方式限制投标人的数量。

第二十一条　招标人符合法律规定的自行招标条件的，可以自行办理招标事宜。任何单位和个人不得强制其委托招标代理机构办理招标事宜。

第二十二条　招标代理机构应当在招标人委托的范围内承担招标事宜。招标代理机构可以在其资格等级范围内承担下列招标事宜：

（一）拟订招标方案，编制和出售招标文件、资格预审文件；

（二）审查投标人资格；

（三）编制标底；

（四）组织投标人踏勘现场；

（五）组织开标、评标，协助招标人定标；

（六）草拟合同；

（七）招标人委托的其他事项。

招标代理机构不得无权代理、越权代理，不得明知委托事项违法而进行代理。

招标代理机构不得在所代理的招标项目中投标或者代理投标，也不得为所代理的招标项目的投标人提供咨询；未经招标人同意，不得转让招标代理业务。

第二十三条　工程招标代理机构与招标人应当签订书面委托合同，并按双方约定的标准收取代理费；国家对收费标准有规定的，依照其规定。

第二十四条　招标人根据施工招标项目的特点和需要编制招标文件。招标文件一般包括下列内容：

（一）招标公告或投标邀请书；

（二）投标人须知；

（三）合同主要条款；

（四）投标文件格式；

（五）采用工程量清单招标的，应当提供工程量清单；

（六）技术条款；

（七）设计图纸；

（八）评标标准和方法；

（九）投标辅助材料。

招标人应当在招标文件中规定实质性要求和条件，并用醒目的方式标明。

第二十五条 招标人可以要求投标人在提交符合招标文件规定要求的投标文件外，提交备选投标方案，但应当在招标文件中作出说明，并提出相应的评审和比较办法。

第二十六条 招标文件规定的各项技术标准应符合国家强制性标准。

招标文件中规定的各项技术标准均不得要求或标明某一特定的专利、商标、名称、设计、原产地或生产供应者，不得含有倾向或者排斥潜在投标人的其他内容。如果必须引用某一生产供应者的技术标准才能准确或清楚地说明拟招标项目的技术标准时，则应当在参照后面加上"或相当于"的字样。

第二十七条 施工招标项目需要划分标段、确定工期的，招标人应当合理划分标段、确定工期，并在招标文件中载明。对工程技术上紧密相联、不可分割的单位工程不得分割标段。

招标人不得以不合理的标段或工期限制或者排斥潜在投标人或者投标人。依法必须进行施工招标的项目的招标人不得利用划分标段规避招标。

第二十八条 招标文件应当明确规定所有评标因素，以及如何将这些因素量化或者据以进行评估。

在评标过程中，不得改变招标文件中规定的评标标准、方法和中标条件。

第二十九条 招标文件应当规定一个适当的投标有效期，以保证招标人有足够的时间完成评标和与中标人签订合同。投标有效期从投标人提交投标文件截止之日起计算。

在原投标有效期结束前，出现特殊情况的，招标人可以书面形式要求所有投标人延长投标有效期。投标人同意延长的，不得要求或被允许修改其投标文件的实质性内容，但应当相应延长其投标保证金的有效期；投标人拒绝延长的，其投标失效，但投标人有权收回其投标保证金。因延长投标有效期造成投标人损失的，招标人应当给予补偿，但因不可抗力需要延长投标有效期的除外。

第三十条 施工招标项目工期较长的，招标文件中可以规定工程造价指数体系、价格调整因素和调整方法。

第三十一条 招标人应当确定投标人编制投标文件所需要的合理时间；但是，依法必须进行招标的项目，自招标文件开始发出之日起至投标人提交投标文件截止之日止，最短不得少于二十日。

第三十二条 招标人根据招标项目的具体情况，可以组织潜在投标人踏勘项目现场，向其介绍工程场地和相关环境的有关情况。潜在投标人依据招标人介绍情况作出的判断和决策，由投标人自行负责。

招标人不得单独或者分别组织任何一个投标人进行现场踏勘。

第三十三条 对于潜在投标人在阅读招标文件和现场踏勘中提出的疑问，招标人可以书面形式或召开投标预备会的方式解答，但需同时将解答以书面方式通知所有购买招标文件的潜在投标人。该解答的内容为招标文件的组成部分。

第三十四条 招标人可根据项目特点决定是否编制标底。编制标底的，标底编制过程和标底在开标前必须保密。

招标项目编制标底的，应根据批准的初步设计、投资概算，依据有关计价办法，参照有关工程定额，结合市场供求状况，综合考虑投资、工期和质量等方面的因素合理确定。

标底由招标人自行编制或委托中介机构编制。一个工程只能编制一个标底。

任何单位和个人不得强制招标人编制或报审标底，或干预其确定标底。

招标项目可以不设标底，进行无标底招标。

招标人设有最高投标限价的，应当在招标文件中明确最高投标限价或者最高投标限价的计算方法。招标人不得规定最低投标限价。

第三章 投 标

第三十五条 投标人是响应招标、参加投标竞争的法人或者其他组织。招标人的任何不具独立法人资格的附属机构（单位），或者为招标项目的前期准备或者监理工作提供设计、咨询服务的任何法人及其任何附属机构（单位），都无资格参加该招标项目的投标。

第三十六条 投标人应当按照招标文件的要求编制投标文件。投标文件应当对招标文件提出的实质性要求和条件作出响应。

投标文件一般包括下列内容：

（一）投标函；

（二）投标报价；

(三) 施工组织设计；

(四) 商务和技术偏差表。

投标人根据招标文件载明的项目实际情况，拟在中标后将中标项目的部分非主体、非关键性工作进行分包的，应当在投标文件中载明。

第三十七条 招标人可以在招标文件中要求投标人提交投标保证金。投标保证金除现金外，可以是银行出具的银行保函、保兑支票、银行汇票或现金支票。

投标保证金不得超过项目估算价的百分之二，但最高不得超过八十万元人民币。投标保证金有效期应当与投标有效期一致。

投标人应当按照招标文件要求的方式和金额，将投标保证金随投标文件提交给招标人或其委托的招标代理机构。

依法必须进行施工招标的项目的境内投标单位，以现金或者支票形式提交的投标保证金应当从其基本账户转出。

第三十八条 投标人应当在招标文件要求提交投标文件的截止时间前，将投标文件密封送达投标地点。招标人收到投标文件后，应当向投标人出具标明签收人和签收时间的凭证，在开标前任何单位和个人不得开启投标文件。

在招标文件要求提交投标文件的截止时间后送达的投标文件，招标人应当拒收。

依法必须进行施工招标的项目提交投标文件的投标人少于三个的，招标人在分析招标失败的原因并采取相应措施后，应当依法重新招标。重新招标后投标人仍少于三个的，属于必须审批、核准的工程建设项目，报经原审批、核准部门批准后可以不再进行招标；其他工程建设项目，招标人可自行决定不再进行招标。

第三十九条 投标人在招标文件要求提交投标文件的截止时间前，可以补充、修改、替代或者撤回已提交的投标文件，并书面通知招标人。补充、修改的内容为投标文件的组成部分。

第四十条 在提交投标文件截止时间后到招标文件规定的投标有效期终止之前，投标人不得撤销其投标文件，否则招标人可以不退还其投标保证金。

第四十一条 在开标前，招标人应妥善保管好已接收的投标文件、修改或撤回通知、备选投标方案等投标资料。

第四十二条 两个以上法人或者其他组织可以组成一个联合体，以一个投标人的身份共同投标。

联合体各方签订共同投标协议后，不得再以自己名义单独投标，也不得组成新的联合体或参加其他联合体在同一项目中投标。

第四十三条 招标人接受联合体投标并进行资格预审的，联合体应当在提交资格预审申请文件前组成。资格预审后联合体增减、更换成员的，其投标无效。

第四十四条 联合体各方应当指定牵头人，授权其代表所有联合体成员负责投标和合同实施阶段的主办、协调工作，并应当向招标人提交由所有联合体成员法定代表人签署的授权书。

第四十五条 联合体投标的，应当以联合体各方或者联合体中牵头人的名义提交投标保证金。以联合体中牵头人名义提交的投标保证金，对联合体各成员具有约束力。

第四十六条 下列行为均属投标人串通投标报价：

（一）投标人之间相互约定抬高或压低投标报价；

（二）投标人之间相互约定，在招标项目中分别以高、中、低价位报价；

（三）投标人之间先进行内部竞价，内定中标人，然后再参加投标；

（四）投标人之间其他串通投标报价的行为。

第四十七条 下列行为均属招标人与投标人串通投标：

（一）招标人在开标前开启投标文件并将有关信息泄露给其他投标人，或者授意投标人撤换、修改投标文件；

（二）招标人向投标人泄露标底、评标委员会成员等信息；

（三）招标人明示或者暗示投标人压低或抬高投标报价；

（四）招标人明示或者暗示投标人为特定投标人中标提供方便；

（五）招标人与投标人为谋求特定中标人中标而采取的其他串通行为。

第四十八条 投标人不得以他人名义投标。

前款所称以他人名义投标，指投标人挂靠其他施工单位，或从其他单位通过受让或租借的方式获取资格或资质证书，或者由其他单位及其法定代表人在自己编制的投标文件上加盖印章和签字等行为。

第四章　开标、评标和定标

第四十九条　开标应当在招标文件确定的提交投标文件截止时间的同一时间公开进行；开标地点应当为招标文件中确定的地点。

投标人对开标有异议的，应当在开标现场提出，招标人应当当场作出答复，并制作记录。

第五十条　投标文件有下列情形之一的，招标人应当拒收：

（一）逾期送达；

（二）未按招标文件要求密封。

有下列情形之一的，评标委员会应当否决其投标：

（一）投标文件未经投标单位盖章和单位负责人签字；

（二）投标联合体没有提交共同投标协议；

（三）投标人不符合国家或者招标文件规定的资格条件；

（四）同一投标人提交两个以上不同的投标文件或者投标报价，但招标文件要求提交备选投标的除外；

（五）投标报价低于成本或者高于招标文件设定的最高投标限价；

（六）投标文件没有对招标文件的实质性要求和条件作出响应；

（七）投标人有串通投标、弄虚作假、行贿等违法行为。

第五十一条　评标委员会可以书面方式要求投标人对投标文件中含义不明确、对同类问题表述不一致或者有明显文字和计算错误的内容作必要的澄清、说明或补正。评标委员会不得向投标人提出带有暗示性或诱导性的问题，或向其明确投标文件中的遗漏和错误。

第五十二条　投标文件不响应招标文件的实质性要求和条件的，评标委员会不得允许投标人通过修正或撤销其不符合要求的差异或保留，使之成为具有响应性的投标。

第五十三条　评标委员会在对实质上响应招标文件要求的投标进行报价评估时，除招标文件另有约定外，应当按下述原则进行修正：

（一）用数字表示的数额与用文字表示的数额不一致时，以文字数额为准；

（二）单价与工程量的乘积与总价之间不一致时，以单价为准。若单价有明显的小数点错位，应以总价为准，并修改单价。

按前款规定调整后的报价经投标人确认后产生约束力。

投标文件中没有列入的价格和优惠条件在评标时不予考虑。

第五十四条 对于投标人提交的优越于招标文件中技术标准的备选投标方案所产生的附加收益，不得考虑进评标价中。符合招标文件的基本技术要求且评标价最低或综合评分最高的投标人，其所提交的备选方案方可予以考虑。

第五十五条 招标人设有标底的，标底在评标中应当作为参考，但不得作为评标的唯一依据。

第五十六条 评标委员会完成评标后，应向招标人提出书面评标报告。评标报告由评标委员会全体成员签字。

依法必须进行招标的项目，招标人应当自收到评标报告之日起三日内公示中标候选人，公示期不得少于三日。

中标通知书由招标人发出。

第五十七条 评标委员会推荐的中标候选人应当限定在一至三人，并标明排列顺序。招标人应当接受评标委员会推荐的中标候选人，不得在评标委员会推荐的中标候选人之外确定中标人。

第五十八条 国有资金占控股或者主导地位的依法必须进行招标的项目，招标人应当确定排名第一的中标候选人为中标人。排名第一的中标候选人放弃中标、因不可抗力提出不能履行合同、不按照招标文件的要求提交履约保证金，或者被查实存在影响中标结果的违法行为等情形，不符合中标条件的，招标人可以按照评标委员会提出的中标候选人名单排序依次确定其他中标候选人为中标人。依次确定其他中标候选人与招标人预期差距较大，或者对招标人明显不利的，招标人可以重新招标。

招标人可以授权评标委员会直接确定中标人。

国务院对中标人的确定另有规定的，从其规定。

第五十九条 招标人不得向中标人提出压低报价、增加工作量、缩短工期或其他违背中标人意愿的要求，以此作为发出中标通知书和签订合同的条件。

第六十条 中标通知书对招标人和中标人具有法律效力。中标通知书发出后，招标人改变中标结果的，或者中标人放弃中标项目的，应当依法承担法律责任。

第六十一条 招标人全部或者部分使用非中标单位投标文件中的技术成果或技术方案时，需征得其书面同意，并给予一定的经济补偿。

第六十二条 招标人和中标人应当在投标有效期内并在自中标通知书发出之日起三十日内，按照招标文件和中标人的投标文件订立书面合同。招标人和中标人不得再行订立背离合同实质性内容的其他协议。

招标人要求中标人提供履约保证金或其他形式履约担保的，招标人应当同时向中标人提供工程款支付担保。

招标人不得擅自提高履约保证金，不得强制要求中标人垫付中标项目建设资金。

第六十三条 招标人最迟应当在与中标人签订合同后五日内，向中标人和未中标的投标人退还投标保证金及银行同期存款利息。

第六十四条 合同中确定的建设规模、建设标准、建设内容、合同价格应当控制在批准的初步设计及概算文件范围内；确需超出规定范围的，应当在中标合同签订前，报原项目审批部门审查同意。凡应报经审查而未报的，在初步设计及概算调整时，原项目审批部门一律不予承认。

第六十五条 依法必须进行施工招标的项目，招标人应当自发出中标通知书之日起十五日内，向有关行政监督部门提交招标投标情况的书面报告。

前款所称书面报告至少应包括下列内容：

（一）招标范围；

（二）招标方式和发布招标公告的媒介；

（三）招标文件中投标人须知、技术条款、评标标准和方法、合同主要条款等内容；

（四）评标委员会的组成和评标报告；

（五）中标结果。

第六十六条 招标人不得直接指定分包人。

第六十七条 对于不具备分包条件或者不符合分包规定的，招标人有权在签订合同或者中标人提出分包要求时予以拒绝。发现中标人转包或违法分包时，可要求其改正；拒不改正的，可终止合同，并报请有关行政监督部门查处。

监理人员和有关行政部门发现中标人违反合同约定进行转包或违法分包的，应当要求中标人改正，或者告知招标人要求其改正；对于拒不改正的，应当报请有关行政监督部门查处。

第五章　法律责任

第六十八条　依法必须进行招标的项目而不招标的，将必须进行招标的项目化整为零或者以其他任何方式规避招标的，有关行政监督部门责令限期改正，可以处项目合同金额千分之五以上千分之十以下的罚款；对全部或者部分使用国有资金的项目，项目审批部门可以暂停项目执行或者暂停资金拨付；对单位直接负责的主管人员和其他直接责任人员依法给予处分。

第六十九条　招标代理机构违法泄露应当保密的与招标投标活动有关的情况和资料的，或者与招标人、投标人串通损害国家利益、社会公共利益或者他人合法权益的，由有关行政监督部门处五万元以上二十五万元以下罚款，对单位直接负责的主管人员和其他直接责任人员处单位罚款数额百分之五以上百分之十以下罚款；有违法所得的，并处没收违法所得；情节严重的，有关行政监督部门可停止其一定时期内参与相关领域的招标代理业务，资格认定部门可暂停直至取消招标代理资格；构成犯罪的，由司法部门依法追究刑事责任。给他人造成损失的，依法承担赔偿责任。

前款所列行为影响中标结果，并且中标人为前款所列行为的受益人的，中标无效。

第七十条　招标人以不合理的条件限制或者排斥潜在投标人的，对潜在投标人实行歧视待遇的，强制要求投标人组成联合体共同投标的，或者限制投标人之间竞争的，有关行政监督部门责令改正，可处一万元以上五万元以下罚款。

第七十一条　依法必须必须进行招标项目的招标人向他人透露已获取招标文件的潜在投标人的名称、数量或者可能影响公平竞争的有关招标投标的其他情况的，或者泄露标底的，有关行政监督部门给予警告，可以并处一万元以上十万元以下的罚款；对单位直接负责的主管人员和其他直接责任人员依法给予处分；构成犯罪的，依法追究刑事责任。

前款所列行为影响中标结果的，中标无效。

第七十二条　招标人在发布招标公告、发出投标邀请书或者售出招标文件或资格预审文件后终止招标的，应当及时退还所收取的资格预审文件、招标文件的费用，以及所收取的投标保证金及银行同期存款利息。给潜在投标人或者投标人造成损失的，应当赔偿损失。

第七十三条　招标人有下列限制或者排斥潜在投标人行为之一的，由有关行政监督部门依照招标投标法第五十一条的规定处罚；其中，构成依法必须进行施工招标的项目的招标人规避招标的，依照招标投标法第四十九条的规定处罚：

（一）依法应当公开招标的项目不按照规定在指定媒介发布资格预审公告或者招标公告；

（二）在不同媒介发布的同一招标项目的资格预审公告或者招标公告的内容不一致，影响潜在投标人申请资格预审或者投标。

招标人有下列情形之一的，由有关行政监督部门责令改正，可以处10万元以下的罚款：

（一）依法应当公开招标而采用邀请招标；

（二）招标文件、资格预审文件的发售、澄清、修改的时限，或者确定的提交资格预审申请文件、投标文件的时限不符合招标投标法和招标投标法实施条例规定；

（三）接受未通过资格预审的单位或者个人参加投标；

（四）接受应当拒收的投标文件。

招标人有前款第一项、第三项、第四项所列行为之一的，对单位直接负责的主管人员和其他直接责任人员依法给予处分。

第七十四条　投标人相互串通投标或者与招标人串通投标的，投标人以向招标人或者评标委员会成员行贿的手段谋取中标的，中标无效，由有关行政监督部门处中标项目金额千分之五以上千分之十以下的罚款，对单位直接负责的主管人员和其他直接责任人员处单位罚款数额百分之五以上百分之十以下的罚款；有违法所得的，并处没收违法所得；情节严重的，取消其一至二年的投标资格，并予以公告，直至由工商行政管理机关吊销营业执照；构成犯罪的，依法追究刑事责任。给他人造成损失的，依法承担赔偿责任。投标人未中标的，对单位的罚款金额按照招标项目合同金额依照招标投标法规定的比例计算。

第七十五条 投标人以他人名义投标或者以其他方式弄虚作假，骗取中标的，中标无效，给招标人造成损失的，依法承担赔偿责任；构成犯罪的，依法追究刑事责任。

依法必须进行招标项目的投标人有前款所列行为尚未构成犯罪的，有关行政监督部门处中标项目金额千分之五以上千分之十以下的罚款，对单位直接负责的主管人员和其他直接责任人员处单位罚款数额百分之五以上百分之十以下的罚款；有违法所得的，并处没收违法所得；情节严重的，取消其一至三年投标资格，并予以公告，直至由工商行政管理机关吊销营业执照。投标人未中标的，对单位的罚款金额按照招标项目合同金额依照招标投标法规定的比例计算。

第七十六条 依法必须进行招标的项目，招标人违法与投标人就投标价格、投标方案等实质性内容进行谈判的，有关行政监督部门给予警告，对单位直接负责的主管人员和其他直接责任人员依法给予处分。

前款所列行为影响中标结果的，中标无效。

第七十七条 评标委员会成员收受投标人的财物或者其他好处的，没收收受的财物，可以并处三千元以上五万元以下的罚款，取消担任评标委员会成员的资格并予以公告，不得再参加依法必须进行招标的项目的评标；构成犯罪的，依法追究刑事责任。

第七十八条 评标委员会成员应当回避而不回避，擅离职守，不按照招标文件规定的评标标准和方法评标，私下接触投标人，向招标人征询确定中标人的意向或者接受任何单位或者个人明示或者暗示提出的倾向或者排斥特定投标人的要求，对依法应当否决的投标不提出否决意见，暗示或者诱导投标人作出澄清、说明或者接受投标人主动提出的澄清、说明，或者有其他不能客观公正地履行职责行为的，有关行政监督部门责令改正；情节严重的，禁止其在一定期限内参加依法必须进行招标的项目的评标；情节特别严重的，取消其担任评标委员会成员的资格。

第七十九条 依法必须进行招标的项目的招标人不按照规定组建评标委员会，或者确定、更换评标委员会成员违反招标投标法和招标投标法实施条例规定的，由有关行政监督部门责令改正，可以处 10 万元以下的罚款，对单位直接负责的主管人员和其他直接责任人员依法给予处分；违法确定或者更换的评标委员会成员作出的评审决定无效，依法重新进行评审。

第八十条 依法必须进行招标的项目的招标人有下列情形之一的，由有关行政监督部门责令改正，可以处中标项目金额千分之十以下的罚款；给他人造成损失的，依法承担赔偿责任；对单位直接负责的主管人员和其他直接责任人员依法给予处分：

（一）无正当理由不发出中标通知书；

（二）不按照规定确定中标人；

（三）中标通知书发出后无正当理由改变中标结果；

（四）无正当理由不与中标人订立合同；

（五）在订立合同时向中标人提出附加条件。

第八十一条 中标通知书发出后，中标人放弃中标项目的，无正当理由不与招标人签订合同的，在签订合同时向招标人提出附加条件或者更改合同实质性内容的，或者拒不提交所要求的履约保证金的，取消其中标资格，投标保证金不予退还；给招标人的损失超过投标保证金数额的，中标人应当对超过部分予以赔偿；没有提交投标保证金的，应当对招标人的损失承担赔偿责任。对依法必须进行施工招标的项目的中标人，由有关行政监督部门责令改正，可以处中标金额千分之十以下罚款。

第八十二条 中标人将中标项目转让给他人的，将中标项目肢解后分别转让给他人的，违法将中标项目的部分主体、关键性工作分包给他人的，或者分包人再次分包的，转让、分包无效，有关行政监督部门处转让、分包项目金额千分之五以上千分之十以下的罚款；有违法所得的，并处没收违法所得；可以责令停业整顿；情节严重的，由工商行政管理机关吊销营业执照。

第八十三条 招标人与中标人不按照招标文件和中标人的投标文件订立合同的，合同的主要条款与招标文件、中标人的投标文件的内容不一致，或者招标人、中标人订立背离合同实质性内容的协议的，有关行政监督部门责令改正；可以处中标项目金额千分之五以上千分之十以下的罚款。

第八十四条 中标人不履行与招标人订立的合同的，履约保证金不予退还，给招标人造成的损失超过履约保证金数额的，还应当对超过部分予以赔偿；没有提交履约保证金的，应当对招标人的损失承担赔偿责任。

中标人不按照与招标人订立的合同履行义务，情节严重的，有关行政监督部门取消其二至五年参加招标项目的投标资格并予以公告，直至由工商行政管理机关吊销营业执照。

因不可抗力不能履行合同的，不适用前两款规定。

第八十五条 招标人不履行与中标人订立的合同的，应当返还中标人的履约保证金，并承担相应的赔偿责任；没有提交履约保证金的，应当对中标人的损失承担赔偿责任。

因不可抗力不能履行合同的，不适用前款规定。

第八十六条 依法必须进行施工招标的项目违反法律规定，中标无效的，应当依照法律规定的中标条件从其余投标人中重新确定中标人或者依法重新进行招标。

中标无效的，发出的中标通知书和签订的合同自始没有法律约束力，但不影响合同中独立存在的有关解决争议方法的条款的效力。

第八十七条 任何单位违法限制或者排斥本地区、本系统以外的法人或者其他组织参加投标的，为招标人指定招标代理机构的，强制招标人委托招标代理机构办理招标事宜的，或者以其他方式干涉招标投标活动的，有关行政监督部门责令改正；对单位直接负责的主管人员和其他直接责任人员依法给予警告、记过、记大过的处分，情节较重的，依法给予降级、撤职、开除的处分。

个人利用职权进行前款违法行为的，依照前款规定追究责任。

第八十八条 对招标投标活动依法负有行政监督职责的国家机关工作人员徇私舞弊、滥用职权或者玩忽职守，构成犯罪的，依法追究刑事责任；不构成犯罪的，依法给予行政处分。

第八十九条 投标人或者其他利害关系人认为工程建设项目施工招标投标活动不符合国家规定的，可以自知道或者应当知道之日起10日内向有关行政监督部门投诉。投诉应当有明确的请求和必要的证明材料。

第六章 附 则

第九十条 使用国际组织或者外国政府贷款、援助资金的项目进行招标，贷款方、资金提供方对工程施工招标投标活动的条件和程序有不同规定的，可以适用其规定，但违背中华人民共和国社会公共利益的除外。

第九十一条 本办法由国家发展改革委会同有关部门负责解释。

第九十二条 本办法自2003年5月1日起施行。

工程建设项目货物招标投标办法

（2005年1月18日国家发展改革委员会、建设部、铁道部、交通部、信息产业部、水利部、中国民用航空总局令第27号公布 根据2013年3月11日国家发展改革委等九部委令第23号修订）

第一章 总 则

第一条 为规范工程建设项目的货物招标投标活动，保护国家利益、社会公共利益和招标投标活动当事人的合法权益，保证工程质量，提高投资效益，根据《中华人民共和国招标投标法》、《中华人民共和国招标投标法实施条例》和国务院有关部门的职责分工，制定本办法。

第二条 本办法适用于在中华人民共和国境内工程建设项目货物招标投标活动。

第三条 工程建设项目符合《工程建设项目招标范围和规模标准规定》（原国家计委令第3号）规定的范围和标准的，必须通过招标选择货物供应单位。

任何单位和个人不得将依法必须进行招标的项目化整为零或者以其他任何方式规避招标。

第四条 工程建设项目货物招标投标活动应当遵循公开、公平、公正和诚实信用的原则。货物招标投标活动不受地区或者部门的限制。

第五条　工程建设项目货物招标投标活动，依法由招标人负责。

工程建设项目招标人对项目实行总承包招标时，未包括在总承包范围内的货物属于依法必须进行招标的项目范围且达到国家规定规模标准的，应当由工程建设项目招标人依法组织招标。

工程建设项目实行总承包招标时，以暂估价形式包括在总承包范围内的货物属于依法必须进行招标的项目范围且达到国家规定规模标准的，应当依法组织招标。

第六条　各级发展改革、工业和信息化、住房城乡建设、交通运输、铁道、水利、民航等部门依照国务院和地方各级人民政府关于工程建设项目行政监督的职责分工，对工程建设项目中所包括的货物招标投标活动实施监督，依法查处货物招标投标活动中的违法行为。

第二章　招　　标

第七条　工程建设项目招标人是依法提出招标项目、进行招标的法人或者其他组织。本办法第五条总承包中标人单独或者共同招标时，也为招标人。

第八条　依法必须招标的工程建设项目，应当具备下列条件才能进行货物招标：

（一）招标人已经依法成立；

（二）按照国家有关规定应当履行项目审批、核准或者备案手续的，已经审批、核准或者备案；

（三）有相应资金或者资金来源已经落实；

（四）能够提出货物的使用与技术要求。

第九条　依法必须进行招标的工程建设项目，按国家有关规定需要履行审批、核准手续的，招标人应当在报送的可行性研究报告、资金申请报告或者项目申请报告中将货物招标范围、招标方式（公开招标或邀请招标）、招标组织形式（自行招标或委托招标）等有关招标内容报项目审批、核准部门审批、核准。项目审批、核准部门应当将审批、核准的招标内容通报有关行政监督部门。

第十条　货物招标分为公开招标和邀请招标。

第十一条　依法应当公开招标的项目，有下列情形之一的，可以邀请招标：

（一）技术复杂、有特殊要求或者受自然环境限制，只有少量潜在投标人可供选择；

（二）采用公开招标方式的费用占项目合同金额的比例过大；

（三）涉及国家安全、国家秘密或者抢险救灾，适宜招标但不宜公开招标。

有前款第二项所列情形，属于按照国家有关规定需要履行项目审批、核准手续的依法必须进行招标的项目，由项目审批、核准部门认定；其他项目由招标人申请有关行政监督部门作出认定。

第十二条 采用公开招标方式的，招标人应当发布资格预审公告或者招标公告。依法必须进行货物招标的招标公告，应当在国家指定的报刊或者信息网络上发布。

采用邀请招标方式的，招标人应当向三家以上具备货物供应的能力、资信良好的特定的法人或者其他组织发出投标邀请书。

第十三条 招标公告或者投标邀请书应当载明下列内容：

（一）招标人的名称和地址；

（二）招标货物的名称、数量、技术规格、资金来源；

（三）交货的地点和时间；

（四）获取招标文件或者资格预审文件的地点和时间；

（五）对招标文件或者资格预审文件收取的费用；

（六）提交资格预审申请书或者投标文件的地点和截止日期；

（七）对投标人的资格要求。

第十四条 招标人应当按照资格预审公告、招标公告或者投标邀请书规定的时间、地点发售招标文件或者资格预审文件。自招标文件或者资格预审文件发售之日起至停止发售之日止，最短不得少于五日。

招标人可以通过信息网络或者其他媒介发布招标文件，通过信息网络或者其他媒介发布的招标文件与书面招标文件具有同等法律效力，出现不一致时以书面招标文件为准，但国家另有规定的除外。

对招标文件或者资格预审文件的收费应当限于补偿印刷、邮寄的成本支出，不得以营利为目的。

除不可抗力原因外，招标文件或者资格预审文件发出后，不予退还；招标人在发布招标公告、发出投标邀请书后或者发出招标文件或资格预审文件后不得终止招标。招标人终止招标的，应当及时发布公告，或者以书面形式通知被邀请的或者已经获取资格预审文件、招标文件的潜在投标人。已经发售资格预审文件、招标文件或者已经收取投标保证金的，招标人应当及时退还所收取的资格预审文件、招标文件的费用，以及所收取的投标保证金及银行同期存款利息。

第十五条　招标人可以根据招标货物的特点和需要，对潜在投标人或者投标人进行资格审查；国家对潜在投标人或者投标人的资格条件有规定的，依照其规定。

第十六条　资格审查分为资格预审和资格后审。

资格预审，是指招标人出售招标文件或者发出投标邀请书前对潜在投标人进行的资格审查。资格预审一般适用于潜在投标人较多或者大型、技术复杂货物的招标。

资格后审，是指在开标后对投标人进行的资格审查。资格后审一般在评标过程中的初步评审开始时进行。

第十七条　采取资格预审的，招标人应当发布资格预审公告。资格预审公告适用本办法第十二条、第十三条有关招标公告的规定。

第十八条　资格预审文件一般包括下列内容：

（一）资格预审公告；

（二）申请人须知；

（三）资格要求；

（四）其他业绩要求；

（五）资格审查标准和方法；

（六）资格预审结果的通知方式。

第十九条　采取资格预审的，招标人应当在资格预审文件中详细规定资格审查的标准和方法；采取资格后审的，招标人应当在招标文件中详细规定资格审查的标准和方法。

招标人在进行资格审查时，不得改变或补充载明的资格审查标准和方法或者以没有载明的资格审查标准和方法对潜在投标人或者投标人进行资格审查。

第二十条 经资格预审后，招标人应当向资格预审合格的潜在投标人发出资格预审合格通知书，告知获取招标文件的时间、地点和方法，并同时向资格预审不合格的潜在投标人告知资格预审结果。依法必须招标的项目通过资格预审的申请人不足三个的，招标人在分析招标失败的原因并采取相应措施后，应当重新招标。

对资格后审不合格的投标人，评标委员会应当否决其投标。

第二十一条 招标文件一般包括下列内容：

（一）招标公告或者投标邀请书；

（二）投标人须知；

（三）投标文件格式；

（四）技术规格、参数及其他要求；

（五）评标标准和方法；

（六）合同主要条款。

招标人应当在招标文件中规定实质性要求和条件，说明不满足其中任何一项实质性要求和条件的投标将被拒绝，并用醒目的方式标明；没有标明的要求和条件在评标时不得作为实质性要求和条件。对于非实质性要求和条件，应规定允许偏差的最大范围、最高项数，以及对这些偏差进行调整的方法。

国家对招标货物的技术、标准、质量等有规定的，招标人应当按照其规定在招标文件中提出相应要求。

第二十二条 招标货物需要划分标包的，招标人应合理划分标包，确定各标包的交货期，并在招标文件中如实载明。

招标人不得以不合理的标包限制或者排斥潜在投标人或者投标人。依法必须进行招标的项目的招标人不得利用标包划分规避招标。

第二十三条 招标人允许中标人对非主体货物进行分包的，应当在招标文件中载明。主要设备、材料或者供货合同的主要部分不得要求或者允许分包。

除招标文件要求不得改变标准货物的供应商外，中标人经招标人同意改变标准货物的供应商的，不应视为转包和违法分包。

第二十四条 招标人可以要求投标人在提交符合招标文件规定要求的投标文件外，提交备选投标方案，但应当在招标文件中作出说明。不符合中标条件的投标人的备选投标方案不予考虑。

第二十五条 招标文件规定的各项技术规格应当符合国家技术法规的规定。

招标文件中规定的各项技术规格均不得要求或标明某一特定的专利技术、商标、名称、设计、原产地或供应者等，不得含有倾向或者排斥潜在投标人的其他内容。如果必须引用某一供应者的技术规格才能准确或清楚地说明拟招标货物的技术规格时，则应当在参照后面加上"或相当于"的字样。

第二十六条 招标文件应当明确规定评标时包含价格在内的所有评标因素，以及据此进行评估的方法。

在评标过程中，不得改变招标文件中规定的评标标准、方法和中标条件。

第二十七条 招标人可以在招标文件中要求投标人以自己的名义提交投标保证金。投标保证金除现金外，可以是银行出具的银行保函、保兑支票、银行汇票或现金支票，也可以是招标人认可的其他合法担保形式。依法必须进行招标的项目的境内投标单位，以现金或者支票形式提交的投标保证金应当从其基本账户转出。

投标保证金不得超过项目估算价的百分之二，但最高不得超过八十万元人民币。投标保证金有效期应当与投标有效期一致。

投标人应当按照招标文件要求的方式和金额，在提交投标文件截止时间前将投标保证金提交给招标人或其委托的招标代理机构。

第二十八条 招标文件应当规定一个适当的投标有效期，以保证招标人有足够的时间完成评标和与中标人签订合同。投标有效期从招标文件规定的提交投标文件截止之日起计算。

在原投标有效期结束前，出现特殊情况的，招标人可以书面形式要求所有投标人延长投标有效期。投标人同意延长的，不得要求或被允许修改其投标文件的实质性内容，但应当相应延长其投标保证金的有效期；投标人拒绝延长的，其投标失效，但投标人有权收回其投标保证金及银行同期存款利息。

依法必须进行招标的项目同意延长投标有效期的投标人少于三个的，招标人在分析招标失败的原因并采取相应措施后，应当重新招标。

第二十九条 对于潜在投标人在阅读招标文件中提出的疑问，招标人应当以书面形式、投标预备会方式或者通过电子网络解答，但需同时将解答以书面方式通知所有购买招标文件的潜在投标人。该解答的内容为招标文件的组成部分。

除招标文件明确要求外，出席投标预备会不是强制性的，由潜在投标人自行决定，并自行承担由此可能产生的风险。

第三十条 招标人应当确定投标人编制投标文件所需的合理时间。依法必须进行招标的货物，自招标文件开始发出之日起至投标人提交投标文件截止之日止，最短不得少于二十日。

第三十一条 对无法精确拟定其技术规格的货物，招标人可以采用两阶段招标程序。

在第一阶段，招标人可以首先要求潜在投标人提交技术建议，详细阐明货物的技术规格、质量和其它特性。招标人可以与投标人就其建议的内容进行协商和讨论，达成一个统一的技术规格后编制招标文件。

在第二阶段，招标人应当向第一阶段提交了技术建议的投标人提供包含统一技术规格的正式招标文件，投标人根据正式招标文件的要求提交包括价格在内的最后投标文件。

招标人要求投标人提交投标保证金的，应当在第二阶段提出。

第三章 投　　标

第三十二条 投标人是响应招标、参加投标竞争的法人或者其他组织。

法定代表人为同一个人的两个及两个以上法人，母公司、全资子公司及其控股公司，都不得在同一货物招标中同时投标。

一个制造商对同一品牌同一型号的货物，仅能委托一个代理商参加投标。

违反前两款规定的，相关投标均无效。

第三十三条 投标人应当按照招标文件的要求编制投标文件。投标文件应当对招标文件提出的实质性要求和条件作出响应。投标文件一般包括下列内容：

（一）投标函；

（二）投标一览表；

（三）技术性能参数的详细描述；

（四）商务和技术偏差表；

（五）投标保证金；

（六）有关资格证明文件；

（七）招标文件要求的其他内容。

投标人根据招标文件载明的货物实际情况，拟在中标后将供货合同中的非主要部分进行分包的，应当在投标文件中载明。

第三十四条 投标人应当在招标文件要求提交投标文件的截止时间前，将投标文件密封送达招标文件中规定的地点。招标人收到投标文件后，应当向投标人出具标明签收人和签收时间的凭证，在开标前任何单位和个人不得开启投标文件。

在招标文件要求提交投标文件的截止时间后送达的投标文件，招标人应当拒收。

依法必须进行招标的项目，提交投标文件的投标人少于三个的，招标人在分析招标失败的原因并采取相应措施后，应当重新招标。重新招标后投标人仍少于三个，按国家有关规定需要履行审批、核准手续的依法必须进行招标的项目，报项目审批、核准部门审批、核准后可以不再进行招标。

第三十五条 投标人在招标文件要求提交投标文件的截止时间前，可以补充、修改、替代或者撤回已提交的投标文件，并书面通知招标人。补充、修改的内容为投标文件的组成部分。

第三十六条 在提交投标文件截止时间后，投标人不得撤销其投标文件，否则招标人可以不退还其投标保证金。

第三十七条 招标人应妥善保管好已接收的投标文件、修改或撤回通知、备选投标方案等投标资料，并严格保密。

第三十八条 两个以上法人或者其他组织可以组成一个联合体，以一个投标人的身份共同投标。

联合体各方签订共同投标协议后，不得再以自己名义单独投标，也不得组成或参加其他联合体在同一项目中投标；否则相关投标均无效。

联合体中标的，应当指定牵头人或代表，授权其代表所有联合体成员与招标人签订合同，负责整个合同实施阶段的协调工作。但是，需要向招标人提交由所有联合体成员法定代表人签署的授权委托书。

第三十九条 招标人接受联合体投标并进行资格预审的,联合体应当在提交资格预审申请文件前组成。资格预审后联合体增减、更换成员的,其投标无效。

招标人不得强制资格预审合格的投标人组成联合体。

第四章 开标、评标和定标

第四十条 开标应当在招标文件确定的提交投标文件截止时间的同一时间公开进行;开标地点应当为招标文件中确定的地点。

投标人或其授权代表有权出席开标会,也可以自主决定不参加开标会。

投标人对开标有异议的,应当在开标现场提出,招标人应当当场作出答复,并制作记录。

第四十一条 投标文件有下列情形之一的,招标人应当拒收:

(一)逾期送达;

(二)未按招标文件要求密封。

有下列情形之一的,评标委员会应当否决其投标:

(一)投标文件未经投标单位盖章和单位负责人签字;

(二)投标联合体没有提交共同投标协议;

(三)投标人不符合国家或者招标文件规定的资格条件;

(四)同一投标人提交两个以上不同的投标文件或者投标报价,但招标文件要求提交备选投标的除外;

(五)投标标价低于成本或者高于招标文件设定的最高投标限价;

(六)投标文件没有对招标文件的实质性要求和条件作出响应;

(七)投标人有串通投标、弄虚作假、行贿等违法行为。

依法必须招标的项目评标委员会否决所有投标的,或者评标委员会否决一部分投标后其他有效投标不足三个使得投标明显缺乏竞争,决定否决全部投标的,招标人在分析招标失败的原因并采取相应措施后,应当重新招标。

第四十二条 评标委员会可以书面方式要求投标人对投标文件中含义不明确、对同类问题表述不一致或者有明显文字和计算错误的内容作必要的澄清、说明或补正。评标委员会不得向投标人提出带有暗示性或诱导性的问题,或向其明确投标文件中的遗漏和错误。

第四十三条 投标文件不响应招标文件的实质性要求和条件的，评标委员会不得允许投标人通过修正或撤销其不符合要求的差异或保留，使之成为具有响应性的投标。

第四十四条 技术简单或技术规格、性能、制作工艺要求统一的货物，一般采用经评审的最低投标价法进行评标。技术复杂或技术规格、性能、制作工艺要求难以统一的货物，一般采用综合评估法进行评标。

第四十五条 符合招标文件要求且评标价最低或综合评分最高而被推荐为中标候选人的投标人，其所提交的备选投标方案方可予以考虑。

第四十六条 评标委员会完成评标后，应向招标人提出书面评标报告。评标报告由评标委员会全体成员签字。

第四十七条 评标委员会在书面评标报告中推荐的中标候选人应当限定在一至三人，并标明排列顺序。招标人应当接受评标委员会推荐的中标候选人，不得在评标委员会推荐的中标候选人之外确定中标人。

依法必须进行招标的项目，招标人应当自收到评标报告之日起三日内公示中标候选人，公示期不得少于三日。

第四十八条 国有资金占控股或者主导地位的依法必须进行招标的项目，招标人应当确定排名第一的中标候选人为中标人。排名第一的中标候选人放弃中标、因不可抗力提出不能履行合同、不按照招标文件要求提交履约保证金，或者被查实存在影响中标结果的违法行为等情形，不符合中标条件的，招标人可以按照评标委员会提出的中标候选人名单排序依次确定其他中标候选人为中标人。依次确定其他中标候选人与招标人预期差距较大，或者对招标人明显不利的，招标人可以重新招标。

招标人可以授权评标委员会直接确定中标人。

国务院对中标人的确定另有规定的，从其规定。

第四十九条 招标人不得向中标人提出压低报价、增加配件或者售后服务量以及其他超出招标文件规定的违背中标人意愿的要求，以此作为发出中标通知书和签订合同的条件。

第五十条 中标通知书对招标人和中标人具有法律效力。中标通知书发出后，招标人改变中标结果的，或者中标人放弃中标项目的，应当依法承担法律责任。

中标通知书由招标人发出，也可以委托其招标代理机构发出。

第五十一条 招标人和中标人应当在投标有效期内并在自中标通知书发出之日起三十日内，按照招标文件和中标人的投标文件订立书面合同。招标人和中标人不得再行订立背离合同实质性内容的其他协议。

招标文件要求中标人提交履约保证金或者其他形式履约担保的，中标人应当提交；拒绝提交的，视为放弃中标项目。招标人要求中标人提供履约保证金或其他形式履约担保的，招标人应当同时向中标人提供货物款支付担保。

履约保证金不得超过中标合同金额的10%。

第五十二条 招标人最迟应当在书面合同签订后五日内，向中标人和未中标的投标人一次性退还投标保证金及银行同期存款利息。

第五十三条 必须审批的工程建设项目，货物合同价格应当控制在批准的概算投资范围内；确需超出范围的，应当在中标合同签订前，报原项目审批部门审查同意。项目审批部门应当根据招标的实际情况，及时作出批准或者不予批准的决定；项目审批部门不予批准的，招标人应当自行平衡超出的概算。

第五十四条 依法必须进行货物招标的项目，招标人应当自确定中标人之日起十五日内，向有关行政监督部门提交招标投标情况的书面报告。

前款所称书面报告至少应包括下列内容：

（一）招标货物基本情况；

（二）招标方式和发布招标公告或者资格预审公告的媒介；

（三）招标文件中投标人须知、技术条款、评标标准和方法、合同主要条款等内容；

（四）评标委员会的组成和评标报告；

（五）中标结果。

第五章 罚 则

第五十五条 招标人有下列限制或者排斥潜在投标行为之一的，由有关行政监督部门依照招标投标法第五十一条的规定处罚；其中，构成依法必须进行招标的项目的招标人规避招标的，依照招标投标法第四十九条的规定处罚：

（一）依法应当公开招标的项目不按照规定在指定媒介发布资格预审公告或者招标公告；

（二）在不同媒介发布的同一招标项目的资格预审公告或者招标公告内容不一致，影响潜在投标人申请资格预审或者投标。

第五十六条 招标人有下列情形之一的，由有关行政监督部门责令改正，可以处10万元以下的罚款：

（一）依法应当公开招标而采用邀请招标；

（二）招标文件、资格预审文件的发售、澄清、修改的时限，或者确定的提交资格预审申请文件、投标文件的时限不符合招标投标法和招标投标法实施条例规定；

（三）接受未通过资格预审的单位或者个人参加投标；

（四）接受应当拒收的投标文件。

招标人有前款第一项、第三项、第四项所列行为之一的，对单位直接负责的主管人员和其他直接责任人员依法给予处分。

第五十七条 评标委员会成员有下列行为之一的，由有关行政监督部门责令改正；情节严重的，禁止其在一定期限内参加依法必须进行招标的项目的评标；情节特别严重的，取消其担任评标委员会成员的资格：

（一）应当回避而不回避；

（二）擅离职守；

（三）不按照招标文件规定的评标标准和方法评标；

（四）私下接触投标人；

（五）向招标人征询确定中标人的意向或者接受任何单位或者个人明示或者暗示提出的倾向或者排斥特定投标人的要求；

（六）对依法应当否决的投标不提出否决意见；

（七）暗示或者诱导投标人作出澄清、说明或者接受投标人主动提出的澄清、说明；

（八）其他不客观、不公正履行职务的行为。

第五十八条 依法必须进行招标的项目的招标人有下列情形之一的，由有关行政监督部门责令改正，可以处中标项目金额千分之十以下的罚款；给他人造成损失的，依法承担赔偿责任；对单位直接负责的主管人员和其他直接责任人员依法给予处分：

（一）无正当理由不发出中标通知书；

（二）不按照规定确定中标人；

（三）中标通知书发出后无正当理由改变中标结果；

（四）无正当理由不与中标人订立合同；

（五）在订立合同时向中标人提出附加条件。

中标通知书发出后，中标人放弃中标项目的，无正当理由不与招标人签订合同的，在签订合同时向招标人提出附加条件或者更改合同实质性内容的，或者拒不提交所要求的履约保证金的，取消其中标资格，投标保证金不予退还；给招标人的损失超过投标保证金数额的，中标人应当对超过部分予以赔偿；没有提交投标保证金的，应当对招标人的损失承担赔偿责任。对依法必须进行招标的项目的中标人，由有关行政监督部门责令改正，可以处中标金额千分之十以下罚款。

第五十九条　招标人不履行与中标人订立的合同的，应当返还中标人的履约保证金，并承担相应的赔偿责任；没有提交履约保证金的，应当对中标人的损失承担赔偿责任。

因不可抗力不能履行合同的，不适用前款规定。

第六十条　中标无效的，发出的中标通知书和签订的合同自始没有法律约束力，但不影响合同中独立存在的有关解决争议方法的条款的效力。

第六章　附　　则

第六十一条　不属于工程建设项目，但属于固定资产投资的货物招标投标活动，参照本办法执行。

第六十二条　使用国际组织或者外国政府贷款、援助资金的项目进行招标，贷款方、资金提供方对货物招标投标活动的条件和程序有不同规定的，可以适用其规定，但违背中华人民共和国社会公共利益的除外。

第六十三条　本办法由国家发展和改革委员会会同有关部门负责解释。

第六十四条　本办法自 2005 年 3 月 1 日起施行。

《标准施工招标资格预审文件》和《标准施工招标文件》暂行规定

(2007 年 11 月 1 日国家发展和改革委员会、财政部、建设部、铁道部、交通部、信息产业部、水利部、中国民用航空总局、广播电影电视总局令第 56 号公布　根据 2013 年 3 月 11 日国家发展改革委等九部委令第 23 号修订)

第一条　为了规范施工招标资格预审文件、招标文件编制活动，提高资格预审文件、招标文件编制质量，促进招标投标活动的公开、公平和公正，国家发展和改革委员会、财政部、建设部、铁道部、交通部、信息产业部、水利部、民用航空总局、广播电影电视总局联合编制了《标准施工招标资格预审文件》和《标准施工招标文件》(以下如无特别说明，统一简称为《标准文件》)。

第二条　本《标准文件》适用于依法必须招标的工程建设项目。

第三条　国务院有关行业主管部门可根据《标准施工招标文件》并结合本行业施工招标特点和管理需要，编制行业标准施工招标文件。行业标准施工招标文件重点对"专用合同条款"、"工程量清单"、"图纸"、"技术标准和要求"作出具体规定。

第四条　招标人应根据《标准文件》和行业标准施工招标文件（如有），结合招标项目具体特点和实际需要，按照公开、公平、公正和诚实信用原则编写施工招标资格预审文件或施工招标文件，并按规定执行政府采购政策。

第五条　行业标准施工招标文件和招标人编制的施工招标资格预审文件、施工招标文件，应不加修改地引用《标准施工招标资格预审文件》中的"申请人须知"（申请人须知前附表除外）、"资格审查办法"（资格审查办法前附表除外），以及《标准施工招标文件》中的"投标人须知"（投标人须知前附表和其他附表除外）、"评标办法"（评标办法前附表除外）、"通用合同条款"。

《标准文件》中的其他内容，供招标人参考。

第六条 行业标准施工招标文件中的"专用合同条款"可对《标准施工招标文件》中的"通用合同条款"进行补充、细化，除"通用合同条款"明确"专用合同条款"可作出不同约定外，补充和细化的内容不得与"通用合同条款"强制性规定相抵触，否则抵触内容无效。

第七条 "申请人须知前附表"和"投标人须知前附表"用于进一步明确"申请人须知"和"投标人须知"正文中的未尽事宜，招标人应结合招标项目具体特点和实际需要编制和填写，但不得与"申请人须知"和"投标人须知"正文内容相抵触，否则抵触内容无效。

第八条 "资格审查办法前附表"和"评标办法前附表"用于明确资格审查和评标的方法、因素、标准和程序。招标人应根据招标项目具体特点和实际需要，详细列明全部审查或评审因素、标准，没有列明的因素和标准不得作为资格审查或评标的依据。

第九条 招标人编制招标文件中的"专用合同条款"可根据招标项目的具体特点和实际需要，对《标准施工招标文件》中的"通用合同条款"进行补充、细化和修改，但不得违反法律、行政法规的强制性规定和平等、自愿、公平和诚实信用原则。

第十条 招标人编制的资格预审文件和招标文件不得违反公开、公平、公正、平等、自愿和诚实信用原则。

第十一条 国务院有关部门和地方人民政府有关部门应加强对招标人使用《标准文件》的指导和监督检查，及时总结经验和发现问题。

第十二条 需要就如何适用《标准文件》中不加修改地引用的内容作出解释的，按照国务院和地方人民政府部门职责分工，分别由有关部门负责。

第十三条 因出现新情况，需要对《标准文件》中不加修改地引用的内容作出解释或调整的，由国家发展和改革委员会会同国务院有关部门作出解释或调整。该解释和调整与《标准文件》具有同等效力。

第十四条 《标准文件》作为本规定的附件，与本规定同时发布施行。

国家发展改革委、工业和信息化部、财政部等关于印发简明标准施工招标文件和标准设计施工总承包招标文件的通知

(2011年12月20日　发改法规〔2011〕3018号)

国务院各部门、各直属机构,各省、自治区、直辖市及计划单列市、副省级省会城市、新疆生产建设兵团发展改革委、工业和信息化主管部门、通信管理局、财政厅(局)、住房城乡建设厅(建委、局)、交通厅(局)、水利厅(局)、广播影视局,各铁路局、各铁路公司(筹备组),民航各地区管理局:

为落实中央关于建立工程建设领域突出问题专项治理长效机制的要求,进一步完善招标文件编制规则,提高招标文件编制质量,促进招标投标活动的公开、公平和公正,国家发展改革委会同工业和信息化部、财政部、住房和城乡建设部、交通运输部、铁道部、水利部、广电总局、中国民用航空局,编制了《简明标准施工招标文件》和《标准设计施工总承包招标文件》(以下如无特别说明,统一简称为《标准文件》)。现将《标准文件》印发你们,并就有关事项通知如下:

一、适用范围

依法必须进行招标的工程建设项目,工期不超过12个月、技术相对简单、且设计和施工不是由同一承包人承担的小型项目,其施工招标文件应当根据《简明标准施工招标文件》编制;设计施工一体化的总承包项目,其招标文件应当根据《标准设计施工总承包招标文件》编制。

工程建设项目,是指工程以及与工程建设有关的货物和服务。工程,是指建设工程,包括建筑物和构筑物的新建、改建、扩建及其相关的装修、拆除、修缮等。与工程建设有关的货物,是指构成工程不可分割的组成部分,且为实现工程基本功能所必需的设备、材料等。与工程建设有关的服务,是指为完成工程所需的勘察、设计、监理等。

二、应当不加修改地引用《标准文件》的内容

《标准文件》中的"投标人须知"（投标人须知前附表和其他附表除外）、"评标办法"（评标办法前附表除外）、"通用合同条款"，应当不加修改地引用。

三、行业主管部门可以作出的补充规定

国务院有关行业主管部门可根据本行业招标特点和管理需要，对《简明标准施工招标文件》中的"专用合同条款"、"工程量清单"、"图纸"、"技术标准和要求"，《标准设计施工总承包招标文件》中的"专用合同条款"、"发包人要求"、"发包人提供的资料和条件"作出具体规定。其中，"专用合同条款"可对"通用合同条款"进行补充、细化，但除"通用合同条款"明确规定可以作出不同约定外，"专用合同条款"补充和细化的内容不得与"通用合同条款"相抵触，否则抵触内容无效。

四、招标人可以补充、细化和修改的内容

"投标人须知前附表"用于进一步明确"投标人须知"正文中的未尽事宜，招标人或者招标代理机构应结合招标项目具体特点和实际需要编制和填写，但不得与"投标人须知"正文内容相抵触，否则抵触内容无效。

"评标办法前附表"用于明确评标的方法、因素、标准和程序。招标人应根据招标项目具体特点和实际需要，详细列明全部审查或评审因素、标准，没有列明的因素和标准不得作为资格审查或者评标的依据。

招标人或者招标代理机构可根据招标项目的具体特点和实际需要，在"专用合同条款"中对《标准文件》中的"通用合同条款"进行补充、细化和修改，但不得违反法律、行政法规的强制性规定，以及平等、自愿、公平和诚实信用原则，否则相关内容无效。

五、实施时间、解释及修改

《标准文件》自 2012 年 5 月 1 日起实施。因出现新情况，需要对《标准文件》不加修改地引用的内容作出解释或修改的，由国家发展改革委会同国务院有关部门作出解释或修改。该解释和修改与《标准文件》具有同等效力。

请各级人民政府有关部门认真组织好《标准文件》的贯彻落实，及时总结经验和发现问题。各地在实施《标准文件》中的经验和问题，向上级主管部门报告；国务院各部门汇总本部门的经验和问题，报国家发展改革委。

特此通知。

附件：一：《中华人民共和国简明标准施工招标文件》（2012 年版）（略）
二：《中华人民共和国标准设计施工总承包招标文件》（2012 年版）（略）

国家发展改革委、工业和信息化部、住房城乡建设部等关于印发《标准设备采购招标文件》等五个标准招标文件的通知

（2017 年 9 月 4 日　发改法规〔2017〕1606 号）

国务院各部门、各直属机构，各省、自治区、直辖市、新疆生产建设兵团发展改革委、工信委（经委）、通信管理局、住房城乡建设厅（建委、局）、交通运输厅（局、委）、水利（务）厅（局）、商务厅（局）、新闻出版广电局，各地区铁路监管局、民航各地区管理局：

为进一步完善标准文件编制规则，构建覆盖主要采购对象、多种合同类型、不同项目规模的标准文件体系，提高招标文件编制质量，促进招标投标活动的公开、公平和公正，营造良好市场竞争环境，国家发展改革委会同工业和信息化部、住房城乡建设部、交通运输部、水利部、商务部、国家新闻出版广电总局、国家铁路局、中国民用航空局，编制了《标准设备采购招标文件》《标准材料采购招标文件》《标准勘察招标文件》《标准设计招标文件》《标准监理招标文件》（以下如无特别说明，统一简称为《标准文件》）。现将《标准文件》印发你们，并就有关事项通知如下。

一、适用范围

本《标准文件》适用于依法必须招标的与工程建设有关的设备、材料等货物项目和勘察、设计、监理等服务项目。机电产品国际招标项目，应当使用商务部编制的机电产品国际招标标准文本（中英文）。

工程建设项目，是指工程以及与工程建设有关的货物和服务。工程，是指建设工程，包括建筑物和构筑物的新建、改建、扩建及其相关的装修、拆除、

修缮等。与工程建设有关的货物，是指构成工程不可分割的组成部分，且为实现工程基本功能所必需的设备、材料等。与工程建设有关的服务，是指为完成工程所需的勘察、设计、监理等。

二、应当不加修改地引用《标准文件》的内容

《标准文件》中的"投标人须知"（投标人须知前附表和其他附表除外）"评标办法"（评标办法前附表除外）"通用合同条款"，应当不加修改地引用。

三、行业主管部门可以作出的补充规定

国务院有关行业主管部门可根据本行业招标特点和管理需要，对《标准设备采购招标文件》《标准材料采购招标文件》中的"专用合同条款""供货要求"，对《标准勘察招标文件》《标准设计招标文件》中的"专用合同条款""发包人要求"，对《标准监理招标文件》中的"专用合同条款""委托人要求"作出具体规定。其中，"专用合同条款"可对"通用合同条款"进行补充、细化，但除"通用合同条款"明确规定可以作出不同约定外，"专用合同条款"补充和细化的内容不得与"通用合同条款"相抵触，否则抵触内容无效。

四、招标人可以补充、细化和修改的内容

"投标人须知前附表"用于进一步明确"投标人须知"正文中的未尽事宜，招标人应结合招标项目具体特点和实际需要编制和填写，但不得与"投标人须知"正文内容相抵触，否则抵触内容无效。

"评标办法前附表"用于明确评标的方法、因素、标准和程序。招标人应根据招标项目具体特点和实际需要，详细列明全部审查或评审因素、标准，没有列明的因素和标准不得作为评标的依据。

招标人可根据招标项目的具体特点和实际需要，在"专用合同条款"中对《标准文件》中的"通用合同条款"进行补充、细化和修改，但不得违反法律、行政法规的强制性规定，以及平等、自愿、公平和诚实信用原则，否则相关内容无效。

五、实施时间、解释及修改

《标准文件》自 2018 年 1 月 1 日起实施。因出现新情况，需要对《标准文件》不加修改地引用的内容作出解释或修改的，由国家发展改革委会同国务院有关部门作出解释或修改。该解释和修改与《标准文件》具有同等效力。

请各级人民政府有关部门认真组织好《标准文件》的贯彻落实，及时总结经验和发现问题。各地在实施《标准文件》中的经验和问题，向上级主管部门报告；国务院各部门汇总本部门的经验和问题，报国家发展改革委。

特此通知。

附件：1. 中华人民共和国标准设备采购招标文件（2017年版）（略）

2. 中华人民共和国标准材料采购招标文件（2017年版）（略）

3. 中华人民共和国标准勘察招标文件（2017年版）（略）

4. 中华人民共和国标准设计招标文件（2017年版）（略）

5. 中华人民共和国标准监理招标文件（2017年版）（略）

（二）建筑工程和市政工程

建筑工程设计招标投标管理办法

（2017年1月24日中华人民共和国住房和城乡建设部令第33号公布 自2017年5月1日起施行）

第一条 为规范建筑工程设计市场，提高建筑工程设计水平，促进公平竞争，繁荣建筑创作，根据《中华人民共和国建筑法》、《中华人民共和国招标投标法》、《建设工程勘察设计管理条例》和《中华人民共和国招标投标法实施条例》等法律法规，制定本办法。

第二条 依法必须进行招标的各类房屋建筑工程，其设计招标投标活动，适用本办法。

第三条 国务院住房城乡建设主管部门依法对全国建筑工程设计招标投标活动实施监督。

县级以上地方人民政府住房城乡建设主管部门依法对本行政区域内建筑工程设计招标投标活动实施监督，依法查处招标投标活动中的违法违规行为。

第四条 建筑工程设计招标范围和规模标准按照国家有关规定执行，有下列情形之一的，可以不进行招标：

（一）采用不可替代的专利或者专有技术的；

（二）对建筑艺术造型有特殊要求，并经有关主管部门批准的；

（三）建设单位依法能够自行设计的；

（四）建筑工程项目的改建、扩建或者技术改造，需要由原设计单位设计，否则将影响功能配套要求的；

（五）国家规定的其他特殊情形。

第五条 建筑工程设计招标应当依法进行公开招标或者邀请招标。

第六条 建筑工程设计招标可以采用设计方案招标或者设计团队招标，招标人可以根据项目特点和实际需要选择。

设计方案招标，是指主要通过对投标人提交的设计方案进行评审确定中标人。

设计团队招标，是指主要通过对投标人拟派设计团队的综合能力进行评审确定中标人。

第七条 公开招标的，招标人应当发布招标公告。邀请招标的，招标人应当向3个以上潜在投标人发出投标邀请书。

招标公告或者投标邀请书应当载明招标人名称和地址、招标项目的基本要求、投标人的资质要求以及获取招标文件的办法等事项。

第八条 招标人一般应当将建筑工程的方案设计、初步设计和施工图设计一并招标。确需另行选择设计单位承担初步设计、施工图设计的，应当在招标公告或者投标邀请书中明确。

第九条 鼓励建筑工程实行设计总包。实行设计总包的，按照合同约定或者经招标人同意，设计单位可以不通过招标方式将建筑工程非主体部分的设计进行分包。

第十条 招标文件应当满足设计方案招标或者设计团队招标的不同需求，主要包括以下内容：

（一）项目基本情况；

（二）城乡规划和城市设计对项目的基本要求；

（三）项目工程经济技术要求；

（四）项目有关基础资料；

（五）招标内容；

（六）招标文件答疑、现场踏勘安排；

（七）投标文件编制要求；

（八）评标标准和方法；

（九）投标文件送达地点和截止时间；

（十）开标时间和地点；

（十一）拟签订合同的主要条款；

（十二）设计费或者计费方法；

（十三）未中标方案补偿办法。

第十一条 招标人应当在资格预审公告、招标公告或者投标邀请书中载明是否接受联合体投标。采用联合体形式投标的，联合体各方应当签订共同投标协议，明确约定各方承担的工作和责任，就中标项目向招标人承担连带责任。

第十二条 招标人可以对已发出的招标文件进行必要的澄清或者修改。澄清或者修改的内容可能影响投标文件编制的，招标人应当在投标截止时间至少15日前，以书面形式通知所有获取招标文件的潜在投标人，不足15日的，招标人应当顺延提交投标文件的截止时间。

潜在投标人或者其他利害关系人对招标文件有异议的，应当在投标截止时间10日前提出。招标人应当自收到异议之日起3日内作出答复；作出答复前，应当暂停招标投标活动。

第十三条 招标人应当确定投标人编制投标文件所需要的合理时间，自招标文件开始发出之日起至投标人提交投标文件截止之日止，时限最短不少于20日。

第十四条 投标人应当具有与招标项目相适应的工程设计资质。境外设计单位参加国内建筑工程设计投标的，按照国家有关规定执行。

第十五条 投标人应当按照招标文件的要求编制投标文件。投标文件应当对招标文件提出的实质性要求和条件作出响应。

第十六条 评标由评标委员会负责。

评标委员会由招标人代表和有关专家组成。评标委员会人数为5人以上单数，其中技术和经济方面的专家不得少于成员总数的 2/3。建筑工程设计方案评标时，建筑专业专家不得少于技术和经济方面专家总数的 2/3。

评标专家一般从专家库随机抽取，对于技术复杂、专业性强或者国家有特殊要求的项目，招标人也可以直接邀请相应专业的中国科学院院士、中国工程院院士、全国工程勘察设计大师以及境外具有相应资历的专家参加评标。

投标人或者与投标人有利害关系的人员不得参加评标委员会。

第十七条 有下列情形之一的，评标委员会应当否决其投标：

（一）投标文件未按招标文件要求经投标人盖章和单位负责人签字；

（二）投标联合体没有提交共同投标协议；

（三）投标人不符合国家或者招标文件规定的资格条件；

（四）同一投标人提交两个以上不同的投标文件或者投标报价，但招标文件要求提交备选投标的除外；

（五）投标文件没有对招标文件的实质性要求和条件作出响应；

（六）投标人有串通投标、弄虚作假、行贿等违法行为；

（七）法律法规规定的其他应当否决投标的情形。

第十八条 评标委员会应当按照招标文件确定的评标标准和方法，对投标文件进行评审。

采用设计方案招标的，评标委员会应当在符合城乡规划、城市设计以及安全、绿色、节能、环保要求的前提下，重点对功能、技术、经济和美观等进行评审。

采用设计团队招标的，评标委员会应当对投标人拟从事项目设计的人员构成、人员业绩、人员从业经历、项目解读、设计构思、投标人信用情况和业绩等进行评审。

第十九条 评标委员会应当在评标完成后，向招标人提出书面评标报告，推荐不超过 3 个中标候选人，并标明顺序。

第二十条 招标人应当公示中标候选人。采用设计团队招标的，招标人应当公示中标候选人投标文件中所列主要人员、业绩等内容。

第二十一条 招标人根据评标委员会的书面评标报告和推荐的中标候选人确定中标人。招标人也可以授权评标委员会直接确定中标人。

采用设计方案招标的，招标人认为评标委员会推荐的候选方案不能最大限度满足招标文件规定的要求的，应当依法重新招标。

第二十二条 招标人应当在确定中标人后及时向中标人发出中标通知书，并同时将中标结果通知所有未中标人。

第二十三条 招标人应当自确定中标人之日起 15 日内，向县级以上地方人民政府住房城乡建设主管部门提交招标投标情况的书面报告。

第二十四条 县级以上地方人民政府住房城乡建设主管部门应当自收到招标投标情况的书面报告之日起 5 个工作日内，公开专家评审意见等信息，涉及国家秘密、商业秘密的除外。

第二十五条 招标人和中标人应当自中标通知书发出之日起 30 日内，按照招标文件和中标人的投标文件订立书面合同。

第二十六条 招标人、中标人使用未中标方案的，应当征得提交方案的投标人同意并付给使用费。

第二十七条 国务院住房城乡建设主管部门，省、自治区、直辖市人民政府住房城乡建设主管部门应当加强建筑工程设计评标专家和专家库的管理。

建筑专业专家库应当按建筑工程类别细化分类。

第二十八条 住房城乡建设主管部门应当加快推进电子招标投标，完善招标投标信息平台建设，促进建筑工程设计招标投标信息化监管。

第二十九条 招标人以不合理的条件限制或者排斥潜在投标人的，对潜在投标人实行歧视待遇的，强制要求投标人组成联合体共同投标的，或者限制投标人之间竞争的，由县级以上地方人民政府住房城乡建设主管部门责令改正，可以处 1 万元以上 5 万元以下的罚款。

第三十条 招标人澄清、修改招标文件的时限，或者确定的提交投标文件的时限不符合本办法规定的，由县级以上地方人民政府住房城乡建设主管部门责令改正，可以处 10 万元以下的罚款。

第三十一条 招标人不按照规定组建评标委员会，或者评标委员会成员的确定违反本办法规定的，由县级以上地方人民政府住房城乡建设主管部门责令改正，可以处 10 万元以下的罚款，相应评审结论无效，依法重新进行评审。

第三十二条 招标人有下列情形之一的，由县级以上地方人民政府住房城乡建设主管部门责令改正，可以处中标项目金额10‰以下的罚款；给他人造成损失的，依法承担赔偿责任；对单位直接负责的主管人员和其他直接责任人员依法给予处分：

（一）无正当理由未按本办法规定发出中标通知书；

（二）不按照规定确定中标人；

（三）中标通知书发出后无正当理由改变中标结果；

（四）无正当理由未按本办法规定与中标人订立合同；

（五）在订立合同时向中标人提出附加条件。

第三十三条 投标人以他人名义投标或者以其他方式弄虚作假，骗取中标的，中标无效，给招标人造成损失的，依法承担赔偿责任；构成犯罪的，依法追究刑事责任。

投标人有前款所列行为尚未构成犯罪的，由县级以上地方人民政府住房城乡建设主管部门处中标项目金额5‰以上10‰以下的罚款，对单位直接负责的主管人员和其他直接责任人员处单位罚款数额5%以上10%以下的罚款；有违法所得的，并处没收违法所得；情节严重的，取消其1年至3年内参加依法必须进行招标的建筑工程设计招标的投标资格，并予以公告，直至由工商行政管理机关吊销营业执照。

第三十四条 评标委员会成员收受投标人的财物或者其他好处的，评标委员会成员或者参加评标的有关工作人员向他人透露对投标文件的评审和比较、中标候选人的推荐以及与评标有关的其他情况的，由县级以上地方人民政府住房城乡建设主管部门给予警告，没收收受的财物，可以并处3000元以上5万元以下的罚款。

评标委员会成员有前款所列行为的，由有关主管部门通报批评并取消担任评标委员会成员的资格，不得再参加任何依法必须进行招标的建筑工程设计招标投标的评标；构成犯罪的，依法追究刑事责任。

第三十五条 评标委员会成员违反本办法规定，对应当否决的投标不提出否决意见的，由县级以上地方人民政府住房城乡建设主管部门责令改正；情节严重的，禁止其在一定期限内参加依法必须进行招标的建筑工程设计招标投标的评标；情节特别严重的，由有关主管部门取消其担任评标委员会成员的资格。

第三十六条 住房城乡建设主管部门或者有关职能部门的工作人员徇私舞弊、滥用职权或者玩忽职守，构成犯罪的，依法追究刑事责任；不构成犯罪的，依法给予行政处分。

第三十七条 市政公用工程及园林工程设计招标投标参照本办法执行。

第三十八条 本办法自 2017 年 5 月 1 日起施行。2000 年 10 月 18 日建设部颁布的《建筑工程设计招标投标管理办法》（建设部令第 82 号）同时废止。

建筑工程方案设计招标投标管理办法

（2008 年 3 月 21 日　建市〔2008〕63 号）

第一章　总　　则

第一条　为规范建筑工程方案设计招标投标活动，提高建筑工程方案设计质量，体现公平有序竞争，根据《中华人民共和国建筑法》、《中华人民共和国招标投标法》及相关法律、法规和规章，制定本办法。

第二条　在中华人民共和国境内从事建筑工程方案设计招标投标及其管理活动的，适用本办法。

学术性的项目方案设计竞赛或不对某工程项目下一步设计工作的承接具有直接因果关系的"创意征集"等活动，不适用本办法。

第三条　本办法所称建筑工程方案设计招标投标，是指在建筑工程方案设计阶段，按照有关招标投标法律、法规和规章等规定进行的方案设计招标投标活动。

第四条　按照国家规定需要政府审批的建筑工程项目，有下列情形之一的，经有关部门批准，可以不进行招标：

（一）涉及国家安全、国家秘密的；

（二）涉及抢险救灾的；

（三）主要工艺、技术采用特定专利、专有技术，或者建筑艺术造型有特殊要求的；

（四）技术复杂或专业性强，能够满足条件的设计机构少于三家，不能形成有效竞争的；

（五）项目的改、扩建或者技术改造，由其他设计机构设计影响项目功能配套性的；

（六）法律、法规规定可以不进行设计招标的其他情形。

第五条 国务院建设主管部门负责全国建筑工程方案设计招标投标活动统一监督管理。县级以上人民政府建设主管部门依法对本行政区域内建筑工程方案设计招标投标活动实施监督管理。

建筑工程方案设计招标投标管理流程图详见附件一。

第六条 建筑工程方案设计应按照科学发展观，全面贯彻适用、经济，在可能条件下注意美观的原则。建筑工程设计方案要与当地经济发展水平相适应，积极鼓励采用节能、节地、节水、节材、环保技术的建筑工程设计方案。

第七条 建筑工程方案设计招标投标活动应遵循公开、公平、公正、择优和诚实信用的原则。

第八条 建筑工程方案设计应严格执行《建设工程质量管理条例》、《建设工程勘察设计管理条例》和国家强制性标准条文；满足现行的建筑工程建设标准、设计规范（规程）和本办法规定的相应设计文件编制深度要求。

第二章 招　　标

第九条 建筑工程方案设计招标方式分为公开招标和邀请招标。

全部使用国有资金投资或者国有资金投资占控股或者主导地位的建筑工程项目，以及国务院发展和改革部门确定的国家重点项目和省、自治区、直辖市人民政府确定的地方重点项目，除符合本办法第四条及第十条规定条件并依法获得批准外，应当公开招标。

第十条 依法必须进行公开招标的建筑工程项目，在下列情形下可以进行邀请招标：

（一）项目的技术性、专业性强，或者环境资源条件特殊，符合条件的潜在投标人数量有限的；

（二）如采用公开招标，所需费用占建筑工程项目总投资额比例过大的；

（三）受自然因素限制，如采用公开招标，影响建筑工程项目实施时机的；

（四）法律、法规规定不宜公开招标的。

招标人采用邀请招标的方式，应保证有三个以上具备承担招标项目设计能力，并具有相应资质的机构参加投标。

第十一条 根据设计条件及设计深度，建筑工程方案设计招标类型分为建筑工程概念性方案设计招标和建筑工程实施性方案设计招标两种类型。

招标人应在招标公告或者投标邀请函中明示采用何种招标类型。

第十二条 建筑工程方案设计招标时应当具备下列条件：

（一）按照国家有关规定需要履行项目审批手续的，已履行审批手续，取得批准；

（二）设计所需要资金已经落实；

（三）设计基础资料已经收集完成；

（四）符合相关法律、法规规定的其他条件。

建筑工程概念性方案设计招标和建筑工程实施性方案设计招标的招标条件详见本办法附件二。

第十三条 公开招标的项目，招标人应当在指定的媒介发布招标公告。大型公共建筑工程的招标公告应当按照有关规定在指定的全国性媒介发布。

第十四条 招标人填写的招标公告或投标邀请函应当内容真实、准确和完整。

招标公告或投标邀请函的主要内容应当包括：工程概况、招标方式、招标类型、招标内容及范围、投标人承担设计任务范围、对投标人资质、经验及业绩的要求、投标人报名要求、招标文件工本费收费标准、投标报名时间、提交资格预审申请文件的截止时间、投标截止时间等。

建筑工程方案设计招标公告和投标邀请函样本详见本办法附件三。

第十五条 招标人应当按招标公告或者投标邀请函规定的时间、地点发出招标文件或者资格预审文件。自招标文件或者资格预审文件发出之日起至停止发出之日止，不得少于5个工作日。

第十六条 大型公共建筑工程项目或投标人报名数量较多的建筑工程项目招标可以实行资格预审。采用资格预审的，招标人应在招标公告中明示，并发出资格预审文件。招标人不得通过资格预审排斥潜在投标人。

对于投标人数量过多，招标人实行资格预审的情形，招标人应在招标公告中明确进行资格预审所需达到的投标人报名数量。招标人未在招标公告中明确或实际投标人报名数量未达到招标公告中规定的数量时，招标人不得进行资格预审。

资格预审必须由专业人员评审。资格预审不采用打分的方式评审，只有"通过"和"未通过"之分。如果通过资格预审投标人的数量不足三家，招标人应修订并公布新的资格预审条件，重新进行资格预审，直至三家或三家以上投标人通过资格预审为止。特殊情况下，招标人不能重新制定新的资格预审条件的，必须依据国家相关法律、法规规定执行。

建筑工程方案设计招标资格预审文件样本详见本办法附件四。

第十七条 招标人应当根据建筑工程特点和需要编制招标文件。招标文件包括以下方面内容：

（一）投标须知

（二）投标技术文件要求

（三）投标商务文件要求

（四）评标、定标标准及方法说明

（五）设计合同授予及投标补偿费用说明

招标人应在招标文件中明确执行国家规定的设计收费标准或提供投标人设计收费的统一计算基价。

对政府或国有资金投资的大型公共建筑工程项目，招标人应当在招标文件中明确参与投标的设计方案必须包括有关使用功能、建筑节能、工程造价、运营成本等方面的专题报告。

设计招标文件中的投标须知样本、招标技术文件编写内容及深度要求、投标商务文件内容等分别详见本办法附件五、附件六和附件七。

第十八条 招标人和招标代理机构应将加盖单位公章的招标公告或投标邀请函及招标文件，报项目所在地建设主管部门备案。各级建设主管部门对招标投标活动实施监督。

第十九条 概念性方案设计招标或者实施性方案设计招标的中标人应按招

标文件要求承担方案及后续阶段的设计和服务工作。但中标人为中华人民共和国境外企业的，若承担后续阶段的设计和服务工作应按照《关于外国企业在中华人民共和国境内从事建设工程设计活动的管理暂行规定》（建市〔2004〕78号）执行。

如果招标人只要求中标人承担方案阶段设计，而不再委托中标人承接或参加后续阶段工程设计业务的，应在招标公告或投标邀请函中明示，并说明支付中标人的设计费用。采用建筑工程实施性方案设计招标的，招标人应按照国家规定方案阶段设计付费标准支付中标人。采用建筑工程概念性方案设计招标的，招标人应按照国家规定方案阶段设计付费标准的80%支付中标人。

第三章 投 标

第二十条 参加建筑工程项目方案设计的投标人应具备下列主体资格：

（一）在中华人民共和国境内注册的企业，应当具有建设主管部门颁发的建筑工程设计资质证书或建筑专业事务所资质证书，并按规定的等级和范围参加建筑工程项目方案设计投标活动。

（二）注册在中华人民共和国境外的企业，应当是其所在国或者所在地区的建筑设计行业协会或组织推荐的会员。其行业协会或组织的推荐名单应由建设单位确认。

（三）各种形式的投标联合体各方应符合上述要求。招标人不得强制投标人组成联合体共同投标，不得限制投标人组成联合体参与投标。

招标人可以根据工程项目实际情况，在招标公告或投标邀请函中明确投标人其他资格条件。

第二十一条 采用国际招标的，不应人为设置条件排斥境内投标人。

第二十二条 投标人应按照招标文件确定的内容和深度提交投标文件。

第二十三条 招标人要求投标人提交备选方案的，应当在招标文件中明确相应的评审和比选办法。

凡招标文件中未明确规定允许提交备选方案的，投标人不得提交备选方案。如投标人擅自提交备选方案的，招标人应当拒绝该投标人提交的所有方案。

第二十四条　建筑工程概念性方案设计投标文件编制一般不少于二十日，其中大型公共建筑工程概念性方案设计投标文件编制一般不少于四十日；建筑工程实施性方案设计投标文件编制一般不少于四十五日。招标文件中规定的编制时间不符合上述要求的，建设主管部门对招标文件不予备案。

第四章　开标、评标、定标

第二十五条　开标应在招标文件规定提交投标文件截止时间的同一时间公开进行；除不可抗力外，招标人不得以任何理由拖延开标，或者拒绝开标。

建筑工程方案设计招标开标程序详见本办法附件八。

第二十六条　投标文件出现下列情形之一的，其投标文件作为无效标处理，招标人不予受理：

（一）逾期送达的或者未送达指定地点的；

（二）投标文件未按招标文件要求予以密封的；

（三）违反有关规定的其他情形。

第二十七条　招标人或招标代理机构根据招标建筑工程项目特点和需要组建评标委员会，其组成应当符合有关法律、法规和本办法的规定：

（一）评标委员会的组成应包括招标人以及与建筑工程项目方案设计有关的建筑、规划、结构、经济、设备等专业专家。大型公共建筑工程项目应增加环境保护、节能、消防专家。评委应以建筑专业专家为主，其中技术、经济专家人数应占评委总数的三分之二以上；

（二）评标委员会人数为5人以上单数组成，其中大型公共建筑工程项目评标委员会人数不应少于9人；

（三）大型公共建筑工程或具有一定社会影响的建筑工程，以及技术特别复杂、专业性要求特别高的建筑工程，采取随机抽取确定的专家难以胜任的，经主管部门批准，招标人可以从设计类资深专家库中直接确定，必要时可以邀请外地或境外资深专家参加评标。

第二十八条　评标委员会必须严格按照招标文件确定的评标标准和评标办法进行评审。评委应遵循公平、公正、客观、科学、独立、实事求是的评标原则。

评审标准主要包括以下方面：

（一）对方案设计符合有关技术规范及标准规定的要求进行分析、评价；

（二）对方案设计水平、设计质量高低、对招标目标的响应度进行综合评审；

（三）对方案社会效益、经济效益及环境效益的高低进行分析、评价；

（四）对方案结构设计的安全性、合理性进行分析、评价；

（五）对方案投资估算的合理性进行分析、评价；

（六）对方案规划及经济技术指标的准确度进行比较、分析；

（七）对保证设计质量、配合工程实施，提供优质服务的措施进行分析、评价；

（八）对招标文件规定废标或被否决的投标文件进行评判。

评标方法主要包括记名投票法、排序法和百分制综合评估法等，招标人可根据项目实际情况确定评标方法。评标方法及实施步骤详见本办法附件九。

第二十九条 设计招标投标评审活动应当符合以下规定：

（一）招标人应确保评标专家有足够时间审阅投标文件，评审时间安排应与工程的复杂程度、设计深度、提交有效标的投标人数量和投标人提交设计方案的数量相适应。

（二）评审应由评标委员会负责人主持，负责人应从评标委员会中确定一名资深技术专家担任，并从技术评委中推荐一名评标会议纪要人。

（三）评标应严格按照招标文件中规定的评标标准和办法进行，除了有关法律、法规以及国家标准中规定的强制性条文外，不得引用招标文件规定以外的标准和办法进行评审。

（四）在评标过程中，当评标委员会对投标文件有疑问，需要向投标人质疑时，投标人可以到场解释或澄清投标文件有关内容。

（五）在评标过程中，一旦发现投标人有对招标人、评标委员会成员或其他有关人员施加不正当影响的行为，评标委员会有权拒绝该投标人的投标。

（六）投标人不得以任何形式干扰评标活动，否则评标委员会有权拒绝该投标人的投标。

（七）对于国有资金投资或国家融资的有重大社会影响的标志性建筑，招标人可以邀请人大代表、政协委员和社会公众代表列席，接受社会监督。但列席人员不发表评审意见，也不得以任何方式干涉评标委员会独立开展评标工作。

第三十条 大型公共建筑工程项目如有下列情况之一的，招标人可以在评标过程中对其中有关规划、安全、技术、经济、结构、环保、节能等方面进行专项技术论证：

（一）对于重要地区主要景观道路沿线，设计方案是否适合周边地区环境条件兴建的；

（二）设计方案中出现的安全、技术、经济、结构、材料、环保、节能等有重大不确定因素的；

（三）有特殊要求，需要进行设计方案技术论证的。

一般建筑工程项目，必要时，招标人也可进行涉及安全、技术、经济、结构、材料、环保、节能中的一个或多个方面的专项技术论证，以确保建筑方案的安全性和合理性。

第三十一条 投标文件有下列情形之一的，经评标委员会评审后按废标处理或被否决：

（一）投标文件中的投标函无投标人公章（有效签署）、投标人的法定代表人有效签章及未有相应资格的注册建筑师有效签章的；或者投标人的法定代表人授权委托人没有经有效签章的合法、有效授权委托书原件的；

（二）以联合体形式投标，未向招标人提交共同签署的联合体协议书的；

（三）投标联合体通过资格预审后在组成上发生变化的；

（四）投标文件中标明的投标人与资格预审的申请人在名称和组织结构上存在实质性差别的；

（五）未按招标文件规定的格式填写，内容不全，未响应招标文件的实质性要求和条件的，经评标委员会评审未通过的；

（六）违反编制投标文件的相关规定，可能对评标工作产生实质性影响的；

（七）与其他投标人串通投标，或者与招标人串通投标的；

（八）以他人名义投标，或者以其他方式弄虚作假的；

（九）未按招标文件的要求提交投标保证金的；

（十）投标文件中承诺的投标有效期短于招标文件规定的；

（十一）在投标过程中有商业贿赂行为的；

（十二）其他违反招标文件规定实质性条款要求的。

评标委员会对投标文件确认为废标的，应当由三分之二以上评委签字确认。

第三十二条 有下列情形之一的，招标人应当依法重新招标：

（一）所有投标均做废标处理或被否决的；

（二）评标委员会界定为不合格标或废标后，因有效投标人不足3个使得投标明显缺乏竞争，评标委员会决定否决全部投标的；

（三）同意延长投标有效期的投标人少于3个的。

符合前款第一种情形的，评标委员会应在评标纪要上详细说明所有投标均做废标处理或被否决的理由。

招标人依法重新招标的，应对有串标、欺诈、行贿、压价或弄虚作假等违法或严重违规行为的投标人取消其重新投标的资格。

第三十三条 评标委员会按如下规定向招标人推荐合格的中标候选人：

（一）采取公开和邀请招标方式的，推荐1至3名；

（二）招标人也可以委托评标委员会直接确定中标人。

（三）经评标委员会评审，认为各投标文件未最大程度响应招标文件要求，重新招标时间又不允许的，经评标委员会同意，评委可以以记名投票方式，按自然多数票产生3名或3名以上投标人进行方案优化设计。评标委员会重新对优化设计方案评审后，推荐合格的中标候选人。

第三十四条 各级建设主管部门应在评标结束后15天内在指定媒介上公开排名顺序，并对推荐中标方案、评标专家名单及各位专家评审意见进行公示，公示期为5个工作日。

第三十五条 推荐中标方案在公示期间没有异议、异议不成立、没有投诉或投诉处理后没有发现问题的，招标人应当根据招标文件中规定的定标方法从评标委员会推荐的中标候选方案中确定中标人。定标方法主要包括：

（一）招标人委托评标委员会直接确定中标人；

（二）招标人确定评标委员会推荐的排名第一的中标候选人为中标人。排名第一的中标候选人放弃中标、因不可抗力提出不能履行合同、招标文件规定应当提交履约保证金而在规定的期限内未提交的，或者存在违法行为被有关部门依法查处，且其违法行为影响中标结果的，招标人可以确定排名第二的中标候选人为中标人。如排名第二的中标候选人也发生上述问题，依次可确定排名第三的中标候选人为中标人。

（三）招标人根据评标委员会的书面评标报告，组织审查评标委员会推荐的中标候选方案后，确定中标人。

第三十六条 依法必须进行设计招标的项目，招标人应当在确定中标人之日起15日内，向有关建设主管部门提交招标投标情况的书面报告。

建筑工程方案设计招标投标情况书面报告的主要内容详见本办法附件十。

第五章 其 他

第三十七条 招标人和中标人应当自中标通知书发出之日起30日内，依据《中华人民共和国合同法》及有关工程设计合同管理规定的要求，按照不违背招标文件和中标人的投标文件内容签订设计委托合同，并履行合同约定的各项内容。合同中确定的建设标准、建设内容应当控制在经审批的可行性报告规定范围内。

国家制定的设计收费标准上下浮动20%是签订建筑工程设计合同的依据。招标人不得以压低设计费、增加工作量、缩短设计周期等作为发出中标通知书的条件，也不得与中标人再订立背离合同实质性内容的其他协议。如招标人违反上述规定，其签订的合同效力按《中华人民共和国合同法》有关规定执行，同时建设主管部门对设计合同不予备案，并依法予以处理。

招标人应在签订设计合同起7个工作日内，将设计合同报项目所在地建设或规划主管部门备案。

第三十八条 对于达到设计招标文件要求但未中标的设计方案，招标人应给予不同程度的补偿。

（一）采用公开招标，招标人应在招标文件中明确其补偿标准。若投标人数量过多，招标人可在招标文件中明确对一定数量的投标人进行补偿。

（二）采用邀请招标，招标人应给予每个未中标的投标人经济补偿，并在投标邀请函中明确补偿标准。

招标人可根据情况设置不同档次的补偿标准，以便对评标委员会评选出的优秀设计方案给予适当鼓励。

第三十九条 境内外设计企业在中华人民共和国境内参加建筑工程设计招标的设计收费，应按照同等国民待遇原则，严格执行中华人民共和国的设计收费标准。

工程设计中采用投标人自有专利或者专有技术的，其专利和专有技术收费由招标人和投标人协商确定。

第四十条 招标人应保护投标人的知识产权。投标人拥有设计方案的著作权（版权）。未经投标人书面同意，招标人不得将交付的设计方案向第三方转让或用于本招标范围以外的其他建设项目。

招标人与中标人签署设计合同后，招标人在该建设项目中拥有中标方案的使用权。中标人应保护招标人一旦使用其设计方案不能受到来自第三方的侵权诉讼或索赔，否则中标人应承担由此而产生的一切责任。

招标人或者中标人使用其他未中标人投标文件中的技术成果或技术方案的，应当事先征得该投标人的书面同意，并按规定支付使用费。未经相关投标人书面许可，招标人或者中标人不得擅自使用其他投标人投标文件中的技术成果或技术方案。

联合体投标人合作完成的设计方案，其知识产权由联合体成员共同所有。

第四十一条 设计单位应对其提供的方案设计的安全性、可行性、经济性、合理性、真实性及合同履行承担相应的法律责任。

由于设计原因造成工程项目总投资超出预算的，建设单位有权依法对设计单位追究责任。但设计单位根据建设单位要求，仅承担方案设计，不承担后续阶段工程设计业务的情形除外。

第四十二条 各级建设主管部门应加强对建设单位、招标代理机构、设计单位及取得执业资格注册人员的诚信管理。在设计招标投标活动中对招标代理机构、设计单位及取得执业资格注册人员的各种失信行为和违法违规行为记录在案，并建立招标代理机构、设计单位及取得执业资格注册人员的诚信档案。

第四十三条 各级政府部门不得干预正常的招标投标活动和无故否决依法按规定程序评出的中标方案。

各级政府相关部门应加强监督国家和地方建设方针、政策、标准、规范的落实情况，查处不正当竞争行为。

在建筑工程方案设计招标投标活动中，对违反《中华人民共和国招标投标法》、《工程建设项目勘察设计招标投标办法》和本办法规定的，建设主管部门应当依法予以处理。

第六章 附 则

第四十四条 本办法所称大型公共建筑工程一般指建筑面积 2 万平方米以上的办公建筑、商业建筑、旅游建筑、科教文卫建筑、通信建筑以及交通运输用房等。

第四十五条 使用国际组织或者外国政府贷款、援助资金的建筑工程进行设计招标时，贷款方、资金提供方对招标投标的条件和程序另有规定的，可以适用其规定，但违背中华人民共和国社会公共利益的除外。

第四十六条 各省、自治区、直辖市建设主管部门可依据本办法制定实施细则。

第四十七条 本办法自 2008 年 5 月 1 日起施行。

附件一：建筑工程方案设计招标管理流程图（略）

附件二：建筑工程方案设计招标条件（略）

附件三：建筑工程方案设计公开招标公告样本和建筑工程方案设计投标邀请函样本（略）

附件四：建筑工程方案设计招标资格预审文件样本（略）

附件五：建筑工程方案设计投标须知内容（略）

附件六：建筑工程方案设计招标技术文件编制内容及深度要求（略）

附件七：建筑工程方案设计投标商务示范文件（略）

附件八：建筑工程方案设计招标开标程序（略）

附件九：建筑工程方案设计招标评标方法（略）

附件十：建筑工程方案设计投标评审结果公示样本（略）

附件十一：建筑工程方案设计招标投标情况书面报告（略）

房屋建筑和市政基础设施工程施工招标投标管理办法

(2001年6月1日建设部令第89号发布 根据2018年9月28日住房和城乡建设部令第43号修正)

第一章 总 则

第一条 为了规范房屋建筑和市政基础设施工程施工招标投标活动，维护招标投标当事人的合法权益，依据《中华人民共和国建筑法》、《中华人民共和国招标投标法》等法律、行政法规，制定本办法。

第二条 依法必须进行招标的房屋建筑和市政基础设施工程（以下简称工程），其施工招标投标活动，适用本办法。

本办法所称房屋建筑工程，是指各类房屋建筑及其附属设施和与其配套的线路、管道、设备安装工程及室内外装修工程。

本办法所称市政基础设施工程，是指城市道路、公共交通、供水、排水、燃气、热力、园林、环卫、污水处理、垃圾处理、防洪、地下公共设施及附属设施的土建、管道、设备安装工程。

第三条 国务院建设行政主管部门负责全国工程施工招标投标活动的监督管理。

县级以上地方人民政府建设行政主管部门负责本行政区域内工程施工招标投标活动的监督管理。具体的监督管理工作，可以委托工程招标投标监督管理机构负责实施。

第四条 任何单位和个人不得违反法律、行政法规规定，限制或者排斥本地区、本系统以外的法人或者其他组织参加投标，不得以任何方式非法干涉施工招标投标活动。

第五条 施工招标投标活动及其当事人应当依法接受监督。

建设行政主管部门依法对施工招标投标活动实施监督，查处施工招标投标活动中的违法行为。

第二章 招 标

第六条 工程施工招标由招标人依法组织实施。招标人不得以不合理条件限制或者排斥潜在投标人，不得对潜在投标人实行歧视待遇，不得对潜在投标人提出与招标工程实际要求不符的过高的资质等级要求和其他要求。

第七条 工程施工招标应当具备下列条件：

（一）按照国家有关规定需要履行项目审批手续的，已经履行审批手续；

（二）工程资金或者资金来源已经落实；

（三）有满足施工招标需要的设计文件及其他技术资料；

（四）法律、法规、规章规定的其他条件。

第八条 工程施工招标分为公开招标和邀请招标。

依法必须进行施工招标的工程，全部使用国有资金投资或者国有资金投资占控股或者主导地位的，应当公开招标，但经国家计委或者省、自治区、直辖市人民政府依法批准可以进行邀请招标的重点建设项目除外；其他工程可以实行邀请招标。

第九条 工程有下列情形之一的，经县级以上地方人民政府建设行政主管部门批准，可以不进行施工招标：

（一）停建或者缓建后恢复建设的单位工程，且承包人未发生变更的；

（二）施工企业自建自用的工程，且该施工企业资质等级符合工程要求的；

（三）在建工程追加的附属小型工程或者主体加层工程，且承包人未发生变更的；

（四）法律、法规、规章规定的其他情形。

第十条 依法必须进行施工招标的工程，招标人自行办理施工招标事宜的，应当具有编制招标文件和组织评标的能力：

（一）有专门的施工招标组织机构；

（二）有与工程规模、复杂程度相适应并具有同类工程施工招标经验、熟悉有关工程施工招标法律法规的工程技术、概预算及工程管理的专业人员。

不具备上述条件的，招标人应当委托工程招标代理机构代理施工招标。

第十一条 招标人自行办理施工招标事宜的，应当在发布招标公告或者发出投标邀请书的 5 日前，向工程所在地县级以上地方人民政府建设行政主管部门备案，并报送下列材料：

（一）按照国家有关规定办理审批手续的各项批准文件；

（二）本办法第十条所列条件的证明材料，包括专业技术人员的名单、职称证书或者执业资格证书及其工作经历的证明材料；

（三）法律、法规、规章规定的其他材料。

招标人不具备自行办理施工招标事宜条件的，建设行政主管部门应当自收到备案材料之日起 5 日内责令招标人停止自行办理施工招标事宜。

第十二条 全部使用国有资金投资或者国有资金投资占控股或者主导地位，依法必须进行施工招标的工程项目，应当进入有形建筑市场进行招标投标活动。

政府有关管理机关可以在有形建筑市场集中办理有关手续，并依法实施监督。

第十三条 依法必须进行施工公开招标的工程项目，应当在国家或者地方指定的报刊、信息网络或者其他媒介上发布招标公告，并同时在中国工程建设和建筑业信息网上发布招标公告。

招标公告应当载明招标人的名称和地址，招标工程的性质、规模、地点以及获取招标文件的办法等事项。

第十四条 招标人采用邀请招标方式的，应当向 3 个以上符合资质条件的施工企业发出投标邀请书。

投标邀请书应当载明本办法第十三条第二款规定的事项。

第十五条 招标人可以根据招标工程的需要，对投标申请人进行资格预审，也可以委托工程招标代理机构对投标申请人进行资格预审。实行资格预审的招标工程，招标人应当在招标公告或者投标邀请书中载明资格预审的条件和获取资格预审文件的办法。

资格预审文件一般应当包括资格预审申请书格式、申请人须知，以及需要投标申请人提供的企业资质、业绩、技术装备、财务状况和拟派出的项目经理与主要技术人员的简历、业绩等证明材料。

第十六条 经资格预审后，招标人应当向资格预审合格的投标申请人发出资格预审合格通知书，告知获取招标文件的时间、地点和方法，并同时向资格预审不合格的投标申请人告知资格预审结果。

在资格预审合格的投标申请人过多时，可以由招标人从中选择不少于7家资格预审合格的投标申请人。

第十七条 招标人应当根据招标工程的特点和需要，自行或者委托工程招标代理机构编制招标文件。招标文件应当包括下列内容：

（一）投标须知，包括工程概况，招标范围，资格审查条件，工程资金来源或者落实情况，标段划分，工期要求，质量标准，现场踏勘和答疑安排，投标文件编制、提交、修改、撤回的要求，投标报价要求，投标有效期，开标的时间和地点，评标的方法和标准等；

（二）招标工程的技术要求和设计文件；

（三）采用工程量清单招标的，应当提供工程量清单；

（四）投标函的格式及附录；

（五）拟签订合同的主要条款；

（六）要求投标人提交的其他材料。

第十八条 依法必须进行施工招标的工程，招标人应当在招标文件发出的同时，将招标文件报工程所在地的县级以上地方人民政府建设行政主管部门备案。建设行政主管部门发现招标文件有违反法律、法规内容的，应当责令招标人改正。

第十九条 招标人对已发出的招标文件进行必要的澄清或者修改的，应当在招标文件要求提交投标文件截止时间至少15日前，以书面形式通知所有招标文件收受人，并同时报工程所在地的县级以上地方人民政府建设行政主管部门备案。该澄清或者修改的内容为招标文件的组成部分。

第二十条 招标人设有标底的，应当依据国家规定的工程量计算规则及招标文件规定的计价方法和要求编制标底，并在开标前保密。一个招标工程只能编制一个标底。

第二十一条 招标人对于发出的招标文件可以酌收工本费。其中的设计文件，招标人可以酌收押金。对于开标后将设计文件退还的，招标人应当退还押金。

第三章 投　　标

第二十二条　施工招标的投标人是响应施工招标、参与投标竞争的施工企业。

投标人应当具备相应的施工企业资质，并在工程业绩、技术能力、项目经理资格条件、财务状况等方面满足招标文件提出的要求。

第二十三条　投标人对招标文件有疑问需要澄清的，应当以书面形式向招标人提出。

第二十四条　投标人应当按照招标文件的要求编制投标文件，对招标文件提出的实质性要求和条件作出响应。

招标文件允许投标人提供备选标的，投标人可以按照招标文件的要求提交替代方案，并作出相应报价作备选标。

第二十五条　投标文件应当包括下列内容：

（一）投标函；

（二）施工组织设计或者施工方案；

（三）投标报价；

（四）招标文件要求提供的其他材料。

第二十六条　招标人可以在招标文件中要求投标人提交投标担保。投标担保可以采用投标保函或者投标保证金的方式。投标保证金可以使用支票、银行汇票等，一般不得超过投标总价的2%，最高不得超过50万元。

投标人应当按照招标文件要求的方式和金额，将投标保函或者投标保证金随投标文件提交招标人。

第二十七条　投标人应当在招标文件要求提交投标文件的截止时间前，将投标文件密封送达投标地点。招标人收到投标文件后，应当向投标人出具标明签收人和签收时间的凭证，并妥善保存投标文件。在开标前，任何单位和个人均不得开启投标文件。在招标文件要求提交投标文件的截止时间后送达的投标文件，为无效的投标文件，招标人应当拒收。

提交投标文件的投标人少于3个的，招标人应当依法重新招标。

第二十八条　投标人在招标文件要求提交投标文件的截止时间前，可以补充、修改或者撤回已提交的投标文件。补充、修改的内容为投标文件的组成部分，并应当按照本办法第二十七条第一款的规定送达、签收和保管。在招标文件要求提交投标文件的截止时间后送达的补充或者修改的内容无效。

第二十九条 两个以上施工企业可以组成一个联合体，签订共同投标协议，以一个投标人的身份共同投标。联合体各方均应当具备承担招标工程的相应资质条件。相同专业的施工企业组成的联合体，按照资质等级低的施工企业的业务许可范围承揽工程。

招标人不得强制投标人组成联合体共同投标，不得限制投标人之间的竞争。

第三十条 投标人不得相互串通投标，不得排挤其他投标人的公平竞争，损害招标人或者其他投标人的合法权益。

投标人不得与招标人串通投标，损害国家利益、社会公共利益或者他人的合法权益。

禁止投标人以向招标人或者评标委员会成员行贿的手段谋取中标。

第三十一条 投标人不得以低于其企业成本的报价竞标，不得以他人名义投标或者以其他方式弄虚作假，骗取中标。

第四章 开标、评标和中标

第三十二条 开标应当在招标文件确定的提交投标文件截止时间的同一时间公开进行；开标地点应当为招标文件中预先确定的地点。

第三十三条 开标由招标人主持，邀请所有投标人参加。开标应当按照下列规定进行：

由投标人或者其推选的代表检查投标文件的密封情况，也可以由招标人委托的公证机构进行检查并公证。经确认无误后，由有关工作人员当众拆封，宣读投标人名称、投标价格和投标文件的其他主要内容。

招标人在招标文件要求提交投标文件的截止时间前收到的所有投标文件，开标时都应当当众予以拆封、宣读。

开标过程应当记录，并存档备查。

第三十四条 在开标时，投标文件出现下列情形之一的，应当作为无效投标文件，不得进入评标：

（一）投标文件未按照招标文件的要求予以密封的；

（二）投标文件中的投标函未加盖投标人的企业及企业法定代表人印章的，或者企业法定代表人委托代理人没有合法、有效的委托书（原件）及委托代理人印章的；

（三）投标文件的关键内容字迹模糊、无法辨认的；

（四）投标人未按照招标文件的要求提供投标保函或者投标保证金的；

（五）组成联合体投标的，投标文件未附联合体各方共同投标协议的。

第三十五条　评标由招标人依法组建的评标委员会负责。

依法必须进行施工招标的工程，其评标委员会由招标人的代表和有关技术、经济等方面的专家组成，成员人数为 5 人以上单数，其中招标人、招标代理机构以外的技术、经济等方面专家不得少于成员总数的三分之二。评标委员会的专家成员，应当由招标人从建设行政主管部门及其他有关政府部门确定的专家名册或者工程招标代理机构的专家库内相关专业的专家名单中确定。确定专家成员一般应当采取随机抽取的方式。

与投标人有利害关系的人不得进入相关工程的评标委员会。评标委员会成员的名单在中标结果确定前应当保密。

第三十六条　建设行政主管部门的专家名册应当拥有一定数量规模并符合法定资格条件的专家。省、自治区、直辖市人民政府建设行政主管部门可以将专家数量少的地区的专家名册予以合并或者实行专家名册计算机联网。

建设行政主管部门应当对进入专家名册的专家组织有关法律和业务培训，对其评标能力、廉洁公正等进行综合评估，及时取消不称职或者违法违规人员的评标专家资格。被取消评标专家资格的人员，不得再参加任何评标活动。

第三十七条　评标委员会应当按照招标文件确定的评标标准和方法，对投标文件进行评审和比较，并对评标结果签字确认；设有标底的，应当参考标底。

第三十八条　评标委员会可以用书面形式要求投标人对投标文件中含义不明确的内容作必要的澄清或者说明。投标人应当采用书面形式进行澄清或者说明，其澄清或者说明不得超出投标文件的范围或者改变投标文件的实质性内容。

第三十九条　评标委员会经评审，认为所有投标文件都不符合招标文件要求的，可以否决所有投标。

依法必须进行施工招标工程的所有投标被否决的，招标人应当依法重新招标。

第四十条 评标可以采用综合评估法、经评审的最低投标标价法或者法律法规允许的其他评标方法。

采用综合评估法的，应当对投标文件提出的工程质量、施工工期、投标价格、施工组织设计或者施工方案、投标人及项目经理业绩等，能否最大限度地满足招标文件中规定的各项要求和评价标准进行评审和比较。以评分方式进行评估的，对于各种评比奖项不得额外计分。

采用经评审的最低投标价法的，应当在投标文件能够满足招标文件实质性要求的投标人中，评审出投标价格最低的投标人，但投标价格低于其企业成本的除外。

第四十一条 评标委员会完成评标后，应当向招标人提出书面评标报告，阐明评标委员会对各投标文件的评审和比较意见，并按照招标文件中规定的评标方法，推荐不超过 3 名有排序的合格的中标候选人。招标人根据评标委员会提出的书面评标报告和推荐的中标候选人确定中标人。

使用国有资金投资或者国家融资的工程项目，招标人应当按照中标候选人的排序确定中标人。当确定中标的中标候选人放弃中标或者因不可抗力提出不能履行合同的，招标人可以依序确定其他中标候选人为中标人。

招标人也可以授权评标委员会直接确定中标人。

第四十二条 有下列情形之一的，评标委员会可以要求投标人作出书面说明并提供相关材料：

（一）设有标底的，投标报价低于标底合理幅度的；

（二）不设标底的，投标报价明显低于其他投标报价，有可能低于其企业成本的。

经评标委员会论证，认定该投标人的报价低于其企业成本的，不能推荐为中标候选人或者中标人。

第四十三条 招标人应当在投标有效期截止时限 30 日前确定中标人。投标有效期应当在招标文件中载明。

第四十四条 依法必须进行施工招标的工程，招标人应当自确定中标人之日起 15 日内，向工程所在地的县级以上地方人民政府建设行政主管部门提交施工招标投标情况的书面报告。书面报告应当包括下列内容：

（一）施工招标投标的基本情况，包括施工招标范围、施工招标方式、资格审查、开评标过程和确定中标人的方式及理由等。

（二）相关的文件资料，包括招标公告或者投标邀请书、投标报名表、资格预审文件、招标文件、评标委员会的评标报告（设有标底的，应当附标底）、中标人的投标文件。委托工程招标代理的，还应当附工程施工招标代理委托合同。

前款第二项中已按照本办法的规定办理了备案的文件资料，不再重复提交。

第四十五条 建设行政主管部门自收到书面报告之日起 5 日内未通知招标人在招标投标活动中有违法行为的，招标人可以向中标人发出中标通知书，并将中标结果通知所有未中标的投标人。

第四十六条 招标人和中标人应当自中标通知书发出之日起 30 日内，按照招标文件和中标人的投标文件订立书面合同；招标人和中标人不得再行订立背离合同实质性内容的其他协议。

中标人不与招标人订立合同的，投标保证金不予退还并取消其中标资格，给招标人造成的损失超过投标保证金数额的，应当对超过部分予以赔偿；没有提交投标保证金的，应当对招标人的损失承担赔偿责任。

招标人无正当理由不与中标人签订合同，给中标人造成损失的，招标人应当给予赔偿。

第四十七条 招标文件要求中标人提交履约担保的，中标人应当提交。招标人应当同时向中标人提供工程款支付担保。

第五章 罚 则

第四十八条 有违反《招标投标法》行为的，县级以上地方人民政府建设行政主管部门应当按照《招标投标法》的规定予以处罚。

第四十九条 招标投标活动中有《招标投标法》规定中标无效情形的，由县级以上地方人民政府建设行政主管部门宣布中标无效，责令重新组织招标，并依法追究有关责任人责任。

第五十条　应当招标未招标的，应当公开招标未公开招标的，县级以上地方人民政府建设行政主管部门应当责令改正，拒不改正的，不得颁发施工许可证。

第五十一条　招标人不具备自行办理施工招标事宜条件而自行招标的，县级以上地方人民政府建设行政主管部门应当责令改正，处 1 万元以下的罚款。

第五十二条　评标委员会的组成不符合法律、法规规定的，县级以上地方人民政府建设行政主管部门应当责令招标人重新组织评标委员会。

第五十三条　招标人未向建设行政主管部门提交施工招标投标情况书面报告的，县级以上地方人民政府建设行政主管部门应当责令改正。

第六章　附　　则

第五十四条　工程施工专业分包、劳务分包采用招标方式的，参照本办法执行。

第五十五条　招标文件或者投标文件使用两种以上语言文字的，必须有一种是中文；如对不同文本的解释发生异议的，以中文文本为准。用文字表示的金额与数字表示的金额不一致的，以文字表示的金额为准。

第五十六条　涉及国家安全、国家秘密、抢险救灾或者属于利用扶贫资金实行以工代赈、需要使用农民工等特殊情况，不适宜进行施工招标的工程，按照国家有关规定可以不进行施工招标。

第五十七条　使用国际组织或者外国政府贷款、援助资金的工程进行施工招标，贷款方、资金提供方对招标投标的具体条件和程序有不同规定的，可以适用其规定，但违背中华人民共和国的社会公共利益的除外。

第五十八条　本办法由国务院建设行政主管部门负责解释。

第五十九条　本办法自发布之日起施行。1992 年 12 月 30 日建设部颁布的《工程建设施工招标投标管理办法》（建设部令第 23 号）同时废止。

房屋建筑和市政基础设施项目工程总承包管理办法

(2019 年 12 月 23 日　建市规〔2019〕12 号)

第一章　总　　则

第一条　为规范房屋建筑和市政基础设施项目工程总承包活动，提升工程建设质量和效益，根据相关法律法规，制定本办法。

第二条　从事房屋建筑和市政基础设施项目工程总承包活动，实施对房屋建筑和市政基础设施项目工程总承包活动的监督管理，适用本办法。

第三条　本办法所称工程总承包，是指承包单位按照与建设单位签订的合同，对工程设计、采购、施工或者设计、施工等阶段实行总承包，并对工程的质量、安全、工期和造价等全面负责的工程建设组织实施方式。

第四条　工程总承包活动应当遵循合法、公平、诚实守信的原则，合理分担风险，保证工程质量和安全，节约能源，保护生态环境，不得损害社会公共利益和他人的合法权益。

第五条　国务院住房和城乡建设主管部门对全国房屋建筑和市政基础设施项目工程总承包活动实施监督管理。国务院发展改革部门依据固定资产投资建设管理的相关法律法规履行相应的管理职责。

县级以上地方人民政府住房和城乡建设主管部门负责本行政区域内房屋建筑和市政基础设施项目工程总承包（以下简称工程总承包）活动的监督管理。县级以上地方人民政府发展改革部门依据固定资产投资建设管理的相关法律法规在本行政区域内履行相应的管理职责。

第二章　工程总承包项目的发包和承包

第六条　建设单位应当根据项目情况和自身管理能力等，合理选择工程建设组织实施方式。

建设内容明确、技术方案成熟的项目，适宜采用工程总承包方式。

第七条 建设单位应当在发包前完成项目审批、核准或者备案程序。采用工程总承包方式的企业投资项目，应当在核准或者备案后进行工程总承包项目发包。采用工程总承包方式的政府投资项目，原则上应当在初步设计审批完成后进行工程总承包项目发包；其中，按照国家有关规定简化报批文件和审批程序的政府投资项目，应当在完成相应的投资决策审批后进行工程总承包项目发包。

第八条 建设单位依法采用招标或者直接发包等方式选择工程总承包单位。

工程总承包项目范围内的设计、采购或者施工中，有任一项属于依法必须进行招标的项目范围且达到国家规定规模标准的，应当采用招标的方式选择工程总承包单位。

第九条 建设单位应当根据招标项目的特点和需要编制工程总承包项目招标文件，主要包括以下内容：

（一）投标人须知；

（二）评标办法和标准；

（三）拟签订合同的主要条款；

（四）发包人要求，列明项目的目标、范围、设计和其他技术标准，包括对项目的内容、范围、规模、标准、功能、质量、安全、节约能源、生态环境保护、工期、验收等的明确要求；

（五）建设单位提供的资料和条件，包括发包前完成的水文地质、工程地质、地形等勘察资料，以及可行性研究报告、方案设计文件或者初步设计文件等；

（六）投标文件格式；

（七）要求投标人提交的其他材料。

建设单位可以在招标文件中提出对履约担保的要求，依法要求投标文件载明拟分包的内容；对于设有最高投标限价的，应当明确最高投标限价或者最高投标限价的计算方法。

推荐使用由住房和城乡建设部会同有关部门制定的工程总承包合同示范文本。

第十条 工程总承包单位应当同时具有与工程规模相适应的工程设计资质

和施工资质，或者由具有相应资质的设计单位和施工单位组成联合体。工程总承包单位应当具有相应的项目管理体系和项目管理能力、财务和风险承担能力，以及与发包工程相类似的设计、施工或者工程总承包业绩。

设计单位和施工单位组成联合体的，应当根据项目的特点和复杂程度，合理确定牵头单位，并在联合体协议中明确联合体成员单位的责任和权利。联合体各方应当共同与建设单位签订工程总承包合同，就工程总承包项目承担连带责任。

第十一条　工程总承包单位不得是工程总承包项目的代建单位、项目管理单位、监理单位、造价咨询单位、招标代理单位。

政府投资项目的项目建议书、可行性研究报告、初步设计文件编制单位及其评估单位，一般不得成为该项目的工程总承包单位。政府投资项目招标人公开已经完成的项目建议书、可行性研究报告、初步设计文件的，上述单位可以参与该工程总承包项目的投标，经依法评标、定标，成为工程总承包单位。

第十二条　鼓励设计单位申请取得施工资质，已取得工程设计综合资质、行业甲级资质、建筑工程专业甲级资质的单位，可以直接申请相应类别施工总承包一级资质。鼓励施工单位申请取得工程设计资质，具有一级及以上施工总承包资质的单位可以直接申请相应类别的工程设计甲级资质。完成的相应规模工程总承包业绩可以作为设计、施工业绩申报。

第十三条　建设单位应当依法确定投标人编制工程总承包项目投标文件所需要的合理时间。

第十四条　评标委员会应当依照法律规定和项目特点，由建设单位代表、具有工程总承包项目管理经验的专家，以及从事设计、施工、造价等方面的专家组成。

第十五条　建设单位和工程总承包单位应当加强风险管理，合理分担风险。

建设单位承担的风险主要包括：

（一）主要工程材料、设备、人工价格与招标时基期价相比，波动幅度超过合同约定幅度的部分；

（二）因国家法律法规政策变化引起的合同价格的变化；

（三）不可预见的地质条件造成的工程费用和工期的变化；

(四) 因建设单位原因产生的工程费用和工期的变化;

(五) 不可抗力造成的工程费用和工期的变化。

具体风险分担内容由双方在合同中约定。

鼓励建设单位和工程总承包单位运用保险手段增强防范风险能力。

第十六条 企业投资项目的工程总承包宜采用总价合同,政府投资项目的工程总承包应当合理确定合同价格形式。采用总价合同的,除合同约定可以调整的情形外,合同总价一般不予调整。

建设单位和工程总承包单位可以在合同中约定工程总承包计量规则和计价方法。

依法必须进行招标的项目,合同价格应当在充分竞争的基础上合理确定。

第三章　工程总承包项目实施

第十七条 建设单位根据自身资源和能力,可以自行对工程总承包项目进行管理,也可以委托勘察设计单位、代建单位等项目管理单位,赋予相应权利,依照合同对工程总承包项目进行管理。

第十八条 工程总承包单位应当建立与工程总承包相适应的组织机构和管理制度,形成项目设计、采购、施工、试运行管理以及质量、安全、工期、造价、节约能源和生态环境保护管理等工程总承包综合管理能力。

第十九条 工程总承包单位应当设立项目管理机构,设置项目经理,配备相应管理人员,加强设计、采购与施工的协调,完善和优化设计,改进施工方案,实现对工程总承包项目的有效管理控制。

第二十条 工程总承包项目经理应当具备下列条件:

(一) 取得相应工程建设类注册执业资格,包括注册建筑师、勘察设计注册工程师、注册建造师或者注册监理工程师等;未实施注册执业资格的,取得高级专业技术职称;

(二) 担任过与拟建项目相类似的工程总承包项目经理、设计项目负责人、施工项目负责人或者项目总监理工程师;

(三) 熟悉工程技术和工程总承包项目管理知识以及相关法律法规、标准规范;

（四）具有较强的组织协调能力和良好的职业道德。

工程总承包项目经理不得同时在两个或者两个以上工程项目担任工程总承包项目经理、施工项目负责人。

第二十一条 工程总承包单位可以采用直接发包的方式进行分包。但以暂估价形式包括在总承包范围内的工程、货物、服务分包时，属于依法必须进行招标的项目范围且达到国家规定规模标准的，应当依法招标。

第二十二条 建设单位不得迫使工程总承包单位以低于成本的价格竞标，不得明示或者暗示工程总承包单位违反工程建设强制性标准、降低建设工程质量，不得明示或者暗示工程总承包单位使用不合格的建筑材料、建筑构配件和设备。

工程总承包单位应当对其承包的全部建设工程质量负责，分包单位对其分包工程的质量负责，分包不免除工程总承包单位对其承包的全部建设工程所负的质量责任。

工程总承包单位、工程总承包项目经理依法承担质量终身责任。

第二十三条 建设单位不得对工程总承包单位提出不符合建设工程安全生产法律、法规和强制性标准规定的要求，不得明示或者暗示工程总承包单位购买、租赁、使用不符合安全施工要求的安全防护用具、机械设备、施工机具及配件、消防设施和器材。

工程总承包单位对承包范围内工程的安全生产负总责。分包单位应当服从工程总承包单位的安全生产管理，分包单位不服从管理导致生产安全事故的，由分包单位承担主要责任，分包不免除工程总承包单位的安全责任。

第二十四条 建设单位不得设置不合理工期，不得任意压缩合理工期。

工程总承包单位应当依据合同对工期全面负责，对项目总进度和各阶段的进度进行控制管理，确保工程按期竣工。

第二十五条 工程保修书由建设单位与工程总承包单位签署，保修期内工程总承包单位应当根据法律法规规定以及合同约定承担保修责任，工程总承包单位不得以其与分包单位之间保修责任划分而拒绝履行保修责任。

第二十六条 建设单位和工程总承包单位应当加强设计、施工等环节管理，确保建设地点、建设规模、建设内容等符合项目审批、核准、备案要求。

政府投资项目所需资金应当按照国家有关规定确保落实到位，不得由工程总承包单位或者分包单位垫资建设。政府投资项目建设投资原则上不得超过经核定的投资概算。

第二十七条　工程总承包单位和工程总承包项目经理在设计、施工活动中有转包违法分包等违法违规行为或者造成工程质量安全事故的，按照法律法规对设计、施工单位及其项目负责人相同违法违规行为的规定追究责任。

第四章　附　　则

第二十八条　本办法自 2020 年 3 月 1 日起施行。

房屋建筑和市政基础设施工程施工分包管理办法

（2004 年 2 月 3 日建设部令第 124 号公布　根据 2014 年 8 月 27 日《住房和城乡建设部关于修改〈房屋建筑和市政基础设施工程施工分包管理办法〉的决定》第一次修订　根据 2019 年 3 月 13 日《住房和城乡建设部关于修改部分部门规章的决定》第二次修订）

第一条　为了规范房屋建筑和市政基础设施工程施工分包活动，维护建筑市场秩序，保证工程质量和施工安全，根据《中华人民共和国建筑法》、《中华人民共和国招标投标法》、《建设工程质量管理条例》等有关法律、法规，制定本办法。

第二条　在中华人民共和国境内从事房屋建筑和市政基础设施工程施工分包活动，实施对房屋建筑和市政基础设施工程施工分包活动的监督管理，适用本办法。

第三条　国务院住房城乡建设主管部门负责全国房屋建筑和市政基础设施工程施工分包的监督管理工作。

县级以上地方人民政府住房城乡建设主管部门负责本行政区域内房屋建筑

和市政基础设施工程施工分包的监督管理工作。

第四条 本办法所称施工分包,是指建筑业企业将其所承包的房屋建筑和市政基础设施工程中的专业工程或者劳务作业发包给其他建筑业企业完成的活动。

第五条 房屋建筑和市政基础设施工程施工分包分为专业工程分包和劳务作业分包。

本办法所称专业工程分包,是指施工总承包企业(以下简称专业分包工程发包人)将其所承包工程中的专业工程发包给具有相应资质的其他建筑业企业(以下简称专业分包工程承包人)完成的活动。

本办法所称劳务作业分包,是指施工总承包企业或者专业承包企业(以下简称劳务作业发包人)将其承包工程中的劳务作业发包给劳务分包企业(以下简称劳务作业承包人)完成的活动。

本办法所称分包工程发包人包括本条第二款、第三款中的专业分包工程发包人和劳务作业发包人;分包工程承包人包括本条第二款、第三款中的专业分包工程承包人和劳务作业承包人。

第六条 房屋建筑和市政基础设施工程施工分包活动必须依法进行。

鼓励发展专业承包企业和劳务分包企业,提倡分包活动进入有形建筑市场公开交易,完善有形建筑市场的分包工程交易功能。

第七条 建设单位不得直接指定分包工程承包人。任何单位和个人不得对依法实施的分包活动进行干预。

第八条 分包工程承包人必须具有相应的资质,并在其资质等级许可的范围内承揽业务。

严禁个人承揽分包工程业务。

第九条 专业工程分包除在施工总承包合同中有约定外,必须经建设单位认可。专业分包工程承包人必须自行完成所承包的工程。

劳务作业分包由劳务作业发包人与劳务作业承包人通过劳务合同约定。劳务作业承包人必须自行完成所承包的任务。

第十条 分包工程发包人和分包工程承包人应当依法签订分包合同,并按照合同履行约定的义务。分包合同必须明确约定支付工程款和劳务工资的时间、结算方式以及保证按期支付的相应措施，确保工程款和劳务工资的支付。

第十一条 分包工程发包人应当设立项目管理机构，组织管理所承包工程的施工活动。

项目管理机构应当具有与承包工程的规模、技术复杂程度相适应的技术、经济管理人员。其中，项目负责人、技术负责人、项目核算负责人、质量管理人员、安全管理人员必须是本单位的人员。具体要求由省、自治区、直辖市人民政府住房城乡建设主管部门规定。

前款所指本单位人员，是指与本单位有合法的人事或者劳动合同、工资以及社会保险关系的人员。

第十二条 分包工程发包人可以就分包合同的履行，要求分包工程承包人提供分包工程履约担保；分包工程承包人在提供担保后，要求分包工程发包人同时提供分包工程付款担保的，分包工程发包人应当提供。

第十三条 禁止将承包的工程进行转包。不履行合同约定，将其承包的全部工程发包给他人，或者将其承包的全部工程肢解后以分包的名义分别发包给他人的，属于转包行为。

违反本办法第十二条规定，分包工程发包人将工程分包后，未在施工现场设立项目管理机构和派驻相应人员，并未对该工程的施工活动进行组织管理的，视同转包行为。

第十四条 禁止将承包的工程进行违法分包。下列行为，属于违法分包：

（一）分包工程发包人将专业工程或者劳务作业分包给不具备相应资质条件的分包工程承包人的；

（二）施工总承包合同中未有约定，又未经建设单位认可，分包工程发包人将承包工程中的部分专业工程分包给他人的。

第十五条 禁止转让、出借企业资质证书或者以其他方式允许他人以本企业名义承揽工程。

分包工程发包人没有将其承包的工程进行分包，在施工现场所设项目管理机构的项目负责人、技术负责人、项目核算负责人、质量管理人员、安全管理人员不是工程承包人本单位人员的，视同允许他人以本企业名义承揽工程。

第十六条 分包工程承包人应当按照分包合同的约定对其承包的工程向分

包工程发包人负责。分包工程发包人和分包工程承包人就分包工程对建设单位承担连带责任。

第十七条 分包工程发包人对施工现场安全负责，并对分包工程承包人的安全生产进行管理。专业分包工程承包人应当将其分包工程的施工组织设计和施工安全方案报分包工程发包人备案，专业分包工程发包人发现事故隐患，应当及时作出处理。

分包工程承包人就施工现场安全向分包工程发包人负责，并应当服从分包工程发包人对施工现场的安全生产管理。

第十八条 违反本办法规定，转包、违法分包或者允许他人以本企业名义承揽工程的，以及接受转包和用他人名义承揽工程的，按《中华人民共和国建筑法》、《中华人民共和国招标投标法》和《建设工程质量管理条例》的规定予以处罚。具体办法由国务院住房城乡建设主管部门依据有关法律法规另行制定。

第十九条 未取得建筑业企业资质承接分包工程的，按照《中华人民共和国建筑法》第六十五条第三款和《建设工程质量管理条例》第六十条第一款、第二款的规定处罚。

第二十条 本办法自 2004 年 4 月 1 日起施行。原城乡建设环境保护部 1986 年 4 月 30 日发布的《建筑安装工程总分包实施办法》同时废止。

建筑工程施工发包与承包违法行为认定查处管理办法

（2019 年 1 月 3 日　建市规〔2019〕1 号）

第一条 为规范建筑工程施工发包与承包活动中违法行为的认定、查处和管理，保证工程质量和施工安全，有效遏制发包与承包活动中的违法行为，维护建筑市场秩序和建筑工程主要参与方的合法权益，根据《中华人民共和国建筑法》《中华人民共和国招标投标法》《中华人民共和国合同法》《建设工程质量管理条例》《建设工程安全生产管理条例》《中华人民共和国招标投标法实施条例》等法律法规，以及《全国人大法工委关于对建筑施工企业母公司承接工程后交由子公司实施是否属于转包以及行政处罚两年追溯期认定法律适用问题的意见》（法工办发〔2017〕223号），结合建筑活动实践，制定本办法。

第二条 本办法所称建筑工程，是指房屋建筑和市政基础设施工程及其附属设施和与其配套的线路、管道、设备安装工程。

第三条 住房和城乡建设部对全国建筑工程施工发包与承包违法行为的认定查处工作实施统一监督管理。

县级以上地方人民政府住房和城乡建设主管部门在其职责范围内具体负责本行政区域内建筑工程施工发包与承包违法行为的认定查处工作。

本办法所称的发包与承包违法行为具体是指违法发包、转包、违法分包及挂靠等违法行为。

第四条 建设单位与承包单位应严格依法签订合同，明确双方权利、义务、责任，严禁违法发包、转包、违法分包和挂靠，确保工程质量和施工安全。

第五条 本办法所称违法发包，是指建设单位将工程发包给个人或不具有相应资质的单位、肢解发包、违反法定程序发包及其他违反法律法规规定发包的行为。

第六条 存在下列情形之一的，属于违法发包：

（一）建设单位将工程发包给个人的；

（二）建设单位将工程发包给不具有相应资质的单位的；

（三）依法应当招标未招标或未按照法定招标程序发包的；

（四）建设单位设置不合理的招标投标条件，限制、排斥潜在投标人或者投标人的；

（五）建设单位将一个单位工程的施工分解成若干部分发包给不同的施工总承包或专业承包单位的。

第七条 本办法所称转包，是指承包单位承包工程后，不履行合同约定的责任和义务，将其承包的全部工程或者将其承包的全部工程肢解后以分包的名义分别转给其他单位或个人施工的行为。

第八条 存在下列情形之一的，应当认定为转包，但有证据证明属于挂靠或者其他违法行为的除外：

（一）承包单位将其承包的全部工程转给其他单位（包括母公司承接建筑工程后将所承接工程交由具有独立法人资格的子公司施工的情形）或个人施工的；

（二）承包单位将其承包的全部工程肢解以后，以分包的名义分别转给其他单位或个人施工的；

（三）施工总承包单位或专业承包单位未派驻项目负责人、技术负责人、质量管理负责人、安全管理负责人等主要管理人员，或派驻的项目负责人、技术负责人、质量管理负责人、安全管理负责人中一人及以上与施工单位没有订立劳动合同且没有建立劳动工资和社会养老保险关系，或派驻的项目负责人未对该工程的施工活动进行组织管理，又不能进行合理解释并提供相应证明的；

（四）合同约定由承包单位负责采购的主要建筑材料、构配件及工程设备或租赁的施工机械设备，由其他单位或个人采购、租赁，或施工单位不能提供有关采购、租赁合同及发票等证明，又不能进行合理解释并提供相应证明的；

（五）专业作业承包人承包的范围是承包单位承包的全部工程，专业作业承包人计取的是除上缴给承包单位"管理费"之外的全部工程价款的；

（六）承包单位通过采取合作、联营、个人承包等形式或名义，直接或变相将其承包的全部工程转给其他单位或个人施工的；

（七）专业工程的发包单位不是该工程的施工总承包或专业承包单位的，但建设单位依约作为发包单位的除外；

（八）专业作业的发包单位不是该工程承包单位的；

（九）施工合同主体之间没有工程款收付关系，或者承包单位收到款项后又将款项转拨给其他单位和个人，又不能进行合理解释并提供材料证明的。

两个以上的单位组成联合体承包工程，在联合体分工协议中约定或者在项目实际实施过程中，联合体一方不进行施工也未对施工活动进行组织管理的，并且向联合体其他方收取管理费或者其他类似费用的，视为联合体一方将承包的工程转包给联合体其他方。

第九条 本办法所称挂靠，是指单位或个人以其他有资质的施工单位的名义承揽工程的行为。

前款所称承揽工程，包括参与投标、订立合同、办理有关施工手续、从事施工等活动。

第十条 存在下列情形之一的，属于挂靠：

（一）没有资质的单位或个人借用其他施工单位的资质承揽工程的；

（二）有资质的施工单位相互借用资质承揽工程的，包括资质等级低的借用资质等级高的，资质等级高的借用资质等级低的，相同资质等级相互借用的；

（三）本办法第八条第一款第（三）至（九）项规定的情形，有证据证明属于挂靠的。

第十一条 本办法所称违法分包，是指承包单位承包工程后违反法律法规规定，把单位工程或分部分项工程分包给其他单位或个人施工的行为。

第十二条 存在下列情形之一的，属于违法分包：

（一）承包单位将其承包的工程分包给个人的；

（二）施工总承包单位或专业承包单位将工程分包给不具备相应资质单位的；

（三）施工总承包单位将施工总承包合同范围内工程主体结构的施工分包给其他单位的，钢结构工程除外；

（四）专业分包单位将其承包的专业工程中非劳务作业部分再分包的；

（五）专业作业承包人将其承包的劳务再分包的；

（六）专业作业承包人除计取劳务作业费用外，还计取主要建筑材料款和大中型施工机械设备、主要周转材料费用的。

第十三条 任何单位和个人发现违法发包、转包、违法分包及挂靠等违法行为的，均可向工程所在地县级以上人民政府住房和城乡建设主管部门进行举报。

接到举报的住房和城乡建设主管部门应当依法受理、调查、认定和处理，除无法告知举报人的情况外，应当及时将查处结果告知举报人。

第十四条 县级以上地方人民政府住房和城乡建设主管部门如接到人民法院、检察机关、仲裁机构、审计机关、纪检监察等部门转交或移送的涉及本行政区域内建筑工程发包与承包违法行为的建议或相关案件的线索或证据，应当依法受理、调查、认定和处理，并把处理结果及时反馈给转交或移送机构。

第十五条 县级以上人民政府住房和城乡建设主管部门对本行政区域内发

现的违法发包、转包、违法分包及挂靠等违法行为，应当依法进行调查，按照本办法进行认定，并依法予以行政处罚。

（一）对建设单位存在本办法第五条规定的违法发包情形的处罚：

1. 依据本办法第六条（一）、（二）项规定认定的，依据《中华人民共和国建筑法》第六十五条、《建设工程质量管理条例》第五十四条规定进行处罚；

2. 依据本办法第六条（三）项规定认定的，依据《中华人民共和国招标投标法》第四十九条、《中华人民共和国招标投标法实施条例》第六十四条规定进行处罚；

3. 依据本办法第六条（四）项规定认定的，依据《中华人民共和国招标投标法》第五十一条、《中华人民共和国招标投标法实施条例》第六十三条规定进行处罚。

4. 依据本办法第六条（五）项规定认定的，依据《中华人民共和国建筑法》第六十五条、《建设工程质量管理条例》第五十五条规定进行处罚。

5. 建设单位违法发包，拒不整改或者整改后仍达不到要求的，视为没有依法确定施工企业，将其违法行为记入诚信档案，实行联合惩戒。对全部或部分使用国有资金的项目，同时将建设单位违法发包的行为告知其上级主管部门及纪检监察部门，并建议对建设单位直接负责的主管人员和其他直接责任人员给予相应的行政处分。

（二）对认定有转包、违法分包违法行为的施工单位，依据《中华人民共和国建筑法》第六十七条、《建设工程质量管理条例》第六十二条规定进行处罚。

（三）对认定有挂靠行为的施工单位或个人，依据《中华人民共和国招标投标法》第五十四条、《中华人民共和国建筑法》第六十五条和《建设工程质量管理条例》第六十条规定进行处罚。

（四）对认定有转让、出借资质证书或者以其他方式允许他人以本单位的名义承揽工程的施工单位，依据《中华人民共和国建筑法》第六十六条、《建设工程质量管理条例》第六十一条规定进行处罚。

（五）对建设单位、施工单位给予单位罚款处罚的，依据《建设工程质量管理条例》第七十三条、《中华人民共和国招标投标法》第四十九条、《中华人民共和国招标投标法实施条例》第六十四条规定，对单位直接负责的主管人员和其他直接责任人员进行处罚。

（六）对认定有转包、违法分包、挂靠、转让出借资质证书或者以其他方式允许他人以本单位的名义承揽工程等违法行为的施工单位，可依法限制其参加工程投标活动、承揽新的工程项目，并对其企业资质是否满足资质标准条件进行核查，对达不到资质标准要求的限期整改，整改后仍达不到要求的，资质审批机关撤回其资质证书。

对2年内发生2次及以上转包、违法分包、挂靠、转让出借资质证书或者以其他方式允许他人以本单位的名义承揽工程的施工单位，应当依法按照情节严重情形给予处罚。

（七）因违法发包、转包、违法分包、挂靠等违法行为导致发生质量安全事故的，应当依法按照情节严重情形给予处罚。

第十六条 对于违法发包、转包、违法分包、挂靠等违法行为的行政处罚追溯期限，应当按照法工办发〔2017〕223号文件的规定，从存在违法发包、转包、违法分包、挂靠的建筑工程竣工验收之日起计算；合同工程量未全部完成而解除或终止履行合同的，自合同解除或终止之日起计算。

第十七条 县级以上人民政府住房和城乡建设主管部门应将查处的违法发包、转包、违法分包、挂靠等违法行为和处罚结果记入相关单位或个人信用档案，同时向社会公示，并逐级上报至住房和城乡建设部，在全国建筑市场监管公共服务平台公示。

第十八条 房屋建筑和市政基础设施工程以外的专业工程可参照本办法执行。省级人民政府住房和城乡建设主管部门可结合本地实际，依据本办法制定相应实施细则。

第十九条 本办法中施工总承包单位、专业承包单位均指直接承接建设单位发包的工程的单位；专业分包单位是指承接施工总承包或专业承包企业分包专业工程的单位；承包单位包括施工总承包单位、专业承包单位和专业分包单位。

第二十条 本办法由住房和城乡建设部负责解释。

第二十一条 本办法自2019年1月1日起施行。2014年10月1日起施行的《建筑工程施工转包违法分包等违法行为认定查处管理办法（试行）》（建市〔2014〕118号）同时废止。

（三）铁路工程

铁路工程建设项目招标投标管理办法

（2018年8月31日交通运输部令2018年第13号公布 自2019年1月1日起施行）

第一章 总 则

第一条 为了规范铁路工程建设项目招标投标活动，保护国家利益、社会公共利益和招标投标活动当事人的合法权益，根据《中华人民共和国招标投标法》《中华人民共和国招标投标法实施条例》等法律、行政法规，制定本办法。

第二条 在中华人民共和国境内从事铁路工程建设项目的招标投标活动适用本办法。

前款所称铁路工程建设项目是指铁路工程以及与铁路工程建设有关的货物、服务。

第三条 依法必须进行招标的铁路工程建设项目的招标投标，应当依照《公共资源交易平台管理暂行办法》等国家规定纳入公共资源交易平台。

依法必须进行招标的铁路工程建设项目的具体范围和规模标准，依照《中华人民共和国招标投标法》《中华人民共和国招标投标法实施条例》《必须招标的工程项目规定》等确定。

第四条 国家铁路局负责全国铁路工程建设项目招标投标活动的监督管理工作。

地区铁路监督管理局负责辖区内铁路工程建设项目招标投标活动的监督管理工作。

国家铁路局、地区铁路监督管理局以下统称铁路工程建设项目招标投标行政监管部门。

第五条 铁路工程建设项目的招标人和交易场所应当按照国家有关规定推行电子招标投标。

国家铁路局建立铁路工程建设行政监督平台，对铁路工程建设项目招标投标活动实行信息化监督管理。

第二章 招　　标

第六条 铁路工程建设项目的招标人是指提出招标项目、进行招标的法人或者其他组织。

招标人组织开展的铁路工程建设项目招标活动，应当具备《中华人民共和国招标投标法》《中华人民共和国招标投标法实施条例》《工程建设项目勘察设计招标投标办法》《工程建设项目施工招标投标办法》《工程建设项目货物招标投标办法》等规定的有关条件。

第七条 招标人委托招标代理机构进行招标的，应当与被委托的招标代理机构签订书面委托合同。招标人授权项目管理机构进行招标或者由项目代建人承担招标工作的，招标人或者代建项目的委托人应当出具包括委托授权招标范围、招标工作权限等内容的委托授权书。多个招标人就相同或者类似的招标项目进行联合招标的，可以委托招标代理机构或者其中一个招标人牵头组织招标工作。

第八条 依法必须进行招标的铁路工程建设项目，招标人应当根据国务院发展改革部门会同有关行政监督部门制定的《标准施工招标资格预审文件》《标准施工招标文件》《标准设备采购招标文件》《标准材料采购招标文件》《标准勘察招标文件》《标准设计招标文件》《标准监理招标文件》等标准文本以及铁路行业补充文本，结合招标项目具体特点和实际需要，编制资格预审文件和招标文件。

第九条 采用公开招标方式的铁路工程建设项目，招标人应当依法发布资格预审公告或者招标公告。

依法必须进行招标的铁路工程建设项目的资格预审公告或者招标公告应当至少载明下列内容：

（一）招标项目名称、内容、范围、规模、资金来源；

（二）投标资格能力要求，以及是否接受联合体投标；

（三）获取资格预审文件或者招标文件的时间、方式；

（四）递交资格预审文件或者投标文件的截止时间、方式；

（五）招标人及其招标代理机构的名称、地址、联系人及联系方式；

（六）采用电子招标投标方式的，潜在投标人访问电子招标投标交易平台的网址和方法；

（七）对具有行贿犯罪记录、失信被执行人等失信情形潜在投标人的依法限制要求；

（八）其他依法应当载明的内容。

第十条 采用邀请招标方式的铁路工程建设项目，招标人应当向3家以上具备相应资质能力、资信良好的特定的法人或者其他组织发出投标邀请书。

第十一条 依法必须进行招标的铁路工程建设项目，招标人应当在发布资格预审公告或者招标公告前7个工作日内向铁路工程建设项目招标投标行政监管部门备案。鼓励采用电子方式进行备案。

第十二条 资格预审应当按照资格预审文件载明的标准和方法进行。

第十三条 国有资金占控股或者主导地位的依法必须进行招标的铁路工程建设项目资格预审结束后，资格审查委员会应当编制资格审查报告。资格审查报告应当载明下列内容，如果有评分情况，在资格审查报告中一并列明：

（一）招标项目基本情况；

（二）资格审查委员会成员名单；

（三）资格预审申请文件递交情况；

（四）通过资格审查的申请人名单；

（五）未通过资格审查的申请人名单，以及未通过审查的具体理由、依据（应当指明不符合资格预审文件的具体条款序号）；

（六）澄清、说明事项；

（七）需要说明的其他事项。

资格审查委员会所有成员应当在资格审查报告上签字。对审查结果有不同意见的资格审查委员会成员应当以书面形式说明其不同意见和理由，资格审查报告应当注明该不同意见。资格审查委员会成员拒绝在资格审查报告上签字又不书面说明其不同意见和理由的，视为同意资格审查结果。

第十四条　招标人应当及时向资格预审合格的潜在投标人发出资格预审合格通知书或者投标邀请书，告知获取招标文件的时间、地点和方法；同时向资格预审不合格的潜在投标人发出资格预审结果通知书，注明未通过资格预审的具体理由。

通过资格预审的申请人少于3个的，应当重新招标。

第十五条　资格预审申请人对资格预审结果有异议的，可以自收到或者应当收到资格预审结果通知书后3日内提出。招标人应当自收到异议之日起3日内作出答复，异议答复应当列明事实和依据；作出答复前，应当暂停招标投标活动。

第十六条　招标人应当依照国家有关法律法规规定，在招标文件中载明招标项目是否允许分包，以及允许分包或者不得分包的范围。

第十七条　招标人应当在招标文件或者资格预审文件中集中载明评标办法、评审标准和否决情形。否决情形应当以醒目方式标注。资格审查委员会或者评标委员会不得以未集中载明的评审标准和否决情形限制、排斥潜在投标人或者否决投标。

第十八条　招标人不得以不合理的条件限制或者排斥潜在投标人，不得对潜在投标人实行歧视待遇。

除《中华人民共和国招标投标法实施条例》第三十二条规定的情形外，招标人有下列行为之一的，视为以不合理的条件限制或者排斥潜在投标人：

（一）对符合国家关于铁路建设市场开放规定的设计、施工、监理企业，不接受其参加有关招标项目的投标；

（二）设定的企业资质、个人执业资格条件违反国家有关规定，或者与招标项目实际内容无关；

（三）招标文件或者资格预审文件中设定的投标人资格要求高于招标公告载明的投标人资格要求；

（四）对企业或者项目负责人的业绩指标要求，超出招标项目对应的工程实际需要。

第十九条　招标人以暂估价形式包括在总承包范围内的工程、货物、服务属于依法必须进行招标的项目范围且达到国家规定规模标准的，应当依法进行招标。暂估价部分招标的实施主体应当在总承包项目的合同条款中约定。

第二十条 招标人在发布招标公告、发出投标邀请书、售出招标文件或者资格预审文件后，除不可抗力、国家政策变化等原因外，不得擅自终止招标。

招标人终止招标的，应当及时发布公告，或者以书面形式通知被邀请的或者已经获取资格预审文件、招标文件的潜在投标人。已经发售资格预审文件、招标文件或者已经收取投标保证金的，招标人应当及时退还所收取的资格预审文件、招标文件的费用，以及所收取的投标保证金及银行同期存款利息。

第三章 投 标

第二十一条 铁路工程建设项目的投标人是指响应招标、参加投标竞争的法人或者其他组织。

投标人应当具备承担招标项目的能力，并具备招标文件规定和国家规定的资格条件。

第二十二条 投标人应当按照招标文件的要求编制投标文件。投标文件应当对招标文件提出的实质性要求和条件予以响应。

第二十三条 投标人可以银行保函方式提交投标保证金。招标人不得拒绝投标人以银行保函形式提交的投标保证金，评标委员会也不得以此理由否决其投标。

第二十四条 根据招标文件载明的项目实际情况和工程分包的有关规定，投标人应当在投标文件中载明中标后拟分包的工程内容等事项。

第二十五条 投标人在投标文件中填报的资质、业绩、主要人员资历和目前在岗情况、信用等信息，应当与其在铁路工程建设行政监督平台上填报、发布的一致。

第二十六条 投标人不得有下列行为：

（一）串通投标；

（二）向招标人、招标代理机构或者评标委员会成员行贿；

（三）采取挂靠、转让、租借等方式从其他法人、组织获取资格或者资质证书进行投标，或者以其他方式弄虚作假进行投标；

（四）排挤其他投标人公平竞争的行为。

第四章　开标、评标和中标

第二十七条　招标人应当按照招标文件规定的时间、地点开标，并邀请所有投标人参加。

递交投标文件的投标人少于 3 个的标段或者包件，招标人不得开标，应当将相应标段或者包件的投标文件当场退还给投标人，并依法重新组织招标。

重新招标后投标人仍少于 3 个，属于按照国家规定需要政府审批、核准的铁路工程建设项目的，报经原审批、核准部门审批、核准后可以不再进行招标；其他铁路工程建设项目，招标人可以自行决定不再进行招标。

依照本条规定不再进行招标的，招标人可以邀请已提交资格预审申请文件的申请人或者已提交投标文件的投标人进行谈判，确定项目承担单位，并将谈判报告报对该项目具有招标监督职责的铁路工程建设项目招标投标行政监管部门备案。

第二十八条　招标人应当记录关于开标过程的下列内容并存档备查：

（一）开标时间和地点；

（二）投标文件密封检查情况；

（三）投标人名称、投标价格和招标文件规定的其他主要内容；

（四）投标人提出的异议及当场答复情况。

第二十九条　评标由招标人依法组建的评标委员会负责。评标委员会成员的确定和更换应当遵守《中华人民共和国招标投标法》《中华人民共和国招标投标法实施条例》《评标委员会和评标方法暂行规定》等规定。

依法必须进行招标的铁路工程建设项目的评标委员会中，除招标人代表外，招标人及与该工程建设项目有监督管理关系的人员不得以技术、经济专家身份等名义参加评审。

第三十条　招标人应当向评标委员会提供评标所必需的信息和材料，但不得明示或者暗示其倾向或者排斥特定投标人。提供评标所必需的信息和材料主要包括招标文件、招标文件的澄清或者修改、开标记录、投标文件、资格预审相关文件、投标人信用信息等。

第三十一条　评标委员会设负责人的，评标委员会负责人应当由评标委员会成员推举产生或者由招标人确定。评标委员会负责人负责组织并与评标委员会成员一起开展评标工作，其与评标委员会的其他成员享有同等权利与义务。

第三十二条　评标委员会认为投标人的报价明显低于其他投标报价，有可能影响工程质量或者不能诚信履约的，可以要求其澄清、说明是否低于成本价投标，必要时应当要求其一并提交相关证明材料。投标人不能证明其报价合理性的，评标委员会应当认定其以低于成本价竞标，并否决其投标。

第三十三条　评标委员会经评审，否决投标的，应当在评标报告中列明否决投标人的原因及依据；认为所有投标都不符合招标文件要求，或者符合招标文件要求的投标人不足3家使得投标明显缺乏竞争性的，可以否决所有投标。评标委员会作出否决投标或者否决所有投标意见的，应当有三分之二及以上评标委员会成员同意。

第三十四条　评标委员会成员应当客观、公正地履行职务，恪守职业道德，对所提出的评审意见承担个人责任。

评标委员会成员不得私下接触投标人，不得收受投标人的财物或者其他好处，不得向招标人征询确定中标人的意向，不得接受任何单位或者个人明示或者暗示提出的倾向或者排斥特定投标人的要求。

评标委员会成员和参与评标的有关工作人员不得透露对投标文件的评审和比较、中标候选人的推荐情况以及与评标有关的其他情况。

第三十五条　评标完成后，评标委员会应当向招标人提交书面评标报告和中标候选人名单。中标候选人应当不超过3个，并标明排序。

评标报告应当如实记载下列内容：

（一）基本情况和数据表；

（二）评标委员会成员名单，评标委员会设有负责人的一并注明；

（三）开标记录；

（四）符合要求的投标人名单；

（五）否决投标的情况说明，包括具体理由及招标文件中的相应否决条款；

（六）评标标准、评标方法或者评标因素一览表；

（七）经评审的价格或者评分比较一览表；

（八）经评审的投标人排序；

（九）推荐的中标候选人名单与签订合同前要处理的事宜；

（十）澄清、说明、补正事项纪要。

评标报告应当由评标委员会全体成员签字；设立评标委员会负责人的，评标委员会负责人应当在评标报告上逐页签字。对评标结果有不同意见的评标委员会成员应当以书面形式说明其不同意见和理由，评标报告应当注明该不同意见。评标委员会成员拒绝在评标报告上签字又不书面说明其不同意见和理由的，视为同意评标结果。评标委员会提交的评标报告内容不符合前款要求的，应当补充完善。

第三十六条 依法必须进行招标的铁路工程建设项目的招标人，应当对评标委员会成员履职情况如实记录并按规定对铁路建设工程评标专家予以评价。

第三十七条 招标人根据评标委员会提出的书面评标报告和推荐的中标候选人确定中标人。招标人也可以授权评标委员会直接确定中标人。依法必须进行招标的铁路工程建设项目，招标人应当自收到评标报告之日起3日内在规定的媒介上公示中标候选人，公示期不得少于3日。

对中标候选人的公示信息应当包括：招标项目名称，标段或者包件编号，中标候选人排序、名称、投标报价、工期或者交货期承诺，评分或者经评审的投标报价情况，项目负责人姓名及其相关证书名称和编号，中标候选人在投标文件中填报的企业和项目负责人的工程业绩，异议受理部门及联系方式等。

第三十八条 依法必须进行招标的铁路工程建设项目的投标人或者其他利害关系人对评标结果有异议的，应当在中标候选人公示期间提出。招标人应当自收到异议之日起3日内作出答复，异议答复应当列明事实、依据；作出答复前，应当暂停招标投标活动。

招标人经核查发现异议成立并对中标结果产生实质性影响的，应当组织原评标委员会按照招标文件规定的标准和方法审查确认。若异议事项涉嫌弄虚作假等违法行为或者原评标委员会无法根据招标文件和投标文件审查确认的，以及招标人发现评标结果有明显错误的，招标人应当向铁路工程建设项目招标投标行政监管部门反映或者投诉。

第三十九条 中标候选人的经营、财务状况发生较大变化或者存在违法行为，招标人认为可能影响其履约能力的，应当在发出中标通知书前由原评标委员会按照招标文件规定的标准和方法审查确认。

非因本办法第三十八条第二款及本条第一款规定的事由，招标人不得擅自组织原评标委员会或者另行组建评标委员会审查确认。

第四十条 中标人确定后，招标人应当向中标人发出中标通知书，并同时将中标结果通知所有未中标的投标人。依法必须进行招标项目的中标结果还应当按规定在有关媒介公示中标人名称。

所有投标均被否决的，招标人应当书面通知所有投标人，并说明具体原因。

第四十一条 依法必须进行招标的铁路工程建设项目，招标人应当自确定中标人之日起 15 日内，向铁路工程建设项目招标投标行政监管部门提交招标投标情况书面报告。鼓励采用电子方式报告。

招标投标情况书面报告应当包括下列主要内容：

（一）招标范围；

（二）招标方式和发布招标公告的媒介；

（三）招标文件中投标人须知、技术条款、评标标准和方法、合同主要条款等内容；

（四）评标委员会的组成、成员遵守评标纪律和履职情况，对评标专家的评价意见；

（五）评标报告；

（六）中标结果；

（七）其他需提交的问题说明和资料。

第四十二条 招标人和中标人应当在投标有效期内并自中标通知书发出之日起 30 日内，按照招标文件和中标人的投标文件订立书面合同。招标人和中标人不得再行订立背离合同实质性内容的其他协议。

第四十三条 招标文件要求中标人提交履约保证金的，中标人应当提交。履约保证金可以银行保函、支票、现金等方式提交。

中标人提交履约保证金的，在工程项目竣工前，招标人不得再同时预留工程质量保证金。

第四十四条 中标人应当按照合同约定履行义务，完成中标项目。

招标人应当加强对合同履行的管理，建立对中标人合同履约的考核制度。依法必须进行招标的铁路工程建设项目，招标人、中标人应当按规定向铁路工程建设项目招标投标行政监管部门提交合同履约信息。

第四十五条 铁路工程建设项目的施工中标人对已包含在中标工程内的货物再次通过招标方式采购的，招标人应当依据承包合同约定对再次招标活动进行监督，对施工中标人再次招标选定的货物进场质量验收情况进行检查。

第五章 监督管理

第四十六条 铁路工程建设项目招标投标行政监管部门应当依法加强对铁路工程建设项目招标投标活动的监督管理。

国家铁路局组建、管理铁路建设工程评标专家库，指导、协调地区铁路监督管理局开展铁路工程建设项目招标投标监督管理工作。

地区铁路监督管理局应当按规定通报或者报告辖区内的铁路工程建设项目招标投标违法违规行为和相关监督管理信息，分析铁路工程建设项目招标投标相关情况。

第四十七条 铁路工程建设项目招标投标监督管理方式主要包括监督抽查、投诉处理、办理备案、接收书面报告、行政处罚、记录公告等方式。

第四十八条 投标人或者其他利害关系人（以下简称投诉人）认为铁路工程建设项目招标投标活动不符合法律、行政法规规定的，可以自知道或者应当知道之日起10日内向铁路工程建设项目招标投标行政监管部门投诉。

第四十九条 投诉人投诉时，应当提交投诉书。投诉书应当包括下列内容：

（一）投诉人的名称、地址及有效联系方式；

（二）被投诉人的名称、地址及有效联系方式；

（三）投诉事项的基本事实；

（四）相关请求及主张；

（五）有效线索和相关证明材料。

对按规定应当先向招标人提出异议的事项进行投诉的，还应当提交已提出异议的证明文件。如果已向有关行政监督部门投诉的，应当一并说明。

投诉人是法人的，投诉书必须由其法定代表人或者授权代表签字并盖章；

其他组织或者自然人投诉的，投诉书必须由其主要负责人或者投诉人本人签字，并附有效身份证明复印件。

投诉书有关材料是外文的，投诉人应当同时提供其中文译本。

第五十条 有下列情形之一的投诉，铁路工程建设项目招标投标行政监管部门不予受理：

（一）投诉人不是所投诉招标投标活动的参与者，或者与投诉项目无任何利害关系；

（二）投诉事项不具体，且未提供有效线索，难以查证的；

（三）投诉书未署具投诉人真实姓名、签字和有效联系方式的；以法人名义投诉的，投诉书未经法定代表人或者授权代表签字并加盖公章的；

（四）超过投诉时效的；

（五）已经作出处理决定，并且投诉人没有提出新的证据的；

（六）投诉事项应当先提出异议没有提出异议的，或者已进入行政复议或者行政诉讼程序的。

第五十一条 铁路工程建设项目招标投标行政监管部门受理投诉后，应当调取、查阅有关文件，调查、核实有关情况，根据调查和取证情况，对投诉事项进行审查，按照下列规定做出处理决定：

（一）投诉缺乏事实根据或者法律依据的，驳回投诉；

（二）投诉情况属实，招标投标活动确实存在违法行为的，依照《中华人民共和国招标投标法》及其他有关法规、规章进行处理。

第五十二条 铁路工程建设项目招标投标行政监管部门积极推进铁路建设工程招标投标信用体系建设，建立健全守信激励和失信惩戒机制，维护公平公正的市场竞争秩序。

鼓励和支持招标人优先选择信用良好的从业企业。招标人可以对信用良好的投标人或者中标人，减免投标保证金，减少履约保证金或者质量保证金。招标人采用相关信用优惠措施的，应当在招标文件中载明。

第五十三条 铁路工程建设项目招标投标行政监管部门对招标人、招标代理机构、投标人以及评标委员会成员等的违法违规行为依法作出行政处理决定的，应当按规定予以公告，并记入相应当事人的不良行为记录。

对于列入不良行为记录、行贿犯罪档案、失信被执行人名录的市场主体，依法按规定在招标投标活动中对其予以限制。

第五十四条　铁路工程建设项目招标投标行政监管部门履行监督管理职责过程中，有权查阅、复制招标投标活动的有关文件、资料和数据；在投诉调查处理中，发现有违反法律、法规、规章规定的，应当要求相关当事人整改，必要时可以责令暂停招标投标活动。招标投标活动交易服务机构及市场主体应当如实提供相关情况和材料。

第五十五条　铁路工程建设项目招标投标行政监管部门的工作人员对监督过程中知悉的国家秘密、商业秘密，应当依法予以保密。

第六章　法律责任

第五十六条　招标人有下列情形之一的，由铁路工程建设项目招标投标行政监管部门责令改正，给予警告；情节严重的，可以并处 3 万元以下的罚款：

（一）不按本办法规定编制资格预审文件或者招标文件的；

（二）拒绝以银行保函方式提交的投标保证金或者履约保证金的，或者违规在招标文件中增设保证金的；

（三）向评标委员会提供的评标所需信息不符合本办法规定的；

（四）不按本办法规定公示中标候选人的；

（五）不按本办法规定进行招标备案或者提交招标投标情况书面报告的；

（六）否决所有投标未按本办法规定告知的；

（七）擅自终止招标活动的，或者终止招标未按规定告知有关潜在投标人的；

（八）非因本办法第三十八条第二款和第三十九条第一款规定的事由，擅自组织原评标委员会或者另行组建评标委员会审查确认的。

第五十七条　投标人或者其他利害关系人捏造事实、伪造材料或者以非法手段取得证明材料进行投诉，尚未构成犯罪的，由铁路工程建设项目招标投标行政监管部门责令改正，给予警告；情节严重的，可以并处 3 万元以下的罚款。

第五十八条　评标委员会成员、资格审查委员会成员有下列情形之一的，由铁路工程建设项目招标投标行政监管部门责令改正，给予警告；情节严重的，禁止其在 6 个月至 1 年内参加依法必须进行招标的铁路工程建设项目的评审；情节特别严重的，取消担任评标委员会、资格审查委员会成员资格，并从专家库中除名，不再接受其评标专家入库申请：

（一）应当回避而不回避；

（二）擅离职守；

（三）不按照招标文件规定的评标标准和方法评标；

（四）私下接触投标人；

（五）向招标人征询确定中标人的意向，或者接受任何单位或者个人明示或者暗示提出的倾向或者排斥特定投标人的要求；

（六）对依法应当否决的投标不提出否决意见；

（七）暗示或者诱导投标人作出澄清、说明或者接受投标人主动提出的澄清、说明；

（八）评审活动中其他不客观、不公正的行为。

第七章　附　　则

第五十九条　采用电子方式进行招标投标的，应当符合本办法和国家有关电子招标投标的规定。

第六十条　本办法自 2019 年 1 月 1 日起施行。

铁路建设工程评标专家库及评标专家管理办法

（2017 年 4 月 20 日　国铁工程监〔2017〕27 号）

第一章　总　　则

第一条　为规范铁路建设工程评标专家库管理，加强对评标专家的监督管理，保证评标活动公平公正，根据《中华人民共和国招标投标法》《中华人民共和国招标投标法实施条例》《评标专家和评标专家库管理暂行办法》《评标专家专业分类标准》等，制定本办法。

第二条 本办法适用于铁路建设工程评标专家库的组建、使用、管理，以及对评标专家参与铁路工程建设项目评标活动的监督管理。

第三条 国家铁路局负责组建、管理铁路建设工程评标专家库。国家铁路局工程质量监督中心受国家铁路局委托具体负责铁路建设工程评标专家库日常管理工作。

地区铁路监督管理局（含北京铁路督察室，下同）负责监督铁路建设工程评标专家参与辖区内铁路工程建设项目评标的活动，与地方政府有关部门协调涉及评标专家管理和使用的有关事项。

第四条 铁路建设工程评标专家库按招标项目类别，分为施工监理货物服务评标专家库和勘察设计评标专家库两个子库。铁路建设工程评标专家的专业分类执行国家统一的分类标准。

第二章 专家入库

第五条 评标专家应具备以下基本条件：

1. 拥护中国共产党的路线、方针、政策，遵纪守法，具有良好的职业道德，能够依法、认真、公正、诚实、廉洁履行职责，维护招标投标双方的合法权益；

2. 熟悉有关招标投标的法律、法规、规章和铁路建设工程招标投标规定；

3. 从事铁路建设工程专业领域工作满8年并具有高级职称或同等专业水平；

4. 熟悉主评专业的专业技术要求和发展状况，了解兼评专业的专业技术要求和发展状况；

5. 在国家联合惩戒机制范围内没有失信记录；

6. 新入库专家年龄不超过65周岁，在库专家年龄不超过68周岁，身体健康，能够承担异地评标工作；

7. 能熟练使用计算机常用办公软件，适应电子评标需要；

8. 法律法规规定的其他条件。

前款第3项中"同等专业水平"是指本科毕业满12年、硕士毕业满6年、博士毕业满 3 年。

第六条 铁路建设工程评标专家采用单位推荐和个人申请方式，按下列程序进行：

1. 国家铁路局根据评标专家库中专业人员数量及实际需求，发布更新、增补评标专家通知。

2. 参与铁路工程建设活动的建设、勘察、设计、施工、监理、咨询、科研、院校等单位均可向国家铁路局推荐本单位符合评标专家条件的人选，推荐时应事先征得本人同意。符合评标专家条件的个人可以自行申请，但应经所在单位人事部门审核同意。

3. 所在单位人事部门对评标专家人选的有关证明材料进行初审并出具初审意见。单位推荐书或个人申请书应附本办法第五条规定条件的证明材料及本人签字的评标承诺书（见附件1）。

4. 国家铁路局组织对申报材料进行审核，并组织对审核合格专家人选进行业务培训。

5. 经培训考核合格的专家人选，纳入国家铁路局铁路建设工程评标专家库进行统一管理。

第七条 评标专家人选应根据所学专业和从业经历申报评标专业。每位评标专家人选只能申报施工监理货物服务评标专家子库或勘察设计评标专家子库中的一个专业作为主评专业，同时可以选择另一个熟悉的专业作为兼评专业。

施工监理货物服务评标专家子库和勘察设计评标专家子库中专业名称相同的专家，必要时可以互为备选专业专家。

第八条 根据招标项目评标需要，施工监理货物服务评标专家子库和勘察设计评标专家子库各设全国库、区域库、应急库三个级别。

按照地区铁路监督管理局的监管辖区，设沈阳、北京、上海、广州、成都、武汉、西安、兰州八个区域库；根据交易中心（或交易平台，以下简称交易中心）和铁路建设工程实际，可设立应急库。所有入库专家均为全国库的评标专家（年龄65周岁以上的专家原则上不再入全国库），并同时纳入工作单位所在地（或常驻地）相对应的区域库。能在3小时内自工作单位所在地或常驻地抵达交易中心评标场所的评标专家，可自主申请加入与该交易中心相对应的应急库。

评标专家工作单位所在地或常驻地发生较大变动的，应主动申请退出原地点对应的区域库或应急库，并重新申请加入新地点对应的区域库或应急库。

第三章　专家使用

第九条　依法必须进行招标的铁路工程建设项目，除招标投标法第三十七条第三款规定的特殊招标项目外，其评标委员会中的铁路工程专业评标专家（含资格预审委员会中的铁路工程专业评审专家，下同）应当从铁路建设工程评标专家库及其他依法组建的评标专家库中以随机抽取方式确定。

政府投资的铁路工程建设项目评标专家，必须从铁路建设工程评标专家库和其他政府有关部门组建的评标专家库中抽取。

除招标人代表外，招标人的其他人员不得另以评标专家身份参加资格审查或评标。

第十条　铁路工程建设项目施工、监理、勘察设计招标项目的评标专家一般应从全国库中抽取，物资（货物）、其他服务类招标项目的评标专家可从交易中心对应的区域库或全国库中抽取。因故需要临时补抽且从全国库或区域库中抽取专家难以满足评标时间要求的，可从应急库中抽取评标专家。

第十一条　招标人（或招标代理机构，下同）通过交易中心抽取铁路工程某一具体专业的评标专家时，应依次从主评专业、兼评专业、备选专业为该专业的评标专家中抽取。

第十二条　专家抽取完成后，一般不得更换。确需更换的，应依法补抽，并将有关情况纳入招标投标情况书面报告。

评标专家信息在中标结果确定前应当保密。

第十三条　招标人使用全国库抽取铁路建设工程评标专家的，应在开标前的48小时内抽取；使用区域库抽取的，应在开标前24小时内抽取；开标前4小时内或开标后需要临时补抽评标专家的，方可使用应急库。

第四章　专家权利和义务

第十四条　评标专家享有下列权利：

1. 接受聘请担任评标委员会成员；

2. 依法对投标文件进行独立评审，提出公正评审意见，不受任何单位或者个人的干预；

3. 接受参加评标活动的劳务报酬；

4. 对本人违规行为的处理有权提出异议；

5. 法律法规规定的其他权利。

第十五条 评标专家负有下列义务：

1. 具有法定回避情形的，应主动提出回避；

2. 遵守有关法律、法规和规章规定，遵守评标工作纪律，客观公正进行评审；

3. 及时更新个人信息、参加业务培训，接受评价和考核；

4. 协助、配合有关行政监督部门的监督、检查及投诉调查；

5. 法律法规规章规定的其他义务。

第十六条 有下列情形之一的，不得担任招标项目的评标专家：

1. 投标人或投标人主要负责人的近亲属；

2. 项目主管部门或者行政监督部门的人员；

3. 与投标人有经济利益关系，可能影响对投标公正评审的；

4. 曾因在招标、评标以及其他与招标投标有关活动中从事违法行为而受过行政处罚或刑事处罚的；

5. 法律法规规定的其他应当回避的情形。

评标专家有前款规定情形之一的，应当主动提出回避；未提出回避的，招标人或行政监督部门发现后，应立即停止其参加评审；已完成评审的，该专家的评审结论无效。

第十七条 评标专家应当遵守下列评标工作纪律：

1. 按时参加评标，不迟到、不早退、不无故缺席；

2. 评标时应携带有效身份证明，接受核验和监督；

3. 不委托他人代替评标；

4. 遵守交易中心评标区相关规定。

第十八条 评标专家的评审费，以及因参加评标所发生的交通、食宿等费用由招标人承担，相关费用标准可参考国家和省级人民政府财政部门有关规定。

第五章 专家考评

第十九条 国家铁路局对评标专家实行动态管理，通过"铁路建设工程评标专家库管理系统"建立包括记录评标专家基本信息、教育培训、评标记录、年度考核等内容的专家个人档案。

评标专家的单位、住址、联系电话等个人基本信息发生变更，或因故无法参加某一时段内评标的，应当及时登录"铁路建设工程评标专家库管理系统"进行信息申报。

第二十条 招标人在招标活动结束后应对评标专家进行评价（评价内容见附件2），有关评价意见纳入招标投标情况书面报告。

第二十一条 国家铁路局建立铁路建设工程评标专家年度考核制度，对评标专家实施记分管理，考核内容和记分分值详见《铁路建设工程评标专家动态考核分值表》（附件3）。

记分周期为12个月，对在记分周期内记分累计满6分的，暂停6个月参与依法必须进行招标的铁路工程建设项目的评标资格；记分满10分的，暂停12个月参与依法必须进行招标的铁路工程建设项目的评标资格。一个记分周期期满后，记分清零，不计入下一周期。

相关各方反映评标专家履职情况的信息经地区铁路监督管理局核实后予以记录，并纳入"铁路建设工程评标专家库管理系统"。

第二十二条 评标专家有下列违法违规行为之一的责令改正，记3分；情节严重的，记6分；情节特别严重的，取消担任评标委员会成员资格，从专家库中除名，不再接受其评标专家入库申请：

1. 应当回避而不回避；
2. 擅离职守；
3. 不按照招标文件规定的评标标准和方法评标；
4. 私下接触投标人；
5. 向招标人征询确定中标人的意向或者接受任何单位或者个人明示或者暗

示提出的倾向或者排斥特定投标人的要求；

6. 对依法应当否决的投标不提出否决意见；

7. 暗示或者诱导投标人作出澄清、说明或者接受投标人主动提出的澄清、说明；

8. 其他不客观、不公正履行职责的行为。

对收受投标人财物或者其他好处的，向他人透露对投标文件的评审和比较意见、中标候选人的推荐情况以及与评标有关的其他情况的评标专家，直接从评标专家库中除名，不再接受其评标专家入库申请，并按《评标专家和评标专家库管理暂行办法》第十五条处理。

第二十三条 评标专家有下列情形之一的，停止担任评标委员会成员资格，并从铁路建设工程评标专家库中除名：

1. 以虚假材料骗取入库的；

2. 连续两个记分周期内考核满10分的；

3. "信用中国"网站公布的失信被执行人；

4. 其他违反法律、法规规定不再适宜担任评标专家的。

第二十四条 评标专家有下列情形之一的，停止担任评标委员会成员资格，并从铁路建设工程评标专家库中移出：

1. 年龄满68周岁；

2. 健康状况等原因不能胜任评标工作的；

3. 因工作调动等原因不适宜继续参加评标的；

4. 经本人申请不再担任评标专家的；

5. 连续5年未从事铁路工程建设或管理工作的。

第二十五条 招标人、交易中心以及相关当事人发现在专家抽取、专家评标等活动中存在违法违规和违反评标工作纪律行为的，应当及时向地区铁路监督管理局书面反映。地区铁路监督管理局收到相关反映的，应按规定依法处理。

第二十六条 评标专家对因自身违法违规受到处理持有异议的，可向作出处理的部门提出书面申诉。确属处理不当的，应当及时更正。

第二十七条 地区铁路监督管理局应及时协调交易中心使用的综合评标专

家库同"铁路建设工程评标专家库管理系统"进行数据交换,动态更新铁路工程专业评标专家基本信息、抽取及参评记录、违法行为记录、惩戒等信息。

第六章 附 则

第二十八条 评标专家所在单位对评标专家参加铁路工程建设项目评标及相关教育培训活动应给予支持。

第二十九条 省级人民政府组织实施的地方政府审批(核准)铁路工程建设项目的评标专家监督工作,可参照本办法执行。

第三十条 本办法由国家铁路局工程监督管理司负责解释。

第三十一条 本办法自 2017 年 6 月 1 日起实施,《铁道部关于印发〈铁路建设工程评标专家库及评标专家管理办法〉的通知》(铁建设〔2012〕152 号)同时废止。

附件:1. 评标承诺书;

2. 评标专家评价意见;

3. 铁路建设工程评标专家动态考核分值表。

附件 1

评 标 承 诺 书

作为铁路建设工程评标专家,我郑重承诺:

1. 接到评标通知后,除特殊情况外,我将按时到达评标地点参加评标。

2. 严格执行有关招标投标的法律法规和部门规章,依照招标文件和评标办法,公正客观履行职责,独立自主进行评审,谨守职业道德,对所提出的评审意见承担个人责任。

3. 严格遵守评标工作纪律,不私下接触投标人,不收受他人的财物或者其他好处,不接受任何单位或个人明示或者暗示提出的倾向或排斥特定投标人的要求,不对外透露对投标文件的评审和比较意见、中标候选人的推荐情况以及与评标有关的其他情况。

我将严守以上承诺，如若违反，我愿接受监管部门按规定对我做出的处理意见。

承诺人＿＿＿＿＿＿＿＿

＿＿＿＿年＿＿月＿＿日

附件 2

评标专家评价意见

招标人	
招标项目名称	
抽取的铁路工程专业评标专家	
评标专家是否存在以下问题： □存在　□不存在 A1. 参加评标时迟到、早退，或无故缺席； A2. 委托他人代替评标； A3. 评标时未携带有效身份证明，不接受核验和监督； A4. 不遵守交易中心评标区相关规定； A5. 要求招标人超标准承担食宿、交通等费用。 评标专家是否存在以下违法违规问题： □存在　□不存在 B1. 应当回避而不回避； B2. 擅离职守； B3. 不按照招标文件规定的评标标准和方法评标； B4. 私下接触投标人； B5. 向招标人征询确定中标人的意向或者接受任何单位或者个人明示或者暗示提出的倾向或者排斥特定投标人的要求； B6. 对依法应当否决的投标不提出否决意见； B7. 暗示或者诱导投标人作出澄清、说明或者接受投标人主动提出的澄清、说明； B8. 收受投标人财物或者其他好处的； B9. 向他人透露对投标文件的评审和比较意见、中标候选人的推荐情况以及与评标有关的其他情况的； B10. 其他不客观、不公正履行职责的行为。	
存在问题说明 （填写问题序号及具体情况，可附页）	

附件 3

铁路建设工程评标专家动态考核分值表

序号	考核项目	考核内容	记分分值
1	个人信息更新	更新维护个人基本信息不及时，影响评标的	2
2	培训教育	培训教育不符合要求	1
3	出勤率	抽到次数超过 5 次（含）但出勤率低于 20%的	2
4	评标纪律	参加评标时迟到、早退	1
		无故缺席	3
		委托他人代替评标	6
		评标时未携带有效身份证明，不接受核验和监督	1
		不遵守交易中心评标区相关规定	2
		要求招标人超标准承担食宿、交通等费用	1
5	行政处罚或行政措施	经行政监督部门查实并处理的违法违规行为（情节严重的）	3（6）

铁路建设工程招标投标监管暂行办法

(2016年2月25日 国铁工程监〔2016〕8号)

第一章 总 则

第一条 为加强和规范铁路建设工程招标投标监督管理工作，依据《中华人民共和国招标投标法》、《中华人民共和国招标投标法实施条例》、《铁路安全管理条例》等有关法律法规和规章，制定本办法。

第二条 本办法适用于国家铁路局、地区铁路监督管理局（含北京铁路督察室，下同）依法实施的铁路建设工程招标投标监督管理工作。

第三条 铁路建设工程招标投标监督管理应依法、公平、公正进行，并接受社会监督。

第二章 监督管理

第四条 国家铁路局负责铁路建设工程招标投标行业监督管理，指导、协调地区铁路监督管理局铁路建设工程招标投标监督管理工作，管理铁路建设工程评标专家库，对地方政府有关部门铁路建设工程招标投标监管工作予以行业指导。

第五条 地区铁路监督管理局负责辖区内铁路建设工程招标投标行业监督管理工作，监督国务院投资主管部门审批（核准、备案）的铁路建设项目招标投标，通报或报告辖区内铁路建设工程招标投标违法违规行为和相关监管信息，分析铁路建设工程招标投标相关情况；联系地方政府有关部门并提供行业指导。

第六条 涉及跨越地区铁路监督管理局监管辖区的铁路建设项目的招标投标监督，原则上由项目法人注册地所在的地区铁路监督管理局承担；情况特殊的，由国家铁路局指定。

第三章 监管方式

第七条 铁路建设工程招标投标监管方式主要包括监督检查、投诉处理、办理备案、行政处罚、记录公告等方式。

第八条 监督检查包括专项检查、抽查，并以抽查方式为主。地区铁路监督管理局应制定监督检查计划，合理确定抽查比例和频次，随机确定检查人员和检查对象，依法开展监督检查工作。

第九条 地区铁路监督管理局开展监督检查可以联合有关行政监管部门共同进行，必要时可聘请有关专家、邀请建设项目上级管理部门参加。

第十条 地区铁路监督管理局应为依法必须进行招标的铁路建设项目招标人办理自行招标备案手续、提交招标投标情况书面报告提供便利条件，并告知所需提交的有关材料清单及相关事项。

第十一条 铁路建设工程招标投标投诉受理及调查，执行《工程建设项目招标投标活动投诉处理办法》（发改委等七部委令第11号）和国家铁路局有关规定。地区铁路监督管理局应当向社会公布受理铁路建设工程招标投标投诉的联系方式，并按规定受理、调查、处理投诉。

第十二条 地区铁路监督管理局依法开展监督检查及调查，监督人员应主动出示证件，并有权要求招标人、投标人、投诉人、被投诉人和评标委员会成员等有关当事人予以配合，如实提供相关资料及情况。

第十三条 地区铁路监督管理局应按规定对招标投标违法行为予以处罚，并按《招标投标违法行为记录公告暂行办法》（发改法规〔2008〕1531号）及国家铁路局有关规定进行记录公告。

第十四条 监督人员应严格履行监管职责，不得非法干涉招标投标活动，对监督工作中知悉的招标投标信息和投诉信息等应依法予以保密。

第四章 监管内容

第十五条 重点监督以下内容是否符合相关法律法规规章的规定：

1. 招标范围、招标方式、招标组织形式。

2. 资格预审文件、招标文件及公告。

3. 资格预审文件和招标文件发售。

4. 评标委员会（资格预审委员会）组成、专家抽取过程。

5. 开标时间、开标地点、开标程序、异议处理等。

6. 中标候选人公示、中标人确定及发放中标通知书、签订合同。

第十六条 首次办理自行招标备案接收的材料主要如下：

1. 项目法人营业执照、法人证书或者项目法人组建文件；设立项目管理机构具体负责建设管理的，还应一并报送项目管理机构组建文件及其职责权限的证明文件。

2. 具有与招标项目规模和复杂程度相适应的工程技术、概预算、财务和工程管理等方面专业技术人员的证明材料（职称证书、执业证书复印件和个人履历等）。

3. 取得招标职业资格的专职招标业务人员的证明材料（3名以上招标师职业资格证件和个人招投标工作业绩）。

4. 项目可研批复文件。

5. 初步设计及概算批复文件。

6. 各招标批次初步安排（时间、地点）。

后续备案只需接受前述所涉事项变化的有关材料。

第十七条 招标投标情况书面报告应包括以下主要内容：

1. 招标范围。

2. 招标方式和发布招标公告的媒介。

3. 招标文件中投标人须知、技术条款、评标标准和方法、合同主要条款等内容。

4. 评标委员会的组成和评标报告。

5. 中标结果。

第五章 附 则

第十八条 省级地方人民政府按《国务院办公厅关于创新投资管理方式建立协同监管机制的若干意见》（国办发〔2015〕12号）组织实施的地方政府审批（核准）铁路建设项目招标投标监管工作，可参照本办法执行。

第十九条 本办法由国家铁路局工程监督管理司负责解释。

第二十条 本办法自2016年3月15日起施行，《铁路建设工程招标投标监管暂行办法》（国铁工程监〔2014〕6号）同时废止。

（四）公路工程

公路工程建设项目招标投标管理办法

（2015年12月8日交通运输部令2015年第24号公布 自2016年2月1日起施行）

第一章 总 则

第一条 为规范公路工程建设项目招标投标活动，完善公路工程建设市场管理体系，根据《中华人民共和国公路法》《中华人民共和国招标投标法》《中华人民共和国招标投标法实施条例》等法律、行政法规，制定本办法。

第二条 在中华人民共和国境内从事公路工程建设项目勘察设计、施工、施工监理等的招标投标活动，适用本办法。

第三条 交通运输部负责全国公路工程建设项目招标投标活动的监督管理工作。

省级人民政府交通运输主管部门负责本行政区域内公路工程建设项目招标投标活动的监督管理工作。

第四条 各级交通运输主管部门应当按照国家有关规定，推进公路工程建设项目招标投标活动进入统一的公共资源交易平台进行。

第五条 各级交通运输主管部门应当按照国家有关规定，推进公路工程建设项目电子招标投标工作。招标投标活动信息应当公开，接受社会公众监督。

第六条 公路工程建设项目的招标人或者其指定机构应当对资格审查、开标、评标等过程录音录像并存档备查。

第二章 招 标

第七条 公路工程建设项目招标人是提出招标项目、进行招标的项目法人或者其他组织。

第八条　对于按照国家有关规定需要履行项目审批、核准手续的依法必须进行招标的公路工程建设项目，招标人应当按照项目审批、核准部门确定的招标范围、招标方式、招标组织形式开展招标。

公路工程建设项目履行项目审批或者核准手续后，方可开展勘察设计招标；初步设计文件批准后，方可开展施工监理、设计施工总承包招标；施工图设计文件批准后，方可开展施工招标。

施工招标采用资格预审方式的，在初步设计文件批准后，可以进行资格预审。

第九条　有下列情形之一的公路工程建设项目，可以不进行招标：

（一）涉及国家安全、国家秘密、抢险救灾或者属于利用扶贫资金实行以工代赈、需要使用农民工等特殊情况；

（二）需要采用不可替代的专利或者专有技术；

（三）采购人自身具有工程施工或者提供服务的资格和能力，且符合法定要求；

（四）已通过招标方式选定的特许经营项目投资人依法能够自行施工或者提供服务；

（五）需要向原中标人采购工程或者服务，否则将影响施工或者功能配套要求；

（六）国家规定的其他特殊情形。

招标人不得为适用前款规定弄虚作假，规避招标。

第十条　公路工程建设项目采用公开招标方式的，原则上采用资格后审办法对投标人进行资格审查。

第十一条　公路工程建设项目采用资格预审方式公开招标的，应当按照下列程序进行：

（一）编制资格预审文件；

（二）发布资格预审公告，发售资格预审文件，公开资格预审文件关键内容；

（三）接收资格预审申请文件；

（四）组建资格审查委员会对资格预审申请人进行资格审查，资格审查委员会编写资格审查报告；

（五）根据资格审查结果，向通过资格预审的申请人发出投标邀请书；向未通过资格预审的申请人发出资格预审结果通知书，告知未通过的依据和原因；

（六）编制招标文件；

（七）发售招标文件，公开招标文件的关键内容；

（八）需要时，组织潜在投标人踏勘项目现场，召开投标预备会；

（九）接收投标文件，公开开标；

（十）组建评标委员会评标，评标委员会编写评标报告、推荐中标候选人；

（十一）公示中标候选人相关信息；

（十二）确定中标人；

（十三）编制招标投标情况的书面报告；

（十四）向中标人发出中标通知书，同时将中标结果通知所有未中标的投标人；

（十五）与中标人订立合同。

采用资格后审方式公开招标的，在完成招标文件编制并发布招标公告后，按照前款程序第（七）项至第（十五）项进行。

采用邀请招标的，在完成招标文件编制并发出投标邀请书后，按照前款程序第（七）项至第（十五）项进行。

第十二条 国有资金占控股或者主导地位的依法必须进行招标的公路工程建设项目，采用资格预审的，招标人应当按照有关规定组建资格审查委员会审查资格预审申请文件。资格审查委员会的专家抽取以及资格审查工作要求，应当适用本办法关于评标委员会的规定。

第十三条 资格预审审查办法原则上采用合格制。

资格预审审查办法采用合格制的，符合资格预审文件规定审查标准的申请人均应当通过资格预审。

第十四条 资格预审审查工作结束后，资格审查委员会应当编制资格审查报告。资格审查报告应当载明下列内容：

（一）招标项目基本情况；

（二）资格审查委员会成员名单；

（三）监督人员名单；

（四）资格预审申请文件递交情况；

（五）通过资格审查的申请人名单；

（六）未通过资格审查的申请人名单以及未通过审查的理由；

（七）评分情况；

（八）澄清、说明事项纪要；

（九）需要说明的其他事项；

（十）资格审查附表。

除前款规定的第（一）、（三）、（四）项内容外，资格审查委员会所有成员应当在资格审查报告上逐页签字。

第十五条 资格预审申请人对资格预审审查结果有异议的，应当自收到资格预审结果通知书后3日内提出。招标人应当自收到异议之日起3日内作出答复；作出答复前，应当暂停招标投标活动。

招标人未收到异议或者收到异议并已作出答复的，应当及时向通过资格预审的申请人发出投标邀请书。未通过资格预审的申请人不具有投标资格。

第十六条 对依法必须进行招标的公路工程建设项目，招标人应当根据交通运输部制定的标准文本，结合招标项目具体特点和实际需要，编制资格预审文件和招标文件。

资格预审文件和招标文件应当载明详细的评审程序、标准和方法，招标人不得另行制定评审细则。

第十七条 招标人应当按照省级人民政府交通运输主管部门的规定，将资格预审文件及其澄清、修改，招标文件及其澄清、修改报相应的交通运输主管部门备案。

第十八条 招标人应当自资格预审文件或者招标文件开始发售之日起，将其关键内容上传至具有招标监督职责的交通运输主管部门政府网站或者其指定的其他网站上进行公开，公开内容包括项目概况、对申请人或者投标人的资格条件要求、资格审查办法、评标办法、招标人联系方式等，公开时间至提交资格预审申请文件截止时间2日前或者投标截止时间10日前结束。

招标人发出的资格预审文件或者招标文件的澄清或者修改涉及到前款规定

的公开内容的，招标人应当在向交通运输主管部门备案的同时，将澄清或者修改的内容上传至前款规定的网站。

第十九条 潜在投标人或者其他利害关系人可以按照国家有关规定对资格预审文件或者招标文件提出异议。招标人应当对异议作出书面答复。未在规定时间内作出书面答复的，应当顺延提交资格预审申请文件截止时间或者投标截止时间。

招标人书面答复内容涉及影响资格预审申请文件或者投标文件编制的，应当按照有关澄清或者修改的规定，调整提交资格预审申请文件截止时间或者投标截止时间，并以书面形式通知所有获取资格预审文件或者招标文件的潜在投标人。

第二十条 招标人应当合理划分标段、确定工期，提出质量、安全目标要求，并在招标文件中载明。标段的划分应当有利于项目组织和施工管理、各专业的衔接与配合，不得利用划分标段规避招标、限制或者排斥潜在投标人。

招标人可以实行设计施工总承包招标、施工总承包招标或者分专业招标。

第二十一条 招标人结合招标项目的具体特点和实际需要，设定潜在投标人或者投标人的资质、业绩、主要人员、财务能力、履约信誉等资格条件，不得以不合理的条件限制、排斥潜在投标人或者投标人。

除《中华人民共和国招标投标法实施条例》第三十二条规定的情形外，招标人有下列行为之一的，属于以不合理的条件限制、排斥潜在投标人或者投标人：

（一）设定的资质、业绩、主要人员、财务能力、履约信誉等资格、技术、商务条件与招标项目的具体特点和实际需要不相适应或者与合同履行无关；

（二）强制要求潜在投标人或者投标人的法定代表人、企业负责人、技术负责人等特定人员亲自购买资格预审文件、招标文件或者参与开标活动；

（三）通过设置备案、登记、注册、设立分支机构等无法律、行政法规依据的不合理条件，限制潜在投标人或者投标人进入项目所在地进行投标。

第二十二条 招标人应当根据国家有关规定，结合招标项目的具体特点和实际需要，合理确定对投标人主要人员以及其他管理和技术人员的数量和资格要求。投标人拟投入的主要人员应当在投标文件中进行填报，其他管理和技术人员的具体人选由招标人和中标人在合同谈判阶段确定。对于特别复杂的特大桥梁和特长隧道项目主体工程和其他有特殊要求的工程，招标人可以要求投标人在投标文件中填报其他管理和技术人员。

本办法所称主要人员是指设计负责人、总监理工程师、项目经理和项目总工程师等项目管理和技术负责人。

第二十三条　招标人可以自行决定是否编制标底或者设置最高投标限价。招标人不得规定最低投标限价。

接受委托编制标底或者最高投标限价的中介机构不得参加该项目的投标，也不得为该项目的投标人编制投标文件或者提供咨询。

第二十四条　招标人应当严格遵守有关法律、行政法规关于各类保证金收取的规定，在招标文件中载明保证金收取的形式、金额以及返还时间。

招标人不得以任何名义增设或者变相增设保证金或者随意更改招标文件载明的保证金收取形式、金额以及返还时间。招标人不得在资格预审期间收取任何形式的保证金。

第二十五条　招标人在招标文件中要求投标人提交投标保证金的，投标保证金不得超过招标标段估算价的2%。投标保证金有效期应当与投标有效期一致。

依法必须进行招标的公路工程建设项目的投标人，以现金或者支票形式提交投标保证金的，应当从其基本账户转出。投标人提交的投标保证金不符合招标文件要求的，应当否决其投标。

招标人不得挪用投标保证金。

第二十六条　招标人应当按照国家有关法律法规规定，在招标文件中明确允许分包的或者不得分包的工程和服务，分包人应当满足的资格条件以及对分包实施的管理要求。

招标人不得在招标文件中设置对分包的歧视性条款。

招标人有下列行为之一的，属于前款所称的歧视性条款：

（一）以分包的工作量规模作为否决投标的条件；

（二）对投标人符合法律法规以及招标文件规定的分包计划设定扣分条款；

（三）按照分包的工作量规模对投标人进行区别评分；

（四）以其他不合理条件限制投标人进行分包的行为。

第二十七条 招标人应当在招标文件中合理划分双方风险，不得设置将应由招标人承担的风险转嫁给勘察设计、施工、监理等投标人的不合理条款。招标文件应当设置合理的价格调整条款，明确约定合同价款支付期限、利息计付标准和日期，确保双方主体地位平等。

第二十八条 招标人应当根据招标项目的具体特点以及本办法的相关规定，在招标文件中合理设定评标标准和方法。评标标准和方法中不得含有倾向或者排斥潜在投标人的内容，不得妨碍或者限制投标人之间的竞争。禁止采用抽签、摇号等博彩性方式直接确定中标候选人。

第二十九条 以暂估价形式包括在招标项目范围内的工程、货物、服务，属于依法必须进行招标的项目范围且达到国家规定规模标准的，应当依法进行招标。招标项目的合同条款中应当约定负责实施暂估价项目招标的主体以及相应的招标程序。

第三章 投 标

第三十条 投标人是响应招标、参加投标竞争的法人或者其他组织。

投标人应当具备招标文件规定的资格条件，具有承担所投标项目的相应能力。

第三十一条 投标人在投标文件中填报的资质、业绩、主要人员资历和目前在岗情况、信用等级等信息，应当与其在交通运输主管部门公路建设市场信用信息管理系统上填报并发布的相关信息一致。

第三十二条 投标人应当按照招标文件要求装订、密封投标文件，并按照招标文件规定的时间、地点和方式将投标文件送达招标人。

公路工程勘察设计和施工监理招标的投标文件应当以双信封形式密封，第一信封内为商务文件和技术文件，第二信封内为报价文件。

对公路工程施工招标，招标人采用资格预审方式进行招标且评标方法为技术评分最低标价法的，或者采用资格后审方式进行招标的，投标文件应当以双信封形式密封，第一信封内为商务文件和技术文件，第二信封内为报价文件。

第三十三条 投标文件按照要求送达后，在招标文件规定的投标截止时间前，投标人修改或者撤回投标文件的，应当以书面函件形式通知招标人。

修改投标文件的函件是投标文件的组成部分，其编制形式、密封方式、送达时间等，适用对投标文件的规定。

投标人在投标截止时间前撤回投标文件且招标人已收取投标保证金的，招标人应当自收到投标人书面撤回通知之日起 5 日内退还其投标保证金。

投标截止后投标人撤销投标文件的，招标人可以不退还投标保证金。

第三十四条 投标人根据招标文件有关分包的规定，拟在中标后将中标项目的部分工作进行分包的，应当在投标文件中载明。

投标人在投标文件中未列入分包计划的工程或者服务，中标后不得分包，法律法规或者招标文件另有规定的除外。

第四章 开标、评标和中标

第三十五条 开标应当在招标文件确定的提交投标文件截止时间的同一时间公开进行；开标地点应当为招标文件中预先确定的地点。

投标人少于 3 个的，不得开标，投标文件应当当场退还给投标人；招标人应当重新招标。

第三十六条 开标由招标人主持，邀请所有投标人参加。开标过程应当记录，并存档备查。投标人对开标有异议的，应当在开标现场提出，招标人应当当场作出答复，并制作记录。未参加开标的投标人，视为对开标过程无异议。

第三十七条 投标文件按照招标文件规定采用双信封形式密封的，开标分两个步骤公开进行：

第一步骤对第一信封内的商务文件和技术文件进行开标，对第二信封不予拆封并由招标人予以封存；

第二步骤宣布通过商务文件和技术文件评审的投标人名单，对其第二信封内的报价文件进行开标，宣读投标报价。未通过商务文件和技术文件评审的，对其第二信封不予拆封，并当场退还给投标人；投标人未参加第二信封开标的，招标人应当在评标结束后及时将第二信封原封退还投标人。

第三十八条 招标人应当按照国家有关规定组建评标委员会负责评标工作。

国家审批或者核准的高速公路、一级公路、独立桥梁和独立隧道项目，评标委员会专家应当由招标人从国家重点公路工程建设项目评标专家库相关专业中随机抽取；其他公路工程建设项目的评标委员会专家可以从省级公路工程建设项目评标专家库相关专业中随机抽取，也可以从国家重点公路工程建设项目评标专家库相关专业中随机抽取。

对于技术复杂、专业性强或者国家有特殊要求，采取随机抽取方式确定的评标专家难以保证胜任评标工作的特殊招标项目，可以由招标人直接确定。

第三十九条　交通运输部负责国家重点公路工程建设项目评标专家库的管理工作。

省级人民政府交通运输主管部门负责本行政区域公路工程建设项目评标专家库的管理工作。

第四十条　评标委员会应当民主推荐一名主任委员，负责组织评标委员会成员开展评标工作。评标委员会主任委员与评标委员会的其他成员享有同等权利与义务。

第四十一条　招标人应当向评标委员会提供评标所必需的信息，但不得明示或者暗示其倾向或者排斥特定投标人。

评标所必需的信息主要包括招标文件、招标文件的澄清或者修改、开标记录、投标文件、资格预审文件。招标人可以协助评标委员会开展下列工作并提供相关信息：

（一）根据招标文件，编制评标使用的相应表格；

（二）对投标报价进行算术性校核；

（三）以评标标准和方法为依据，列出投标文件相对于招标文件的所有偏差，并进行归类汇总；

（四）查询公路建设市场信用信息管理系统，对投标人的资质、业绩、主要人员资历和目前在岗情况、信用等级进行核实。

招标人不得对投标文件作出任何评价，不得故意遗漏或者片面摘录，不得在评标委员会对所有偏差定性之前透露存有偏差的投标人名称。

评标委员会应当根据招标文件规定，全面、独立评审所有投标文件，并对招标人提供的上述相关信息进行核查，发现错误或者遗漏的，应当进行修正。

第四十二条　评标委员会应当按照招标文件确定的评标标准和方法进行评

标。招标文件没有规定的评标标准和方法不得作为评标的依据。

第四十三条 公路工程勘察设计和施工监理招标，应当采用综合评估法进行评标，对投标人的商务文件、技术文件和报价文件进行评分，按照综合得分由高到低排序，推荐中标候选人。评标价的评分权重不宜超过10%，评标价得分应当根据评标价与评标基准价的偏离程度进行计算。

第四十四条 公路工程施工招标，评标采用综合评估法或者经评审的最低投标价法。综合评估法包括合理低价法、技术评分最低标价法和综合评分法。

合理低价法，是指对通过初步评审的投标人，不再对其施工组织设计、项目管理机构、技术能力等因素进行评分，仅依据评标基准价对评标价进行评分，按照得分由高到低排序，推荐中标候选人的评标方法。

技术评分最低标价法，是指对通过初步评审的投标人的施工组织设计、项目管理机构、技术能力等因素进行评分，按照得分由高到低排序，对排名在招标文件规定数量以内的投标人的报价文件进行评审，按照评标价由低到高的顺序推荐中标候选人的评标方法。招标人在招标文件中规定的参与报价文件评审的投标人数量不得少于3个。

综合评分法，是指对通过初步评审的投标人的评标价、施工组织设计、项目管理机构、技术能力等因素进行评分，按照综合得分由高到低排序，推荐中标候选人的评标方法。其中评标价的评分权重不得低于50%。

经评审的最低投标价法，是指对通过初步评审的投标人，按照评标价由低到高排序，推荐中标候选人的评标方法。

公路工程施工招标评标，一般采用合理低价法或者技术评分最低标价法。技术特别复杂的特大桥梁和特长隧道项目主体工程，可以采用综合评分法。工程规模较小、技术含量较低的工程，可以采用经评审的最低投标价法。

第四十五条 实行设计施工总承包招标的，招标人应当根据工程地质条件、技术特点和施工难度确定评标办法。

设计施工总承包招标的评标采用综合评分法的，评分因素包括评标价、项目管理机构、技术能力、设计文件的优化建议、设计施工总承包管理方案、施工组织设计等因素，评标价的评分权重不得低于50%。

第四十六条 评标委员会成员应当客观、公正、审慎地履行职责，遵守职业道德。评标委员会成员应当依据评标办法规定的评审顺序和内容逐项完成评标工作，对本人提出的评审意见以及评分的公正性、客观性、准确性负责。

除评标价和履约信誉评分项外，评标委员会成员对投标人商务和技术各项因素的评分一般不得低于招标文件规定该因素满分值的60%；评分低于满分值60%的，评标委员会成员应当在评标报告中作出说明。

招标人应当对评标委员会成员在评标活动中的职责履行情况予以记录，并在招标投标情况的书面报告中载明。

第四十七条 招标人应当根据项目规模、技术复杂程度、投标文件数量和评标方法等因素合理确定评标时间。超过三分之一的评标委员会成员认为评标时间不够的，招标人应当适当延长。

评标过程中，评标委员会成员有回避事由、擅离职守或者因健康等原因不能继续评标的，应当及时更换。被更换的评标委员会成员作出的评审结论无效，由更换后的评标委员会成员重新进行评审。

根据前款规定被更换的评标委员会成员如为评标专家库专家，招标人应当从原评标专家库中按照原方式抽取更换后的评标委员会成员，或者在符合法律规定的前提下相应减少评标委员会中招标人代表数量。

第四十八条 评标委员会应当查询交通运输主管部门的公路建设市场信用信息管理系统，对投标人的资质、业绩、主要人员资历和目前在岗情况、信用等级等信息进行核实。若投标文件载明的信息与公路建设市场信用信息管理系统发布的信息不符，使得投标人的资格条件不符合招标文件规定的，评标委员会应当否决其投标。

第四十九条 评标委员会发现投标人的投标报价明显低于其他投标人报价或者在设有标底时明显低于标底的，应当要求该投标人对相应投标报价作出书面说明，并提供相关证明材料。

投标人不能证明可以按照其报价以及招标文件规定的质量标准和履行期限完成招标项目的，评标委员会应当认定该投标人以低于成本价竞标，并否决其投标。

第五十条 评标委员会应当根据《中华人民共和国招标投标法实施条例》第三十九条、第四十条、第四十一条的有关规定，对在评标过程中发现的投标人与投标人之间、投标人与招标人之间存在的串通投标的情形进行评审和认定。

第五十一条 评标委员会对投标文件进行评审后，因有效投标不足3个使得投标明显缺乏竞争的，可以否决全部投标。未否决全部投标的，评标委员会应当在评标报告中阐明理由并推荐中标候选人。

投标文件按照招标文件规定采用双信封形式密封的，通过第一信封商务文件和技术文件评审的投标人在3个以上的，招标人应当按照本办法第三十七条规定的程序进行第二信封报价文件开标；在对报价文件进行评审后，有效投标不足3个的，评标委员会应当按照本条第一款规定执行。

通过第一信封商务文件和技术文件评审的投标人少于3个的，评标委员会可以否决全部投标；未否决全部投标的，评标委员会应当在评标报告中阐明理由，招标人应当按照本办法第三十七条规定的程序进行第二信封报价文件开标，但评标委员会在进行报价文件评审时仍有权否决全部投标；评标委员会未在报价文件评审时否决全部投标的，应当在评标报告中阐明理由并推荐中标候选人。

第五十二条 评标完成后，评标委员会应当向招标人提交书面评标报告。评标报告中推荐的中标候选人应当不超过3个，并标明排序。

评标报告应当载明下列内容：

（一）招标项目基本情况；

（二）评标委员会成员名单；

（三）监督人员名单；

（四）开标记录；

（五）符合要求的投标人名单；

（六）否决的投标人名单以及否决理由；

（七）串通投标情形的评审情况说明；

（八）评分情况；

（九）经评审的投标人排序；

（十）中标候选人名单；

（十一）澄清、说明事项纪要；

（十二）需要说明的其他事项；

（十三）评标附表。

对评标监督人员或者招标人代表干预正常评标活动，以及对招标投标活动的其他不正当言行，评标委员会应当在评标报告第（十二）项内容中如实记录。

除第二款规定的第（一）、（三）、（四）项内容外，评标委员会所有成员应当在评标报告上逐页签字。对评标结果有不同意见的评标委员会成员应当以书面形式说明其不同意见和理由，评标报告应当注明该不同意见。评标委员会成员拒绝在评标报告上签字又不书面说明其不同意见和理由的，视为同意评标结果。

第五十三条 依法必须进行招标的公路工程建设项目，招标人应当自收到评标报告之日起3日内，在对该项目具有招标监督职责的交通运输主管部门政府网站或者其指定的其他网站上公示中标候选人，公示期不得少于3日，公示内容包括：

（一）中标候选人排序、名称、投标报价；

（二）中标候选人在投标文件中承诺的主要人员姓名、个人业绩、相关证书编号；

（三）中标候选人在投标文件中填报的项目业绩；

（四）被否决投标的投标人名称、否决依据和原因；

（五）招标文件规定公示的其他内容。

投标人或者其他利害关系人对依法必须进行招标的公路工程建设项目的评标结果有异议的，应当在中标候选人公示期间提出。招标人应当自收到异议之日起3日内作出答复；作出答复前，应当暂停招标投标活动。

第五十四条 除招标人授权评标委员会直接确定中标人外，招标人应当根据评标委员会提出的书面评标报告和推荐的中标候选人确定中标人。国有资金占控股或者主导地位的依法必须进行招标的公路工程建设项目，招标人应当确定排名第一的中标候选人为中标人。排名第一的中标候选人放弃中标、因不可抗力不能履行合同、不按照招标文件要求提交履约保证金，或者被查实存在影响中标结果的违法行为等情形，不符合中标条件的，招标人可以按照评标委员会提出的中标候选人名单排序依次确定其他中标候选人为中标人，也可以重新招标。

第五十五条 依法必须进行招标的公路工程建设项目，招标人应当自确定中标人之日起 15 日内，将招标投标情况的书面报告报对该项目具有招标监督职责的交通运输主管部门备案。

前款所称书面报告至少应当包括下列内容：

（一）招标项目基本情况；

（二）招标过程简述；

（三）评标情况说明；

（四）中标候选人公示情况；

（五）中标结果；

（六）附件，包括评标报告、评标委员会成员履职情况说明等。

有资格预审情况说明、异议及投诉处理情况和资格审查报告的，也应当包括在书面报告中。

第五十六条 招标人应当及时向中标人发出中标通知书，同时将中标结果通知所有未中标的投标人。

第五十七条 招标人和中标人应当自中标通知书发出之日起 30 日内，按照招标文件和中标人的投标文件订立书面合同，合同的标的、价格、质量、安全、履行期限、主要人员等主要条款应当与上述文件的内容一致。招标人和中标人不得再行订立背离合同实质性内容的其他协议。

招标人最迟应当在中标通知书发出后 5 日内向中标候选人以外的其他投标人退还投标保证金，与中标人签订书面合同后 5 日内向中标人和其他中标候选人退还投标保证金。以现金或者支票形式提交的投标保证金，招标人应当同时退还投标保证金的银行同期活期存款利息，且退还至投标人的基本账户。

第五十八条 招标文件要求中标人提交履约保证金的，中标人应当按照招标文件的要求提交。履约保证金不得超过中标合同金额的 10%。招标人不得指定或者变相指定履约保证金的支付形式，由中标人自主选择银行保函或者现金、支票等支付形式。

第五十九条 招标人应当加强对合同履行的管理，建立对中标人主要人员的到位率考核制度。

省级人民政府交通运输主管部门应当定期组织开展合同履约评价工作的监督检查，将检查情况向社会公示，同时将检查结果记入中标人单位以及主要人员个人的信用档案。

第六十条 依法必须进行招标的公路工程建设项目，有下列情形之一的，招标人在分析招标失败的原因并采取相应措施后，应当依照本办法重新招标：

（一）通过资格预审的申请人少于3个的；

（二）投标人少于3个的；

（三）所有投标均被否决的；

（四）中标候选人均未与招标人订立书面合同的。

重新招标的，资格预审文件、招标文件和招标投标情况的书面报告应当按照本办法的规定重新报交通运输主管部门备案。

重新招标后投标人仍少于3个的，属于按照国家有关规定需要履行项目审批、核准手续的依法必须进行招标的公路工程建设项目，报经项目审批、核准部门批准后可以不再进行招标；其他项目可由招标人自行决定不再进行招标。

依照本条规定不再进行招标的，招标人可以邀请已提交资格预审申请文件的申请人或者已提交投标文件的投标人进行谈判，确定项目承担单位，并将谈判报告报对该项目具有招标监督职责的交通运输主管部门备案。

第五章 监督管理

第六十一条 各级交通运输主管部门应当按照《中华人民共和国招标投标法》《中华人民共和国招标投标法实施条例》等法律法规、规章以及招标投标活动行政监督职责分工，加强对公路工程建设项目招标投标活动的监督管理。

第六十二条 各级交通运输主管部门应当建立健全公路工程建设项目招标投标信用体系，加强信用评价工作的监督管理，维护公平公正的市场竞争秩序。

招标人应当将交通运输主管部门的信用评价结果应用于公路工程建设项目招标。鼓励和支持招标人优先选择信用等级高的从业企业。

招标人对信用等级高的资格预审申请人、投标人或者中标人，可以给予增加参与投标的标段数量、减免投标保证金、减少履约保证金、质量保证金等优惠措施。优惠措施以及信用评价结果的认定条件应当在资格预审文件和招标文件中载明。

资格预审申请人或者投标人的信用评价结果可以作为资格审查或者评标中

履约信誉项的评分因素，各信用评价等级的对应得分应当符合省级人民政府交通运输主管部门有关规定，并在资格预审文件或者招标文件中载明。

第六十三条 投标人或者其他利害关系人认为招标投标活动不符合法律、行政法规规定的，可以自知道或者应当知道之日起 10 日内向交通运输主管部门投诉。

就本办法第十五条、第十九条、第三十六条、第五十三条规定事项投诉的，应当先向招标人提出异议，异议答复期间不计算在前款规定的期限内。

第六十四条 投诉人投诉时，应当提交投诉书。投诉书应当包括下列内容：

（一）投诉人的名称、地址及有效联系方式；

（二）被投诉人的名称、地址及有效联系方式；

（三）投诉事项的基本事实；

（四）异议的提出及招标人答复情况；

（五）相关请求及主张；

（六）有效线索和相关证明材料。

对本办法规定应先提出异议的事项进行投诉的，应当提交已提出异议的证明文件。未按规定提出异议或者未提交已提出异议的证明文件的投诉，交通运输主管部门可以不予受理。

第六十五条 投诉人就同一事项向两个以上交通运输主管部门投诉的，由具体承担该项目招标投标活动监督管理职责的交通运输主管部门负责处理。

交通运输主管部门应当自收到投诉之日起 3 个工作日内决定是否受理投诉，并自受理投诉之日起 30 个工作日内作出书面处理决定；需要检验、检测、鉴定、专家评审的，所需时间不计算在内。

投诉人缺乏事实根据或者法律依据进行投诉的，或者有证据表明投诉人捏造事实、伪造材料的，或者投诉人以非法手段取得证明材料进行投诉的，交通运输主管部门应当予以驳回，并对恶意投诉按照有关规定追究投诉人责任。

第六十六条 交通运输主管部门处理投诉，有权查阅、复制有关文件、资料，调查有关情况，相关单位和人员应当予以配合。必要时，交通运输主管部门可以责令暂停招标投标活动。

交通运输主管部门的工作人员对监督检查过程中知悉的国家秘密、商业秘密，应当依法予以保密。

第六十七条　交通运输主管部门对投诉事项作出的处理决定，应当在对该项目具有招标监督职责的交通运输主管部门政府网站上进行公告，包括投诉的事由、调查结果、处理决定、处罚依据以及处罚意见等内容。

第六章　法律责任

第六十八条　招标人有下列情形之一的，由交通运输主管部门责令改正，可以处三万元以下的罚款：

（一）不满足本办法第八条规定的条件而进行招标的；

（二）不按照本办法规定将资格预审文件、招标文件和招标投标情况的书面报告备案的；

（三）邀请招标不依法发出投标邀请书的；

（四）不按照项目审批、核准部门确定的招标范围、招标方式、招标组织形式进行招标的；

（五）不按照本办法规定编制资格预审文件或者招标文件的；

（六）由于招标人原因导致资格审查报告存在重大偏差且影响资格预审结果的；

（七）挪用投标保证金，增设或者变相增设保证金的；

（八）投标人数量不符合法定要求不重新招标的；

（九）向评标委员会提供的评标信息不符合本办法规定的；

（十）不按照本办法规定公示中标候选人的；

（十一）招标文件中规定的履约保证金的金额、支付形式不符合本办法规定的。

第六十九条　投标人在投标过程中存在弄虚作假、与招标人或者其他投标人串通投标、以行贿谋取中标、无正当理由放弃中标以及进行恶意投诉等投标不良行为的，除依照有关法律、法规进行处罚外，省级交通运输主管部门还可以扣减其年度信用评价分数或者降低年度信用评价等级。

第七十条　评标委员会成员未对招标人根据本办法第四十一条第二款（一）至（四）项规定提供的相关信息进行认真核查，导致评标出现疏漏或者错误的，由交通运输主管部门责令改正。

第七十一条 交通运输主管部门应当依法公告对公路工程建设项目招标投标活动中招标人、招标代理机构、投标人以及评标委员会成员等的违法违规或者恶意投诉等行为的行政处理决定，并将其作为招标投标不良行为信息记入相应当事人的信用档案。

第七章 附 则

第七十二条 使用国际组织或者外国政府贷款、援助资金的项目进行招标，贷款方、资金提供方对招标投标的具体条件和程序有不同规定的，可以适用其规定，但违背中华人民共和国的社会公共利益的除外。

第七十三条 采用电子招标投标的，应当按照本办法和国家有关电子招标投标的规定执行。

第七十四条 本办法自 2016 年 2 月 1 日起施行。《公路工程施工招标投标管理办法》（交通部令 2006 年第 7 号）、《公路工程施工监理招标投标管理办法》（交通部令 2006 年第 5 号）、《公路工程勘察设计招标投标管理办法》（交通部令 2001 年第 6 号）和《关于修改〈公路工程勘察设计招标投标管理办法〉的决定》（交通运输部令 2013 年第 3 号）、《关于贯彻国务院办公厅关于进一步规范招投标活动的若干意见的通知》（交公路发〔2004〕688 号）、《关于公路建设项目货物招标严禁指定材料产地的通知》（厅公路字〔2007〕224 号）、《公路工程施工招标资格预审办法》（交公路发〔2006〕57 号）、《关于加强公路工程评标专家管理工作的通知》（交公路发〔2003〕464 号）、《关于进一步加强公路工程施工招标评标管理工作的通知》（交公路发〔2008〕261 号）、《关于进一步加强公路工程施工招标资格审查工作的通知》（交公路发〔2009〕123 号）、《关于改革使用国际金融组织或者外国政府贷款公路建设项目施工招标管理制度的通知》（厅公路字〔2008〕40 号）、《公路工程勘察设计招标评标办法》（交公路发〔2001〕582 号）、《关于认真贯彻执行公路工程勘察设计招标投标管理办法的通知》（交公路发〔2002〕303 号）同时废止。

公路建设项目评标专家库管理办法

(2011 年 12 月 29 日　交公路发〔2011〕797 号)

第一条　为加强对公路建设项目评标专家和评标专家库的管理，保证评标活动的公平、公正，根据《中华人民共和国招标投标法》、《评标委员会和评标方法暂行规定》以及《公路建设市场管理办法》等规定，制定本办法。

第二条　本办法适用于公路建设项目评标专家库的更新、维护、使用、管理等活动。

第三条　公路建设项目评标专家库管理实行统一管理、分级负责。

第四条　国务院交通运输主管部门负责全国公路建设项目评标专家库的监督管理工作，主要职责是：

（一）贯彻执行国家有关法律、法规，制定全国公路建设项目评标专家库管理的规章制度；

（二）更新、维护并管理国家公路建设项目评标专家库及专家库管理系统；

（三）指导和监督省级公路建设项目评标专家库管理工作；

（四）依法受理投诉，查处相关违法行为；

（五）法律、法规、规章规定的其他职责。

第五条　省级交通运输主管部门负责本行政区域内公路建设项目评标专家库的监督管理工作，主要职责是：

（一）贯彻执行国家有关法律、法规、规章，结合实际情况，制定本行政区域内公路建设项目评标专家库管理制度，并报国务院交通运输主管部门备案；

（二）更新、维护并管理省级公路建设项目评标专家库及专家库管理系统；

（三）监督管理国家公路建设项目评标专家库的专家抽取活动；

（四）依法受理投诉，查处本行政区域内相关违法行为；

（五）法律、法规、规章规定的其他职责。

第六条　国家公路建设项目评标专家库专业分类标准如下：

类别	设计类（A04）	监理类（A05）	施工类（A08）	货物类（B）
专业	路线 （A040301）	路基路面 （A050301）	路基路面 （A080301）	机械设备 （B01）
	路基路面 （A040302）	桥梁 （A050302）	桥梁 （A080302）	建筑材料 （B07）
	桥梁 （A040303）	隧道 （A050303）	隧道 （A080303）	商务合同 （B10）
	隧道 （A040304）	公路机电工程 （A050304）	公路机电工程 （A080304）	
	交通工程 （A040305）	公路安全设施 （A050305）	公路安全设施 （A080305）	
	概预算 （A040306）	商务合同 （A050306）	商务合同 （A080306）	
	勘察 （A040307）		房建 （A080307）	
	商务合同 （A040308）		环保（含绿化等） （A080308）	

省级交通运输主管部门可根据实际需要，对省级公路建设项目评标专家库的专业分类进行补充和细化。

第七条 国家公路建设项目评标专家采用个人申请、单位推荐、国务院交通运输主管部门审查的方式确定，其程序为：

（一）申请人填写"公路建设项目评标专家库评标专家申报表"（见附件），报申请人所在工作单位；

（二）申请人所在工作单位同意推荐后报有关单位初审；

（三）推荐单位所在地省级交通运输主管部门对申报材料进行初审；推荐单位为部属事业单位或中央管理企业及其所属单位的，由部属事业单位或中央管理企业负责初审；

（四）省级交通运输主管部门和部属事业单位或中央管理企业通过"全国公路建设市场信用信息管理系统"将初审合格的人员报国务院交通运输主管部门；

（五）国务院交通运输主管部门组织对申报材料进行审查，符合条件的，经培训考核合格后，纳入国家公路建设项目评标专家库。

省级公路建设项目评标专家库申报程序由省级交通运输主管部门确定。

第八条　推荐的公路建设项目评标专家应具备下列基本条件：

（一）具有良好的政治素质和职业道德，能够依法履行职责，维护招投标双方的合法权益；

（二）熟悉有关公路建设招标投标的法律、法规和规章；

（三）从事公路行业相关专业领域工作且满8年，具有高级职称或同等专业水平；

（四）年龄不超过65周岁，身体健康状况能够胜任评标工作；

（五）未曾受到刑事处罚或行政处罚；

（六）省级交通运输主管部门报送的申报国家公路建设项目评标专家库人员一般应为省级公路建设项目评标专家库专家。

第九条　评标专家的主要权利：

（一）接受招标人聘请，担任招标项目评标委员会成员；

（二）依法独立评标，不受任何单位和个人的非法干预和影响；

（三）向交通运输主管部门举报评标活动存在的违法、违规或不公正行为；

（四）依法获取劳动报酬；

（五）法律、法规、规章规定的其他权利。

第十条　评标专家的主要义务：

（一）准时参加评标活动；

（二）遵守职业道德，依法履行职责；

（三）接受交通运输主管部门的监督管理，协助配合有关投诉处理；

（四）国家公路建设项目评标专家库评标专家，及时登录"全国公路建设市场信用信息管理系统"维护个人信息；

（五）法律、法规、规章规定的其他义务。

第十一条　评标专家所在单位应当对评标专家参加评标活动和继续教育的培训给予支持。

第十二条　国家公路建设项目评标专家库评标专家，因故无法参加某一时段评标时，可事先登录"全国公路建设市场信用信息管理系统"进行自主屏蔽，一年之内自主屏蔽次数不得超过5次，总时间不得超过30天。

第十三条 国家审批（核准）公路建设项目的勘察、设计、施工、监理以及与工程建设有关的重要设备、材料采购等依法必须招标的，应当从国家公路建设项目评标专家库中确定资格审查委员会和评标委员会专家；其他公路招标项目，从省级公路建设项目评标专家库或国家公路建设项目评标专家库中确定资格审查委员会和评标委员会专家。

第十四条 评标专家的确定，应当采取随机抽取方式。对于技术复杂、专业性强，采取随机抽取方式确定的评标专家难以胜任评标工作的特殊招标项目，可以由招标人采取人工选择方式直接确定，并按照项目管理权限报交通运输主管部门备案。

第十五条 招标人应按照资格审查或评标项目招标类型和所含专业确定评标专家类别和专业，商务合同专业和招标所含主要专业均需抽取至少一名专家，不得抽取项目招标类型和所含专业以外的专家。施工招标可根据工程特点和评标需要，从设计类概预算专业抽取一名专家，房建或环保（含绿化等）工程单独开展设计或监理招标的，所含专业专家从施工类相应专业中抽取。

第十六条 有下列情形之一的，不得担任资格审查委员会和评标委员会成员：

（一）投标人的工作人员或退休人员；

（二）投标人主要负责人和具体负责人的近亲属；

（三）负责招标项目监督管理的交通运输主管部门的工作人员；

（四）其他与投标人有利害关系、可能影响评标活动公正性的人员。

招标人应按前款规定设定回避条件，禁止以其他各种理由排斥或限制评标专家参加评标。评标专家有前款规定情形之一的，应当主动提出回避；未提出回避的，招标人或者有关交通运输主管部门发现后，应当立即停止其参加评标。

第十七条 国家公路建设项目评标专家库抽取使用程序如下：

（一）招标人向省级交通运输主管部门提出书面申请，明确抽取方式、类别、专业、数量和回避条件；

（二）在省级交通运输主管部门监督下，招标人通过"全国公路建设市场信用信息管理系统"抽取评标专家；

（三）省级交通运输主管部门登录"全国公路建设市场信用信息管理系统"

确认评标结束。

（四）招标人和评标专家登录"全国公路建设市场信用信息管理系统"进行相互评价。

省级公路建设项目评标专家库抽取使用程序由省级交通运输主管部门确定。

第十八条 评标专家确定后，发生不能到场或需要回避等特殊情况的，应当从原评标专家库中按原抽取方式补选确定，也可在符合规定的前提下相应减少招标人代表数量。

第十九条 评标专家有下列情形之一的，注销其评标专家资格：

（一）本人申请不再担任；

（二）健康等原因不能胜任；

（三）工作调动不再适宜继续担任；

（四）年龄超过70周岁（不含院士、勘察设计大师）。

第二十条 评标专家有下列情形之一的，暂停其评标专家资格半年：

（一）连续五次被抽中均未参加；

（二）一年之内被抽中三次以上，参加次数少于被抽中次数三分之二；

（三）承诺参加但没有参加；

（四）有关行政监督部门依法对投诉进行调查时，不予配合；

（五）国家公路建设项目评标专家库专家，在评标结束一周内未对招标人进行评价，或未及时维护个人信息。

第二十一条 评标专家有下列情形之一的，取消其评标专家资格：

（一）以虚假材料骗取评标专家资格；

（二）未按要求参加培训或考核不合格；

（三）评标出现重大疏漏或错误；

（四）被暂停评标专家资格的处罚期满后，再次出现本办法第二十条规定情形之一；

（五）受到刑事处罚或行政处罚；

（六）违反招标投标法律、法规和规章。

被取消评标专家资格的，五年内不得再次申请入选公路建设项目评标专家库，有违法违规行为的，终身不得入选公路建设项目评标专家库。

第二十二条 公路建设项目评标专家库实行动态管理。评标专家有违反招标投标法律、法规、规章和本办法规定行为，以及存在其他不适宜继续担任专家情形的，交通运输主管部门应当及时作出处理，暂停、取消或注销其评标专家资格。根据需要，可适时补充评标专家。

第二十三条 本办法由交通运输部负责解释。

第二十四条 本办法自发布之日起施行，2001 年 6 月 11 日实施的《公路建设项目评标专家库管理办法》（交公路发〔2001〕300 号）同时废止。

附件：

公路建设项目评标专家库评标专家申报表

姓　名		性　别		
出生年月		民　族		
毕业学校		毕业时间		
学　历		所学专业		照片
工作单位/退休单位		职务		
从事专业		职　称		
移动电话		电子信箱		
申报类别				
申报专业				
工作经历				
主要业绩				
推荐单位意见： （盖章）　年　月　日				
省级交通运输主管部门（部属事业单位或中央管理企业）初审意见： （盖章）　年　月　日				

注：
1. 每人限报一个类别，且不得超过该类别的 2 个专业。
2. 主要业绩指拟申请专家库类别和专业领域取得的业绩和具有的业务能力以及评标经历等。
3. 附身份证、毕业证、职称证等复印件。

公路工程建设项目评标工作细则

(2022 年 9 月 30 日　交公路规〔2022〕8 号)

第一章　总　　则

第一条　为规范公路工程建设项目评标工作，维护招标投标活动当事人的合法权益，依据《中华人民共和国招标投标法》《中华人民共和国招标投标法实施条例》、交通运输部《公路工程建设项目招标投标管理办法》及国家有关法律法规，制定本细则。

第二条　依法必须进行招标的公路工程建设项目，其评标活动适用本细则；国有资金占控股或者主导地位的依法必须进行招标的公路工程建设项目，采用资格预审的，其资格审查活动适用本细则；其他项目的评标及资格审查活动可参照本细则执行。

第三条　公路工程建设项目评标工作是指招标人依法组建的评标委员会根据国家有关法律、法规和招标文件，对投标文件进行评审，推荐中标候选人或者由招标人授权直接确定中标人的工作过程。

采用资格预审的公路工程建设项目，招标人应当按照有关规定组建资格审查委员会审查资格预审申请文件。资格审查委员会的专家抽取以及资格审查工作要求，应当适用本细则关于评标委员会以及评标工作的规定。

第四条　评标工作应当遵循公平、公正、科学、择优的原则。任何单位和个人不得非法干预或者影响评标过程和结果。

第五条　招标人应当采取必要措施，保证评标工作在严格保密的情况下进行，所有参与评标活动的人员均不得泄露评标的有关信息。

第六条　公路工程建设项目的招标人或者其指定机构应当对评标过程录音录像并存档备查。

第二章　职责分工

第七条　招标人负责组织评标工作并履行下列职责：

（一）按照国家有关规定组建评标委员会；办理评标专家的抽取、通知等事宜；为参与评标工作的招标人代表提供授权函；

（二）向评标委员会提供评标所必需的工作环境、资料和信息以及必要的服务；

（三）向评标委员会成员发放合理的评标劳务报酬；

（四）在招标投标情况书面报告中载明评标委员会成员在评标活动中的履职情况；

（五）保障评标工作的安全性和保密性。

公路工程建设项目实行委托招标的，招标代理机构应当在招标人委托的范围内组织评标工作，且遵守本细则关于招标人的规定。

第八条 评标委员会负责评标工作并履行下列职责：

（一）审查、评价投标文件是否符合招标文件的实质性要求；

（二）要求投标人对投标文件有关事项作出澄清或者说明（如需要）；

（三）对投标文件进行比较和评价；

（四）撰写评标报告，推荐中标候选人，或者根据招标人授权直接确定中标人；

（五）在评标报告中记录评标监督人员、招标人代表或者其他工作人员有无干预正常评标活动或者其他不正当言行；

（六）向交通运输主管部门报告评标过程中发现的其他违法违规行为。

第九条 交通运输主管部门负责监督评标工作并履行下列职责：

（一）按照规定的招标监督职责分工，对评标委员会成员的确定方式、评标专家的抽取和评标活动进行监督；

（二）对评标程序、评标委员会使用的评标标准和方法进行监督；

（三）对招标人代表、评标专家和其他参加评标活动工作人员的不当言论或者违法违规行为及时制止和纠正；

（四）对招标人、招标代理机构、投标人以及评标委员会成员等当事人在评标活动中的违法违规行为进行行政处理并依法公告，同时将上述违法违规行为记入相应当事人的信用档案。

第三章　评标工作的组织与准备

第十条　评标由招标人依法组建的评标委员会负责。

评标委员会由评标专家和招标人代表共同组成，人数为五人以上单数。其中，评标专家人数不得少于成员总数的三分之二。评标专家由招标人按照交通运输部有关规定从评标专家库相关专业中随机抽取。

对于技术复杂、专业性强或者国家有特殊要求，采取随机抽取方式确定的评标专家难以保证胜任评标工作的特殊招标项目，招标人可以直接确定相应专业领域的评标专家。

投标文件采用双信封形式密封的，招标人不得组建两个评标委员会分别负责第一信封（商务文件和技术文件）和第二信封（报价文件）的评标工作。

第十一条　在评标委员会开始评标工作之前，招标人应当准备评标所必需的信息，主要包括招标文件、招标文件的澄清或者修改、开标记录、投标文件、资格预审文件。

第十二条　招标人协助评标委员会评标的，应当选派熟悉招标工作、政治素质高的人员，具体数量由招标人视工作量确定。评标委员会成员和招标人选派的协助评标人员应当实行回避制度。

属于下列情况之一的人员，不得进入评标委员会或者协助评标：

（一）负责招标项目监督管理的交通运输主管部门的工作人员；

（二）与投标人法定代表人或者授权参与投标的代理人有近亲属关系的人员；

（三）投标人的工作人员或者退休人员；

（四）与投标人有其他利害关系，可能影响评标活动公正性的人员；

（五）在与招标投标有关的活动中有过违法违规行为、曾受过行政处罚或者刑事处罚的人员。

招标人及其子公司、招标人下属单位、招标人的上级主管部门或者控股公司、招标代理机构的工作人员或者退休人员不得以专家身份参与本单位招标或者招标代理项目的评标。

第十三条　招标人协助评标的，应当在评标委员会开始评标工作的同时或者之前进行评标的协助工作。协助评标工作应当以招标文件规定的评标标准和方法为依据，主要内容包括：

（一）编制评标使用的相应表格；

（二）对投标报价进行算术性校核；

（三）列出投标文件相对于招标文件的所有偏差，并进行归类汇总；

（四）查询公路建设市场信用信息管理系统，对投标人的资质、业绩、主要人员资历和目前在岗情况、信用等级进行核实；

（五）通过相关网站对各类注册资格证书、安全生产考核合格证等证件进行查询核实；

（六）在评标过程中，对评标委员会各成员的评分表进行复核，统计汇总；对评标过程资料进行整理。

第十四条 招标人协助评标工作应当客观、准确，如实反映投标文件对招标文件规定的响应情况；不得故意遗漏或者片面摘录，不得对投标文件作出任何评价，不得在评标委员会对所有偏差定性之前透露存有偏差的投标人名称；不得明示或者暗示其倾向或者排斥特定投标人。

第四章 评标工作的实施

第十五条 评标工作现场应当处于通讯屏蔽状态，或者将评标委员会成员及现场工作人员的手机、电脑、录音录像等电子设备统一集中保管。

第十六条 评标工作应当按照以下程序进行：

（一）招标人代表出示加盖招标人单位公章的授权函及身份证，向评标委员会其他成员表明身份；

（二）招标人代表核对评标委员会其他成员的身份证；

（三）招标人代表宣布评标纪律；

（四）招标人代表公布已开标的投标人名单，并询问评标委员会成员有否回避的情形；评标委员会成员存在应当回避情形的，应当主动提出回避；

（五）招标人代表与评标委员会其他成员共同推选主任委员；

（六）评标委员会主任委员主持会议，要求招标人介绍项目概况、招标文件中与评标相关的关键内容及协助评标工作（如有）相关情况；

（七）评标委员会评标，完成并签署评标报告，将评标报告提交给招标人代表；

（八）招标人代表对评标报告进行形式检查，有本细则第三十三条规定情形的，提请评标委员会进行修改完善；

（九）评标报告经形式检查无误后，评标委员会主任委员宣布评标工作结束。

第十七条 投标文件采用双信封形式密封的，招标人应当合理安排第二信封（报价文件）公开开标的时间和地点，保证与第一信封（商务文件和技术文件）的评审工作有序衔接，避免泄露评标工作信息。

第十八条 评标过程中，评标委员会成员有回避事由、擅离职守或者因健康等原因不能继续评标的，应当及时更换。被更换的评标委员会成员作出的评审结论无效，由更换后的评标委员会成员重新进行评审。更换评标委员会成员的情况应当在评标报告中予以记录。

被更换的评标委员会成员如为评标专家库专家，招标人应当从原评标专家库中按照原方式抽取更换后的评标委员会成员，或者在符合法律规定的前提下相应减少评标委员会中招标人代表数量。

无法及时更换评标委员会成员导致评标委员会构成不满足法定要求的，评标委员会应当停止评标活动，已作出的评审结论无效。招标人封存所有投标文件和开标、评标资料，依法重新组建评标委员会进行评标。招标人应当将重新组建评标委员会的情况在招标投标情况书面报告中予以说明。

第十九条 评标委员会应当民主推荐一名主任委员，负责组织评标委员会成员开展评标工作。评标委员会主任委员与评标委员会的其他成员享有同等权利与义务。评标委员会应当保证各成员对所有投标文件的全面、客观、独立评审，确保评标工作质量。

第二十条 评标委员会应当首先听取招标人关于招标项目概况的介绍和协助评标工作内容（如有）的说明，并认真阅读招标文件，获取评标所需的重要信息和数据，主要包括以下内容：

（一）招标项目建设规模、技术标准和工程特点；

（二）招标文件规定的评标标准和方法；

（三）其它与评标有关的内容。

第二十一条 招标人协助评标的，评标委员会应当根据招标文件规定，对投标文件相对于招标文件的所有偏差依法逐类进行定性，对招标人提供的评标工作用表和评标内容进行认真核对，对与招标文件不一致、存在错误或者遗漏的内容要进行修正。

评标委员会应当对全部投标文件进行认真审查，招标人提供的协助评标工作内容及信息仅作为评标的参考。评标委员会不得以招标人在协助评标过程中未发现投标文件存有偏差或者招标人协助评标工作存在疏忽为由规避评标责任。

第二十二条 评标委员会应当按照招标文件规定的评标标准和方法，对投标文件进行评审和比较。招标文件没有规定的评标标准和方法不得作为评标的依据。

对于招标文件规定的评标标准和方法，评标委员会认为其违反法律、行政法规的强制性规定，违反公开、公平、公正和诚实信用原则，影响潜在投标人投标的，评标委员会应当停止评标工作并向招标人书面说明情况，招标人应当修改招标文件后重新招标。

评标委员会发现招标文件规定的评标标准和方法存在明显文字错误，且修改后不会影响评标结果的，评标委员会可以对其进行修改，并在评标报告说明修改的内容和修改原因。除此之外，评标委员会不得以任何理由修改评标标准和方法。

第二十三条 对于投标文件存在的偏差，评标委员会应当根据招标文件规定的评标标准和方法进行评审，依法判定其属于重大偏差还是细微偏差。凡属于招标文件评标标准和方法中规定的重大偏差，或者招标文件评标标准和方法中未做强制性规定，但出现了法律、行政法规规定的否决投标情形的，评标委员会应当否决投标人的投标文件。

由于评标标准和方法前后内容不一致或者部分条款存在易引起歧义、模糊的文字，导致难以界定投标文件偏差的性质，评标委员会应当按照有利于投标人的原则进行处理。

第二十四条 评标委员会应当根据《中华人民共和国招标投标法实施条例》第三十九条、第四十条、第四十一条的有关规定，对在评标过程中发现的投标人与投标人之间、投标人与招标人之间存在的串通投标的情形进行评审和认定；存在串通投标情形的，评标委员会应当否决其投标。

投标人以他人名义投标、以行贿手段谋取中标，或者投标弄虚作假的，评标委员会应当否决其投标。

第二十五条 评标过程中，投标文件中存在下列情形之一且评标委员会认为需要投标人作出必要澄清、说明的，应当书面通知该投标人进行澄清或者说明：

（一）投标文件中有含义不明确的内容或者明显文字错误；

（二）投标报价有算术性错误；

（三）投标报价可能低于成本价；

（四）招标文件规定的细微偏差。

评标委员会应当给予投标人合理的澄清、说明时间。

投标人的澄清、说明应当采用书面形式，按照招标文件规定的格式签署盖章，且不得超出投标文件的范围或者改变投标文件的实质性内容。投标人的澄清或者说明内容将视为投标文件的组成部分。投标标的、投标函文字报价、质量标准、履行期限均视为投标文件的实质性内容，评标委员会不得要求投标人进行澄清。

评标委员会不得暗示或者诱导投标人作出澄清、说明，不得接受投标人主动提出的澄清、说明。

第二十六条 投标报价有算术性错误的，评标委员会应当按照招标文件规定的原则对投标报价进行修正。对算术性修正结果，评标委员会应当按照本细则第二十五条规定的程序要求投标人进行书面澄清。投标人对修正结果进行书面确认的，修正结果对投标人具有约束力，其投标文件可继续参加评审。

投标人对算术性修正结果存有不同意见或者未做书面确认的，评标委员会应当重新复核修正结果。如果确认修正结果无误且投标人拒不按照要求对修正结果进行确认的，应当否决该投标人的投标；如果发现修正结果存在差错，应当及时作出调整并重新进行书面澄清。

第二十七条 评标委员会发现投标人的投标报价明显低于其他投标人报价或者在设有标底时明显低于标底的，应当按照本细则第二十五条规定的程序要求该投标人对相应投标报价作出书面说明，并提供相关证明材料。

如果投标人不能提供相关证明材料，或者提交的相关材料无法证明投标人可以按照其报价以及招标文件规定的质量标准和履行期限完成招标项目的，评标委员会应当认定该投标人以低于成本价竞标，并否决其投标。

第二十八条 除评标价和履约信誉评分项外，评标委员会成员对投标人商务和技术各项因素的评分一般不得低于招标文件规定该因素满分值的60%；评分低于满分值60%的，评标委员会成员应当在评标报告中作出说明。投标文件各项评分因素得分应以评标委员会各成员的打分平均值确定，评标委员会成员总数为七人以上时，该平均值以去掉一个最高分和一个最低分后计算。

第二十九条 在评标过程中，如有效投标不足3个，评标委员会应当对有效投标是否仍具有竞争性进行评审。评标委员会一致认为有效投标仍具有竞争性的，应当继续推荐中标候选人，并在评标报告中予以说明。评标委员会对有效投标是否仍具有竞争性无法达成一致意见的，应当否决全部投标。

第三十条 评标委员会成员对需要共同认定的事项存在争议的，应当按照少数服从多数的原则作出结论。持不同意见的评标委员会成员应当在评标报告上以书面形式说明其不同意见和理由并签字确认。评标委员会成员拒绝在评标报告上签字又不书面说明其不同意见和理由的，视为同意评标结果。

第三十一条 评审完成后，评标委员会主任委员应当组织编写书面评标报告。评标报告中推荐的中标候选人应当不超过3个，并标明排序。

第三十二条 评标报告应当载明下列内容：

（一）招标项目基本情况；

（二）评标委员会成员名单；

（三）监督人员名单；

（四）开标记录；

（五）符合要求的投标人名单；

（六）否决的投标人名单以及否决理由；

（七）串通投标情形的评审情况说明；

（八）评分情况；

（九）经评审的投标人排序；

（十）中标候选人名单；

（十一）澄清、说明事项纪要；

（十二）需要说明的其他事项；

（十三）评标附表。

对评标监督人员、招标人代表或者其他工作人员干预正常评标活动，以及对招标投标活动的其他不正当言行，评标委员会应当在评标报告第（十二）项内容中如实记录。

除第一款规定的第（一）、（三）、（四）项内容外，评标委员会所有成员应当在评标报告上逐页签字。

第三十三条 招标人代表收到评标委员会完成的评标报告后，应当对评标报告内容进行形式检查，发现问题应当及时告知评标委员会进行必要的修改完善。形式检查仅限于以下内容：

（一）评标报告正文以及所附文件、表格是否完整、清晰；

（二）报告正文和附表等内容是否有涂改，涂改处是否有做出涂改的评标委员会成员签名；

（三）投标报价修正和评分计算是否有算术性错误；

（四）评标委员会成员对客观评审因素评分是否一致；

（五）投标文件各项评分因素得分是否符合本细则第二十八条相关要求；

（六）评标委员会成员签字是否齐全。

形式检查并不免除评标委员会对评标工作应负的责任。

第三十四条 评标报告经形式检查无误后，评标委员会主任委员宣布评标工作结束。

第三十五条 评标结束后，如招标人发现提供给评标委员会的信息、数据有误或者不完整，或者由于评标委员会的原因导致评标结果出现重大偏差，招标人应当及时邀请原评标委员会成员按照招标文件规定的评标标准和方法对评标报告内容进行审查确认，并形成书面审查确认报告。

投标人或者其他利害关系人对招标项目的评标结果提出异议或者投诉的，评标委员会成员有义务针对异议或者投诉的事项进行审查确认，并形成书面审查确认报告。

审查确认过程应当接受交通运输主管部门的监督。审查确认改变评标结果的，招标人应当公示评标委员会重新推荐的中标候选人，并将审查确认报告作为招标投标情况书面报告的组成部分，报具有招标监督职责的交通运输主管部门备案。

第五章 纪　　律

第三十六条　评标委员会成员应当客观、公正、审慎地履行职责，遵守职业道德；应当依据评标办法规定的评审顺序和内容逐项完成评标工作，对本人提出的评审意见以及评分的公正性、客观性、准确性负责。

评标委员会成员不得对主观评审因素协商评分。

招标人不得向评标委员会作倾向性、误导性的解释或者说明。

第三十七条　评标委员会成员有依法获取劳务报酬的权利，但不得向招标人索取或者报销与评标工作无关的其他费用。

第三十八条　评标委员会向招标人提交书面评标报告后自动解散。评标工作中使用的文件、表格以及其他资料应当同时归还招标人。评标委员会成员不得记录、复制或者从评标现场带离任何评标资料。

第三十九条　评标委员会成员和其他参加评标活动的工作人员不得与任何投标人或者与投标人有利害关系的人进行私下接触，不得收受投标人和其他与投标有利害关系的人的财物或者其它好处。

在评标期间，评标委员会成员和其他参加评标活动的工作人员不得发表有倾向性或者诱导、影响其他评审成员的言论，不得对不同投标人采取不同的审查标准。

第四十条　评标委员会成员和其他参加评标活动的工作人员，不得向他人透露对投标文件的评审、中标候选人的推荐情况以及与评标有关的其它情况，且对在评标过程中获悉的国家秘密、商业秘密负有保密责任。

第四十一条　省级以上人民政府交通运输主管部门应当对评标专家实行动态监管，建立评标专家准入、诫勉、清退制度，健全对评标专家的评价机制，对评标专家的工作态度、业务水平、职业道德等进行全面考核。

第六章 附 则

第四十二条 本细则由交通运输部负责解释。

第四十三条 使用国际组织或者外国政府贷款、援助资金的项目，贷款方、资金提供方对评标工作和程序有不同规定的，可以适用其规定，但违背中华人民共和国的社会公共利益的除外。

第四十四条 在公共资源交易平台开展评标工作的，评标职责分工、评标工作的准备与实施等均应当遵守本细则规定。

采用电子评标的，应当按照本细则和国家有关电子评标的规定执行。

第四十五条 本细则自2022年10月1日起施行，有效期5年。《交通运输部关于发布〈公路工程建设项目评标工作细则〉的通知》（交公路发〔2017〕142号）同时废止。

公路建设市场管理办法

（2004年12月21日交通部公布 根据2011年11月30日交通运输部《关于修改〈公路建设市场管理办法〉的决定》第一次修订 根据2015年6月26日交通运输部令2015年第11号交通运输部《关于修改〈公路建设市场管理办法〉的决定》第二次修订）

第一章 总 则

第一条 为加强公路建设市场管理，规范公路建设市场秩序，保证公路工程质量，促进公路建设市场健康发展，根据《中华人民共和国公路法》、《中华人民共和国招标投标法》、《建设工程质量管理条例》，制定本办法。

第二条 本办法适用于各级交通运输主管部门对公路建设市场的监督管理活动。

第三条 公路建设市场遵循公平、公正、公开、诚信的原则。

第四条 国家建立和完善统一、开放、竞争、有序的公路建设市场，禁止任何形式的地区封锁。

第五条 本办法中下列用语的含义是指：

公路建设市场主体是指公路建设的从业单位和从业人员。

从业单位是指从事公路建设的项目法人、项目建设管理单位，咨询、勘察、设计、施工、监理、试验检测单位，提供相关服务的社会中介机构以及设备和材料的供应单位。

从业人员是指从事公路建设活动的人员。

第二章 管理职责

第六条 公路建设市场管理实行统一管理、分级负责。

第七条 国务院交通运输主管部门负责全国公路建设市场的监督管理工作，主要职责是：

（一）贯彻执行国家有关法律、法规，制定全国公路建设市场管理的规章制度；

（二）组织制定和监督执行公路建设的技术标准、规范和规程；

（三）依法实施公路建设市场准入管理、市场动态管理，并依法对全国公路建设市场进行监督检查；

（四）建立公路建设行业评标专家库，加强评标专家管理；

（五）发布全国公路建设市场信息；

（六）指导和监督省级地方人民政府交通运输主管部门的公路建设市场管理工作；

（七）依法受理举报和投诉，依法查处公路建设市场违法行为；

（八）法律、行政法规规定的其他职责。

第八条 省级人民政府交通运输主管部门负责本行政区域内公路建设市场的监督管理工作，主要职责是：

（一）贯彻执行国家有关法律、法规、规章和公路建设技术标准、规范和规程，结合本行政区域内的实际情况，制定具体的管理制度；

（二）依法实施公路建设市场准入管理，对本行政区域内公路建设市场实施动态管理和监督检查；

（三）建立本地区公路建设招标评标专家库，加强评标专家管理；

（四）发布本行政区域公路建设市场信息，并按规定向国务院交通运输主管部门报送本行政区域公路建设市场的信息；

（五）指导和监督下级交通运输主管部门的公路建设市场管理工作；

（六）依法受理举报和投诉，依法查处本行政区域内公路建设市场违法行为；

（七）法律、法规、规章规定的其他职责。

第九条 省级以下地方人民政府交通运输主管部门负责本行政区域内公路建设市场的监督管理工作，主要职责是：

（一）贯彻执行国家有关法律、法规、规章和公路建设技术标准、规范和规程；

（二）配合省级地方人民政府交通运输主管部门进行公路建设市场准入管理和动态管理；

（三）对本行政区域内公路建设市场进行监督检查；

（四）依法受理举报和投诉，依法查处本行政区域内公路建设市场违法行为；

（五）法律、法规、规章规定的其他职责。

第三章 市场准入管理

第十条 凡符合法律、法规规定的市场准入条件的从业单位和从业人员均可进入公路建设市场，任何单位和个人不得对公路建设市场实行地方保护，不得对符合市场准入条件的从业单位和从业人员实行歧视待遇。

第十一条 公路建设项目依法实行项目法人负责制。项目法人可自行管理公路建设项目，也可委托具备法人资格的项目建设管理单位进行项目管理。

项目法人或者其委托的项目建设管理单位的组织机构、主要负责人的技术和管理能力应当满足拟建项目的管理需要，符合国务院交通运输主管部门有关规定的要求。

第十二条 收费公路建设项目法人和项目建设管理单位进入公路建设市场实行备案制度。

收费公路建设项目可行性研究报告批准或依法核准后，项目投资主体应当成立或者明确项目法人。项目法人应当按照项目管理的隶属关系将其或者其委托的项目建设管理单位的有关情况报交通运输主管部门备案。

对不符合规定要求的项目法人或者项目建设管理单位，交通运输主管部门应当提出整改要求。

第十三条 公路工程勘察、设计、施工、监理、试验检测等从业单位应当按照法律、法规的规定，取得有关管理部门颁发的相应资质后，方可进入公路建设市场。

第十四条 法律、法规对公路建设从业人员的执业资格作出规定的，从业人员应当依法取得相应的执业资格后，方可进入公路建设市场。

第四章 市场主体行为管理

第十五条 公路建设从业单位和从业人员在公路建设市场中必须严格遵守国家有关法律、法规和规章，严格执行公路建设行业的强制性标准、各类技术规范及规程的要求。

第十六条 公路建设项目法人必须严格执行国家规定的基本建设程序，不得违反或者擅自简化基本建设程序。

第十七条 公路建设项目法人负责组织有关专家或者委托有相应工程咨询或者设计资质的单位，对施工图设计文件进行审查。施工图设计文件审查的主要内容包括：

（一）是否采纳工程可行性研究报告、初步设计批复意见；

（二）是否符合公路工程强制性标准、有关技术规范和规程要求；

（三）施工图设计文件是否齐全，是否达到规定的技术深度要求；

（四）工程结构设计是否符合安全和稳定性要求。

第十八条 公路建设项目法人应当按照项目管理隶属关系将施工图设计文件报交通运输主管部门审批。施工图设计文件未经审批的，不得使用。

第十九条 申请施工图设计文件审批应当向相关的交通运输主管部门提交以下材料：

（一）施工图设计的全套文件；

（二）专家或者委托的审查单位对施工图设计文件的审查意见；

（三）项目法人认为需要提交的其他说明材料。

第二十条 交通运输主管部门应当自收到完整齐备的申请材料之日起20日内审查完毕。经审查合格的，批准使用，并将许可决定及时通知申请人。审查不合格的，不予批准使用，应当书面通知申请人并说明理由。

第二十一条 公路建设项目法人应当按照公开、公平、公正的原则，依法组织公路建设项目的招标投标工作。不得规避招标，不得对潜在投标人和投标人实行歧视政策，不得实行地方保护和暗箱操作。

第二十二条 公路工程的勘察、设计、施工、监理单位和设备、材料供应单位应当依法投标，不得弄虚作假，不得串通投标，不得以行贿等不合法手段谋取中标。

第二十三条 公路建设项目法人与中标人应当根据招标文件和投标文件签订合同，不得附加不合理、不公正条款，不得签订虚假合同。

国家投资的公路建设项目，项目法人与施工、监理单位应当按照国务院交通运输主管部门的规定，签订廉政合同。

第二十四条 公路建设项目依法实行施工许可制度。国家和国务院交通运输主管部门确定的重点公路建设项目的施工许可由省级人民政府交通运输主管部门实施，其他公路建设项目的施工许可按照项目管理权限由县级以上地方人民政府交通运输主管部门实施。

第二十五条 项目施工应当具备以下条件：

（一）项目已列入公路建设年度计划；

（二）施工图设计文件已经完成并经审批同意；

（三）建设资金已经落实，并经交通运输主管部门审计；

（四）征地手续已办理，拆迁基本完成；

（五）施工、监理单位已依法确定；

（六）已办理质量监督手续，已落实保证质量和安全的措施。

第二十六条 项目法人在申请施工许可时应当向相关的交通运输主管部门提交以下材料：

（一）施工图设计文件批复；

（二）交通运输主管部门对建设资金落实情况的审计意见；

（三）国土资源部门关于征地的批复或者控制性用地的批复；

（四）建设项目各合同段的施工单位和监理单位名单、合同价情况；

（五）应当报备的资格预审报告、招标文件和评标报告；

（六）已办理的质量监督手续材料；

（七）保证工程质量和安全措施的材料。

第二十七条　交通运输主管部门应当自收到完整齐备的申请材料之日起20日内作出行政许可决定。予以许可的，应当将许可决定及时通知申请人；不予许可的，应当书面通知申请人并说明理由。

第二十八条　公路建设从业单位应当按照合同约定全面履行义务：

（一）项目法人应当按照合同约定履行相应的职责，为项目实施创造良好的条件；

（二）勘察、设计单位应当按照合同约定，按期提供勘察设计资料和设计文件。工程实施过程中，应当按照合同约定派驻设计代表，提供设计后续服务；

（三）施工单位应当按照合同约定组织施工，管理和技术人员及施工设备应当及时到位，以满足工程需要。要均衡组织生产，加强现场管理，确保工程质量和进度，做到文明施工和安全生产；

（四）监理单位应当按照合同约定配备人员和设备，建立相应的现场监理机构，健全监理管理制度，保持监理人员稳定，确保对工程的有效监理；

（五）设备和材料供应单位应当按照合同约定，确保供货质量和时间，做好售后服务工作；

（六）试验检测单位应当按照试验规程和合同约定进行取样、试验和检测，提供真实、完整的试验检测资料。

第二十九条　公路工程实行政府监督、法人管理、社会监理、企业自检的质量保证体系。交通运输主管部门及其所属的质量监督机构对工程质量负监督责任，项目法人对工程质量负管理责任，勘察设计单位对勘察设计质量负责，施工单位对施工质量负责，监理单位对工程质量负现场管理责任，试验检测单位对试验检测结果负责，其他从业单位和从业人员按照有关规定对其产品或者服务质量负相应责任。

第三十条 各级交通运输主管部门及其所属的质量监督机构对工程建设项目进行监督检查时，公路建设从业单位和从业人员应当积极配合，不得拒绝和阻挠。

第三十一条 公路建设从业单位和从业人员应当严格执行国家有关安全生产的法律、法规、国家标准及行业标准，建立健全安全生产的各项规章制度，明确安全责任，落实安全措施，履行安全管理的职责。

第三十二条 发生工程质量、安全事故后，从业单位应当按照有关规定及时报有关主管部门，不得拖延和隐瞒。

第三十三条 公路建设项目法人应当合理确定建设工期，严格按照合同工期组织项目建设。项目法人不得随意要求更改合同工期。如遇特殊情况，确需缩短合同工期的，经合同双方协商一致，可以缩短合同工期，但应采取措施，确保工程质量，并按照合同规定给予经济补偿。

第三十四条 公路建设项目法人应当按照国家有关规定管理和使用公路建设资金，做到专款专用，专户储存；按照工程进度，及时支付工程款；按照规定的期限及时退还保证金、办理工程结算。不得拖欠工程款和征地拆迁款，不得挤占挪用建设资金。

施工单位应当加强工程款管理，做到专款专用，不得拖欠分包人的工程款和农民工工资；项目法人对工程款使用情况进行监督检查时，施工单位应当积极配合，不得阻挠和拒绝。

第三十五条 公路建设从业单位和从业人员应当严格执行国家和地方有关环境保护和土地管理的规定，采取有效措施保护环境和节约用地。

第三十六条 公路建设项目法人、监理单位和施工单位对勘察设计中存在的问题应当及时提出设计变更的意见，并依法履行审批手续。设计变更应当符合国家制定的技术标准和设计规范要求。

任何单位和个人不得借设计变更虚报工程量或者提高单价。

重大工程变更设计应当按有关规定报原初步设计审批部门批准。

第三十七条 勘察、设计单位经项目法人批准，可以将工程设计中跨专业或者有特殊要求的勘察、设计工作委托给有相应资质条件的单位，但不得转包或者二次分包。

监理工作不得分包或者转包。

第三十八条　施工单位可以将非关键性工程或者适合专业化队伍施工的工程分包给具有相应资格条件的单位，并对分包工程负连带责任。允许分包的工程范围应当在招标文件中规定。分包工程不得再次分包，严禁转包。

任何单位和个人不得违反规定指定分包、指定采购或者分割工程。

项目法人应当加强对施工单位工程分包的管理，所有分包合同须经监理审查，并报项目法人备案。

第三十九条　施工单位可以直接招用农民工或者将劳务作业发包给具有劳务分包资质的劳务分包人。施工单位招用农民工的，应当依法签订劳动合同，并将劳动合同报项目监理工程师和项目法人备案。

施工单位和劳务分包人应当按照合同按时支付劳务工资，落实各项劳动保护措施，确保农民工安全。

劳务分包人应当接受施工单位的管理，按照技术规范要求进行劳务作业。劳务分包人不得将其分包的劳务作业再次分包。

第四十条　项目法人和监理单位应当加强对施工单位使用农民工的管理，对不签订劳动合同、非法使用农民工的，或者拖延和克扣农民工工资的，要予以纠正。拒不纠正的，项目法人要及时将有关情况报交通运输主管部门调查处理。

第四十一条　项目法人应当按照交通部《公路工程竣（交）工验收办法》的规定及时组织项目的交工验收，并报请交通运输主管部门进行竣工验收。

第五章　动态管理

第四十二条　各级交通运输主管部门应当加强对公路建设从业单位和从业人员的市场行为的动态管理。应当建立举报投诉制度，查处违法行为，对有关责任单位和责任人依法进行处理。

第四十三条　国务院交通运输主管部门和省级地方人民政府交通运输主管部门应当建立公路建设市场的信用管理体系，对进入公路建设市场的从业单位和主要从业人员在招投标活动、签订合同和履行合同中的信用情况进行记录并向社会公布。

第四十四条 公路工程勘察、设计、施工、监理等从业单位应当按照项目管理的隶属关系，向交通运输主管部门提供本单位的基本情况、承接任务情况和其他动态信息，并对所提供信息的真实性、准确性和完整性负责。项目法人应当将其他从业单位在建设项目中的履约情况，按照项目管理的隶属关系报交通运输主管部门，由交通运输主管部门核实后记入从业单位信用记录中。

第四十五条 从业单位和主要从业人员的信用记录应当作为公路建设项目招标资格审查和评标工作的重要依据。

第六章 法律责任

第四十六条 对公路建设从业单位和从业人员违反本办法规定进行的处罚，国家有关法律、法规和交通运输部规章已有规定的，适用其规定；没有规定的，由交通运输主管部门根据各自的职责按照本办法规定进行处罚。

第四十七条 项目法人违反本办法规定，实行地方保护的或者对公路建设从业单位和从业人员实行歧视待遇的，由交通运输主管部门责令改正。

第四十八条 从业单位违反本办法规定，在申请公路建设从业许可时，隐瞒有关情况或者提供虚假材料的，行政机关不予受理或者不予行政许可，并给予警告；行政许可申请人在1年内不得再次申请该行政许可。

被许可人以欺骗、贿赂等不正当手段取得从业许可的，行政机关应当依照法律、法规给予行政处罚；申请人在3年内不得再次申请该行政许可；构成犯罪的，依法追究刑事责任。

第四十九条 投标人相互串通投标或者与招标人串通投标的，投标人以向招标人或者评标委员会成员行贿的手段谋取中标的，中标无效，处中标项目金额5‰以上10‰以下的罚款，对单位直接负责的主管人员和其他直接责任人员处单位罚款数额5%以上10%以下的罚款；有违法所得的，并处没收违法所得；情节严重的，取消其1年至2年内参加依法必须进行招标的项目的投标资格并予以公告；构成犯罪的，依法追究刑事责任。给他人造成损失的，依法承担赔偿责任。

第五十条 投标人以他人名义投标或者以其他方式弄虚作假，骗取中标的，中标无效，给招标人造成损失的，依法承担赔偿责任；构成犯罪的，依法追究刑事责任。

依法必须进行招标的项目的投标人有前款所列行为尚未构成犯罪的，处中标项目金额5‰以上10‰以下的罚款，对单位直接负责的主管人员和其他直接责任人员处单位罚款数额5%以上10%以下的罚款；有违法所得的，并处没收违法所得；情节严重的，取消其1年至3年内参加依法必须进行招标的项目的投标资格并予以公告。

第五十一条 项目法人违反本办法规定，拖欠工程款和征地拆迁款的，由交通运输主管部门责令改正，并由有关部门依法对有关责任人员给予行政处分。

第五十二条 除因不可抗力不能履行合同的，中标人不按照与招标人订立的合同履行施工质量、施工工期等义务，造成重大或者特大质量和安全事故，或者造成工期延误的，取消其2年至5年内参加依法必须进行招标的项目的投标资格并予以公告。

第五十三条 施工单位有以下违法违规行为的，由交通运输主管部门责令改正，并由有关部门依法对有关责任人员给予行政处分。

（一）违反本办法规定，拖欠分包人工程款和农民工工资的；

（二）违反本办法规定，造成生态环境破坏和乱占土地的；

（三）违反本办法规定，在变更设计中弄虚作假的；

（四）违反本办法规定，不按规定签订劳动合同的。

第五十四条 违反本办法规定，承包单位将承包的工程转包或者违法分包的，责令改正，没收违法所得，对勘察、设计单位处合同约定的勘察费、设计费25%以上50%以下的罚款；对施工单位处工程合同价款5‰以上10‰以下的罚款；可以责令停业整顿，降低资质等级；情节严重的，吊销资质证书。

工程监理单位转让工程监理业务的，责令改正，没收违法所得，处合同约定的监理酬金25%以上50%以下的罚款；可以责令停业整顿，降低资质等级；情节严重的，吊销资质证书。

第五十五条 公路建设从业单位违反本办法规定，在向交通运输主管部门填报有关市场信息时弄虚作假的，由交通运输主管部门责令改正。

第五十六条 各级交通运输主管部门和其所属的质量监督机构的工作人员违反本办法规定，在建设市场管理中徇私舞弊、滥用职权或者玩忽职守的，按照国家有关规定处理。构成犯罪的，由司法部门依法追究刑事责任。

第七章　附　　则

第五十七条　本办法由交通运输部负责解释。

第五十八条　本办法自 2005 年 3 月 1 日起施行。交通部 1996 年 7 月 11 日公布的《公路建设市场管理办法》同时废止。

公路工程设计施工总承包管理办法

（2015 年 6 月 26 日交通运输部令 2015 年第 10 号公布　自 2015 年 8 月 1 日起施行）

第一章　总　　则

第一条　为促进公路工程设计与施工相融合，提高公路工程设计施工质量，推进现代工程管理，依据有关法律、行政法规，制定本办法。

第二条　公路新建、改建、扩建工程和独立桥梁、隧道（以下简称公路工程）的设计施工总承包，适用本办法。

本办法所称设计施工总承包（以下简称总承包），是指将公路工程的施工图勘察设计、工程施工等工程内容由总承包单位统一实施的承发包方式。

第三条　国家鼓励具备条件的公路工程实行总承包。

总承包可以实行项目整体总承包，也可以分路段实行总承包，或者对交通机电、房建及绿化工程等实行专业总承包。

项目法人可以根据项目实际情况，确定采用总承包的范围。

第四条　各级交通运输主管部门依据职责负责对公路工程总承包的监督管理。

交通运输主管部门应当对总承包合同相关当事方执行法律、法规、规章和强制性标准等情况进行督查，对初步设计、施工图设计、设计变更等进行管理。按照有关规定对总承包单位进行信用评价。

第二章　总承包单位选择及合同要求

第五条　总承包单位由项目法人依法通过招标方式确定。

项目法人负责组织公路工程总承包招标。

公路工程总承包招标应当在初步设计文件获得批准并落实建设资金后进行。

第六条　总承包单位应当具备以下要求：

（一）同时具备与招标工程相适应的勘察设计和施工资质，或者由具备相应资质的勘察设计和施工单位组成联合体；

（二）具有与招标工程相适应的财务能力，满足招标文件中提出的关于勘察设计、施工能力、业绩等方面的条件要求；

（三）以联合体投标的，应当根据项目的特点和复杂程度，合理确定牵头单位，并在联合体协议中明确联合体成员单位的责任和权利；

（四）总承包单位（包括总承包联合体成员单位，下同）不得是总承包项目的初步设计单位、代建单位、监理单位或以上单位的附属单位。

第七条　总承包招标文件的编制应当使用交通运输部统一制定的标准招标文件。

在总承包招标文件中，应当对招标内容、投标人的资格条件、报价组成、合同工期、分包的相关要求、勘察设计与施工技术要求、质量等级、缺陷责任期工程修复要求、保险要求、费用支付办法等作出明确规定。

第八条　总承包招标应当向投标人提供初步设计文件和相应的勘察资料，以及项目有关批复文件和前期咨询意见。

第九条　总承包投标文件应当结合工程地质条件和技术特点，按照招标文件要求编制。投标文件应当包括以下内容：

（一）初步设计的优化建议；

（二）项目实施与设计施工进度计划；

（三）拟分包专项工程；

（四）报价清单及说明；

（五）按招标人要求提供的施工图设计技术方案；

（六）以联合体投标的，还应当提交联合体协议；

（七）以项目法人和总承包单位的联合名义依法投保相关的工程保险的承诺。

第十条 招标人应当合理确定投标文件的编制时间，自招标文件开始发售之日起至投标人提交投标文件截止时间止，不得少于60天。

招标人应当根据项目实际情况，提出投标人在投标文件中提供施工图设计技术方案的具体要求。招标人在招标文件中明确中标人有权使用未中标人的技术方案的，一般应当同时明确给予相应的费用补偿。

第十一条 招标人应当根据工程地质条件、技术特点和施工难度确定评标方法。

评标专家抽取应当符合有关法律法规的规定。评标委员会应当包含勘察设计、施工等专家，总人数应当不少于9人。

第十二条 项目法人应当与中标单位签订总承包合同。

第十三条 项目法人和总承包单位应当在招标文件或者合同中约定总承包风险的合理分担。风险分担可以参照以下因素约定：

项目法人承担的风险一般包括：

（一）项目法人提出的工期调整、重大或者较大设计变更、建设标准或者工程规模的调整；

（二）因国家税收等政策调整引起的税费变化；

（三）钢材、水泥、沥青、燃油等主要工程材料价格与招标时基价相比，波动幅度超过合同约定幅度的部分；

（四）施工图勘察设计时发现的在初步设计阶段难以预见的滑坡、泥石流、突泥、涌水、溶洞、采空区、有毒气体等重大地质变化，其损失与处治费用可以约定由项目法人承担，或者约定项目法人和总承包单位的分担比例。工程实施中出现重大地质变化的，其损失与处治费用除保险公司赔付外，可以约定由总承包单位承担，或者约定项目法人与总承包单位的分担比例。因总承包单位施工组织、措施不当造成的上述问题，其损失与处治费用由总承包单位承担；

（五）其他不可抗力所造成的工程费用的增加。

除项目法人承担的风险外，其他风险可以约定由总承包单位承担。

第十四条 总承包费用或者投标报价应当包括相应工程的施工图勘察设计

费、建筑安装工程费、设备购置费、缺陷责任期维修费、保险费等。总承包采用总价合同，除应当由项目法人承担的风险费用外，总承包合同总价一般不予调整。

项目法人应当在初步设计批准概算范围内确定最高投标限价。

第三章 总承包管理

第十五条 项目法人应当依据合同加强总承包管理，督促总承包单位履行合同义务，加强工程勘察设计管理和地质勘察验收，严格对工程质量、安全、进度、投资和环保等环节进行把关。

项目法人对总承包单位在合同履行中存在过失或偏差行为，可能造成重大损失或者严重影响合同目标实现的，应当对总承包单位法人代表进行约谈，必要时可以依据合同约定，终止总承包合同。

第十六条 采用总承包的项目，初步设计应当加大设计深度，加强地质勘察，明确重大技术方案，严格核定工程量和概算。

初步设计单位负责总承包项目初步设计阶段的勘察设计，按照项目法人要求对施工图设计或者设计变更进行咨询核查。

第十七条 总承包单位应当按照合同规定和工程施工需要，分阶段提交详勘资料和施工图设计文件，并按照审查意见进行修改完善。施工图设计应当符合经审批的初步设计文件要求，满足工程质量、耐久和安全的强制性标准和相关规定，经项目法人同意后，按照相关规定报交通运输主管部门审批。施工图设计经批准后方可组织实施。

第十八条 总承包单位依据总承包合同，对施工图设计及工程质量、安全、进度负总责。负责施工图勘察设计、工程施工和缺陷责任期工程修复工作，配合项目法人完成征地拆迁、地方协调、项目审计及交竣工验收等工作。

第十九条 项目法人根据建设项目的规模、技术复杂程度等要素，依据有关规定程序选择社会化的监理开展工程监理工作。监理单位应当依据有关规定和合同，对总承包施工图勘察设计、工程质量、施工安全、进度、环保、计量支付和缺陷责任期工程修复等进行监理，对总承包单位编制的勘察设计计划、采购与施工的组织实施计划、施工图设计文件、专项技术方案、项目实施进度计划、质量安全保障措施、计量支付、工程变更等进行审核。

第二十条 总承包工程应当按照批准的施工图设计组织施工。总承包单位应当根据工程特点和合同约定，细化设计施工组织计划，拟定设计施工进度安排、工程质量和施工安全目标、环境保护措施、投资完成计划。

第二十一条 总承包单位应当加强设计与施工的协调，建立工程管理与协调制度，根据工程实际及时完善、优化设计，改进施工方案，合理调配设计和施工力量，完善质量保证体系。

第二十二条 工程永久使用的大宗材料、关键设备和主要构件可由项目法人依法招标采购，也可由总承包单位按规定采购。招标人在招标文件中应当明确采购责任。由总承包单位采购的，应当采取集中采购的方式，采购方案应当经项目法人同意，并接受项目法人的监督。

第二十三条 总承包单位应当加强对分包工程的管理。选择的分包单位应当具备相应资格条件，并经项目法人同意，分包合同应当送项目法人。

第二十四条 总承包工程应当按照招标文件明确的计量支付办法与程序进行计量支付。

当采用工程量清单方式进行管理时，总承包单位应当依据交通运输主管部门批准的施工图设计文件，按照各分项工程合计总价与合同总价一致的原则，调整工程量清单，经项目法人审定后作为支付依据；工程实施中，按照清单及合同条款约定进行计量支付；项目完成后，总承包单位应当根据调整后最终的工程量清单编制竣工文件和工程决算。

第二十五条 总承包工程实施过程中需要设计变更的，较大变更或者重大变更应当依据有关规定报交通运输主管部门审批。一般变更应当在实施前告知监理单位和项目法人，项目法人认为变更不合理的有权予以否定。任何设计变更不得降低初步设计批复的质量安全标准，不得降低工程质量、耐久性和安全度。

设计变更引起的工程费用变化，按照风险划分原则处理。其中，属于总承包单位风险范围的设计变更（含完善设计），超出原报价部分由总承包单位自付，低于原报价部分，按第二十四条规定支付。属于项目法人风险范围的设计变更，工程量清单与合同总价均调整，按规定报批后执行。

项目法人应当根据设计变更管理规定，制定鼓励总承包单位优化设计、节省造价的管理制度。

第二十六条 总承包单位应当按照有关规定和合同要求，负责缺陷责任期的工程修复等工作，确保公路技术状况符合规定要求。

第二十七条 总承包单位完成合同约定的全部工程，符合质量安全标准，在缺陷责任期内履行规定义务后，项目法人应当按照合同完成全部支付。

第二十八条 总承包单位应当按照交、竣工验收的有关规定，编制和提交竣工图纸和相关文件资料。

第四章 附 则

第二十九条 本办法自 2015 年 8 月 1 日起施行。

公路工程施工分包管理办法

(2011 年 11 月 22 日交公路发〔2011〕685 号公布 2021 年 7 月 27 日根据《交通运输部关于修订〈公路工程施工分包管理办法〉的通知》修订)

第一章 总 则

第一条 为规范公路工程施工分包活动，加强公路建设市场管理，保证工程质量，保障施工安全，根据《中华人民共和国公路法》《中华人民共和国招标投标法》《建设工程质量管理条例》《建设工程安全生产管理条例》等法律、法规，结合公路工程建设实际情况，制定本办法。

第二条 在中华人民共和国境内从事新建、改（扩）建的国省道公路工程施工分包活动，适用本办法。

第三条 公路工程施工分包活动实行统一管理、分级负责。

第四条 鼓励公路工程施工进行专业化分包，但必须依法进行。禁止承包人以劳务合作的名义进行施工分包。

第二章 管理职责

第五条 国务院交通运输主管部门负责制定全国公路工程施工分包管理的规章制度，对省级人民政府交通运输主管部门的公路工程施工分包活动进行指导和监督检查。

第六条 省级人民政府交通运输主管部门负责本行政区域内公路工程施工分包活动的监督与管理工作；制定本行政区域公路工程施工分包管理的实施细则、分包专项类别以及相应的资格条件、统一的分包合同格式和劳务合作合同格式等。

第七条 发包人应当按照本办法规定和合同约定加强对施工分包活动的管理，建立健全分包管理制度，负责对分包的合同签订与履行、质量与安全管理、计量支付等活动监督检查，并建立台帐，及时制止承包人的违法分包行为。

第八条 除承包人设定的项目管理机构外，分包人也应当分别设立项目管理机构，对所承包或者分包工程的施工活动实施管理。

项目管理机构应当具有与承包或者分包工程的规模、技术复杂程度相适应的技术、经济管理人员，其中项目负责人和技术、财务、计量、质量、安全等主要管理人员必须是本单位人员。

第三章 分包条件

第九条 承包人可以将适合专业化队伍施工的专项工程分包给具有相应资格的单位。不得分包的专项工程，发包人应当在招标文件中予以明确。

分包人不得将承接的分包工程再进行分包。

第十条 分包人应当具备如下条件：

（一）具有经工商登记的法人资格；

（二）具有与分包工程相适应的注册资金；

（三）具有从事类似工程经验的管理与技术人员；

（四）具有（自有或租赁）分包工程所需的施工设备。

第十一条 承包人对拟分包的专项工程及规模，应当在投标文件中予以明确。

未列入投标文件的专项工程，承包人不得分包。但因工程变更增加了有特殊性技术要求、特殊工艺或者涉及专利保护等的专项工程，且按规定无须再进行招标的，由承包人提出书面申请，经发包人书面同意，可以分包。

第四章 合同管理

第十二条 承包人有权依据承包合同自主选择符合资格的分包人。任何单位和个人不得违规指定分包。

第十三条 承包人和分包人应当按照交通运输主管部门制定的统一格式依法签订分包合同，并履行合同约定的义务。分包合同必须遵循承包合同的各项原则，满足承包合同中的质量、安全、进度、环保以及其他技术、经济等要求。承包人应在工程实施前，将经监理审查同意后的分包合同报发包人备案。

第十四条 承包人应当建立健全相关分包管理制度和台账，对分包工程的质量、安全、进度和分包人的行为等实施全过程管理，按照本办法规定和合同约定对分包工程的实施向发包人负责，并承担赔偿责任。分包合同不免除承包合同中规定的承包人的责任或者义务。

第十五条 分包人应当依据分包合同的约定，组织分包工程的施工，并对分包工程的质量、安全和进度等实施有效控制。分包人对其分包的工程向承包人负责，并就所分包的工程向发包人承担连带责任。

第五章 行为管理

第十六条 禁止将承包的公路工程进行转包。

承包人未在施工现场设立项目管理机构和派驻相应人员对分包工程的施工活动实施有效管理，并且有下列情形之一的，属于转包：

（一）承包人将承包的全部工程发包给他人的；

（二）承包人将承包的全部工程肢解后以分包的名义分别发包给他人的；

（三）法律、法规规定的其他转包行为。

第十七条 禁止违法分包公路工程。

有下列情形之一的，属于违法分包：

（一）承包人未在施工现场设立项目管理机构和派驻相应人员对分包工程

的施工活动实施有效管理的；

（二）承包人将工程分包给不具备相应资格的企业或者个人的；

（三）分包人以他人名义承揽分包工程的；

（四）承包人将合同文件中明确不得分包的专项工程进行分包的；

（五）承包人未与分包人依法签订分包合同或者分包合同未遵循承包合同的各项原则，不满足承包合同中相应要求的；

（六）分包合同未报发包人备案的；

（七）分包人将分包工程再进行分包的；

（八）法律、法规规定的其他违法分包行为。

第十八条　按照信用评价的有关规定，承包人和分包人应当互相开展信用评价，并向发包人提交信用评价结果。

发包人应当对承包人和分包人提交的信用评价结果进行核定，并且报送相关交通运输主管部门。

交通运输主管部门应当将发包人报送的承包人和分包人的信用评价结果纳入信用评价体系，对其进行信用管理。

第十九条　发包人应当在招标文件中明确统一采购的主要材料及构、配件等的采购主体及方式。承包人授权分包人进行相关采购时，必须经发包人书面同意。

第二十条　为确保分包合同的履行，承包人可以要求分包人提供履约担保。分包人提供担保后，如要求承包人同时提供分包工程付款担保的，承包人也应当予以提供。

第二十一条　承包人与分包人应当依法纳税。承包人因为税收抵扣向发包人申请出具相关手续的，发包人应当予以办理。

第二十二条　分包人有权与承包人共同享有分包工程业绩。分包人业绩证明由承包人与发包人共同出具。

分包人以分包业绩证明承接工程的，发包人应当予以认可。分包人以分包业绩证明申报资质的，相关交通运输主管部门应当予以认可。

劳务合作不属于施工分包。劳务合作企业以分包人名义申请业绩证明的，承包人与发包人不得出具。

第六章　附　　则

第二十三条　发包人、承包人或者分包人违反本办法有关条款规定的，依照有关法律、行政法规、部门规章的规定执行。

第二十四条　本办法所称施工分包，是指承包人将其所承包工程中的专项工程发包给其他专业施工企业完成的活动。

本办法所称发包人，是指公路工程建设的项目法人或者受其委托的建设管理单位。

本办法所称监理人，是指受发包人委托对发包工程实施监理的法人或者其他组织。

本办法所称承包人，是指由发包人授标，并与发包人签署正式合同的施工企业。

本办法所称分包人，是指从承包人处分包专项工程的专业施工企业。

本办法所称本单位人员，是指与本单位签订了合法的劳动合同，并为其办理了人事、工资及社会保险关系的人员。

本办法所称专项工程是指省级人民政府交通运输主管部门制定的分包资格中的相应工程内容。

第二十五条　除施工分包以外，承包人与他人合作完成的其他以劳务活动为主的施工活动统称为劳务合作。

第二十六条　承包人应当按照合同约定对劳务合作企业的劳务作业人员进行管理。承包人对其所管理的劳务作业人员行为向发包人承担全部责任。劳务作业人员应当具备相应资格，经培训后上岗。

第二十七条　本办法由交通运输部负责解释。

第二十八条　本办法自发布之日起施行。

经营性公路建设项目投资人招标投标管理规定

(2007年10月16日交通部令2007年第8号公布 根据2015年6月24日交通运输部《关于修改〈经营性公路建设项目投资人招标投标管理规定〉的决定》修订)

第一章 总 则

第一条 为规范经营性公路建设项目投资人招标投标活动,根据《中华人民共和国公路法》、《中华人民共和国招标投标法》和《收费公路管理条例》,制定本规定。

第二条 在中华人民共和国境内的经营性公路建设项目投资人招标投标活动,适用本规定。

本规定所称经营性公路是指符合《收费公路管理条例》的规定,由国内外经济组织投资建设,经批准依法收取车辆通行费的公路(含桥梁和隧道)。

第三条 经营性公路建设项目投资人招标投标活动应当遵循公开、公平、公正、诚信、择优的原则。

任何单位和个人不得非法干涉招标投标活动。

第四条 国务院交通主管部门负责全国经营性公路建设项目投资人招标投标活动的监督管理工作。主要职责是:

(一)根据有关法律、行政法规,制定相关规章和制度,规范和指导全国经营性公路建设项目投资人招标投标活动;

(二)监督全国经营性公路建设项目投资人招标投标活动,依法受理举报和投诉,查处招标投标活动中的违法行为;

(三)对全国经营性公路建设项目投资人进行动态管理,定期公布投资人信用情况。

第五条 省级人民政府交通主管部门负责本行政区域内经营性公路建设项目投资人招标投标活动的监督管理工作。主要职责是:

（一）贯彻执行有关法律、行政法规、规章，结合本行政区域内的实际情况，制定具体管理制度；

（二）确定下级人民政府交通主管部门对经营性公路建设项目投资人招标投标活动的监督管理职责；

（三）发布本行政区域内经营性公路建设项目投资人招标信息；

（四）负责组织对列入国家高速公路网规划和省级人民政府确定的重点经营性公路建设项目的投资人招标工作；

（五）指导和监督本行政区域内的经营性公路建设项目投资人招标投标活动，依法受理举报和投诉，查处招标投标活动中的违法行为。

第六条 省级以下人民政府交通主管部门的主要职责是：

（一）贯彻执行有关法律、行政法规、规章和相关制度；

（二）负责组织本行政区域内除第五条第（四）项规定以外的经营性公路建设项目投资人招标工作；

（三）按照省级人民政府交通主管部门的规定，对本行政区域内的经营性公路建设项目投资人招标投标活动进行监督管理。

第二章 招 标

第七条 需要进行投资人招标的经营性公路建设项目应当符合下列条件：

（一）符合国家和省、自治区、直辖市公路发展规划；

（二）符合《收费公路管理条例》第十八条规定的技术等级和规模；

（三）已经编制项目可行性研究报告。

第八条 招标人是依照本规定提出经营性公路建设项目、组织投资人招标工作的交通主管部门。

招标人可以自行组织招标或委托具有相应资格的招标代理机构代理有关招标事宜。

第九条 经营性公路建设项目投资人招标应当采用公开招标方式。

第十条 经营性公路建设项目投资人招标实行资格审查制度。资格审查方式采取资格预审或资格后审。

资格预审，是指招标人在投标前对潜在投标人进行资格审查。

资格后审，是指招标人在开标后对投标人进行资格审查。

实行资格预审的，一般不再进行资格后审，但招标文件另有规定的除外。

第十一条 资格审查的基本内容应当包括投标人的财务状况、注册资本、净资产、投融资能力、初步融资方案、从业经验和商业信誉等情况。

第十二条 经营性公路建设项目招标工作应当按照以下程序进行：

（一）发布招标公告；

（二）潜在投标人提出投资意向；

（三）招标人向提出投资意向的潜在投标人推介投资项目；

（四）潜在投标人提出投资申请；

（五）招标人向提出投资申请的潜在投标人详细介绍项目情况，可以组织潜在投标人踏勘项目现场并解答有关问题；

（六）实行资格预审的，由招标人向提出投资申请的潜在投标人发售资格预审文件；实行资格后审的，由招标人向提出投资申请的投标人发售招标文件；

（七）实行资格预审的，潜在投标人编制资格预审申请文件，并递交招标人；招标人应当对递交资格预审申请文件的潜在投标人进行资格审查，并向资格预审合格的潜在投标人发售招标文件；

（八）投标人编制投标文件，并提交招标人；

（九）招标人组织开标，组建评标委员会；

（十）实行资格后审的，评标委员会应当在开标后首先对投标人进行资格审查；

（十一）评标委员会进行评标，推荐中标候选人；

（十二）招标人确定中标人，并发出中标通知书；

（十三）招标人与中标人签订投资协议。

第十三条 招标人应通过国家指定的全国性报刊、信息网络等媒介发布招标公告。

采用国际招标的，应通过相关国际媒介发布招标公告。

第十四条 招标人应当参照国务院交通主管部门制定的经营性公路建设项目投资人招标资格预审文件范本编制资格预审文件，并结合项目特点和需要确定资格审查标准。

招标人应当组建资格预审委员会对递交资格预审申请文件的潜在投标人进行资格审查。资格预审委员会由招标人代表和公路、财务、金融等方面的专家组成，成员人数为七人以上单数。

第十五条 招标人应当参照国务院交通主管部门制定的经营性公路建设项目投资人招标文件范本，并结合项目特点和需要编制招标文件。

招标人编制招标文件时，应当充分考虑项目投资回收能力和预期收益的不确定性，合理分配项目的各类风险，并对特许权内容、最长收费期限、相关政策等予以说明。招标人编制的可行性研究报告应当作为招标文件的组成部分。

第十六条 招标人应当合理确定资格预审申请文件和投标文件的编制时间。

编制资格预审申请文件时间，自资格预审文件开始发售之日起至潜在投标人提交资格预审申请文件截止之日止，不得少于三十个工作日。

编制投标文件的时间，自招标文件开始发售之日起至投标人提交投标文件截止之日止，不得少于四十五个工作日。

第十七条 列入国家高速公路网规划和需经国务院投资主管部门核准的经营性公路建设项目投资人招标投标活动，应当按照招标工作程序，及时将招标文件、资格预审结果、评标报告报国务院交通主管部门备案。国务院交通主管部门应当在收到备案文件七个工作日内，对不符合法律、法规规定的内容提出处理意见，及时行使监督职责。

其他经营性公路建设项目投资人招标投标活动的备案工作按照省级人民政府交通主管部门的有关规定执行。

第三章 投　　标

第十八条 投标人是响应招标、参加投标竞争的国内外经济组织。

采用资格预审方式招标的，潜在投标人通过资格预审后，方可参加投标。

第十九条 投标人应当具备以下基本条件：

（一）总资产六亿元人民币以上，净资产二亿五千万元人民币以上；

（二）最近连续三年每年均为盈利，且年度财务报告应当经具有法定资格的中介机构审计；

（三）具有不低于项目估算的投融资能力，其中净资产不低于项目估算投资的百分之三十五；

（四）商业信誉良好，无重大违法行为。

招标人可以根据招标项目的实际情况，提高对投标人的条件要求。

第二十条 两个以上的国内外经济组织可以组成一个联合体，以一个投标人的身份共同投标。联合体各方均应符合招标人对投标人的资格审查标准。

以联合体形式参加投标的，应提交联合体各方签订的共同投标协议。共同投标协议应当明确约定联合体各方的出资比例、相互关系、拟承担的工作和责任。联合体中标的，联合体各方应当共同与招标人签订项目投资协议，并向招标人承担连带责任。

联合体的控股方为联合体主办人。

第二十一条 投标人应当按照招标文件的要求编制投标文件，投标文件应当对招标文件提出的实质性要求和条件作出响应。

第二十二条 招标文件明确要求提交投标担保的，投标人应按照招标文件要求的额度、期限和形式提交投标担保。投标人未按照招标文件的要求提交投标担保的，其提交的投标文件为废标。

投标担保的额度一般为项目投资的千分之三，但最高不得超过五百万元人民币。

第二十三条 投标人参加投标，不得弄虚作假，不得与其他投标人串通投标，不得采取商业贿赂以及其他不正当手段谋取中标，不得妨碍其他投标人投标。

第四章 开标与评标

第二十四条 开标应当在招标文件确定的提交投标文件截止时间的同一时间公开进行。

开标由招标人主持，邀请所有投标人代表参加。招标人对开标过程应当记录，并存档备查。

第二十五条 评标由招标人依法组建的评标委员会负责。评标委员会由招标人代表和公路、财务、金融等方面的专家组成，成员人数为七人以上单数。招标人代表的人数不得超过评标委员会总人数的三分之一。

与投标人有利害关系以及其他可能影响公正评标的人员不得进入相关项目的评标委员会，已经进入的应当更换。

评标委员会成员的名单在中标结果确定前应当保密。

第二十六条 评标委员会可以直接或者通过招标人以书面方式要求投标人对投标文件中含义不明确、对同类问题表述不一致或者有明显文字错误的内容作出必要的澄清或者说明，但是澄清或者说明不得超出或者改变投标文件的范围或者改变投标文件的实质性内容。

第二十七条 经营性公路建设项目投资人招标的评标办法应当采用综合评估法或者最短收费期限法。

采用综合评估法的，应当在招标文件中载明对收费期限、融资能力、资金筹措方案、融资经验、项目建设方案、项目运营、移交方案等评价内容的评分权重，根据综合得分由高到低推荐中标候选人。

采用最短收费期限法的，应当在投标人实质性响应招标文件的前提下，推荐经评审的收费期限最短的投标人为中标候选人，但收费期限不得违反国家有关法规的规定。

第二十八条 评标委员会完成评标后，应当向招标人提出书面评标报告，推荐一至三名中标候选人，并标明排名顺序。

评标报告需要由评标委员会全体成员签字。

第五章 中标与协议的签订

第二十九条 招标人应当确定排名第一的中标候选人为中标人。招标人也可以授权评标委员会直接确定中标人。

排名第一的中标候选人有下列情形之一的，招标人可以确定排名第二的中标候选人为中标人：

（一）自动放弃中标；

（二）因不可抗力提出不能履行合同；

（三）不能按照招标文件要求提交履约保证金；

（四）存在违法行为被有关部门依法查处，且其违法行为影响中标结果的。

如果排名第二的中标候选人存在上述情形之一，招标人可以确定排名第三的中标候选人为中标人。

三个中标候选人都存在本条第二款所列情形的,招标人应当依法重新招标。

招标人不得在评标委员会推荐的中标候选人之外确定中标人。

第三十条 提交投标文件的投标人少于三个或者因其他原因导致招标失败的,招标人应当依法重新招标。重新招标前,应当根据前次的招标情况,对招标文件进行适当调整。

第三十一条 招标人确定中标人后,应当在十五个工作日内向中标人发出中标通知书,同时通知所有未中标的投标人。

第三十二条 招标文件要求中标人提供履约担保的,中标人应当提供。担保的金额一般为项目资本金出资额的百分之十。

履约保证金应当在中标人履行项目投资协议后三十日内予以退还。其他形式的履约担保,应当在中标人履行项目投资协议后三十日内予以撤销。

第三十三条 招标人和中标人应当自中标通知书发出之日起三十个工作日内按照招标文件和中标人的投标文件订立书面投资协议。投资协议应包括以下内容:

(一)招标人与中标人的权利义务;

(二)履约担保的有关要求;

(三)违约责任;

(四)免责事由;

(五)争议的解决方式;

(六)双方认为应当规定的其他事项。

招标人应当在与中标人签订投资协议后五个工作日内向所有投标人退回投标担保。

第三十四条 中标人应在签订项目投资协议后九十日内到工商行政管理部门办理项目法人的工商登记手续,完成项目法人组建。

第三十五条 招标人与项目法人应当在完成项目核准手续后签订项目特许权协议。特许权协议应当参照国务院交通主管部门制定的特许权协议示范文本并结合项目的特点和需要制定。特许权协议应当包括以下内容:

(一)特许权的内容及期限;

（二）双方的权利及义务；

（三）项目建设要求；

（四）项目运营管理要求；

（五）有关担保要求；

（六）特许权益转让要求；

（七）违约责任；

（八）协议的终止；

（九）争议的解决；

（十）双方认为应规定的其他事项。

第六章　附　则

第三十六条　对招投标活动中的违法行为，应当按照国家有关法律、法规的规定予以处罚。

第三十七条　招标人违反本办法规定，以不合理的条件限制或者排斥潜在投标人，对潜在投标人实行歧视待遇的，由上级交通主管部门责令改正。

第三十八条　本规定自 2008 年 1 月 1 日起施行。

（五）民航工程

民航专业工程建设项目招标投标管理办法

（2018 年 1 月 8 日）

第一章　总　则

第一条　为规范民航专业工程建设项目招标投标活动，加强监督管理，根据《中华人民共和国招标投标法》、《中华人民共和国招标投标法实施条例》等法律、法规以及有关的规章和规范性文件，制定本办法。

第二条　本办法适用于民航专业工程建设项目的招标投标管理，机电产品的国际招标投标除外。

本办法所称工程建设项目，是指工程以及与工程建设有关的货物、服务。工程是指建设工程，建设工程是指土木工程、建筑工程、线路管道和设备安装工程及装修工程，包括建筑物和构筑物的新建、改建、扩建及其相关的装修、拆除、修缮等；与工程建设有关的货物，是指构成工程不可分割的组成部分，且为实现工程基本功能所必需的设备、材料等；与工程建设有关的服务，是指为完成工程所需的勘察、设计、监理等服务。

本办法所称民航专业工程包括：

（一）机场场道工程，包括：

1. 飞行区土石方（不含填海工程）、地基处理、基础、道面工程；

2. 飞行区排水、桥梁、涵隧、消防管网、管沟（廊）工程；

3. 飞行区服务车道、巡场路、围界（含监控系统）工程。

（二）民航空管工程，包括：

1. 区域管制中心、终端（进近）管制中心和塔台建设工程；

2. 通信（包括地空通信和地地通信）工程、导航（包括地基导航和星基导航）工程、监视（包括雷达和自动相关监视系统）工程；

3. 航空气象（包括观测系统、卫星云图接收系统等）工程；

4. 航行情报工程。

（三）机场目视助航工程，包括：

1. 机场助航灯光及其监控系统工程；

2. 飞行区标记牌和标志工程；

3. 助航灯光变电站和飞行区供电工程；

4. 泊位引导系统及目视助航辅助设施工程。

（四）航站楼、货运站的工艺流程及民航专业弱电系统工程。其中，民航专业弱电系统包括：信息集成系统、航班信息显示系统、离港控制系统、泊位引导系统、安检信息管理系统、标识引导系统、行李处理系统、安全检查系统、值机引导系统、登机门显示系统、旅客问讯系统、网络交换系统、公共广播系统、安全防范系统、主时钟系统、内部通讯系统、呼叫中心（含电话自动问讯系统），以及飞行区内各类专业弱电系统。

（五）航空供油工程，包括：

1. 航空加油站、机坪输油管线系统工程；

2. 机场油库、中转油库工程（不含土建工程）；

3. 场外输油管线工程、卸油站工程（不含码头水工工程和铁路专用线工程）；

4. 飞行区内地面设备加油站工程。

第三条 依法必须招标的民航专业工程建设项目的范围和规模标准，按照国家发改委有关规定执行。

任何单位和个人不得将依法必须进行招标的项目化整为零或者以其他任何方式规避招标。

第四条 民航局机场司负责：

（一）贯彻执行国家有关招标投标管理的法律、法规、规章和规范性文件，制定民航专业工程建设项目招标投标管理的有关规定；

（二）全国民航专业工程建设项目招标投标活动的监督管理，对委托民航专业工程质量监督总站（以下简称质监总站）的承办事项进行指导，并监督办理情况；

（三）依法查处招标投标活动中的重大违法违规行为；

（四）其他与招标投标活动管理有关的事宜。

第五条 民航地区管理局负责：

（一）贯彻执行国家及民航有关招标投标管理的法律、法规、规章和规范性文件；

（二）辖区民航专业工程建设项目招标投标活动的监督管理；

（三）受理并备案审核辖区招标人提交的招标方案、资格预审文件、招标文件和抽取评标专家申请表；

（四）认定省级或者市级地方公共资源交易市场（以下简称地方交易市场），与地方交易市场制定工作方案，约定业务流程，明确有关责任义务；

（五）受理并备案审核招标人提交的评标报告和评标结果公示报告，对招标人提供的合同副本进行备案；

（六）受理辖区内有关招标投标活动的投诉，依法查处招标投标活动中的违法违规行为。

第六条 质监总站负责：

（一）贯彻执行国家及民航有关招标投标管理的法律、法规、规章和规范性文件；

（二）承担民航专业工程评标专家及专家库的管理和评标专家的抽取工作；

（三）受委托承担民航专业工程建设项目进入地方交易市场进行开标评标的驻场服务工作；

（四）招标投标活动各当事人的信用体系建设；

（五）受委托的其它招标投标管理的有关工作。

第七条 民航专业工程建设项目招标投标活动应当遵循公平、公正、公开、诚实信用原则，项目当事人及相关工作人员应当严格遵守保密原则，禁止以任何方式非法干涉民航专业工程建设项目招标投标活动。

第八条 鼓励利用信息网络进行电子招标投标。

第二章 招 标

第九条 民航专业工程建设项目的招标人是提出招标项目、进行招标的项目法人或者其他组织。

第十条 按照国家有关规定需要履行项目审批、核准手续的依法必须进行招标的民航专业工程建设项目，其招标范围、招标方式、招标组织形式应当报送项目审批、核准部门审批、核准。

招标人应当按照项目审批、核准部门确定的招标范围、招标方式、招标组织形式开展招标。

第十一条 依法必须招标的工程建设项目，应当具备下列条件才能进行招标：

（一）招标人已经依法成立；

（二）取得项目审批、核准部门审批、核准的文件；

（三）工程建设项目初步设计按照有关规定要求已获批准（勘察、设计招标除外）；

（四）有相应资金或者资金来源已经落实；

（五）能够提出招标技术要求，施工项目有招标所需的设计图纸及技术资料。

第十二条　招标人可以自行招标或委托招标。招标人自行办理招标事宜的，应当符合国家发改委《工程建设项目自行招标试行办法》要求，经批准后，按规定程序办理。

招标人不具备自行办理招标条件的，应当委托符合要求的招标代理机构办理招标事宜。确定委托前，应当查询相关招标代理机构失信被执行人信息，鼓励优先选择无失信记录的招标代理机构。

第十三条　招标人采用资格预审办法对潜在投标人进行资格审查的，应当发布资格预审公告、编制资格预审文件。

资格预审公告视同为招标公告，其发布要求、载明内容应当与招标公告的要求一致。

依法必须进行招标的项目的资格预审公告，应当在国家发改委依法指定的媒介发布。在不同媒介发布的同一招标项目的资格预审公告的内容应当一致。资格预审文件的发售期不得少于5日。发售期最后一天应当回避节假日。

第十四条　民航专业工程建设项目的施工招标文件和施工招标资格预审文件的编制应当按照《民航专业工程标准施工招标资格预审文件》和《民航专业工程标准施工招标文件》要求编制。设备、材料、勘察、设计、监理招标文件的编制应当按照《标准设备采购招标文件》《标准材料采购招标文件》《标准勘察招标文件》《标准设计招标文件》《标准监理招标文件》要求编制。

第十五条　招标人应当在民航地区管理局认定的省级或市级地方交易市场进行资格审查、开标、评标。

民航地区管理局认定的地方交易市场应当管理制度健全、管理规范、收费合理，且具备资格审查、开标、评标过程现场监视、录音录像并存档备查等条件，能够保证资格审查、开标、评标过程保密、封闭、有序地进行，并接受民航行政管理部门的监督管理。

第十六条　依法必须招标的民航专业工程建设项目，在发布资格预审公告、招标公告或发出投标邀请书前，招标人应当将招标方案报民航地区管理局备案。

招标方案备案材料应当包括：

（一）项目批准（或核准）文件；按规定获得的初步设计批准文件，初步设计批准文件由民航管理部门以外的部门或单位批准的，需附民航行业审查意见。

（二）《民航专业工程建设项目招标方案备案表》（见附表一）；

（三）资格预审公告、招标公告或投标邀请书；

（四）招标文件或资格预审文件；

（五）招标代理委托书或委托合同复印件；

（六）其他有必要说明的事项。

招标公告、投标邀请书、招标文件及资格预审文件的编写应当符合相关规定，其中招标文件中的评标委员会组成方案、评标办法、否决投标条件应当予以明确。

第十七条 民航地区管理局自收到招标方案备案材料后，应当及时审核，如有异议，应当在 7 个工作日内提出书面意见；如无异议，则应当在 7 个工作日内予以备案。

第十八条 招标方案经民航地区管理局备案后，招标人方可发布资格预审公告、招标公告或投标邀请书，并按招标公告或者投标邀请书规定的时间、地点发出招标文件或者资格预审文件。招标文件的发售期不得少于 5 日，发售期的最后一天应当回避节假日。

第十九条 招标人应当在资格预审公告、招标公告或者投标邀请书中载明是否接受联合体投标。

第二十条 招标人应当在资格预审公告、招标公告、投标邀请书及资格预审文件、招标文件中明确规定对失信被执行人的处理方法和评标标准，对其投标活动依法予以限制。

招标人接受联合体投标的，联合体中有一个或一个以上成员属于失信被执行人的，联合体视为失信被执行人。

第二十一条 招标人应当在招标文件中载明投标有效期。投标有效期从提交投标文件的截止之日起算。

第二十二条 招标人在招标文件中要求投标人提交投标保证金的，投标保证金不得超过招标项目估算价的 2%，最高不得超过 80 万元。投标保证金有效期应当与投标有效期一致。

境内投标单位以现金或者支票形式提交的投标保证金应当从其基本账户转出。

招标人不得挪用投标保证金。

投标保证金鼓励采用银行保函形式收取。

第二十三条　招标人设有最高投标限价的，应当在招标文件中明确最高投标限价或者最高投标限价的计算方法。招标人不得规定最低投标限价。

第二十四条　招标人可以对已发出的资格预审文件或者招标文件进行必要的澄清或者修改，但有关澄清或者修改应当报原备案单位备案。澄清或者修改的内容可能影响资格预审申请文件或者投标文件编制的，招标人应当在提交资格预审申请文件截止时间至少 3 日前，或者投标截止时间至少 15 日前，以书面形式通知所有获取资格预审文件或者招标文件的潜在投标人；不足 3 日或者 15 日的，招标人应当顺延提交资格预审申请文件或者投标文件的截止时间。

第二十五条　招标失败的，招标人应当在分析原因并采取相应措施后，重新进行招标。对招标文件中的招标范围、资格要求、评标办法等重点内容进行修改的，应当重新报民航地区管理局备案审核。

重新招标后投标人仍少于三个的，属于必须审批、核准的工程建设项目，报经原审批、核准部门审批、核准后可以不再进行招标。

第二十六条　招标人终止招标的，应当及时发布公告，或者以书面形式通知被邀请的或者已经获取资格预审文件、招标文件的潜在投标人。已经发售资格预审文件、招标文件或者已经收取投标保证金的，招标人应当及时退还所收取的资格预审文件、招标文件的费用，以及所收取的投标保证金及银行同期存款利息。

第二十七条　招标人应当在资格预审公告中载明资格预审后投标人的数量，一般不得少于 7 个投标人，且应当采用专家评审的办法，由专家综合评分排序，按得分高低顺序确定投标人。

资格预审合格的潜在投标人不足三个的，招标人应当重新进行招标。

第三章 投 标

第二十八条 投标人是响应招标、参加投标竞争的法人或者其他组织。

与招标人存在利害关系可能影响招标公正性的法人、其他组织或者个人，不得参加投标。

单位负责人为同一人或者存在控股、管理关系的不同单位，不得参加同一标段投标或者未划分标段的同一招标项目投标。

违反前两款规定的，相关投标均无效。

一个制造商对同一品牌同一型号的货物，仅能委托一个代理商参加投标。

第二十九条 投标人应当具备招标文件规定的资格条件，具有承担所投标项目的相应能力。其中，勘察设计企业、建筑业企业、工程监理企业应当按照住建部有关规定取得相应资质证书。

第三十条 招标人接受联合体投标并进行资格预审的，联合体应当在提交资格预审申请文件前组成。资格预审后联合体增减、更换成员的，其投标无效。

联合体各方在同一招标项目中以自己名义单独投标或者参加其他联合体投标的，相关投标均无效。

投标人组织投标联合体的，应当划分联合体各成员的专业职责，联合体各成员应当具备相应的专业工程资质。联合体成员中同一专业的最低资质为投标联合体该专业的资质。

第三十一条 投标人撤回已提交的投标文件，应当在投标截止时间前书面通知招标人。招标人已收取投标保证金的，应当自收到投标人书面撤回通知之日起 5 日内退还。

投标截止后投标人撤销投标文件的，招标人可以不退还投标保证金。

第四章 开标、评标和定标

第三十二条 开标应当程序规范，符合相关规定要求。

第三十三条 招标投标项目可以由地区管理局指定的招标投标活动主体以外的单位（以下简称驻场服务单位）提供驻场服务，负责有关进入地方交易市场开标评标活动的协调、对接、日常管理和其他服务保障。

第三十四条 招标人应当按照招标文件规定的时间、地点开标。

投标人少于3个的，不得开标，招标人应当重新招标。

投标人对开标有异议的，应当在开标现场提出，招标人应当当场做出答复，并制作记录。

第三十五条 评标应当由招标人依法组建的评标委员会负责。评标委员会人数应当为五人及以上单数，其中从专家库中抽取的专家人数不得少于评标委员会人员总数的三分之二。

评标委员会的专家成员应当从专家库内相关专业的专家名单中以随机抽取的方式确定。任何单位和个人不得以明示、暗示等任何方式指定或者变相指定参加评标委员会的专家成员。

当招标项目需要民航以外专业的专家参与评标时，经民航地区管理局批准，可采取在其他专业省部级或国家级评标专家库抽取的方式选择部分专家共同组成评标委员会。

第三十六条 对于技术特别复杂、专业性要求特别高或者国家有特殊要求的招标项目，采取随机抽取方式确定的专家难以胜任时，可以经民航地区管理局特别批准后由招标人在民航专业工程专家库中直接选择确定。

第三十七条 评标委员会成员与投标人有利害关系的，应当主动回避。

有下列情形之一者，不得担任评标委员会成员：

（一）投标人或者投标人主要负责人的近亲属；

（二）项目主管部门（即项目的批复部门）或者行政监督部门的人员；

（三）与投标人有经济利益关系，可能影响公正评审的；

（四）曾因在招标、评标以及其他与招标投标有关活动中从事违法行为而受过行政处罚或刑事处罚的；

（五）退休或者离职前为投标人职工，并且退休或者离职不满三年的。

（六）属于失信被执行人的。

第三十八条 招标人拟申请在民航专业工程专家库中抽取专家时，应当填写《民航专业工程建设项目抽取评标专家申请表》（见附表二），并提前3个工作日报民航地区管理局审核。

第三十九条 民航地区管理局收到招标人提交的抽取评标专家申请表后，

应当对其符合相关规定的情况进行审查，有异议的，应当及时告知招标人修改、补充后，重新申请；无异议的，则将申请表与招标方案备案表提前2个工作日一并发至质监总站。

第四十条 质监总站收到专家申请表与招标方案备案表后，利用专家抽取系统随机盲抽评标专家，系统自动短信通知专家报到时间、地点和应急请假电话等信息。通知专家时间原则上不得早于评标开始时间前44小时。

质监总站在专家抽取和通知过程中应当操作规范，所有评标项目及专家信息均须保密。

第四十一条 在评标前30分钟，由抽取系统将评标专家信息发送至地区管理局指定的有关驻场服务单位或者工作人员。有关服务单位或者工作人员应当对评标专家信息严格保密。

第四十二条 评标专家和招标人代表应当自行安排参加评标活动的交通食宿，在指定时间到达评标场所。交通和食宿标准参照财政部《中央和国家机关差旅费管理办法》其余人员类执行。

第四十三条 评标专家无法正常参加评标时应当拨打24小时应急请假电话进行请假。

第四十四条 评标委员会成员报到后，评标专家凭身份证、招标人代表凭介绍信和身份证进入封闭评标区域，评标活动结束前不得与评标无关的人员进行接触。

第四十五条 评标委员会成员应当遵守地方交易市场的有关规定。

第四十六条 评标委员会成员应当按照招标文件规定的评标标准和方法，客观、公正地对投标文件提出评审意见。招标文件没有规定的评标标准和方法不得作为评标的依据。

第四十七条 评标委员会成员应当客观、公正地履行职责，遵守职业道德，对所提出的评审意见承担个人责任，并接受监督。

评标委员会成员不得私下接触投标人，不得收受投标人给予的财物或者其他好处，不得向招标人征询确定中标人的意向，不得接受任何单位或者个人明示或者暗示提出的倾向或者排斥特定投标人的要求。

第四十八条 任何单位和个人不得非法干预、影响评标的过程和结果。

评标委员会成员和与评标有关的工作人员不得透露对投标文件的评审、中标候选人的推荐情况以及与评标有关的其他情况。

第四十九条 资格预审应当采取专家评审的方式，其专家抽取过程及评审要求按本办法评标规定执行。

第五十条 招标人采用资格后审办法对投标人进行资格审查的，应当在开标后由评标委员会按照招标文件规定的标准和方法对投标人的资格进行审查。

第五十一条 投标人的投标报价超出最高投标限价的，其投标文件按否决投标处理。

第五十二条 评标委员会成员评审计分工作实行实名制。每位评委的评分应当予以记录。

采用综合评分法时，应当将所有评委评分在去掉一个最高分和一个最低分之后的算术平均值作为评委算术平均分。对于评委的打分超出评委算术平均分±30%时（技术部分总评分和商务部分总评分应当分别计算），该评委应当就打分情况向评标委员会提供书面说明，并将该书面说明附在评标报告中。

第五十三条 评标委员会完成评标后，应当向招标人提出书面评标报告。评标报告应当如实记载以下内容：

（一）基本情况和数据表；

（二）评标委员会成员名单；

（三）开标记录；

（四）符合要求的投标一览表；

（五）否决投标情况说明；

（六）评标标准、评标方法或者评标因素一览表；

（七）经评审的价格或者评分比较一览表；

（八）经评审的投标人排序；

（九）推荐的中标候选人名单与签订合同前要处理的事宜；

（十）澄清、说明、补正事项纪要。

第五十四条 评标报告由评标委员会全体成员签字。对评标结论持有异议的评标委员会成员可以书面方式阐述其不同意见和理由。评标委员会成员拒绝在评标报告上签字且不陈述其不同意见和理由的，视为同意评标结论。评标委员会应当对此做出书面说明并记录在案。

评标结论以评标委员会全体成员三分之二以上人数签署同意意见，方为有效。

第五十五条 招标人应当自收到评标报告之日起 3 日内在与发布招标公告相同的媒体上对中标候选人进行公示。公示期不得少于 3 日，公示期最后一天应当回避节假日。

招标人发现评标委员会成员未按照招标文件规定的评标标准和方法评标的，应当将相关情况报民航地区管理局。情况属实的，民航地区管理局应当责令评标委员会进行改正，并对评标专家提出处理意见。

评标报告存在的问题对中标结果造成实质性影响，且不能采取补救措施予以纠正的，招标、投标、中标无效，应当依法重新招标或者评标。

第五十六条 招标人应当自公示期满及确定中标人之日起 3 个工作日内，向民航地区管理局提交评标报告、《民航专业工程建设项目评标结果备案表》（见附表三）和中标通知书（见附表四）。

第五十七条 民航地区管理局在收到评标报告后应当进行备案审核，对符合规定要求且中标候选人公示期间无异议的应当在 5 个工作日内对《民航专业工程建设项目评标结果备案表》予以备案，并对中标通知书进行确认；对不符合规定要求的，应当在 5 个工作日内书面通知招标人责令其重新评标或重新招标；对受理了投诉人投诉的，应当在 5 个工作日内书面告知招标人，必要时可以责令暂停招标投标活动。

第五十八条 招标人在获得民航地区管理局对评标结果的备案后方可发布中标通知书，并以书面形式通知其他未中标的投标人。

第五十九条 招标人和中标人应当依法签订书面合同，合同的标的、价款、质量、履行期限等主要条款应当与招标文件和中标人的投标文件的内容一致。招标人和中标人不得再行订立背离合同实质性内容的其他协议。

招标人最迟应当在书面合同签订后 5 日内向中标人和未中标的投标人退还投标保证金及银行同期存款利息。

第六十条 依法必须招标的项目，招标人应当自订立书面合同之日起十五日内，向民航地区管理局提交合同订立情况的书面报告及合同副本。

第五章 监督管理

第六十一条 民航地区管理局应当依据有关法律、法规、规章和规范性文件，加强对招标投标活动的监督管理。

项目法人或其授权项目建设实施单位及其上级有关部门应当加强招标投标活动的管理，可以对评标过程进行现场监督。

第六十二条 民航局、民航地区管理局对招标投标活动中发现的违法违规行为，应当立即责令改正，依法做出暂停开标或评标的决定，并依据《招标投标法》、《招标投标法实施条例》和有关规章做出处理。

第六十三条 民航专业工程建设项目的招标公告、资格预审文件、资格预审评审报告、招标文件、评标报告、中标通知书、合同等文件，招标人应当按照国家有关要求妥善保存，以备核查。

第六章 附 则

第六十四条 招标人、招标代理机构、有关单位应当通过"信用中国"网站（www.creditchina.gov.cn）或各级信用信息共享平台查询相关主体是否为失信被执行人，并采取必要措施做好失信被执行人信息查询记录和证据留存。投标人可通过"信用中国"网站查询相关主体是否为失信被执行人。

第六十五条 民航专业工程建设项目招标投标活动除应当符合本办法外，还应当符合工程建设项目招标投标相关法律、法规、规章和其他规范性文件的要求。

第六十六条 政府采购法律、行政法规对民航专业工程建设项目及与工程建设有关的货物和服务采购另有规定的，从其规定。

第六十七条 本办法由民航局机场司负责解释。

第六十八条 本办法自印发之日起施行。2009年2月5日发布的《民航专业工程及货物招标投标管理办法》（AP-129-CA-2009-01-R1）同时废止。

附表：1. 民航专业工程建设项目招标方案备案表（略）

2. 民航专业工程建设项目抽取评标专家申请表（略）

3. 民航专业工程建设项目评标结果备案表（略）

4. 中标通知书（略）

附录：

招标投标法规体系文件

一、法律

《中华人民共和国招标投标法》（国家主席令第 21 号）

二、法规

《中华人民共和国招标投标法实施条例》（国务院令第 613 号）

三、国务院规定

1.《国务院办公厅印发国务院有关部门实施招标投标活动行政监督的职责分工意见的通知》（国办发〔2000〕34 号）

2.《国务院办公厅关于进一步规范招投标活动的若干意见》（国办发〔2004〕56 号）

3.《国务院办公厅关于印发〈整合建立统一的公共资源交易平台工作方案〉的通知》（国办发〔2015〕63 号）

四、规章

1.《工程建设项目招标范围和规模标准规定》（国家计委 3 号令）

2.《工程建设项目自行招标试行办法》（国家计委 5 号令）

3.《工程建设项目可行性研究报告增加招标内容和核准招标事项暂行规定》（国家计委 9 号令）

4.《评标委员会和评标方法暂行规定》（七部委 12 号令）

5.《国家重大建设项目招标投标监督暂行办法》（国家计委 18 号令）

6.《评标专家和评标专家库管理暂行办法》（国家计委 29 号令）

7.《工程建设项目施工招标投标办法》（七部委 30 号令）

8.《工程建设项目勘察设计招标投标办法》（八部委 2 号令）

9.《工程建设项目招标投标活动投诉处理办法》（七部委 11 号令）

10.《工程建设项目货物招标投标办法》（七部委 27 号令）

11.《电子招标投标办法》（八部委 20 号令）

12.《招标公告和公示信息发布管理办法》（国家发改委 10 号令）

五、规范性文件

1.《民航局住建部关于进一步明确民航建设工程招投标管理和质量监督工作职责分工的通知》（民航发〔2011〕34 号）

2.《民航专业工程及货物招标投标评标专家和专家库管理办法》

3.《关于发布〈民航专业工程标准施工招标资格预审文件〉和〈民航专业工程标准施工招标文件〉（2010 年版）的通知》（民航发〔2010〕73 号）

4.《民航局关于发布〈民航专业工程标准施工招标文件（2010 年版）〉第一修订案的通知》（民航发〔2016〕7 号）

5.《关于印发〈标准设备采购招标文件〉等五个标准招标文件的通知》（发改法规〔2017〕1606 号）

6. 最高院等九部门关于在招标投标活动中对失信被执行人实施联合惩戒的通知》（法〔2016〕285 号）

注：国家及民航有关招标投标管理的法律、法规、规章和规范性文件包括但不限于上述文件。

修订说明

一、修订的必要性

《民航专业工程及货物招标投标管理办法》于 2007 年发布实施，于 2009 年进行了第一次修订。《办法》的实施对规范民航专业工程及货物招标投标活动，优化资源配置，提高采购质量效益，预防惩治腐败发挥了重要作用。

随着我国招标投标市场的不断壮大和招投标实践的不断发展，招标投标领域出现了很多新情况、新问题，国务院、国家发改委和民航局陆续出台了一系列规定，使招投标监督管理体制不断完善。2011 年，国务院发布《招标投标法实施条例》，对《招标投标法》的规定作了进一步补充和细化；民航局与住建部联合印发了《关于进一步明确民航建设工程招投标管理和质量监督工作职责分工的通知》，重新界定了民航专业工程的范围以及相关职责分工。2013 年，为做好《招标投标法条例》的贯彻实施工作，国家发改委等九部门发布第 23 号令，对《招标投标法》实施以来国家发改委牵头制定的规章和规范性文件进行了全面清理；为促进电子招标投标健康发展，国家发改委等八部委发布《电子招标投标办法》。2015 年，国务院办公厅印发《整合建立统一的公共资源交易平台工作方案》；民航局下发《关于民航专业工程建设项目进入地方公共资源交易市场进行开标评标的通知》，全面推进民航专业工程建设项目入场交易，评标专家信息保密管理措施进一步完善。2016 年，最高院等九部门发布《关于在招标投标活动中对失信被执行人实施联合惩戒的通知》；民航专业工程专家抽取系统由人工方式电话通知升级为电脑语音和短信通知结合的方式；评标专家培训考试系统建成投用，评标专家入库实现在线培训、考试信息化；《民航专业工程标准施工招标文件（2010 年版）》第一修订案发布实施。2017 年，国家发改委发布《招标公告和公示信息发布管理办法》，废止了《招标公告发布暂行办法》和《国家计委关于指定发布依法必须招标项目招标公告的媒介的通知》；民航局印发了《关于民航专业工程质量监督总站及其地区民航专业工程质量监督站主要职责机构编制调整的通知》，明确由质监总站承担民航专业工程评标专家及专家库管理和评标专家的抽取工作，受委托承担民航专业工程建设项目进入地方公共资源交易市场进行开标评标的驻场服务工作；民航专业工程建设项目招投标管理系统建设完成。与此同时，国家发改委、住建部、民航局等部门还对设计企业、建筑业企业、招标代理单位、机场专用设备等相关资质资格的管理进行了改革。

为贯彻落实上述要求，进一步规范民航专业工程建设项目招标投标活动，加强监督管理，民航局机场司组织对《民航专业工程及货物招标投标管理办法》（AP-129-CA-2009-01-R1）进行了修订，将其更名为《民航专业工程建设项目招标投标管理办法》。

二、修订的主要内容

一、根据《招标投标法实施条例》《招标投标法实施条例释义》和民航局住建部《关于进一步明确民航建设工程招投标管理和质量监督工作职责分工的通知》（民航发〔2011〕34 号），重新明确了"工程建设项目"的定义和"民航专业工程"的范围。

二、根据《关于民航专业工程质量监督总站及其地区民航专业工程质量监督站主要职责机构编制调整的通知》（民航发〔2017〕125 号）和《关于民航专业工程建设项目进入地方公共资源交易市场进行开标评标的通知》（局发明电〔2015〕3044 号），进一步明确了民航局机场司、民航地区管理局和民航专业工程质量监督总站的职责分工。

三、根据《国务院办公厅关于印发整合建立统一的公共资源交易平台工作方案的通知》（国办发〔2015〕63 号）和《关于民航专业工程建设项目进入地方公共资源交易市场进行开标评标的通知》（局发明电〔2015〕3044 号），考虑评标专家抽取系统已由人工电话通知升级为电脑语音和短信通知结合的方式，明确依法必须招标的民航专业工程建设项目应当进入地方公共资源交易市场开标评标，并进一步明确了评标专家信息保密管理措施和专家差旅费用标准。

四、根据最高院等九部门《关于在招标投标活动中对失信被执行人实施联合惩戒的通知》（法〔2016〕285 号），增加了对招标投标活动中相关当事人失信惩戒的有关要求。

五、根据《电子招标投标办法》（国家发改委令第 20 号），增加了鼓励利用信息网络进行电子招标投标的内容。配合民航专业工程建设项目招投标管理系统的上线，进一步完善了招标条件、招标备案、公告发布、澄清修改、招标失败处理流程等相关规定。

六、根据《招标投标法实施条例》以及相关规章、规范性文件，将原办法与上位法不一致的条款进行了修改，如根据《工程建设项目货物招标投标办法》的修订情况，删除了"对于货物招标项目，报经民航地区管理局备案后可以不再进行招标，或者对两家合格投标人进行开标和评标"条款，将"在单一货物招标项目中，一个制造商对同一品牌同一型号的货物，仅能委托一个代理商参加投标，否则应作否决投标处理"修改为"一个制造商对同一品牌同一型号的货物，仅能委托一个代理商参加投标"等。

七、增加了招标人发现评标委员会成员未按照招标文件规定的评标标准和方法评标情况的处理流程和措施。

八、为加强标后合同履行监管，增加了依法必须招标项目合同备案的要求。

九、为进一步加强民航专业工程建设项目管理，在中标通知书中增加了施工项目经理、施工技术负责人、勘察设计负责人、总监理工程师等填写内容。

十、增加了招标投标法规体系文件列表附录。

三、修订过程

2014年2月启动修订工作，委托质监总站对相关法律法规规章和规范性文件进行梳理，并形成了初稿。2014年6月，我司下发通知征求了相关司局、局属各单位、各管理局和北京、广州、厦门、南京四个机场建设指挥部的意见。2015年我司组织质监总站对民航专业工程招标投标管理体系建设研究、流程再造及维护等进行专题研究。2016年1月我司组织对其进行了初审，8月组织对部分修订条款再次进行专题研讨。2017年7月经司务会审议，并再次组织征求行业意见，11月组织对其进行了审定。

关于进一步明确民航建设工程招投标管理和质量监督工作职责分工的通知

（2011年3月4日）

各省、自治区住房和城乡建设厅、直辖市城乡建委（建设交通委），民航各地区管理局，民航专业工程质量监督总站：

根据国务院办公厅《国务院办公厅印发国务院有关部门实施招标投标活动行政监督的职责分工意见的通知》（国办发［2000］34号文）和《建设工程质量管理条例》（国务院令第279号），建设部与民航局于2001年和2003年分别发布了《关于民航建设工程招投标管理和质量监督工作职责分工的通知》（民航机发［2001］229号文）和《关于民航建设工程招投标管理和质量监督工作职责分工的补充通知》（总局厅发［2003］41号文），对民航建设工程招投标管理和质量监督工作的职责进行了划分，为规范民航建设工程管理起到了积极作用。随着行业技术进步和工程建设规模的扩展，原有对民航建设工程范围的描述已不能完全涵盖现有工程类型。为此，经民航局与住房和城乡建设部协商，现将两部门的职责分工进一步明确如下：

一、民航建设工程中民航专业工程的招投标管理和质量监督工作由民航局负责。民航专业工程包括：

（一）机场场道工程，包括：

1. 飞行区土石方（不含填海工程）、地基处理、基础、道面工程；

2. 飞行区排水、桥梁、涵隧、消防管网、管沟（廊）工程；

3. 飞行区服务车道、巡场路、围界（含监控系统）工程。

（二）民航空管工程，包括：

1. 区域管制中心、终端（进近）管制中心和塔台建设工程；

2. 通信（包括地空通信和地地通信）工程、导航（包括地基导航和星基导航）工程、监视（包括雷达和自动相关监视系统）工程；

3. 航空气象（包括观测系统、卫星云图接收系统等）工程；

4. 航行情报工程。

（三）机场目视助航工程，包括：

1. 机场助航灯光及其监控系统工程；

2. 飞行区标记牌和标志工程；

3. 助航灯光变电站和飞行区供电工程；

4. 泊位引导系统及目视助航辅助设施工程。

（四）航站楼、货运站的工艺流程及民航专业弱电系统工程。其中，民航专业弱电系统包括：信息集成系统、航班信息显示系统、离港控制系统、泊位引导系统、安检信息管理系统、标识引导系统、行李处理系统、安全检查系统、值机引导系统、登机门显示系统、旅客问讯系统、网络交换系统、公共广播系统、安全防范系统、主时钟系统、内部通讯系统、呼叫中心（含电话自动问讯系统），以及飞行区内各类专业弱电系统

（五）航空供油工程，包括：

1. 航空加油站、机坪输油管线系统工程；

2. 机场油库、中转油库工程（不含土建工程）；

3. 场外输油管线工程、卸油站工程（不含码头水工工程和铁路专用线工

4. 飞行区内地面设备加油站工程。

二、民航建设工程中，航站楼、机务维修设施、货运系统、油库、航空食品厂等工程的土建和水、暖、电气（不含民航专业弱电系统）等设备安装工程属于非民航专业工程，其招投标管理和质量监督工作由县级以上人民政府住房城乡建设行政管理部门负责。

三、2001年发布的《关于民航建设工程招投标管理和质量监督工作职责分工的通知》（民航机发〔2001〕229号文）和2003年发布的《关于民航建设工程招投标管理和质量监督工作职责分工的补充通知》（总局厅发〔2003〕41号文）同时废止。

住房和城乡建设部
民航局

运输机场专业工程总承包管理办法（试行）

（2021年1月8日 民航规〔2021〕2号）

第一章 总 则

第一条 为规范运输机场专业工程（以下简称"专业工程"）的工程总承包活动，促进设计、采购、施工等阶段的深度融合，提升工程建设质量和效益，根据相关法律法规，制定本办法。

第二条 从事新建、迁建、改扩建专业工程的工程总承包活动，实施对其的监督管理，适用本办法。

第三条 本办法所称工程总承包，是指承包单位按照与建设单位签订的合同，对工程设计、采购、施工或者设计、施工等阶段实行总承包，并对工程的质量、安全、工期和造价等全面负责的工程建设组织实施方式。

第四条 工程总承包活动应当遵循合法、公平、诚实守信的原则，合理分担风险，保证工程质量和安全，节约能源，保护生态环境，不得损害社会公共利益和他人的合法权益。

第二章 工程总承包项目的发包和承包

第五条 建设单位应当根据项目情况和自身管理能力等，合理选择工程建设组织实施方式。

建设内容明确、技术方案成熟的项目，适宜采用工程总承包方式。

第六条 工程总承包项目原则上应当在初步设计审批完成后进行工程总承包项目发包；其中，按照国家有关规定简化报批文件和审批程序的政府投资项目，应当在完成相应的投资决策审批后进行工程总承包项目发包。

第七条 建设单位依法采用招标或者直接发包等方式选择工程总承包单位。

工程总承包项目范围内的设计、采购或者施工中，有任一项属于依法必须进行招标的项目范围且达到国家规定规模标准的，应当采用招标的方式选择工程总承包单位。

第八条 建设单位应当根据招标项目的特点和需要编制工程总承包项目招标文件，主要包括以下内容：

（一）投标人须知；

（二）评标办法和标准；

（三）拟签订合同的主要条款；

（四）发包人要求，列明项目的目标、范围、设计和其他技术标准，包括对项目的内容、范围、规模、标准、功能、质量、安全、节约能源、生态环境保护、工期、验收等的明确要求，涉及不停航施工、机场新技术应用的工程，应当明确相关要求；

（五）建设单位提供的资料和条件，包括发包前完成的水文地质、工程地质、地形等勘察资料，以及可行性研究报告、方案设计文件或者初步设计文件等；

（六）投标文件格式；

（七）要求投标人提交的其他材料。

建设单位可以在招标文件中提出对履约担保的要求，依法要求投标文件载明拟分包的内容；对于设有最高投标限价的，应当明确最高投标限价或者最高投标限价的计算方法。

第九条 工程总承包单位应当同时具有与工程规模相适应的工程设计资质和施工资质，或者由具有相应资质的设计单位和施工单位组成联合体。工程总承包单位应当具有相应的项目管理体系和项目管理能力、财务和风险承担能力，以及与发包工程相类似的设计、施工或者工程总承包业绩。

设计单位和施工单位组成联合体的，应当根据项目的特点和复杂程度，合理确定牵头单位，并在联合体协议中明确联合体成员单位的责任和权利。联合体各方应当共同与建设单位签订工程总承包合同，就工程总承包项目承担连带责任。

第十条 工程总承包单位不得是工程总承包项目的代建单位、项目管理单位、监理单位、造价咨询单位、招标代理单位。

政府投资项目的项目建议书、可行性研究报告、初步设计文件编制单位及其评估单位，一般不得成为该项目的工程总承包单位。政府投资项目招标人公开已经完成的项目建议书、可行性研究报告、初步设计文件的，上述单位可以参与该工程总承包项目的投标，经依法评标、定标，成为工程总承包单位。

第十一条 建设单位应当依法确定投标人编制工程总承包项目投标文件所需要的合理时间。

第十二条 工程总承包招标投标和评标委员会的组成应当遵守国家招标投标法律法规和民航招标投标相关规定，并通过"民航专业工程建设项目招标投标管理系统"实施。

第十三条 工程总承包项目应当采用综合评估法评标，建设单位应当根据工程特点和要求合理设置评分因素和权重。

第十四条 建设单位和工程总承包单位应当加强风险管理，合理分担风险。

建设单位承担的风险主要包括：

（一）主要工程材料、设备、人工价格与招标时基期价相比，波动幅度超过合同约定幅度的部分；

（二）因国家法律法规政策变化引起的合同价格的变化；

（三）不可预见的地质条件造成的工程费用和工期的变化；

（四）因建设单位原因产生的工程费用和工期的变化；

（五）不可抗力造成的工程费用和工期的变化。

具体风险分担内容由双方在合同中约定。

鼓励建设单位和工程总承包单位运用保险手段增强防范风险能力。

第十五条 企业投资项目的工程总承包宜采用总价合同，政府投资项目的工程总承包应当合理确定合同价格形式。采用总价合同的，除合同约定可以调整的情形外，合同总价一般不予调整。

建设单位和工程总承包单位可以在合同中约定工程总承包计量规则和计价方法。

依法必须进行招标的项目，合同价格应当在充分竞争的基础上合理确定。

第三章 工程总承包项目实施

第十六条 建设单位根据自身资源和能力，可以自行对工程总承包项目进行管理，也可以委托勘察设计单位、代建单位等项目管理单位，赋予相应权利，依照合同对工程总承包项目进行管理。

第十七条 工程总承包单位应当建立与工程总承包相适应的组织机构和管理制度，形成项目设计、采购、施工以及质量、安全、工期、造价、节约能源和生态环境保护管理等工程总承包综合管理能力。

第十八条 工程总承包单位应当设立项目管理机构，设置项目经理，配备相应管理人员，加强设计、采购与施工的协调，完善和优化设计，改进施工方案，实现对工程总承包项目的有效管理控制。

第十九条 工程总承包项目经理应当具备下列条件：

（一）取得相应工程建设类注册执业资格，包括注册建筑师、勘察设计注册工程师、注册建造师或者注册监理工程师等；未实施注册执业资格的，取得机场工程或者相关专业高级专业技术职称；

（二）担任过与拟建项目相类似工程的设计项目负责人、施工项目负责人、总监理工程师或者工程总承包项目经理；

（三）熟悉工程技术和工程总承包项目管理知识以及相关法律法规、标准规范；

（四）具有较强的组织协调能力和良好的职业道德。

工程总承包单位应当保证项目经理在岗履职，工程总承包项目经理、施工项目负责人和技术负责人在工程竣工验收通过前不得同时在两个或者两个以上工程项目担任工程总承包项目经理、施工项目负责人和技术负责人。工程总承包项目经理、施工项目负责人和技术负责人原则上不得更换。确需更换调整的，不得低于合同约定的资格和条件并且及时向质量监督机构重新备案。

第二十条　工程总承包单位可以依法采用直接发包的方式进行分包。但以暂估价形式包括在总承包范围内的工程、货物、服务分包时，属于依法必须进行招标的项目范围且达到国家规定规模标准的，应当依法招标。

第二十一条　工程总承包项目应当依规进行施工图审查，并办理民航质量监督备案手续。

第二十二条　项目实施过程需要设计变更的，应当依据民航有关规定履行项目设计变更手续。

设计变更引起的工程费用变化，按照合同约定的风险划分原则处理。

第二十三条　建设单位不得迫使工程总承包单位以低于成本的价格竞标，不得明示或者暗示工程总承包单位违反工程建设强制性标准、降低建设工程质量，不得明示或者暗示工程总承包单位使用不合格的建筑材料、建筑构配件和设备。

工程总承包单位应当对其承包的全部建设工程质量负责，分包单位对其分包工程的质量负责，分包不免除工程总承包单位对其承包的全部建设工程所负的质量责任。

工程总承包单位、工程总承包项目经理依法承担质量终身责任。

第二十四条　建设单位不得对工程总承包单位提出不符合建设工程安全生产法律、法规和强制性标准规定的要求，不得明示或者暗示工程总承包单位购买、租赁、使用不符合安全施工要求的安全防护用具、机械设备、施工机具及配件、消防设施和器材。

工程总承包单位对承包范围内工程的安全生产负总责。分包单位应当服从工程总承包单位的安全生产管理，分包单位不服从管理导致生产安全事故的，由分包单位承担主要责任，分包不免除工程总承包单位的安全责任。

第二十五条　建设单位不得设置不合理工期，不得任意压缩合理工期。

工程总承包单位应当依据合同对工期全面负责，对项目总进度和各阶段的进度进行控制管理，确保工程按期竣工。

第二十六条 工程保修书由建设单位与工程总承包单位签署，保修期内工程总承包单位应当根据法律法规规定以及合同约定承担保修责任，工程总承包单位不得以其与分包单位之间保修责任划分而拒绝履行保修责任。

第二十七条 建设单位和工程总承包单位应当加强设计、施工等环节管理，确保建设地点、建设规模、建设内容等符合项目审批、核准、备案要求。

政府投资项目所需资金应当按照国家有关规定确保落实到位，不得由工程总承包单位或者分包单位垫资建设。政府投资项目建设投资原则上不得超过经核定的投资概算。

第二十八条 工程总承包单位和工程总承包项目经理在设计、施工活动中有转包违法分包等违法违规行为或者造成工程质量安全事故的，按照法律法规对设计、施工单位及其项目负责人相同违法违规行为的规定追究责任。

第四章 附 则

第二十九条 本办法由民航局负责解释。

第三十条 本办法自 2021 年 2 月 8 日起施行。

关于发布《民航专业工程标准施工招标资格预审文件》和《民航专业工程标准施工招标文件》（2010 年版）的通知

（2010 年 4 月 30 日）

民航各地区管理局、民航专业工程质量监督总站、各机场建设工程指挥部：

为加强民航专业工程施工招标管理，规范资格预审文件和招标文件编制工作，落实国家发展改革委、建设部等九部委《关于做好标准施工招标资格预审文件和标准施工招标文件贯彻实施工作的通知》（发改法规 3419 号文件）要求，我局在国家九部委联合编制的《标准施工招标资格预审文件》和《标准施工招标文件》基础上，结合民航专业工程施工招标特点和管理需要，组织制定了《民航专业工程标准施工招标资格预审文件》（2010年版）和《民航专业工程标准施工招标文件》（2010年版）（以下简称《民航专业工程标准文件》），现予发布，自2010年5月1日起执行。《民航专业工程及货物招投标管理办法》（AP-129-CA-2009-01-R1）第十一条规定的民航专业工程实行国家范本的要求同时予以更改。

请各管理局做好本辖区内的宣贯工作，并注意收集有关意见和建议，及时向我局反馈。本《通知》及《民航专业工程标准文件》同时登载在民航局网站上，具体位置为"机场司"栏的"政策发布"栏目中，各单位可由此下载电子文档。

附件：

民航专业工程标准施工招标文件》（2010年版）（略）

民航专业工程标准施工招标资格预审文件（略）

民航局关于发布《民航专业工程标准施工招标文件（2010年版）》第一修订案的通知

（2016年2月16日　民航发〔2016〕7号）

民航各地区管理局，各服务保障公司，各机场公司，各机场建设指挥部，局属各单位，有关建筑业企业、工程招标代理单位：

为加强民航专业工程施工招标管理，进一步规范民航招投标市场，降低评标专家权力寻租风险，提高评标质量，结合民航专业工程施工招标的特点，我局组织对《民航专业工程标准施工招标文件（2010年版）》"第三章　评标办法（综合评估法）"进行了修订，现予发布，自2016年3月15日起执行。现将有关事宜通知如下：

一、依法公开招标的民航专业工程施工项目均应采用本修订案中规定的综合评估法进行评标。综合评估法中各评审因素的评审标准、分值和权重应符合本修订案的要求。

二、招标人应当在招标文件中按照本修订案规定将评标办法和相关事项予以载明，评标办法应当合理，不得含有倾向或者排斥潜在投标人的内容，不得妨碍或者限制投标人之间的竞争。

三、请各地区管理局做好本辖区内的有关宣贯工作，加强对本修订案落实情况的监督检查，并将实施中的有关意见和建议及时向我局反馈。

四、本修订案和《民航专业工程标准施工招标文件（2010年版）》可在民航局政府网站"机场司—政策发布"栏目中下载。附件：《民航专业工程标准施工招标文件（2010年版）》第一修订案（略）

（六）水运工程

水运工程建设项目招标投标管理办法

（2012年12月20日交通运输部令2012年第11号公布 根据2021年8月11日《交通运输部关于修改〈水运工程建设项目招标投标管理办法〉的决定》修订）

第一章 总 则

第一条 为了规范水运工程建设项目招标投标活动，保护招标投标活动当事人的合法权益，保证水运工程建设项目的质量，根据《中华人民共和国招标投标法》《中华人民共和国招标投标法实施条例》等法律法规，制定本办法。

第二条 在中华人民共和国境内依法必须进行的水运工程建设项目招标投标活动适用本办法。

水运工程建设项目是指水运工程以及与水运工程建设有关的货物、服务。

前款所称水运工程包括港口工程、航道整治、航道疏浚、航运枢纽、过船建筑物、修造船水工建筑物等及其附属建筑物和设施的新建、改建、扩建及其相关的装修、拆除、修缮等工程；货物是指构成水运工程不可分割的组成部分，且为实现工程基本功能所必需的设备、材料等；服务是指为完成水运工程所需的勘察、设计、监理等服务。

第三条 水运工程建设项目招标投标活动，应遵循公开、公平、公正和诚实信用的原则。

第四条 水运工程建设项目招标投标活动不受地区或者部门的限制。

任何单位和个人不得以任何方式非法干涉招标投标活动，不得将依法必须进行招标的项目化整为零或者以其他任何方式规避招标。

第五条 水运工程建设项目招标投标工作实行统一领导、分级管理。

交通运输部主管全国水运工程建设项目招标投标活动，并具体负责经国家发展和改革委员会等部门审批、核准和经交通运输部审批的水运工程建设项目招标投标活动的监督管理工作。

省级交通运输主管部门主管本行政区域内的水运工程建设项目招标投标活动，并具体负责省级人民政府有关部门审批、核准的水运工程建设项目招标投标活动的监督管理工作。

省级以下交通运输主管部门按照各自职责对水运工程建设项目招标投标活动实施监督管理。

第六条 水运工程建设项目应当按照国家有关规定，进入项目所在地设区的市级以上人民政府设立的公共资源交易场所或者授权的其他招标投标交易场所开展招标投标活动。

鼓励利用依法建立的招标投标网络服务平台及现代信息技术进行水运工程建设项目电子招标投标。

第二章 招　　标

第七条 水运工程建设项目招标的具体范围及规模标准执行国务院的有关规定。

鼓励水运工程建设项目的招标代理机构、专项科学试验研究项目、监测等承担单位的选取采用招标或者竞争性谈判等其他竞争性方式确定。

第八条 水运工程建设项目招标人是指提出招标项目并进行招标的水运工

程建设项目法人。

第九条 按照国家有关规定需要履行项目立项审批、核准手续的水运工程建设项目，在取得批准后方可开展勘察、设计招标。

水运工程建设项目通过初步设计审批后，方可开展监理、施工、设备、材料等招标。

第十条 水运工程建设项目招标分为公开招标和邀请招标。

按照国家有关规定需要履行项目立项审批、核准手续的水运工程建设项目，招标人应当按照项目审批、核准时确定的招标范围、招标方式、招标组织形式开展招标；没有确定招标范围、招标方式、招标组织形式的，依据国家有关规定确定。

不需要履行项目立项审批、核准手续的水运工程建设项目，其招标范围、招标方式、招标组织形式，依据国家有关规定确定。

第十一条 招标人应当合理划分标段、确定工期，并在招标文件中载明。不得利用划分标段规避招标、虚假招标、限制或者排斥潜在投标人。

第十二条 国有资金占控股或者主导地位的水运工程建设项目，应当公开招标。但有下列情形之一的，可以进行邀请招标：

（一）技术复杂、有特殊要求或者受自然环境限制，只有少量潜在投标人可供选择；

（二）采用公开招标方式的费用占项目合同金额的比例过大。

本条所规定的水运工程建设项目，需要按照国家有关规定履行项目审批、核准手续的，由项目审批、核准部门对该项目是否具有前款第（二）项所列情形予以认定；其他项目由招标人向对项目负有监管职责的交通运输主管部门申请作出认定。

第十三条 有下列情形之一的水运工程建设项目，可以不进行招标：

（一）涉及国家安全、国家秘密、抢险救灾或者属于利用扶贫资金实行以工代赈、需要使用农民工等特殊情况，不适宜进行招标的；

（二）需要采用不可替代的专利或者专有技术的；

（三）采购人自身具有工程建设、货物生产或者服务提供的资格和能力，且符合法定要求的；

（四）已通过招标方式选定的特许经营项目投资人依法能够自行建设、生产或者提供的；

（五）需要向原中标人采购工程、货物或者服务，否则将影响施工或者功能配套要求的；

（六）国家规定的其他特殊情形。

招标人为适用前款规定弄虚作假的，属于招标投标法第四条规定的规避招标。

第十四条　水运工程建设项目设计招标可采用设计方案招标或设计组织招标。

第十五条　招标人可以依法对工程以及与工程建设有关的货物、服务全部或者部分实行总承包招标。

以暂估价形式包括在总承包范围内的工程、货物、服务，属于依法必须进行招标的项目范围且达到国家规定规模标准的，应当依法进行招标，其招标实施主体应当在总承包合同中约定，并统一由总承包发包的招标人按照第十八条的规定履行招标及备案手续。

前款所称暂估价，是指总承包招标时不能确定价格而由招标人在招标文件中暂时估定的工程、货物、服务的金额。

第十六条　招标人自行办理招标事宜的，应当具备下列条件：

（一）招标人应当是该水运工程建设项目的项目法人；

（二）具有与招标项目规模和复杂程度相适应的水运工程建设项目技术、经济等方面的专业人员；

（三）具有能够承担编制招标文件和组织评标的组织机构或者专职业务人员；

（四）熟悉和掌握招标投标的程序及相关法规。

招标人自行办理招标事宜的，应当向具有监督管理职责的交通运输主管部门备案。

招标人不具备本条前款规定条件的，应当委托招标代理机构办理水运工程建设项目招标事宜。任何单位和个人不得为招标人指定招标代理机构。

第十七条　招标人采用招标或其他竞争性方式选择招标代理机构的，应当从业绩、信誉、从业人员素质、服务方案等方面进行考查。招标人与招标代理机构应当签订书面委托合同。合同约定的收费标准应当符合国家有关规定。

招标代理机构在其资格许可和招标人委托的范围内开展招标代理业务，不受任何单位、个人的非法干预或者限制。

第十八条 水运工程建设项目采用资格预审方式公开招标的，招标人应当按下列程序开展招标投标活动：

（一）编制资格预审文件和招标文件，报交通运输主管部门备案；

（二）发布资格预审公告并发售资格预审文件；

（三）对提出投标申请的潜在投标人进行资格预审，资格审查结果报交通运输主管部门备案；

国有资金占控股或者主导地位的依法必须进行招标的水运工程建设项目，招标人应当组建资格审查委员会审查资格预审申请文件；

（四）向通过资格预审的潜在投标人发出投标邀请书；向未通过资格预审的潜在投标人发出资格预审结果通知书；

（五）发售招标文件；

（六）需要时组织潜在投标人踏勘现场，并进行答疑；

（七）接收投标人的投标文件，公开开标；

（八）组建评标委员会评标，推荐中标候选人；

（九）公示中标候选人，确定中标人；

（十）编制招标投标情况书面报告报交通运输主管部门备案；

（十一）发出中标通知书；

（十二）与中标人签订合同。

第十九条 水运工程建设项目采用资格后审方式公开招标的，应当参照第十八条规定的程序进行，并应当在开标后由评标委员会按照招标文件规定的标准和方法对投标人的资格进行审查。

第二十条 水运工程建设项目实行邀请招标的，招标文件应当报有监督管理权限的交通运输主管部门备案。

第二十一条 招标人编制的资格预审文件、招标文件的内容违反法律、行政法规的强制性规定，违反公开、公平、公正和诚实信用原则，影响资格预审结果或者潜在投标人投标的，依法必须进行招标的项目的招标人应当在修改资格预审文件或者招标文件后重新招标。

依法必须进行招标的水运工程建设项目的资格预审文件和招标文件的编制，应当使用国务院发展改革部门会同有关行政监督部门制定的标准文本以及交通运输部发布的行业标准文本。

招标人在制定资格审查条件、评标标准和方法时，应利用水运工程建设市场信用信息成果以及招标投标违法行为记录公告平台发布的信息，对潜在投标人或投标人进行综合评价。

第二十二条 资格预审公告和招标公告除按照规定在指定的媒体发布外，招标人可以同时在交通运输行业主流媒体或者建设等相关单位的门户网站发布。

资格预审公告和招标公告的发布应当充分公开，任何单位和个人不得非法干涉、限制发布地点、发布范围或发布方式。

在网络上发布的资格预审公告和招标公告，至少应当持续到资格预审文件和招标文件发售截止时间为止。

第二十三条 招标人应当按资格预审公告、招标公告或者投标邀请书规定的时间、地点发售资格预审文件或者招标文件。资格预审文件或者招标文件的发售期不得少于 5 日。资格预审文件或者招标文件售出后，不予退还。

第二十四条 自资格预审文件停止发售之日起至提交资格预审申请文件截止之日止，不得少于 5 日。

对资格预审文件的澄清或修改可能影响资格预审申请文件编制的，应当在提交资格预审申请文件截止时间至少 3 日前以书面形式通知所有获取资格预审文件的潜在投标人。不足 3 日的，招标人应当顺延提交资格预审申请文件的截止时间。

依法必须招标的项目在资格预审文件停止发售之日止，获取资格预审文件的潜在投标人少于 3 个的，应当重新招标。

第二十五条 潜在投标人或者其他利害关系人对资格预审文件有异议的，应当在提交资格预审申请文件截止时间 2 日前提出。招标人应当自收到异议之日起 3 日内作出答复；作出答复前，应当暂停招标投标活动。对异议作出的答复如果实质性影响资格预审申请文件的编制，则相应顺延提交资格预审申请文件的截止时间。

第二十六条　资格预审审查方法分为合格制和有限数量制。一般情况下应当采用合格制，凡符合资格预审文件规定资格条件的资格预审申请人，均通过资格预审。潜在投标人过多的，可采用有限数量制，但该数额不得少于 7 个；符合资格条件的申请人不足该数额的，均视为通过资格预审。

通过资格预审的申请人少于 3 个的，应当重新招标。

资格预审应当按照资格预审文件载明的标准和方法进行。资格预审文件未载明的标准和方法，不得作为资格审查的依据。

第二十七条　自招标文件开始发售之日起至潜在投标人提交投标文件截止之日止，最短不得少于 20 日。

对招标文件的澄清或修改可能影响投标文件编制的，应当在提交投标文件截止时间至少 15 日前，以书面形式通知所有获取招标文件的潜在投标人；不足 15 日的，招标人应当顺延提交投标文件的截止时间。

获取招标文件的潜在投标人少于 3 个的，应当重新招标。

第二十八条　潜在投标人或者其他利害关系人对招标文件有异议的，应当在提交投标文件截止时间 10 日前提出；招标人应当自收到异议之日起 3 日内作出答复；作出答复前，应当暂停招标投标活动。对异议作出的答复如果实质性影响投标文件的编制，则相应顺延提交投标文件截止时间。

第二十九条　招标人应当在招标文件中载明投标有效期。投标有效期从提交投标文件的截止之日起算。

第三十条　招标人在招标文件中要求投标人提交投标保证金的，投标保证金不得超过招标项目估算价的 2%，投标保证金有效期应当与投标有效期一致。

投标保证金的额度和支付形式应当在招标文件中确定。境内投标单位如果采用现金或者支票形式提交投标保证金的，应当从投标人的基本账户转出。

投标保证金不得挪用。

第三十一条　招标人可以自行决定是否编制标底。一个招标项目只能有一个标底。开标前标底必须保密。

接受委托编制标底的中介机构不得参加受托编制标底项目的投标，也不得为该项目的投标人编制投标文件或者提供咨询等相关的服务。

招标人设有最高投标限价的，应当在招标文件中明确最高投标限价或者最高投标限价的计算方法。招标人不得规定最低投标限价。

第三十二条　招标人组织踏勘项目现场的，应通知所有潜在投标人参与，不得组织单个或者部分潜在投标人踏勘项目现场。潜在投标人因自身原因不参与踏勘现场的，不得提出异议。

第三十三条　招标人在发布资格预审公告、招标公告、发出投标邀请书或者售出资格预审文件、招标文件后，无正当理由不得随意终止招标。招标人因特殊原因需要终止招标的，应当及时发布公告，或者以书面形式通知被邀请的或者已经获取资格预审文件、招标文件的潜在投标人。已经发售资格预审文件、招标文件或者已经收取投标保证金的，招标人应当及时退还所收取的购买资格预审文件、招标文件的费用，以及所收取的投标保证金及银行同期存款利息。利息的计算方法应当在招标文件中载明。

第三十四条　招标人不得以不合理的条件限制、排斥潜在投标人或者投标人。招标人有下列行为之一的，属于以不合理条件限制、排斥潜在投标人或者投标人：

（一）就同一招标项目向潜在投标人或者投标人提供有差别的项目信息；

（二）设定的资格、技术、商务条件与招标项目的具体特点和实际需要不相适应或者与合同履行无关；

（三）依法必须进行招标的项目以特定行政区域或者特定行业的业绩、奖项作为加分条件或者中标条件；

（四）对潜在投标人或者投标人采取不同的资格审查或者评标标准；

（五）限定或者指定特定的专利、商标、品牌、原产地或者供应商；

（六）依法必须进行招标的项目非法限定潜在投标人或者投标人的所有制形式或者组织形式；

（七）以其他不合理条件限制、排斥潜在投标人或者投标人。

第三章　投　　标

第三十五条　与招标人存在利害关系可能影响招标公正性的法人、其他组织或者个人，不得参加投标。

单位负责人为同一人或者存在控股、管理关系的不同单位，不得参加同一标段投标或者未划分标段的同一招标项目投标。

施工投标人与本标段的设计人、监理人、代建人或招标代理机构不得为同一个法定代表人、存在相互控股或参股或法定代表人相互任职、工作。

违反上述规定的，相关投标均无效。

第三十六条 投标人可以按照招标文件的要求由两个以上法人或者其他组织组成一个联合体，以一个投标人的身份共同投标。国家有关规定或者招标文件对投标人资格条件有规定的，联合体各方均应当具备规定的相应资格条件，资格条件考核以联合体协议书中约定的分工为依据。由同一专业的单位组成的联合体，按照资质等级较低的单位确定资质等级。

联合体成员间应签订共同投标协议，明确牵头人以及各方的责任、权利和义务，并将协议连同资格预审申请文件、投标文件一并提交招标人。联合体各方签署联合体协议后，不得再以自己名义单独或者参加其他联合体在同一招标项目中投标。联合体中标的，联合体各方应当共同与招标人签订合同，就中标项目向招标人承担连带责任。

招标人不得强制投标人组成联合体共同投标。

第三十七条 投标人发生合并、分立、破产等重大变化的，应当及时书面告知招标人。投标人不再具备资格预审文件、招标文件规定的资格条件或者投标影响公正性的，其投标无效。

招标人接受联合体投标并进行资格预审的，联合体应当在提交资格预审申请文件前组成。资格预审后联合体增减、更换成员的，其投标无效。

第三十八条 资格预审申请文件或投标文件按要求送达后，在资格预审文件、招标文件规定的截止时间前，招标人应允许潜在投标人或投标人对已提交的资格预审申请文件、投标文件进行撤回或补充、修改。潜在投标人或投标人如需撤回或者补充、修改资格预审申请文件、投标文件，应当以正式函件向招标人提出并做出说明。

修改资格预审申请文件、投标文件的函件是资格预审申请文件、投标文件的组成部分，其形式要求、密封方式、送达时间，适用本办法有关投标文件的规定。

第三十九条 招标人接收资格预审申请文件和投标文件，应当如实记载送达时间和密封情况，签收保存，不得开启。

资格预审申请文件、投标文件有下列情形之一的，招标人应当拒收：

（一）逾期送达的；

（二）未送达指定地点的；

（三）未按资格预审文件、招标文件要求密封的。

招标人拒收资格预审申请文件、投标文件的，应当如实记载送达时间和拒收情况，并将该记录签字存档。

第四十条 投标人在投标截止时间之前撤回已提交投标文件的，招标人应当自收到投标人书面撤回通知之日起5日内退还已收取的投标保证金。

投标截止后投标人撤销投标文件的，招标人可以不退还投标保证金。

出现特殊情况需要延长投标有效期的，招标人以书面形式通知所有投标人延长投标有效期。投标人同意延长的，应当延长其投标保证金的有效期，但不得要求或被允许修改其投标文件；投标人拒绝延长的，其投标失效，投标人有权撤销其投标文件，并收回投标保证金。

第四十一条 禁止投标人相互串通投标、招标人与投标人串通投标、以他人名义投标以及以其他方式弄虚作假的行为，认定标准执行《中华人民共和国招标投标法实施条例》有关规定。

第四章 开标、评标和定标

第四十二条 招标人应当按照招标文件中规定的时间、地点开标。

投标人少于3个的，不得开标，招标人应当重新招标。

第四十三条 开标由招标人或招标代理组织并主持。

开标应按照招标文件确定的程序进行，开标过程应当场记录，招标人、招标代理机构、投标人、参加开标的公证和监督机构等单位的代表应签字，并存档备查。开标记录应包括投标人名称、投标保证金、投标报价、工期、密封情况以及招标文件确定的其他内容。

投标人对开标有异议的，应当在开标现场提出，招标人或招标代理应当场作出答复，并制作记录。

第四十四条 招标人开标时，邀请所有投标人的法定代表人或其委托代理人准时参加。投标人未参加开标的，视为承认开标记录，事后对开标结果提出的任何异议无效。

第四十五条 评标由招标人依法组建的评标委员会负责。

依法必须进行招标的水运工程建设项目，其评标委员会成员由招标人的代表及有关技术、经济等方面的专家组成，人数为五人以上单数，其中技术、经济等方面的专家不得少于成员总数的三分之二。招标人的代表应具有相关专业知识和工程管理经验。

与投标人有利害关系的人员不得进入评标委员会。任何单位和个人不得以明示、暗示等任何方式指定或者变相指定参加评标委员会的专家成员。行政监督部门的工作人员不得担任本部门负责监督项目的评标委员会成员。

交通运输部具体负责监督管理的水运工程建设项目，其评标专家从交通运输部水运工程和交通支持系统综合评标专家库中随机抽取确定，其他水运工程建设项目的评标专家从省级交通运输主管部门建立的评标专家库或其他依法组建的综合评标专家库中随机抽取确定。

评标委员会成员名单在中标结果确定前应当保密。评标结束后，招标人应当按照交通运输主管部门的要求及时对评标专家的能力、履行职责等进行评价。

第四十六条 招标人设有标底的，应在开标时公布。标底只能作为评标的参考，不得以投标报价是否接近标底作为中标条件，也不得以投标报价超过标底上下浮动范围作为否决投标的条件。

第四十七条 招标人应当向评标委员会提供评标所必需的信息和数据，并根据项目规模和技术复杂程度等确定合理的评标时间；必要时可向评标委员会说明招标文件有关内容，但不得明示或者暗示其倾向或者排斥特定投标人。

在评标过程中，评标委员会成员因存在回避事由、健康等原因不能继续评标，或者擅离职守的，应当及时更换。被更换的评标委员会成员已作出的评审结论无效，由更换后的评标专家重新进行评审。已形成评标报告的，应当作相应修改。

第四十八条 有下列情形之一的，评标委员会应当否决其投标：

（一）投标文件未按招标文件要求盖章并由法定代表人或其书面授权的代

理人签字的；

（二）投标联合体没有提交共同投标协议的；

（三）未按照招标文件要求提交投标保证金的；

（四）投标函未按照招标文件规定的格式填写，内容不全或者关键字迹模糊无法辨认的；

（五）投标人不符合国家或者招标文件规定的资格条件的；

（六）投标人名称或者组织结构与资格预审时不一致且未提供有效证明的；

（七）投标人提交两份或者多份内容不同的投标文件，或者在同一份投标文件中对同一招标项目有两个或者多个报价，且未声明哪一个为最终报价的，但按招标文件要求提交备选投标的除外；

（八）串通投标、以行贿手段谋取中标、以他人名义或者其他弄虚作假方式投标的；

（九）报价明显低于成本或者高于招标文件中设定的最高限价的；

（十）无正当理由不按照评标委员会的要求对投标文件进行澄清或说明的；

（十一）没有对招标文件提出的实质性要求和条件做出响应的；

（十二）招标文件明确规定废标的其他情形。

第四十九条 投标文件在实质上响应招标文件要求，但存在含义不明确的内容、明显文字或者计算错误，评标委员会不得随意否决投标，评标委员会认为需要投标人做出必要澄清、说明的，应当书面通知该投标人。投标人的澄清、说明应当采用书面形式，并不得超出投标文件的范围或者改变投标文件的实质性内容。

评标委员会不得暗示或者诱导投标人做出澄清、说明，不得接受投标人主动提出的澄清、说明。

第五十条 评标委员会经评审，认为所有投标都不符合招标文件要求的，或者否决不合格投标后，因有效投标不足 3 个使得投标明显缺乏竞争的，可以否决全部投标。

所有投标被否决的，招标人应当依法重新招标。

第五十一条 评标委员会应当遵循公平、公正、科学、择优的原则，按照招标文件规定的标准和方法，对投标文件进行评审和比较。

招标文件没有规定的评标标准和方法,不得作为评标的依据。

第五十二条 根据本办法第二十四条、第二十六条、第二十七条、第四十二条、第五十条规定重新进行了资格预审或招标,再次出现了需要重新资格预审或者重新招标的情形之一的,经书面报告交通运输主管部门后,招标人可不再招标,并可通过与已提交资格预审申请文件或投标文件的潜在投标人进行谈判确定中标人,将谈判情况书面报告交通运输主管部门备案。

第五十三条 中标人的投标应当符合下列条件之一:

(一)能够最大限度地满足招标文件规定的各项综合评价标准;

(二)能够满足招标文件的实质性要求,并且经评审的投标价格最低,但是投标价格低于成本的除外。

第五十四条 评标委员会完成评标后,应当向招标人提交书面评标报告并推荐中标候选人。中标候选人应当不超过三个,并标明排序。

评标报告由评标委员会全体成员签字。对评标结论持有异议的评标委员会成员可以书面方式阐述其不同意见和理由,评标报告应当注明该不同意见。评标委员会成员拒绝在评标报告上签字又不书面说明其不同意见和理由的,视为同意评标结论,评标委员会应当对此做出书面说明并记录。

第五十五条 评标报告应包括以下内容:

(一)评标委员会成员名单;

(二)对投标文件的符合性评审情况;

(三)否决投标情况;

(四)评标标准、评标方法或者评标因素一览表;

(五)经评审的投标价格或者评分比较一览表;

(六)经评审的投标人排序;

(七)推荐的中标候选人名单与签订合同前需要处理的事宜;

(八)澄清、说明、补正事项纪要。

第五十六条 依法必须进行招标的项目,招标人应当自收到书面评标报告之日起3日内按照国家有关规定公示中标候选人,公示期不得少于3日。

投标人或者其他利害关系人对评标结果有异议的,应当在中标候选人公示期间提出。招标人应当自收到异议之日起3日内作出答复;作出答复前,应当暂停招标投标活动。

第五十七条 公示期间没有异议、异议不成立、没有投诉或者投诉处理后没有发现问题的，招标人应当从评标委员会推荐的中标候选人中确定中标人。异议成立或者投诉发现问题的，应当及时更正。

国有资金占控股或者主导地位的水运工程建设项目，招标人应当确定排名第一的中标候选人为中标人。排名第一的中标候选人放弃中标、因不可抗力不能履行合同、不按照招标文件要求提交履约保证金，或者被查实存在影响中标结果的违法行为等情形，不符合中标条件的，招标人可以按照评标委员会提出的中标候选人名单排序依次确定其他中标候选人为中标人，也可以重新招标。

第五十八条 中标人确定后，招标人应当及时向中标人发出中标通知书，并同时将中标结果通知所有未中标的投标人。

第五十九条 招标人和中标人应当自中标通知书发出之日起 30 日内，按照招标文件和中标人的投标文件订立书面合同，合同的标的、价款、质量、履行期限等主要条款应当与招标文件和中标人的投标文件的内容一致。招标人和中标人不得再行订立背离合同实质性内容的其他协议。

招标文件要求中标人提交履约保证金的，中标人应当按照招标文件的要求提交。履约保证金不得超过中标金额的 10%。

招标人最迟应当在书面合同签订后 5 日内向中标人和未中标的投标人退还投标保证金及银行同期存款利息。

第六十条 中标候选人的经营、财务状况发生较大变化或者存在违法行为，招标人认为可能影响其履约能力的，应当在发出中标通知书前由原评标委员会按照招标文件规定的标准和方法审查确认。

第六十一条 招标人应当自确定中标人之日起 15 日内，向具体负责本项目招标活动监督管理的交通运输主管部门提交招标投标情况的书面报告。

招标投标情况书面报告主要内容包括：招标项目基本情况、投标人开标签到表、开标记录、监督人员名单、评标标准和方法、评标委员会评分表和汇总表、评标委员会推荐的中标候选人名单、中标人、经评标委员会签字的评标报告、评标结果公示、投诉处理情况等。

第六十二条 中标人应当按照合同约定履行义务，完成中标项目。中标人不得向他人转让中标项目，也不得将中标项目肢解后分别向他人转让。

中标人按照合同约定或者经招标人同意，可以将中标项目的部分非主体、非关键性工作分包给他人完成。接受分包的人应当具备相应的资格条件，并不得再次分包。

中标人应当就分包项目向招标人负责，接受分包的人就分包项目承担连带责任。

第五章　投诉与处理

第六十三条　投标人或者其他利害关系人认为招标投标活动不符合法律、行政法规规定的，可以自知道或者应当知道之日起 10 日内向交通运输主管部门投诉。投诉应当有明确的请求和必要的证明材料。

就本办法第二十五条、第二十八条、第四十三条、第五十六条规定事项投诉的，应当先向招标人提出异议，异议答复期间不计算在前款规定的期限内。

第六十四条　投诉人就同一招标事项向两个以上交通运输主管部门投诉的，由具体承担该项目招标活动监督管理职责的交通运输主管部门负责处理。

交通运输主管部门应当自收到投诉之日起 3 个工作日内决定是否受理投诉，并自受理投诉之日起 30 个工作日内作出书面处理决定；需要检验、检测、鉴定、专家评审的，所需时间不计算在内。

投诉人捏造事实、伪造材料或者以非法手段取得证明材料进行投诉的，交通运输主管部门应当予以驳回。

第六十五条　交通运输主管部门处理投诉，有权查阅、复制有关文件、资料，调查有关情况，相关单位和人员应当予以配合。必要时，交通运输主管部门责令暂停该项目的招标投标活动。

交通运输主管部门的工作人员对监督检查过程中知悉的国家秘密、商业秘密，应当依法予以保密。

第六章　法律责任

第六十六条　违反本办法第九条规定，水运工程建设项目未履行相关审批、核准手续开展招标活动的，由交通运输主管部门责令改正，可处三万元以下罚款。

第六十七条　违反本办法第十六条规定，招标人不具备自行招标条件而自行招标的，由交通运输主管部门责令改正。

第六十八条　违反本办法第二十一条规定，资格预审文件和招标文件的编制，未使用国务院发展改革部门会同有关行政监督部门制定的标准文本或者交通运输部发布的行业标准文本的，由交通运输主管部门责令改正。

第六十九条　交通运输主管部门应当按照《中华人民共和国招标投标法》、《中华人民共和国招标投标法实施条例》等规定，对水运工程建设项目招标投标活动中的违法行为进行处理。

第七十条　交通运输主管部门应当建立健全水运工程建设项目招标投标信用制度，并应当对招标人、招标代理机构、投标人、评标委员会成员等当事人的违法行为及处理情况予以公告。

第七章　附　　则

第七十一条　使用国际金融组织或者外国政府贷款、援助资金的项目进行招标，贷款方、资金提供方对招标投标的具体条件和程序有特殊要求的，可以适用其要求，但有损我国社会公共利益的除外。

第七十二条　水运工程建设项目机电产品国际招标投标活动，依照国家相关规定办理。

第七十三条　交通支持系统建设项目招标投标活动参照本办法执行。

第七十四条　本办法自2013年2月1日起施行，《水运工程施工招标投标管理办法》（交通部令2000年第4号）、《水运工程施工监理招标投标管理办法》（交通部令2002年第3号）、《水运工程勘察设计招标投标管理办法》（交通部令2003年第4号）、《水运工程机电设备招标投标管理办法》（交通部令2004年第9号）同时废止。

（七）通信工程

通信工程建设项目招标投标管理办法

（2014年5月4日工业和信息化部令第27号公布 自2014年7月1日起施行）

第一章 总 则

第一条 为了规范通信工程建设项目招标投标活动，根据《中华人民共和国招标投标法》（以下简称《招标投标法》）和《中华人民共和国招标投标法实施条例》（以下简称《实施条例》），制定本办法。

第二条 在中华人民共和国境内进行通信工程建设项目招标投标活动，适用本办法。

前款所称通信工程建设项目，是指通信工程以及与通信工程建设有关的货物、服务。其中，通信工程包括通信设施或者通信网络的新建、改建、扩建、拆除等施工；与通信工程建设有关的货物，是指构成通信工程不可分割的组成部分，且为实现通信工程基本功能所必需的设备、材料等；与通信工程建设有关的服务，是指为完成通信工程所需的勘察、设计、监理等服务。

依法必须进行招标的通信工程建设项目的具体范围和规模标准，依据国家有关规定确定。

第三条 工业和信息化部和各省、自治区、直辖市通信管理局（以下统称为"通信行政监督部门"）依法对通信工程建设项目招标投标活动实施监督。

第四条 工业和信息化部鼓励按照《电子招标投标办法》进行通信工程建设项目电子招标投标。

第五条 工业和信息化部建立"通信工程建设项目招标投标管理信息平台"（以下简称"管理平台"），实行通信工程建设项目招标投标活动信息化管理。

第二章 招标和投标

第六条 国有资金占控股或者主导地位的依法必须进行招标的通信工程建设项目，应当公开招标；但有下列情形之一的，可以邀请招标：

（一）技术复杂、有特殊要求或者受自然环境限制，只有少量潜在投标人可供选择；

（二）采用公开招标方式的费用占项目合同金额的比例过大。

有前款第一项所列情形，招标人邀请招标的，应当向其知道或者应当知道的全部潜在投标人发出投标邀请书。

采用公开招标方式的费用占项目合同金额的比例超过 1.5%，且采用邀请招标方式的费用明显低于公开招标方式的费用的，方可被认定为有本条第一款第二项所列情形。

第七条 除《招标投标法》第六十六条和《实施条例》第九条规定的可以不进行招标的情形外，潜在投标人少于3个的，可以不进行招标。

招标人为适用前款规定弄虚作假的，属于《招标投标法》第四条规定的规避招标。

第八条 依法必须进行招标的通信工程建设项目的招标人自行办理招标事宜的，应当自发布招标公告或者发出投标邀请书之日起2日内通过"管理平台"向通信行政监督部门提交《通信工程建设项目自行招标备案表》（见附录一）。

第九条 招标代理机构代理招标业务，适用《招标投标法》、《实施条例》和本办法关于招标人的规定。

第十条 公开招标的项目，招标人采用资格预审办法对潜在投标人进行资格审查的，应当发布资格预审公告、编制资格预审文件。招标人发布资格预审公告后，可不再发布招标公告。

依法必须进行招标的通信工程建设项目的资格预审公告和招标公告，除在国家发展和改革委员会依法指定的媒介发布外，还应当在"管理平台"发布。在不同媒介发布的同一招标项目的资格预审公告或者招标公告的内容应当一致。

第十一条 资格预审公告、招标公告或者投标邀请书应当载明下列内容：

（一）招标人的名称和地址；

（二）招标项目的性质、内容、规模、技术要求和资金来源；

（三）招标项目的实施或者交货时间和地点要求；

（四）获取招标文件或者资格预审文件的时间、地点和方法；

（五）对招标文件或者资格预审文件收取的费用；

（六）提交资格预审申请文件或者投标文件的地点和截止时间。

招标人对投标人的资格要求，应当在资格预审公告、招标公告或者投标邀请书中载明。

第十二条 资格预审文件一般包括下列内容：

（一）资格预审公告；

（二）申请人须知；

（三）资格要求；

（四）业绩要求；

（五）资格审查标准和方法；

（六）资格预审结果的通知方式；

（七）资格预审申请文件格式。

资格预审应当按照资格预审文件载明的标准和方法进行，资格预审文件没有规定的标准和方法不得作为资格预审的依据。

第十三条 招标人应当根据招标项目的特点和需要编制招标文件。招标文件一般包括下列内容：

（一）招标公告或者投标邀请书；

（二）投标人须知；

（三）投标文件格式；

（四）项目的技术要求；

（五）投标报价要求；

（六）评标标准、方法和条件；

（七）网络与信息安全有关要求；

（八）合同主要条款。

招标文件应当载明所有评标标准、方法和条件，并能够指导评标工作，在评标过程中不得作任何改变。

第十四条　招标人应当在招标文件中以显著的方式标明实质性要求、条件以及不满足实质性要求和条件的投标将被否决的提示；对于非实质性要求和条件，应当规定允许偏差的最大范围、最高项数和调整偏差的方法。

第十五条　编制依法必须进行招标的通信工程建设项目资格预审文件和招标文件，应当使用国家发展和改革委员会会同有关行政监督部门制定的标准文本及工业和信息化部制定的范本。

第十六条　勘察设计招标项目的评标标准一般包括下列内容：

（一）投标人的资质、业绩、财务状况和履约表现；

（二）项目负责人的资格和业绩；

（三）勘察设计团队人员；

（四）技术方案和技术创新；

（五）质量标准及质量管理措施；

（六）技术支持与保障；

（七）投标价格；

（八）组织实施方案及进度安排。

第十七条　监理招标项目的评标标准一般包括下列内容：

（一）投标人的资质、业绩、财务状况和履约表现；

（二）项目总监理工程师的资格和业绩；

（三）主要监理人员及安全监理人员；

（四）监理大纲；

（五）质量和安全管理措施；

（六）投标价格。

第十八条　施工招标项目的评标标准一般包括下列内容：

（一）投标人的资质、业绩、财务状况和履约表现；

（二）项目负责人的资格和业绩；

（三）专职安全生产管理人员；

（四）主要施工设备及施工安全防护设施；

（五）质量和安全管理措施；

（六）投标价格；

（七）施工组织设计及安全生产应急预案。

第十九条 与通信工程建设有关的货物招标项目的评标标准一般包括下列内容：

（一）投标人的资质、业绩、财务状况和履约表现；

（二）投标价格；

（三）技术标准及质量标准；

（四）组织供货计划；

（五）售后服务。

第二十条 评标方法包括综合评估法、经评审的最低投标价法或者法律、行政法规允许的其他评标方法。

鼓励通信工程建设项目使用综合评估法进行评标。

第二十一条 通信工程建设项目需要划分标段的，招标人应当在招标文件中载明允许投标人中标的最多标段数。

第二十二条 通信工程建设项目已确定投资计划并落实资金来源的，招标人可以将多个同类通信工程建设项目集中进行招标。

招标人进行集中招标的，应当遵守《招标投标法》、《实施条例》和本办法有关依法必须进行招标的项目的规定。

第二十三条 招标人进行集中招标的，应当在招标文件中载明工程或者有关货物、服务的类型、预估招标规模、中标人数量及每个中标人对应的中标份额等；对与工程或者有关服务进行集中招标的，还应当载明每个中标人对应的实施地域。

第二十四条 招标人可以对多个同类通信工程建设项目的潜在投标人进行集中资格预审。招标人进行集中资格预审的，应当发布资格预审公告，明确集中资格预审的适用范围和有效期限，并且应当预估项目规模，合理设定资格、技术和商务条件，不得限制、排斥潜在投标人。

招标人进行集中资格预审，应当遵守国家有关勘察、设计、施工、监理等资质管理的规定。

集中资格预审后，通信工程建设项目的招标人应当继续完成招标程序，不得直接发包工程；直接发包工程的，属于《招标投标法》第四条规定的规避招标。

第二十五条　招标人根据招标项目的具体情况,可以在发售招标文件截止之日后,组织潜在投标人踏勘项目现场和召开投标预备会。

招标人组织潜在投标人踏勘项目现场或者召开投标预备会的,应当向全部潜在投标人发出邀请。

第二十六条　投标人应当在招标文件要求提交投标文件的截止时间前,将投标文件送达投标地点。通信工程建设项目划分标段的,投标人应当在投标文件上标明相应的标段。

未通过资格预审的申请人提交的投标文件,以及逾期送达或者不按照招标文件要求密封的投标文件,招标人应当拒收。

招标人收到投标文件后,不得开启,并应当如实记载投标文件的送达时间和密封情况,存档备查。

第三章　开标、评标和中标

第二十七条　通信工程建设项目投标人少于3个的,不得开标,招标人在分析招标失败的原因并采取相应措施后,应当依法重新招标。划分标段的通信工程建设项目某一标段的投标人少于3个的,该标段不得开标,招标人在分析招标失败的原因并采取相应措施后,应当依法对该标段重新招标。

投标人认为存在低于成本价投标情形的,可以在开标现场提出异议,并在评标完成前向招标人提交书面材料。招标人应当及时将书面材料转交评标委员会。

第二十八条　招标人应当根据《招标投标法》和《实施条例》的规定开标,记录开标过程并存档备查。招标人应当记录下列内容:

(一) 开标时间和地点;

(二) 投标人名称、投标价格等唱标内容;

(三) 开标过程是否经过公证;

(四) 投标人提出的异议。

开标记录应当由投标人代表、唱标人、记录人和监督人签字。

因不可抗力或者其他特殊原因需要变更开标地点的,招标人应提前通知所有潜在投标人，确保其有足够的时间能够到达开标地点。

第二十九条　评标由招标人依法组建的评标委员会负责。

通信工程建设项目评标委员会的专家成员应当具备下列条件：

（一）从事通信相关领域工作满8年并具有高级职称或者同等专业水平。掌握通信新技术的特殊人才经工作单位推荐，可以视为具备本项规定的条件；

（二）熟悉国家和通信行业有关招标投标以及通信建设管理的法律、行政法规和规章，并具有与招标项目有关的实践经验；

（三）能够认真、公正、诚实、廉洁地履行职责；

（四）未因违法、违纪被取消评标资格或者未因在招标、评标以及其他与招标投标有关活动中从事违法行为而受过行政处罚或者刑事处罚；

（五）身体健康，能够承担评标工作。

工业和信息化部统一组建和管理通信工程建设项目评标专家库，各省、自治区、直辖市通信管理局负责本行政区域内评标专家的监督管理工作。

第三十条　依法必须进行招标的通信工程建设项目，评标委员会的专家应当从通信工程建设项目评标专家库内相关专业的专家名单中采取随机抽取方式确定；个别技术复杂、专业性强或者国家有特殊要求，采取随机抽取方式确定的专家难以保证胜任评标工作的招标项目，可以由招标人从通信工程建设项目评标专家库内相关专业的专家名单中直接确定。

依法必须进行招标的通信工程建设项目的招标人应当通过"管理平台"抽取评标委员会的专家成员，通信行政监督部门可以对抽取过程进行远程监督或者现场监督。

第三十一条　依法必须进行招标的通信工程建设项目技术复杂、评审工作量大，其评标委员会需要分组评审的，每组成员人数应为5人以上，且每组每个成员应对所有投标文件进行评审。评标委员会的分组方案应当经全体成员同意。

评标委员会设负责人的，其负责人由评标委员会成员推举产生或者由招标人确定。评标委员会其他成员与负责人享有同等的表决权。

第三十二条　评标委员会成员应当客观、公正地对投标文件提出评审意见，并对所提出的评审意见负责。

招标文件没有规定的评标标准和方法不得作为评标依据。

第三十三条 评标过程中，评标委员会收到低于成本价投标的书面质疑材料、发现投标人的综合报价明显低于其他投标报价或者设有标底时明显低于标底，认为投标报价可能低于成本的，应当书面要求该投标人作出书面说明并提供相关证明材料。招标人要求以某一单项报价核定是否低于成本的，应当在招标文件中载明。

投标人不能合理说明或者不能提供相关证明材料的，评标委员会应当否决其投标。

第三十四条 投标人以他人名义投标或者投标人经资格审查不合格的，评标委员会应当否决其投标。

部分投标人在开标后撤销投标文件或者部分投标人被否决投标后，有效投标不足3个且明显缺乏竞争的，评标委员会应当否决全部投标。有效投标不足3个，评标委员会未否决全部投标的，应当在评标报告中说明理由。

依法必须进行招标的通信工程建设项目，评标委员会否决全部投标的，招标人应当重新招标。

第三十五条 评标完成后，评标委员会应当根据《招标投标法》和《实施条例》的有关规定向招标人提交评标报告和中标候选人名单。

招标人进行集中招标的，评标委员会应当推荐不少于招标文件载明的中标人数量的中标候选人，并标明排序。

评标委员会分组的，应当形成统一、完整的评标报告。

第三十六条 评标报告应当包括下列内容：

（一）基本情况；

（二）开标记录和投标一览表；

（三）评标方法、评标标准或者评标因素一览表；

（四）评标专家评分原始记录表和否决投标的情况说明；

（五）经评审的价格或者评分比较一览表和投标人排序；

（六）推荐的中标候选人名单及其排序；

（七）签订合同前要处理的事宜；

（八）澄清、说明、补正事项纪要；

（九）评标委员会成员名单及本人签字、拒绝在评标报告上签字的评标委员会成员名单及其陈述的不同意见和理由。

第三十七条　依法必须进行招标的通信工程建设项目的招标人应当自收到评标报告之日起3日内通过"管理平台"公示中标候选人，公示期不得少于3日。

第三十八条　招标人应当根据《招标投标法》和《实施条例》的有关规定确定中标人。

招标人进行集中招标的，应当依次确定排名靠前的中标候选人为中标人，且中标人数量及每个中标人对应的中标份额等应当与招标文件载明的内容一致。招标人与中标人订立的合同中应当明确中标价格、预估合同份额等主要条款。

中标人不能履行合同的，招标人可以按照评标委员会提出的中标候选人名单排序依次确定其他中标候选人为中标人，也可以对中标人的中标份额进行调整，但应当在招标文件中载明调整规则。

第三十九条　在确定中标人之前，招标人不得与投标人就投标价格、投标方案等实质性内容进行谈判。

招标人不得向中标人提出压低报价、增加工作量、增加配件、增加售后服务量、缩短工期或其他违背中标人的投标文件实质性内容的要求。

第四十条　依法必须进行招标的通信工程建设项目的招标人应当自确定中标人之日起15日内，通过"管理平台"向通信行政监督部门提交《通信工程建设项目招标投标情况报告表》（见附录二）。

第四十一条　招标人应建立完整的招标档案，并按国家有关规定保存。招标档案应当包括下列内容：

（一）招标文件；

（二）中标人的投标文件；

（三）评标报告；

（四）中标通知书；

（五）招标人与中标人签订的书面合同；

（六）向通信行政监督部门提交的《通信工程建设项目自行招标备案表》、《通信工程建设项目招标投标情况报告表》；

（七）其他需要存档的内容。

第四十二条 招标人进行集中招标的，应当在所有项目实施完成之日起30日内通过"管理平台"向通信行政监督部门报告项目实施情况。

第四十三条 通信行政监督部门对通信工程建设项目招标投标活动实施监督检查，可以查阅、复制招标投标活动中有关文件、资料，调查有关情况，相关单位和人员应当配合。必要时，通信行政监督部门可以责令暂停招标投标活动。

通信行政监督部门的工作人员对监督检查过程中知悉的国家秘密、商业秘密，应当依法予以保密。

第四章　法律责任

第四十四条 招标人在发布招标公告、发出投标邀请书或者售出招标文件或资格预审文件后无正当理由终止招标的，由通信行政监督部门处以警告，可以并处1万元以上3万元以下的罚款。

第四十五条 依法必须进行招标的通信工程建设项目的招标人或者招标代理机构有下列情形之一的，由通信行政监督部门责令改正，可以处3万元以下的罚款：

（一）招标人自行招标，未按规定向通信行政监督部门备案；

（二）未通过"管理平台"确定评标委员会的专家；

（三）招标人未通过"管理平台"公示中标候选人；

（四）确定中标人后，未按规定向通信行政监督部门提交招标投标情况报告。

第四十六条 招标人有下列情形之一的，由通信行政监督部门责令改正，可以处3万元以下的罚款，对单位直接负责的主管人员和其他直接责任人员依法给予处分；对中标结果造成实质性影响，且不能采取补救措施予以纠正的，招标人应当重新招标或者评标：

（一）编制的资格预审文件、招标文件中未载明所有资格审查或者评标的标准和方法；

（二）招标文件中含有要求投标人多轮次报价、投标人保证报价不高于历史价格等违法条款；

（三）不按规定组建资格审查委员会；

（四）投标人数量不符合法定要求时未重新招标而直接发包；

（五）开标过程、开标记录不符合《招标投标法》、《实施条例》和本办法的规定；

（六）违反《实施条例》第三十二条的规定限制、排斥投标人；

（七）以任何方式要求评标委员会成员以其指定的投标人作为中标候选人、以招标文件未规定的评标标准和方法作为评标依据，或者以其他方式非法干涉评标活动，影响评标结果。

第四十七条　招标人进行集中招标或者集中资格预审，违反本办法第二十三条、第二十四条、第三十五条或者第三十八条规定的，由通信行政监督部门责令改正，可以处3万元以下的罚款。

第五章　附　　则

第四十八条　通信行政监督部门建立通信工程建设项目招标投标情况通报制度，定期通报通信工程建设项目招标投标总体情况、公开招标及招标备案情况、重大违法违约事件等信息。

第四十九条　本办法自2014年7月1日起施行。原中华人民共和国信息产业部2000年9月22日公布的《通信建设项目招标投标管理暂行规定》（中华人民共和国信息产业部令第2号）同时废止。

关于印发《工业和信息化部直属单位固定资产投资项目招标投标管理办法（试行）》的通知

（2012年4月12日　信部规〔2012〕165号）

各省、自治区、直辖市通信管理局，部属各单位、部属各高校：

为加强直属单位固定资产投资项目管理，规范招标投标活动，发挥投资效益，我部制定了《工业和信息化部直属单位固定资产投资项目招标投标管理办法（试行）》。现印发你们，请遵照执行。

工业和信息化部直属单位固定资产投资项目招标投标管理办法（试行）

第一条　根据《中华人民共和国招标投标法》、《中华人民共和国招标投标法实施条例》和国家有关规定，为加强固定资产投资项目管理，规范招标投标活动，发挥投资效益，制定本办法。

第二条　本办法适用于各省、自治区、直辖市通信管理局，工业和信息化部直属事业单位，部属高校（以下统称"直属单位"）使用中央财政性资金或自有资金，由工业和信息化部管理的固定资产投资项目。

第三条　达到下列规模标准之一的，必须进行招标：

（一）施工单项合同估算价在200万元人民币以上的；

（二）重要设备、材料等货物的采购，单项合同估算价在100万元人民币以上的；

（三）勘察、设计、监理等服务的采购，单项合同估算价在50万元人民币以上的；

（四）单项合同估算价低于上述三项规定标准，但项目总投资额在3000万元人民币以上的。

第四条　有下列情形之一的，可以不招标：

（一）涉及国家安全、国家秘密的；

（二）涉及防汛、抢险、救灾的；

（三）项目需采购不可替代的专利、专有技术的；

（四）需要向原中标人采购工程、货物或者服务，否则将影响施工或者功能配套要求的；

（五）国家法律、行政法规和政策另有规定不宜进行招标采购的。

第五条　直属单位固定资产投资项目应进行公开招标。有下列情形之一的，可以邀请招标：

（一）技术复杂、有特殊要求或者受自然环境限制，只有少数潜在投标人可供选择的；

（二）采用公开招标方式的费用占项目合同金额的比例过大的。

第六条 直属单位固定资产投资项目推行委托招标，并应委托具备相应招标代理资格的机构代理招标事宜。

招标代理机构应当按照有关规定从事与其资格等级相符的招标代理业务。

第七条 具备以下条件的直属单位，可以自行招标：

（一）具有与招标项目规模和复杂程度相适应的技术、经济和管理等方面专业技术力量；

（二）有从事同类项目招标的经验；

（三）设有专门的招标组织机构或者拥有 3 名以上专职招标业务人员；

（四）熟悉和掌握招标投标法律及相关规定。

第八条 直属单位在上报项目可行性研究报告时，应包括项目招标方案；在招标工作实施前应当上报《直属单位固定资产投资项目招标实施方案备案表》（附件1）。实施过程中方案内容如有变化，应及时报工业和信息化部批准。

直属单位应按照经备案的实施方案开展招标工作。

第九条 招标人应根据项目特点和需要编制招标文件，并对招标文件的质量负责。直属单位负责向招标代理机构提供编制招标文件所需的项目情况及技术要求等材料。招标文件不得要求或者标明特定的生产供应者或者含有倾向性、歧视性内容。

第十条 招标公告除在国务院发展改革部门依法指定的媒介上发布外，还应在《中国招标》杂志和中国招标投标网上发布。

招标公告应当载明直属单位或招标机构名称、地址、招标项目的性质、采购内容、项目实施地点和时间以及获取招标文件的方式、费用和时间等。

第十一条 招标人应当确定投标人编制投标文件所需要的合理时间；但依法必须进行招标的项目，自招标文件开始发出之日起至投标人提交投标文件截止之日止，最短不得少于 20 日。

第十二条 开标应当在招标文件确定的提交投标文件截止时间的同一时间公

开进行。开标地点应当为招标文件中预先确定的地点。开标仪式由招标人主持，并邀请所有投标人参加。

第十三条 招标人应严格按规定组成评标委员会。成员人数为 5 人及以上单数，其中技术、经济等方面专家不得少于总数的 2/3。

技术、经济等方面专家应根据相关管理规定从有关行业招标管理部门统一建立的专家库或招标代理机构专家库中抽取。

第十四条 评标委员会根据招标文件中的评标标准和方法进行评标，并认真完成评标报告，提出明确中标人选或排序的中标候选人。

评标报告应包括以下内容：

（一）基本情况和数据表；

（二）评标委员会成员名单；

（三）开标记录；

（四）符合要求的投标一览表；

（五）废标情况说明；

（六）评标标准、评标方法或者评标因素一览表；

（七）经评审的价格或者评分比较一览表；

（八）经评审的投标人排序；

（九）推荐的中标候选人名单与签订合同前要处理的事宜；

（十）澄清、说明、补正事项纪要。

第十五条 依法必须招标的项目，招标人应当自收到评标报告之日起 3 日内公示中标候选人，公示期不得少于 3 日。

招标人应当在中国招标投标网上进行中标候选人公示，其他管理部门有规定的，按规定执行。

第十六条 公示期内无异议的，直属单位应当确定排名第一的中标候选人为中标人。排名第一的中标候选人放弃中标、因不可抗力提出不能履行合同、不按照招标文件要求提交履约保证金，或者被查实存在影响中标结果的违法行为等情形，不符合中标条件的，招标人可以按照评标委员会提出的中标候选人名单排序依次确定其他中标候选人为中标人，也可以重新招标。

第十七条 招标人应及时向中标人签发中标通知书，并将中标结果书面通知所有投标人。

中标通知书应载明以下内容：

（一）中标单位名称；

（二）中标项目名称及招标编号；

（三）中标内容；

（四）中标金额；

（五）中标后签约期限；

（六）招标机构名称及签发时间；

（七）其他需在中标通知书中注明的内容。

第十八条　直属单位应当在《中标通知书》签发之日起30日内，按照招标文件和中标人的投标文件与中标人订立书面合同，不得再行订立背离合同实质性内容的其他协议。

第十九条　直属单位在《中标通知书》发出之日起15日内，应向工业和信息化部上报《直属单位固定资产投资项目招标情况报告表》（附件2）。

第二十条　直属单位应将招标投标相关文件和资料进行认真归档，并根据各类型项目的文档管理期限进行妥善保管。

第二十一条　招标投标活动中出现的异议，招标人应认真调查，并及时向异议方回复。

对招标投标活动中的投诉，根据国家相关规定由有关行政监督部门处理。

第二十二条　对违反国家招标投标有关规定及本办法的，按照相关法律法规进行处理。

对情节严重的，工业和信息化部暂停受理该单位申报建设项目。

第二十三条　领导干部和工作人员，不得利用职务便利，直接或者间接，以明示或者暗示的方式非法干涉招标投标活动。

第二十四条　直属单位固定资产投资项目招标投标活动由工业和信息化部监督管理，委托中国机电设备招标中心承担具体技术支撑工作。

第二十五条　本办法由工业和信息化部负责解释。

第二十六条　本办法自印发之日起施行。

附件：1. 直属单位固定资产投资项目招标实施方案备案表

2. 直属单位固定资产投资项目招标情况报告表

附件 1：

直属单位固定资产投资项目招标实施方案备案表

项目单位：（盖章）　　　　　　　　　　　　　　年　月　日

项目名称							
负责人及电话				联系人及电话			
项目总投资				资金来源及构成			
项目内容							
	招标范围		招标方式		招标组织形式		招标估算额(万元)
	全部招标	部分招标	公开招标	邀请招标	自行招标	委托招标	
勘察							
设计							
建筑工程							
安装工程							
监理							
设备							
材料							
其他							
招标公告发布媒介							
项目实施时限和安排							
项目分包情况							
委托招标代理机构情况							
投标人资质要求情况							
备案意见：							

注：自行招标须按要求提供相关证明材料

附件2：

直属单位固定资产投资项目招标情况报告表

一、项目基本信息			
项目名称			
相关批文文号	可研报告批准文件文号 □ _____		
	初步设计批准文件文号 □ _____		
	核准文件文号 □ _____		
标的分类			
具体建设地点		建设规模	
项目总投资		中央投资额	
备 注			
二、招标情况			
招标名称		招标编号	
招标人		联系人及电话	
招标代理机构			
招标项目负责人		联系电话	
招标类型	□勘察 □设计 □建筑工程 □安装工程 □监理 □设备 □材料 □其他		
委托时间		委托金额	
招标方式	□公开招标	□邀请招标	
招标组织形式	□委托招标	□自行招标	
公告发布时间		公告媒体	
招标内容		开标时间	
备 注			
三、中标情况			
中标单位名称		联系人及电话	
中标金额		节资率	
中标通知书发出时间			
备 注			
四、附件			
1. 招标公告或投标邀请函复印件；			
2. 招标文件			
3. 评标报告			
4. 评标委员会组成名单			
5. 中标通知书复印件			

项目单位：（盖章）

年 月 日

工业和信息化部关于印发《通信工程建设项目评标专家及评标专家库管理办法》的通知

(2014年7月14日 工信部通〔2014〕302号)

各省、自治区、直辖市通信管理局，中国电信集团公司、中国移动通信集团公司、中国联合网络通信集团有限公司，相关单位：

为了加强对通信工程建设项目评标专家及评标专家库的管理，提高评标质量，保证评标活动的公平、公正，根据《通信工程建设项目招标投标管理办法》（工业和信息化部令第27号），我部组织制订了《通信工程建设项目评标专家及评标专家库管理办法》，现印发你们，请遵照执行。原信息产业部《通信建设项目招标投标管理实施细则》（信部规〔2001〕632号）同时废止。

附件：通信建设项目评标专家和评标专家库管理办法

附件：

通信工程建设项目评标专家及评标专家库管理办法

第一条 为了加强对通信工程建设项目评标专家及评标专家库的管理，提高评标质量，保证评标活动的公平、公正，根据《通信工程建设项目招标投标管理办法》（工业和信息化部令第27号），制定本办法。

第二条 本办法适用于通信工程建设项目评标专家（以下简称"评标专家"）的管理及通信工程建设项目评标专家库（以下简称"评标专家库"）的组建、使用、管理活动。

第三条 工业和信息化部负责评标专家及评标专家库的监督管理，其主要职责是：

（一）贯彻执行国家有关法律、法规，制定评标专家及评标专家库管理的规章制度；

（二）统一组建、维护、管理评标专家库；

（三）审核评标专家的入库申请；

（四）建立评标专家的个人档案，维护、管理评标专家信息；

（五）监督依法必须进行招标的通信工程建设项目的评标专家抽取过程，依法受理投诉，查处相关违法行为。

（六）法律、法规、规章规定的其他职责。

第四条 各省、自治区、直辖市通信管理局负责本行政区域内评标专家的监督管理，其主要职责是：

（一）贯彻执行国家有关法律、法规、规章；

（二）初审本行政区域内评标专家的入库申请；

（三）维护、管理本行政区域内的评标专家信息；

（四）监督本行政区域内依法必须进行招标的通信工程建设项目的评标专家抽取过程，依法受理投诉，查处本行政区域内相关违法行为。

（五）法律、法规、规章规定的其他职责。

第五条 工业和信息化部和各省、自治区、直辖市通信管理局统称为通信行政监督部门。

第六条 评标专家专业包括一级专业和二级专业（具体专业分类标准见附件1）。

第七条 评标专家应当具备下列条件：

（一）从事通信相关领域工作满8年并具有高级职称或者同等专业水平，掌握通信新技术的特殊人才经工作单位推荐，可以视为具备本项规定的条件；

（二）熟悉国家和通信行业有关招标投标以及通信建设管理的法律、法规和规章，并具有与招标项目有关的实践经验；

（三）能够认真、公正、诚实、廉洁地履行职责；

（四）未曾因违法、违纪被取消评标资格，未曾在招标、评标以及其他与招投标有关活动中从事违法、违纪行为而受到行政处罚或者刑事处罚；

（五）身体健康，能够承担评标工作。

前款第一项中"同等专业水平"是指本科毕业满12年、硕士毕业满6年、博士毕业满 3 年、副教授（副研究员）及以上职称；"掌握通信新技术的特殊人才经工作单位推荐"是指从事通信新技术相关工作满 3 年、具有硕士及以上学历、工作单位认可并推荐。

第八条 评标专家申请进入评标专家库的程序为：

（一）申请人通过"通信工程建设项目招标投标管理信息平台"（网址为 http：//txzb.miit.gov.cn，以下简称"管理平台"）填写《通信工程建设项目评标专家库入库申请表》（见附件 2）、选择申请专业（每个申请人最多可申请两个一级专业），并提供身份证原件扫描件、职称证书或学历证书原件扫描件、通信工程建设项目评标专家培训合格证书原件扫描件等材料，掌握通信新技术的特殊人才还需提供工作单位人事部门出具的证明文件扫描件。

（二）申请人工作单位或招标代理机构审核同意后，通过"管理平台"报通信行政监督部门初审或审核。

（三）申请人工作单位所在地通信管理局对申报材料进行初审，申请人工作单位为部直属事业单位或中央管理企业集团公司的，直接由工业和信息化部审核。

（四）工业和信息化部组织对申报材料进行审核，符合条件的申请人进入评标专家库。

（五）工业和信息化部定期向社会公布评标专家的名单及其专家编号。

第九条 从事通信工程建设项目招标代理业务的机构应当通过"管理平台"在评标专家库中选择并聘用足够数量的评标专家，组成本机构的评标专家子库。

招标代理机构选聘评标专家应当征得评标专家同意。

第十条 依法必须进行招标的通信工程建设项目，招标人或招标代理机构应当依据《通信工程建设项目招标投标管理办法》第三十条的规定随机抽取或直接确定评标专家。

招标人或招标代理机构随机抽取评标专家的，其具体程序为：

（一）招标人自行招标的，应当从评标专家库中抽取评标专家；招标人委托招标代理机构招标的，可以选择从招标代理机构的评标专家子库中抽取评标专家。

（二）招标人或招标代理机构设置专家地域、专业、数量等抽取条件。设置抽取条件后，可供抽取的专家总数不得少于拟抽取专家数量的 5 倍。

（三）"管理平台"随机抽取专家，招标人或招标代理机构逐一联系、确认评标专家是否出席，系统存档备查。

（四）评标专家需要回避或因其他原因不能出席的，招标人或招标代理机构应当继续随机抽取评标专家，直至确认出席的专家人数达到要求。

招标人或招标代理机构直接确定评标专家的，应当从评标专家库相关专业的专家名单中直接确定。

第十一条 有下列情形之一的，不得担任资格审查委员会和评标委员会成员：

（一）投标人主要负责人的近亲属；

（二）项目主管部门或通信行政监督部门的人员；

（三）与投标人有经济利益关系，可能影响公正评审。

评标专家有前款规定情形之一的，应当主动提出回避；未提出回避的，招标人和通信行政监督部门发现后，应当立即停止其参加资格审查或评标。

第十二条 招标人或招标代理机构确认评标专家出席资格审查或评标活动后，发生评标专家临时不能到场或需要回避等特殊情形的，应当按照原抽取方式补抽确定。

第十三条 评标专家享有下列权利：

（一）接受招标人或其委托的招标代理机构聘请，担任资格审查委员会或评标委员会的成员，参加资格审查或评标活动；

（二）依法对资格申请文件或投标文件进行独立评审，提出评审意见，不受任何单位或个人的干预和影响；

（三）向通信行政监督部门举报资格审查或评标活动存在的违法、违规或不公正行为；

（四）依法获取劳动报酬；

（五）对招标人或招标代理机构作出的履职评议进行申辩；

（六）法律、法规、规章规定的其他权利。

第十四条 评标专家承担下列义务：

（一）严格遵守国家和通信行业有关招标投标的法律、法规和规章，接受通信行政监督部门的监督管理，协助配合有关检查及投诉处理；

（二）准时参加资格审查或评标活动，并客观、公正地进行评审，遵守职业道德，不徇私舞弊，对所提出的评审意见承担责任；

（三）遵守评标工作纪律和保密规定，不得泄露与资格审查或评标有关信息，不得私下接触投标人及其利害关系人，不得收受他人的财物或其他好处；

（四）具有法定回避情形的，应主动提出回避；

（五）参加评标专家培训和继续教育；

（六）及时登录"管理平台"维护个人信息；

（七）法律、行政法规规定的其他义务。

第十五条　招标人或招标代理机构应当负担评标专家在资格审查或评标工作期间的食宿、交通等费用，并按有关规定支付评标专家报酬。

第十六条　评标专家工作单位应当对评标专家参加资格审查或评标活动、培训和继续教育给予支持。

第十七条　招标人或招标代理机构在抽取评标专家时，不得利用各种借口拒绝评标专家参加资格审查或评标，禁止违规挑选评标专家。评标专家抽取过程及专家名单应当保密。

第十八条　招标人或招标代理机构应当在资格审查或评标工作结束后，重新登陆"管理平台"对评标专家的综合表现进行履职评议。

履职评议是指招标人或招标代理机构对评标专家的能力、态度、成效等进行评分，并填写相关评语。评标专家对履职评议无申辩的，该履职评议记入评标专家档案；评标专家对履职评议有申辩的，由通信行政监督部门作出判定。

第十九条　工业和信息化部委托有关机构对进入评标专家库的评标专家进行继续教育培训。

第二十条　评标专家的联系电话、职称等个人信息变更的，由评标专家自行登录"管理平台"进行信息更新。

评标专家的工作单位、专业等变更的，由评标专家工作单位或招标代理机构通过"管理平台"提交申请，评标专家工作单位所在地通信管理局审核通过后，对专家信息进行更新。

第二十一条　评标专家有下列情形之一的，通信行政监督部门核实后将暂停其参加资格审查和评标活动的资格 6 个月：

（一）连续三次被抽取但拒绝参加评标活动；

（二）无正当理由，承诺参加但未参加评标活动；

（三）评标出现重大疏漏或者错误；

（四）通信行政监督部门依法对投诉进行调查时，不予配合。

第二十二条　评标专家有下列情形之一的，工业和信息化部核实后将取消其参加资格审查或评标活动的资格：

（一）以虚假材料骗取进入评标专家库；

（二）无正当理由，中途退出评标活动；

（三）评标期间私下接触投标人；

（四）收受投标人的财物或其他好处；

（五）违反保密规定，泄露资格审查或评标情况；

（六）接受任何单位或者个人明示或暗示提出的倾向或排斥特定资格审查申请人或投标人要求；

（七）暗示或者诱导投标人对投标文件作出澄清、说明，影响评审公正性；

（八）自进入评标专家库之日起 3 年内未参加评标专家继续教育；

（九）被暂停资格审查和评标资格期满后，再次出现本办法第二十一条规定情形之一；

（十）曾因在招标、评标以及其他与招标有关活动中从事违法行为而受到行政处罚或刑事处罚。

第二十三条　评标专家有下列情形，本人申请不再担任评标专家的，注销其相关信息：

（一）因身体健康原因不能胜任评标工作的；

（二）工作调动不再适宜继续参与评标活动的；

（三）其他原因。

第二十四条　评标专家档案包括下列内容：

（一）评标专家个人情况，包括个人申请或推荐登记表以及有关证明材料，入选专家库的审查确认过程以及结果；

（二）评标专家评标情况及其履职评议；

（三）评标专家奖惩信息；

（四）参加继续教育情况。

第二十五条 通信行政监督部门可依据《招标投标违法行为记录公告暂行办法》，对评标专家的违法违纪行为予以公示。

第二十六条 通信行政监督部门及相关工作人员应当遵守有关信息保密的规定，并加强"管理平台"的安全防护，防止相关信息泄露。

第二十七条 本办法由工业和信息化部负责解释。

第二十八条 本办法自发布之日起施行，原信息产业部《通信建设项目招标投标管理实施细则》（信部规〔2001〕632号）同时废止。

附件1：

通信工程建设项目评标专家专业分类标准

一级专业	二级专业	备注
线路	光电缆	
	水底光电缆	
	用户接入	
管道		
传输设备	光电传输设备	WDM、OTN、SDH、PDH、PTN等
	光电接入设备	xPON、xDSL、MSAP、光收发器、协议转换器等
	同步设备	
	配线设备	ODF/DDF/MDF/光电交接箱/分线盒等
交换	固网交换	固网语音网，信令网，智能网等设备
	移动网电路域交换	移动核心语音网、信令网及智能网等设备
	移动网分组域交换	GPRS、3G分组域、IMS域中的核心网设备
数据	数据网	互联网络设备（骨干路由器等）、IP承载网设备（骨干路由器等）、ATM网设备（ATM交换机等）
	业务平台	移动增值业务平台、固网增值业务平台
	IT支撑系统	MSS管理支撑系统、BSS业务支撑系统、OSS运维支撑系统

续表

一级专业	二级专业	备注
计算机网络	服务器及计算机终端	
	存储设备	磁盘阵列、磁带库等系统设备
	路由器及交换机	广域网互连设备、防火墙设备、局域网交换机设备、局域网负载分担设备等
	网络安全设备及产品	
	网络接入设备及配套	
	计算机软件	数据库系统软件及相关平台工具软件、各类中间件平台系统软件
微波	微波专业设备及天馈线	
卫星	卫星专业设备及天馈线	
电源		
移动	无线主设备	移动通信网的基站控制器、基站设备等
	室内分布系统	室内分布系统所用的功率放大器和合路器、功分器、滤波器、耦合器等无源器件
	无线局域网设备	无线局域网的接入点 AP、接入控制器 AC、宽带接入服务器、交换机等
	天馈系统	移动通信天线、馈线和相关器件等
	应急通信系统	应急通信系统设备
	铁塔	移动通信基站铁塔
概预算		
财务		
局房配套	楼宇智能化	
	消防	
	空调	
	走线架、槽道	
工程服务	线路施工	
	设备施工	
	有线设计	
	无线设计	
	电信监理	
	铁塔监理	
	系统集成	

附件 2：

通信工程建设项目评标专家库入库申请表

姓名		性别		出生年月		身体状况		（照片）
学历		在校专业		职称		现任职务		
专家所在地域		参加工作时间		从事申请专业工作年限		固定电话		
手机号码				证件类型		证件号		
电子邮件				评标专家培训证号				
申请专业								
工作单位名称		（□电信系　□移动系　□联通系　□其他）						
推荐单位名称								
申请人从事申请专业的工作业绩								
工作单位或者推荐单位意见								
初审意见								
审核意见								

注：1. "申请专业"一栏须明确一级专业和二级专业，最多可填写两个一级专业，二级专业数量不限。

　　2. "工作单位名称"一栏须明确单位属性，如工作单位属于电信下属子公司，则在"电信系"前划勾。

（八）水利工程

水利工程建设项目招标投标管理规定

(2001年10月29日水利部令第14号公布 自2002年1月1日起施行)

第一章 总 则

第一条 为加强水利工程建设项目招标投标工作的管理，规范招标投标活动，根据《中华人民共和国招标投标法》和国家有关规定，结合水利工程建设的特点，制定本规定。

第二条 本规定适用于水利工程建设项目的勘察设计、施工、监理以及与水利工程建设有关的重要设备、材料采购等的招标投标活动。

第三条 符合下列具体范围并达到规模标准之一的水利工程建设项目必须进行招标。

（一）具体范围

1. 关系社会公共利益、公共安全的防洪、排涝、灌溉、水力发电、引（供）水、滩涂治理、水土保持、水资源保护等水利工程建设项目；

2. 使用国有资金投资或者国家融资的水利工程建设项目；

3. 使用国际组织或者外国政府贷款、援助资金的水利工程建设项目。

（二）规模标准

1. 施工单项合同估算价在200万元人民币以上的；

2. 重要设备、材料等货物的采购，单项合同估算价在100万元人民币以上的；

3. 勘察设计、监理等服务的采购，单项合同估算价在50万元人民币以上的；

4. 项目总投资额在3000万元人民币以上，但分标单项合同估算价低于本项第1、2、3目规定的标准的项目原则上都必须招标。

第四条 招标投标活动应当遵循公开、公平、公正和诚实信用的原则。建设项目的招标工作由招标人负责，任何单位和个人不得以任何方式非法干涉招标投标活动。

第二章　行政监督与管理

第五条 水利部是全国水利工程建设项目招标投标活动的行政监督与管理部门，其主要职责是：

（一）负责组织、指导、监督全国水利行业贯彻执行国家有关招标投标的法律、法规、规章和政策；

（二）依据国家有关招标投标法律、法规和政策，制定水利工程建设项目招标投标的管理规定和办法；

（三）受理有关水利工程建设项目招标投标活动的投诉，依法查处招标投标活动中的违法违规行为；

（四）对水利工程建设项目招标代理活动进行监督；

（五）对水利工程建设项目评标专家资格进行监督与管理；

（六）负责国家重点水利项目和水利部所属流域管理机构（以下简称流域管理机构）主要负责人兼任项目法人代表的中央项目的招标投标活动的行政监督。

第六条 流域管理机构受水利部委托，对除第五条第六项规定以外的中央项目的招标投标活动进行行政监督。

第七条 省、自治区、直辖市人民政府水行政主管部门是本行政区域内地方水利工程建设项目招标投标活动的行政监督与管理部门，其主要职责是：

（一）贯彻执行有关招标投标的法律、法规、规章和政策；

（二）依照有关法律、法规和规章，制定地方水利工程建设项目招标投标的管理办法；

（三）受理管理权限范围内的水利工程建设项目招标投标活动的投诉，依法查处招标投标活动中的违法违规行为；

（四）对本行政区域内地方水利工程建设项目招标代理活动进行监督；

（五）组建并管理省级水利工程建设项目评标专家库；

（六）负责本行政区域内除第五条第六项规定以外的地方项目的招标投标活动的行政监督。

第八条 水行政主管部门依法对水利工程建设项目的招标投标活动进行行政监督，内容包括：

（一）接受招标人招标前提交备案的招标报告；

（二）可派员监督开标、评标、定标等活动。对发现的招标投标活动的违法违规行为，应当立即责令改正，必要时可做出包括暂停开标或评标以及宣布开标、评标结果无效的决定，对违法的中标结果予以否决；

（三）接受招标人提交备案的招标投标情况书面总结报告。

第三章 招　　标

第九条 招标分为公开招标和邀请招标。

第十条 依法必须招标的项目中，国家重点水利项目、地方重点水利项目及全部使用国有资金投资或者国有资金投资占控股或者主导地位的项目应当公开招标，但有下列情况之一的，按第十一条的规定经批准后可采用邀请招标：

（一）属于第三条第二项第4目规定的项目；

（二）项目技术复杂，有特殊要求或涉及专利权保护，受自然资源或环境限制，新技术或技术规格事先难以确定的项目；

（三）应急度汛项目；

（四）其它特殊项目。

第十一条 符合第十条规定，采用邀请招标的，招标前招标人必须履行下列批准手续：

（一）国家重点水利项目经水利部初审后，报国家发展计划委员会批准；其他中央项目报水利部或其委托的流域管理机构批准；

（二）地方重点水利项目经省、自治区、直辖市人民政府水行政主管部门会同同级发展计划行政主管部门审核后，报本级人民政府批准；其它地方项目报省、自治区、直辖市人民政府水行政主管部门批准。

第十二条 下列项目可不进行招标，但须经项目主管部门批准：

（一）涉及国家安全、国家秘密的项目；

（二）应急防汛、抗旱、抢险、救灾等项目；

（三）项目中经批准使用农民投工、投劳施工的部分（不包括该部分中勘察设计、监理和重要设备、材料采购）；

（四）不具备招标条件的公益性水利工程建设项目的项目建议书和可行性研究报告；

（五）采用特定专利技术或特有技术的；

（六）其它特殊项目。

第十三条 当招标人具备以下条件时，按有关规定和管理权限经核准可自行办理招标事宜：

（一）具有项目法人资格（或法人资格）；

（二）具有与招标项目规模和复杂程度相适应的工程技术、概预算、财务和工程管理等方面专业技术力量；

（三）具有编制招标文件和组织评标的能力；

（四）具有从事同类工程建设项目招标的经验；

（五）设有专门的招标机构或者拥有3名以上专职招标业务人员；

（六）熟悉和掌握招标投标法律、法规、规章。

第十四条 当招标人不具备第十三条的条件时，应当委托符合相应条件的招标代理机构办理招标事宜。

第十五条 招标人申请自行办理招标事宜时，应当报送以下书面材料：

（一）项目法人营业执照、法人证书或者项目法人组建文件；

（二）与招标项目相适应的专业技术力量情况；

（三）内设的招标机构或者专职招标业务人员的基本情况；

（四）拟使用的评标专家库情况；

（五）以往编制的同类工程建设项目招标文件和评标报告，以及招标业绩的证明材料；

（六）其它材料。

第十六条 水利工程建设项目招标应当具备以下条件：

（一）勘察设计招标应当具备的条件

1. 勘察设计项目已经确定；

2. 勘察设计所需资金已落实；

3. 必需的勘察设计基础资料已收集完成。

（二）监理招标应当具备的条件

1. 初步设计已经批准；

2. 监理所需资金已落实；

3. 项目已列入年度计划。

（三）施工招标应当具备的条件

1. 初步设计已经批准；

2. 建设资金来源已落实，年度投资计划已经安排；

3. 监理单位已确定；

4. 具有能满足招标要求的设计文件，已与设计单位签订适应施工进度要求的图纸交付合同或协议；

5. 有关建设项目永久征地、临时征地和移民搬迁的实施、安置工作已经落实或已有明确安排。

（四）重要设备、材料招标应当具备的条件

1. 初步设计已经批准；

2. 重要设备、材料技术经济指标已基本确定；

3. 设备、材料所需资金已落实。

第十七条 招标工作一般按下列程序进行：

（一）招标前，按项目管理权限向水行政主管部门提交招标报告备案。报告具体内容应当包括：招标已具备的条件、招标方式、分标方案、招标计划安排、投标人资质（资格）条件、评标方法、评标委员会组建方案以及开标、评标的工作具体安排等；

（二）编制招标文件；

（三）发布招标信息（招标公告或投标邀请书）；

（四）发售资格预审文件；

（五）按规定日期接受潜在投标人编制的资格预审文件；

（六）组织对潜在投标人资格预审文件进行审核；

（七）向资格预审合格的潜在投标人发售招标文件；

（八）组织购买招标文件的潜在投标人现场踏勘；

（九）接受投标人对招标文件有关问题要求澄清的函件，对问题进行澄清，并书面通知所有潜在投标人；

（十）组织成立评标委员会，并在中标结果确定前保密；

（十一）在规定时间和地点，接受符合招标文件要求的投标文件；

（十二）组织开标评标会；

（十三）在评标委员会推荐的中标候选人中，确定中标人；

（十四）向水行政主管部门提交招标投标情况的书面总结报告；

（十五）发中标通知书，并将中标结果通知所有投标人；

（十六）进行合同谈判，并与中标人订立书面合同。

第十八条 采用公开招标方式的项目，招标人应当在国家发展计划委员会指定的媒介发布招标公告，其中大型水利工程建设项目以及国家重点项目、中央项目、地方重点项目同时还应当在《中国水利报》发布招标公告，公告正式媒介发布至发售资格预审文件（或招标文件）的时间间隔一般不少于10日。招标人应当对招标公告的真实性负责。招标公告不得限制潜在投标人的数量。

采用邀请招标方式的，招标人应当向3个以上有投标资格的法人或其它组织发出投标邀请书。

投标人少于3个的，招标人应当依照本规定重新招标。

第十九条 招标人应当根据国家有关规定，结合项目特点和需要编制招标文件。

第二十条 招标人应当对投标人进行资格审查，并提出资格审查报告，经参审人员签字后存档备查。

第二十一条 在一个项目中，招标人应当以相同条件对所有潜在投标人的资格进行审查，不得以任何理由限制或者排斥部分潜在投标人。

第二十二条 招标人对已发出的招标文件进行必要澄清或者修改的，应当在招标文件要求提交投标文件截止日期至少15日前，以书面形式通知所有投标人。该澄清或者修改的内容为招标文件的组成部分。

第二十三条 依法必须进行招标的项目，自招标文件开始发出之日起至投标人提交投标文件截止之日止，最短不应当少于20日。

第二十四条　招标文件应当按其制作成本确定售价，一般可按 1000 元至 3000 元人民币标准控制。

第二十五条　招标文件中应当明确投标保证金金额，一般可按以下标准控制：

（一）合同估算价 10000 万元人民币以上，投标保证金金额不超过合同估算价的千分之五；

（二）合同估算价 3000 万元至 10000 万元人民币之间，投标保证金金额不超过合同估算价的千分之六；

（三）合同估算价 3000 万元人民币以下，投标保证金金额不超过合同估算价的千分之七，但最低不得少于 1 万元人民币。

第四章　投　　标

第二十六条　投标人必须具备水利工程建设项目所需的资质（资格）。

第二十七条　投标人应当按照招标文件的要求编写投标文件，并在招标文件规定的投标截止时间之前密封送达招标人。在投标截止时间之前，投标人可以撤回已递交的投标文件或进行更正和补充，但应当符合招标文件的要求。

第二十八条　投标人必须按招标文件规定投标，也可附加提出"替代方案"，且应当在其封面上注明"替代方案"字样，供招标人选用，但不作为评标的主要依据。

第二十九条　两个或两个以上单位联合投标的，应当按资质等级较低的单位确定联合体资质（资格）等级。招标人不得强制投标人组成联合体共同投标。

第三十条　投标人在递交投标文件的同时，应当递交投标保证金。

招标人与中标人签订合同后 5 个工作日内，应当退还投标保证金。

第三十一条　投标人应当对递交的资质（资格）预审文件及投标文件中有关资料的真实性负责。

第五章　评标标准与方法

第三十二条　评标标准和方法应当在招标文件中载明，在评标时不得另行制定或修改、补充任何评标标准和方法。

第三十三条 招标人在一个项目中，对所有投标人评标标准和方法必须相同。

第三十四条 评标标准分为技术标准和商务标准，一般包含以下内容：

（一）勘察设计评标标准

1. 投标人的业绩和资信；

2. 勘察总工程师、设计总工程师的经历；

3. 人力资源配备；

4. 技术方案和技术创新；

5. 质量标准及质量管理措施；

6. 技术支持与保障；

7. 投标价格和评标价格；

8. 财务状况；

9. 组织实施方案及进度安排。

（二）监理评标标准

1. 投标人的业绩和资信；

2. 项目总监理工程师经历及主要监理人员情况；

3. 监理规划（大纲）；

4. 投标价格和评标价格；

5. 财务状况。

（三）施工评标标准

1. 施工方案（或施工组织设计）与工期；

2. 投标价格和评标价格；

3. 施工项目经理及技术负责人的经历；

4. 组织机构及主要管理人员；

5. 主要施工设备；

6. 质量标准、质量和安全管理措施；

7. 投标人的业绩、类似工程经历和资信；

8. 财务状况。

（四）设备、材料评标标准

1. 投标价格和评标价格；

2. 质量标准及质量管理措施；

3. 组织供应计划；

4. 售后服务；

5. 投标人的业绩和资信；

6. 财务状况。

第三十五条 评标方法可采用综合评分法、综合最低评标价法、合理最低投标价法、综合评议法及两阶段评标法。

第三十六条 施工招标设有标底的，评标标底可采用：

（一）招标人组织编制的标底 A；

（二）以全部或部分投标人报价的平均值作为标底 B；

（三）以标底 A 和标底 B 的加权平均值作为标底；

（四）以标底 A 值作为确定有效标的标准，以进入有效标内投标人的报价平均值作为标底。

施工招标未设标底的，按不低于成本价的有效标进行评审。

第六章 开标、评标和中标

第三十七条 开标由招标人主持，邀请所有投标人参加。

第三十八条 开标应当按招标文件中确定的时间和地点进行。开标人员至少由主持人、监标人、开标人、唱标人、记录人组成，上述人员对开标负责。

第三十九条 开标一般按以下程序进行：

（一）主持人在招标文件确定的时间停止接收投标文件，开始开标；

（二）宣布开标人员名单；

（三）确认投标人法定代表人或授权代表人是否在场；

（四）宣布投标文件开启顺序；

（五）依开标顺序，先检查投标文件密封是否完好，再启封投标文件；

（六）宣布投标要素，并作记录，同时由投标人代表签字确认；

（七）对上述工作进行纪录，存档备查。

第四十条 评标工作由评标委员会负责。评标委员会由招标人的代表和有关技术、经济、合同管理等方面的专家组成，成员人数为七人以上单数，其中专家（不含招标人代表人数）不得少于成员总数的三分之二。

第四十一条 公益性水利工程建设项目中，中央项目的评标专家应当从水利部或流域管理机构组建的评标专家库中抽取；地方项目的评标专家应当从省、自治区、直辖市人民政府水行政主管部门组建的评标专家库中抽取，也可从水利部或流域管理机构组建的评标专家库中抽取。

第四十二条 评标专家的选择应当采取随机的方式抽取。根据工程特殊专业技术需要，经水行政主管部门批准，招标人可以指定部分评标专家，但不得超过专家人数的三分之一。

第四十三条 评标委员会成员不得与投标人有利害关系。所指利害关系包括：是投标人或其代理人的近亲属；在5年内与投标人曾有工作关系；或有其他社会关系或经济利益关系。

评标委员会成员名单在招标结果确定前应当保密。

第四十四条 评标工作一般按以下程序进行：

（一）招标人宣布评标委员会成员名单并确定主任委员；

（二）招标人宣布有关评标纪律；

（三）在主任委员主持下，根据需要，讨论通过成立有关专业组和工作组；

（四）听取招标人介绍招标文件；

（五）组织评标人员学习评标标准和方法；

（六）经评标委员会讨论，并经二分之一以上委员同意，提出需投标人澄清的问题，以书面形式送达投标人；

（七）对需要文字澄清的问题，投标人应当以书面形式送达评标委员会；

（八）评标委员会按招标文件确定的评标标准和方法，对投标文件进行评审，确定中标候选人推荐顺序；

（九）在评标委员会三分之二以上委员同意并签字的情况下，通过评标委员会工作报告，并报招标人。评标委员会工作报告附件包括有关评标的往来澄清函、有关评标资料及推荐意见等。

第四十五条 招标人对有下列情况之一的投标文件，可以拒绝或按无效标处理：

（一）投标文件密封不符合招标文件要求的；

（二）逾期送达的；

（三）投标人法定代表人或授权代表人未参加开标会议的；

（四）未按招标文件规定加盖单位公章和法定代表人（或其授权人）的签字（或印鉴）的；

（五）招标文件规定不得标明投标人名称，但投标文件上标明投标人名称或有任何可能透露投标人名称的标记的；

（六）未按招标文件要求编写或字迹模糊导致无法确认关键技术方案、关键工期、关键工程质量保证措施、投标价格的；

（七）未按规定交纳投标保证金的；

（八）超出招标文件规定，违反国家有关规定的；

（九）投标人提供虚假资料的。

第四十六条 评标委员会经过评审，认为所有投标文件都不符合招标文件要求时，可以否决所有投标，招标人应当重新组织招标。对已参加本次投标的单位，重新参加投标不应当再收取招标文件费。

第四十七条 评标委员会应当进行秘密评审，不得泄露评审过程、中标候选人的推荐情况以及与评标有关的其他情况。

第四十八条 在评标过程中，评标委员会可以要求投标人对投标文件中含义不明确的内容采取书面方式作出必要的澄清或说明，但不得超出投标文件的范围或改变投标文件的实质性内容。

第四十九条 评标委员会经过评审，从合格的投标人中排序推荐中标候选人。

第五十条 中标人的投标应当符合下列条件之一：

（一）能够最大限度地满足招标文件中规定的各项综合评价标准；

（二）能够满足招标文件的实质性要求，并且经评审的投标价格合理最低；但投标价格低于成本的除外。

第五十一条 招标人可授权评标委员会直接确定中标人，也可根据评标委员会提出的书面评标报告和推荐的中标候选人顺序确定中标人。当招标人确定的中标人与评标委员会推荐的中标候选人顺序不一致时，应当有充足的理由，并按项目管理权限报水行政主管部门备案。

第五十二条 自中标通知书发出之日起 30 日内，招标人和中标人应当按照招标文件和中标人的投标文件订立书面合同，中标人提交履约保函。招标人和中标人不得另行订立背离招标文件实质性内容的其他协议。

第五十三条 招标人在确定中标人后，应当在 15 日之内按项目管理权限向水行政主管部门提交招标投标情况的书面报告。

第五十四条 当确定的中标人拒绝签订合同时，招标人可与确定的候补中标人签订合同，并按项目管理权限向水行政主管部门备案。

第五十五条 由于招标人自身原因致使招标工作失败（包括未能如期签订合同），招标人应当按投标保证金双倍的金额赔偿投标人，同时退还投标保证金。

第七章 附 则

第五十六条 在招标投标活动中出现的违法违规行为，按照《中华人民共和国招标投标法》和国务院的有关规定进行处罚。

第五十七条 各省、自治区、直辖市可以根据本规定，结合本地区实际制订相应的实施办法。

第五十八条 本规定由水利部负责解释。

第五十九条 本规定自 2002 年 1 月 1 日起施行，《水利工程建设项目施工招标投标管理规定》（水建〔1994〕130 号 1995 年 4 月 21 日颁发，水政资〔1998〕51 号 1998 年 2 月 9 日修正）同时废止。

水利部关于在营商环境创新试点城市暂时调整实施《水利工程建设项目招标投标管理规定》有关条款的通知

（2022年1月13日 水建设〔2022〕15号）

部机关各司局，部直属各单位，各省、自治区、直辖市水利（水务）厅（局），各计划单列市水利（水务）局，新疆生产建设兵团水利局，各有关单位：

根据《国务院关于开展营商环境创新试点工作的意见》（国发〔2021〕24号），水利部决定，自即日起在营商环境创新试点城市暂时调整实施《水利工程建设项目招标投标管理规定》（水利部令第14号）有关规定。现就有关事项通知如下：

一、暂时调整实施《水利工程建设项目招标投标管理规定》（水利部令第14号）第十六条第（三）项关于水利工程施工招标条件中"监理单位已确定"的规定，取消水利工程施工招标条件中"监理单位已确定"的条件。

二、暂时调整实施《水利工程建设项目招标投标管理规定》（水利部令第14号）第十八条第一款关于在正式媒介发布招标公告至发售资格预审文件（或招标文件）的时间间隔一般不少于10日的规定，在发布水利工程招标信息（招标公告或投标邀请书）时可同步发售资格预审文件（或招标文件）。

三、首批营商环境创新试点城市为北京、上海、重庆、杭州、广州、深圳6个城市，试点城市范围扩大事宜执行国务院有关工作安排。

四、有关地方人民政府水行政主管部门要根据上述调整，及时对本部门制定的规范性文件作相应调整，建立与试点要求相适应的管理制度。

五、试点中的重要情况，有关地方人民政府水行政主管部门要及时向水利部报告。水利部将按照国务院统一部署，结合试点情况，对具备条件的创新试点举措在全国范围推开。

水利工程建设项目监理招标投标管理办法

(2002年12月25日 水建管〔2002〕587号)

第一章 总 则

第一条 为了规范水利工程建设项目监理招标投标活动，根据《水利工程建设项目招标投标管理规定》(水利部第14号令，以下简称《规定》)和国家有关规定，结合水利工程建设监理的特点，制定本办法。

第二条 本办法适用于水利工程建设项目（以下简称"项目"）监理的招标投标活动。

第三条 项目符合《规定》第三条规定的范围与标准必须进行监理招标。

国家和水利部对项目技术复杂或者有特殊要求的水利工程建设项目监理另有规定的，从其规定。

第四条 项目监理招标一般不宜分标。如若分标，各监理标的监理合同估算价应当在50万元人民币以上。

项目监理分标的，应当利于管理和竞争，利于保证监理工作的连续性和相对独立性，避免相互交叉和干扰，造成监理责任不清。

第五条 水行政主管部门依法对项目监理招标投标活动进行行政监督。内容包括：

（一）监督检查招标人是否按照招标前提交备案的项目招标报告进行监理招标；

（二）可派员监督项目开标、评标、定标等活动，查处监理招标投标活动中违法违规行为；

（三）接受招标人依法备案的项目监理招标投标情况报告。

第六条 项目监理招标投标活动应当遵循公开、公平、公正和诚实信用的原则。项目监理招标工作由招标人负责，任何单位和个人不得以任何方式非法干涉项目监理招标投标活动。

第二章 招 标

第七条 项目监理招标分为公开招标和邀请招标。

第八条 项目监理招标的招标人是该项目的项目法人。

第九条 招标人自行办理项目监理招标事宜时，应当按有关规定履行核准手续。

第十条 招标人委托招标代理机构办理招标事宜时，受委托的招标代理机构应符合水利工程建设项目招标代理有关规定的要求。

第十一条 项目监理招标应当具备下列条件：

（一）项目可行性研究报告或者初步设计已经批复；

（二）监理所需资金已经落实；

（三）项目已列入年度计划。

第十二条 项目监理招标宜在相应的工程勘察、设计、施工、设备和材料招标活动开始前完成。

第十三条 项目监理招标一般按照《规定》第十七条规定的程序进行。

第十四条 招标公告或者投标邀请书应当至少载明下列内容：

（一）招标人的名称和地址；

（二）监理项目的内容、规模、资金来源；

（三）监理项目的实施地点和服务期；

（四）获取招标文件或者资格预审文件的地点和时间；

（五）对招标文件或者资格预审文件收取的费用；

（六）对投标人的资质等级的要求。

第十五条 招标人应当对投标人进行资格审查。资格审查分为资格预审和资格后审。进行资格预审的，一般不再进行资格后审，但招标文件另有规定的除外。

第十六条 资格预审，是指在投标前对潜在投标人进行的资格审查。资格预审一般按照下列原则进行：

（一）招标人组建的资格预审工作组负责资格预审。

（二）资格预审工作组按照资格预审文件中规定的资格评审条件，对所有潜在投标人提交的资格预审文件进行评审。

（三）资格预审完成后，资格预审工作组应提交由资格预审工作组成员签字的资格预审报告，并由招标人存档备查。

（四）经资格预审后，招标人应当向资格预审合格的潜在投标人发出资格预审合格通知书，告知获取招标文件的时间、地点和方法，并同时向资格预审不合格的潜在投标人告知资格预审结果。

第十七条 资格后审，是指在开标后，招标人对投标人进行资格审查，提出资格审查报告，经参审人员签字由招标人存档备查，同时交评标委员会参考。

第十八条 资格审查应主要审查潜在投标人或者投标人是否符合下列条件：

（一）具有独立合同签署及履行的权利；

（二）具有履行合同的能力，包括专业、技术资格和能力，资金、设备和其他物质设施能力，管理能力，类似工程经验、信誉状况等；

（三）没有处于被责令停业，投标资格被取消，财产被接管、冻结等；

（四）在最近三年内没有骗取中标和严重违约及重大质量问题。

资格审查时，招标人不得以不合理的条件限制、排斥潜在投标人或者投标人，不得对潜在投标人或者投标人实行歧视待遇。任何单位和个人不得以行政手段或者其他不合理方式限制投标人的数量。

第十九条 招标文件应当包括下列内容：

（一）投标邀请书；

（二）投标人须知。投标人须知应当包括：招标项目概况，监理范围、内容和监理服务期，招标人提供的现场工作及生活条件（包括交通、通讯、住宿等）和试验检测条件，对投标人和现场监理人员的要求，投标人应当提供的有关资格和资信证明文件，投标文件的编制要求，提交投标文件的方式、地点和截止时间，开标日程安排，投标有效期等；

（三）书面合同书格式。大、中型项目的监理合同书，应当使用《水利工程建设监理合同示范文本》（GF—2000—0211），小型项目可参照使用；

（四）投标报价书、投标保证金和授权委托书、协议书和履约保函的格式；

（五）必要的设计文件、图纸和有关资料；

（六）投标报价要求及其计算方式；

（七）评标标准与方法；

（八）投标文件格式；

（九）其它辅助资料。

第二十条 依法必须进行招标的项目，自招标文件开始发出之日起至投标人提交投标文件截止之日止，最短不得少于 20 日。

第二十一条 招标文件一经发出，招标内容一般不得修改。招标文件的修改和澄清，应当于提交投标文件截止日期 15 日前书面通知所有潜在投标人。该修改和澄清的内容为招标文件的组成部分。

第二十二条 投标人少于 3 个的，招标人应当依法重新招标。

第二十三条 资格预审文件售价最高不得超过 500 元人民币。

第二十四条 招标文件售价应当按照《规定》第二十四条规定的标准控制。

第二十五条 投标保证金的金额一般按照招标文件售价的 10 倍控制。履约保证金的金额按照监理合同价的 2%～5%控制，但最低不少于 1 万元人民币。

第三章 投 标

第二十六条 投标人必须具有水利部颁发的水利工程建设监理资质证书，并具备下列条件：

（一）具有招标文件要求的资质等级和类似项目的监理经验与业绩；

（二）与招标项目要求相适应的人力、物力和财力；

（三）其他条件。

第二十七条 招标代理机构代理项目监理招标时，该代理机构不得参加或代理该项目监理的投标。

第二十八条 投标人应当按照招标文件的要求编制投标文件。投标文件一般包括下列内容：

（一）投标报价书；

（二）投标保证金；

（三）委托投标时，法定代表人签署的授权委托书；

（四）投标人营业执照、资质证书以及其它有效证明文件的复印件；

（五）监理大纲；

（六）项目总监理工程师及主要监理人员简历、业绩、学历证书、职称证书以及监理工程师资格证书和岗位证书等证明文件；

（七）拟用于本工程的设施设备、仪器；

（八）近3~5年完成的类似工程、有关方面对投标人的评价意见、以及获奖证明；

（九）投标人近3年财务状况；

（十）投标报价的计算和说明；

（十一）招标文件要求的其他内容。

第二十九条 监理大纲的主要内容应当包括：工程概况、监理范围、监理目标、监理措施、对工程的理解、项目监理机构组织机构、监理人员等。

第三十条 投标人应当在招标文件要求提交投标文件的截止时间前，将投标文件密封送达招标人。投标人的投标文件正本和副本应当分别包装，包装封套上加贴封条，加盖"正本"或"副本"标记。

第三十一条 投标人在招标文件要求提交投标文件截止时间之前，可以书面方式对投标文件进行修改、补充或者撤回，但应当符合招标文件的要求。

第三十二条 两个以上监理单位可以组成一个联合体，以一个投标人的身份投标。

联合体各方签订共同投标协议后，不得再以自己名义单独投标，也不得组成新的联合体或参加其他联合体在同一项目中投标。

招标人不得强制投标人组成联合体共同投标。

第三十三条 联合体参加资格预审并获通过的，其组成的任何变化都必须在提交投标文件截止之日前征得招标人的同意。如果变化后的联合体削弱了竞争，含有事先未经过资格预审或者资格预审不合格的法人，或者使联合体的资质降到资格预审文件中规定的最低标准下，招标人有权拒绝。

第三十四条 联合体各方必须指定牵头人，授权其代表所有联合体成员负责投标和合同实施阶段的主办、协调工作，并应当向招标人提交由所有联合体成员法定代表人签署的授权书。

第三十五条 联合体投标的，应当以联合体各方或者联合体中牵头人的名义提交投标保证金。

第三十六条 投标人应当对递交的资格预审文件、投标文件中有关资料的真实性负责。

第四章 评标标准与方法

第三十七条 项目监理评标标准和方法应当体现根据监理服务质量选择中标人的原则。评标标准和方法应当在招标文件中载明，在评标时不得另行制定或者修改、补充任何评标标准和方法。

项目监理招标不宜设置标底。

第三十八条 评标标准包括投标人的业绩和资信、项目总监理工程师的素质和能力、资源配置、监理大纲以及投标报价等五个方面。其重要程度宜分别赋予20%、25%、25%、20%、10%的权重，也可根据项目具体情况确定。

第三十九条 业绩和资信可以从以下几个方面设置评价指标：

（一）有关资质证书、营业执照等情况；

（二）人力、物力与财力资源；

（三）近3~5年完成或者正在实施的项目情况及监理效果；

（四）投标人以往的履约情况；

（五）近5年受到的表彰或者不良业绩记录情况；

（六）有关方面对投标人的评价意见等。

第四十条 项目总监理工程师的素质和能力可以从以下几个方面设置评价指标：

（一）项目总监理工程师的简历、监理资格；

（二）项目总监理工程师主持或者参与监理的类似工程项目及监理业绩；

（三）有关方面对项目总监理工程师的评价意见；

（四）项目总监理工程师月驻现场工作时间；

（五）项目总监理工程师的陈述情况等。

第四十一条 资源配置可以从以下几个方面设置评价指标：

（一）项目副总监理工程师、部门负责人的简历及监理资格；

（二）项目相关专业人员和管理人员的数量、来源、职称、监理资格、年龄结构、人员进场计划；

（三）主要监理人员的月驻现场工作时间；

（四）主要监理人员从事类似工程的相关经验；

（五）拟为工程项目配置的检测及办公设备；

（六）随时可调用的后备资源等。

第四十二条 监理大纲可以从以下几个方面设置评价指标：

（一）监理范围与目标；

（二）对影响项目工期、质量和投资的关键问题的理解程度；

（三）项目监理组织机构与管理的实效性；

（四）质量、进度、投资控制和合同、信息管理的方法与措施的针对性；

（五）拟定的监理质量体系文件等；

（六）工程安全监督措施的有效性。

第四十三条 投标报价可以从以下几个方面设置评价指标：

（一）监理服务范围、时限；

（二）监理费用结构、总价及所包含的项目；

（三）人员进场计划；

（四）监理费用报价取费原则是否合理。

第四十四条 评标方法主要为综合评分法、两阶段评标法和综合评议法，可根据工程规模和技术难易程度选择采用。大、中型项目或者技术复杂的项目宜采用综合评分法或者两阶段评标法，项目规模小或者技术简单的项目可采用综合评议法。

（一）综合评分法。根据评标标准设置详细的评价指标和评分标准，经评标委员会集体评审后，评标委员会分别对所有投标文件的各项评价指标进行评分，去掉最高分和最低分后，其余评委评分的算术和即为投标人的总得分。评标委员会根据投标人总得分的高低排序选择中标候选人1~3名。若候选人出现分值相同情况，则对分值相同的投标人改为投票法，以少数服从多数的方式，也可根据总监理工程师、监理大纲的得分高低决定次序选择中标候选人。

（二）两阶段评标法。对投标文件的评审分为两阶段进行。首先进行技术评审，然后进行商务评审。有关评审方法可采用综合评分法或综合评议法。评标委员会在技术评审结束之前，不得接触投标文件中商务部分的内容。

评标委员会根据确定的评审标准选出技术评审排序的前几名投标人，而后对其进行商务评审。根据规定的技术和商务权重，对这些投标人进行综合评价和比较，确定中标候选人1~3名。

（三）综合评议法。根据评标标准设置详细的评价指标，评标委员会成员对各个投标人进行定性比较分析，综合评议，采用投票表决的形式，以少数服从多数的方式，排序推荐中标候选人1~3名。

第五章　开标、评标和中标

第四十五条　开标时间、地点应当为招标文件中确定的时间、地点。开标工作人员至少有主持人、监标人、开标人、唱标人、记录人组成。招标人收到投标文件时，应当检查其密封性，进行登记并提供回执。已收投标文件应妥善保管，开标前不得开启。在招标文件要求提交投标文件的截止时间后送达的投标文件，应当拒收。

第四十六条　开标由招标人主持，邀请所有投标人参加。

投标人的法定代表人或者授权代表人应当出席开标会议。评标委员会成员不得出席开标会议。

第四十七条　开标人员应当在开标前检查出席开标会议的投标人法定代表人的证明文件或者授权代表人有关身份证明。法定代表人或者授权代表人应当在指定的登记表上签名报到。

第四十八条　开标一般按照《规定》第三十九条规定的程序进行。

第四十九条　属于下列情况之一的投标文件，招标人可以拒绝或者按无效标处理：

（一）投标人的法定代表人或者授权代表人未参加开标会议；

（二）投标文件未按照要求密封或者逾期送达；

（三）投标文件未加盖投标人公章或者未经法定代表人（或者授权代表人）签字（或者印鉴）；

（四）投标人未按照招标文件要求提交投标保证金；

（五）投标文件字迹模糊导致无法确认涉及关键技术方案、关键工期、关键工程质量保证措施、投标价格；

（六）投标文件未按照规定的格式、内容和要求编制；

（七）投标人在一份投标文件中，对同一招标项目报有两个或者多个报价且没有确定的报价说明；

（八）投标人对同一招标项目递交两份或者多份内容不同的投标文件，未书面声明哪一个有效；

（九）投标文件中含有虚假资料；

（十）投标人名称与组织机构与资格预审文件不一致；

（十一）不符合招标文件中规定的其他实质性要求。

第五十条 评标由评标委员会负责。评标委员会的组成按照《规定》第四十条的规定进行。

第五十一条 评标专家的选择按照《规定》第四十一条、第四十二条的规定进行。

第五十二条 评标委员会成员实行回避制度，有下列情形之一的，应当主动提出回避并不得担任评标委员会成员：

（一）投标人或者投标人、代理人主要负责人的近亲属；

（二）项目主管部门或者行政监督部门的人员；

（三）在 5 年内与投标人或其代理人曾有工作关系；

（四）5 年内与投标人或其代理人有经济利益关系，可能影响对投标的公正评审的人员；

（五）曾因在招标、评标以及其他与招标投标有关活动中从事违法行为而受到行政处罚或者刑事处罚的人员。

第五十三条 招标人应当采取必要的措施，保证评标过程在严格保密的情况下进行。

第五十四条 评标工作一般按照以下程序进行：

（一）招标人宣布评标委员会成员名单并确定主任委员；

（二）招标人宣布有关评标纪律；

（三）在主任委员的主持下，根据需要，讨论通过成立有关专业组和工作组；

（四）听取招标人介绍招标文件；

（五）组织评标人员学习评标标准与方法；

（六）评标委员会对投标文件进行符合性和响应性评定；

（七）评标委员会对投标文件中的算术错误进行更正；

（八）评标委员会根据招标文件规定的评标标准与方法对有效投标文件进行评审；

（九）评标委员会听取项目总监理工程师陈述；

（十）经评标委员会讨论，并经二分之一以上成员同意，提出需投标人澄清的问题，并以书面形式送达投标人；

（十一）投标人对需书面澄清的问题，经法定代表人或者授权代表人签字后，作为投标文件的组成部分，在规定的时间内送达评标委员会；

（十二）评标委员会依据招标文件确定的评标标准与方法，对投标文件进行横向比较，确定中标候选人推荐顺序；

（十三）在评标委员会三分之二以上成员同意并在全体成员签字的情况下，通过评标报告。评标委员会成员必须在评标报告上签字。若有不同意见，应明确记载并由其本人签字，方可作为评标报告附件。

第五十五条 评标报告应当包括以下内容：

（一）招标项目基本情况；

（二）对投标人的业绩和资信的评价；

（三）对项目总监理工程师的素质和能力的评价；

（四）对资源配置的评价；

（五）对监理大纲的评价；

（六）对投标报价的评价；

（七）评标标准和方法；

（八）评审结果及推荐顺序；

（九）废标情况说明；

（十）问题澄清、说明、补正事项纪要；

（十一）其它说明；

（十二）附件。

第五十六条 评标委员会要求投标人对投标文件中含义不明确的内容作出必要的澄清或者说明，但澄清或说明不得改变投标文件提出的主要监理人员、监理大纲和投标报价等实质性内容。

第五十七条 评标委员会经评审，认为所有投标文件都不符合招标文件要求，可以否决所有投标，招标人应当重新招标，并报水行政主管部门备案。

第五十八条 评标委员会成员应当客观、公正地履行职责，遵守职业道德，对所提出的评审意见承担个人责任。

第五十九条 遵循根据监理服务质量选择中标人的原则，中标人应当是能够最大限度地满足招标文件中规定的各项综合评价标准的投标人。

第六十条 招标人可授权评标委员会直接确定中标人，也可根据评标委员会提出的书面评标报告和推荐的中标候选人顺序确定中标人。当招标人确定的中标人与评标委员会推荐的中标候选人顺序不一致时，应当有充足的理由，并按项目管理权限报水行政主管部门备案。

第六十一条 在确定中标人前，招标人不得与投标人就投标方案、投标价格等实质性内容进行谈判。自评标委员会提出书面评标报告之日起，招标人一般应在15日内确定中标人，最迟应在投标有效期结束日30个工作日前确定。

第六十二条 中标人确定后，招标人应当在招标文件规定的有效期内以书面形式向中标人发出中标通知书，并将中标结果通知所有未中标的投标人。招标人不得向中标人提出压低报价、增加工作量、延长服务期或其他违背中标人意愿的要求，以此作为发出中标通知书和签订合同的条件。

第六十三条 中标通知书对招标人和中标人具有法律效力。中标通知书发出后，招标人改变中标结果的，或者中标人放弃中标项目的，应当依法承担法律责任。

第六十四条 中标人收到中标通知书后，应当在签订合同前向招标人提交履约保证金。

第六十五条 招标人和中标人应当自中标通知书发出之日起在30日内，按照招标文件和中标人的投标文件订立书面合同。招标人和中标人不得再行订立背离合同实质性内容的其他协议。

第六十六条 当确定的中标人拒绝签订合同时，招标人可与确定的候补中标人签订合同。

第六十七条 中标人不得向他人转让中标项目，也不得将中标项目肢解后向他人转让。

第六十八条 招标人与中标人签订合同后5个工作日内，应当向中标人和未中标的投标人退还投标保证金。

第六十九条 在确定中标人后15日之内，招标人应当按项目管理权限向水行政主管部门提交招标投标情况的书面总结报告。书面总结报告至少应包括下列内容：

（一）开标前招标准备情况；

（二）开标记录；

（三）评标委员会的组成和评标报告；

（四）中标结果确定；

（五）附件：招标文件。

第七十条 由于招标人自身原因致使招标失败（包括未能如期签订合同），招标人应当按照投标保证金双倍的金额赔偿投标人，同时退还投标保证金。

第六章 附　　则

第七十一条 在招标投标活动中出现的违法违规行为，按照《中华人民共和国招标投标法》和国务院的有关规定进行处罚。

第七十二条 使用国际组织或者外国政府贷款、援助资金的项目监理招标，贷款方、资金提供方对招标投标的具体条件和程序有不同规定的，可以从其规定，但违背中华人民共和国的社会公众利益的除外。

第七十三条 本办法由水利部负责解释。

第七十四条 本办法自发布之日起施行。

水利工程建设项目招标投标审计办法

(2007年12月29日　水审计〔2007〕560号)

第一章　总　　则

第一条　为了加强对水利工程建设项目招标投标的审计监督，规范水利招标投标行为，提高投资效益，根据《中华人民共和国审计法》、《中华人民共和国招标投标法》、《中华人民共和国政府采购法》等法律、法规，结合水利工作实际，制定本办法。

第二条　各级水利审计部门（以下简称"审计部门"）在本单位负责人领导下，依法对本单位及其所属单位水利工程建设项目的招标投标进行审计监督。

上级水利审计部门对下级单位的招标投标审计工作进行指导和监督。

第三条　本办法适用于《水利工程建设项目招标投标管理规定》所规定的水利工程建设项目的勘察设计、施工、监理以及与水利工程建设项目有关的重要设备、材料采购等的招标投标的审计监督。

第四条　审计部门根据工作需要，对水利工程建设项目的招标投标进行事前、事中、事后的审计监督，对重点水利建设项目的招标投标进行全过程跟踪审计，对有关招标投标的重要事项进行专项审计或审计调查。

第二章　审计职责

第五条　在招标投标审计中，审计部门具有以下职责：

（一）对招标人、招标代理机构及有关人员执行招标投标有关法律、法规和行业制度的情况进行审计监督；

（二）对招标项目评标委员会成员执行招标投标有关法律、法规和行业制度的情况进行审计监督；

（三）对属于审计监督对象的投标人及有关人员遵守招标投标有关法律、法规和行业制度的情况进行审计监督；

（四）对与招标投标项目有关的投资管理和资金运行情况进行审计监督；

（五）协同行政监督部门、行政监察部门查处招标投标中的违法违纪行为。

第三章 审计权限

第六条 在招标投标审计中，审计部门具有以下权限：

（一）有权参加招标人或其代理机构组织的开标、评标、定标等活动，招标人或其代理机构应当通知同级审计部门参加。

（二）有权要求招标人或其代理机构提供与招标投标活动有关的文件、资料，招标人或其代理机构应当按照审计部门的要求提供相关文件、资料；

（三）对招标人或其代理机构正在进行的违反国家法律、法规规定的招标投标行为，有权予以纠正或制止；

（四）有权向招标人、投标人、招标代理机构等调查了解与招标投标有关的情况；

（五）监督检查招标投标结果执行情况。

第四章 审计内容

第七条 审计部门对水利工程建设项目招标投标中的下列事项进行审计监督：

（一）招标项目前期工作是否符合水利工程建设项目管理规定，是否履行规定的审批程序；

（二）招标项目资金计划是否落实，资金来源是否符合规定；

（三）招标文件确定的水利工程建设项目的标准、建设内容和投资是否符合批准的设计文件；

（四）与招标投标有关的取费是否符合规定；

（五）招标人与中标人是否签订书面合同，所签合同是否真实、合法；

（六）与水利工程建设项目招标投标有关的其他经济事项。

第八条 审计部门会同行政监督部门、行政监察部门对招标投标中的下列事项进行审计监督：

（一）招标项目的招标方式、招标范围是否符合规定；

（二）招标人是否符合规定的招标条件，招标代理机构是否具有相应资质，招标代理合同是否真实、合法；

（三）招标项目的招标、投标、开标、评标和中标程序是否合法；

（四）招标项目评标委员会、评标专家的产生及人员组成、评标标准和评标方法是否符合规定；

（五）对招投标过程中泄露保密资料、泄露标底、串通招标、串通投标、规避招标、歧视排斥投标等违法行为进行审计监督；

（六）对勘察、设计、施工单位转包、违法分包和监理单位违法转让监理业务，以及无证或借用资质承接工程业务等违法违规行为进行审计监督。

第九条 审计部门和审计人员对招标投标工作中涉及保密的事项负有保密责任。

第五章　审计程序

第十条 招标人编制的年度招标工作计划，以及重大水利工程建设项目的招投标文件，应当报送同级审计部门备案。

第十一条 审计部门根据年度审计工作计划、招标人年度招标计划和招标项目具体情况，确定招标投标项目审计计划，经单位主管审计工作负责人批准后实施审计。

第十二条 审计部门根据审计项目计划确定的审计事项组成审计组，并应在实施审计三日前，向被审计单位送达审计通知书。

被审计单位以及与招标投标活动有关的单位、部门，应当配合审计部门的工作，并提供必要的工作条件。

第十三条 审计人员通过审查招标投标文件、合同、会计资料，以及向有关单位和个人进行调查等方式实施审计，并取得证明材料。

第十四条 审计组对招标投标事项实施审计后，应当向派出的审计部门提出审计报告。审计报告应当征求被审计单位的意见。被审计单位应当自接到审计报告之日起十日内，将其书面意见送交审计组或者审计部门。

第十五条 审计部门审定审计报告，对审计事项作出评价，出具审计意见书；对违反国家规定的招标投标行为，需要依法给予处理、处罚的，在职权范围内作出审计决定或者向有关主管部门提出处理、处罚意见。

被审计单位应当执行审计决定并将结果反馈审计部门；有关主管部门对审计部门提出的处理、处罚意见应及时进行研究，并将结果反馈审计部门。

第六章 罚 则

第十六条 被审计单位违反本办法，拒绝或者拖延提供与审计事项有关的资料，或者拒绝、阻碍审计的，审计部门责令改正；拒不改正的，可以通报批评，对负有直接责任的主管人员和其他直接责任人员提出给予行政处分的建议，被审计单位或者其主管单位、监察部门应当及时作出处理，并将结果抄送审计部门。

第十七条 被审计单位拒不执行审计决定的，对负有直接责任的主管人员和其他直接责任人员提出给予行政处分的建议，被审计单位或者其主管单位、监察部门应当及时作出处理，并将结果抄送审计部门。

第十八条 招标人、招标代理机构及其有关人员违反国家招标投标的法律、法规的，依照《中华人民共和国招标投标法》予以处理。

第十九条 审计人员滥用职权、徇私舞弊、玩忽职守，涉嫌犯罪的，依法移送司法机关处理；不构成犯罪的，给予行政处分。

第七章 附 则

第二十条 各省、自治区、直辖市水行政主管部门、流域机构、新疆生产建设兵团，可以根据本办法制定实施细则并报部备案。

第二十一条 本办法由水利部负责解释。

第二十二条 本办法自 2008 年 4 月 1 日起执行。

水利建设工程施工分包管理规定

(2005 年 7 月 22 日　水建管〔2005〕304 号)

第一条　为了加强水利工程建设管理，规范水利建设工程施工分包活动，维护水利建筑市场秩序，保证工程质量和施工安全，根据《中华人民共和国招标投标法》、《建设工程质量管理条例》等有关法律法规，结合水利工程特点，制定本规定。

第二条　本规定适用于政府参与投资且依照《水利工程建设项目招标投标管理规定》（水利部令第 14 号）必须进行招标的水利建设工程。

第三条　水利部负责全国水利建设工程施工分包的监督管理工作。

各流域机构和各级水行政主管部门负责本辖区内有管辖权的水利建设工程施工分包的监督管理工作。

第四条　本规定所称施工分包，是指施工企业将其所承包的水利工程中的部分工程发包给其他施工企业，或者将劳务作业发包给其他企业或组织完成的活动，但仍需履行并承担与项目法人所签合同确定的责任和义务。

第五条　水利工程施工分包按分包性质分为工程分包和劳务作业分包。

本规定所称工程分包，是指承包人将其所承包工程中的部分工程发包给具有与分包工程相应资质的其他施工企业完成的活动。

本规定所称劳务作业分包，是指承包人将其承包工程中的劳务作业发包给其他企业或组织完成的活动。

本规定所称承包人是指已由发包人授标，并与发包人正式签署协议书的企业或组织以及取得该企业或组织资格的合法继承人。

本规定所称分包人是指从承包人处分包某一部分工程或劳务作业的企业或组织。

第六条　水利建设工程的主要建筑物的主体结构不得进行工程分包。

本规定所称主要建筑物是指失事以后将造成下游灾害或严重影响工程功能

和效益的建筑物，如堤坝、泄洪建筑物、输水建筑物、电站厂房和泵站等。主要建筑物的主体结构，由项目法人要求设计单位在设计文件或招标文件中明确。

第七条 承揽工程分包的分包人必须具有与所分包承建的工程相应的资质，并在其资质等级许可范围内承揽业务。

第八条 工程分包应在施工承包合同中约定，或经项目法人书面认可。劳务作业分包由承包人与分包人通过劳务合同约定。

分包人必须自行完成所承包的任务。

第九条 在合同实施过程中，有下列情况之一的，项目法人可向承包人推荐分包人：

（一）由于重大设计变更导致施工方案重大变化，致使承包人不具备相应的施工能力；

（二）由于承包人原因，导致施工工期拖延，承包人无力在合同规定的期限内完成合同任务；

（三）项目有特殊技术要求、特殊工艺或涉及专利权保护的。

如承包人同意，则应由承包人与分包人签订分包合同，并对该推荐分包人的行为负全部责任；如承包人拒绝，则可由承包人自行选择分包人，但需经项目法人书面认可。

第十条 项目法人一般不得直接指定分包人。但在合同实施过程中，如承包人无力在合同规定的期限内完成合同中的应急防汛、抢险等危及公共安全和工程安全的项目，项目法人经项目的上级主管部门同意，可根据工程技术、进度的要求，对该应急防汛、抢险等项目的部分工程指定分包人。因非承包人原因形成指定分包条件的，项目法人的指定分包不得增加承包人的额外费用；因承包人原因形成指定分包条件的，承包人应负责因指定分包增加的相应费用。

由指定分包人造成的与其分包工作有关的一切索赔、诉讼和损失赔偿由指定分包人直接对项目法人负责，承包人不对此承担责任。职责划分可由承包人与项目法人签订协议明确。

第十一条 承包人和分包人应当依法签订分包合同，并履行合同约定的义务。分包合同必须遵循承包合同的各项原则，满足承包合同中技术、经济条款。承包人应在分包合同签订后7个工作日内，送发包人备案。

第十二条　发包人或其委托的监理单位要对承包人和分包人签订的分包合同的实施情况进行监督检查。

第十三条　除本规定第十条规定的指定分包外，承包人对其分包项目的实施以及分包人的行为向发包人负全部责任。承包人应对分包项目的工程进度、质量、安全、计量和验收等实施监督和管理。

第十四条　分包人应当按照分包合同的约定对其分包的工程向承包人负责，分包人应接受承包人对分包项目所进行的工程进度、质量、安全、计量和验收的监督和管理。承包人和分包人就分包项目对发包人承担连带责任。

第十五条　承包人和分包人应当设立项目管理机构，组织管理所承包或分包工程的施工活动。

项目管理机构应当具有与所承担工程的规模、技术复杂程度相适应的技术、经济管理人员。其中项目负责人、技术负责人、财务负责人、质量管理人员、安全管理人员必须是本单位人员。

第十六条　禁止将承包的工程进行转包。

承包人有下列行为之一者，属转包：

（一）承包人未在施工现场设立项目管理机构和派驻相应管理人员，并未对该工程的施工活动（包括工程质量、进度、安全、财务等）进行组织管理的；

（二）承包人将其承包的全部工程发包给他人的，或者将其承包的全部工程肢解后以分包的名义分别发包给他人的。

第十七条　禁止将承包的工程进行违法分包。

承包人有下列行为之一者，属违法分包：

（一）承包人将工程分包给不具备相应资质条件的分包人的；

（二）将主要建筑物主体结构工程分包的；

（三）施工承包合同中未有约定，又未经项目法人书面认可，承包人将工程分包给他人的；

（四）分包人将工程再次分包的；

（五）法律、法规、规章规定的其他违法分包工程的行为。

第十八条　禁止通过出租、出借资质证书承揽工程或允许他人以本单位名义承揽工程。

下列行为，视为允许他人以本单位名义承揽工程：

（一）投标人法定代表人的授权代表人不是投标人本单位人员；

（二）承包人在施工现场所设项目管理机构的项目负责人、技术负责人、财务负责人、质量管理人员、安全管理人员不是工程承包人本单位人员。

第十九条　本规定所指本单位人员，必须同时满足以下条件：

（一）聘用合同必须由承包人单位与之签订；

（二）与承包人单位有合法的工资关系；

（三）承包人单位为其办理社会保险关系，或具有其他有效证明其为承包人单位人员身份的文件。

第二十条　设备租赁和材料委托采购不属于分包、转包管理范围。承包人可以自行进行设备租赁或材料委托采购，但应对设备或材料的质量负责。

第二十一条　违反本办法规定，进行转包、违法分包和出租、出借资质、允许他人以本单位名义承揽工程的，按照《中华人民共和国招标投标法》和《建设工程质量管理条例》等国家法律、法规的规定予以处罚。

第二十二条　本规定由水利部负责解释。

第二十三条　本规定自发布之日起施行。水利部于 1998 年 11 月 10 日发布的《水利工程建设项目施工分包管理暂行规定》（水建管〔1998〕481 号）同时废止。

四、机电产品国际招标

机电产品国际招标投标实施办法（试行）

（2014年2月21日商务部令2014年第1号公布 自2014年4月1日起施行）

第一章 总 则

第一条 为了规范机电产品国际招标投标活动，保护国家利益、社会公共利益和招标投标活动当事人的合法权益，提高经济效益，保证项目质量，根据《中华人民共和国招标投标法》（以下简称招标投标法）、《中华人民共和国招标投标法实施条例》（以下简称招标投标法实施条例）等法律、行政法规以及国务院对有关部门实施招标投标活动行政监督的职责分工，制定本办法。

第二条 在中华人民共和国境内进行机电产品国际招标投标活动，适用本办法。

本办法所称机电产品国际招标投标活动，是指中华人民共和国境内的招标人根据采购机电产品的条件和要求，在全球范围内以招标方式邀请潜在投标人参加投标，并按照规定程序从投标人中确定中标人的一种采购行为。

本办法所称机电产品，是指机械设备、电气设备、交通运输工具、电子产品、电器产品、仪器仪表、金属制品等及其零部件、元器件。机电产品的具体范围见附件1。

第三条 机电产品国际招标投标活动应当遵循公开、公平、公正、诚实信用和择优原则。机电产品国际招标投标活动不受地区或者部门的限制。

第四条 商务部负责管理和协调全国机电产品的国际招标投标工作，制定相关规定；根据国家有关规定，负责调整、公布机电产品国际招标范围；负责监督管理全国机电产品国际招标代理机构（以下简称招标机构）；负责利用国际组织和外国政府贷款、援助资金（以下简称国外贷款、援助资金）项目机电产品国际招标投标活动的行政监督；负责组建和管理机电产品国际招标评标专家库；负责建设和管理机电产品国际招标投标电子公共服务和行政监督平台。

各省、自治区、直辖市、计划单列市、新疆生产建设兵团、沿海开放城市及经济特区商务主管部门、国务院有关部门机电产品进出口管理机构负责本地区、本部门的机电产品国际招标投标活动的行政监督和协调；负责本地区、本部门所属招标机构的监督和管理；负责本地区、本部门机电产品国际招标评标专家的日常管理。

各级机电产品进出口管理机构（以下简称主管部门）及其工作人员应当依法履行职责，不得以任何方式非法干涉招标投标活动。主管部门的工作人员对监督检查过程中知悉的国家秘密、商业秘密，应当依法予以保密。

第五条 商务部委托专门网站为机电产品国际招标投标活动提供公共服务和行政监督的平台（以下简称招标网）。机电产品国际招标投标应当在招标网上完成招标项目建档、招标过程文件存档和备案、资格预审公告发布、招标公告发布、评审专家抽取、评标结果公示、异议投诉、中标结果公告等招标投标活动的相关程序，但涉及国家秘密的招标项目除外。

招标网承办单位应当在商务部委托的范围内提供网络服务，应当遵守法律、行政法规以及本办法的规定，不得损害国家利益、社会公共利益和招投标活动当事人的合法权益，不得泄露应当保密的信息，不得拒绝或者拖延办理委托范围内事项，不得利用委托范围内事项向有关当事人收取费用。

第二章 招标范围

第六条 通过招标方式采购原产地为中国关境外的机电产品，属于下列情形的必须进行国际招标：

（一）关系社会公共利益、公众安全的基础设施、公用事业等项目中进行国际采购的机电产品；

（二）全部或者部分使用国有资金投资项目中进行国际采购的机电产品；

（三）全部或者部分使用国家融资项目中进行国际采购的机电产品；

（四）使用国外贷款、援助资金项目中进行国际采购的机电产品；

（五）政府采购项目中进行国际采购的机电产品；

（六）其他依照法律、行政法规的规定需要国际招标采购的机电产品。

已经明确采购产品的原产地在中国关境内的，可以不进行国际招标。必须通过国际招标方式采购的，任何单位和个人不得将前款项目化整为零或者以国内招标等其他任何方式规避国际招标。

商务部制定、调整并公布本条第一项所列项目包含主要产品的国际招标范围。

第七条　有下列情形之一的，可以不进行国际招标：

（一）国（境）外赠送或无偿援助的机电产品；

（二）采购供生产企业及科研机构研究开发用的样品样机；

（三）单项合同估算价在国务院规定的必须进行招标的标准以下的；

（四）采购旧机电产品；

（五）采购供生产配套、维修用零件、部件；

（六）采购供生产企业生产需要的专用模具；

（七）根据法律、行政法规的规定，其他不适宜进行国际招标采购的机电产品。

招标人不得为适用前款规定弄虚作假规避招标。

第八条　鼓励采购人采用国际招标方式采购不属于依法必须进行国际招标项目范围内的机电产品。

第三章　招　　标

第九条　招标人应当在所招标项目确立、资金到位或资金来源落实并具备招标所需的技术资料和其他条件后开展国际招标活动。

按照国家有关规定需要履行项目审批、核准手续的依法必须进行招标的项目，其招标范围、招标方式、招标组织形式应当先获得项目审批、核准部门的审批、核准。

第十条　国有资金占控股或者主导地位的依法必须进行机电产品国际招标的项目，应当公开招标；但有下列情形之一的，可以邀请招标：

（一）技术复杂、有特殊要求或者受自然环境限制，只有少量潜在投标人可供选择；

(二) 采用公开招标方式的费用占项目合同金额的比例过大。

有前款第二项所列情形，属于本办法第九条第二款规定的项目，招标人应当在招标前向相应的主管部门提交项目审批、核准部门审批、核准邀请招标方式的文件；其他项目采用邀请招标方式应当由招标人申请相应的主管部门作出认定。

第十一条 招标人采用委托招标的，有权自行选择招标机构为其办理招标事宜。任何单位和个人不得以任何方式为招标人指定招标机构。

招标人自行办理招标事宜的，应当具有与招标项目规模和复杂程度相适应的技术、经济等方面专业人员，具备编制国际招标文件（中、英文）和组织评标的能力。依法必须进行招标的项目，招标人自行办理招标事宜的，应当向相应主管部门备案。

第十二条 招标机构应当具备从事招标代理业务的营业场所和相应资金；具备能够编制招标文件（中、英文）和组织评标的相应专业力量；拥有一定数量的取得招标职业资格的专业人员。

招标机构从事机电产品国际招标代理业务，应当在招标网免费注册，注册时应当在招标网在线填写机电产品国际招标机构登记表。

招标机构应当在招标人委托的范围内开展招标代理业务，任何单位和个人不得非法干涉。招标机构从事机电产品国际招标业务的人员应当为与本机构依法存在劳动合同关系的员工。招标机构可以依法跨区域开展业务，任何地区和部门不得以登记备案等方式加以限制。

招标机构代理招标业务，应当遵守招标投标法、招标投标法实施条例和本办法关于招标人的规定；在招标活动中，不得弄虚作假，损害国家利益、社会公共利益和招标人、投标人的合法权益。

招标人应当与被委托的招标机构签订书面委托合同，载明委托事项和代理权限，合同约定的收费标准应当符合国家有关规定。

招标机构不得接受招标人违法的委托内容和要求；不得在所代理的招标项目中投标或者代理投标，也不得为所代理的招标项目的投标人提供咨询。

招标机构管理办法由商务部另行制定。

第十三条 发布资格预审公告、招标公告或发出投标邀请书前，招标人或招标机构应当在招标网上进行项目建档，建档内容包括项目名称、招标人名称及性质、招标方式、招标组织形式、招标机构名称、资金来源及性质、委托招标金额、项目审批或核准部门、主管部门等。

第十四条 招标人采用公开招标方式的，应当发布招标公告。

招标人采用邀请招标方式的，应当向 3 个以上具备承担招标项目能力、资信良好的特定法人或者其他组织发出投标邀请书。

第十五条 资格预审公告、招标公告或者投标邀请书应当载明下列内容：

（一）招标项目名称、资金到位或资金来源落实情况；

（二）招标人或招标机构名称、地址和联系方式；

（三）招标产品名称、数量、简要技术规格；

（四）获取资格预审文件或者招标文件的地点、时间、方式和费用；

（五）提交资格预审申请文件或者投标文件的地点和截止时间；

（六）开标地点和时间；

（七）对资格预审申请人或者投标人的资格要求。

第十六条 招标人不得以招标投标法实施条例第三十二条规定的情形限制、排斥潜在投标人或者投标人。

第十七条 公开招标的项目，招标人可以对潜在投标人进行资格预审。资格预审按照招标投标法实施条例的有关规定执行。国有资金占控股或者主导地位的依法必须进行招标的项目，资格审查委员会及其成员应当遵守本办法有关评标委员会及其成员的规定。

第十八条 编制依法必须进行机电产品国际招标的项目的资格预审文件和招标文件，应当使用机电产品国际招标标准文本。

第十九条 招标人根据所采购机电产品的特点和需要编制招标文件。招标文件主要包括下列内容：

（一）招标公告或投标邀请书；

（二）投标人须知及投标资料表；

（三）招标产品的名称、数量、技术要求及其他要求；

（四）评标方法和标准；

（五）合同条款；

（六）合同格式；

（七）投标文件格式及其他材料要求：

1. 投标书；

2. 开标一览表；

3. 投标分项报价表；

4. 产品说明一览表；

5. 技术规格响应/偏离表；

6. 商务条款响应/偏离表；

7. 投标保证金银行保函；

8. 单位负责人授权书；

9. 资格证明文件；

10. 履约保证金银行保函；

11. 预付款银行保函；

12. 信用证样本；

13. 要求投标人提供的其他材料。

第二十条 招标文件中应当明确评标方法和标准。机电产品国际招标的评标一般采用最低评标价法。技术含量高、工艺或技术方案复杂的大型或成套设备招标项目可采用综合评价法进行评标。所有评标方法和标准应当作为招标文件不可分割的一部分并对潜在投标人公开。招标文件中没有规定的评标方法和标准不得作为评标依据。

最低评标价法，是指在投标满足招标文件商务、技术等实质性要求的前提下，按照招标文件中规定的价格评价因素和方法进行评价，确定各投标人的评标价格，并按投标人评标价格由低到高的顺序确定中标候选人的评标方法。

综合评价法，是指在投标满足招标文件实质性要求的前提下，按照招标文件中规定的各项评价因素和方法对投标进行综合评价后，按投标人综合评价的结果由优到劣的顺序确定中标候选人的评标方法。

综合评价法应当由评价内容、评价标准、评价程序及推荐中标候选人原则等组成。综合评价法应当根据招标项目的具体需求，设定商务、技术、价格、服务及其他评价内容的标准,并对每一项评价内容赋予相应的权重。

机电产品国际招标投标综合评价法实施规范由商务部另行制定。

第二十一条 招标文件的技术、商务等条款应当清晰、明确、无歧义,不得设立歧视性条款或不合理的要求排斥潜在投标人。招标文件编制内容原则上应当满足3个以上潜在投标人能够参与竞争。招标文件的编制应当符合下列规定:

(一)对招标文件中的重要条款(参数)应当加注星号("*"),并注明如不满足任一带星号("*")的条款(参数)将被视为不满足招标文件实质性要求,并导致投标被否决。

构成投标被否决的评标依据除重要条款(参数)不满足外,还可以包括超过一般条款(参数)中允许偏离的最大范围、最多项数。

采用最低评标价法评标的,评标依据中应当包括:一般商务和技术条款(参数)在允许偏离范围和条款数内进行评标价格调整的计算方法,每个一般技术条款(参数)的偏离加价一般为该设备投标价格的0.5%,最高不得超过该设备投标价格的1%,投标文件中没有单独列出该设备分项报价的,评标价格调整时按投标总价计算;交货期、付款条件等商务条款的偏离加价计算方法在招标文件中可以另行规定。

采用综合评价法的,应当集中列明招标文件中所有加注星号("*")的重要条款(参数)。

(二)招标文件应当明确规定在实质性响应招标文件要求的前提下投标文件分项报价允许缺漏项的最大范围或比重,并注明如缺漏项超过允许的最大范围或比重,该投标将被视为实质性不满足招标文件要求,并将导致投标被否决。

(三)招标文件应当明确规定投标文件中投标人应当小签的相应内容,其中投标文件的报价部分、重要商务和技术条款(参数)响应等相应内容应当逐页小签。

(四)招标文件应当明确规定允许的投标货币和报价方式,并注明该条款是否为重要商务条款。招标文件应当明确规定不接受选择性报价或者附加条件的报价。

(五)招标人设有最高投标限价的,应当在招标文件中明确最高投标限价或者最高投标限价的计算方法。招标人不得规定最低投标限价。

（六）招标文件应当明确规定评标依据以及对投标人的业绩、财务、资信等商务条款和技术参数要求，不得使用模糊的、无明确界定的术语或指标作为重要商务或技术条款（参数）或以此作为价格调整的依据。招标文件对投标人资质提出要求的，应当列明所要求资质的名称及其认定机构和提交证明文件的形式，并要求相应资质在规定的期限内真实有效。

（七）招标人可以在招标文件中将有关行政监督部门公布的信用信息作为对投标人的资格要求的依据。

（八）招标文件内容应当符合国家有关安全、卫生、环保、质量、能耗、标准、社会责任等法律法规的规定。

（九）招标文件允许联合体投标的，应当明确规定对联合体牵头人和联合体各成员的资格条件及其他相应要求。

（十）招标文件允许投标人提供备选方案的，应当明确规定投标人在投标文件中只能提供一个备选方案并注明主选方案，且备选方案的投标价格不得高于主选方案。

（十一）招标文件应当明确计算评标总价时关境内、外产品的计算方法，并应当明确指定到货地点。除国外贷款、援助资金项目外，评标总价应当包含货物到达招标人指定到货地点之前的所有成本及费用。其中：

关境外产品为：CIF 价+进口环节税+国内运输、保险费等（采用 CIP、DDP 等其他报价方式的，参照此方法计算评标总价）；其中投标截止时间前已经进口的产品为：销售价（含进口环节税、销售环节增值税）+国内运输、保险费等。关境内制造的产品为：出厂价（含增值税）+消费税（如适用）+国内运输、保险费等。有价格调整的，计算评标总价时，应当包含偏离加价。

（十二）招标文件应当明确投标文件的大写金额和小写金额不一致的，以大写金额为准；投标总价金额与按分项报价汇总金额不一致的，以分项报价金额计算结果为准；分项报价金额小数点有明显错位的，应以投标总价为准，并修改分项报价；应当明确招标文件、投标文件和评标报告使用语言的种类；使用两种以上语言的，应当明确当出现表述内容不一致时以何种语言文本为准。

第二十二条 招标文件应当载明投标有效期，以保证招标人有足够的时间完成组织评标、定标以及签订合同。投标有效期从招标文件规定的提交投标文件的截止之日起算。

第二十三条 招标人在招标文件中要求投标人提交投标保证金的,投标保证金不得超过招标项目估算价的 2%。投标保证金有效期应当与投标有效期一致。

依法必须进行招标的项目的境内投标单位,以现金或者支票形式提交的投标保证金应当从其基本账户转出。

投标保证金可以是银行出具的银行保函或不可撤销信用证、转账支票、银行即期汇票,也可以是招标文件要求的其他合法担保形式。

联合体投标的,应当以联合体共同投标协议中约定的投标保证金缴纳方式予以提交,可以是联合体中的一方或者共同提交投标保证金,以一方名义提交投标保证金的,对联合体各方均具有约束力。

招标人不得挪用投标保证金。

第二十四条 招标人或招标机构应当在资格预审文件或招标文件开始发售之日前将资格预审文件或招标文件发售稿上传招标网存档。

第二十五条 依法必须进行招标的项目的资格预审公告和招标公告应当在符合法律规定的媒体和招标网上发布。

第二十六条 招标人应当确定投标人编制投标文件所需的合理时间。依法必须进行招标的项目,自招标文件开始发售之日起至投标截止之日止,不得少于 20 日。

招标文件的发售期不得少于 5 个工作日。

招标人发售的纸质招标文件和电子介质的招标文件具有同等法律效力,除另有约定的,出现不一致时以纸质招标文件为准。

第二十七条 招标公告规定未领购招标文件不得参加投标的,招标文件发售期截止后,购买招标文件的潜在投标人少于 3 个的,招标人可以依照本办法重新招标。重新招标后潜在投标人或投标人仍少于 3 个的,可以依照本办法第四十六条第二款有关规定执行。

第二十八条 开标前,招标人、招标机构和有关工作人员不得向他人透露已获取招标文件的潜在投标人的名称、数量以及可能影响公平竞争的有关招标投标的其他信息。

第二十九条　招标人可以对已发出的资格预审文件或者招标文件进行必要的澄清或者修改。澄清或者修改的内容可能影响资格预审申请文件或者投标文件编制的，招标人或招标机构应当在提交资格预审文件截止时间至少 3 日前，或者投标截止时间至少 15 日前，以书面形式通知所有获取资格预审文件或者招标文件的潜在投标人，并上传招标网存档；不足 3 日或者 15 日的，招标人或招标机构应当顺延提交资格预审申请文件或者投标文件的截止时间。该澄清或者修改内容为资格预审文件或者招标文件的组成部分。澄清或者修改的内容涉及到与资格预审公告或者招标公告内容不一致的，应当在原资格预审公告或者招标公告发布的媒体和招标网上发布变更公告。

因异议或投诉处理而导致对资格预审文件或者招标文件澄清或者修改的，应当按照前款规定执行。

第三十条　招标人顺延投标截止时间的，至少应当在招标文件要求提交投标文件的截止时间 3 日前，将变更时间书面通知所有获取招标文件的潜在投标人，并在招标网上发布变更公告。

第三十一条　除不可抗力原因外，招标文件或者资格预审文件发出后，不予退还；招标人在发布招标公告、发出投标邀请书后或者发出招标文件或资格预审文件后不得终止招标。

招标人终止招标的，应当及时发布公告，或者以书面形式通知被邀请的或者已经获取资格预审文件、招标文件的潜在投标人。已经发售资格预审文件、招标文件或者已经收取投标保证金的，招标人应当及时退还所收取的资格预审文件、招标文件的费用，以及所收取的投标保证金及银行同期存款利息。

第四章　投　　标

第三十二条　投标人是响应招标、参加投标竞争的法人或其他组织。

与招标人存在利害关系可能影响招标公正性的法人或其他组织不得参加投标；接受委托参与项目前期咨询和招标文件编制的法人或其他组织不得参加受托项目的投标，也不得为该项目的投标人编制投标文件或者提供咨询。

单位负责人为同一人或者存在控股、管理关系的不同单位，不得参加同一招标项目包投标，共同组成联合体投标的除外。

违反前三款规定的，相关投标均无效。

第三十三条 投标人应当根据招标文件要求编制投标文件，并根据自己的商务能力、技术水平对招标文件提出的要求和条件在投标文件中作出真实的响应。投标文件的所有内容在投标有效期内应当有效。

第三十四条 投标人对加注星号（"*"）的重要技术条款（参数）应当在投标文件中提供技术支持资料。

技术支持资料以制造商公开发布的印刷资料、检测机构出具的检测报告或招标文件中允许的其他形式为准，凡不符合上述要求的，应当视为无效技术支持资料。

第三十五条 投标人应当提供在开标日前3个月内由其开立基本账户的银行开具的银行资信证明的原件或复印件。

第三十六条 潜在投标人或者其他利害关系人对资格预审文件有异议的，应当在提交资格预审申请文件截止时间2日前向招标人或招标机构提出，并将异议内容上传招标网；对招标文件有异议的，应当在投标截止时间10日前向招标人或招标机构提出，并将异议内容上传招标网。招标人或招标机构应当自收到异议之日起3日内作出答复，并将答复内容上传招标网；作出答复前，应当暂停招标投标活动。

第三十七条 招标人编制的资格预审文件、招标文件的内容违反法律、行政法规的强制性规定，违反公开、公平、公正和诚实信用原则，影响资格预审结果或者潜在投标人投标的，依法必须进行招标的项目的招标人应当在修改资格预审文件或者招标文件后重新招标。

第三十八条 投标人在招标文件要求的投标截止时间前，应当在招标网免费注册，注册时应当在招标网在线填写招投标注册登记表，并将由投标人加盖公章的招投标注册登记表及工商营业执照（复印件）提交至招标网；境外投标人提交所在地登记证明材料（复印件），投标人无印章的，提交由单位负责人签字的招投标注册登记表。投标截止时间前，投标人未在招标网完成注册的不得参加投标，有特殊原因的除外。

第三十九条 投标人在招标文件要求的投标截止时间前，应当将投标文件送达招标文件规定的投标地点。投标人可以在规定的投标截止时间前书面通知招标人，对已提交的投标文件进行补充、修改或撤回。补充、修改的内容应当作为投标文件的组成部分。投标人不得在投标截止时间后对投标文件进行补充、修改。

第四十条 投标人应当按照招标文件要求对投标文件进行包装和密封。投标人在投标截止时间前提交价格变更等相关内容的投标声明的，应与开标一览表一并或者单独密封，并加施明显标记，以便在开标时一并唱出。

第四十一条 未通过资格预审的申请人提交的投标文件，以及逾期送达或者不按照招标文件要求密封的投标文件，招标人应当拒收。

招标人或招标机构应当如实记载投标文件的送达时间和密封情况，并存档备查。

第四十二条 招标文件允许联合体投标的，两个以上法人或者其他组织可以组成一个联合体，以一个投标人的身份共同投标。

联合体各方均应当具备承担招标项目的相应能力；国家有关规定或者招标文件对投标人资格条件有规定的，联合体各方均应当具备规定的相应资格条件。由同一专业的单位组成的联合体，按照资质等级较低的单位确定资质等级。

联合体各方应当签订共同投标协议，明确约定各方拟承担的工作和责任，并将共同投标协议连同投标文件一并提交招标人。联合体中标的，联合体各方应当共同与招标人签订合同，就中标项目向招标人承担连带责任。

联合体各方在同一招标项目包中以自己名义单独投标或者参加其他联合体投标的，相关投标均无效。

第四十三条 投标人应当按照招标文件的要求，在提交投标文件截止时间前将投标保证金提交给招标人或招标机构。

投标人在投标截止时间前撤回已提交的投标文件，招标人或招标机构已收取投标保证金的，应当自收到投标人书面撤回通知之日起5日内退还。

投标截止后投标人撤销投标文件的，招标人可以不退还投标保证金。招标人主动要求延长投标有效期但投标人拒绝的，招标人应当退还投标保证金。

第四十四条 投标人发生合并、分立、破产等重大变化的，应当及时书面告知招标人。投标人不再具备资格预审文件、招标文件规定的资格条件或者其投标影响招标公正性的，其投标无效。

第四十五条 禁止招标投标法实施条例第三十九条、第四十条、第四十一条、第四十二条所规定的投标人相互串通投标、招标人与投标人串通投标、投标人以他人名义投标或者以其他方式弄虚作假的行为。

第五章 开标和评标

第四十六条 开标应当在招标文件确定的提交投标文件截止时间的同一时间公开进行；开标地点应当为招标文件中预先确定的地点。开标由招标人或招标机构主持，邀请所有投标人参加。

投标人少于3个的，不得开标，招标人应当依照本办法重新招标；开标后认定投标人少于3个的应当停止评标，招标人应当依照本办法重新招标。重新招标后投标人仍少于3个的，可以进入两家或一家开标评标；按国家有关规定需要履行审批、核准手续的依法必须进行招标的项目，报项目审批、核准部门审批、核准后可以不再进行招标。

认定投标人数量时，两家以上投标人的投标产品为同一家制造商或集成商生产的，按一家投标人认定。对两家以上集成商或代理商使用相同制造商产品作为其项目包的一部分，且相同产品的价格总和均超过该项目包各自投标总价60%的，按一家投标人认定。

对于国外贷款、援助资金项目，资金提供方规定当投标截止时间到达时，投标人少于3个可直接进入开标程序的，可以适用其规定。

第四十七条 开标时，由投标人或者其推选的代表检查投标文件的密封情况，也可以由招标人委托的公证机构检查并公证；经确认无误后，由工作人员当众拆封，宣读投标人名称、投标价格和投标文件的其他主要内容。

招标人在招标文件要求提交投标文件的截止时间前收到的所有投标文件，开标时都应当当众予以拆封、宣读。

投标人的开标一览表、投标声明（价格变更或其他声明）都应当在开标时一并唱出，否则在评标时不予认可。投标总价中不应当包含招标文件要求以外的产品或服务的价格。

第四十八条 投标人对开标有异议的，应当在开标现场提出，招标人或招标机构应当当场作出答复，并制作记录。

第四十九条 招标人或招标机构应当在开标时制作开标记录，并在开标后3个工作日内上传招标网存档。

第五十条 评标由招标人依照本办法组建的评标委员会负责。依法必须进行招标的项目，其评标委员会由招标人的代表和从事相关领域工作满8年并具有高级职称或者具有同等专业水平的技术、经济等相关领域专家组成，成员人数为5人以上单数，其中技术、经济等方面专家人数不得少于成员总数的2/3。

第五十一条 依法必须进行招标的项目，机电产品国际招标评标所需专家原则上由招标人或招标机构在招标网上从国家、地方两级专家库内相关专业类别中采用随机抽取的方式产生。任何单位和个人不得以明示、暗示等任何方式指定或者变相指定参加评标委员会的专家成员。但技术复杂、专业性强或者国家有特殊要求，采取随机抽取方式确定的专家难以保证其胜任评标工作的特殊招标项目，报相应主管部门后，可以由招标人直接确定评标专家。

抽取评标所需的评标专家的时间不得早于开标时间3个工作日；同一项目包评标中，来自同一法人单位的评标专家不得超过评标委员会总人数的1/3。

随机抽取专家人数为实际所需专家人数。一次招标金额在1000万美元以上的国际招标项目包，所需专家的1/2以上应当从国家级专家库中抽取。

抽取工作应当使用招标网评标专家随机抽取自动通知系统。除专家不能参加和应当回避的情形外，不得废弃随机抽取的专家。

机电产品国际招标评标专家及专家库管理办法由商务部另行制定。

第五十二条 与投标人或其制造商有利害关系的人不得进入相关项目的评标委员会，评标专家不得参加与自己有利害关系的项目评标，且应当主动回避；已经进入的应当更换。主管部门的工作人员不得担任本机构负责监督项目的评标委员会成员。

依法必须进行招标的项目的招标人非因招标投标法、招标投标法实施条例和本办法规定的事由，不得更换依法确定的评标委员会成员。更换评标委员会的专家成员应当依照本办法第五十一条规定进行。

第五十三条 评标委员会成员名单在中标结果确定前应当保密，如有泄密，除追究当事人责任外，还应当报相应主管部门后及时更换。

评标前，任何人不得向评标专家透露其即将参与的评标项目招标人、投标人的有关情况及其他应当保密的信息。

招标人和招标机构应当采取必要的措施保证评标在严格保密的情况下进行。任何单位和个人不得非法干预、影响评标的过程和结果。

泄密影响中标结果的，中标无效。

第五十四条 招标人应当向评标委员会提供评标所必需的信息，但不得向评标委员会成员明示或者暗示其倾向或者排斥特定投标人。

招标人应当根据项目规模和技术复杂程度等因素合理确定评标时间。超过 1/3 的评标委员会成员认为评标时间不够的，招标人应当适当延长。

评标过程中，评标委员会成员有回避事由、擅离职守或者因健康等原因不能继续评标的，应当于评标当日报相应主管部门后按照所缺专家的人数重新随机抽取，及时更换。被更换的评标委员会成员作出的评审结论无效，由更换后的评标委员会成员重新进行评审。

第五十五条 评标委员会应当在开标当日开始进行评标。有特殊原因当天不能评标的，应当将投标文件封存，并在开标后 48 小时内开始进行评标。评标委员会成员应当依照招标投标法、招标投标法实施条例和本办法的规定，按照招标文件规定的评标方法和标准，独立、客观、公正地对投标文件提出评审意见。招标文件没有规定的评标方法和标准不得作为评标的依据。

评标委员会成员不得私下接触投标人，不得收受投标人给予的财物或者其他好处，不得向招标人征询确定中标人的意向，不得接受任何单位或者个人明示或者暗示提出的倾向或者排斥特定投标人的要求，不得有其他不客观、不公正履行职务的行为。

第五十六条 采用最低评标价法评标的，在商务、技术条款均实质性满足招标文件要求时，评标价格最低者为排名第一的中标候选人；采用综合评价法评标的，在商务、技术条款均实质性满足招标文件要求时，综合评价最优者为排名第一的中标候选人。

第五十七条 在商务评议过程中，有下列情形之一者，应予否决投标：

（一）投标人或其制造商与招标人有利害关系可能影响招标公正性的；

（二）投标人参与项目前期咨询或招标文件编制的；

（三）不同投标人单位负责人为同一人或者存在控股、管理关系的；

（四）投标文件未按招标文件的要求签署的；

（五）投标联合体没有提交共同投标协议的；

（六）投标人的投标书、资格证明材料未提供，或不符合国家规定或者招标文件要求的；

（七）同一投标人提交两个以上不同的投标方案或者投标报价的，但招标文件要求提交备选方案的除外；

（八）投标人未按招标文件要求提交投标保证金或保证金金额不足、保函有效期不足、投标保证金形式或出具投标保函的银行不符合招标文件要求的；

（九）投标文件不满足招标文件加注星号（"*"）的重要商务条款要求的；

（十）投标报价高于招标文件设定的最高投标限价的；

（十一）投标有效期不足的；

（十二）投标人有串通投标、弄虚作假、行贿等违法行为的；

（十三）存在招标文件中规定的否决投标的其他商务条款的。

前款所列材料在开标后不得澄清、后补；招标文件要求提供原件的，应当提供原件，否则将否决其投标。

第五十八条 对经资格预审合格、且商务评议合格的投标人不能再因其资格不合格否决其投标，但在招标周期内该投标人的资格发生了实质性变化不再满足原有资格要求的除外。

第五十九条 技术评议过程中，有下列情形之一者，应予否决投标：

（一）投标文件不满足招标文件技术规格中加注星号（"*"）的重要条款（参数）要求，或加注星号（"*"）的重要条款（参数）无符合招标文件要求的技术资料支持的；

（二）投标文件技术规格中一般参数超出允许偏离的最大范围或最多项数的；

（三）投标文件技术规格中的响应与事实不符或虚假投标的；

（四）投标人复制招标文件的技术规格相关部分内容作为其投标文件中一部分的；

（五）存在招标文件中规定的否决投标的其他技术条款的。

第六十条 采用最低评标价法评标的，价格评议按下列原则进行：

（一）按招标文件中的评标依据进行评标。计算评标价格时，对需要进行价格调整的部分，要依据招标文件和投标文件的内容加以调整并说明。投标总价中包含的招标文件要求以外的产品或服务，在评标时不予核减；

（二）除国外贷款、援助资金项目外，计算评标总价时，以货物到达招标人指定到货地点为依据；

（三）招标文件允许以多种货币投标的，在进行价格评标时，应当以开标当日中国银行总行首次发布的外币对人民币的现汇卖出价进行投标货币对评标货币的转换以计算评标价格。

第六十一条 采用综合评价法评标时，按下列原则进行：

（一）评标办法应当充分考虑每个评价指标所有可能的投标响应，且每一种可能的投标响应应当对应一个明确的评价值，不得对应多个评价值或评价值区间，采用两步评价方法的除外。

对于总体设计、总体方案等难以量化比较的评价内容，可以采取两步评价方法：第一步，评标委员会成员独立确定投标人该项评价内容的优劣等级，根据优劣等级对应的评价值算术平均后确定该投标人该项评价内容的平均等级；第二步，评标委员会成员根据投标人的平均等级，在对应的分值区间内给出评价值。

（二）价格评价应当符合低价优先、经济节约的原则，并明确规定评议价格最低的有效投标人将获得价格评价的最高评价值，价格评价的最大可能评价值和最小可能评价值应当分别为价格最高评价值和零评价值。

（三）评标委员会应当根据综合评价值对各投标人进行排名。综合评价值相同的，依照价格、技术、商务、服务及其他评价内容的优先次序，根据分项评价值进行排名。

第六十二条 招标文件允许备选方案的，评标委员会对有备选方案的投标人进行评审时，应当以主选方案为准进行评标。备选方案应当实质性响应招标文件要求。凡提供两个以上备选方案或者未按要求注明主选方案的，该投标应当被否决。凡备选方案的投标价格高于主选方案的，该备选方案将不予采纳。

第六十三条 投标人应当根据招标文件要求和产品技术要求列出供货产品清单和分项报价。投标人投标报价缺漏项超出招标文件允许的范围或比重的，为实质性偏离招标文件要求，评标委员会应当否决其投标。缺漏项在招标文件允许的范围或比重内的，评标时应当要求投标人确认缺漏项是否包含在投标价中，确认包含的，将其他有效投标中该项的最高价计入其评标总价，并依据此评标总价对其一般商务和技术条款（参数）偏离进行价格调整；确认不包含的，评标委员会应当否决其投标；签订合同时以投标价为准。

第六十四条 投标文件中有含义不明确的内容、明显文字或者计算错误，评标委员会认为需要投标人作出必要澄清、说明的，应当书面通知该投标人。投标人的澄清、说明应当采用书面形式在评标委员会规定的时间内提交，并不得超出投标文件的范围或者改变投标文件的实质性内容。

投标人的投标文件不响应招标文件加注星号（"*"）的重要商务和技术条款（参数），或加注星号（"*"）的重要技术条款（参数）未提供符合招标文件要求的技术支持资料的，评标委员会不得要求其进行澄清或后补。

评标委员会不得暗示或者诱导投标人作出澄清、说明，不得接受投标人主动提出的澄清、说明。

第六十五条 评标委员会经评审，认为所有投标都不符合招标文件要求的，可以否决所有投标。

依法必须进行招标的项目的所有投标被否决的，招标人应当依照本办法重新招标。

第六十六条 评标完成后，评标委员会应当向招标人提交书面评标报告和中标候选人名单。中标候选人应当不超过3个，并标明排序。

评标委员会的每位成员应当分别填写评标委员会成员评标意见表（见附件2），评标意见表是评标报告必不可少的一部分。评标报告应当由评标委员会全体成员签字。对评标结果有不同意见的评标委员会成员应当以书面形式说明其不同意见和理由，评标报告应当注明该不同意见。评标委员会成员拒绝在评标报告上签字又不说明其不同意见和理由的，视为同意评标结果。

专家受聘承担的具体项目评审工作结束后，招标人或者招标机构应当在招标网对专家的能力、水平、履行职责等方面进行评价，评价结果分为优秀、称职和不称职。

第六章　评标结果公示和中标

第六十七条　依法必须进行招标的项目，招标人或招标机构应当依据评标报告填写《评标结果公示表》，并自收到评标委员会提交的书面评标报告之日起 3 日内在招标网上进行评标结果公示。评标结果应当一次性公示，公示期不得少于 3 日。

采用最低评标价法评标的，《评标结果公示表》中的内容包括"中标候选人排名"、"投标人及制造商名称"、"评标价格"和"评议情况"等。每个投标人的评议情况应当按商务、技术和价格评议三个方面在《评标结果公示表》中分别填写，填写的内容应当明确说明招标文件的要求和投标人的响应内容。对一般商务和技术条款（参数）偏离进行价格调整的，在评标结果公示时，招标人或招标机构应当明确公示价格调整的依据、计算方法、投标文件偏离内容及相应的调整金额。

采用综合评价法评标的，《评标结果公示表》中的内容包括"中标候选人排名"、"投标人及制造商名称"、"综合评价值"、"商务、技术、价格、服务及其他等大类评价项目的评价值"和"评议情况"等。每个投标人的评议情况应当明确说明招标文件的要求和投标人的响应内容。

使用国外贷款、援助资金的项目，招标人或招标机构应当自收到评标委员会提交的书面评标报告之日起 3 日内向资金提供方报送评标报告，并自获其出具不反对意见之日起 3 日内在招标网上进行评标结果公示。资金提供方对评标报告有反对意见的，招标人或招标机构应当及时将资金提供方的意见报相应的主管部门，并依照本办法重新招标或者重新评标。

第六十八条　评标结果进行公示后，各方当事人可以通过招标网查看评标结果公示的内容。招标人或招标机构应当应投标人的要求解释公示内容。

第六十九条　投标人或者其他利害关系人对依法必须进行招标的项目的评标结果有异议的，应当于公示期内向招标人或招标机构提出，并将异议内容上传招标网。招标人或招标机构应当在收到异议之日起 3 日内作出答复，并将答复内容上传招标网；作出答复前，应当暂停招标投标活动。

异议答复应当对异议问题逐项说明，但不得涉及其他投标人的投标秘密。未在评标报告中体现的不满足招标文件要求的其他方面的偏离不能作为答复异议的依据。

经原评标委员会按照招标文件规定的方法和标准审查确认，变更原评标结果的，变更后的评标结果应当依照本办法进行公示。

第七十条　招标人根据评标委员会提出的书面评标报告和推荐的中标候选人确定中标人。招标人也可以授权评标委员会直接确定中标人。国有资金占控股或者主导地位的依法必须进行招标的项目，以及使用国外贷款、援助资金的项目，招标人应当确定排名第一的中标候选人为中标人。排名第一的中标候选人放弃中标、因不可抗力不能履行合同、不按招标文件要求提交履约保证金，或者被查实存在影响中标结果的违法行为等情形，不符合中标条件的，招标人可以按照评标委员会提出的中标候选人名单排序依次确定其他中标候选人为中标人，也可以重新招标。

第七十一条　评标结果公示无异议的，公示期结束后该评标结果自动生效并进行中标结果公告；评标结果公示有异议，但是异议答复后 10 日内无投诉的，异议答复 10 日后按照异议处理结果进行公告；评标结果公示有投诉的，相应主管部门做出投诉处理决定后，按照投诉处理决定进行公告。

第七十二条　依法必须进行招标的项目，中标人确定后，招标人应当在中标结果公告后 20 日内向中标人发出中标通知书，并在中标结果公告后 15 日内将评标情况的报告（见附件 3）提交至相应的主管部门。中标通知书也可以由招标人委托其招标机构发出。

使用国外贷款、援助资金的项目，异议或投诉的结果与报送资金提供方的评标报告不一致的，招标人或招标机构应当按照异议或投诉的结果修改评标报告，并将修改后的评标报告报送资金提供方，获其不反对意见后向中标人发出中标通知书。

第七十三条　中标结果公告后 15 日内，招标人或招标机构应当在招标网完成该项目包招标投标情况及其相关数据的存档。存档的内容应当与招标投标实际情况一致。

第七十四条　中标候选人的经营、财务状况发生较大变化或者存在违法行为，招标人认为可能影响其履约能力的，应当在发出中标通知书前由原评标委员会按照招标文件规定的方法和标准审查确认。

第七十五条 中标通知书对招标人和中标人具有法律效力。中标通知书发出后，招标人改变中标结果的，或者中标人放弃中标项目的，应当依法承担法律责任。

第七十六条 招标人和中标人应当自中标通知书发出之日起 30 日内，依照招标投标法、招标投标法实施条例和本办法的规定签订书面合同，合同的标的、价款、质量、履行期限等主要条款应当与招标文件和中标人的投标文件的内容一致。招标人或中标人不得拒绝或拖延与另一方签订合同。招标人和中标人不得再行订立背离合同实质性内容的其他协议。

招标人最迟应当在书面合同签订后 5 日内向中标人和未中标的投标人退还投标保证金及银行同期存款利息。

第七十七条 招标文件要求中标人提交履约保证金的，中标人应当按照招标文件的要求提交。履约保证金不得超过中标合同金额的 10%。

第七十八条 中标产品来自关境外的，由招标人按照国家有关规定办理进口手续。

第七十九条 中标人应当按照合同约定履行义务，完成中标项目。中标人不得向他人转让中标项目，也不得将中标项目肢解后分别向他人转让。

第八十条 依法必须进行招标的项目，在国际招标过程中，因招标人的采购计划发生重大变更等原因，经项目主管部门批准，报相应的主管部门后，招标人可以重新组织招标。

第八十一条 招标人或招标机构应当按照有关规定妥善保存招标委托协议、资格预审公告、招标公告、资格预审文件、招标文件、资格预审申请文件、投标文件、异议及答复等相关资料，以及与评标相关的评标报告、专家评标意见、综合评价法评价原始记录表等资料，并对评标情况和资料严格保密。

第七章 投诉与处理

第八十二条 投标人或者其他利害关系人认为招标投标活动不符合法律、行政法规及本办法规定的，可以自知道或者应当知道之日起 10 日内向相应主管部门投诉。就本办法第三十六条规定事项进行投诉的，潜在投标人或者其他利害关系人应当在自领购资格预审文件或招标文件 10 日内向相应的主管部门提出；就本办法第四十八条规定事项进行投诉的，投标人或者其他利害关系人应当在自开标 10 日内向相应的主管部门提出；就本办法第六十九条规定事项进行投诉的，投标人或者其他利害关系人应当在自评标结果公示结束 10 日内向相应的主管部门提出。

就本办法第三十六条、第四十八条、第六十九条规定事项投诉的，应当先向招标人提出异议，异议答复期间不计算在前款规定的期限内。就异议事项投诉的，招标人或招标机构应当在该项目被网上投诉后 3 日内，将异议相关材料提交相应的主管部门。

第八十三条 投诉人应当于投诉期内在招标网上填写《投诉书》（见附件4）（就异议事项进行投诉的，应当提供异议和异议答复情况及相关证明材料），并将由投诉人单位负责人或单位负责人授权的人签字并盖章的《投诉书》、单位负责人证明文件及相关材料在投诉期内送达相应的主管部门。境外投诉人所在企业无印章的，以单位负责人或单位负责人授权的人签字为准。

投诉应当有明确的请求和必要的证明材料。投诉有关材料是外文的，投诉人应当同时提供其中文译本，并以中文译本为准。

投诉人应保证其提出投诉内容及相应证明材料的真实性及来源的合法性，并承担相应的法律责任。

第八十四条 主管部门应当自收到书面投诉书之日起 3 个工作日内决定是否受理投诉，并将是否受理的决定在招标网上告知投诉人。主管部门应当自受理投诉之日起 30 个工作日内作出书面处理决定（见附件5），并将书面处理决定在招标网上告知投诉人；需要检验、检测、鉴定、专家评审的，以及监察机关依法对与招标投标活动有关的监察对象实施调查并可能影响投诉处理决定的，所需时间不计算在内。使用国外贷款、援助资金的项目，需征求资金提供方意见的，所需时间不计算在内。

主管部门在处理投诉时，有权查阅、复制有关文件、资料，调查有关情况，相关单位和人员应当予以配合。必要时，主管部门可以责令暂停招标投标活动。

主管部门在处理投诉期间，招标人或招标机构应当就投诉的事项协助调查。

第八十五条 有下列情形之一的投诉，不予受理：

（一）就本办法第三十六条、第四十八条、第六十九条规定事项投诉，其投诉内容在提起投诉前未按照本办法的规定提出异议的；

（二）投诉人不是投标人或者其他利害关系人的；

（三）《投诉书》未按本办法有关规定签字或盖章，或者未提供单位负责人证明文件的；

（四）没有明确请求的，或者未按本办法提供相应证明材料的；

（五）涉及招标评标过程具体细节、其他投标人的商业秘密或其他投标人的投标文件具体内容但未能说明内容真实性和来源合法性的；

（六）未在规定期限内在招标网上提出的；

（七）未在规定期限内将投诉书及相关证明材料送达相应主管部门的。

第八十六条 在评标结果投诉处理过程中，发现招标文件重要商务或技术条款（参数）出现内容错误、前后矛盾或与国家相关法律法规不一致的情形，影响评标结果公正性的，当次招标无效，主管部门将在招标网上予以公布。

第八十七条 招标人对投诉的内容无法提供充分解释和说明的，主管部门可以自行组织或者责成招标人、招标机构组织专家就投诉的内容进行评审。

就本办法第三十六条规定事项投诉的，招标人或招标机构应当从专家库中随机抽取3人以上单数评审专家。评审专家不得作为同一项目包的评标专家。

就本办法第六十九条规定事项投诉的，招标人或招标机构应当从国家级专家库中随机抽取评审专家，国家级专家不足时，可由地方级专家库中补充，但国家级专家不得少于2/3。评审专家不得包含参与该项目包评标的专家，并且专家人数不得少于评标专家人数。

第八十八条 投诉人拒绝配合主管部门依法进行调查的，被投诉人不提交相关证据、依据和其他有关材料的，主管部门按照现有可获得的材料对相关投诉依法作出处理。

第八十九条 投诉处理决定作出前，经主管部门同意，投诉人可以撤回投诉。投诉人申请撤回投诉的，应当以书面形式提交给主管部门，并同时在网上提出撤回投诉申请。已经查实投诉内容成立的，投诉人撤回投诉的行为不影响投诉处理决定。投诉人撤回投诉的，不得以同一的事实和理由再次进行投诉。

第九十条　主管部门经审查，对投诉事项可作出下列处理决定：

（一）投诉内容未经查实前，投诉人撤回投诉的，终止投诉处理；

（二）投诉缺乏事实根据或者法律依据的，以及投诉人捏造事实、伪造材料或者以非法手段取得证明材料进行投诉的，驳回投诉；

（三）投诉情况属实，招标投标活动确实存在不符合法律、行政法规和本办法规定的，依法作出招标无效、投标无效、中标无效、修改资格预审文件或者招标文件等决定。

第九十一条　商务部在招标网设立信息发布栏，包括下列内容：

（一）投诉汇总统计，包括年度内受到投诉的项目、招标人、招标机构名称和投诉处理结果等；

（二）招标机构代理项目投诉情况统计，包括年度内项目投诉数量、投诉率及投诉处理结果等；

（三）投标人及其他利害关系人投诉情况统计，包括年度内项目投诉数量、投诉率及不予受理投诉、驳回投诉、不良投诉（本办法第九十六条第四项的投诉行为）等；

（四）违法统计，包括年度内在招标投标活动过程中违反相关法律、行政法规和本办法的当事人、项目名称、违法情况和处罚结果。

第九十二条　主管部门应当建立投诉处理档案，并妥善保存。

第八章　法　律　责　任

第九十三条　招标人对依法必须进行招标的项目不招标或化整为零以及以其他任何方式规避国际招标的，由相应主管部门责令限期改正，可以处项目合同金额0.5%以上1%以下的罚款；对全部或者部分使用国有资金的项目，可以通告项目主管机构暂停项目执行或者暂停资金拨付；对单位直接负责的主管人员和其他直接责任人员依法给予处分。

第九十四条　招标人有下列行为之一的，依照招标投标法、招标投标法实施条例的有关规定处罚：

（一）依法应当公开招标而采用邀请招标的；

（二）以不合理的条件限制、排斥潜在投标人的，对潜在投标人实行歧视待遇的，强制要求投标人组成联合体共同投标的，或者限制投标人之间竞争的；

（三）招标文件、资格预审文件的发售、澄清、修改的时限，或者确定的提交资格预审申请文件、投标文件的时限不符合规定的；

（四）不按照规定组建评标委员会，或者确定、更换评标委员会成员违反规定的；

（五）接受未通过资格预审的单位或者个人参加投标，或者接受应当拒收的投标文件的；

（六）违反规定，在确定中标人前与投标人就投标价格、投标方案等实质性内容进行谈判的；

（七）不按照规定确定中标人的；

（八）不按照规定对异议作出答复，继续进行招标投标活动的；

（九）无正当理由不发出中标通知书，或者中标通知书发出后无正当理由改变中标结果的；

（十）无正当理由不与中标人订立合同，或者在订立合同时向中标人提出附加条件的；

（十一）不按照招标文件和中标人的投标文件与中标人订立合同，或者与中标人订立背离合同实质性内容的协议的；

（十二）向他人透露已获取招标文件的潜在投标人的名称、数量或者可能影响公平竞争的有关招标投标的其他情况的，或者泄露标底的。

第九十五条 招标人有下列行为之一的，给予警告，并处3万元以下罚款；该行为影响到评标结果的公正性的，当次招标无效：

（一）与投标人相互串通、虚假招标投标的；

（二）以不正当手段干扰招标投标活动的；

（三）不履行与中标人订立的合同的；

（四）除本办法第九十四条第十二项所列行为外，其他泄漏应当保密的与招标投标活动有关的情况、材料或信息的；

（五）对主管部门的投诉处理决定拒不执行的；

（六）其他违反招标投标法、招标投标法实施条例和本办法的行为。

第九十六条 投标人有下列行为之一的，依照招标投标法、招标投标法实施条例的有关规定处罚：

（一）与其他投标人或者与招标人相互串通投标的；

（二）以向招标人或者评标委员会成员行贿的手段谋取中标的；

（三）以他人名义投标或者以其他方式弄虚作假，骗取中标的；

（四）捏造事实、伪造材料或者以非法手段取得证明材料进行投诉的。

有前款所列行为的投标人不得参与该项目的重新招标。

第九十七条 投标人有下列行为之一的，当次投标无效，并给予警告，并处 3 万元以下罚款：

（一）虚假招标投标的；

（二）以不正当手段干扰招标、评标工作的；

（三）投标文件及澄清资料与事实不符，弄虚作假的；

（四）在投诉处理过程中，提供虚假证明材料的；

（五）中标通知书发出之前与招标人签订合同的；

（六）中标的投标人不按照其投标文件和招标文件与招标人签订合同的或提供的产品不符合投标文件的；

（七）其他违反招标投标法、招标投标法实施条例和本办法的行为。

有前款所列行为的投标人不得参与该项目的重新招标。

第九十八条 中标人有下列行为之一的，依照招标投标法、招标投标法实施条例的有关规定处罚：

（一）无正当理由不与招标人订立合同的，或者在签订合同时向招标人提出附加条件的；

（二）不按照招标文件要求提交履约保证金的；

（三）不履行与招标人订立的合同的。

有前款所列行为的投标人不得参与该项目的重新招标。

第九十九条 招标机构有下列行为之一的，依照招标投标法、招标投标法实施条例的有关规定处罚：

（一）与招标人、投标人串通损害国家利益、社会公共利益或者他人合法权益的；

（二）在所代理的招标项目中投标、代理投标或者向该项目投标人提供咨

询的;

（三）参加受托编制标底项目的投标或者为该项目的投标人编制投标文件、提供咨询的;

（四）泄漏应当保密的与招标投标活动有关的情况和资料的。

第一百条 招标机构有下列行为之一的，给予警告，并处 3 万元以下罚款;该行为影响到整个招标公正性的，当次招标无效:

（一）与招标人、投标人相互串通、搞虚假招标投标的;

（二）在进行机电产品国际招标机构登记时填写虚假信息或提供虚假证明材料的;

（三）无故废弃随机抽取的评审专家的;

（四）不按照规定及时向主管部门报送材料或者向主管部门提供虚假材料的;

（五）未在规定的时间内将招标投标情况及其相关数据上传招标网，或者在招标网上发布、公示或存档的内容与招标公告、招标文件、投标文件、评标报告等相应书面内容存在实质性不符的;

（六）不按照本办法规定对异议作出答复的，或者在投诉处理的过程中未按照主管部门要求予以配合的;

（七）因招标机构的过失，投诉处理结果为招标无效或中标无效，6 个月内累计 2 次，或一年内累计 3 次的;

（八）不按照本办法规定发出中标通知书或者擅自变更中标结果的;

（九）其他违反招标投标法、招标投标法实施条例和本办法的行为。

第一百零一条 评标委员会成员有下列行为之一的，依照招标投标法、招标投标法实施条例的有关规定处罚:

（一）应当回避而不回避的;

（二）擅离职守的;

（三）不按照招标文件规定的评标方法和标准评标的;

（四）私下接触投标人的;

（五）向招标人征询确定中标人的意向或者接受任何单位或者个人明示或者暗示提出的倾向或者排斥特定投标人的要求的;

（六）暗示或者诱导投标人作出澄清、说明或者接受投标人主动提出的澄清、说明的；

（七）对依法应当否决的投标不提出否决意见的；

（八）向他人透露对投标文件的评审和比较、中标候选人的推荐以及与评标有关的其他情况的。

第一百零二条 评标委员会成员有下列行为之一的，将被从专家库名单中除名，同时在招标网上予以公告：

（一）弄虚作假，谋取私利的；

（二）在评标时拒绝出具明确书面意见的；

（三）除本办法第一百零一条第八项所列行为外，其他泄漏应当保密的与招标投标活动有关的情况和资料的；

（四）与投标人、招标人、招标机构串通的；

（五）专家1年内2次被评价为不称职的；

（六）专家无正当理由拒绝参加评标的；

（七）其他不客观公正地履行职责的行为，或违反招标投标法、招标投标法实施条例和本办法的行为。

前款所列行为影响中标结果的，中标无效。

第一百零三条 除评标委员会成员之外的其他评审专家有本办法第一百零一条和第一百零二条所列行为之一的，将被从专家库名单中除名，同时在招标网上予以公告。

第一百零四条 招标网承办单位有下列行为之一的，商务部予以警告并责令改正；情节严重的或拒不改正的，商务部可以中止或终止其委托服务协议；给招标投标活动当事人造成损失的，应当承担赔偿责任；构成犯罪的，依法追究刑事责任：

（一）超出商务部委托范围从事与委托事项相关活动的；

（二）利用承办商务部委托范围内事项向有关当事人收取费用的；

（三）无正当理由拒绝或者延误潜在投标人于投标截止时间前在招标网免费注册的；

（四）泄露应当保密的与招标投标活动有关情况和资料的；

（五）在委托范围内，利用有关当事人的信息非法获取利益的；

（六）擅自修改招标人、投标人或招标机构上传资料的；

（七）与招标人、投标人、招标机构相互串通、搞虚假招标投标的；

（八）其他违反招标投标法、招标投标法实施条例及本办法的。

第一百零五条 主管部门在处理投诉过程中，发现被投诉人单位直接负责的主管人员和其他直接责任人员有违法、违规或者违纪行为的，应当建议其行政主管机关、纪检监察部门给予处分；情节严重构成犯罪的，移送司法机关处理。

第一百零六条 主管部门不依法履行职责，对违反招标投标法、招标投标法实施条例和本办法规定的行为不依法查处，或者不按照规定处理投诉、不依法公告对招标投标当事人违法行为的行政处理决定的，对直接负责的主管人员和其他直接责任人员依法给予处分。

主管部门工作人员在招标投标活动监督过程中徇私舞弊、滥用职权、玩忽职守，构成犯罪的，依法追究刑事责任。

第一百零七条 出让或者出租资格、资质证书供他人投标的，依照法律、行政法规的规定给予行政处罚；构成犯罪的，依法追究刑事责任。

第一百零八条 依法必须进行招标的项目的招标投标活动违反招标投标法、招标投标法实施条例和本办法的规定，对中标结果造成实质性影响，且不能采取补救措施予以纠正的，招标、投标、中标无效，应当依照本办法重新招标或者重新评标。

重新评标应当由招标人依照本办法组建新的评标委员会负责。前一次参与评标的专家不得参与重新招标或者重新评标。依法必须进行招标的项目，重新评标的结果应当依照本办法进行公示。

除法律、行政法规和本办法规定外，招标人不得擅自决定重新招标或重新评标。

第一百零九条 本章规定的行政处罚，由相应的主管部门决定。招标投标法、招标投标法实施条例已对实施行政处罚的机关作出规定的除外。

第九章　附　　则

第一百一十条　不属于工程建设项目，但属于固定资产投资项目的机电产品国际招标投标活动，按照本办法执行。

第一百一十一条　与机电产品有关的设计、方案、技术等国际招标投标，可参照本办法执行。

第一百一十二条　使用国外贷款、援助资金进行机电产品国际招标的，应当按照本办法的有关规定执行。贷款方、资金提供方对招标投标的具体条件和程序有不同规定的，可以适用其规定，但违背中华人民共和国的国家安全或社会公共利益的除外。

第一百一十三条　机电产品国际招标投标活动采用电子招标投标方式的，应当按照本办法和国家有关电子招标投标的规定执行。

第一百一十四条　本办法所称"单位负责人"，是指单位法定代表人或者法律、行政法规规定代表单位行使职权的主要负责人。

第一百一十五条　本办法所称"日"为日历日，期限的最后一日是国家法定节假日的，顺延到节假日后的次日为期限的最后一日。

第一百一十六条　本办法中 CIF、CIP、DDP 等贸易术语，应当根据国际商会（ICC）现行最新版本的《国际贸易术语解释通则》的规定解释。

第一百一十七条　本办法由商务部负责解释。

第一百一十八条　本办法自 2014 年 4 月 1 日起施行。《机电产品国际招标投标实施办法》（商务部 2004 年第 13 号令）同时废止。

附件：

1. 机电产品范围（略）

2. 评标委员会成员评标意见表（略）

3. 评标情况的报告（略）

4. 投诉书（略）

5. 投诉处理决定书（略）

商务部关于印发《进一步规范机电产品国际招标投标活动有关规定》的通知

(2007年10月10日　商产发〔2007〕395号)

为进一步规范机电产品国际招标投标活动，促进机电产品国际招标投标市场健康、协调和全面发展。根据《中华人民共和国招标投标法》和《机电产品国际招标投标实施办法》（商务部令〔2004〕第13号），商务部制定了《进一步规范机电产品国际招标投标活动有关规定》，现印发给你们，请遵照执行。

进一步规范机电产品国际招标投标活动有关规定

第一章　招标文件

第一条　招标文件应当明确规定投标人必须进行小签的相应内容，其中投标文件的报价部分、重要商务和技术条款（参数）（加注"＊"的条款或参数，下同）响应等相应内容必须逐页小签。

第二条　招标文件应当明确规定允许的投标货币和报价方式，并注明该条款是否为重要商务条款。招标文件应当明确规定不接受选择性报价或者具有附加条件的报价。

第三条　招标文件应当明确规定对投标人的业绩、财务、资信和技术参数等要求，不得使用模糊的、无明确界定的术语或指标作为重要商务或技术条款（参数）或以此作为价格调整的依据。

招标文件内容应当符合国家有关法律法规、强制性认证标准、国家关于安全、卫生、环保、质量、能耗、社会责任等有关规定以及公认的科学理论。违反上述规定的，招标文件相应部分无效。

第四条　招标文件如允许联合体投标，应当明确规定对联合体牵头方和组成方的资格条件及其他相应要求。

招标文件如允许投标人提供备选方案，应当明确规定投标人在投标文件中只能提供一个备选方案并注明主选方案，且备选方案的投标价格不得高于主选方案。凡提供两个以上备选方案或未注明主选方案的，该投标将被视为实质性偏离而被拒绝。

第五条 《机电产品国际招标投标实施办法》（商务部令〔2004〕第13号，以下简称13号令）第二十一条规定的一般参数偏离加价最高不得超过1%，是指每个一般参数的累计偏离加价最高不得超过该设备投标价格的1%。交货期、付款条件的偏离加价原则招标文件可以另行规定。

第六条 招标文件不得设立歧视性条款或不合理的要求排斥潜在的投标人，其中重要商务和技术条款（参数）原则上应当同时满足三个以上潜在投标人能够参与竞争的条件。

第七条 对于利用国际金融组织和外国政府贷款项目（以下称国外贷款项目），招标人、招标机构和招标文件审核专家就招标文件全部内容达成一致意见后，招标机构应当按照13号令第二十五条规定将招标文件通过招标网报送商务部备案，招标网将生成"招标文件备案复函"。

第八条 投标人认为招标文件存在歧视性条款或不合理要求的，应当在规定时间内一次性全部提出，并将书面质疑及有关证明材料一并递交主管部门。

第九条 国外贷款项目的招标文件如需要修改的，包括条款或指标要求放宽、文字或单位错误纠正、设备数量变更、采购范围缩小等，招标机构可在网上提交"招标文件修改备案申请"，招标网将生成"招标文件修改备案复函"；除上述情况外，其他对招标文件内容的修改应当在得到招标文件审核专家的复审意见或贷款机构的书面意见后，招标机构方可在网上提交"招标文件修改备案申请"，并详细注明专家复审意见或贷款机构的意见，招标网将生成"招标文件修改备案复函"。

第二章 招标投标程序

第十条 对于国外贷款项目，当投标截止时间到达时，投标人少于三个的可直接进入两家开标或直接采购程序；招标机构应当于开标当日在招标网上递交"两家开标备案申请"（投标人为两个）或"直接采购备案申请"（投标人为一个），招标网将生成备案复函。

第十一条 对于利用国内资金机电产品国际招标项目，当投标截止时间到达时，投标人少于三个的应当立即停止开标或评标。招标机构应当发布开标时间变更公告，第一次投标截止日与变更公告注明的第二次投标截止日间隔不得少于七日。如需对招标文件进行修改，应按照13号令第二十六条执行。第二次投标截止时间到达时，投标人仍少于三个的，报经主管部门审核同意后，参照本规定第十条执行。

第三章 评标程序

第十二条 评标委员会评标前，招标人和招标机构等任何人不得进行查询投标文件、整理投标信息等活动，不得要求或组织投标人介绍投标方案。

第十三条 如招标文件允许以多种货币投标，评标委员会应当以开标当日中国人民银行公布的投标货币对评标货币的卖出价的中间价进行转换以计算评标价格。

第十四条 投标人的投标文件不响应招标文件规定的重要商务和技术条款（参数），或重要技术条款（参数）未提供技术支持资料的，评标委员会不得要求其进行澄清或后补。

技术支持资料以制造商公开发布的印刷资料或检测机构出具的检测报告为准，凡不符合上述要求的，应当视为无效技术支持资料。属于国家首台（套）采购或国内首次建设项目所需的特殊机电产品，招标文件可以对技术支持资料作另行规定。

第十五条 评标委员会对有备选方案的投标人进行评审时，应当以主选方案为准进行评标。凡未按要求注明主选方案的，应予以废标。如考虑备选方案的，备选方案必须实质性响应招标文件要求且评标价格不高于主选方案的评标价格。

第十六条 评标委员会在评标过程中有下列行为之一，影响评标结果公正性的，当次评标结果无效：

（一）擅自增加、放宽或取消重要商务和技术条款（参数）的；

（二）要求并接受投标人对投标文件实质性内容进行补充、更改、替换或其他形式的改变的；

（三）对采用综合评价法评标的项目，在综合分数计算汇总后重新打分的；

（四）故意隐瞒或擅自修改可能影响评标结果公正性的信息的。

第十七条 招标人和招标机构应当妥善保管投标文件、评标意见表、综合打分原始记录表等所有与评标相关的资料，并对评标情况和资料严格保密。

第四章 评审专家管理

第十八条 招标机构应当按照 13 号令有关规定推荐评审专家入库，被推荐的专家原则上年龄不宜超过七十岁，专业领域不得超过三个二级分类。推荐表应当经过专家本人签字确认。对确有特殊专长、年龄超过七十岁且身体健康的专家，应报主管部门备案后入库。

凡参加重大装备自主化依托工程等国家重大项目评审工作的专家，需经国务院有关主管部门审核后入库。

第十九条 专家信息发生变更的（包括联系方式、专业领域、工作单位等），推荐单位或专家本人应当及时更新招标网上的相应信息。招标机构在专家抽取过程中发现专家信息错误或变更的，应当及时通知主管部门和招标网。

第二十条 招标文件审核专家应当严格按照 13 号令第二十四条规定开展工作。对于未能如实填写专家审核招标文件意见表的，主管部门将在招标网上予以公布；上述行为超过两次的，主管部门将依法取消其评审专家资格。

第二十一条 抽取评标所需的评审专家的时间不得早于开标时间 48 小时，如抽取外省专家的，不得早于开标时间 72 小时，遇节假日向前顺延；同一项目评标中，来自同一法人单位的评审专家不得超过评标委员会总数的 1/3。

招标机构和招标人在专家抽取工作中如出现违规操作或对外泄露被抽取的评审专家相关信息的，主管部门将在招标网上予以公布；招标机构出现上述行为超过两次的，将依法暂停或取消其国际招标代理资格。

第二十二条 随机抽取的评审专家不得参加与自己有利害关系的项目评标。如与招标人、投标人、制造商或评审项目有利害关系的，专家应当主动申请回避。本款所称的利害关系包括但不限于以下情况：

（一）评审专家在某投标人单位或制造商单位任职、兼职或者持有股份的；

（二）评审专家任职单位与招标人单位为同一法人代表的；

（三）评审专家的近亲属在某投标人单位或制造商单位担任领导职务的；

（四）有其他经济利害关系的。

评审专家理应知晓本人与招标人、投标人、制造商或评审项目存在利害关系但不主动回避的，主管部门将依法取消其评审专家资格，且当次评标结果无效。

评审专家曾因在招标、评标以及其他与招标投标有关活动中从事违法违规行为而受过行政处罚或刑事处罚且在处罚有效期内的。应主动申请回避。对于不主动回避的，主管部门将依法取消其评审专家资格，且当次评标结果无效。

第二十三条 评审专家未按规定时间到场参与评标，或不能保证合理评标时间，或在评标过程中不认真负责的，将在招标网上予以公布；上述行为超过两次的，主管部门将依法取消其评审专家资格。

第二十四条 评审专家未按照13号令及招标文件有关要求进行评标、泄露评标秘密、违反公平公正原则的，主管部门将在招标网上进行公布，取消其评审专家资格，并向国家其他招投标行政监督主管部门和政府采购主管部门进行通报。

第五章 评标结果公示

第二十五条 评标结果公示应当一次性公示各投标人在商务、技术方面存在的实质性偏离内容，并与评标报告相关内容一致。如有质疑，未在评标报告中体现的不满足招标文件要求的其它方面的偏离不能作为答复质疑的依据。

第二十六条 对一般商务和技术条款（参数）偏离进行价格调整的，在评标结果公示时，招标人和招标机构应当明确公示价格调整的依据、计算方法、投标文件偏离内容及相应的调整金额。

第二十七条 采用综合评价法评标的，评标结果公示应包含各投标人的废标理由或在商务、技术、价格、服务及其他等大类评价项目的得分。

第二十八条 评标结果公示开始日不得选择在国家法定长假的前二日。

第六章　评标结果质疑处理

第二十九条　自评标结果公示结束后第四日起，招标人和招标机构应当在七日内组织评标委员会或受评标委员会的委托，向质疑人提供质疑答复意见，该意见应当包括对投标人质疑问题的逐项说明及相关证明文件，但不得涉及其他投标人的投标秘密。如有特殊理由，经主管部门同意后可以延期答复，但延期时间不得超过七日。

第三十条　除13号令第四十七条所列各款外，有下列情况之一的质疑，视为无效质疑，主管部门将不予受理：

（一）涉及招标评标过程具体细节、其他投标人的商业秘密或其他投标人的投标文件具体内容但未能说明内容真实性和来源合法性的质疑；

（二）未能按照主管部门要求在规定期限内补充质疑问题说明材料的质疑；

（三）针对招标文件内容提出的质疑。

第三十一条　质疑人的质疑内容和相应证明材料与事实不符的，将被视为不良质疑行为，主管部门将在招标网上予以公布。

第三十二条　在主管部门作出质疑处理决定之前，投标人申请撤回质疑的，应当以书面形式提交给主管部门。已经查实质疑内容成立的，质疑人撤回质疑的行为不影响质疑处理结果。

第三十三条　在质疑处理过程中，如发现招标文件重要商务或技术条款（参数）出现内容错误、前后矛盾或与国家相关法律法规不一致的情况，影响评标结果公正性的，当次招标视为无效，主管部门将在招标网上予以公布。

第三十四条　经主管部门审核，要求重新评标的招标项目，重新评标专家不得包含前一次参与评标和审核招标文件的专家。

第三十五条　招标网设立信息发布栏，包括下列内容：

（一）受到质疑的项目、招标人和招标机构名称；

（二）招标机构质疑情况统计，包括本年度内项目质疑数量、质疑率及质疑处理结果等；

（三）投标人质疑情况统计，包括本年度内项目质疑数量、质疑率及有效质疑、无效质疑、不良质疑等；

（四）招标文件重要商务或技术条款（参数）出现内容错误、前后矛盾或与国家相关法律法规不一致的情况；

（五）质疑处理结果。如该结果为招标无效或变更中标人，则公布评标委员会成员名单；

（六）经核实，投标文件有关材料与事实不符的投标人或制造商名称。

第三十六条 投标人无效质疑六个月内累计超过两次、一年内累计超过三次的。主管部门将在招标网上子以公布。

招标人和招标机构可以在招标文件中将主管部门公布的质疑信息作为对投标人的资格要求。

第三十七条 因招标机构的过失。质疑项目的处理结果为招标无效或变更中标人，六个月累计两次或一年内累计三次的，主管部门将依法对该招标机构进行通报批评，并暂停其六个月到一年的招标资格；情节严重的，将取消其招标资格。

第七章 招标机构管理

第三十八条 招标机构不得以串通其他招标机构投标等不正当方式承接招标代理业务。违反规定的，主管部门将依法暂停其招标资格六个月以上；情节严重的，将取消其招标资格。

第三十九条 招标机构从事国际招标项目的人员必须为与本公司签订劳动合同的正式员工。违反规定的，主管部门将依法暂停其招标资格六个月以上；情节产重的，将取消其招标资格。

第八章 附 则

第四十条 本规定由商务部负责解释。

第四十一条 本规定自发布之日起 30 日后施行。

商务部关于印发《机电产品国际招标综合评价法实施规范（试行）》的通知

（2008 年 8 月 15 日）

各省、自治区、直辖市、计划单列市及新疆生产建设兵团商务主管部门，各地方、国务院各部门机电产品进出口办公室，各机电产品国际招标机构：

为进一步规范机电产品国际招标投标活动，提高评标工作的科学性，鼓励采购先进技术和设备，根据《中华人民共和国招标投标法》和《机电产品国际招标投标实施办法》（商务部令〔2004〕第 13 号），商务部制定了《机电产品国际招标综合评价法实施规范（试行）》。现予公布，请遵照执行。

特此通知

机电产品国际招标综合评价法实施规范（试行）

第一章 总 则

第一条 为进一步规范机电产品国际招标投标活动，提高评标工作的科学性，鼓励采购先进技术和设备，根据《中华人民共和国招标投标法》和《机电产品国际招标投标实施办法》（商务部令〔2004〕第 13 号，以下称"13 号令"），制定本规范。

第二条 本规范所称综合评价法，是指根据机电产品国际招标项目（以下称"招标项目"）的具体需求，设定商务、技术、价格、服务及其他评价内容的标准和权重，并由评标委员会对投标人的投标文件进行综合评价以确定中标人的一种评标方法。

第三条 使用国际组织或者外国政府贷款、援助资金的招标项目采用综合评价法的，应当将综合评价法相关材料报商务部备案；使用国内资金及其他资金的招标项目采用综合评价法的，应当将综合评价法相关材料经相应的主管部门转报商务部备案。

第二章 适用范围及原则

第四条 综合评价法适用于技术含量高、工艺或技术方案复杂的大型或成套设备招标项目。

第五条 采用综合评价法应当遵循公开公平、科学合理、量化择优的原则。

第三章 内容与要求

第六条 综合评价法方案应当由评价内容、评价标准、评价程序及定标原则等组成，并作为招标文件不可分割的一部分对所有投标人公开。

第七条 综合评价法的评价内容应当包括投标文件的商务、技术、价格、服务及其他方面。

商务、技术、服务及其他评价内容可以包括但不限于以下方面：

（一）商务评价内容可以包括：资质、业绩、财务、交货期、付款条件及方式、质保期、其他商务合同条款等。

（二）技术评价内容可以包括：方案设计、工艺配置、功能要求、性能指标、项目管理、专业能力、项目实施计划、质量保证体系及交货、安装、调试和验收方案等。

（三）服务及其他评价内容可以包括：服务流程、故障维修、零配件供应、技术支持、培训方案等。

第八条 综合评价法应当对每一项评价内容赋予相应的权重，其中价格权重不得低于30%，技术权重不得高于60%。

第九条 综合评价法应当集中列明招标文件中所有的重要条款（参数）（加注星号"*"的条款或参数，下同），并明确规定投标人对招标文件中的重要条款（参数）的任何一条偏离将被视为实质性偏离，并导致废标。

第十条 对于已进行资格预审的招标项目，综合评价法不得再将资格预审的相关标准和要求作为评价内容；对于未进行资格预审的招标项目，综合评价法应当明确规定资质、业绩和财务的相关指标获得最高评价分值的具体标准。

第十一条 综合评价法对投标文件的商务和技术内容的评价可以采用以下

方法：

（一）对只需要判定是否符合招标文件要求或是否具有某项功能的指标，可以规定符合要求或具有功能即获得相应分值，反之则不得分。

（二）对可以明确量化的指标，可以规定各区间的对应分值，并根据投标人的投标响应情况进行对照打分。

（三）对可以在投标人之间具体比较的指标，可以规定不同名次的对应分值，并根据投标人的投标响应情况进行优劣排序后依次打分。

（四）对需要根据投标人的投标响应情况进行计算打分的指标，应当规定相应的计算公式和方法。

（五）对总体设计、总体方案等无法量化比较的评价内容，可以采取两步评价方法：第一步，评标委员会成员独立确定投标人该项评价内容的优劣等级，根据优劣等级对应的分值算术平均后确定该投标人该项评价内容的平均等级；第二步，评标委员会成员根据投标人的平均等级，在对应的分值区间内打分。

评价方法应充分考虑每个评价指标所有可能的投标响应，且每一种可能的投标响应应当对应一个明确的分值，不得对应多个分值或分值区间，采用本条第（五）项所列方法的除外。

第十二条 综合评价法的价格评价应当符合低价优先、经济节约的原则，并明确规定评标价格最低的有效投标人将获得价格评价的最高分值，价格评价的最大可能分值和最小可能分值应当分别为价格满分和 0 分。

第十三条 综合评价法应当明确规定评标委员会成员对评价过程及结果产生较大分歧时的处理原则与方法，包括：

（一）评标委员会成员对同一投标人的商务、技术、服务及其他评价内容的分项评分结果出现差距时，应遵循以下调整原则：

评标委员会成员的分项评分偏离超过评标委员会全体成员的评分均值±20%，该成员的该项分值将被剔除，以其他未超出偏离范围的评标委员会成员的评分均值（称为"评分修正值"）替代；评标委员会成员的分项评分偏离均超过评标委员会全体成员的评分均值±20%，则以评标委员会全体成员的评分均值作为该投标人的分项得分。

（二）评标委员会成员对综合排名及推荐中标结果存在分歧时的处理原则

与方法。

第十四条　综合评价法应当明确规定投标人出现下列情形之一的，将不得被确定为推荐中标人：

（一）该投标人的评标价格超过全体有效投标人的评标价格平均值一定比例以上的；

（二）该投标人的技术得分低于全体有效投标人的技术得分平均值一定比例以上的。

本条第（一）、（二）项中所列的比例由招标文件具体规定，且第（一）项中所列的比例不得高于40%，第（二）项中所列的比例不得高于30%。

第四章　评价程序与规则

第十五条　评标委员会应当首先对投标文件进行初步评审（见附表1），判定并拒绝无效的和存在实质性偏离的投标文件。通过初步评审的投标文件进入综合评价阶段。

第十六条　评标委员会成员应当根据综合评价法的规定对投标人的投标文件独立打分，并分别计算各投标人的商务、技术、服务及其他评价内容的分项得分，凡招标文件未规定的标准不得作为加分或者减分的依据。

第十七条　价格评价应当遵循以下步骤依次进行：（1）算术修正；（2）计算投标声明（折扣/升降价）后的价格；（3）价格调整；（4）价格评分。

第十八条　评标委员会应当对每位成员的评分进行汇总；每位成员在提交其独立出具的评价记录表（见附表2-1，2-2，2-3）后不得重新打分。

第十九条　评标委员会应当按照本规范第十三条第（一）项的规定，对每位成员的评分结果进行调整和修正。

第二十条　投标人的综合得分等于其商务、技术、价格、服务及其它评价内容的分项得分之和。

第二十一条　评标委员会应当根据综合得分对各投标人进行排名。综合得分相同的，价格得分高者排名优先；价格得分相同的，技术得分高者排名优先，并依照商务、服务及其他评价内容的分项得分优先次序类推。

第二十二条　评标委员会应当推荐综合排名第一的投标人为推荐中标人。

如综合排名第一的投标人出现本规范第十四条列明情形之一的，评标委员会应推荐综合排名第二的投标人为推荐中标人。如所有投标人均不符合推荐条件的，则当次招标无效。

第二十三条　评标报告应当按照13号令等有关规定制定，并详细载明综合评价得分的计算过程，包括但不限于以下表格：评标委员会成员评价记录表、商务最终评分汇总表（见附表3-1）、技术最终评分汇总表（见附表3-2）、服务及其他评价内容最终评分汇总表（见附表3-3）、价格最终评分记录表（见附表4）、投标人最终评分汇总及排名表（见附表5）和评审意见表（见附表6）。

第二十四条　投标文件、评标委员会评分记录表、汇总表等所有与评标相关的资料应当严格保密，并由招标人和招标机构及时存档。

第五章　附　　则

第二十五条　本规范所称相应的主管部门，是指各省、自治区、直辖市、计划单列市、经济特区、新疆生产建设兵团、各部门机电产品进出口管理机构；所称有效投标人，是指通过初步评审，且商务和技术均实质性满足招标文件要求的投标人；所称均值，是指算术平均值。

第二十六条　重大装备自主化依托工程设备招标项目采用综合评价法的，参照本规范执行。

第二十七条　本规范由商务部负责解释。

第二十八条　本规范自发布之日起30日后施行。

商务部、国家发展和改革委员会关于印发《重大装备自主化依托工程设备招标采购活动的有关规定》的通知

（2007年8月14日　商产发〔2007〕331号）

各省、自治区、直辖市、计划单列市及新疆生产建设兵团商务主管部门、发展

改革部门，各地区、各部门机电产品进出口办公室：

装备制造业是为国民经济发展和国防建设提供技术装备的基础性产业。大力振兴装备制造业是树立和落实科学发展观，走新型工业化道路，实现国民经济可持续发展的战略举措。为深入贯彻落实《国务院关于加快振兴装备制造业的若干意见》（国发〔2006〕8号），加强和改进对重大装备自主化依托工程设备招标采购活动的指导、协调和监督，推进重大装备自主化工作，根据《招标投标法》等有关法律法规，商务部、发展改革委联合制定了《重大装备自主化依托工程设备招标采购活动的有关规定》。现予发布，请遵照执行。

重大装备自主化依托工程设备招标采购活动的有关规定

第一条 为进一步规范重大装备自主化依托工程设备招标采购活动．建立公开、公平、公正和诚信择优的招标采购竞争机制和评审原则，保护国家利益、社会公共利益和有关当事人的合法权益，加快推进重大装备自主化，促进产业结构调整和优化升级，根据《招标投标法》和《国务院关于加快振兴装备制造业的若干意见》（国发〔2006〕8号）等有关规定，特制定本规定。

第二条 凡在中华人民共和国境内从事本规定第三条所规定的设备招标采购活动，适用本规定。

第三条 重大装备自主化依托工程设备招标采购范围

一、大型清洁高效发电装备（包括百万千瓦级核电机组、超超临界火电机组、燃气-蒸气联合循环机组、整体煤气化燃气-蒸气联合循环机组、大型循环流化床锅炉、大型水电机组及抽水蓄能水电站机组、大型空冷电站机组及大功率风力发电机等新型能源装备）；

二、750千伏、1000千伏特高压交流和±500千伏及以上直流输变电成套设备。

三、百万吨级大型乙烯成套设备和对二甲苯（PX）、对苯二甲酸（PTA）、聚脂成套设备；

四、大型煤化工成套设备；

五、大型薄板冷热连轧成套设备及涂镀层加工成套设备；

六、大型煤炭井下综合采掘、提升和洗选设备以及大型露天矿设备；

七、大型海洋石油工程装备、30万吨矿石和原油运输船、海上浮动生产储油轮（FPSO）、8000-10000箱以上集装箱船、液化天然气（LNG）运输船等大型高技术、高附加值船舶及大功率柴油机等配套装备；

八、时速200公里及以上高速铁路列车、新型地铁车辆、磁悬浮列车等装备；

九、大气治理、城市及工业污水处理、固体废弃物处理等大型环保装备，以及海水淡化、报废汽车处理等资源综合利用设备；

十、大断面岩石掘进机等大型施工机械；

十一、重大工程自动化控制系统和关键精密测试仪器；

十二、大型、精密、高速数控装备和数控系统及功能部件；

十三、日产200吨以上涤纶短纤维成套设备、高速粘胶长丝连续纺丝机、高效现代化成套棉纺设备、机电一体化剑杆织机和喷气织机等新型纺织机械成套设备；

十四、新型、大马力农业装备；

十五、集成电路关键设备、新型平板显示器件生产设备、电子元器件生产设备、无铅工艺的整机装联设备、数字化医疗影像设备、生物工程和医药生产专用设备。

第四条 重大装备自主化依托工程设备招标采购活动一般应采用招标（包括公开招标、邀请招标）或竞争性谈判等方式进行，招标采购方式的选择应按程序向国家发展改革委申请批准，并向商务部备案；如因特殊情况需采用其他采购方式的，由国家发展改革委商有关部门批准决定。

第五条 凡采用招标方式进行的设备招标投标活动，应按照《机电产品国际招标投标实施办法》（商务部令〔2004〕第13号）规定的程序和重大装备自主化依托工程要求进行，商务部和国家发展改革委负责指导、协调和监督有关招标投标活动。

第六条 凡采用邀请招标的，投标邀请对象应为具有消化吸收能力、研发创新能力和实施产业化等基本条件的装备制造企业。

第七条 凡采用竞争性谈判方式进行的设备采购活动,应按照国家发展改革委批复的程序方案进行,同时将竞争性谈判公告、竞争性谈判文件、竞争性谈判结果、涉及的进口设备清单等有关材料通过"中国国际招标网"报送商务部备案。

竞争性谈判结果经有关主管部门批准后应在"中国国际招标网"上公布。

第八条 招标采购文件主要内容的编制应按照《机电产品国际招标投标实施办法》和重大装备自主化依托工程要求进行;招标采购文件还应从节约资源能源和保护环境等基本国策出发,明确规定关于质量、安全、耗能、环保等方面的标准和要求,上述标准和要求应达到国内领先或国际先进水平。

第九条 招标采购活动中所需要的有关评审专家原则上应由招标机构和业主单位从"中国国际招标网"的国家级专家库中随机抽取产生;考虑到重大装备自主化依托工程需要,必要时可由有关主管部门推荐。

商务部、国家发展改革委负责维护和管理相关领域的国家级专家库。

第十条 招标活动一般采用综合评价法进行评标。综合评价法应包括技术、商务、售后服务和价格等方面的评价标准和方法,并作为招标文件的组成部分。

为顺利推进重大装备自主化进程,涉及重大装备自主化要求的部分具体评价标准和方法可以不作为招标文件的组成部分,但应在开标前予以公布。

第十一条 本规定未明确的内容应按照《机电产品国际招标投标实施办法》有关规定执行.

第十二条 本规定自发布之日起 30 日后实施。

机电产品国际招标代理机构监督管理办法(试行)

(2016 年 11 月 16 日商务部令 2016 年第 5 号公布 自 2017 年 1 月 1 日起施行)

第一章 总 则

第一条 为加强机电产品国际招标代理机构(以下简称招标机构)监督管

理，依据《中华人民共和国招标投标法》（以下简称招标投标法）、《中华人民共和国招标投标法实施条例》（以下简称招标投标法实施条例）等法律、行政法规以及国务院对有关部门实施招标投标活动行政监督的职责分工，制定本办法。

第二条 本办法适用于对在中华人民共和国境内从事机电产品国际招标代理业务的招标机构的监督管理。

第三条 招标机构是依法设立、从事机电产品国际招标代理业务并提供相关服务的社会中介组织。

招标机构应当具备从事招标代理业务的营业场所和相应资金；具备能够编制招标文件（中、英文）和组织评标的相应专业力量；拥有一定数量的招标专业人员。

第四条 商务部负责全国招标机构的监督管理工作；负责组织和指导对全国招标机构的监督检查工作；负责建立全国招标机构信用档案，发布招标机构信用信息；负责指导机电产品国际招标投标有关行业协会开展工作。

各省、自治区、直辖市、计划单列市、新疆生产建设兵团、沿海开放城市及经济特区商务主管部门、国务院有关部门机电产品进出口管理机构负责本地区、本部门所属招标机构的监督管理工作；负责在本地区、本行业从事机电产品国际招标代理行为的监督检查工作。

各级机电产品进出口管理机构（以下简称主管部门）及其工作人员应当依法履行职责。

第二章　招标机构注册办法

第五条 招标机构从事机电产品国际招标代理业务，应当在中国国际招标网（网址：www.chinabidding.com，以下简称招标网）免费注册，注册前应当在招标网作出诚信承诺；注册时应当在招标网如实填写《机电产品国际招标代理机构注册登记表》（以下简称《注册登记表》，附件1）和《机电产品国际招标专职从业人员名单》（以下简称《人员名单》，附件2）。

第六条 招标机构对《注册登记表》所填写的登记信息的真实性、合法性负责。因招标机构填写信息错误、遗漏、虚假，以及提供虚假证明材料引起的法律责任由其自行承担。

第七条 注册信息发生变更的，招标机构应当在相关信息变更后 30 日内在招标网修改相关信息。

因合并、分立而续存的招标机构，其注册信息发生变化的，应当依照前款规定办理注册信息变更；因合并、分立而解散的招标机构，应当及时在招标网办理注销；因合并、分立而新设立的招标机构，应当依照本办法在招标网重新注册。

第八条 不再从事机电产品国际招标代理业务的招标机构，应当及时在招标网注销。

招标机构已在工商部门办理注销手续或被吊销营业执照的，自营业执照注销或被吊销之日起，其招标网注册自动失效。

第三章 招标机构代理行为规范

第九条 招标机构应当遵守招标投标法、招标投标法实施条例、机电产品国际招标投标实施办法和本办法的规定；在招标代理活动中，应当依法经营、公平竞争、诚实守信，不得弄虚作假，不得损害国家利益、社会公共利益或者他人合法权益。

第十条 招标机构应当与招标人签订书面委托合同，载明委托事项和代理权限。招标机构应当在招标人委托的范围内开展招标代理业务，不得接受招标人违法的委托内容和要求；不得在所代理的招标项目中投标或者代理投标，也不得为所代理的招标项目的投标人提供咨询。

第十一条 招标机构从事机电产品国际招标代理业务的人员应当为与本机构依法存在劳动合同关系的员工，应当熟练掌握机电产品国际招标相关法律规定和政策。招标机构代理机电产品国际招标项目的负责人应当由招标专业人员担任。

第十二条 招标机构应当受招标人委托依法组织招标投标活动，协助招标人及时对异议作出答复。在招标项目所属主管部门处理投诉期间，招标机构应当按照招标项目所属主管部门要求积极予以配合。

招标机构应当按照规定及时向招标项目所属主管部门报送招标投标相关材

料，并在规定的时间内将招标投标情况及其相关数据上传招标网，在招标网上发布、公示或存档的内容应当与相应书面材料一致。

招标机构应当按照有关规定妥善保存招标投标相关资料，并对评标情况和资料严格保密。

第十三条 招标机构应当积极开展招标投标相关法律规定、政策和业务培训，加强行业自律和内部管理。

第四章 信用监督管理

第十四条 商务部在招标网设立招标机构信息发布栏，公布以下信息：

（一）机构信息：招标机构名称、注册地址、企业性质、联系方式、法定代表人姓名、从事机电产品国际招标代理业务时间、人员、场所等；

（二）人员信息：机电产品国际招标专职从业人员姓名、学历、专业、职称、英语水平、劳动合同关系、从事机电产品国际招标代理业务时间、学术成果、机电产品国际招标代理主要业绩等；

（三）其他信息：招标机构职业教育培训、学术交流成果、参加社会公益活动、纳税额等；

（四）业绩记录：招标机构代理项目当年机电产品国际招标中标金额、历史年度机电产品国际招标中标金额、特定行业机电产品国际招标中标金额等；

（五）异议和投诉记录：招标机构当年及历史年度代理项目异议数量、异议率、异议结果，以及投诉数量、投诉率和投诉处理结果等；

（六）检查结果记录：本办法第十九条规定的监督检查记录；

（七）错误操作记录：招标机构在机电产品国际招标代理过程中的错误操作行为，及直接责任人员和项目名称等（招标机构主动纠正，并且未对招标项目产生实质性影响的错误操作不记录在内）；

（八）违法记录：当年及历史年度在从事机电产品国际招标代理业务过程中违法的招标机构名称、法定代表人姓名、直接责任人员姓名、项目名称、违法情况和行政处理决定等。

前款第一项至第三项由招标机构填报，由招标机构所属主管部门核实；第四项、第五项由商务部公布；第六项、第七项由招标机构或招标项目所属主管部门填写；第八项由作出行政处理决定的主管部门填写。

商务部建立全国招标机构信用档案，纳入第一款所列信息。

第十五条　任何单位和个人发现招标机构信息存在不实的，可以在招标网或通过其他书面形式向该招标机构所属主管部门提出，并提供相关证明材料。经核实，招标机构信息确实存在不实的，由招标机构所属主管部门责令限期改正。

第十六条　推动建立机电产品国际招标代理行业诚信自律体系，倡导招标机构签署行业诚信自律公约，承诺依法经营、诚实守信，共同维护公平竞争的招投标市场秩序。

第五章　行政监督管理

第十七条　招标机构在招标网完成注册登记后，应当向招标机构所属主管部门提交下列材料存档：

（一）由招标机构法定代表人签字并加盖单位公章的《注册登记表》原件；

（二）企业法人营业执照（复印件）、公司章程（复印件）并加盖单位公章；

（三）《人员名单》及相关证明材料（复印件）并加盖单位公章：身份证、劳动合同、学历（或学位）证书、职称证书、英语水平证明、注册前三个月的社会保险缴费凭证等；

（四）营业场所和资金证明材料（复印件）并加盖单位公章：房产证明（自有产权的提供房屋产权证书，非自有产权的提供房屋租赁合同和出租方房屋产权证书）、上一年度由会计师事务所出具的审计报告等（设立不满一年的企业可在下一年度补充提交）。

招标机构名称、法定代表人、营业场所发生变更的，应当在相关信息变更后30日内将变更后的由法定代表人签字并加盖单位公章的《注册登记表》及相关证明材料报送招标机构所属主管部门。机电产品国际招标专职从业人员发生变更的，应当在每年1月份将变更后的由法定代表人签字并加盖单位公章的《人员名单》及相关补充证明材料报送招标机构所属主管部门。

招标机构所属主管部门应当妥善保存招标机构的相关注册材料。

第十八条　主管部门应当加强招标机构在本地区、本行业从事机电产品国际招标代理行为的事中事后监督检查。主管部门开展监督检查工作，可以采取书面抽查、网络监测、实地检查等方式。各主管部门上年度监督检查情况，应当通过招标网于次年 1 月 15 日前报商务部。

第十九条　商务部建立随机抽取检查对象、随机选派检查人员的"双随机"抽查机制，在招标网建立招标机构名录库、招标项目库和招标检查人员名录库，根据法律法规章修订情况和工作实际动态调整随机抽查事项清单，并及时在招标网向社会公布。

实地检查应当采用"双随机"抽查方式。实施实地检查的主管部门从招标机构名录库中随机抽取检查机构，从招标项目库中随机抽取检查项目，从招标检查人员名录库中随机选派检查人员，按照随机抽查事项清单依法实施检查。

主管部门可根据本地区、本行业招标机构和招标项目实际情况，合理确定随机抽查的比例和频次。对所属招标机构的实地检查，年度检查率应当不低于所属招标机构数量的 10%。每年实地检查的所属招标项目数量，应当不少于 5 个或者上一年度所属招标项目数量的 1%（两者以高者为准）；上一年度所属招标项目数量低于 5 个的，应当至少实地检查 1 个项目。对投诉举报多、错误操作记录多或有严重违法记录等情况的招标机构，可增加抽查频次。

主管部门开展实地检查工作，检查人员不得少于二人。检查时，主管部门可以依法查阅、复制有关文件、资料，调查有关情况，被检查机构应当予以配合。检查人员应当填写实地检查记录表，如实记录检查情况。主管部门根据检查情况形成检查结果记录，由检查人员签字后存档并在招标网公布。

商务部可以组织对全国范围内招标机构及项目进行"双随机"抽查。

第二十条　主管部门应当对招标机构是否存在下列行为依法进行监督：

（一）与招标人、投标人串通损害国家利益、社会公共利益或者他人合法权益的；

（二）在所代理的招标项目中投标、代理投标或者向该项目投标人提供咨询的；

（三）参加受托编制标底项目的投标或者为该项目的投标人编制投标文件、提供咨询的；

（四）泄露应当保密的与招标投标活动有关的情况和资料的；

（五）与招标人、投标人相互串通、搞虚假招标投标的；

（六）在进行招标机构注册登记时填写虚假信息或提供虚假证明材料的；

（七）无故废弃随机抽取的评审专家的；

（八）不按照规定及时向主管部门报送材料或者向主管部门提供虚假材料的；

（九）未在规定的时间内将招标投标情况及其相关数据上传招标网，或者在招标网上发布、公示或存档的内容与招标公告、招标文件、投标文件、评标报告等相应书面内容存在实质性不符的；

（十）不按照规定对异议作出答复，或者在投诉处理的过程中未按照主管部门要求予以配合的；

（十一）因招标机构的过失，投诉处理结果为招标无效或中标无效的；

（十二）不按照规定发出中标通知书或者擅自变更中标结果的；

（十三）未按照本办法规定及时主动办理注册信息变更的；

（十四）招标网注册失效的招标机构，或者被暂停机电产品国际招标代理业务的招标机构，继续开展新的机电产品国际招标代理业务的；

（十五）从事机电产品国际招标代理业务未在招标网注册的；

（十六）其他违反招标投标法、招标投标法实施条例、机电产品国际招标投标实施办法和本办法的行为。

第二十一条　主管部门可以责成招标机构自查，可以依法利用其他政府部门作出的检查、核查结果或者专业机构作出的专业结论。

第二十二条　主管部门应当依法履行监管职责，对检查发现的违法行为，要依法处理。

主管部门实施检查不得妨碍被检查机构正常的经营活动，不得收受被检查机构给予的财物或者其他好处。

第二十三条　主管部门应当对本地区、本部门所属招标机构进行培训和指导，组织开展机电产品国际招标法律规定、政策和业务的交流和培训。

第六章 法律责任

第二十四条 招标机构有本办法第二十条第一项至第十二项所列的行为或者其他违反招标投标法、招标投标法实施条例、机电产品国际招标投标实施办法的行为的，依照招标投标法、招标投标法实施条例、机电产品国际招标投标实施办法的有关规定处罚。

第二十五条 招标机构有本办法第二十条第十三项至第十五项所列的行为或者其他违反本办法的行为的，责令改正，可以给予警告，并处3万元以下罚款。

第二十六条 招标机构有本办法第二十条第一项至第四项行为之一，情节严重的，商务部或招标机构所属主管部门可暂停其机电产品国际招标代理业务，并在招标网上公布。

在暂停机电产品国际招标代理业务期间，招标机构不得开展新的机电产品国际招标代理业务；同一单位法定代表人和直接责任人员不得作为法定代表人在招标网另行注册招标机构。

第二十七条 本章规定的行政处罚，由相应的招标机构所属主管部门或招标项目所属主管部门决定。招标投标法、招标投标法实施条例已对实施行政处罚的机关作出规定的除外。

第二十八条 主管部门应当依法履行职责，依法查处违反招标投标法、招标投标法实施条例、机电产品国际招标投标实施办法和本办法规定的行为，依法公告对招标机构当事人违法行为的行政处理决定。

第七章 附 则

第二十九条 机电产品国际招标投标有关行业协会按照依法制定的章程开展活动，加强行业自律和服务。

第三十条 本办法所称"日"为日历日，期限的最后一日是国家法定节假日的，顺延到节假日后的次日为期限的最后一日。

第三十一条 本办法由商务部负责解释。

第三十二条 本办法自2017年1月1日起施行。《机电产品国际招标机构资格管理办法》(商务部令 2012 年第 3 号)同时废止。

附件：1. 机电产品国际招标代理机构注册登记表（略）

2. 机电产品国际招标专职从业人员名单（略）

商务部办公厅关于印发《机电产品国际招标投标"双随机一公开"监管工作细则》的通知

(2017 年 8 月 17 日　商办贸函〔2017〕345 号)

各省、自治区、直辖市、计划单列市及新疆生产建设兵团商务主管部门，沿海开放城市及经济特区商务主管部门，国务院有关部门机电产品进出口管理机构：

为贯彻落实《国务院办公厅关于推广随机抽查规范事中事后监管的通知》（国办发〔2015〕58 号）要求，全面推行"双随机、一公开"，进一步规范机电产品国际招标投标监督检查行为，商务部制定了《机电产品国际招标投标"双随机一公开"监管工作细则》，现印发给你们，请结合实际，认真贯彻执行。相关工作情况请及时报送我部（外贸司）。

机电产品国际招标投标
"双随机一公开"监管工作细则

第一条　为进一步规范机电产品国际招标投标监督检查行为，全面推行"双随机、一公开"，根据《中华人民共和国招标投标法》《中华人民共和国招标投标法实施条例》，以及《机电产品国际招标投标实施办法（试行）》（商务部令 2014 年第 1 号）、《机电产品国际招标代理机构监督管理办法（试行）》（商务部令 2016 年第 5 号）等有关规定，制定本细则。

第二条　商务部负责组织和指导对全国机电产品国际招标投标活动和全国机电产品国际招标代理机构（以下简称招标机构）的监督检查工作。各省、自治区、直辖市、计划单列市、新疆生产建设兵团、沿海开放城市及经济特区商务主管部门、国务院有关部门机电产品进出口管理机构负责本地区、本部门所属机电产品国际招标投标活动和招标机构的监督检查工作。各级机电产品进出口管理机构（以下简称主管部门）对机电产品国际招标投标活动和招标机构实施监督检查时，适用本细则。

第三条 本细则所称"双随机、一公开"工作，是指主管部门依法实施机电产品国际招标投标监督检查时，采取随机抽取检查对象、随机选派执法检查人员，及时公开抽查情况和查处结果的活动。

第四条 机电产品国际招标投标监督检查按照本细则开展，坚持监管规范高效、公平公正、公开透明的原则。

第五条 商务部在中国国际招标网（以下简称招标网，网址：www.chinabidding.com）建立执法检查人员名录库和检查对象名录库。执法检查人员应为主管部门正式在编的工作人员，以机电产品国际招标投标业务主管工作人员为主。执法检查人员名录库由各主管部门负责各自执法检查人员信息录入和维护。检查对象为机电产品国际招标项目和招标机构，招标项目名录库、招标机构名录库由商务部负责信息录入和维护。招标项目名录库、招标机构名录库和执法检查人员名录库根据变动情况动态调整。

第六条 商务部根据法律法规规章修订情况和工作实际，制定并动态调整机电产品国际招标投标随机抽查事项清单（见附件），及时在招标网向社会公布。主管部门按照随机抽查事项清单，对机电产品国际招标投标活动和招标机构合法合规情况依法实施检查。

第七条 主管部门实施检查前，从招标网上的招标机构名录库中随机抽取被检查机构，从招标项目名录库中随机抽取被检查项目，从执法检查人员名录库中随机选派执法检查人员，抽取过程在招标网全程记录。主管部门可以设定招标时间、招标环节、招标行业、被投诉数量、错误操作数量等类别条件定向抽取被检查项目或被检查机构。

第八条 主管部门可以根据本地区、本行业招标机构和招标项目实际情况，合理确定随机抽查的比例和频次。对所属招标机构的随机抽查，年度检查率应当不低于所属招标机构数量的10%。每年随机抽查的所属招标项目数量，应当不少于5个或者上一年度所属招标项目数量的1%（两者以高者为准）；上一年度所属招标项目数量低于5个的，应当至少随机抽查1个项目。近三年内检查过的招标项目，在抽取时可以排除。对投诉举报多、错误操作记录多或有严重违法记录等情况的招标机构，可增加抽查频次。商务部可以组织实施对全国范围内招标机构及项目进行"双随机"抽查。

第九条　主管部门开展"双随机"抽查工作，执法检查人员的抽取数量根据检查工作需要确定，同一检查组执法检查人员不得少于二人。出现随机抽取的执法检查人员因实际困难不能参加检查工作或需要回避等情形，应从执法检查人员名录库中及时随机抽取，补齐执法检查人员。

第十条　主管部门实施检查时，可以依法查阅、复制有关文件、资料，调查有关情况，被检查机构应当予以配合。

第十一条　执法检查人员应当填写检查记录表，如实记录检查情况，根据检查情况形成检查结果记录。随机抽取的检查对象名单和检查结果记录，由执法检查人员签字后存档并在招标网公布。任何单位和个人对公布的检查对象名单和检查结果记录信息有异议的，可以在招标网或通过其他书面形式向实施检查的主管部门或商务部提出，并提供相关证明材料。经核实，异议情况属实的，由主管部门更正相关信息后重新公布。

第十二条　主管部门应当依法履行监管职责，对检查发现的违法行为，要依法处理，依法公告处罚结果。对不属于主管部门职权范围的事项，依法依纪移送其他部门处理。

第十三条　主管部门实施检查不得妨碍被检查机构正常的经营活动，不得收受被检查机构给予的财物或者其他好处。

第十四条　各主管部门应当及时就当年开展"双随机、一公开"监管工作情况进行总结，并于当年12月5日前将总结报告通过招标网报商务部，同时于次年1月15日前将加盖单位公章的书面材料报商务部。

第十五条　商务部建立全国机电产品国际招标投标信用档案，"双随机"抽查结果纳入信用档案。

第十六条　本细则自发布之日起施行。

附件：机电产品国际招标投标随机抽查事项清单

附件：

机电产品国际招标投标随机抽查事项清单

序号	事项名称	抽查内容		抽查依据
1	招标代理机构检查	1. 从事招标代理业务的营业场所和相应资金情况。 2. 招标代理专业人员情况。 3. 招标代理机构注册及注册信息变更情况。 4. 招标代理行为。		1. 招标投标法第二章。 2. 条例第二章。 3. 1号令第三章。 4. 5号令。
2	招标投标活动检查	招标	1. 招标方式。 2. 招标组织形式。 3. 招标委托合同。 4. 资格预审公告、招标公告或投标邀请书。 5. 资格预审文件、招标文件。	1. 招标投标法第二章。 2. 条例第二章。 3. 1号令第三章。
		投标	1. 投标人资格。 2. 资格预审文件或招标文件异议提出及答复情况。 3. 投标文件包装、密封和送达情况。 4. 联合体组成情况。 5. 投标保证金提交情况。 6. 有无串通投标、以他人名义投标或者以其他方式弄虚作假的行为。	1. 招标投标法第三章。 2. 条例第三章。 3. 1号令第四章。
		开标和评标	1. 开标情况。 2. 开标异议提出及答复情况。 3. 评标委员会组建情况。 4. 评标专家选取情况。 5. 评标情况。	1. 招标投标法第四章。 2. 条例第四章。 3. 1号令第五章。
		评标结果公示和中标	1. 评标结果公示。 2. 评标结果异议提出及答复情况。 3. 确定中标人。 4. 中标结果公告。 5. 中标通知书。 6. 合同签订和履行情况。 7. 招标、投标、评标情况依法上报及存档情况。	1. 招标投标法第四章。 2. 条例第四章。 3. 1号令第六章。

注：《中华人民共和国招标投标法》简称招标投标法，《中华人民共和国招标投标法实施条例》简称条例，《机电产品国际招标投标实施办法（试行）》（商务部令2014年第1号）简称1号令，《机电产品国际招标代理机构监督管理办法（试行）》（商务部令2016年第5号）简称5号令。

五、其他项目招标

前期物业管理招标投标管理暂行办法

(2003年6月26日 建住房〔2003〕130号)

第一章 总 则

第一条 为了规范前期物业管理招标投标活动，保护招标投标当事人的合法权益，促进物业管理市场的公平竞争，制定本办法。

第二条 前期物业管理，是指在业主、业主大会选聘物业管理企业之前，由建设单位选聘物业管理企业实施的物业管理。

建设单位通过招投标的方式选聘具有相应资质的物业管理企业和行政主管部门对物业管理招投标活动实施监督管理，适用本办法。

第三条 住宅及同一物业管理区域内非住宅的建设单位，应当通过招投标的方式选聘具有相应资质的物业管理企业；投标人少于3个或者住宅规模较小的，经物业所在地的区、县人民政府房地产行政主管部门批准，可以采用协议方式选聘具有相应资质的物业管理企业。

国家提倡其他物业的建设单位通过招投标的方式，选聘具有相应资质的物业管理企业。

第四条 前期物业管理招标投标应当遵循公开、公平、公正和诚实信用的原则。

第五条 国务院建设行政主管部门负责全国物业管理招标投标活动的监督管理。

省、自治区人民政府建设行政主管部门负责本行政区域内物业管理招标投标活动的监督管理。

直辖市、市、县人民政府房地产行政主管部门负责本行政区域内物业管理招标投标活动的监督管理。

第六条 任何单位和个人不得违反法律、行政法规规定，限制或者排斥具备投标资格的物业管理企业参加投标，不得以任何方式非法干涉物业管理招标投标活动。

第二章 招 标

第七条 本办法所称招标人是指依法进行前期物业管理招标的物业建设单位。

前期物业管理招标由招标人依法组织实施。招标人不得以不合理条件限制或者排斥潜在投标人，不得对潜在投标人实行歧视待遇，不得对潜在投标人提出与招标物业管理项目实际要求不符的过高的资格等要求。

第八条 前期物业管理招标分为公开招标和邀请招标。

招标人采取公开招标方式的，应当在公共媒介上发布招标公告，并同时在中国住宅与房地产信息网和中国物业管理协会网上发布免费招标公告。

招标公告应当载明招标人的名称和地址，招标项目的基本情况以及获取招标文件的办法等事项。

招标人采取邀请招标方式的，应当向3个以上物业管理企业发出投标邀请书，投标邀请书应当包含前款规定的事项。

第九条 招标人可以委托招标代理机构办理招标事宜；有能力组织和实施招标活动的，也可以自行组织实施招标活动。

物业管理招标代理机构应当在招标人委托的范围内办理招标事宜，并遵守本办法对招标人的有关规定。

第十条 招标人应当根据物业管理项目的特点和需要，在招标前完成招标文件的编制。

招标文件应包括以下内容：

（一）招标人及招标项目简介，包括招标人名称、地址、联系方式、项目基本情况、物业管理用房的配备情况等；

（二）物业管理服务内容及要求，包括服务内容、服务标准等；

（三）对投标人及投标书的要求，包括投标人的资格、投标书的格式、主要内容等；

（四）评标标准和评标方法；

（五）招标活动方案，包括招标组织机构、开标时间及地点等；

（六）物业服务合同的签订说明；

（七）其他事项的说明及法律法规规定的其他内容。

第十一条　招标人应当在发布招标公告或者发出投标邀请书的 10 日前，提交以下材料报物业项目所在地的县级以上地方人民政府房地产行政主管部门备案：

（一）与物业管理有关的物业项目开发建设的政府批件；

（二）招标公告或者招标邀请书；

（三）招标文件；

（四）法律、法规规定的其他材料。

房地产行政主管部门发现招标有违反法律、法规规定的，应当及时责令招标人改正。

第十二条　公开招标的招标人可以根据招标文件的规定，对投标申请人进行资格预审。

实行投标资格预审的物业管理项目，招标人应当在招标公告或者投标邀请书中载明资格预审的条件和获取资格预审文件的办法。

资格预审文件一般应当包括资格预审申请书格式、申请人须知，以及需要投标申请人提供的企业资格文件、业绩、技术装备、财务状况和拟派出的项目负责人与主要管理人员的简历、业绩等证明材料。

第十三条　经资格预审后，公开招标的招标人应当向资格预审合格的投标申请人发出资格预审合格通知书，告知获取招标文件的时间、地点和方法，并同时向资格不合格的投标申请人告知资格预审结果。

在资格预审合格的投标申请人过多时，可以由招标人从中选择不少于 5 家资格预审合格的投标申请人。

第十四条　招标人应当确定投标人编制投标文件所需要的合理时间。公开招标的物业管理项目，自招标文件发出之日起至投标人提交投标文件截止之日止，最短不得少于 20 日。

第十五条 招标人对已发出的招标文件进行必要的澄清或者修改的，应当在招标文件要求提交投标文件截止时间至少 15 日前，以书面形式通知所有的招标文件收受人。该澄清或者修改的内容为招标文件的组成部分。

第十六条 招标人根据物业管理项目的具体情况，可以组织潜在的投标申请人踏勘物业项目现场，并提供隐蔽工程图纸等详细资料。对投标申请人提出的疑问应当予以澄清并以书面形式发送给所有的招标文件收受人。

第十七条 招标人不得向他人透露已获取招标文件的潜在投标人的名称、数量以及可能影响公平竞争的有关招标投标的其他情况。

招标人设有标底的，标底必须保密。

第十八条 在确定中标人前，招标人不得与投标人就投标价格、投标方案等实质内容进行谈判。

第十九条 通过招标投标方式选择物业管理企业的，招标人应当按照以下规定时限完成物业管理招标投标工作：

（一）新建现售商品房项目应当在现售前 30 日完成；

（二）预售商品房项目应当在取得《商品房预售许可证》之前完成；

（三）非出售的新建物业项目应当在交付使用前 90 日完成。

第三章 投 标

第二十条 本办法所称投标人是指响应前期物业管理招标、参与投标竞争的物业管理企业。

投标人应当具有相应的物业管理企业资质和招标文件要求的其他条件。

第二十一条 投标人对招标文件有疑问需要澄清的，应当以书面形式向招标人提出。

第二十二条 投标人应当按照招标文件的内容和要求编制投标文件，投标文件应当对招标文件提出的实质性要求和条件作出响应。

投标文件应当包括以下内容：

（一）投标函；

（二）投标报价；

（三）物业管理方案；

（四）招标文件要求提供的其他材料。

第二十三条 投标人应当在招标文件要求提交投标文件的截止时间前，将投标文件密封送达投标地点。招标人收到投标文件后，应当向投标人出具标明签收人和签收时间的凭证，并妥善保存投标文件。在开标前，任何单位和个人均不得开启投标文件。在招标文件要求提交投标文件的截止时间后送达的投标文件，为无效的投标文件，招标人应当拒收。

第二十四条 投标人在招标文件要求提交投标文件的截止时间前，可以补充、修改或者撤回已提交的投标文件，并书面通知招标人。补充、修改的内容为投标文件的组成部分，并应当按照本办法第二十三条的规定送达、签收和保管。在招标文件要求提交投标文件的截止时间后送达的补充或者修改的内容无效。

第二十五条 投标人不得以他人名义投标或者以其他方式弄虚作假，骗取中标。

投标人不得相互串通投标，不得排挤其他投标人的公平竞争，不得损害招标人或者其他投标人的合法权益。

投标人不得与招标人串通投标，损害国家利益、社会公共利益或者他人的合法权益。

禁止投标人以向招标人或者评标委员会成员行贿等不正当手段谋取中标。

第四章 开标、评标和中标

第二十六条 开标应当在招标文件确定的提交投标文件截止时间的同一时间公开进行；开标地点应当为招标文件中预先确定的地点。

第二十七条 开标由招标人主持，邀请所有投标人参加。开标应当按照下列规定进行：

由投标人或者其推选的代表检查投标文件的密封情况，也可以由招标人委托的公证机构进行检查并公证。经确认无误后，由工作人员当众拆封，宣读投标人名称、投标价格和投标文件的其他主要内容。

招标人在招标文件要求提交投标文件的截止时间前收到的所有投标文件，开标时都应当当众予以拆封。

开标过程应当记录,并由招标人存档备查。

第二十八条 评标由招标人依法组建的评标委员会负责。

评标委员会由招标人代表和物业管理方面的专家组成,成员为5人以上单数,其中招标人代表以外的物业管理方面的专家不得少于成员总数的三分之二。

评标委员会的专家成员,应当由招标人从房地产行政主管部门建立的专家名册中采取随机抽取的方式确定。

与投标人有利害关系的人不得进入相关项目的评标委员会。

第二十九条 房地产行政主管部门应当建立评标的专家名册。省、自治区、直辖市人民政府房地产行政主管部门可以将专家数量少的城市的专家名册予以合并或者实行专家名册计算机联网。

房地产行政主管部门应当对进入专家名册的专家进行有关法律和业务培训,对其评标能力、廉洁公正等进行综合考评,及时取消不称职或者违法违规人员的评标专家资格。被取消评标专家资格的人员,不得再参加任何评标活动。

第三十条 评标委员会成员应当认真、公正、诚实、廉洁地履行职责。

评标委员会成员不得与任何投标人或者与招标结果有利害关系的人进行私下接触,不得收受投标人、中介人、其他利害关系人的财物或者其他好处。

评标委员会成员和与评标活动有关的工作人员不得透露对投标文件的评审和比较、中标候选人的推荐情况以及与评标有关的其他情况。

前款所称与评标活动有关的工作人员,是指评标委员会成员以外的因参与评标监督工作或者事务性工作而知悉有关评标情况的所有人员。

第三十一条 评标委员会可以用书面形式要求投标人对投标文件中含义不明确的内容作必要的澄清或者说明。投标人应当采用书面形式进行澄清或者说明,其澄清或者说明不得超出投标文件的范围或者改变投标文件的实质性内容。

第三十二条 在评标过程中召开现场答辩会的,应当事先在招标文件中说明,并注明所占的评分比重。

评标委员会应当按照招标文件的评标要求,根据标书评分、现场答辩等情况进行综合评标。

除了现场答辩部分外,评标应当在保密的情况下进行。

第三十三条 评标委员会应当按照招标文件确定的评标标准和方法,对投标文件进行评审和比较,并对评标结果签字确认。

第三十四条 评标委员会经评审,认为所有投标文件都不符合招标文件要求的,可以否决所有投标。

依法必须进行招标的物业管理项目的所有投标被否决的,招标人应当重新招标。

第三十五条 评标委员会完成评标后,应当向招标人提出书面评标报告,阐明评标委员会对各投标文件的评审和比较意见,并按照招标文件规定的评标标准和评标方法,推荐不超过3名有排序的合格的中标候选人。

招标人应当按照中标候选人的排序确定中标人。当确定中标的中标候选人放弃中标或者因不可抗力提出不能履行合同的,招标人可以依序确定其他中标候选人为中标人。

第三十六条 招标人应当在投标有效期截止时限30日前确定中标人。投标有效期应当在招标文件中载明。

第三十七条 招标人应当向中标人发出中标通知书,同时将中标结果通知所有未中标的投标人,并应当返还其投标书。

招标人应当自确定中标人之日起15日内,向物业项目所在地的县级以上地方人民政府房地产行政主管部门备案。备案资料应当包括开标评标过程、确定中标人的方式及理由、评标委员会的评标报告、中标人的投标文件等资料。委托代理招标的,还应当附招标代理委托合同。

第三十八条 招标人和中标人应当自中标通知书发出之日起30日内,按照招标文件和中标人的投标文件订立书面合同;招标人和中标人不得再行订立背离合同实质性内容的其他协议。

第三十九条 招标人无正当理由不与中标人签订合同,给中标人造成损失的,招标人应当给予赔偿。

第五章 附　　则

第四十条 投标人和其他利害关系人认为招标投标活动不符合本办法有关规定的,有权向招标人提出异议,或者依法向有关部门投诉。

第四十一条 招标文件或者投标文件使用两种以上语言文字的,必须有一种是中文；如对不同文本的解释发生异议的，以中文文本为准。用文字表示的数额与数字表示的金额不一致的，以文字表示的金额为准。

第四十二条 本办法第三条规定住宅规模较小的，经物业所在地的区、县人民政府房地产行政主管部门批准，可以采用协议方式选聘物业管理企业的，其规模标准由省、自治区、直辖市人民政府房地产行政主管部门确定。

第四十三条 业主和业主大会通过招投标的方式选聘具有相应资质的物业管理企业的，参照本办法执行。

第四十四条 本办法自 2003 年 9 月 1 日起施行。

委托会计师事务所审计招标规范

（2006 年 1 月 26 日　财会〔2006〕2 号）

第一条 为了规范招标委托会计师事务所（以下简称事务所）从事审计业务的活动，促进注册会计师行业的公平竞争，保护招标单位和投标事务所的合法权益，根据《中华人民共和国招标投标法》、《中华人民共和国注册会计师法》及相关法律，制定本规范。

第二条 招标单位采用招标方式委托事务所从事审计业务的，应当遵守《中华人民共和国招标投标法》，并符合本规范的规定。

第三条 招标投标活动应当遵循公开、公平、公正和诚实信用的原则。

任何单位和个人不得违反法律、行政法规规定，限制或者排斥事务所参加投标，不得以任何方式非法干涉招标投标活动。

事务所通过投标承接和执行审计业务的，应当遵守审计准则和职业道德规范，严格按照业务约定书履行义务、完成中标项目。

第四条 招标委托事务所从事审计业务，按照下列程序进行：

（一）招标，包括确定招标方式、发布招标公告（公开招标方式下）或发出投标邀请书（邀请招标方式下）、编制招标文件、向潜在投标事务所发出招标文件；

（二）开标；

（三）评标；

（四）确定中标事务所，发出中标通知书，与中标事务所签订业务约定书。

第五条 招标单位一般应当采用公开招标方式委托事务所。

对于符合下列情形之一的招标项目，可以采用邀请招标方式：

（一）具有特殊性，只能从有限范围的事务所中选择的；

（二）具有突发性，按公开招标程序无法在规定时间内完成委托事宜的。

第六条 采用公开招标方式的，应当发布招标公告。采用邀请招标方式的，应当向3家以上事务所发出投标邀请书。

招标公告和投标邀请书应当载明招标单位的名称和地址、招标项目的性质、数量、实施地点和时间以及获取招标文件的办法等事项。

第七条 招标单位可以根据招标项目本身的要求，在招标公告或者投标邀请书中，要求潜在投标事务所提供有关资质证明文件和业绩情况，并对潜在投标事务所进行资格审查。

在资格审查过程中，招标单位应当充分利用财政部门和注册会计师协会公开的行业信息，并执行财政部有关审计的管理规定。

第八条 招标单位应当根据招标项目的特点和需要编制招标文件。招标文件应当包括下列内容：

（一）招标项目介绍；

（二）对投标事务所资格审查的标准；

（三）投标报价要求；

（四）评标标准；

（五）拟签订业务约定书的主要条款。

第九条 招标单位应当在招标文件中详细披露便于投标事务所确定工作量、制定工作方案、提出合理报价、编制投标文件的招标项目信息，包括被审计单位的组织架构、所处行业、业务类型、地域分布、财务信息（如资产规模及结构、负债水平、年业务收入水平、其他相关财务指标）等。

第十条 招标单位应当根据招标项目要求，综合考虑投标事务所的工作方案、人员配备、相关工作经验、职业道德记录和质量控制水平、商务响应程度、报价等方面，合理确定评审内容、设定评审标准、设计各项评审内容分值占总分值的权重。投标事务所报价分值的权重不应高于20%。

评标标准的具体设计可以参考所附《评审内容及其权重设计参考表》。

第十一条 招标项目需要确定工期的，招标单位应当考虑注册会计师行业服务的特殊性，合理确定事务所完成相应工作的工期，并在招标文件中载明。

第十二条 招标单位可以根据招标项目的具体情况，组织潜在投标事务所座谈、答疑。潜在投标事务所需要查询招标项目详细资料的，招标单位应当在可能的情况下提供便利。

第十三条 招标单位在做出投标事务所编制投标文件的时限要求时，应当考虑注册会计师行业服务的特殊性，自招标文件开始发出之日起至投标事务所提交投标文件截止之日止，一般不得少于20日。

第十四条 招标单位应当公开进行开标，并邀请所有投标事务所参加。

第十五条 招标单位应当组建评标委员会，由评标委员会负责评标。

评标委员会由招标单位的代表和熟悉注册会计师行业的专家组成，与投标单位有利害关系的人不得进入相关项目的评标委员会。

评标委员会成员（以下简称评委）人数应当为5人以上单数，其中熟悉注册会计师行业的专家一般不应少于成员总数的2/3。

评委名单在中标结果确定前应当保密。

第十六条 招标单位应当采取必要的措施，保证评标在严格保密的情况下进行。任何单位和个人不得非法干预、影响评标的过程和结果。

第十七条 评委应当依据评标标准对投标事务所进行评分。

评标委员会应当按照各投标事务所得分高低次序排出名次，并根据名次推荐中标候选事务所。

第十八条 评标委员会完成评标后，应当向招标单位提出书面评标报告。

招标单位应当根据评标委员会提出的书面评标报告和推荐的中标候选事务所确定中标事务所。招标单位也可以授权评标委员会直接确定中标事务所。

第十九条 中标事务所确定后，招标单位应当向中标事务所发出中标通知书，同时将中标结果通知所有未中标的投标事务所。

第二十条 招标单位应当自中标通知书发出之日起30日内，以招标文件和中标事务所投标文件的内容为依据,与中标事务所签订业务约定书。

招标单位不得向中标事务所提出改变招标项目实质性内容、提高招标项目的技术要求、降低支付委托费用等要求,不得以各种名目向中标事务所索要回扣。

招标单位不得与中标事务所再行订立背离业务约定书实质性内容的其他协议。

第二十一条 财政部和各省、自治区、直辖市财政部门应当对审计招标投标活动进行监督,对审计招标投标活动中的违法违规行为予以制止并依法进行处理。

第二十二条 招标单位招标委托事务所从事其他鉴证业务和相关服务业务的,参照执行本规范。

第二十三条 本规范由财政部负责解释。

第二十四条 本规范自2006年3月1日起施行。

附表:评审内容及其权重设计参考表

附表:

评审内容及其权重设计参考表

评审内容	权重范围
工作方案	20%~30%
人员配备	20%~30%
相关工作经验	15%~25%
职业道德记录和质量控制水平	10%~15%
商务响应程度	5%
报价	10%~20%

国有金融企业集中采购管理暂行规定

(2018年2月5日 财金〔2018〕9号)

第一章 总　　则

第一条　为规范国有金融企业集中采购行为，加强对采购支出的管理，提高采购资金的使用效益，根据国家有关法律、行政法规和部门规章，制定本规定。

第二条　国有金融企业实施集中采购适用本规定。

本规定所称国有金融企业，包括所有获得金融业务许可证的国有企业，以及国有金融控股公司、国有担保公司和其他金融类国有企业。按现行法律法规实行会员制的金融交易场所参照本规定执行。

本规定所称集中采购，是指国有金融企业以合同方式有偿取得纳入集中采购范围的货物、工程和服务的行为。

第三条　国有金融企业集中采购应当遵循公开、公平、公正、诚实信用和效益原则。

第四条　国有金融企业开展集中采购活动应符合国家有关规定，建立统一管理、分级授权、相互制约的内部管理体制，切实维护企业和国家整体利益。

第五条　国有金融企业集中采购应优先采购节能环保产品。

第二章 组织管理

第六条　国有金融企业应建立健全集中采购决策管理职能与操作执行职能相分离的管理体制。

第七条　国有金融企业应成立集中采购管理委员会，成员由企业相关负责人以及财务、法律等相关业务部门负责人组成，负责对公司集中采购活动进行决策管理。国有金融企业纪检、监察、审计等部门人员可列席集中采购管理委员会会议。

国有金融企业集中采购管理委员会的主要职责包括：

（一）审定企业内部集中采购管理办法等制度规定；

（二）确定企业集中采购目录及限额标准；

（三）审定采购计划并审查采购计划的执行情况；

（四）审议对业务活动和发展有较大影响的采购事项；

（五）采购活动中涉及的其他重要管理和监督事宜。

第八条 国有金融企业可指定具体业务部门或根据实际设立集中采购日常管理机构，具体实施集中采购活动。根据集中采购项目具体情况，国有金融企业可自行采购或委托外部代理机构办理采购事宜。

第九条 国有金融企业采用公开招标、邀请招标方式采购的，应依法组建评标委员会负责采购项目评审。采用竞争性谈判、竞争性磋商、询价等非招标方式采购的，应参照政府采购的相关要求并结合本单位实际，成立谈判、磋商或询价小组。

第十条 国有金融企业总部可建立或联合建立集中采购项目评审专家库。评审专家成员由国有金融企业财务、技术等内部专业人员，以及相关技术、经济等方面的外部专家组成。如不具备上述建库条件的企业，应合理使用招标代理机构等外部的评审专家库。

第十一条 一般采购项目从评审专家库中随机抽取选定评审专家，对技术复杂、专业性强或者有特殊要求的采购项目，通过随机抽取方式难以确定合适评审专家的，可由国有金融企业按程序自行选定。

第三章 制度建设

第十二条 国有金融企业可参考省级以上人民政府定期发布的集中采购目录及标准，结合企业实际情况，制定本企业的集中采购目录及限额标准。

第十三条 国有金融企业应依据国家有关法律法规和本规定，制定企业内部集中采购管理办法。

第十四条 国有金融企业内部集中采购管理办法，应至少包括以下内容：

（一）明确公司集中采购范围，以及不同采购方式的具体适用情形；

（二）实施集中采购的具体程序，包括编制采购计划、采购项目立项、编制采购需求、实施采购、签订合同、采购验收、资金结算、档案管理等；

（三）明确集中采购活动的内部监督检查主体及职责；

（四）对违法违规和违反职业道德等人员和单位的处理处罚措施等。

第十五条 国有金融企业应当建立健全内部监督管理制度，加强对集中采购的内部控制和监督检查，切实防范采购过程中的差错和舞弊行为。

第十六条 国有金融企业应建立相互监督、相互制约的采购活动决策和执行程序，并明确具体采购项目经办人员与负责采购合同审核、验收人员的职责权限，做到相互分离。

第十七条 国有金融企业应对分支机构的集中采购行为做好业务指导和管理。

第四章 采购方式

第十八条 国有金融企业集中采购可以采用公开招标、邀请招标、竞争性谈判、竞争性磋商、单一来源采购、询价，以及有关管理部门认定的其他采购方式。

第十九条 对纳入集中采购范围的采购项目，国有金融企业原则上应优先采用公开招标或邀请招标的方式。需要采用非招标采购方式的，应符合本规定要求，并在采购活动开始前，按企业内部集中采购管理规定报批。

第二十条 符合下列情形之一的集中采购项目，可以采用邀请招标方式采购：

（一）具有特殊性，只能从有限范围的供应商处采购的；

（二）采用公开招标方式的费用占该采购项目总价值的比例过大的；

（三）企业内部集中采购管理办法列明的其他适用情形。

第二十一条 符合下列情形之一的集中采购项目，可以采用竞争性谈判方式采购：

（一）招标后没有供应商投标或者没有合格标的或者重新招标未能成立的；

（二）技术复杂或者性质特殊，不能确定详细规格或者具体要求的；

（三）采用招标所需时间不能满足用户紧急需要的；

（四）不能事先计算出价格总额的；

（五）企业内部集中采购管理办法列明的其他适用情形。

第二十二条　符合下列情形之一的集中采购项目，可以采用竞争性磋商方式采购：

（一）购买服务项目；

（二）技术复杂或者性质特殊，不能确定详细规格或者具体要求的；

（三）因专利、专有技术或者服务的时间、数量事先不能确定等原因不能事先计算出价格总额的；

（四）市场竞争不充分的科研项目；

（五）按照招标投标法及其实施条例必须进行招标的工程建设项目以外的工程建设项目；

（六）企业内部集中采购管理办法列明的其他适用情形。

第二十三条　符合下列情形之一的集中采购项目，可以采用单一来源方式采购：

（一）只能从唯一供应商处采购的；

（二）发生了不可预见的紧急情况不能从其他供应商处采购的；

（三）必须保证原有采购项目一致性或者服务配套的要求，需要再次向原供应商采购的；

（四）企业内部集中采购管理办法列明的其他适用情形。

第二十四条　集中采购项目符合货物规格、标准统一，现货货源充足且价格变化幅度小等条件的，经企业内部集中采购管理办法列明，可以采用询价方式采购。

第五章　采购管理

第二十五条　国有金融企业应按采购计划实施集中采购，并纳入年度预算管理。计划外的集中采购事项，应按企业内部相关规定报批。采购计划的重大调整，应按程序报集中采购管理委员会审议。

第二十六条　国有金融企业不得将应当以公开招标方式采购的项目化整为零或者以其他任何方式规避公开招标采购。

第二十七条　国有金融企业根据中标或成交结果签订采购合同，采购合同

第二十八条　国有金融企业要做好集中采购信息公开工作，通过企业网站、招标代理机构网站或省级以上人民政府财政部门指定的政府采购信息公开媒体等公开渠道，向社会披露公开招标和非公开招标的采购项目信息，涉及国家秘密、商业秘密的内容除外。

采用公开招标方式的，应当按规定发布招标公告、资格预审公告，公示中标候选人、中标结果等全流程信息。中标结果公示内容包括但不限于招标项目名称、招标人、招标代理机构、招标公告日期、中标人、中标内容及价格等基本要素。招标公告及中标结果应在同一渠道公开。

采用非公开招标方式的，应在采购合同签订之日起3个工作日内，公告成交结果，包括但不限于采购内容、采购方式、候选供应商、中选供应商、合同确定的采购数量、采购价格等基本要素。

第六章　监督检查

第二十九条　国有金融企业应认真执行本规定，在年度财务报告中披露对企业成本、费用影响重大的集中采购事项，自觉接受财政、审计等相关部门的监督检查。

第三十条　对国有金融企业实施的招标等集中采购活动，投标商及相关方认为有任何违法违规问题的，可按规定向国有金融企业的主管财政机关以及国家有关部门投诉。

第三十一条　企业采购当事人不得互相串通损害企业利益、国家利益、社会公共利益和其他当事人的合法权益。

第三十二条　对采购当事人泄露标底等应当保密的与采购活动有关的情况和资料以及其他违反有关法律、行政法规和本规定的行为，依法追究责任。

第七章　附　　则

第三十三条　国有金融企业使用国际组织、外国政府、外国法人、以及其他组织和个人的贷款或者赠款进行采购，贷款或赠款人对采购方式有约定的，可从其约定，但不得损害国家利益和社会公共利益。

第三十四条 本规定自 2018 年 3 月 1 日起施行。《关于加强国有金融企业集中采购管理的若干规定》（财金〔2001〕209 号）同时废止。

农业基本建设项目招标投标管理规定

（2004 年 7 月 14 日　农计发〔2004〕10 号）

第一章　总　　则

第一条　为加强农业基本建设项目招标投标管理，确保工程质量，提高投资效益，保护当事人的合法权益，根据《中华人民共和国招标投标法》等规定，制定本规定。

第二条　本规定适用于农业部管理的基本建设项目的勘察、设计、施工、监理招标，仪器、设备、材料招标以及与工程建设相关的其他招标活动。

第三条　招标投标活动必须遵循公开、公平、公正和诚实信用的原则。

第四条　招标投标活动一般应按照以下程序进行：

（一）有明确的招标范围、招标组织形式和招标方式，并在项目立项审批时经农业部批准。

（二）自行招标的应组建招标办事机构，委托招标的应选择由代理资质的招标代理机构。

（三）编写招标文件。

（四）发布招标公告或招标邀请书，进行资格审查，发放或出售招标文件，组织投标人现场踏勘。

（五）接受投标文件。

（六）制订具体评标方法或细则。

（七）成立评标委员会。

（八）组织开标、评标。

（九）确定中标人。

（十）向项目审批部门提交招标投标的书面总结报告。

（十一）发中标通知书，并将中标结果通知所有投标人。

（十二）签订合同。

第二章　行政管理

第五条　农业部发展计划司归口管理农业基本建设项目的招标投标工作，主要职责是：

（一）依据国家有关招标投标法律、法规和政策，研究制定农业基本建设项目招标投标管理规定；

（二）审核、报批项目招标方案；

（三）指导、监督、检查农业基本建设项目招标投标活动的实施；

（四）受理对农业建设项目招标投标活动的投诉并依法做出处理决定；督办农业基本建设项目招标投标活动中的违法违规行为的查处工作；

（五）组建和管理农业基本建设项目评标专家库；

（六）组织重大农业基本建设项目招标活动。

第六条　农业部行业司局负责本行业农业基本建设项目招标投标管理工作，主要职责是：

（一）贯彻执行有关招标投标的法律、法规、规章和政策；

（二）指导、监督、检查本行业基本建设项目招标投标活动的实施；

（三）推荐农业基本建设项目评标专家库专家人选。

第七条　省级人民政府农业行政主管部门管理本辖区内农业基本建设项目招标投标工作，主要职责是：

（一）贯彻执行有关招标投标的法律、法规、规章和政策；

（二）受理本行政区域内对农业基本建设项目招标投标活动的投诉，依法查处违法违规行为；

（三）组建和管理本辖区内农业基本建设项目评标专家库；

（四）指导、监督、检查本辖区内农业基本建设项目招标投标活动的实施，并向农业部发展计划司和行业司局报送农业基本建设项目招标投标情况书面报告；

（五）组织本辖区内重大农业工程建设项目招标活动。

第三章 招 标

第八条 符合下列条件之一的农业基本建设项目必须进行公开招标：

（一）施工单项合同估算价在200万元人民币以上的；

（二）仪器、设备、材料采购单项合同估算价在100万元人民币以上的；

（三）勘察、设计、监理等服务的采购，单项合同估算价在50万元人民币以上的；

（四）单项合同估算低于第（一）、（二）、（三）项规定的标准，但项目总投资额在3000万元人民币以上的。

第九条 第八条规定必须公开招标的项目，有下列情形之一的，经批准可以采用邀请招标：

（一）项目技术性、专业性较强，环境资源条件特殊，符合条件的潜在投标人有限的；

（二）受自然、地域等因素限制，实行公开招标影响项目实施时机的；

（三）公开招标所需费用占项目总投资比例过大的；

（四）法律法规规定的其他特殊项目。

第十条 符合第八条规定必须公开招标的项目，有下列情况之一的，经批准可以不进行招标：

（一）涉及国家安全或者国家秘密不适宜招标的；

（二）勘察、设计采用特定专利或者专有技术的，或者其建筑艺术造型有特殊要求不宜进行招标的；

（三）潜在投标人为三家以下，无法进行招标的；

（四）抢险救灾及法律法规规定的其他特殊项目。

第十一条 任何单位和个人不得将依法必须招标的项目化整为零或者以其他任何方式规避招标。

第十二条 必须进行招标的农业基本建设项目应在报批的可行性研究报告（项目建议书）中提出招标方案。符合第十条规定不进行招标的项目应在报批可行性研究报告时提出申请并说明理由。

招标方案包括以下主要内容：

（一）招标范围。说明拟招标的内容及估算金额。

（二）招标组织形式。说明拟采用自行招标或委托招标形式，自行招标的应说明理由。

（三）招标方式。说明拟采用公开招标或邀请招标方式，邀请招标的应说明理由。

第十三条 农业基本建设项目的招标人是提出招标项目、进行招标的农业系统法人或其他组织。

招标人应按审批部门批准的招标方案组织招标工作。确需变更的，应报原审批部门批准。

第十四条 农业基本建设项目招标应当具备以下条件：

（一）勘察、设计招标条件

1. 可行性研究报告（项目建议书）已批准；

2. 具备必要的勘察设计基础资料。

（二）监理招标条件

初步设计已经批准。

（三）施工招标条件

1. 初步设计已经批准；

2. 施工图设计已经完成；

3. 建设资金已落实；

4. 建设用地已落实，拆迁等工作已有明确安排。

（四）仪器、设备、材料招标条件

1. 初步设计已经批准；

2. 施工图设计已经完成；

3. 技术经济指标已基本确定；

4. 所需资金已经落实。

第十五条 自行招标的招标人应具备编制招标文件和组织评标的能力。招标人自行招标应具备的条件：

（一）具有与招标项目规模和复杂程度相应的工程技术、概预算、财务和工程管理等方面专业技术力量；

（二）有从事同类工程建设项目招标的经验；

（三）设有专门的招标机构或者拥有三名以上专职招标业务人员；

（四）熟悉和掌握招标投标法及有关法规规章。

第十六条 委托招标是指委托有资质的招标代理机构办理招标事宜。招标人不具备第十五条规定条件的，应当委托招标。

承担农业基本建设项目招标的代理机构必须是国务院建设行政主管部门认定的招标代理机构，其资质等级应与所承担招标项目相适应。

招标代理机构收费标准按国家规定执行。

第十七条 采用公开招标的项目，招标人应当在国家发展和改革委员会指定的媒介或建设行政主管部门认定的有形建筑市场发布招标公告。招标公告不得限制潜在投标人的数量。

采用邀请招标的项目，招标人应当向三个以上单位发出投标邀请书。

第十八条 招标公告或投标邀请书应当载明招标人名称和地址、招标项目的基本要求、投标人的资格要求以及获取招标文件的方法等事项。招标人应当对招标公告或投标邀请书的真实性负责。

第十九条 招标人可以对潜在投标人进行资格审查，并提出资格审查报告，经参审人员签字后存档备查，并将审查结果告知潜在投标人。

在一个项目中，招标人应当以相同条件对所有潜在投标人的资格进行审查，不得以任何理由限制或者排斥部分潜在投标人。

第二十条 招标人或招标代理机构应当按照国家有关规定和项目的批复编制招标文件。

（一）勘察、设计招标文件主要内容包括：

1. 工程基本情况。包括工程名称、性质、地址、占地面积、建筑面积等；

2. 投标人须知。主要应包括接受投标报名、投标人资格审查、发售招标文件、组织招标答疑、踏勘工程现场、接受投标、开标等招标程序的规定和日程安排，投标人资格的要求，投标文件的签署和密封要求，投标保证金（保函）、履约保证金（保函）等方面的规定；

3. 已获批准的可行性研究报告（项目建议书）；

4. 工程经济技术要求；

5. 有关部门确定的规划控制条件和用地红线图；

6. 可供参考的工程地质、水文地质、工程测量等建设场地勘察成果报告；

7. 供水、供电、供气、供热、环保、市政道路等方面的基础资料；

8. 招标答疑、踏勘现场的时间和地点；

9. 投标文件内容和编制要求；

10. 评标标准和方法；

11. 投标文件送达的截止时间；

12. 拟签订合同的主要条款；

13. 未中标方案的补偿办法。

（二）监理招标文件主要内容包括：

1. 工程基本情况。包括工程建设项目名称、性质、地点、规模、用地、资金等；

2. 投标人须知。主要包括接受投标报名、投标人资格审查、发售招标文件、组织招标答疑、踏勘工程现场、接受投标、开标等招标程序的规定和日程安排，投标人资格的要求，投标文件的签署和密封要求，投标保证金（保函）、履约保证金（保函）等；

3. 施工图纸；

4. 投标文件内容和编制要求；

5. 评标标准和方法；

6. 拟签订合同的主要条款及合同格式。

7. 工程监理技术规范或技术要求。

（三）施工招标文件主要内容包括：

1. 工程基本情况。包括工程建设项目名称、性质、地点、规模、用地、资金等方面的情况；

2. 投标人须知。主要包括接受投标报名、投标人资格审查、发售招标文件、组织招标答疑、踏勘工程现场、接受投标、开标等招标程序的规定和日程安排，投标人资格的要求，投标文件的签署和密封要求，投标保证金（保函）、履约保证金（保函）等方面的规定；

3. 招标内容和施工图纸；

4. 投标文件内容和编制要求；

5. 工程造价计算方法和工程结算办法；

6. 评标标准和方法；

7. 拟签订合同的主要条款及合同格式。

（四）仪器、设备、材料招标文件应与主管部门批复的设备清单和概算一致，包括的主要内容有：

1. 项目基本情况。包括工程建设项目名称、性质、资金来源等方面的情况；

2. 投标人须知。主要包括接受投标报名、投标人资格审查、发售招标文件、组织招标答疑、澄清或修改招标文件、接受投标、开标等招标程序的规定和日程安排，投标人资格、投标文件的签署和密封、投标有效期、投标保证金（保函）、履约保证金（保函）等方面的规定；

3. 招标内容及货物需求表；

4. 投标文件内容和编制要求。应包括投标文件组成和格式、投标报价及使用货币，投标使用语言及计量单位、投标人资格证明文件、商务或技术响应性文件等方面内容和规定；

5. 拟签署合同的主要条款和合同格式；

6. 投标文件格式，包括投标书、开标报价表、投标货物说明表、技术响应表、投标人资格证明、授权书、履约保函等投标文件的格式；

7. 评标标准和方法；

8. 招标人对拟采购仪器（设备、材料）的技术要求；

9. 仪器（设备、材料）招标文件一般应按照商务部分、技术部分分别编制。

第二十一条　农业部直属单位重点项目的招标文件，须经农业部发展计划司委托有关工程咨询单位进行技术审核后方可发出。

第二十二条　招标人对已发出的招标文件进行必要澄清或者修改的，应当在招标文件要求提交投标文件截止时间至少15日前，以书面形式通知所有招标文件收受人。该澄清或者修改的内容为招标文件的组成部分。

第二十三条　依法必须进行招标的项目，自招标文件发售之日至停止发售之日，最短不得少于 5 个工作日。自招标文件停止发出之日至投标人提交投标文件截止日，最短不应少于 20 个工作日。

第二十四条　招标文件应按其制作成本确定售价，一般应控制在 2000 元以内。

第二十五条　招标文件应当明确投标保证金金额，一般不超过合同估算价的千分之五，但最低不得少于 1 万元人民币。

第四章　投标和开标

第二十六条　投标人是响应招标、参加投标竞争的法人或者其他组织。农业基本建设项目的投标人应当具备相应资质或能力。

第二十七条　投标人应当按照招标文件的要求编制投标文件，并在招标文件规定的投标截止时间之前密封送达招标人。在投标截止时间之前，投标人可以撤回已递交的投标文件或进行修改和补充，但应当符合招标文件的要求。

第二十八条　两个或两个以上单位联合投标的，应当按资质等级较低的单位确定联合体资质（资格）等级。招标人不得强制投标人组成联合体共同投标。

第二十九条　投标人应当对递交的投标文件中资料的真实性负责。投标人在递交投标文件的同时，应当缴纳投标保证金。招标人收到投标文件后，应当签收保存，不得开启。

第三十条　开标应当在招标文件确定的提交投标文件截止时间的同一时间公开进行；开标地点应当为招标文件中预先确定的地点。

在投标截止时间前提交投标文件的投标人少于三个的，不予开标。

第三十一条　开标由招标人主持，邀请所有投标人参加。开标人员至少由主持人、监标人、开标人、唱标人、记录人组成，上述人员对开标负责。

第三十二条　开标一般按以下程序进行：

（一）主持人在招标文件确定的时间停止接收投标文件，开始开标；

（二）宣布开标人员名单；

（三）确认投标人法定代表人或授权代表人是否在场；

（四）宣布投标文件开启顺序；

（五）依开标顺序，先检查投标文件密封是否完好，再启封投标文件；

（六）宣布投标要素，并作记录，同时由投标人代表签字确认；

（七）对上述工作进行记录，存档备查。

第五章 评标和中标

第三十三条 评标由招标人依法组建的评标委员会负责。

评标委员会应由招标人代表和有关技术、经济方面的专家组成；成员人数为五人以上单数，其中技术、经济等方面的专家不得少于成员总数的三分之二。

第三十四条 评标委员会专家应从评标专家库中随机抽取。技术特别复杂、专业性要求特别高或者国家有特殊要求的招标项目，采取随机抽取方式确定的专家难以胜任的，经农业部发展计划司同意可以直接确定。

评标委员会成员名单在中标结果确定前应当保密。

第三十五条 仪器、设备、材料招标中，参与制定招标文件的专家一般不再推选为同一项目的评标委员会成员。

第三十六条 评标委员会设主任委员1名，副主任委员1-2名。主任委员应由具有丰富评标经验的经济或技术专家担任，副主任委员可由专家或招标人代表担任。评标委员会在主任委员领导下开展评标工作。

第三十七条 评标工作按以下程序进行：

（一）招标人宣布评标委员会成员名单并确定主任委员；

（二）招标人宣布评标纪律；

（三）在主任委员主持下，根据需要成立有关专业组和工作组；

（四）招标人介绍招标文件；

（五）评标人员熟悉评标标准和方法；

（六）评标委员会对投标文件进行形式审查；

（七）经评标委员会初步评审，提出需投标人澄清的问题，经二分之一以上委员同意后，通知投标人；

（八）需要书面澄清的问题，投标人应当在规定的时间内，以书面形式送达评标委员会；

（九）评标委员会按招标文件确定的评标标准和方法，对投标文件进行详细评审，确定中标候选人推荐顺序；

（十）经评标委员会三分之二以上委员同意并签字，通过评标委员会工作报告，并附往来澄清函、评标资料及推荐意见等，报招标人。

第三十八条 设计、施工、监理评标之前应由评标委员会以外的工作人员将投标文件中的投标人名称、标识等进行隐蔽。

第三十九条 评标委员会对各投标文件进行形式审查，确认投标文件是否有效。对有下列情况之一的投标文件，可以拒绝或按无效标处理：

（一）投标文件密封不符合招标文件要求；

（二）逾期送达；

（三）未按招标文件要求加盖单位公章和法定代表人（或其授权人）的签字（或印鉴）；

（四）招标文件要求不得标明投标人名称，但投标文件上标明投标人名称或有任何可能透露投标人名称信息的；

（五）未按招标文件要求编写或字迹模糊导致无法确认关键技术方案、关键工期、关键工程质量保证措施、投标价格；

（六）未按规定交纳投标保证金；

（七）招标文件载明的招标项目完成期限超过招标文件规定的期限；

（八）明显不符合技术规格、技术标准要求；

（九）投标文件载明的货物包装方式、检验标准和方法不符合招标文件要求；

（十）不符合招标文件规定的其它实质性要求或违反国家有关规定；

（十一）投标人提供虚假资料。

第四十条 评标委员会应按照招标文件中载明的评标标准和方法进行评标。在同一个项目中，对所有投标人采用的评标标准和方法必须相同。

第四十一条 评标委员会应从技术、商务方面对投标文件进行评审，包括以下主要内容：

（一）勘察、设计评标

1. 投标人的业绩和资信；

2. 人力资源配备；

3. 项目主要承担人员的经历；

4. 技术方案和技术创新；

5. 质量标准及质量管理措施；

6. 技术支持与保障；

7. 投标价格；

8. 财务状况；

9. 组织实施方案及进度安排。

（二）监理评标

1. 投标人的业绩和资信；

2. 项目总监理工程师及主要监理人员经历；

3. 监理规划（大纲）；

4. 投标价格；

5. 财务状况。

（三）施工评标

1. 施工方案（或施工组织设计）与工期；

2. 投标价格；

3. 施工项目经理及技术负责人的经历；

4. 组织机构及主要管理人员；

5. 主要施工设备；

6. 质量标准、质量和安全管理措施；

7. 投标人的业绩和资信；

8. 财务状况。

（四）仪器、设备、材料评标

1. 投标价格；

2. 质量标准及质量管理措施；

3. 组织供应计划；

4. 售后服务；

5. 投标人的业绩和资信；

6. 财务状况。

第四十二条　评标方法可采用综合评估法或经评审的最低投标价法。

第四十三条　中标人的投标应当符合下列条件之一：

（一）能够最大限度地满足招标文件中规定的各项综合评价标准；

（二）能够满足招标文件的实质性要求，并且经评审的投标价格最低；但是投标价格低于成本的除外。

第四十四条　评标委员会经评审，认为所有投标都不符合招标文件要求的，可以否决所有投标。

所有投标被否决的，招标人应当重新组织招标。

第四十五条　评标委员会应向招标人推荐中标候选人，并明确排序。招标人也可以授权评标委员会直接确定中标人。

第四十六条　招标人在确定中标人时，必须选择评标委员会排名第一的中标候选人作为中标人。排名第一的中标候选人放弃中标，因不可抗力提出不能履行合同，或者未在招标文件规定期限内提交履约保证金的，招标人可以按次序选择后续中标候选人作为中标人。

第四十七条　依法必须进行招标的项目，招标人应当自确定中标人之日起7个工作日内向省级农业行政主管部门（地方和直属直供垦区承担的项目）、农业部有关行业司局（农业部直属单位承担的行业项目）或农业部发展计划司（农业部直属单位承担的基础设施建设项目）提交招标投标情况的书面报告。书面报告一般应包括以下内容：

（一）招标项目基本情况；

（二）投标人情况；

（三）评标委员会成员名单；

（四）开标情况；

（五）评标标准和方法；

（六）废标情况；

（七）评标委员会推荐的经排序的中标候选人名单；

（八）中标结果；

（九）未确定排名第一的中标候选人为中标人的原因；

（十）其它需说明的问题。

第四十八条 农业行政主管部门接到报告 7 个工作日无不同意见，招标人应向中标人发出中标通知书，并同时将中标结果通知所有未中标的投标人。

中标通知书发出后，招标人改变中标结果的，或者中标人放弃中标项目的，应当依法承担法律责任。

第四十九条 招标文件要求中标人提交履约保证金或其他形式履约担保的，中标人应当按规定提交；拒绝提交的，视为放弃中标项目。

第五十条 招标人和中标人应当自中标通知书发出之日起三十日内，按照招标文件和中标人的投标文件订立书面合同。招标人和中标人不得再行订立背离合同实质性内容的其它协议。

第五十一条 招标人与中标人签订合同后五个工作日内，应当向中标人和未中标人一次性退还投标保证金。勘察设计招标文件中规定给予未中标人经济补偿的，也应在此期限内一并给付。

第五十二条 定标工作应当在投标有效期结束日三十个工作日前完成。不能如期完成的，招标人应当通知所有投标人延长投标有效期。同意延长投标有效期的投标人应当相应延长其投标担保的有效期，但不得修改投标文件的实质性内容。拒绝延长投标有效期的投标人有权收回投标保证金。招标文件中规定给予未中标人补偿的，拒绝延长的投标人有权获得补偿。

第五十三条 有下列情形之一的，招标人应当依照本办法重新招标：

（一）在投标截止时间前提交投标文件的投标人少于三个的；

（二）资格审查合格的投标人不足三个的；

（三）所有投标均被作废标处理或被否决的；

（四）评标委员会否决不合格投标或者界定为废标后，有效投标不足三个的；

（五）根据第五十二条规定，同意延长投标有效期的投标人少于三个的；

（六）评标委员会推荐的所有中标候选人均放弃中标的。

第五十四条 因发生本规定第五十三条第（一）、（二）项情形之一重新招标后，仍出现同样情形，经审批同意，可以不再进行招标。

第六章　附　则

第五十五条 各级农业行政主管部门按照规定的权限受理对农业基本建设项目招标投标活动的投诉，并按照国家发展和改革委员会等部门发布的《工程建设项目招标投标活动投诉处理办法》，处理或会同有关部门处理农业建设项目招投标过程中的违法活动。

对于农业基本建设项目招标投标活动中出现的违法违规行为，依照《中华人民共和国招标投标法》和国务院的有关规定进行处罚。

第五十六条 本规定所称勘察、设计招标，是指招标人通过招标方式选择承担该建设工程的勘察任务或工程设计任务的勘察、设计单位的行为。

本规定所称监理招标，是指招标人通过招标方式选择承担建设工程施工监理任务的建设监理单位的行为。

本规定所称施工招标，是指招标人通过招标方式选择承担建设工程的土建、田间设施、设备安装、管线敷设等施工任务的施工单位的行为。

本规定所称仪器、设备、材料招标，是指招标人通过招标方式选择承担建设工程所需的仪器、设备、建筑材料等的供应单位的行为。

第五十七条 农业部直属单位自筹资金建设项目参照本规定执行。

第五十八条 本规定自 2004 年 9 月 1 日起施行。

财政部关于印发《记账式国债招标发行规则》的通知

（2022 年 1 月 6 日　财库〔2022〕004 号）

记账式国债承销团成员、中央国债登记结算有限责任公司、中国证券登记结算有限责任公司、中国外汇交易中心、上海证券交易所、深圳证券交易所：

为规范记账式国债招标发行管理，促进国债市场健康发展，财政部制定了《记账式国债招标发行规则》，现予以公布，请照此执行。

附件：记账式国债招标发行规则

附件：

记账式国债招标发行规则

第一条 为规范记账式国债招标发行管理，促进国债市场健康发展，根据《中华人民共和国预算法》、《中华人民共和国预算法实施条例》等法律法规，制定本规则。

第二条 本规则所称记账式国债，是指财政部通过记账式国债承销团向社会各类投资者发行的以电子方式记录债权的可流通国债。本规则所称关键期限国债由财政部在向社会公布的发行计划中确定。

第三条 记账式国债发行招标通过财政部政府债券发行系统（以下称发行系统）进行。发行系统包括中心端和客户端。记账式国债承销团成员（以下称国债承销团成员）通过客户端远程投标。

第四条 记账式国债通过竞争性招标确定票面利率或发行价格。

（一）国债承销团成员应当按照发行系统客户端提示按时报送国债投标需求。

（二）如无特殊规定，竞争性招标时间为招标日上午 10：35 至 11：35。

（三）竞争性招标标的为利率或价格，国债承销团成员在每个利率或价格上的投标为一个标位，除另有规定外，利率招标时，标位变动幅度为 0.01%；价格招标时，标位变动幅度在国债发行通知中规定。财政部按照低利率或高价格优先的原则对有效投标逐笔募入，直到募满招标额或将全部有效投标募完为止，募入即为中标。

最高中标利率或最低中标价格上的投标额大于剩余招标额，以国债承销团成员在该利率或价格上的投标额为权重平均分配，取整至 0.1 亿元，尾数按投标时间优先原则分配。

（四）竞争性招标方式包括单一价格招标、修正的多重价格招标等。

单一价格招标方式下，标的为利率时，全场最高中标利率为当期（次）国债票面利率，各中标国债承销团成员（以下称中标机构）均按面值承销；标的为价格时，全场最低中标价格为当期（次）国债发行价格，各中标机构均按发行价格承销。

修正的多重价格招标方式下，标的为利率时，全场加权平均中标利率四舍五入后为当期（次）国债票面利率，低于或等于票面利率的中标标位，按面值承销；高于票面利率的中标标位，按各中标标位的利率与票面利率折算的价格承销。标的为价格时，全场加权平均中标价格四舍五入后为当期（次）国债发行价格，高于或等于发行价格的中标标位，按发行价格承销；低于发行价格的中标标位，按各中标标位的价格承销。

竞争性招标确定的票面利率（百分数）保留2位小数，一年以下（含一年）期限国债发行价格（以元为单位）保留3位小数，一年以上（不含一年）期限国债发行价格保留2位小数。

（五）投标限定。

投标标位差。每一国债承销团成员最高、最低投标标位差不得大于当期（次）国债发行通知规定的投标标位差。

投标剔除。背离全场加权平均投标利率或价格一定数量以上（不含本数）的标位为无效投标，全部落标，不参与全场加权平均中标利率或价格的计算。

中标剔除。标的为利率时，高于全场加权平均中标利率一定数量以上（不含本数）的标位，全部落标；标的为价格时，低于全场加权平均中标价格一定数量以上（不含本数）的标位，全部落标。

单一标位限制。单一标位最低投标限额为0.1亿元。当期（次）国债竞争性招标额在500亿元以上（不含本数）时，单一标位最高投标限额为当期（次）国债竞争性招标额的10%；当期（次）国债竞争性招标额在500亿元以下（含本数）时，单一标位最高投标限额为50亿元。

投标量变动幅度为0.1亿元的整数倍。

最高投标限额。国债承销团甲类成员最高投标限额为当期（次）国债竞争性招标额的35%。国债承销团乙类成员最高投标限额为当期（次）国债竞争性招标额的25%。上述比例均计算至0.1亿元，0.1亿元以下四舍五入。

第五条 如无特殊规定，10年期以下期限（含）记账式国债可以进行追加发行。竞争性招标结束后 20 分钟内，国债承销团甲类成员有权通过投标追加承销当期（次）国债。

（一）追加投标为数量投标，国债承销团甲类成员按照竞争性招标确定的票面利率或发行价格承销。

（二）国债承销团甲类成员追加承销额上限为该成员当期（次）国债竞争性中标额的 50%，且不能超出该成员当期（次）国债最低承销额，计算至 0.1 亿元，0.1 亿元以下四舍五入。追加承销额应为 0.1 亿元的整数倍。

第六条 国债承销团成员应当承担最低投标、承销责任。

（一）国债承销团甲类成员最低投标额为当期（次）国债竞争性招标额的 4%；乙类为 1.5%。

（二）国债承销团甲类成员最低承销额（含追加承销部分）为当期（次）国债竞争性招标额的 1%；乙类为 0.2%。

上述比例均计算至 0.01 亿元，0.01 亿元以下四舍五入。

第七条 中央国债登记结算有限责任公司（以下称国债公司）为记账式国债债权总托管机构，同时为银行间债券市场（含商业银行柜台）的记账式国债债权分托管机构，中国证券登记结算有限责任公司（以下简称证券登记公司）为交易所债券市场的记账式国债债权分托管机构。债权托管机构在财政部收到发行款后，为认购人办理债权登记和托管。

（一）债权托管机构选择。不可追加投标的国债在竞争性招标结束后 20 分钟内、可以追加投标的国债在追加投标结束后 20 分钟内，各中标机构应通过发行系统填制"债权托管申请书"，在国债公司，证券登记公司上海、深圳分公司选择托管。逾时未填制的，系统默认全部在国债公司托管。

（二）券种注册和承销额度注册。国债公司，证券登记公司上海、深圳分公司根据招标结果办理券种注册，根据各中标机构选择的债券托管数据为各中标机构办理承销额度注册。

（三）债权确立。国债承销团成员应当按照国债发行通知规定缴纳发行款。财政部收到发行款后，托管机构为认购人办理债权登记、托管手续。具体按以下方式处理：

债权登记日，国债公司办理总债权登记、为认购人办理债权托管，证券登记公司上海、深圳分公司为认购人办理分托管部分的债权登记和托管。债权登记日为发行款缴款截止日下一个工作日。

财政部如未足额收到中标机构应缴发行款，将不迟于债权登记日下午3点通知国债公司。国债公司办理债权登记和托管时对财政部未收到发行款的相应债权暂不办理债权登记和托管；对涉及证券登记公司上海、深圳分公司分托管的部分，国债公司应不迟于当日下午4点书面通知证券登记公司上海、深圳分公司，后者对财政部未收到发行款的相应债权暂不办理债权登记和托管。对于未办理债权确认的部分，财政部根据发行款收到情况另行通知国债公司处理。国债公司如在债权登记日下午3点前未收到财政部关于不办理全部或部分债权登记的通知，证券登记公司上海、深圳分公司未在债权登记日下午4点前收到国债公司关于不办理全部或部分分托管债权的通知，应办理全部债权登记和托管手续。

第八条 如果发行系统客户端出现技术问题，国债承销团成员可以将内容齐全的"记账式国债发行应急投标书"（以下称应急投标书）或"记账式国债债权托管应急申请书"（以下称应急债权托管书）（格式见附1、2）传真至国债公司，委托国债公司代为投标或债权托管。

（一）国债承销团成员应当在投标前事先做好应急投标各项准备。

（二）国债承销团成员如需进行应急投标或应急债权托管，应及时通过招标室电话向财政部国债招标人员报告。

（三）竞争性应急投标、追加应急投标、债权托管应急申请的截止时间分别为当期（次）国债竞争性投标、追加投标和债权托管截止时间。应急投标、应急债权托管时间分别以招标室收到应急投标书、应急债权托管书的时间为准。

（四）应急投标书或应急债权托管书录入发行系统后，申请应急的国债承销团成员将无法通过发行系统投标或债权托管。应急投标书或应急债权托管书录入发行系统前，该国债承销团成员仍可通过发行系统投标或债权托管。

（五）如国债承销团成员既通过发行系统投标（债权托管），又进行应急投标（应急债权托管），或进行多次应急投标（应急债权托管），以最后一次有效投标（债权托管申请）为准；如国债承销团成员应急投标（应急债权托管）内容与通过发行系统投标（债权托管）的内容一致，不作应急处理。

（六）国债公司确认竞争性招标时间内其负责维护的发行系统或通讯主干线运行出现问题时，财政部将通过中债发行业务短信平台（010-88170678），通知经报备的国债承销团成员常规联系人、投标操作人，延长竞争性招标应急投标时间至投标截止时间后半小时。通知内容为"［国债招标室通知］××××年×月×日记账式国债竞争性招标应急投标时间延长半小时"。

第九条 国债公司或财政部授权的其他单位作为发行系统技术支持机构，应当为记账式国债招标发行提供相关支持服务。

（一）做好发行系统日常维护，确保发行系统中心端、客户端能够实现记账式国债发行招标、投标所需各项功能。

（二）定期向财政部报告发行系统运行情况，在财政部指导下进行发行系统升级完善。

（三）做好记账式国债发行招标现场及发行招标备用场所的发行系统测试、准备工作，确保发行招标现场及发行招标备用场所招标室专用电话、应急投标传真机等设备运行正常、通讯线路畅通，并在财政部指导下启用发行招标备用场所。

（四）如发行招标备用场所招标室专用电话、应急投标传真机等相关信息发生变更，应当及时向财政部报告，并在财政部指导下及时通知国债承销团成员。

第十条 招标结束后至缴款日（含缴款当日），中标机构可以通过分销转让中标的全部或部分国债债权额度。

（一）关键期限国债分销方式为场内挂牌、场外签订分销合同、商业银行柜台销售。非关键期限国债分销方式为场内挂牌、场外签订分销合同。

（二）分销对象为在证券登记公司开立股票和基金账户，在国债公司、商业银行开立债券账户的各类投资者。

（三）国债承销团成员间不得分销。

（四）非国债承销团成员通过分销获得的国债债权额度，在分销期内不得转让。

（五）国债承销团成员根据市场情况自定分销价格。

第十一条 发行手续费在每季度发行结束后及时拨付。1年期至3年期

（含）记账式国债发行手续费为发行额的0.04%；5年期（含）至50年期记账式国债发行手续费为发行额的0.08%；1年期以下（包括1年期续发）记账式国债无发行手续费。

第十二条　记账式国债可以上市交易。

（一）上市日为债权登记日下一个工作日。关键期限国债在全国银行间债券市场（含商业银行柜台）、证券交易所债券市场上市交易。非关键期限国债在全国银行间债券市场（不含商业银行柜台）、证券交易所债券市场上市交易。

（二）上市后，各期国债可按规定在各交易场所间相互转托管。

（三）通过商业银行柜台购买的国债，可以在债权托管银行质押贷款，具体办法由各商业银行制定。债权托管银行应当及时向国债公司报送债权质押信息。

第十三条　财政部委托国债公司，证券登记公司上海、深圳分公司以及商业银行办理利息支付及到期偿还本金等事宜。

第十四条　本规则自印发之日起施行。

附：1. 记账式国债发行应急投标书

2. 记账式国债债权托管应急申请书

附1：

记账式国债发行应急投标书

业务凭单号：<u>A01</u>

财政部：

  由于我单位财政部政府债券发行系统客户端出现故障，现以书面形式发送____年记账式（附息/贴现）（　期）国债发行（竞争性/追加）应急投标书。我单位承诺：本应急投标书由我单位授权经办人填写，内容真实、准确、完整，具有与系统投标同等效力，我单位自愿承担应急投标所产生风险。

  投标方名称：

  自营托管账号：□□□□□□□□□□

  投标日期：年月日【要素1】

  债券代码：【要素2】

投标标位（%或元/百元面值）	投标量（亿元）
标位1【要素3】	投标量【要素4】
标位2	投标量
标位3	投标量
标位4	投标量
标位5	投标量
标位6	投标量
合计	

（注：标位不够可自行添加）

  电子密押：（　16位数字）

  联系人：

  联系电话：　　　　　　　　　　单位印章

  注意事项：

  1. 应急投标书填写须清晰，不得涂改。

  2. 本应急投标书进行电子密押计算时共有4项要素，其中要素1在电子密押器中已默认显示，如与应急投标书不符时，请手工修正密押器的要素1；要素2-4按应急投标书所填内容顺序输入密押器，输入内容与应急投标书填写内容必须完全一致。

  3. 招标室电话：010-88170543、0544、0545、0546

  招标室传真：010-88170939

附 2：

记账式国债债权托管应急申请书

业务凭单号：A02

财政部：

　　由于我单位财政部政府债券发行系统客户端出现故障，现以书面形式发送 年记账式（附息/贴现）（期）国债发行债权托管应急申请书。我单位承诺：本债权托管应急申请书由我单位授权经办人填写，内容真实、准确、完整，具有与系统投标同等效力，我单位自愿承担应急债权托管所产生风险。

债权托管方名称：

自营托管账号：□□□□□□□□□

申请日期：年月日【要素 1】

债券代码：【要素 2】

托管机构	债权托管面额（亿元）
国债公司【要素 3】	
证券登记公司（上海）	
证券登记公司（深圳）	
合计【要素 4】	

电子密押：（16 位数字））

联系人：

联系电话：　　　　　　　　　　　单位印章

注意事项：

1. 债权托管应急申请书填写须清晰，不得涂改。

2. 本债权托管应急申请书进行电子密押计算时共有 4 项要素，其中要素 1 在电子密押器中已默认显示，如与债权托管应急申请书不符时，请手工修正密押器的要素 1；要素 2-4 按债权托管应急申请书所填内容顺序输入密押器，输入内容与债权托管应急申请书填写内容必须完全一致。

3. 招标室电话：010-88170543、0544、0545、0546

　　招标室传真：010-88170939

财政部关于印发《地方政府债券弹性招标发行业务规程》的通知

(2018年8月14日 财库〔2018〕74号)

各省、自治区、直辖市、计划单列市财政厅（局），新疆生产建设兵团财政局，中央国债登记结算有限责任公司、中国证券登记结算有限责任公司、上海证券交易所、深圳证券交易所，有关金融机构：

为进一步完善地方政府债券发行机制，保障地方政府债券发行工作顺利开展，防范地方政府债券发行风险，财政部决定实行地方政府债券弹性招标制度。根据地方政府债券发行管理有关规定，我们制定了《地方政府债券弹性招标发行业务规程》。现予印发，请参照执行。

附件：地方政府债券弹性招标发行业务规程

附件：

地方政府债券弹性招标发行业务规程

第一条 为进一步完善地方政府债券发行机制，保障地方政府债券发行工作顺利开展，防范地方政府债券发行风险，根据地方政府债券发行管理有关规定，制定本规程。

第二条 地方政府债券弹性招标，是指各省（自治区、直辖市、计划单列市）财政部门（以下简称地方财政部门）预先设定计划发行额区间，依据投标倍数等因素确定最终实际发行量的招标发行方式。

第三条 采用弹性招标方式发行地方政府债券，适用本规程。地方政府一般债券、专项债券（含项目收益与融资自求平衡的专项债券），可采用弹性招标方式发行。

第四条 弹性招标，由地方财政部门通过财政部政府债券发行系统、财政部上海证券交易所政府债券发行系统、财政部深圳证券交易所政府债券发行系统面向地方政府债券承销团（以下简称承销团）成员开展，原则上采用单一价格招标方式，招标标的为利率或价格。

第五条 地方政府债券采用弹性招标方式发行，应当遵循"公开、公平、公正"原则，根据地方政府债券发行管理规定及本规程要求，通过市场化方式开展。

第六条 地方财政部门应当按照地方政府债券发行管理有关规定，在与承销团成员充分沟通的基础上，科学制定地方政府债券弹性招标发行规则等制度办法，合理设定投标比例、承销比例等技术参数，其中，最低投标、承销比例等应当基于计划发行额区间上限进行设定。

第七条 计划发行额区间下限不得低于上限的80%。地方财政部门应当根据地方政府债券发行计划，合理设置单期债券计划发行额区间，并在当期债券发行文件中予以披露。

第八条 弹性招标发行时，实际发行量应当为计划发行额区间上限、下限或有效投标量，以计划发行额区间上限计算投标倍数（以下简称投标倍数）。投标倍数超过1.1倍时，当期债券实际发行量为计划发行额区间上限；投标倍数不足1倍时，当期债券实际发行量按照有效投标量和计划发行额区间下限孰低原则确定；投标倍数在1至1.1倍（含1和1.1倍）之间的，实际发行量确定规则由各地方财政部门自行选择计划发行额区间上限或者下限进行确定，并在招标规则中事先明确。

第九条 确定实际发行量后，按照低利率或高价格优先的原则对有效投标逐笔募入，募满计划发行额区间上限（或下限），或将全部有效标位募完为止。招标标的为利率时，全场最高中标利率为当期债券票面利率，各中标承销团成员按面值承销；标的为价格时，全场最低中标价格为当期债券发行价格，各中标承销团成员按发行价格承销。

第十条 最高中标利率（最低中标价格）标位中标数量以各承销团成员在此标位投标量为权重进行分配，最小中标单位为最小投标量变动幅度，分配后仍有尾数时，按投标时间优先原则分配。

第十一条 地方财政部门应当不迟于招标发行前5个工作日披露当期政府

债券是否采用弹性招标方式，招标发行当日及时披露当期政府债券的实际发行量和发行利率等相关信息。

第十二条 对于采用弹性招标发行的地方政府债券，各地方财政部门应当做好债券资金对应项目的信息披露工作。招标发行前，地方财政部门应分别按照计划发行额区间上下限披露项目信息，明确项目使用资金的顺序，或按照计划发行额区间上限披露项目信息，但实际发行量不是计划发行额区间上限时，各地方财政部门应当在招标发行后及时补充披露计划使用资金的项目信息。对于项目收益与融资自求平衡的专项债券，按计划发行额区间上下限披露的项目信息，都应当符合项目收益和融资自求平衡的要求。

第十三条 招标发行现场管理及应急投标、缴款、债权登记、托管、债券分销、上市等其他相关事宜，按照财政部地方政府债券发行管理有关规定执行。

第十四条 中央国债登记结算有限责任公司、上海证券交易所、深圳证券交易所应当按本规程在地方政府债券发行系统中增加弹性招标功能，向财政部报备后开展采用弹性招标方式发行地方政府债券相关服务工作。

第十五条 本规程由财政部负责解释。

第十六条 本规程自发布之日起施行。

企业债券招标发行业务指引

（2019 年 9 月 24 日　发改财金规〔2019〕1547 号）

第一章　总　　则

第一条 为规范企业债券招标发行行为，保护参与各方的合法权益，依据《公司法》《证券法》《企业债券管理条例》（国务院第 121 号令）和有关规范性文件，制定本指引。

第二条 获得国家发展和改革委员会（以下简称"国家发展改革委"）核准，在中华人民共和国境内以招标方式发行的企业债券，适用本指引。

本指引所称招标发行，是指企业债券发行人（以下简称"发行人"）根据市场情况，经与主承销商协商确定招标方式、中标方式等发行规则，按照参与各方签订的相关协议规定，通过企业债券招标发行系统（以下简称"招标系统"）向投标人公开发行债券，投标人按照各自中标额度承购债券的方式。

第三条 企业债券招标发行参与人包括发行人、承销团成员、直接投资人及其他投资人。投标人包括承销团成员及直接投资人。承销团成员包括主承销商和承销团其他成员。

第四条 企业债券招标发行过程中，参与人应遵循"公开、公平、公正"原则，遵守相关管理规定，接受国家发展改革委的监督管理。不得有不正当利益输送、破坏市场秩序等行为。

第五条 招标发行应使用中央国债登记结算有限责任公司（以下简称"中央结算公司"）的专用场所。

第六条 企业债券招标发行应使用由中央结算公司提供的招标系统进行，投标人应办理系统联网和开通投标相关权限。

第七条 中央结算公司应做好企业债券发行支持、总登记托管、结算、代理本息兑付及信息披露等相关服务工作。

第二章 承销团成员有关要求

第八条 承销团成员应按照其他投资人委托进行投标，并做好分销及缴款工作。

第九条 承销团其他成员应尽职配合主承销商的询价工作，及时将其他投资人的需求真实、准确地反馈给主承销商。

第三章 直接投资人有关要求

第十条 直接投资人是指承销团成员以外，须具备一定资格，可直接通过招标系统参与企业债券投标的投资人。直接投资人可根据自身投资需求，参与所有企业债券的招标发行。

第十一条 直接投资人应积极配合主承销商的询价工作，及时、准确地反馈投资需求。

第十二条 上年度综合表现良好，且上一年度末 AA+级（含）以上的企业债券持有量排名前 30 名的投资人和全部企业债券持有量排名前 50 名的投资人，可自愿申请成为直接投资人。

第四章　其他投资人有关要求

第十三条　其他投资人应积极配合企业债券发行的询价工作，及时、准确地将自身的投资需求反馈给承销团成员。

第十四条　其他投资人如对当期企业债券有投资意愿，应与承销团成员签订代理投标协议并委托其代理投标。

第十五条　其他投资人通过代理投标方式获得债券后，应签订分销协议，完成分销过户，并履行缴款义务。

第五章　内控制度有关要求

第十六条　企业债券招标发行参与人应建立健全完善的内控制度，制定并完善相关业务操作规程，防控企业债券发行过程中的潜在风险。其中，承销团成员及直接投资人的内控部门应每六个月向其机构法人代表提交招标发行工作的合规性报告。

第十七条　承销团成员及直接投资人应将企业债券发行业务与投资交易业务、资产管理业务等进行分离，在业务流程和人员设置两个方面实现有效隔离，并符合有关法律、法规的要求。

第六章　招标现场管理

第十八条　招标现场应符合安全、保密要求。招标现场应提供招标发行专用设备，包括但不限于录音电话、电脑、传真机、打印机、发行系统终端等。

第十九条　国家发展改革委或委托机构派出观察员，对招标发行进行现场监督。观察员应切实履行招标现场监督职责，督导招标现场人员依照相关规定开展招标发行工作，保障招标发行有序进行。

第二十条　在招标发行前，发行人应提交企业债券招标现场工作人员名单，名单中的相关工作人员和观察员应于招标发行开始前，在专门区域统一存放所有具有通讯功能的电子设备，并登记进入招标现场。

第二十一条　在招标发行期间，现场参与人员与外界沟通应全部使用招标现场内所提供的专用通讯设备。

第二十二条　在招标发行期间，现场参与人员不得离开招标现场，任何人不得以任何方式向外界泄露或暗示与招标发行有关的信息。

第二十三条　在招标发行期间，中央结算公司相关工作人员原则上不得进入招标现场，如确需进入现场提供技术支持的，应征得观察员同意并履行登记手续，直至招标结束后方可离开招标现场。

第七章　招标规则

第二十四条　发行人应根据发行文件和相关协议要求，通过招标系统发送招标书。投标人应在规定的招标时间内通过招标系统投标。

第二十五条　发行人原则上应于招标发行日前 3-5 个工作日（优质企业债券发行人应于招标发行日前 1-5 个工作日）在中国债券信息网披露发行时间和募集说明书等发行材料。合格的发行材料应于信息披露日的 11：00 之前提交，晚于 11：00 提交的发行日期相应顺延。

发行人应于招标发行日前 1 个工作日在中国债券信息网披露债券招标书等招投标文件。

第二十六条　招标发行方式包括定价招标和数量招标。定价招标标的包括利率、利差和价格。数量招标标的为投标人的承销量。

第二十七条　定价招标的中标方式包括统一价位中标、多重价位中标。招标标的为利差时，中标方式只能采用统一价位中标。

第二十八条　中标分配原则。定价招标时，招标系统按照利率（利差）由低至高或价格由高至低原则，对有效投标逐笔累计，直到募满计划招标额为止。如果没有募满，剩余发行量按照事先签订的相关协议处理。

第二十九条　中标方式为统一价位时，所有中标机构统一按照最高中标利率（利差）或最低中标价格进行认购，最高中标利率（利差）或最低中标价格为票面利率（利差）或票面价格。

中标方式为多重价位时，若标的为利率，则全场加权平均中标利率为票面利率，中标机构按照各自实际中标利率与票面利率折算的价格认购；若标的为价格，则全场加权平均中标价格为票面价格，中标机构按照各自中标价格认购并计算相应的缴款金额。

第三十条　在发行条款充分披露、招标各参与方充分识别相关风险的前提下，发行人可在招标发行中使用弹性配售选择权、当期追加发行选择权等定价方式。相关规则由国家发展改革委指导中央结算公司制定。

第三十一条　如投标总量未达到计划发行额且当期债券有余额包销的约定，则负有包销义务的承销机构，应按照协议约定的价格，将剩余的本期债券全部自行购入。

第三十二条　发行人应不迟于招标结束后 1 个工作日在中国债券信息网公告发行结果，并在发行结束后 20 个工作日内向国家发展改革委报告发行情况。

第八章　异常情况和应急处理

第三十三条　招标发行前，如出现政策调整或市场大幅波动等异常情况，发行人经与主承销商协商决定取消、推迟发行或调整招标发行利率（价格）区间的，应及时通过中国债券信息网向市场公告。

第三十四条　中央结算公司应密切监控招标系统与通讯线路等各方面的运行情况。

第三十五条　投标人应熟练掌握招标系统投标、应急投标等相关业务操作，加强投标客户端的日常维护，保证网络连接通畅和设备正常。在以下两种情况下，投标人可通过应急方式进行投标：

（一）尚未与招标系统联网；

（二）已与招标系统联网，但出现系统通讯中断或设备故障。

第三十六条　采用应急方式投标的投标人应在发行人公告的投标截止时间前将带有密押的应急投标书传至招标现场。招标系统或通讯线路等出现故障时，发行人经商观察员同意后，可根据具体情况适当延长应急投标时间。

第三十七条　投标人一旦采用应急方式投标，在该场次企业债券投标中即不能再通过招标系统客户端修改或撤销投标书。如确有必要修改或撤销的，仍应通过应急方式进行。

第三十八条　发行人应审核确认应急投标书中各要素准确、有效、完整，中央结算公司工作人员应核对密押无误。应急投标书经发行人和观察员签字确认后，发行人可输入应急投标数据。

第三十九条 通过应急方式投标的投标人，须在招标结束后个工作日内向中央结算公司提供加盖单位法人公章的应急投标原因说明书。原因说明书应具体列明尚未联网、系统通讯中断或设备故障等情况。

第九章 企业债券分销和缴款

第四十条 企业债券分销必须签订书面分销协议。

企业债券通过证券交易所网上销售，应按照证券交易所有关规定办理。

第四十一条 招标发行确定结果后，承销团成员在分销期内开展分销工作。承销团成员应确保企业债券的分销对象符合法律法规、部门规章及其他有关规定。承销团成员应对与其签订代理投标协议的其他投资人办理分销、缴款工作，分销期结束后如未完成分销的，应对上述投资人的中标额度负有包销义务。相关协议对包销义务另有约定的除外。

第四十二条 中标人应按照有关协议约定在缴款日按时向发行人缴款。若出现未能及时缴款的情况，按有关规定处理。

第十章 附 则

第四十三条 发行人应妥善保存招标发行各个环节的相关文件和资料。中央结算公司应保存电话录音、出入登记等招标现场相关文件，保存期至当期企业债券付息兑付结束后的五年止。

第四十四条 对直接投资人比照承销团成员管理。在企业债券招标发行过程中，发行人、承销团成员发现异常情况应及时向国家发展改革委报告。

第四十五条 国家发展改革委对企业债券招标发行业务实施监督管理，接受招标发行参与人的举报，国家发展改革委视情节轻重予以诫勉谈话、通报批评、警告处分并责令改正。

第四十六条 企业债券招标发行参与人应依据有关规定或协议履行相关义务。如未履行的，相关行为记入信用记录，并按照国家有关规定纳入信用信息系统，实施失信联合惩戒。

第四十七条　本指引未尽事宜应按照国家发展改革委的相关规定处理。

第四十八条　本指引由国家发展改革委负责解释。

第四十九条　本指引自 2019 年 11 月 1 日起执行，有效期 5 年。《企业债券招标发行业务指引（暂行）》同时废止。

中国地震局招标与采购管理办法

（2020 年 11 月 12 日　中震财发〔2020〕90 号）

第一章　总　　则

第一条　为落实国家招标与采购改革有关政策要求，规范招标与采购行为，提高招标与采购质量和资金使用效益，夯实招标与采购主体责任，根据《中华人民共和国政府采购法》《中华人民共和国招标投标法》及其实施条例等有关法律、法规和规章，结合《应急管理部政府采购管理暂行办法》及部门工作实际，制定本办法。

第二条　各省、自治区、直辖市地震局，各直属单位及中国地震局机关（以下简称采购单位），使用中央财政资金、地方财政资金和自筹资金以购买、租赁、委托或雇用等方式获取货物、工程和服务的行为，适用本办法。地方招标采购另有政策法规要求必须按照地方规定执行的从其规定。

第三条　采购单位招标与采购管理的主要任务：贯彻落实国家招投标、政府采购的方针政策和相关法律法规；组织招标与采购预算和实施计划编制；推动招标与采购规范、有序开展，提高财政资金使用效益；监督招标与采购行为，促进廉政建设。

第四条　招标与采购应当遵循公开透明、公平公正、诚实信用和维护公共利益原则。

第五条　招标与采购应当采购本国货物、工程和服务。但下列情形之一的除外：

（一）需要采购的货物、工程或者服务在中国境内无法获取或者无法以合理的商业条件获取的；

（二）为在中国境外使用而进行采购的；

（三）其他法律、行政法规另有规定的。

第六条 招标与采购应当有助于实现国家的经济和社会发展政策目标，包括保护环境，扶持不发达地区和少数民族地区，促进中小企业发展等。采购单位应优先采购节能产品、环境标志产品和自主创新产品，发挥政府采购政策功能。

第七条 采购单位招标与采购工作应由财务资产管理部门归口管理，其他部门按职责分工推进工作。

第二章 机构与职责

第八条 中国地震局规划财务司职责

（一）根据国家招标与采购法律、法规和政策，组织制订招标与采购工作管理制度；

（二）负责中国地震局政府采购预算审核；

（三）负责政府采购计划、执行和季报年报的审核备案；

（四）组织政府采购进口产品采购审核或备案；

（五）负责向财政部报送政府采购有关审批或备案文件、执行情况和统计信息；

（六）办理其他招标与采购相关事项。

第九条 中国地震局业务司职责

（一）组织制定专业仪器设备采购的技术规格、标准等级、需求标准等；

（二）组织审定分管领域内 500 万元以上的要求统一采购项目的招标与采购方案和招标文件；

（三）确定重大项目法人，并指导项目法人做好重大项目的招标与采购文件编制、合同签订、合同履约、采购验收等工作；

（四）组织分管领域内年度政府采购进口产品专家论证；

（五）办理其他职责范围内的招标与采购相关事项。

第十条 中国地震局监督部门职责

（一）负责招标与采购法律、法规和有关规定执行的监督检查；

（二）负责查处招标与采购活动以及招标与采购工作人员在采购活动中出现的违反有关法律、法规的渎职行为；

（三）组织对招标与采购活动的真实、合法、效益情况进行审计。

第十一条 项目法人职责

（一）组织制定重大项目招标与采购政府采购预算和采购实施计划，指导各建设单位按规定做好政府采购信息公开；

（二）汇总重大项目政府采购进口设备采购需求并报中国地震局规划财务司审核；

（三）按项目要求，协调各建设单位，组织需要统一招标与采购的采购文件编制、采购合同签订、采购档案管理等招标与采购相关工作，协调推进需要统一招标与采购项目的采购相关工作。

第十二条 采购单位职责

（一）组织制定本单位招标与采购管理实施细则；

（二）组织编制本单位政府采购预算和采购实施计划；

（三）组织本单位招标与采购项目的实施工作；

（四）依法签订和履行采购合同；

（五）负责编制本单位政府采购信息统计；

（六）负责本单位招标与采购信息公开；

（七）负责本单位招标与采购档案管理；

（八）接受中国地震局和国家相关部门的监督检查；

（九）负责本单位招标与采购管理人员专业技能培养，组织招标与采购业务培训。

第三章　招标与采购组织形式

第十三条 招标与采购实行集中采购、部门集中带量采购、分散采购和自行采购四种组织形式。其中，属于国家集中采购目录以内或者采购限额标准以上的货物、工程和服务的行为，属于政府采购范围，应严格按照国家政府采购相关管理办法执行。

（一）集中采购，是指采购单位将列入集中采购目录的项目，委托集中采购机构或其他公共资源交易平台实施采购的行为。

（二）部门集中带量采购，是指重大基本建设项目和重大财政专项项目，由指定单位承担项目法人职责。项目法人根据中国地震局的授权和各单位的委托，统一组织重要货物、工程和服务采购的行为。

（三）分散采购，是指采购单位将限额标准以上的未列入集中采购目录的项目，委托采购代理机构代理采购的行为。

（四）自行采购，是指采购单位组织实施的集中采购目录外且采购限额标准以下采购的行为。

第十四条　集中采购。

（一）由采购单位按照国务院有关规定，将属于集中采购机构采购的项目，委托集中采购机构采购；属于工程项目的委托地方公共资源交易平台采购。

（二）采购单位不得将集中采购项目的实施委托社会代理机构采购或者自行采购。因特殊情况确需自行采购的，应当按程序审批。

（三）集中采购工作按照发改委、财政部和集中采购机构的有关规定执行。

第十五条　部门集中带量采购。

（一）经业务主管部门同意或各单位委托后，项目法人统一办理各相关单位的重大项目和财政专项项目的货物、服务和工程项目的招标与采购事务。

（二）各单位在项目法人指导下，编制部门集中带量采购项目的政府采购预算、编报政府采购计划、公开政府采购意向、发布分签合同公告、签订采购分签合同、归档管理分签合同、依照合同履约付款等。

第十六条　分散采购和自行采购。

（一）由采购单位自行组织，也可委托采购代理机构实施。

（二）分散采购应当依据《招标投标法》和《政府采购法》以及其他公共资源交易主管部门规定的方式和程序开展采购活动，并完整保存采购文件。

（三）采购单位应制定本单位自行采购活动的管理制度，明确自行采购规则。

（四）鼓励采购单位充分利用互联网等新技术、新媒介，规范交易流程，提升采购透明化、规范化和智能化水平。

第四章　招标与采购方式

第十七条　招标与采购采取公开招标、邀请招标、竞争性谈判、竞争性磋商、单一来源和询价等采购方式。

第十八条　达到公开招标数额标准的货物和服务采购项目，应采用公开招标方式进行采购。必须招标的工程建设项目，应当主要采用公开招标方式。符合邀请招标条件的，可以采取邀请招标方式。

采购单位和个人不得将应当以公开招标方式采购的项目化整为零或者以其他任何方式规避公开招标采购。

公开招标限额标准按照国务院相关标准执行。

第十九条　未达到公开招标数额标准的货物、服务和工程采购项目，可以采用竞争性谈判、竞争性磋商、单一来源和询价等采购方式。

达到公开招标数额标准但因特殊原因不适用公开招标方式的采购项目，经采购单位申请，由中国地震局审核，报审批部门同意后可采用邀请招标、竞争性谈判、竞争性磋商、单一来源和询价等采购方式。国家投资主管部门已下放采购方式变更审批权的，从其规定。

未达到公开招标数额标准的货物、服务和工程采购项目，以及不属于必须招标的工程建设项目，可以采用竞争性谈判、竞争性磋商、单一来源和询价等非招标方式采购。

第二十条　符合下列情形之一的货物或者服务，可以采用邀请招标方式采购：

（一）具有特殊性，只能从有限范围的供应商处采购的；

（二）采用公开招标方式的费用占政府采购项目总价值的比例过大的。

第二十一条　符合下列情形之一的货物或者服务，可以采用竞争性谈判方式采购：

（一）招标后没有供应商投标、没有合格标的或者重新招标未能成立的；

（二）技术复杂或者性质特殊，不能确定详细规格或者具体要求的；

（三）采用招标所需时间不能满足用户紧急需要的；

（四）不能事先计算出价格总额的。

第二十二条　符合下列情形之一的货物或者服务，可以采用竞争性磋商方式采购：

（一）政府购买服务项目；

（二）技术复杂或者性质特殊，不能确定详细规格或者具体要求的；

（三）因艺术品采购、专利、专有技术或者服务的时间、数量事先不能确定等原因，不能事先计算出价格总额的；

（四）市场竞争不充分的科研项目，以及需要扶持的科技成果转化项目；

（五）按照招标投标法及其实施条例必须进行招标的工程建设项目以外的工程建设项目。

第二十三条　符合下列情形之一的货物或者服务，可以采用单一来源方式采购：

（一）只能从唯一供应商处采购的；

（二）发生了不可预见的紧急情况不能从其他供应商处采购的；

（三）必须保证原有采购项目一致性或者服务配套的要求，需要继续从原供应商处添购，且添购资金总额不超过原合同采购金额百分之十的。

第二十四条　采购货物的规格、标准统一，市场货源充足且价格变化幅度小的采购项目，可以采用询价方式采购。

第二十五条　工程类项目招标投标程序按照《招标投标法》及实施条例执行；货物和服务招标与投标程序按照《政府采购货物和服务招标投标管理办法》；非招标与采购程序按照《政府采购非招标采购方式管理办法》和《政府采购竞争性磋商采购方式管理暂行办法》执行。

第二十六条　采购单位可制定本单位自行采购的采购方式。采用相关法律法规已有明确要求采购方式的，要严格从其规定。

第五章　招标与采购预算和实施计划

第二十七条　政府采购预算纳入年度部门预算编制，采购单位在编制下年度部门预算时，应将政府采购项目及资金预算在政府采购预算表中单列，按程序报中国地震局，由中国地震局审核汇总后报财政部审批。

第二十八条　采购单位应于收到部门预算批复后，及时细化本单位的年度采购实施计划。明确资金来源、采购方式、计划采购时间、拟完成时限、采购品目等信息。

第二十九条 采购单位应按照政府采购预算要求，按时报送政府采购计划。

第三十条 政府采购预算一经批准，原则上不再调整。确需调整的，采购单位应在每年八月底以前将调整内容和额度报中国地震局审核，财政部备案后执行。

第三十一条 采购单位按照预算管理程序调整或追加政府采购预算的，经批准后，应当及时调整政府采购实施计划。严禁未编制政府采购预算而进行政府采购的行为。

第六章　政府采购审批和备案

第三十二条 采购单位需要审批的政府采购事项应以文件形式报送中国地震局，由中国地震局上报财政部审批或备案。

第三十三条 下列事项须经中国地震局审核，报发改委或财政部审批后实施：

（一）因特殊情况对达到公开招标数额标准的采购项目，需要采用公开招标以外采购方式的；

（二）因特殊情况需要采购集中采购目录内、限额标准以上的非本国货物、工程或服务的；

（三）政府采购协议供货协议书、定点采购协议书和财政直接支付项目采购合同的变更，涉及支付金额的；

（四）法律、行政法规规定其他需要审批的事项；

第三十四条 下列事项应报中国地震局审批或备案：

（一）500万元以上部门集中带量采购项目的招标方案和招标文件报中国地震局业务主管部门审批或备案；

（二）本办法规定的其他需要中国地震局审批或备案的事项。

第七章　招标与采购程序

第三十五条 招标与采购需求确定。采购单位应组织编制采购需求。采购需求应当包括采购对象需实现的功能或者目标，满足项目需要的所有技术、服务、安全等要求，采购对象的数量、交付或实施的时间和地点，采购对象的验收标准等内容。采购需求应当合规、完整、明确，并应以广泛的市场调研为前提。采购需求应防止差别待遇。

第三十六条　政府采购意向公开。政府采购意向由各单位按要求在中国政府采购网公开，政府采购意向公开时间应当尽量提前，原则上不得晚于采购活动开始前 30 日公开采购意向。

第三十七条　招标与采购文件编制与审查。招标与采购文件应在前期需求调研基础上编制。各单位要加强对招标与采购文件的质量把关，明确专岗和专人负责招标与采购文件的审查。社会影响较大、技术相对复杂或金额较大的采购项目，各单位要通过组织专家论证等方式进行审查。各单位党组（党委）要明确本单位各职能部门的审查责任，重大招标采购项目党组（党委）应对招标与采购文件进行审核确认，确保能够公开、公正、公平地对待市场潜在投标供应商，鼓励充分的市场竞争。

第三十八条　评标过程控制。各单位应选派采购人代表参与评标。采购人代表必须严格执行回避制度。同时，派出熟悉招标与采购政策的人员进行现场监督。评标开始前，应首先对投标人资格、投标文件等内容进行审查，审查无问题后才能开展评标工作。

第三十九条　中标结果审查。各单位应加强对评标过程和中标结果的审查。评标结束后，各单位应对全部投标文件进行审查。审查无误后，履行内部审批程序，确认中标结果。

第四十条　采购合同签订。采购单位严格按照采购文件和中标（成交）供应商的投标（响应）文件约定事项，依法在 30 日内与中标供应商签订采购合同，并按规定进行合同公告。如需签订补充合同的，在保证原有采购项目一致性或者服务配套性要求的前提下，采购金额累计不得超过原合同采购金额的百分之十。

第八章　招标与采购履约验收

第四十一条　采购单位应当依法自行组织项目验收或者委托第三方机构验

收。项目验收前需要开展到货检验、安装调试、测试、试运行等过程验收的，需按要求开展过程验收后方可进行项目验收。

第四十二条 验收专家组成员应具备与采购项目相关的专业知识和实践经验。对于采购人和使用人分离的采购项目，应当邀请实际使用人参与验收。验收专家组成员不得全部为项目组或课题组人员，也不得全部由管理部门人员组成。

第四十三条 应严格按照采购合同开展履约验收。验收时，应当按照采购合同的约定对每一项技术、服务、安全标准的履约情况进行确认。

第四十四条 要严格落实履约验收责任。验收合格的项目，采购单位应当根据采购合同的约定及时向供应商支付采购资金、退还履约保证金。验收不合格的项目，采购单位应当依法及时处理。采购合同的履行、违约责任和解决争议的方式等适用《中华人民共和国合同法》。供应商在履约过程中有政府采购法律法规规定的违法违规情形的，采购单位应当及时报告本级财政部门。

第九章 招标与采购信息公开

第四十五条 采购单位或者其委托的政府采购代理机构应依据财政部政府采购信息公开的要求，将采购意向、采购公告、采购文件、预算金额、采购结果、采购合同等信息，在财政部指定媒体上公开，涉及商业秘密的除外。

第四十六条 自行采购的项目由各采购单位制定相关信息公开的制度，自行确定公开的标准、内容和形式。

第四十七条 公告政府采购信息必须做到内容真实、准确可靠，不得有虚假和误导性陈述，不得遗漏依法必须公告的事项。

第十章 招标与采购档案管理

第四十八条 各单位应建立健全采购档案归档制度。采购预算与计划、各类批复文件、招标文件、投标文件（含未中标投标人）、评标文件、中标通知书、合同文本、验收证明、质疑答复、投诉处理决定等有关文件和资料，均应纳入存档范围。

第四十九条 招标与采购项目资料应专人负责，妥善保存，严格管理，及时归档。

第五十条　招标与采购项目档案保存期限从采购活动结束起，至少保存十五年。招标与采购项目有特殊规定的，从其规定。

第十一章　招标与采购监督

第五十一条　中国地震局规划财务部门、监督部门应加强对招标与采购的监督检查。采购单位应切实履行管做分离，加强内部控制管理，包括以下主要内容：

（一）有关招标与采购法律、法规、政策的执行情况；

（二）招标与采购项目预算的执行情况；

（三）招标与采购的采购标准、采购方式和采购程序的执行情况；

（四）招标与采购合同的履行和验收情况；

（五）招标与采购信息公开执行情况；

（六）对委托的招标代理机构进行考评；

（七）其他应当监督检查的内容。

被监督检查的单位和个人应当如实反映情况，提供有关材料。

第五十二条　财务部门、审计部门和监督部门发现正在进行的招标与采购行为严重违反规定，可能给国家利益造成重大损害或导致采购无效的，应当责令停止采购，并及时按规定予以处理。

第五十三条　招标与采购工作应当接受审计部门、监督部门和社会监督。

任何单位和个人有权对各采购单位招标与采购中的违法行为进行检举和控告，有关部门应及时依法处理。

第五十四条　采购单位有下列情形之一的，由中国地震局责令改正，情节严重的由中国地震局通报批评。给供应商造成损失的，应承担赔偿责任：

（一）应当采用公开采购方式而未采用的；

（二）擅自提高采购标准的；

（三）与供应商违规串通的；

（四）开标后与投标人进行协商谈判的；

（五）中标通知书发出后，无正当理由不与中标人签订采购合同的；

（六）拒绝主管部门的检查或者不如实反映情况、提供材料的；

（七）其他违反招标投标与政府采购相关法律法规的情形。

第五十五条　采购单位招标与采购人员，不履行本办法规定，玩忽职守、徇私舞弊的，由采购单位给予批评或者行政处分；构成犯罪的，依法追究刑事责任。

第十二章　附　　则

第五十六条　对涉及国家安全、秘密的招标与采购，不适用本办法。

第五十七条　采购单位用国际组织、外国政府或外国法人、其他组织或个人的贷款或者赠款进行招标与采购，贷款或赠款人对招标与采购方式有约定的，从其约定。

第五十八条　国际招标按照商务部《机电产品国际招标投标实施办法（试行）》（2014年第1号）执行。高校和科研院所要按照《中共中央办公厅 国务院办公厅印发〈关于进一步完善中央财政科研项目资金管理等政策的若干意见〉》（中办发〔2016〕50号）和《科技部等6部门印发〈关于扩大高校和科研院所科研相关自主权的若干意见〉的通知》（国科发政〔2019〕260号）等有关规定，建立完善科研设备耗材采购管理制度，自行梳理风险点，加强对"特事特办、随到随办"采购机制的内部控制。

第五十九条　本办法由中国地震局规划财务司负责解释。

第六十条　本办法自发布之日起施行。《中国地震局政府采购管理办法》及《中国地震局政府采购规程》（中震财发〔2016〕73号）同时废止。

交通运输部科技项目招标投标管理（暂行）办法

（2013 年 8 月 5 日　交科技发〔2013〕463 号）

第一章　总　　则

第一条　为优化科技资源配置，提高科研经费的使用效率，促进公平竞争，保障科技项目招标投标活动当事人的合法权益，加强对交通运输部科技项目招标投标活动的监督和管理，依据《中华人民共和国政府采购法》、《政府采购货物和服务招标投标管理办法》和《科技项目招标投标管理暂行办法》，制订本办法。

第二条　对列入交通运输部科技计划，获得部经费支持，以科学技术研究开发活动为主要内容的科技项目，应按本办法招标确定承担单位。

第三条　具备下列条件之一的科技项目，可以不实行招标投标：

（一）涉及国家安全和国家秘密的；

（二）法律法规规定的其他情况。

第四条　招标投标工作应严格遵循公开、公正、公平、择优和信用的原则。

第二章　招　　标

第五条　交通运输部是依照本办法提出招标需求的科技项目招标人（以下简称"招标人"），具体招标工作授权部科技主管部门负责。

第六条　科技项目的招标分为公开招标和邀请招标。

达到公开招标限额标准的科技项目一般应采取公开招标。采用公开招标方式的，须在财政部门制定的政府采购信息媒体上发布招标公告。

对满足下列情形之一的科技项目，可邀请招标：

（一）专业性强、有特殊要求或者受自然条件限制，只有少量潜在投标人可供选择的；

（二）采用公开招标方式的费用占项目合同金额比例过大的。

第七条 科技项目招标具体事宜可由招标人自行组织或委托招标代理机构负责。

第八条 委托招标代理机构招标的，招标人应当与招标代理机构签订委托协议，确定委托代理的事项，约定双方的权利和义务。

第九条 招标公告或投标邀请书至少包括下列内容：

（一）招标人的名称和地址；

（二）招标项目的类别和名称；

（三）招标项目的主要目标；

（四）获取招标文件的办法、地点和时间；

（五）对招标文件收取的费用。

第十条 招标人可以根据招标项目本身的特点，在招标公告和投标邀请书中要求潜在投标人填报投标报名单（附件1），提供有关证明文件和业绩情况，并对潜在投标人进行资格审查，公布符合资格的投标人名单。符合资格的投标人向招标人或招标代理机构购买招标文件。

证明文件包括：

（一）既往业绩；

（二）研究人员素质和技术能力；

（三）研究所需的技术设施和设备条件；

（四）如有匹配资金，提供匹配资金的筹措情况及证明；

（五）相关的资质证明。

第十一条 在招标中，投标人不足3家的应予废标。废标后，招标人应当将废标理由通知所有投标人。

第十二条 废标后，招标人应当重新组织招标，直至投标人达到3家及以上；需采取其他方式确定承担单位的，应获得财政部批准。

第十三条 招标人根据招标项目的要求组织编制招标文件（附件2）。除国家有关法律法规规定以外，招标文件不得有针对或排斥某一潜在投标人的内容。

第十四条 招标人制定综合评标标准时，应考虑技术路线的可行性、先进性和承担单位的研究开发条件、人员素质、资信等级、管理能力等因素，并考虑经费使用的合理性。

第十五条 招标人按招标公告或招标邀请书规定的时间、地点发售招标文件。招标文件发售后不予退还。在招标文件售出后，招标人如对招标文件进行修改、补充或澄清，应在招标文件要求提交投标文件截止时间至少 15 日前再次发布公告或以书面形式告之投标人，并作为招标文件的组成部分；不足 15 日的，招标人应当顺延提交投标文件的截止时间。对招标文件有重大修改的，应当适当延长投标文件截止日期。

第十六条 潜在投标人对招标文件有疑义的，应当在投标截止时间 10 日前以书面形式提出。招标人自收到疑义之日起 3 日内作出答复。

第十七条 招标人必须对获取招标文件的潜在投标人的名称、数量以及可能影响公平竞争的其他情况进行保密。

第十八条 从招标公告发布或招标邀请书发出之日到提交投标文件截止之日，不得少于 30 日。

第三章 投 标

第十九条 投标人是指按照招标文件的要求参加投标竞争的法人和其它社会组织。投标人参加投标必须按照招标公告要求填报投标报名单（附件1），并具备下列条件：

（一）与招标文件要求相适应的研究人员、设备和经费；

（二）招标文件要求的资格和相应的科研经验与业绩；

（三）资信情况良好；

（四）法律法规规定的其他条件。

第二十条 投标人应向招标人提供投标文件（见附件3）一式 2 份，投标文件必须加盖依托单位公章及其法定代表人的签字或印章，并对招标文件提出的实质性要求和条件作出响应。

第二十一条 对于有依托工程要求的科技项目，应由研究单位与建设方或施工单位联合投标，联合投标时应明确第一承担单位。联合体投标的应向招标人提交联合协议，载明联合体各方承担的工作和义务。联合体各方应当共同与招标人签订合同，并就合同约定的事项对招标人承担连带责任。

第二十二条 投标人应在招标文件要求提交投标文件的截止时间前将投标

文件密封送达指定地点。招标人或招标代理机构应对收到的投标文件签收备案。投标人有权要求招标人或招标代理机构提供签收证明。对在规定提交投标文件截止时间后收到的投标文件，招标人或招标代理机构应不予开启并退还。

第二十三条　投标人可以对已提交的投标文件进行补充和修改，必须在招标文件要求提交投标文件截止时间前以书面形式送达招标人或招标代理机构，作为投标文件的组成部分，否则不予受理。

第二十四条　招标人或招标代理机构必须对投标人的投标文件内容保密，不得泄露给其他投标人。

第四章　开　　标

第二十五条　开标由招标人主持，按招标文件规定的时间、地点和方式公开进行，并邀请有关单位代表和投标人参加。

第二十六条　开标时，投标人或其代表检查投标文件的密封情况，确认无误后，由工作人员当众启封并宣读投标人名称、技术方案及其他主要内容。开标过程应记录在案，招标人和投标人代表在开标记录上签字或盖章。

第二十七条　投标文件出现下列情况之一者视为无效：

（一）投标文件未加盖投标人公章或法定代表人未签字或盖章；

（二）投标文件未按规定格式填写，字迹模糊，辨认不清或者内容不全的；

（三）投标文件与招标文件规定的实质性要求不符；

（四）投标人未在规定时间内参加开标会议的。

第二十八条　无效投标文件应当在开标会当场确认并公布。

第五章　评　　标

第二十九条　招标人负责组建评标委员会。评标委员会由招标人和邀请的技术、经济等方面具有高级技术职称的专家组成，总人数为7人以上的单数，专家不得少于成员总人数的三分之二，其中经济专家占专家人数的比例不少于三分之一。投标人或与投标人有利益关系的人员不得进入评标委员会，评标委员会成员名单在中标结果确定前必须保密。

第三十条　评标专家应当熟悉政府采购、招标投标的相关政策法规，有良好的职业道德，遵守招标纪律，从事相关领域工作满 8 年并具有高级职称或者具有同等专业水平。

第三十一条　招标人应当采取必要的措施，保证评标工作在严格保密的情况下进行，任何单位和个人不得非法干预、影响评标过程和结果。

第三十二条　评标委员会可以要求投标人对投标文件中不明确的地方进行必要的澄清、说明或答辩，但不得超过投标文件的范围，不得改变投标文件的实质性内容，不得阐述与问题无关的内容，未经允许投标人不得向评标委员会提供新的材料。

第三十三条　评标委员会按照招标文件中规定的综合评标标准和方法，采用综合评分法开展评标工作。

第三十四条　评标委员会依据评标结果，提出书面评标报告，向招标人推荐中标候选人名单并注明排序。中标候选人应不超过 3 个。评标报告包括以下主要内容：

（一）对投标人的技术方案评价，技术、经济风险进行分析；

（二）对投标人承担能力与工作基础评价；

（三）推荐满足综合评标标准的中标候选人；

（四）需进一步协商的问题和其他要求；

（五）对投标人进行综合排名。

第三十五条　招标人应当自收到评标报告之日起 3 日内公示中标候选人，公示期不得少于 3 日。

投标人或者其他利害关系人对招标项目的评标结果有异议的，应当在中标候选人公示期间提出。招标人应当自收到异议之日起 3 日内作出答复；作出答复前，应当暂停招标投标活动。

第六章　定　标

第三十六条　招标人根据评标委员会的书面评标报告和经公示无问题的中标候选人，进行综合评定后，确定中标人。招标人也可授权评标委员会直接确定中标人。

第三十七条　招标人应在开标之日后 10 日内完成定标工作，特殊情况可延长至 15 日。

第三十八条 定标后，招标人应发布中标公告。中标公告至少包含下列内容：

（一）招标人、招标人代理机构的名称、地址和联系方式；

（二）招标项目的类别及名称；

（三）中标人名称。

第三十九条 招标人向中标人发出中标通知书，并据此与中标人签订科技项目合同，同时将中标结果通知所有未中标的投标人。中标通知书（附件4）对招标人和中标人具有同等法律效力。

第四十条 招标人和评标委员会成员应当遵守招标纪律，不得扩散审查、澄清、答辩、评价比较投标人的有关情节、资料等情况，不得泄露投标人的技术秘密。

第七章 附　　则

第四十一条 对于违反本办法的行为，可向有关行政监督部门投诉，一经查实，将根据有关规定进行处理。情节严重并构成犯罪的，将依法追究刑事责任。

第四十二条 地方各类交通运输科技项目的招标投标工作可参照本办法管理。

第四十三条 本办法由部科技主管部门负责解释。

第四十四条 本办法自颁布之日起施行。

关于加强交通运输部科技成果
公开工作的有关要求

为促进科技资源共享，充分发挥科技创新在转方式、调结构中的支撑引领作用，提高科技创新对交通运输发展的贡献率，依据国家及交通运输部有关规定，现提出加强交通运输部科技成果公开工作有关要求如下：

一、公开范围

对列入交通运输部科技计划的应用基础研究项目，交通运输建设科技项目，信息化技术研究项目，标准、计量及质量研究项目，科技成果推广项目，企业技术创新项目，其产生的科技成果均应向社会公开。

二、公开方式

科技成果由项目第一承担单位通过交通运输科技信息资源共享平台向社会公开。

三、公开内容

科技成果公开的内容包括：项目详细的研究内容；科技成果的技术特点、性能指标、成熟度、适用范围和条件，成果应用情况及成果应用规模、效果及产生的经济社会效益（含环境效益）等。

法律规定、涉及国家安全或技术秘密，以及特别约定不能公开的内容除外。

四、相关要求

1. 凡承担我部科技计划项目的各有关单位均有公开相应科技成果的义务。

2. 项目第一承担单位应根据国家保密以及知识产权管理相关规定，对公开内容进行相关审查、做出科技成果公开承诺（附件5）并承担相应责任。

3. 对于在研项目，第一承担单位应在申请验收（鉴定）时提交拟公开的科技成果详细内容（附件6）及加盖公章的科技成果公开承诺书。科技成果公开内容应经验收专家组审定，并于5个工作日内予以公布。

4. 对于已验收的项目，第一承担单位应在通知下发之日起的30日内公开科技成果，并将加盖公章的科技成果公开承诺书报西部交通建设科技项目管理中心。

5. 科技成果公开不及时或公开内容不满足要求的项目第一承担单位，部科技主管部门将纳入其科研信用记录。

关于加强交通运输部科技计划项目负责人管理的有关要求

交通运输部科技计划项目（以下简称"项目"）是推动交通运输行业科技创新工作的重要资源和载体，项目负责人是项目顺利实施的核心力量。为进一步加强项目负责人管理，确保科技项目按时高质量完成，有效提高科技资源使用效率，现提出如下要求：

一、项目负责人应为项目第一承担单位的在职职工。退休人员、中央和地方各级政府的公务人员（包括行使科技计划管理职能的其他人员）原则上不得作为项目负责人。

二、项目负责人原则上应为该项目主体研究思路的提出者和研究工作的实际主持人。

三、项目负责人同时主持的同一计划项目数原则上不得超过 1 项，同时主持的不同计划项目数原则上不得超过 2 项，作为参加人员同时参与承担的项目数（含主持的项目数）不得超过 3 项。项目负责人不得因承担新的项目而退出在研项目。

四、项目负责人不得有造假、抄袭、剽窃等学术不端行为，不得擅自变更项目重大事项，不得违规使用科研经费。若有上述情况，部科技主管部门一经发现并核实后，将撤销其研究任务，纳入科研信用记录，并作为其今后参与部科技计划活动的重要依据。

五、项目第一承担单位是项目负责人管理的责任主体，要切实履行责任，督促项目负责人按照科技项目管理有关规定开展研究工作。若须对项目任务书（合同）中重大事项变更的，项目第一承担单位应及时向部科技主管部门报告，并采取相应措施保证项目正常实施。对不及时报告的项目第一承担单位，部科技主管部门将予以通报批评，并按照部科技项目信用管理办法相关规定处理。

请各单位按本要求，对在研项目进行自查并整改，于 2013 年 9 月 30 日前将自查及整改情况报部科技主管部门备案。

关于进一步加强交通运输部科技计划项目评审专家监督管理的有关要求

评审专家在交通运输部科技计划项目（以下简称"项目"）立项、招标、可研论证、中期检查、验收（鉴定）等实施全过程发挥着重要的决策支持作用。为加强评审专家管理，2012 年，部制定印发了《交通运输科技项目专家库管理办法》（厅科技字〔2012〕73 号），明确了评审专家的遴选条件等相关要求。为营造公平、公正的科研环境，不断提高项目管理科学化水平，依照国家和部有关规定，结合项目管理工作实际，现提出进一步加强评审专家监督管理的有关要求如下：

一、强化责任意识，严肃相关纪律

评审专家应当以科学的态度和方法，严格依照项目评审工作的有关规定、程序和办法，实事求是，独立、客观、公正地对项目提出负责任的评审意见。

（一）恪守学术诚信。评审专家在评审工作中必须对所提意见高度负责，正式评审意见须经本人署名并按要求提交备查；不得压制不同学术观点和其他专家意见；不得为得出主观期望的结论而投机取巧、断章取义。

（二）遵守行为规范。不得利用评审专家的特殊身份和影响力，或者与相关人员串通，为相关单位获得项目立项或者通过检查、验收提供便利；不得索取或者接受评审对象以及相关人员的礼品、礼金、有价证券、支付凭证、可能影响公正性的宴请或其他好处。

（三）严守保密纪律。维护评审活动中涉及的知识产权和技术秘密；未经允许，不得单独与评估评审对象及相关人员接触、不得复制保留或者向他人扩散评估评审资料，泄露保密信息。

二、执行回避制度，确保公平公正

评审专家由部科技主管部门根据项目类别、评审性质、技术领域等从专家库中随机抽取，或根据特定需要遴选聘请。以下情况的应当回避：

（一）评审专家所在工作单位是项目申请或承担单位的（含退休人员）；

（二）评审专家与项目负责人存在直系亲属关系的；

（三）评审专家与项目负责人在研究生或博士后阶段存在师生关系的；

（四）评审专家与项目有利害关系，可能影响公正评估评审的。

评审专家遇有以上情况应主动向部科技主管部门提出回避。

三、开展信用记录，落实退出机制

部科技主管部门将对专家在评审活动中的职业道德、业务水平和行为等进行信用记录。对有不良信用记录的评审专家，部科技主管部门将视情予以通报批评、取消评审专家资格或从专家库中除名。

有如下情况的，部科技主管部门将直接取消其评审专家资格并从专家库中除名：

（一）一年之内 3 次被邀请但拒绝参加评审活动的；

（二）无正当理由，承诺参加但没有参加评审活动或中途退出的；

（三）评审期间私下接触利益相关人，或收受利益相关人财物或其他好处的，或发现有其他影响公正行为的；

（四）违反保密规定，损害国家、单位或个人利益的；

（五）不按要求及时提供专家意见等相关技术文档的。

部科技主管部门将严格按照本通知要求，切实加强对评审专家的监督管理。

招标拍卖挂牌出让国有建设用地使用权规定

（2007年9月28日国土资源部令第39号公布　自2007年11月1日起施行）

第一条　为规范国有建设用地使用权出让行为，优化土地资源配置，建立公开、公平、公正的土地使用制度，根据《中华人民共和国物权法》、《中华人民共和国土地管理法》、《中华人民共和国城市房地产管理法》和《中华人民共和国土地管理法实施条例》，制定本规定。

第二条　在中华人民共和国境内以招标、拍卖或者挂牌出让方式在土地的地表、地上或者地下设立国有建设用地使用权的，适用本规定。

本规定所称招标出让国有建设用地使用权，是指市、县人民政府国土资源行政主管部门（以下简称出让人）发布招标公告，邀请特定或者不特定的自然人、法人和其他组织参加国有建设用地使用权投标，根据投标结果确定国有建设用地使用权人的行为。

本规定所称拍卖出让国有建设用地使用权，是指出让人发布拍卖公告，由竞买人在指定时间、地点进行公开竞价，根据出价结果确定国有建设用地使用权人的行为。

本规定所称挂牌出让国有建设用地使用权，是指出让人发布挂牌公告，按公告规定的期限将拟出让宗地的交易条件在指定的土地交易场所挂牌公布，接受竞买人的报价申请并更新挂牌价格，根据挂牌期限截止时的出价结果或者现场竞价结果确定国有建设用地使用权人的行为。

第三条　招标、拍卖或者挂牌出让国有建设用地使用权，应当遵循公开、公平、公正和诚信的原则。

第四条　工业、商业、旅游、娱乐和商品住宅等经营性用地以及同一宗地有两个以上意向用地者的，应当以招标、拍卖或者挂牌方式出让。

前款规定的工业用地包括仓储用地，但不包括采矿用地。

第五条 国有建设用地使用权招标、拍卖或者挂牌出让活动，应当有计划地进行。

市、县人民政府国土资源行政主管部门根据经济社会发展计划、产业政策、土地利用总体规划、土地利用年度计划、城市规划和土地市场状况，编制国有建设用地使用权出让年度计划，报经同级人民政府批准后，及时向社会公开发布。

第六条 市、县人民政府国土资源行政主管部门应当按照出让年度计划，会同城市规划等有关部门共同拟订拟招标拍卖挂牌出让地块的出让方案，报经市、县人民政府批准后，由市、县人民政府国土资源行政主管部门组织实施。

前款规定的出让方案应当包括出让地块的空间范围、用途、年限、出让方式、时间和其他条件等。

第七条 出让人应当根据招标拍卖挂牌出让地块的情况，编制招标拍卖挂牌出让文件。

招标拍卖挂牌出让文件应当包括出让公告、投标或者竞买须知、土地使用条件、标书或者竞买申请书、报价单、中标通知书或者成交确认书、国有建设用地使用权出让合同文本。

第八条 出让人应当至少在投标、拍卖或者挂牌开始日前20日，在土地有形市场或者指定的场所、媒介发布招标、拍卖或者挂牌公告，公布招标拍卖挂牌出让宗地的基本情况和招标拍卖挂牌的时间、地点。

第九条 招标拍卖挂牌公告应当包括下列内容：

（一）出让人的名称和地址；

（二）出让宗地的面积、界址、空间范围、现状、使用年期、用途、规划指标要求；

（三）投标人、竞买人的资格要求以及申请取得投标、竞买资格的办法；

（四）索取招标拍卖挂牌出让文件的时间、地点和方式；

（五）招标拍卖挂牌时间、地点、投标挂牌期限、投标和竞价方式等；

（六）确定中标人、竞得人的标准和方法；

（七）投标、竞买保证金；

（八）其他需要公告的事项。

第十条 市、县人民政府国土资源行政主管部门应当根据土地估价结果和政府产业政策综合确定标底或者底价。

标底或者底价不得低于国家规定的最低价标准。

确定招标标底，拍卖和挂牌的起叫价、起始价、底价，投标、竞买保证金，应当实行集体决策。

招标标底和拍卖挂牌的底价，在招标开标前和拍卖挂牌出让活动结束之前应当保密。

第十一条 中华人民共和国境内外的自然人、法人和其他组织，除法律、法规另有规定外，均可申请参加国有建设用地使用权招标拍卖挂牌出让活动。

出让人在招标拍卖挂牌出让公告中不得设定影响公平、公正竞争的限制条件。挂牌出让的，出让公告中规定的申请截止时间，应当为挂牌出让结束日前2天。对符合招标拍卖挂牌公告规定条件的申请人，出让人应当通知其参加招标拍卖挂牌活动。

第十二条 市、县人民政府国土资源行政主管部门应当为投标人、竞买人查询拟出让土地的有关情况提供便利。

第十三条 投标、开标依照下列程序进行：

（一）投标人在投标截止时间前将标书投入标箱。招标公告允许邮寄标书的，投标人可以邮寄，但出让人在投标截止时间前收到的方为有效。

标书投入标箱后，不可撤回。投标人应当对标书和有关书面承诺承担责任。

（二）出让人按照招标公告规定的时间、地点开标，邀请所有投标人参加。由投标人或其推选的代表检查标箱的密封情况，当众开启标箱，点算标书。投标人少于三人的，出让人应当终止招标活动。投标人不少于三人的，应当逐一宣布投标人名称、投标价格和投标文件的主要内容。

（三）评标小组进行评标。评标小组由出让人代表、有关专家组成，成员人数为五人以上的单数。

评标小组可以要求投标人对投标文件作出必要的澄清或者说明，但是澄清或者说明不得超出投标文件的范围或者改变投标文件的实质性内容。

评标小组应当按照招标文件确定的评标标准和方法，对投标文件进行评审。

（四）招标人根据评标结果，确定中标人。

按照价高者得的原则确定中标人的，可以不成立评标小组，由招标主持人根据开标结果，确定中标人。

第十四条　对能够最大限度地满足招标文件中规定的各项综合评价标准，或者能够满足招标文件的实质性要求且价格最高的投标人，应当确定为中标人。

第十五条　拍卖会依照下列程序进行：

（一）主持人点算竞买人；

（二）主持人介绍拍卖宗地的面积、界址、空间范围、现状、用途、使用年期、规划指标要求、开工和竣工时间以及其他有关事项；

（三）主持人宣布起叫价和增价规则及增价幅度。没有底价的，应当明确提示；

（四）主持人报出起叫价；

（五）竞买人举牌应价或者报价；

（六）主持人确认该应价或者报价后继续竞价；

（七）主持人连续三次宣布同一应价或者报价而没有再应价或者报价的，主持人落槌表示拍卖成交；

（八）主持人宣布最高应价或者报价者为竞得人。

第十六条　竞买人的最高应价或者报价未达到底价时，主持人应当终止拍卖。

拍卖主持人在拍卖中可以根据竞买人竞价情况调整拍卖增价幅度。

第十七条　挂牌依照以下程序进行：

（一）在挂牌公告规定的挂牌起始日，出让人将挂牌宗地的面积、界址、空间范围、现状、用途、使用年期、规划指标要求、开工时间和竣工时间、起始价、增价规则及增价幅度等，在挂牌公告规定的土地交易场所挂牌公布；

（二）符合条件的竞买人填写报价单报价；

（三）挂牌主持人确认该报价后，更新显示挂牌价格；

（四）挂牌主持人在挂牌公告规定的挂牌截止时间确定竞得人。

第十八条　挂牌时间不得少于 10 日。挂牌期间可根据竞买人竞价情况调整增价幅度。

第十九条 挂牌截止应当由挂牌主持人主持确定。挂牌期限届满，挂牌主持人现场宣布最高报价及其报价者，并询问竞买人是否愿意继续竞价。有竞买人表示愿意继续竞价的，挂牌出让转入现场竞价，通过现场竞价确定竞得人。挂牌主持人连续三次报出最高挂牌价格，没有竞买人表示愿意继续竞价的，按照下列规定确定是否成交：

（一）在挂牌期限内只有一个竞买人报价，且报价不低于底价，并符合其他条件的，挂牌成交；

（二）在挂牌期限内有两个或者两个以上的竞买人报价的，出价最高者为竞得人；报价相同的，先提交报价单者为竞得人，但报价低于底价者除外；

（三）在挂牌期限内无应价者或者竞买人的报价均低于底价或者均不符合其他条件的，挂牌不成交。

第二十条 以招标、拍卖或者挂牌方式确定中标人、竞得人后，中标人、竞得人支付的投标、竞买保证金，转作受让地块的定金。出让人应当向中标人发出中标通知书或者与竞得人签订成交确认书。

中标通知书或者成交确认书应当包括出让人和中标人或者竞得人的名称、出让标的、成交时间、地点、价款以及签订国有建设用地使用权出让合同的时间、地点等内容。

中标通知书或者成交确认书对出让人和中标人或者竞得人具有法律效力。出让人改变竞得结果，或者中标人、竞得人放弃中标宗地、竞得宗地的，应当依法承担责任。

第二十一条 中标人、竞得人应当按照中标通知书或者成交确认书约定的时间，与出让人签订国有建设用地使用权出让合同。中标人、竞得人支付的投标、竞买保证金抵作土地出让价款；其他投标人、竞买人支付的投标、竞买保证金，出让人必须在招标拍卖挂牌活动结束后 5 个工作日内予以退还，不计利息。

第二十二条 招标拍卖挂牌活动结束后，出让人应在 10 个工作日内将招标拍卖挂牌出让结果在土地有形市场或者指定的场所、媒介公布。

出让人公布出让结果，不得向受让人收取费用。

第二十三条　受让人依照国有建设用地使用权出让合同的约定付清全部土地出让价款后，方可申请办理土地登记，领取国有建设用地使用权证书。

未按出让合同约定缴清全部土地出让价款的，不得发放国有建设用地使用权证书，也不得按出让价款缴纳比例分割发放国有建设用地使用权证书。

第二十四条　应当以招标拍卖挂牌方式出让国有建设用地使用权而擅自采用协议方式出让的，对直接负责的主管人员和其他直接责任人员依法给予处分；构成犯罪的，依法追究刑事责任。

第二十五条　中标人、竞得人有下列行为之一的，中标、竞得结果无效；造成损失的，应当依法承担赔偿责任：

（一）提供虚假文件隐瞒事实的；

（二）采取行贿、恶意串通等非法手段中标或者竞得的。

第二十六条　国土资源行政主管部门的工作人员在招标拍卖挂牌出让活动中玩忽职守、滥用职权、徇私舞弊的，依法给予处分；构成犯罪的，依法追究刑事责任。

第二十七条　以招标拍卖挂牌方式租赁国有建设用地使用权的，参照本规定执行。

第二十八条　本规定自 2007 年 11 月 1 日起施行。

道路旅客运输班线经营权招标投标办法

（2008 年 7 月 22 日交通运输部令第 8 号公布　自 2009 年 1 月 1 日起施行）

第一章　总　　则

第一条　为规范道路旅客运输班线经营权招标投标活动，公平配置道路旅客运输班线资源，引导道路旅客运输经营者提高运输安全水平和服务质量，保护社会公共利益和招标投标当事人的合法权益，依据《中华人民共和国招标投标法》、《中华人民共和国道路运输条例》及相关规定，制定本办法。

第二条　本办法适用于以招标投标的方式进行道路旅客运输班线（含定线

旅游客运班线）经营权许可的活动。

本办法所称道路旅客运输班线经营权招标投标（以下简称客运班线招标投标），是指道路运输管理机构在不实行班线经营权有偿使用或者竞价的前提下，通过公开招标，对参加投标的道路旅客运输经营者（以下简称客运经营者）的质量信誉情况、企业规模、运力结构和经营该客运班线的安全保障措施、服务质量承诺、运营方案等因素进行综合评价，择优确定客运班线经营者的许可方式。

第三条 客运班线招标投标应当遵循公开、公平、公正和诚信的原则。

第四条 国家鼓励通过招标投标的方式配置客运班线经营权。

第五条 交通运输部主管全国客运班线招标投标工作。

县级以上人民政府交通运输主管部门负责组织领导本行政区域的客运班线招标投标工作。

县级以上道路运输管理机构负责具体实施客运班线招标投标工作。

第二章 招 标

第六条 县级以上道路运输管理机构根据《中华人民共和国道路运输条例》规定的许可权限，对下列客运班线经营权可以采取招标投标的方式进行许可，并作为招标人组织开展招标工作：

（一）在确定被许可人之前，同一条客运班线有3个以上申请人申请的；

（二）根据道路运输发展规划和市场需求，道路运输管理机构决定开通的干线公路客运班线，或者在原干线公路客运线路上投放新的运力；

（三）根据双边或者多边政府协定开通的国际道路客运班线；

（四）已有的客运班线经营期限到期，原经营者不具备延续经营资格条件，需要重新许可的。

第七条 招标人可以将两条以上客运班线经营权作为一个招标项目进行招标投标。

第八条 客运班线招标投标应当采用公开招标方式，招标公告和招标结果应当向社会公布。

第九条 相关省级道路运输管理机构协商确定实施省际客运班线招标投标

的，可以采取联合招标、各自分别招标等方式进行。一省不实行招标投标的，不影响另外一省实行招标投标。按照本办法的规定进行招标投标确定的经营者，相关道路运输管理机构应当予以认可，并按规定办理相关手续。

采取联合招标的，班线起讫地省级道路运输管理机构为共同招标人，由双方协商办理招标事宜。

第十条 通过招标投标方式许可的客运班线经营权的经营期限为 4 年到 8 年，新开发的客运班线经营权的经营期限为 6 年到 8 年，具体期限由招标人确定。

第十一条 对确定以招标投标方式进行行政许可的客运班线，在招标投标工作没有开始之前，申请人提出申请的，许可机关应当告知申请人该客运班线将以招标投标方式进行许可，并在 6 个月内完成招标投标工作。

第十二条 招标人可以自行选择具备法定条件的招标代理机构，委托其办理招标事宜。各地道路运输行业协会组织可以接受招标人的委托，具体承担与招标投标有关的事务性工作。

招标人具备相应能力的，可以自行办理招标事宜。任何单位和个人不得强制其委托招标代理机构办理招标事宜。

第十三条 对确定以招标投标方式实行行政许可的客运班线，招标人应当在其指定的报纸、网络等媒介上发布招标公告。招标公告应当包括以下内容：

（一）招标人名称、地址和联系方式；

（二）招标项目内容、要求和经营期限；

（三）中标人数量；

（四）投标人的资格条件；

（五）报名的方式、地点和截止时间等要求；

（六）报名时所需提交的材料和要求；

（七）其他需要公告的事项。

招标公告要求报名时所需提交的材料应当包括本办法第二十四条规定的内容。

第十四条 招标人应当根据有关规定和招标项目的特点、需要编制招标文件，招标文件应当包括下列内容：

（一）投标人须知；

（二）招标项目内容、要求和经营期限；

（三）中标人数量；

（四）投标文件的内容和编制要求；

（五）投标人参加投标所需提交的材料及要求。所需提交材料应当包括《道路旅客运输及客运站管理规定》要求的可行性报告、进站方案、运输服务质量承诺书；

（六）需提交投标文件的正副本数量以及提交要求、方式、地点和截止时间；

（七）缴纳履约保证金的要求及处置方法；

（八）开标的时间、地点；

（九）评分标准；

（十）中标合同文本；

（十一）其他应当说明的事项。

第十五条 招标人不得违背《道路旅客运输及客运站管理规定》的规定，提高、增设或者降低、减少条件限制投标人，也不得对投标人实行地域限制。

招标人不得限制投标人之间的竞争，不得强制投标人组成联合体共同投标。

第十六条 客运班线招标投标评分标准总分为200分，包括标前分80分和评标分120分。标前分的评分标准见附件。评标分中应当包括安全保障措施、车辆站场设施、运营方案、经营方式、服务承诺、服务质量保障措施等内容，具体评分项目和分值设置由省级道路运输管理机构根据下列要求设定：

（一）有利于引导客运经营者加强管理、规范经营；

（二）有利于引导客运经营者提高运输安全水平、服务水平和承担社会责任；

（三）有利于引导客运经营者节能减排；

（四）有利于引导客运经营者提高车辆技术装备水平；

（五）有利于促进规模化、集约化、公司化经营。

第十七条 招标人应当确定不少于10日的时间作为投标人的报名时间，该期间自招标公告发布之日起至报名截止日止。

第十八条　招标人应当根据投标人报名时提交的材料对投标人的资格条件进行审查。对其中已具备招标项目所要求的许可条件的，发售招标文件。

第十九条　招标人应当确定不少于30日的时间作为投标人编制投标文件所需要的时间，该期间自招标文件发售截止之日起至投标人提交投标文件截止之日止。

第二十条　在招标文件要求的提交投标文件截止时间后送达的投标文件，招标人应当拒收。

第二十一条　客运班线招标投标所发生的费用，应纳入各级运管机构正常的工作经费计划。

第三章　投　　标

第二十二条　投标人是响应招标，参加投标竞争的已具备或者拟申请招标项目所要求的道路客运经营范围的公民、法人或者其他组织。

第二十三条　两个以上法人或者其他组织可以组成一个联合体，以一个投标人的身份投标。联合体各方均应当符合第二十二条规定的条件，并不得再独立或者以筹建其他联合体的形式参加同一招标项目的投标。

联合体各方应当签订共同投标协议，约定各方拟承担的工作和责任，明确在中标后是否联合成立新的经营实体，并将共同投标协议连同投标文件一并提交招标人。

第二十四条　投标人应当在招标公告规定的期限内向招标人报名，并按照招标公告的要求提交以下材料：

（一）资格预审材料：包括《道路旅客运输及客运站管理规定》要求的除可行性报告、进站方案、运输服务质量承诺书之外的其他申请客运班线许可的材料。不具备招标项目所要求的道路客运经营范围的，应当同时提出申请，相关申请材料一并提交。

（二）标前分评定材料：包括最近两年企业客运质量信誉考核情况、自有营运客车数量、高级客车数量以及相关证明材料。

招标人已经准确掌握投标人上述有关情况的，可以不再要求投标人报送相应材料。

第二十五条　通过资格预审的投标人购买招标文件后,应当按照招标文件的要求编制投标文件。投标文件及相关材料由投标人的法定代表人签字并加盖单位印章,进行密封,并在招标文件要求提交投标文件的截止时间前,将投标文件送达指定地点。招标人收到投标文件后,应当签收保存。任何人和单位不得在开标之前开启。

投标文件正本、副本的内容应当保持一致。

联合体参加投标的投标文件及相关材料由各方法定代表人共同签字并加盖各方印章。

正在筹建成立经营实体的申请人的投标文件及相关材料由筹建负责人签字,不需加盖单位印章。

第二十六条　投标人在编制投标文件过程中,如果对招标文件的内容存有疑问,可以在领取投标文件之日起 10 日内以书面形式要求招标人进行解释。招标人在研究所有投标人提出的问题后,在提交投标文件截止时间至少 15 日前,以书面形式进行必要澄清或者修改,并发至所有投标人。澄清或者修改的内容作为招标文件的补充部分,与招标文件具有同等效力。

第二十七条　在提交投标文件截止时间前,投标人可以对已提交的投标文件进行修改、补充,也可以撤回投标文件,并书面通知招标人。

修改、补充的内容为投标文件的组成部分。修改、补充的内容应当在提交投标文件截止时间前按照第二十五条的规定提交给招标人。

第二十八条　投标人不得相互串通或者与招标人串通投标,不得排挤其他投标人的公平竞争。不得以他人名义投标或者以其他方式弄虚作假,骗取中标。

第二十九条　到提交投标文件截止时间止,投标人为 3 个以上的,按本办法规定进行开标和评标;投标人不足 3 个的,招标人可以重新组织招标或者按照有关规定进行许可。

第四章　开标、评标和中标

第三十条　省级道路运输管理机构应当建立客运班线招标投标评审专家库,公布并定期调整评审专家。评审专家应当具备下列条件之一:

(一) 各级交通运输主管部门、道路运输管理机构从事客货运输、财务、安全、技术管理工作 5 年以上并具备大专以上学历的工作人员；

（二）道路运输企业、高等院校、科研机构和道路运输中介组织中从事道路运输领域的管理、财务、安全、技术或者研究工作 8 年以上，并具有相应专业高级职称或者具有同等专业水平的人员。

第三十一条　招标人应当在开标前委派 1 名招标人代表并从评审专家库中随机抽取一定数量的评审专家组成评标委员会进行评标，评标委员会的成员人数应当为 5 人以上单数。评委名单在中标结果确定前应当保密。评委与投标人有利害关系的，不得进入本次评标委员会，已经进入的应当更换。

第三十二条　两个以上省级道路运输管理机构联合招标的，评标委员会由相关省级道路运输管理机构分别从各自的评审专家库中抽取的评审专家组成，每省的评审专家数量由相关方共同商定，每省应当各派 1 名招标人代表，但招标人代表总数不得超过评委总数的三分之一。

第三十三条　招标人应当在开标前对已取得招标文件的投标人提供的标前分评定材料进行核实，并完成标前分的评定工作。

第三十四条　开标应当在招标文件确定的提交投标文件截止时间的同一时间公开进行。开标地点应当为招标文件中预先确定的地点。

第三十五条　开标由招标人主持，邀请所有投标人的法定代表人（筹建负责人）或者其委托代理人参加。

第三十六条　开标时，由投标人或者其推选的代表检查所有投标文件的密封情况，也可以由招标人委托的公证机构检查并公证；经确认无误后，由工作人员当场拆封全部投标文件，并宣读投标人名称和投标文件的主要内容。

招标投标开标过程应当记录，并存档备查。

第三十七条　开标后，招标人应当组织评标委员会进行评标。评标必须在严格保密的条件下进行，禁止任何单位和个人非法干预、影响评标的过程和结果。评标过程应当遵守下列要求：

（一）评标场所必须具有保密条件；

（二）只允许评委、招标人指定的工作人员参加；

（三）所有参加评标的人员不得携带通讯工具；

（四）评标场所内不设电话机和上网的计算机。

第三十八条 在开标和评标过程中，有下列情况之一的，应当认定为废标：

（一）投标文件不符合招标文件规定的实质性要求，或者因缺乏相关内容而无法进行评标的；

（二）投标文件未按招标文件规定的要求正确署名与盖章的；

（三）投标文件附有招标人无法接受的条件的；

（四）投标文件的内容及有关材料不是真实有效的；

（五）投标文件正、副本的内容不符，影响评标的。

在排除废标后，投标人为 3 个以上的，继续进行招标投标工作；投标人不足 3 个的，招标人可以重新组织招标投标或者按有关规定进行许可。

第三十九条 评标委员会应当按以下程序进行评标：

（一）审查投标文件及相关材料，并对不明确的内容进行质询；

（二）招标人或者招标代理机构根据评委质询意见，要求投标人对投标文件中不明确的内容进行必要澄清和说明，但澄清和说明不得超出投标文件的范围或者改变投标文件的实质性内容；

（三）认定是否存在废标；

（四）评委按照招标文件确定的评分标准和方法，客观公正的评定投标人的评标分，并对所提出的评审意见承担个人责任。如果招标项目由两条以上客运班线组成，则分别确定每条客运班线的评标分后，取所有客运班线评标分的算术平均值为投标人在该招标项目的评标分；

（五）评委对招标人评定的标前分进行复核确认；

（六）在评委评定的评标分中，去掉一个最高分和一个最低分后，取算术平均值作为投标人在该招标项目的最终评标分。最终评标分加上标前分，作为投标人的评标总分；

（七）按照评标总分由高到低的原则推荐中标候选人和替补中标候选人。替补中标候选人为多个的，应当明确替补顺序。评标总分分数相同且影响评标结果的确定时，由评委现场投票表决确定中标候选人、替补中标候选人；

（八）出具书面评标报告，并经全体评委签字后，提交招标人。

第四十条 招标人、招标代理机构的工作人员和评委不得私下接触投标人，不得收受投标人的财物或者其他好处，在开标前不得向他人透露投标人提交的资格预审材料的有关内容，在任何时候不得透露对投标文件的评审和比较意见、中标候选人的推荐情况以及评标的其他情况，严禁发生任何可能影响公正评标的行为。

招标人或者监察部门发现评标委员会在评标过程中有不公正的行为时，可以向评标委员会提出质疑，评标委员会应当进行解释。经调查确有不公正行为的，由招标人另行组织评标委员会重新评标和确定中标人。

第四十一条 招标人应当根据评标委员会提交的书面评标报告和推荐意见确定中标人和替补中标人。

确定中标人后，招标人应当在 7 日内向中标人发出中标通知书，并将中标结果书面通知替补中标人和其他投标人。

第四十二条 招标人和中标人应当在中标通知书发出之日起 30 日内，签订中标合同并按照有关规定办理许可手续。

第四十三条 中标合同不得对招标文件及中标人的承诺进行实质性改变，并应当作为中标人取得的道路客运班线经营行政许可决定书的附件。

中标合同的违约责任条款内容不得与《中华人民共和国道路运输条例》中已明确的相应处罚规定相违背。

第四十四条 招标文件要求中标人缴纳履约保证金或者提交其开户银行出具的履约保函的，中标人应当于签订中标合同的同时予以缴纳或者提交。由于中标人原因逾期不签订中标合同或者不按要求缴纳履约保证金、提交履约保函的，视为自动放弃中标资格，其中标资格由替补中标人取得（替补中标人为多个的，按替补顺序依次替补，后同），并按上述规定办理有关手续。

招标人向中标人收取的履约保证金不得超过中标人所投入车辆购置价格的 3%，且中标人交纳履约保证金（不含履约保函）达到 30 万元之后，如果再次中标取得其它客运班线经营权，不再向该招标人交纳履约保证金。

第四十五条 两个以上法人或者其他组织组成的联合体中标但不成立新的经营实体的，联合体各方应当共同与招标人签订中标合同，就中标项目向招标人承担连带责任。招标人应当根据中标合同分别为联合体各方办理道路客运班线经营行政许可手续，并分别颁发相关许可证件。

第四十六条 中标人在投标时申请招标项目所要求的道路客运经营范围的，

道路运输管理机构应当按照有关规定予以办理客运经营许可的有关手续。

第四十七条 中标人不得转让中标的客运班线经营权，可以将中标客运班线经营权授予其分公司经营，但不得委托其子公司经营。

第四十八条 中标人注册地不在中标客运班线起点或者终点的，应当在起点县级以上城市注册分公司进行经营，注册地运管机构应当按照有关规定予以办理有关注册手续。

第四十九条 中标人应当在中标合同约定的时限内按中标方案投入运营。

第五章　监督和考核

第五十条 招标投标活动全过程应当自觉接受投标人、监察部门、交通运输主管部门、上级道路运输管理机构和社会的监督。交通运输主管部门和上级道路运输管理机构发现正在进行的招标投标活动严重违反相关法律、行政法规和本办法规定的，应当责令招标人中止招标活动。

第五十一条 招标人、评标委员会评委、招标工作人员、招标代理机构、投标人有违法违纪行为的，应当按《中华人民共和国招标投标法》的规定进行处理。

第五十二条 投标人有下列行为之一，投标无效；已经中标的，中标无效，中标资格由替补中标人取得。给招标人或者其他投标人造成损失的，依法承担赔偿责任。

（一）在投标过程中弄虚作假的；

（二）与投标人或者评标委员会评委相互串通，事先商定投标方案或者合谋使特定人中标的；

（三）向招标人或者评标委员会成员行贿或者提供其他不正当利益的。

第五十三条 已经提交投标文件的投标人在提交投标文件截止时间后无正当理由放弃投标的，在评定当年客运质量信誉等级时，每发生一次从总分中扣除30分。如果投标人在异地投标的，招标人应当将此情况通报投标人所在地道路运输管理机构。

第五十四条 招标人和中标人应当根据双方签订的中标合同履行各自的权利和义务。

招标人应当对中标人履行承诺情况进行定期或者不定期的检查，发现中标人不遵守服务质量承诺、不规范经营或者存在重大安全隐患的，应当要求中标人进行整改。整改不合格的，招标人依据中标合同的约定可以从履约保证金中扣除相应数额的违约金，直至收回该客运班线或者该客运车辆的经营权。

第五十五条 道路运输管理机构对中标人缴纳的履约保证金应当专户存放，不得挪用。

道路运输管理机构依据中标合同从履约保证金中扣除的相应数额的违约金，应当按照财务管理的相关规定进行管理。

道路运输管理机构按照合同约定从中标人履约保证金中扣除违约金后，中标人应当在招标人规定的时间内补交。逾期不交的，道路运输管理机构可以依据中标合同进行处理。

合同履行完毕后，道路运输管理机构应当及时将剩余的履约保证金本息归还中标人。

第五十六条 道路运输管理机构应当按照国家有关法律、行政法规和规章对中标人在经营期内的违法行为处以相应行政处罚。

第六章 附 则

第五十七条 本办法自 2009 年 1 月 1 日起施行。

六、电子招标

电子招标投标办法

（2013年2月4日国家发展和改革委员会、工业和信息化部、监察部、住房和城乡建设部、交通运输部、铁道部、水利部、商务部令第20号公布 自2013年5月1日起施行）

第一章 总 则

第一条 为了规范电子招标投标活动，促进电子招标投标健康发展，根据《中华人民共和国招标投标法》、《中华人民共和国招标投标法实施条例》（以下分别简称招标投标法、招标投标法实施条例），制定本办法。

第二条 在中华人民共和国境内进行电子招标投标活动，适用本办法。

本办法所称电子招标投标活动是指以数据电文形式，依托电子招标投标系统完成的全部或者部分招标投标交易、公共服务和行政监督活动。

数据电文形式与纸质形式的招标投标活动具有同等法律效力。

第三条 电子招标投标系统根据功能的不同，分为交易平台、公共服务平台和行政监督平台。

交易平台是以数据电文形式完成招标投标交易活动的信息平台。公共服务平台是满足交易平台之间信息交换、资源共享需要，并为市场主体、行政监督部门和社会公众提供信息服务的信息平台。行政监督平台是行政监督部门和监察机关在线监督电子招标投标活动的信息平台。

电子招标投标系统的开发、检测、认证、运营应当遵守本办法及所附《电子招标投标系统技术规范》（以下简称技术规范）。

第四条 国务院发展改革部门负责指导协调全国电子招标投标活动，各级地方人民政府发展改革部门负责指导协调本行政区域内电子招标投标活动。各级人民政府发展改革、工业和信息化、住房城乡建设、交通运输、铁道、水利、商务等部门，按照规定的职责分工，对电子招标投标活动实施监督，依法查处电子招标投标活动中的违法行为。

依法设立的招标投标交易场所的监管机构负责督促、指导招标投标交易场所推进电子招标投标工作，配合有关部门对电子招标投标活动实施监督。

省级以上人民政府有关部门对本行政区域内电子招标投标系统的建设、运营，以及相关检测、认证活动实施监督。

监察机关依法对与电子招标投标活动有关的监察对象实施监察。

第二章　电子招标投标交易平台

第五条　电子招标投标交易平台按照标准统一、互联互通、公开透明、安全高效的原则以及市场化、专业化、集约化方向建设和运营。

第六条　依法设立的招标投标交易场所、招标人、招标代理机构以及其他依法设立的法人组织可以按行业、专业类别，建设和运营电子招标投标交易平台。国家鼓励电子招标投标交易平台平等竞争。

第七条　电子招标投标交易平台应当按照本办法和技术规范规定，具备下列主要功能：

（一）在线完成招标投标全部交易过程；

（二）编辑、生成、对接、交换和发布有关招标投标数据信息；

（三）提供行政监督部门和监察机关依法实施监督和受理投诉所需的监督通道；

（四）本办法和技术规范规定的其他功能。

第八条　电子招标投标交易平台应当按照技术规范规定，执行统一的信息分类和编码标准，为各类电子招标投标信息的互联互通和交换共享开放数据接口、公布接口要求。

电子招标投标交易平台接口应当保持技术中立，与各类需要分离开发的工具软件相兼容对接，不得限制或者排斥符合技术规范规定的工具软件与其对接。

第九条　电子招标投标交易平台应当允许社会公众、市场主体免费注册登录和获取依法公开的招标投标信息，为招标投标活动当事人、行政监督部门和监察机关按各自职责和注册权限登录使用交易平台提供必要条件。

第十条 电子招标投标交易平台应当依照《中华人民共和国认证认可条例》等有关规定进行检测、认证，通过检测、认证的电子招标投标交易平台应当在省级以上电子招标投标公共服务平台上公布。

电子招标投标交易平台服务器应当设在中华人民共和国境内。

第十一条 电子招标投标交易平台运营机构应当是依法成立的法人，拥有一定数量的专职信息技术、招标专业人员。

第十二条 电子招标投标交易平台运营机构应当根据国家有关法律法规及技术规范，建立健全电子招标投标交易平台规范运行和安全管理制度，加强监控、检测，及时发现和排除隐患。

第十三条 电子招标投标交易平台运营机构应当采用可靠的身份识别、权限控制、加密、病毒防范等技术，防范非授权操作，保证交易平台的安全、稳定、可靠。

第十四条 电子招标投标交易平台运营机构应当采取有效措施，验证初始录入信息的真实性，并确保数据电文不被篡改、不遗漏和可追溯。

第十五条 电子招标投标交易平台运营机构不得以任何手段限制或者排斥潜在投标人，不得泄露依法应当保密的信息，不得弄虚作假、串通投标或者为弄虚作假、串通投标提供便利。

第三章　电子招标

第十六条 招标人或者其委托的招标代理机构应当在其使用的电子招标投标交易平台注册登记，选择使用除招标人或招标代理机构之外第三方运营的电子招标投标交易平台的，还应当与电子招标投标交易平台运营机构签订使用合同，明确服务内容、服务质量、服务费用等权利和义务，并对服务过程中相关信息的产权归属、保密责任、存档等依法作出约定。

电子招标投标交易平台运营机构不得以技术和数据接口配套为由，要求潜在投标人购买指定的工具软件。

第十七条 招标人或者其委托的招标代理机构应当在资格预审公告、招标公告或者投标邀请书中载明潜在投标人访问电子招标投标交易平台的网络地址和方法。依法必须进行公开招标项目的上述相关公告应当在电子招标投标交易平台和国家指定的招标公告媒介同步发布。

第十八条　招标人或者其委托的招标代理机构应当及时将数据电文形式的资格预审文件、招标文件加载至电子招标投标交易平台，供潜在投标人下载或者查阅。

第十九条　数据电文形式的资格预审公告、招标公告、资格预审文件、招标文件等应当标准化、格式化，并符合有关法律法规以及国家有关部门颁发的标准文本的要求。

第二十条　除本办法和技术规范规定的注册登记外，任何单位和个人不得在招标投标活动中设置注册登记、投标报名等前置条件限制潜在投标人下载资格预审文件或者招标文件。

第二十一条　在投标截止时间前，电子招标投标交易平台运营机构不得向招标人或者其委托的招标代理机构以外的任何单位和个人泄露下载资格预审文件、招标文件的潜在投标人名称、数量以及可能影响公平竞争的其他信息。

第二十二条　招标人对资格预审文件、招标文件进行澄清或者修改的，应当通过电子招标投标交易平台以醒目的方式公告澄清或者修改的内容，并以有效方式通知所有已下载资格预审文件或者招标文件的潜在投标人。

第四章　电子投标

第二十三条　电子招标投标交易平台的运营机构，以及与该机构有控股或者管理关系可能影响招标公正性的任何单位和个人，不得在该交易平台进行的招标项目中投标和代理投标。

第二十四条　投标人应当在资格预审公告、招标公告或者投标邀请书载明的电子招标投标交易平台注册登记，如实递交有关信息，并经电子招标投标交易平台运营机构验证。

第二十五条　投标人应当通过资格预审公告、招标公告或者投标邀请书载明的电子招标投标交易平台递交数据电文形式的资格预审申请文件或者投标文件。

第二十六条　电子招标投标交易平台应当允许投标人离线编制投标文件，

并且具备分段或者整体加密、解密功能。

投标人应当按照招标文件和电子招标投标交易平台的要求编制并加密投标文件。

投标人未按规定加密的投标文件，电子招标投标交易平台应当拒收并提示。

第二十七条 投标人应当在投标截止时间前完成投标文件的传输递交，并可以补充、修改或者撤回投标文件。投标截止时间前未完成投标文件传输的，视为撤回投标文件。投标截止时间后送达的投标文件，电子招标投标交易平台应当拒收。

电子招标投标交易平台收到投标人送达的投标文件，应当即时向投标人发出确认回执通知，并妥善保存投标文件。在投标截止时间前，除投标人补充、修改或者撤回投标文件外，任何单位和个人不得解密、提取投标文件。

第二十八条 资格预审申请文件的编制、加密、递交、传输、接收确认等，适用本办法关于投标文件的规定。

第五章　电子开标、评标和中标

第二十九条 电子开标应当按照招标文件确定的时间，在电子招标投标交易平台上公开进行，所有投标人均应当准时在线参加开标。

第三十条 开标时，电子招标投标交易平台自动提取所有投标文件，提示招标人和投标人按招标文件规定方式按时在线解密。解密全部完成后，应当向所有投标人公布投标人名称、投标价格和招标文件规定的其他内容。

第三十一条 因投标人原因造成投标文件未解密的，视为撤销其投标文件；因投标人之外的原因造成投标文件未解密的，视为撤回其投标文件，投标人有权要求责任方赔偿因此遭受的直接损失。部分投标文件未解密的，其他投标文件的开标可以继续进行。

招标人可以在招标文件中明确投标文件解密失败的补救方案，投标文件应按照招标文件的要求作出响应。

第三十二条 电子招标投标交易平台应当生成开标记录并向社会公众公布，但依法应当保密的除外。

第三十三条 电子评标应当在有效监控和保密的环境下在线进行。

根据国家规定应当进入依法设立的招标投标交易场所的招标项目，评标委员会成员应当在依法设立的招标投标交易场所登录招标项目所使用的电子招标投标交易平台进行评标。

评标中需要投标人对投标文件澄清或者说明的，招标人和投标人应当通过电子招标投标交易平台交换数据电文。

第三十四条　评标委员会完成评标后，应当通过电子招标投标交易平台向招标人提交数据电文形式的评标报告。

第三十五条　依法必须进行招标的项目中标候选人和中标结果应当在电子招标投标交易平台进行公示和公布。

第三十六条　招标人确定中标人后，应当通过电子招标投标交易平台以数据电文形式向中标人发出中标通知书，并向未中标人发出中标结果通知书。

招标人应当通过电子招标投标交易平台，以数据电文形式与中标人签订合同。

第三十七条　鼓励招标人、中标人等相关主体及时通过电子招标投标交易平台递交和公布中标合同履行情况的信息。

第三十八条　资格预审申请文件的解密、开启、评审、发出结果通知书等，适用本办法关于投标文件的规定。

第三十九条　投标人或者其他利害关系人依法对资格预审文件、招标文件、开标和评标结果提出异议，以及招标人答复，均应当通过电子招标投标交易平台进行。

第四十条　招标投标活动中的下列数据电文应当按照《中华人民共和国电子签名法》和招标文件的要求进行电子签名并进行电子存档：

（一）资格预审公告、招标公告或者投标邀请书；

（二）资格预审文件、招标文件及其澄清、补充和修改；

（三）资格预审申请文件、投标文件及其澄清和说明；

（四）资格审查报告、评标报告；

（五）资格预审结果通知书和中标通知书；

（六）合同；

（七）国家规定的其他文件。

第六章　信息共享与公共服务

第四十一条　电子招标投标交易平台应当依法及时公布下列主要信息：

（一）招标人名称、地址、联系人及联系方式；

（二）招标项目名称、内容范围、规模、资金来源和主要技术要求；

（三）招标代理机构名称、资格、项目负责人及联系方式；

（四）投标人名称、资质和许可范围、项目负责人；

（五）中标人名称、中标金额、签约时间、合同期限；

（六）国家规定的公告、公示和技术规范规定公布和交换的其他信息。

鼓励招标投标活动当事人通过电子招标投标交易平台公布项目完成质量、期限、结算金额等合同履行情况。

第四十二条　各级人民政府有关部门应当按照《中华人民共和国政府信息公开条例》等规定，在本部门网站及时公布并允许下载下列信息：

（一）有关法律法规规章及规范性文件；

（二）取得相关工程、服务资质证书或货物生产、经营许可证的单位名称、营业范围及年检情况；

（三）取得有关职称、职业资格的从业人员的姓名、电子证书编号；

（四）对有关违法行为作出的行政处理决定和招标投标活动的投诉处理情况；

（五）依法公开的工商、税务、海关、金融等相关信息。

第四十三条　设区的市级以上人民政府发展改革部门会同有关部门，按照政府主导、共建共享、公益服务的原则，推动建立本地区统一的电子招标投标公共服务平台，为电子招标投标交易平台、招标投标活动当事人、社会公众和行政监督部门、监察机关提供信息服务。

第四十四条　电子招标投标公共服务平台应当按照本办法和技术规范规定，具备下列主要功能：

（一）链接各级人民政府及其部门网站，收集、整合和发布有关法律法规规章及规范性文件、行政许可、行政处理决定、市场监管和服务的相关信息；

（二）连接电子招标投标交易平台、国家规定的公告媒介，交换、整合和发布本办法第四十一条规定的信息；

（三）连接依法设立的评标专家库，实现专家资源共享；

（四）支持不同电子认证服务机构数字证书的兼容互认；

（五）提供行政监督部门和监察机关依法实施监督、监察所需的监督通道；

（六）整合分析相关数据信息，动态反映招标投标市场运行状况、相关市场主体业绩和信用情况。

属于依法必须公开的信息，公共服务平台应当无偿提供。

公共服务平台应同时遵守本办法第八条至第十五条规定。

第四十五条 电子招标投标交易平台应当按照本办法和技术规范规定，在任一电子招标投标公共服务平台注册登记，并向电子招标投标公共服务平台及时提供本办法第四十一条规定的信息，以及双方协商确定的其他信息。

电子招标投标公共服务平台应当按照本办法和技术规范规定，开放数据接口、公布接口要求，与电子招标投标交易平台及时交换招标投标活动所必需的信息，以及双方协商确定的其他信息。

电子招标投标公共服务平台应当按照本办法和技术规范规定，开放数据接口、公布接口要求，与上一层级电子招标投标公共服务平台连接并注册登记，及时交换本办法第四十四条规定的信息，以及双方协商确定的其他信息。

电子招标投标公共服务平台应当允许社会公众、市场主体免费注册登录和获取依法公开的招标投标信息，为招标人、投标人、行政监督部门和监察机关按各自职责和注册权限登录使用公共服务平台提供必要条件。

第七章 监督管理

第四十六条 电子招标投标活动及相关主体应当自觉接受行政监督部门、监察机关依法实施的监督、监察。

第四十七条 行政监督部门、监察机关结合电子政务建设，提升电子招标投标监督能力，依法设置并公布有关法律法规规章、行政监督的依据、职责权限、监督环节、程序和时限、信息交换要求和联系方式等相关内容。

第四十八条 电子招标投标交易平台和公共服务平台应当按照本办法和技术规范规定，向行政监督平台开放数据接口、公布接口要求，按有关规定及时对接交换和公布有关招标投标信息。

行政监督平台应当开放数据接口，公布数据接口要求，不得限制和排斥已通过检测认证的电子招标投标交易平台和公共服务平台与其对接交换信息，并参照执行本办法第八条至第十五条的有关规定。

第四十九条　电子招标投标交易平台应当依法设置电子招标投标工作人员的职责权限，如实记录招标投标过程、数据信息来源，以及每一操作环节的时间、网络地址和工作人员，并具备电子归档功能。

电子招标投标公共服务平台应当记录和公布相关交换数据信息的来源、时间并进行电子归档备份。

任何单位和个人不得伪造、篡改或者损毁电子招标投标活动信息。

第五十条　行政监督部门、监察机关及其工作人员，除依法履行职责外，不得干预电子招标投标活动，并遵守有关信息保密的规定。

第五十一条　投标人或者其他利害关系人认为电子招标投标活动不符合有关规定的，通过相关行政监督平台进行投诉。

第五十二条　行政监督部门和监察机关在依法监督检查招标投标活动或者处理投诉时，通过其平台发出的行政监督或者行政监察指令，招标投标活动当事人和电子招标投标交易平台、公共服务平台的运营机构应当执行，并如实提供相关信息，协助调查处理。

第八章　法律责任

第五十三条　电子招标投标系统有下列情形的，责令改正；拒不改正的，不得交付使用，已经运营的应当停止运营。

（一）不具备本办法及技术规范规定的主要功能；

（二）不向行政监督部门和监察机关提供监督通道；

（三）不执行统一的信息分类和编码标准；

（四）不开放数据接口、不公布接口要求；

（五）不按照规定注册登记、对接、交换、公布信息；

（六）不满足规定的技术和安全保障要求；

（七）未按照规定通过检测和认证。

第五十四条 招标人或者电子招标投标系统运营机构存在以下情形的，视为限制或者排斥潜在投标人，依照招标投标法第五十一条规定处罚。

（一）利用技术手段对享有相同权限的市场主体提供有差别的信息；

（二）拒绝或者限制社会公众、市场主体免费注册并获取依法必须公开的招标投标信息；

（三）违规设置注册登记、投标报名等前置条件；

（四）故意与各类需要分离开发并符合技术规范规定的工具软件不兼容对接；

（五）故意对递交或者解密投标文件设置障碍。

第五十五条 电子招标投标交易平台运营机构有下列情形的，责令改正，并按照有关规定处罚。

（一）违反规定要求投标人注册登记、收取费用；

（二）要求投标人购买指定的工具软件；

（三）其他侵犯招标投标活动当事人合法权益的情形。

第五十六条 电子招标投标系统运营机构向他人透露已获取招标文件的潜在投标人的名称、数量、投标文件内容或者对投标文件的评审和比较以及其他可能影响公平竞争的招标投标信息，参照招标投标法第五十二条关于招标人泄密的规定予以处罚。

第五十七条 招标投标活动当事人和电子招标投标系统运营机构协助招标人、投标人串通投标的，依照招标投标法第五十三条和招标投标法实施条例第六十七条规定处罚。

第五十八条 招标投标活动当事人和电子招标投标系统运营机构伪造、篡改、损毁招标投标信息，或者以其他方式弄虚作假的，依照招标投标法第五十四条和招标投标法实施条例第六十八条规定处罚。

第五十九条 电子招标投标系统运营机构未按照本办法和技术规范规定履行初始录入信息验证义务，造成招标投标活动当事人损失的，应当承担相应的赔偿责任。

第六十条 有关行政监督部门及其工作人员不履行职责，或者利用职务便利非法干涉电子招标投标活动的，依照有关法律法规处理。

第九章 附 则

第六十一条 招标投标协会应当按照有关规定，加强电子招标投标活动的自律管理和服务。

第六十二条 电子招标投标某些环节需要同时使用纸质文件的，应当在招标文件中明确约定；当纸质文件与数据电文不一致时，除招标文件特别约定外，以数据电文为准。

第六十三条 本办法未尽事宜，按照有关法律、法规、规章执行。

第六十四条 本办法由国家发展和改革委员会会同有关部门负责解释。

第六十五条 技术规范作为本办法的附件，与本办法具有同等效力。

第六十六条 本办法自2013年5月1日起施行。

国家发展和改革委员会、工业和信息化部、住房和城乡建设部等关于进一步规范电子招标投标系统建设运营的通知

（2014年8月25日 发改法规〔2014〕1925号）

国务院各部门、各直属机构，各省、自治区、直辖市及计划单列市、副省级省会城市、新疆生产建设兵团发展改革委、工信委（经委）、通信管理局、住房城乡建设厅（建委、局）、交通厅（局）、水利厅（局）、商务厅（局）、国资委（局）、广播影视局，各铁路局，民航各地区管理局，各计划单列企业集团：

《电子招标投标办法》（国家发展改革委等八部委第20号令，以下简称《办法》）以及《关于做好〈电子招标投标办法〉贯彻实施工作的指导意见》（发改法规〔2013〕1284号，以下简称《指导意见》）发布实施以来，电子招标投标取得积极进展，但实践中仍存在平台监督和交易功能不分、互联互通和信息共享不够、交易平台市场竞争不充分、监督手段滞后与监管越位并存等问题，市场主体反映强烈。为进一步规范电子招标投标系统建设运营，促进电子

招标投标健康有序发展，现就有关事项通知如下：

一、交易平台要实现公平竞争、确保合规运营

（一）准确功能定位。交易平台由招标投标交易场所、招标人以及其他法人建设运营，支持招标代理机构、软件开发企业等第三方主体独立建设运营。政府部门投资并参与建设的交易平台仅用于政府自行投资项目，并且政府部门应委托第三方运营。招标投标交易场所建设兼具监督功能的平台，应当将监督功能交由行政监督部门和公共资源交易监管机构独立运营。

（二）鼓励平等竞争。交易平台要按照市场化、专业化、集约化方向建设运营。除按照《办法》进行检测认证和注册登记外，任何单位和个人不得对交易平台的建设运营设置或者变相设置行政许可或者备案。行政监督部门和公共资源交易监管机构不得为招标人统一规定或者强制使用指定的交易平台，也不得限制和排斥市场主体建设运营的交易平台与公共服务和行政监督平台对接以及交换信息。

（三）依法合规运营。交易平台在功能设置、技术标准、安全保障、运营管理等方面要严格执行《办法》有关规定。交易平台可自主确定经营模式，按照"谁使用、谁付费"的原则进行服务收费，但不得通过绑定工具软件收费。招标投标交易场所建设运营的交易平台不得利用其优势地位巧立名目乱收费。

二、公共服务平台要加强信息集成、实现资源共享

（一）落实责任主体。公共服务平台特指由设区的市级以上人民政府发展改革部门会同有关部门推动建立的信息集中共享平台。要按照2016年底前基本形成公共服务平台体系的目标，制定出台公共服务平台管理办法和技术规范，推动建立本地区跨部门、跨行业的统一的公共服务平台，并按规定与国家公共服务平台对接交互信息。鼓励和支持社会资本参与建设运营公共服务平台。

（二）确保公益属性。公共服务平台要立足公益性，满足电子招标投标系统之间信息交换、资源共享需求，为市场主体、行政监督部门和社会公众提供信息服务。公共服务平台应当设置行政监督通道，或者加载行政监督功能，但不得具备交易功能。已经建成或者准备建设的公共服务平台不符合《办法》、《指导意见》和本通知要求的，必须按照规定改造。

（三）实现互联互通。国家、省和市三级公共服务平台之间以及与其连接的交易平台、行政监督平台要按照规定实现互联互通、信息共享，并作为检测认证的重要条件，以此打破市场信息的分割封锁。鼓励具备条件的地方推动建立全省统一、终端覆盖市县的公共服务平台。

三、行政监督平台要体现简政放权、做到高效透明

（一）明确目标要求。各有关招标投标活动监督部门要结合电子政务建设，在2016年底前基本建成行政监督平台，实现在线监督。行政监督平台可以单独建设，也可以通过在公共服务平台中加载行政监督功能。支持设区的市级以上地方人民政府发展改革部门会同有关部门建设本地区统一的行政监督平台。国务院各部门可探索建立全国统一的本系统、本行业的行政监督平台，实现监管政策规定的一体化。

（二）独立规范运行。拟新建的行政监督平台可以具备一定公共服务功能，但不得与交易平台合并建设和运营，也不得具备任何交易功能。已经建成的行政监督平台兼具交易功能的，应按照《办法》、《指导意见》和本通知要求，将监督功能和交易功能分别交由不同的主体负责，保证在线监督的独立性和公正性。

（三）依法设置监督功能。有关招标投标活动监督部门应当按照《招标投标法》及其实施条例的规定设立行政监督环节，不得在行政监督平台和其他任何平台中擅自增设招标投标活动的审批、核准、备案功能以及其他监管方式的控制功能。不得以限定运营主体、接口或者技术标准等方式，限制或者排斥通过检测认证的其他交易平台和公共服务平台与其对接并交互信息。

四、建成运营的系统要抓紧改造并通过检测认证

（一）明确改造时限。电子招标投标系统三大平台的运营机构和相关监管部门应在2015年底之前，全面完成对已有平台的改造，确保平台定位准确、功能独立、运营规范、标准统一、接口开放、安全可靠、高效便捷。

（二）通过检测认证。待国家发展改革委会同有关部门起草的《电子招标投标系统检测认证管理办法》及检测认证规范发布后，即对电子招标投标系统进行检测、认证。

（三）规范与发展并举。各省级发展改革部门要会同有关部门，在规范电子招标投标系统建设运营的同时，结合本地实际研究制定促进电子招标投标发展的工作方案，明确总体目标和年度计划，并采取有效措施抓好落实。

特此通知。

七、公共资源交易

公共资源交易平台管理暂行办法

（2016年6月24日国家发展和改革委员会、工业和信息化部、财政部、国土资源部、环境保护部、住房和城乡建设部等令第39号公布 自2016年8月1日起施行）

第一章 总 则

第一条 为规范公共资源交易平台运行，提高公共资源配置效率和效益，加强对权力运行的监督制约，维护国家利益、社会公共利益和交易当事人的合法权益，根据有关法律法规和《国务院办公厅关于印发整合建立统一的公共资源交易平台工作方案的通知》（国办发〔2015〕63号），制定本办法。

第二条 本办法适用于公共资源交易平台的运行、服务和监督管理。

第三条 本办法所称公共资源交易平台是指实施统一的制度和标准、具备开放共享的公共资源交易电子服务系统和规范透明的运行机制，为市场主体、社会公众、行政监督管理部门等提供公共资源交易综合服务的体系。

公共资源交易是指涉及公共利益、公众安全的具有公有性、公益性的资源交易活动。

第四条 公共资源交易平台应当立足公共服务职能定位，坚持电子化平台的发展方向，遵循开放透明、资源共享、高效便民、守法诚信的运行服务原则。

第五条 公共资源交易平台要利用信息网络推进交易电子化，实现全流程透明化管理。

第六条 国务院发展改革部门会同国务院有关部门统筹指导和协调全国公共资源交易平台相关工作。

设区的市级以上地方人民政府发展改革部门或政府指定的部门会同有关部门负责本行政区域的公共资源交易平台指导和协调等相关工作。

各级招标投标、财政、国土资源、国有资产等行政监督管理部门按照规定的职责分工，负责公共资源交易活动的监督管理。

第二章 平台运行

第七条 公共资源交易平台的运行应当遵循相关法律法规和国务院有关部门制定的各领域统一的交易规则，以及省级人民政府颁布的平台服务管理细则。

第八条 依法必须招标的工程建设项目招标投标、国有土地使用权和矿业权出让、国有产权交易、政府采购等应当纳入公共资源交易平台。

国务院有关部门和地方人民政府结合实际，推进其他各类公共资源交易纳入统一平台。纳入平台交易的公共资源项目，应当公开听取意见，并向社会公布。

第九条 公共资源交易平台应当按照国家统一的技术标准和数据规范，建立公共资源交易电子服务系统，开放对接各类主体依法建设的公共资源电子交易系统和政府有关部门的电子监管系统。

第十条 公共资源交易项目的实施主体根据交易标的专业特性，选择使用依法建设和运行的电子交易系统。

第十一条 公共资源交易项目依法需要评标、评审的，应当按照全国统一的专家专业分类标准，从依法建立的综合评标、政府采购评审等专家库中随机抽取专家，法律法规另有规定的除外。

有关行政监督管理部门按照规定的职责分工，对专家实施监督管理。

鼓励有条件的地方跨区域选择使用专家资源。

第十二条 公共资源交易平台应当按照省级人民政府规定的场所设施标准，充分利用已有的各类场所资源，为公共资源交易活动提供必要的现场服务设施。

市场主体依法建设的交易场所符合省级人民政府规定标准的，可以在现有场所办理业务。

第十三条 公共资源交易平台应当建立健全网络信息安全制度，落实安全保护技术措施，保障平台平稳运行。

第三章　平台服务

第十四条　公共资源交易平台的服务内容、服务流程、工作规范、收费标准和监督渠道应当按照法定要求确定，并通过公共资源交易电子服务系统向社会公布。

第十五条　公共资源交易平台应当推行网上预约和服务事项办理。确需在现场办理的，实行窗口集中，简化流程，限时办结。

第十六条　公共资源交易平台应当将公共资源交易公告、资格审查结果、交易过程信息、成交信息、履约信息等，通过公共资源交易电子服务系统依法及时向社会公开。涉及国家秘密、商业秘密、个人隐私以及其他依法应当保密的信息除外。

公共资源交易平台应当无偿提供依法必须公开的信息。

第十七条　交易服务过程中产生的电子文档、纸质资料以及音视频等，应当按照规定的期限归档保存。

第十八条　公共资源交易平台运行服务机构及其工作人员不得从事以下活动：

（一）行使任何审批、备案、监管、处罚等行政监督管理职能；

（二）违法从事或强制指定招标、拍卖、政府采购代理、工程造价等中介服务；

（三）强制非公共资源交易项目进入平台交易；

（四）干涉市场主体选择依法建设和运行的公共资源电子交易系统；

（五）非法扣押企业和人员的相关证照资料；

（六）通过设置注册登记、设立分支机构、资质验证、投标（竞买）许可、强制担保等限制性条件阻碍或者排斥其他地区市场主体进入本地区公共资源交易市场；

（七）违法要求企业法定代表人到场办理相关手续；

（八）其他违反法律法规规定的情形。

第十九条　公共资源交易平台运行服务机构提供公共服务确需收费的，不得以营利为目的。根据平台运行服务机构的性质，其收费分别纳入行政事业性收费和经营服务性收费管理，具体收费项目和收费标准按照有关规定执行。属于行政事业性收费的，按照本级政府非税收入管理的有关规定执行。

第二十条　公共资源交易平台运行服务机构发现公共资源交易活动中有违法违规行为的，应当保留相关证据并及时向有关行政监督管理部门报告。

第四章　信息资源共享

第二十一条　各级行政监督管理部门应当将公共资源交易活动当事人资质资格、信用奖惩、项目审批和违法违规处罚等信息，自作出行政决定之日起7个工作日内上网公开，并通过相关电子监管系统交换至公共资源交易电子服务系统。

第二十二条　各级公共资源交易平台应当依托统一的社会信用代码，记录公共资源交易过程中产生的市场主体和专家信用信息，并通过国家公共资源交易电子服务系统实现信用信息交换共享和动态更新。

第二十三条　国务院发展改革部门牵头建立国家公共资源交易电子服务系统，与省级公共资源交易电子服务系统和有关部门建立的电子系统互联互通，实现市场主体信息、交易信息、行政监管信息的集中交换和同步共享。

第二十四条　省级人民政府应当搭建全行政区域统一、终端覆盖市县的公共资源交易电子服务系统，对接国家公共资源交易电子服务系统和有关部门建立的电子系统，按照有关规定交换共享信息。有关电子招标投标、政府采购等系统应当分别与国家电子招标投标公共服务系统、政府采购管理交易系统对接和交换信息。

第二十五条　公共资源交易电子服务系统应当分别与投资项目在线审批监管系统、信用信息共享系统对接，交换共享公共资源交易相关信息、项目审批核准信息和信用信息。

第二十六条　市场主体已经在公共资源电子交易系统登记注册，并通过公共资源交易电子服务系统实现信息共享的，有关行政监督管理部门和公共资源交易平台运行服务机构不得强制要求其重复登记、备案和验证。

第二十七条　公共资源交易电子服务系统应当支持不同电子认证数字证书的兼容互认。

第二十八条　公共资源交易平台和有关行政监督管理部门在公共资源交易

数据采集、汇总、传输、存储、公开、使用过程中，应加强数据安全管理。涉密数据的管理，按照有关法律规定执行。

第五章 监督管理

第二十九条 各级行政监督管理部门按照规定的职责分工，加强对公共资源交易活动的事中事后监管，依法查处违法违规行为。

对利用职权违规干预和插手公共资源交易活动的国家机关或国有企事业单位工作人员，依纪依法予以处理。

各级审计部门应当对公共资源交易平台运行依法开展审计监督。

第三十条 设区的市级以上地方人民政府应当推动建立公共资源交易电子监管系统，实现对项目登记，公告发布，开标评标或评审、竞价，成交公示，交易结果确认，投诉举报，交易履约等交易全过程监控。

公共资源交易电子服务系统和其对接的公共资源电子交易系统应当实时向监管系统推送数据。

第三十一条 建立市场主体公共资源交易活动事前信用承诺制度，要求市场主体以规范格式向社会作出公开承诺，并纳入交易主体信用记录，接受社会监督。

第三十二条 各级行政监督管理部门应当将公共资源交易主体信用信息作为市场准入、项目审批、资质资格审核的重要依据。

建立行政监督管理部门、司法机关等部门联合惩戒机制，对在公共资源交易活动中有不良行为记录的市场主体，依法限制或禁止其参加招标投标、国有土地使用权出让和矿业权出让、国有产权交易、政府采购等公共资源交易活动。

建立公共资源交易相关信息与同级税务机关共享机制，推进税收协作。

第三十三条 各级行政监督管理部门应当运用大数据技术，建立公共资源交易数据关联比对分析机制，开展监测预警，定期进行效果评估，及时调整监管重点。

第三十四条 各级行政监督管理部门应当建立联合抽查机制，对有效投诉举报多或有违法违规记录情况的市场主体，加大随机抽查力度。

行政监督管理部门履行监督管理职责过程中，有权查阅、复制公共资源交易活动有关文件、资料和数据。公共资源交易平台运行服务机构应当如实提供相关情况。

第三十五条　建立由市场主体以及第三方参与的社会评价机制，对所辖行政区域公共资源交易平台运行服务机构提供公共服务情况进行评价。

第三十六条　市场主体或社会公众认为公共资源交易平台运行服务机构及其工作人员存在违法违规行为的，可以依法向政府有关部门投诉、举报。

第三十七条　公共资源交易领域的行业协会应当发挥行业组织作用，加强自律管理和服务。

第六章　法律责任

第三十八条　公共资源交易平台运行服务机构未公开服务内容、服务流程、工作规范、收费标准和监督渠道，由政府有关部门责令限期改正。拒不改正的，予以通报批评。

第三十九条　公共资源交易平台运行服务机构及其工作人员违反本办法第十八条禁止性规定的，由政府有关部门责令限期改正，并予以通报批评。情节严重的，依法追究直接责任人和有关领导的责任。构成犯罪的，依法追究刑事责任。

第四十条　公共资源交易平台运行服务机构违反本办法第十九条规定收取费用的，由同级价格主管部门会同有关部门责令限期改正。拒不改正的，依照《中华人民共和国价格法》、《价格违法行为行政处罚规定》等给予处罚，并予以公示。

第四十一条　公共资源交易平台运行服务机构未按照本办法规定在公共资源交易电子服务系统公开、交换、共享信息的，由政府有关部门责令限期改正。拒不改正，对直接负责的主管人员和其他直接责任人员依法给予处分，并予以通报。

第四十二条　公共资源交易平台运行服务机构限制市场主体建设的公共资源电子交易系统对接公共资源交易电子服务系统的，由政府有关部门责令限期改正。拒不改正的，对直接负责的主管人员和其他直接责任人员依法给予处分，并予以通报。

第四十三条　公共资源交易平台运行服务机构及其工作人员向他人透露依法应当保密的公共资源交易信息的，由政府有关部门责令限期改正，并予以通报批评。情节严重的，依法追究直接责任人和有关领导的责任。构成犯罪的，依法追究刑事责任。

第四十四条　有关行政监督管理部门、公共资源交易平台运行服务机构及其工作人员徇私舞弊、滥用职权、弄虚作假、玩忽职守，未依法履行职责的，依法给予处分；构成犯罪的，依法追究刑事责任。

第七章　附　　则

第四十五条　公共资源电子交易系统是根据工程建设项目招标投标、土地使用权和矿业权出让、国有产权交易、政府采购等各类交易特点，按照有关规定建设、对接和运行，以数据电文形式完成公共资源交易活动的信息系统。

公共资源交易电子监管系统是指政府有关部门在线监督公共资源交易活动的信息系统。

公共资源交易电子服务系统是指联通公共资源电子交易系统、监管系统和其他电子系统，实现公共资源交易信息数据交换共享，并提供公共服务的枢纽。

第四十六条　公共资源交易平台运行服务机构是指由政府推动设立或政府通过购买服务等方式确定的，通过资源整合共享方式，为公共资源交易相关市场主体、社会公众、行政监督管理部门等提供公共服务的单位。

第四十七条　本办法由国务院发展改革部门会同国务院有关部门负责解释。

第四十八条　本办法自2016年8月1日起实施。

公共资源交易平台服务标准（试行）

(2019年4月25日　发改办法规〔2019〕509号)

1. 范围

本标准规定了公共资源交易平台服务的术语和定义、基本原则与要求、服务内容、服务流程要求、场所与设施要求、信息化建设要求、安全要求、服务质量与监督评价。

本标准适用于公共资源交易平台运行服务机构，主要是各级公共资源交易中心所提供的服务。社会资本建设运行的有关公共资源电子交易系统，参照本标准有关要求执行。

2. 规范性引用文件

下列文件对于本标准的应用是必不可少的。凡是注日期的引用文件，仅所注日期的版本适用于本标准。凡是不注日期的引用文件，其最新版本（包括所有的修改单）适用于本标准。

GB/T 2893.1 图形符号 安全色和安全标志 第 1 部分：安全标志和安全标记的设计原则

GB 2894 安全标志及其使用导则

GB/T 10001.1 公共信息图形符号 第 1 部分：通用符号

GB/T 22081 信息技术 安全技术 信息安全控制实践指南

GB/T 20269 信息安全技术 信息系统安全管理要求

GB/T 20270 信息安全技术 网络基础安全技术要求

GB/T 20271 信息安全技术 信息系统通用安全技术要求

GB/T 21061 国家电子政务网络技术和运行管理规范

GB/T 21064 电子政务系统总体设计要求

《中华人民共和国招标投标法》及《中华人民共和国招标投标法实施条例》

《中华人民共和国政府采购法》及《中华人民共和国政府采购法实施条例》

《中华人民共和国土地管理法》

《中华人民共和国矿产资源法》

（中华人民共和国企业国有资产法》

《公共资源交易平台管理暂行办法》（国家发展改革委等 14 部委第 39 号令）

《电子招标投标办法》（国家发展改革委第 20 号令）

《公共资源交易平台系统数据规范（V2.0）》（发改办法规〔2018〕1156 号）

3. 术语和定义

下列术语和定义适用于本标准。

3.1 公共资源交易

公共资源交易是指涉及公共利益、公众安全的具有公有性、公益性的资源交易活动。

3.2 公共资源交易平台

公共资源交易平台（以下简称平台）是指实施统一的制度和标准、具备开放共享的公共资源交易电子服务系统和规范透明的运行机制，为市场主体、社会公众、行政监督管理部门等提供公共资源交易综合服务的体系。

3.3 公共资源交易平台运行服务机构

公共资源交易平台运行服务机构是指由政府推动设立或政府通过购买服务等方式确定的，通过资源整合共享方式，为公共资源交易相关市场主体、社会公众、行政监督管理部门等提供公共服务的单位。公共资源交易中心是公共资源交易平台主要运行服务机构。

3.4 公共资源交易电子服务系统

公共资源交易电子服务系统（以下简称电子服务系统）是指联通公共资源电子交易系统、监管系统和其他电子系统，实现公共资源交易信息数据交换共享，并提供公共服务的枢纽。

3.5 公共资源电子交易系统

公共资源电子交易系统（以下简称电子交易系统）是根据工程建设项目招标投标、土地使用权和矿业权出让、国有产权交易、政府采购等各类交易特点，按照有关规定建设、对接和运行，以数据电文形式完成公共资源交易活动的信息系统。

3.6 公共资源交易电子监管系统

公共资源交易电子监管系统（以下简称电子监管系统）是指政府有关部门在线监督公共资源交易活动的信息系统。

3.7 竞得人

本标准所称竞得人包括中标人、成交供应商、受让人等。

4. 基本原则与要求

4.1 基本原则

平台运行服务机构应立足公共服务职能定位，建立健全电子交易系统，不断优化见证、场所、信息、档案、专家抽取和交易流程等服务，积极开展交易大数据分析，为宏观经济决策、优化营商环境、规范交易市场提供支撑。其建设和运行应当遵循以下原则。

4.1.1 依法依规，科学规划。严格执行国家有关法律法规和政策，结合本地公共资源交易实际，合理规划、科学布局，突出特色、注重实效。

4.1.2 便民高效，规范运行。精简办事材料，优化办理流程，量化服务指标，完善功能标识，高效规范运行。

4.1.3 公开透明，强化监督。完善办事指南信息，构建完善咨询投诉、服务评价机制，不断提高业务办理公开透明度，广泛接受社会监督。

4.2 基本要求

4.2.1 遵守国家法律、法规、规章及相关政策规定。

4.2.2 具备必要的、功能齐备的场所和设施，以及满足交易需要的电子交易系统，建立健全网络信息安全制度，落实安全保护技术措施，保障系统安全稳定可靠运行。

4.2.3 建立健全平台运行服务制度和内控机制，加强对工作人员的管理，不断提高平台的服务质量和效率。

4.2.4 在电子服务系统和服务场所醒目位置向社会公开平台的服务内容、服务流程、服务规范和监督渠道等，主动接受社会监督。

4.2.5 加强日常安全管理，制定实施突发性事件应急处理预案。

4.2.6 及时向公共资源交易行政监督部门推送交易信息等。

4.2.7 积极配合政府有关部门调查处理投诉事项和违法违规行为，承担有关部门交办的其他工作。

5. 服务内容

包括但不限于以下内容。

5.1 业务咨询。

5.2 项目登记。

5.3 场地安排。

5.4 公告和公示信息公开。

5.5 交易过程保障。

5.6 资料归档。

5.7 数据统计。

5.8 档案查询。

6. 服务流程要求

6.1 业务咨询

6.1.1 咨询服务方式应包括但不限于网上咨询、电话咨询和现场咨询。

6.1.2 咨询服务应遵循首问负责制和一次性告知制。

6.1.3 工作人员应向交易相关主体提供以下咨询服务。

6.1.3.1 提供公共资源交易项目涉及的法律法规及相关规定。

6.1.3.2 介绍交易业务流程、办事指南、注意事项等。

6.1.3.3 指引相关主体使用电子交易系统事项办理流程。

6.1.3.4 其他咨询事项。

6.1.4 不属于平台运行服务机构答复或解决的问题，应解释清楚，并予以引导。

6.2 项目登记

6.2.1 纳入平台交易项目的登记方式应包括网上登记、现场登记，鼓励实行网上登记。

6.2.2 工作人员在办理项目登记业务时，应按照法律法规及相关规定进行必要提示，对确需调整、补充材料的，应一次性告知需调整、补充的材料。

6.2.3 相关文件资料齐备后，工作人员应根据交易项目的内容、规模及其交易方式，对交易项目的实施主体或其代理机构申请的场所、时间等予以确认，及时办结项目登记，并告知交易过程中应当注意的事项。

6.2.4 应为纳入平台交易项目明确具体的服务责任人。

6.2.5 如交易项目的实施主体或其代理机构提出申请,可为其提供交易文件标准化模板,但不得对交易文件进行审批、核准、备案。

6.3 场地安排

6.3.1 应当根据交易项目的实施主体或其代理机构的申请,及时确定交易项目的交易场地和评标(评审)场地。场地确定后确需变更的,应及时提供变更服务,并调整相应工作安排。

6.3.2 应做好交易过程中的各项准备工作,场地及设施应符合本标准第 7 部分的要求,以满足交易项目需求。

6.4 公告和公示信息公开

6.4.1 公开方式

应在项目登记办结后,按照交易项目的交易方式或者交易阶段,根据交易项目的实施主体或其代理机构的委托,协助其在法定媒介发布交易公告和公示信息;同步在电子交易系统公开的,公告内容应保持一致。

6.4.2 协助处理异议或者投诉

在法定时限内,遇有对公告和公示信息的形式、内容、期限等提出异议或者投诉的,应按规定及时向交易项目的实施主体或其代理机构,或者有关行政监督部门反映,并协助做好有关核查及处理工作。

6.5 交易过程保障

6.5.1 在交易实施前,应按照交易项目的特点、流程,做好场所、设施、技术等服务保障的准备工作。同时,宜采用短信、电话或者其他方式通知项目的实施主体或其代理机构做好交易实施的相关准备工作。

6.5.2 交易实施过程中,应按规定的时间准时启用相关设施、场所,提供必要的技术和其它相关服务,并协助交易项目的实施主体或其代理机构维持交易秩序,确保交易活动按照既定的交易流程顺利完成。

6.5.3 应按规定的时间和方式,有序引导经身份识别后的评标(评审)专家进入评标(评审)区域,并将其随身携带的通讯及其它相关电子设备妥善保存在规定地点。如有需要,应按规定提供评标(评审)专家的抽取服务。

6.5.4 在交易场所进行交易的,应见证交易过程,对交易活动现场、评标评审情况等进行录音录像,并按规定确保评标评审过程严格保密。

6.5.5 交易实施过程中,遇有异议或者投诉的,应按规定及时向交易项目的实施主体或其代理机构,或者有关行政监督部门反映,并协助做好有关核查及处理工作。依法应当暂停交易或者终止交易的,应提示并配合交易项目的实施主体或其代理机构按 6.4.1 的规定进行公告,并采取短信、电话或者其他方式通知所有相关主体。

6.5.6 如遇不可抗力、交易系统异常等情况,导致交易无法正常进行的,应按规定配合交易项目的实施主体或其代理机构暂停交易;如发现有违法违规行为的,应当保留相关证据并及时向有关行政监督部门报告。

6.5.7 应建立健全不良交易行为发现处置机制,工作人员在交易服务过程中,对发现的不良交易行为应进行记录,并及时报送至有关行政监督部门依法处理。

6.6 资料归档

6.6.1 应建立健全公共资源交易档案管理制度,按照"一项一档"的要求,将交易服务过程中产生的电子文档、纸质资料以及音视频等按有关规定统一归档。

6.6.2 应设专人负责档案管理,归档案卷应齐全、完整、目录清晰。

6.6.3 应按照相关法律法规规定的期限和要求保存档案,确保档案存放地点安全、保密。

6.6.4 交易相关主体违反规定拒绝提供归档资料的,应及时向有关行政监督部门报告。

6.7 数据统计

6.7.1 应建立交易数据统计制度,保障数据质量,按要求及时统计并向有关电子服务系统和行政监督部门推送统计数据。

6.7.2 应通过电子服务系统,向社会公开各类交易信息,接受社会监督。

6.8 档案查询和移交

6.8.1 应建立档案查询制度,依法依规提供档案查询服务。

6.8.2 应做好档案查询记录，并确保档案的保密性、完整性。

6.8.3 应按规定及时向档案馆移交相关档案。

7. 场所与设施要求

7.1 基本要求

7.1.1 场所设施建设应遵循集约利用、因地制宜、避免重复建设的原则，按相关规定和标准配备必要的服务和办公设施，以及电子交易系统软硬件设备。

7.1.2 公共服务、交易实施、评标评审、办公等功能区域，应当边界清晰、标识醒目、设施齐备、干净整洁。

7.1.3 有条件的交易场所，可为第三方服务机构等提供相应的办公区域和设施。第三方服务包括但不限于 CA 证书、银行结算、其他商务服务等。

7.2 场所设置

7.2.1 公共服务区域

7.2.1.1 应设置咨询服务台，有专人提供业务咨询等服务。

7.2.1.2 应配置信息展示、信息查询和信息服务等设施，有专人维护、管理和服务。

7.2.1.3 应按照各类公共资源交易的基本业务流程设置服务窗口，配备相应的服务人员和办公设备。

7.2.1.4 应设置休息等候区域，并配备必要的设施。

7.2.1.5 应设置公共区域电视监控系统，实施 24 小时不间断监控。

7.2.2 交易实施区

7.2.2.1 应根据公共资源交易的不同类别及其特点，设置相应的开标室、谈判室、竞价室、拍卖厅等，并配备相应的服务人员和必需的设施设备。

7.2.2.2 开标室、谈判室、竞价室、拍卖厅等交易场所，应当设置音频视频监控系统，对在现场办理的交易活动全过程进行录音录像。

7.2.3 评标评审区

7.2.3.1 评标评审区域应与咨询、办事、开标、竞价、拍卖等公开场所进行物理隔离，有必要的，可设置专家抽取终端和专家专用通道。

7.2.3.2 应设置音频视频监控、门禁等系统，门禁以内宜设置评标评审室、谈判室、磋商室、询标室、资料中转室、专家用餐室、公共卫生间等，并配置相应的服务人员和必需的设施设备；有条件的交易场所，应配备隔夜评标评审场所和设施。

7.2.3.3 门禁以外相邻区域宜设置物品储存柜、监督室、专家抽取室等。

7.2.3.4 评标评审区入口处宜设置通讯检测门，并与门禁系统联动运行。

7.3 标识标志

7.3.1 应在服务场所设置清晰的导向标识、门牌标识、禁止标识和安全标志。

7.3.2 应有楼层导向图、功能分区平面图，以及不同人员的通道标识标志。

7.3.3 标识标志应符合 GB/T 2893.1《图形符号 安全色和安全标志 第 1 部分：安全标志和安全标记的设计原则》、GB/T 2894《安全标志及其使用导则》、GB/T 10001.1《公共信息图形符号 第 1 部分：通用符号》的要求。

7.4 监控系统

7.4.1 应设有业务监控和安全保障监控设备，并配备专职人员维护，保证正常运行。

7.4.2 业务监控应自业务开始至结束，对监控范围内的一切声源与图像同步录取，录音录像保存期限应符合相关规定。

8. 信息化建设要求

应按照国家有关技术规范要求建立或以政府购买服务方式确定电子交易系统，为交易相关主体提供在线交易服务，并通过对接电子服务系统、电子监督系统和其他相关电子系统，推动实现公共资源交易信息数据交换共享。

9. 安全要求

9.1 应建立健全安全保卫制度，配备安全保卫人员，定期进行安全检查。

9.2 应按有关规定配备消防器材、应急照明灯和标志，加强消防安全日常监督检查。

9.3 应建立突发性事件应急处理预案，明确突发性情况的应对措施。

9.4 应建立健全网络信息安全制度，落实安全保护技术措施。

9.5 互联网运营网络宜采用主备模式。

9.6 各类系统数据宜设置异地备份。

9.7 信息和网络安全应符合 GB/T 22081《信息技术 安全技术信息安全控制实践指南》、GB/T 20269《信息安全技术 信息系统安全管理要求》、GB/T 20270《信息安全技术 网络基础安全技术要求》、GB/T 20271《信息安全技术 信息系统通用安全技术要求》、GB/T 21061《国家电子政务网络技术和运行管理规范》、GB/T 21064《电子政务系统总体设计要求》的要求。

10. 服务质量与监督评价

10.1 平台运行服务机构应具有一定数量的相关专业人员，能满足为各类公共资源交易提供服务的要求，建立健全内部管理制度，制订完善的服务流程。

10.2 应公开承诺办理时限，限时办结，建立"一站式"服务模式，提高工作效率。

10.3 应实现服务项目、服务流程、服务标准、收费标准等信息公开。

10.4 应完善服务监督形式，建立服务质量监督的反馈和投诉制度，公布投诉方式（电话、信箱等），畅通监督渠道。

10.5 应建立服务质量评价机制，采用自评价和外部评价相结合的方式，开展服务质量综合评价和服务满意度调查，定期公示评价结果，并根据评价结果不断改进服务。

八、招标监督管理

国务院办公厅印发国务院有关部门实施招标投标活动行政监督的职责分工意见的通知

（2000年5月3日　国办发〔2000〕34号）

各省、自治区、直辖市人民政府，国务院各部委、各直属机构：中央机构编制委员会办公室《关于国务院有关部门实施招标投标活动行政监督的职责分工的意见》已经国务院同意，现印发给你们，请遵照执行。

关于国务院有关部门实施招标投标活动行政监督的职责分工的意见

（2000年3月4日）

根据《中华人民共和国招标投标法》（以下简称《招标投标法》）和国务院有关部门"三定"规定，现就国务院有关部门实施招标投标（以下简称招投标）活动行政监督的职责分工，提出如下意见：一、国家发展计划委员会指导和协调全国招投标工作，会同有关行政主管部门拟定《招标投标法》配套法规、综合性政策和必须进行招标的项目的具体范围、规模标准以及不适宜进行招标的项目，报国务院批准；指定发布招标公告的报刊、信息网络或其他媒介。有关行政主管部门根据《招标投标法》和国家有关法规、政策，可联合或分别制定具体实施办法。

二、项目审批部门在审批必须进行招标的项目可行性研究报告时，核准项目的招标方式（委托招标或自行招标）以及国家出资项目的招标范围（发包初步方案）。项目审批后，及时向有关行政主管部门通报所确定的招标方式和范围等情况。

三、对于招投标过程（包括招标、投标、开标、评标、中标）中泄露保密资料、泄露标底、串通招标、串通投标、歧视排斥投标等违法活动的监督执法，按现行的职责分工，分别由有关行政主管部门负责并受理投标人和其他利害关系人的投诉。按照这一原则，工业（含内贸）、水利、交通、铁道、民航、信息产业等行业和产业项目的招投标活动的监督执法，分别由经贸、水利、交通、铁道、民航、信息产业等行政主管部门负责；各类房屋建筑及其附属设施的建造和与其配套的线路、管道、设备的安装项目和市政工程项目的招投标活动的监督执法，由建设行政主管部门负责；进口机电设备采购项目的招投标活动的监督执法，由外经贸行政主管部门负责。有关行政主管部门须将监督过程中发现的问题，及时通知项目审批部门，项目审批部门根据情况依法暂停项目执行或者暂停资金拨付。

四、从事各类工程建设项目招标代理业务的招标代理机构的资格，由建设行政主管部门认定；从事与工程建设有关的进口机电设备采购招标代理业务的招标代理机构的资格，由外经贸行政主管部门认定；从事其他招标代理业务的招标代理机构的资格，按现行职责分工，分别由有关行政主管部门认定。

五、国家发展计划委员会负责组织国家重大建设项目稽察特派员，对国家重大建设项目建设过程中的工程招投标进行监督检查。

各有关部门要严格依照上述职责分工，各司其职，密切配合，共同做好招投标的监督管理工作。各省、自治区、直辖市人民政府可根据《招标投标法》的规定，从本地实际出发，制定招投标管理办法。

工程建设项目招标投标活动投诉处理办法

（2004年6月21日国家发展和改革委员会、建设部、铁道部、交通部、信息产业部、水利部、中国民用航空总局令第11号公布 根据2013年3月11日国家发展和改革委员会、工业和信息化部、财政部、住房和城乡建设部、交通运输部、铁道部、水利部、国家广播电影电视总局、中国民用航空局《关于废止和修改部分招标投标规章和规范性文件的决定》修订）

第一条 为保护国家利益、社会公共利益和招标投标当事人的合法权益，建立公平、高效的工程建设项目招标投标活动投诉处理机制，根据《中华人民共和国招标投标法》、《中华人民共和国招标投标法实施条例》，制定本办法。

第二条 本办法适用于工程建设项目招标投标活动的投诉及其处理活动。

前款所称招标投标活动，包括招标、投标、开标、评标、中标以及签订合同等各阶段。

第三条 投标人或者其他利害关系人认为招标投标活动不符合法律、法规和规章规定的，有权依法向有关行政监督部门投诉。

前款所称其他利害关系人是指投标人以外的，与招标项目或者招标活动有直接和间接利益关系的法人、其他组织和自然人。

第四条 各级发展改革、工业和信息化、住房城乡建设、水利、交通运输、铁道、商务、民航等招标投标活动行政监督部门，依照《国务院办公厅印发国务院有关部门实施招标投标活动行政监督的职责分工的意见的通知》（国办发〔2000〕34号）和地方各级人民政府规定的职责分工，受理投诉并依法做出处理决定。

对国家重大建设项目（含工业项目）招标投标活动的投诉，由国家发展改革委受理并依法做出处理决定。对国家重大建设项目招标投标活动的投诉，有关行业行政监督部门已经收到的，应当通报国家发展改革委，国家发展改革委不再受理。

第五条 行政监督部门处理投诉时，应当坚持公平、公正、高效原则，维护国家利益、社会公共利益和招标投标当事人的合法权益。

第六条 行政监督部门应当确定本部门内部负责受理投诉的机构及其电话、传真、电子信箱和通讯地址，并向社会公布。

第七条 投诉人投诉时，应当提交投诉书。投诉书应当包括下列内容：

（一）投诉人的名称、地址及有效联系方式；

（二）被投诉人的名称、地址及有效联系方式；

（三）投诉事项的基本事实；

（四）相关请求及主张；

（五）有效线索和相关证明材料。

对招标投标法实施条例规定应先提出异议的事项进行投诉的，应当附提出异议的证明文件。已向有关行政监督部门投诉的，应当一并说明。

投诉人是法人的，投诉书必须由其法定代表人或者授权代表签字并盖章；其他组织或者自然人投诉的，投诉书必须由其主要负责人或者投诉人本人签字，并附有效身份证明复印件。

投诉书有关材料是外文的，投诉人应当同时提供其中文译本。

第八条 投诉人不得以投诉为名排挤竞争对手，不得进行虚假、恶意投诉，阻碍招标投标活动的正常进行。

第九条 投诉人认为招标投标活动不符合法律行政法规规定的，可以在知道或者应当知道之日起十日内提出书面投诉。依照有关行政法规提出异议的，异议答复期间不计算在内。

第十条 投诉人可以自己直接投诉，也可以委托代理人办理投诉事务。代理人办理投诉事务时，应将授权委托书连同投诉书一并提交给行政监督部门。授权委托书应当明确有关委托代理权限和事项。

第十一条 行政监督部门收到投诉书后，应当在三个工作日内进行审查，视情况分别做出以下处理决定：

（一）不符合投诉处理条件的，决定不予受理，并将不予受理的理由书面告知投诉人；

（二）对符合投诉处理条件，但不属于本部门受理的投诉，书面告知投诉人向其他行政监督部门提出投诉；

对于符合投诉处理条件并决定受理的，收到投诉书之日即为正式受理。

第十二条 有下列情形之一的投诉，不予受理：

（一）投诉人不是所投诉招标投标活动的参与者，或者与投诉项目无任何利害关系；

（二）投诉事项不具体，且未提供有效线索，难以查证的；

（三）投诉书未署具投诉人真实姓名、签字和有效联系方式的；以法人名义投诉的，投诉书未经法定代表人签字并加盖公章的；

（四）超过投诉时效的；

（五）已经作出处理决定，并且投诉人没有提出新的证据的；

（六）投诉事项应先提出异议没有提出异议、已进入行政复议或行政诉讼程序的。

第十三条 行政监督部门负责投诉处理的工作人员，有下列情形之一的，应当主动回避：

（一）近亲属是被投诉人、投诉人，或者是被投诉人、投诉人的主要负责人；

（二）在近三年内本人曾经在被投诉人单位担任高级管理职务；

（三）与被投诉人、投诉人有其他利害关系，可能影响对投诉事项公正处理的。

第十四条 行政监督部门受理投诉后，应当调取、查阅有关文件，调查、核实有关情况。

对情况复杂、涉及面广的重大投诉事项，有权受理投诉的行政监督部门可以会同其他有关的行政监督部门进行联合调查，共同研究后由受理部门做出处理决定。

第十五条 行政监督部门调查取证时，应当由两名以上行政执法人员进行，并做笔录，交被调查人签字确认。

第十六条 在投诉处理过程中，行政监督部门应当听取被投诉人的陈述和申辩，必要时可通知投诉人和被投诉人进行质证。

第十七条 行政监督部门负责处理投诉的人员应当严格遵守保密规定，对于在投诉处理过程中所接触到的国家秘密、商业秘密应当予以保密，也不得将投诉事项透露给与投诉无关的其他单位和个人。

第十八条 行政监督部门处理投诉，有权查阅、复制有关文件、资料，调查有关情况，相关单位和人员应当予以配合。必要时，行政监督部门可以责令暂停招标投标活动。

对行政监督部门依法进行的调查，投诉人、被投诉人以及评标委员会成员等与投诉事项有关的当事人应当予以配合，如实提供有关资料及情况，不得拒绝、隐匿或者伪报。

第十九条 投诉处理决定做出前，投诉人要求撤回投诉的，应当以书面形式提出并说明理由，由行政监督部门视以下情况，决定是否准予撤回：

（一）已经查实有明显违法行为的，应当不准撤回，并继续调查直至做出处理决定；

（二）撤回投诉不损害国家利益、社会公共利益或者其他当事人合法权益的，应当准予撤回，投诉处理过程终止。投诉人不得以同一事实和理由再提出投诉。

第二十条 行政监督部门应当根据调查和取证情况，对投诉事项进行审查，按照下列规定做出处理决定：

（一）投诉缺乏事实根据或者法律依据的，或者投诉人捏造事实、伪造材料或者以非法手段取得证明材料进行投诉的，驳回投诉；

（二）投诉情况属实，招标投标活动确实存在违法行为的，依据《中华人民共和国招标投标法》、《中华人民共和国招标投标法实施条例》及其他有关法规、规章做出处罚。

第二十一条 负责受理投诉的行政监督部门应当自受理投诉之日起三十个工作日内，对投诉事项做出处理决定，并以书面形式通知投诉人、被投诉人和其他与投诉处理结果有关的当事人。需要检验、检测、鉴定、专家评审的，所需时间不计算在内。

第二十二条 投诉处理决定应当包括下列主要内容：

（一）投诉人和被投诉人的名称、住址；

（二）投诉人的投诉事项及主张；

（三）被投诉人的答辩及请求；

（四）调查认定的基本事实；

（五）行政监督部门的处理意见及依据。

第二十三条 行政监督部门应当建立投诉处理档案，并做好保存和管理工作，接受有关方面的监督检查。

第二十四条 行政监督部门在处理投诉过程中，发现被投诉人单位直接负责的主管人员和其他直接责任人员有违法、违规或者违纪行为的，应当建议其行政主管机关、纪检监察部门给予处分；情节严重构成犯罪的，移送司法机关处理。

对招标代理机构有违法行为，且情节严重的，依法暂停直至取消招标代理资格。

第二十五条 当事人对行政监督部门的投诉处理决定不服或者行政监督部门逾期未做处理的，可以依法申请行政复议或者向人民法院提起行政诉讼。

第二十六条 投诉人故意捏造事实、伪造证明材料或者以非法手段取得证明材料进行投诉，给他人造成损失的，依法承担赔偿责任。

第二十七条 行政监督部门工作人员在处理投诉过程中徇私舞弊、滥用职权或者玩忽职守，对投诉人打击报复的，依法给予行政处分；构成犯罪的，依法追究刑事责任。

第二十八条 行政监督部门在处理投诉过程中，不得向投诉人和被投诉人收取任何费用。

第二十九条 对于性质恶劣、情节严重的投诉事项，行政监督部门可以将投诉处理结果在有关媒体上公布，接受舆论和公众监督。

第三十条 本办法由国家发展改革委会同国务院有关部门解释。

第三十一条 本办法自 2004 年 8 月 1 日起施行。

招标投标违法行为记录公告暂行办法

(2008年6月18日 发改法规〔2008〕1531号)

第一章 总 则

第一条 为贯彻《国务院办公厅关于进一步规范招投标活动的若干意见》(国办发〔2004〕56号),促进招标投标信用体系建设,健全招标投标失信惩戒机制,规范招标投标当事人行为,根据《招标投标法》等相关法律规定,制定本办法。

第二条 对招标投标活动当事人的招标投标违法行为记录进行公告,适用本办法。

本办法所称招标投标活动当事人是指招标人、投标人、招标代理机构以及评标委员会成员。

本办法所称招标投标违法行为记录,是指有关行政主管部门在依法履行职责过程中,对招标投标当事人违法行为所作行政处理决定的记录。

第三条 国务院有关行政主管部门按照规定的职责分工,建立各自的招标投标违法行为记录公告平台,并负责公告平台的日常维护。

国家发展改革委会同国务院其他有关行政主管部门制定公告平台管理方面的综合性政策和相关规定。

省级人民政府有关行政主管部门按照规定的职责分工,建立招标投标违法行为记录公告平台,并负责公告平台的日常维护。

第四条 招标投标违法行为记录的公告应坚持准确、及时、客观的原则。

第五条 招标投标违法行为记录公告不得公开涉及国家秘密、商业秘密、个人隐私的记录。但是,经权利人同意公开或者行政机关认为不公开可能对公共利益造成重大影响的涉及商业秘密、个人隐私的违法行为记录,可以公开。

第二章 违法行为记录的公告

第六条 国务院有关行政主管部门和省级人民政府有关行政主管部门(以

下简称"公告部门")应自招标投标违法行为行政处理决定作出之日起 20 个工作日内对外进行记录公告。

省级人民政府有关行政主管部门公告的招标投标违法行为行政处理决定应同时抄报相应国务院行政主管部门。

第七条 对招标投标违法行为所作出的以下行政处理决定应给予公告：

（一）警告；

（二）罚款；

（三）没收违法所得；

（四）暂停或者取消招标代理资格；

（五）取消在一定时期内参加依法必须进行招标的项目的投标资格；

（六）取消担任评标委员会成员的资格；

（七）暂停项目执行或追回已拨付资金；

（八）暂停安排国家建设资金；

（九）暂停建设项目的审查批准；

（十）行政主管部门依法作出的其他行政处理决定。

第八条 违法行为记录公告的基本内容为：被处理招标投标当事人名称（或姓名）、违法行为、处理依据、处理决定、处理时间和处理机关等。

公告部门可将招标投标违法行为行政处理决定书直接进行公告。

第九条 违法行为记录公告期限为六个月。公告期满后，转入后台保存。

依法限制招标投标当事人资质（资格）等方面的行政处理决定，所认定的限制期限长于六个月的，公告期限从其决定。

第十条 公告部门负责建立公告平台信息系统，对记录信息数据进行追加、修改、更新，并保证公告的违法行为记录与行政处理决定的相关内容一致。

公告平台信息系统应具备历史公告记录查询功能。

第十一条 公告部门应对公告记录所依据的招标投标违法行为行政处理决定书等材料妥善保管、留档备查。

第十二条 被公告的招标投标当事人认为公告记录与行政处理决定的相关内容不符的，可向公告部门提出书面更正申请，并提供相关证据。

公告部门接到书面申请后，应在 5 个工作日内进行核对。公告的记录与行政处理决定的相关内容不一致的，应当给予更正并告知申请人；公告的记录与行政处理决定的相关内容一致的，应当告知申请人。

公告部门在作出答复前不停止对违法行为记录的公告。

第十三条 行政处理决定在被行政复议或行政诉讼期间，公告部门依法不停止对违法行为记录的公告，但行政处理决定被依法停止执行的除外。

第十四条 原行政处理决定被依法变更或撤销的，公告部门应当及时对公告记录予以变更或撤销，并在公告平台上予以声明。

第三章 监督管理

第十五条 有关行政主管部门应依法加强对招标投标违法行为记录被公告当事人的监督管理。

第十六条 招标投标违法行为记录公告应逐步实现互联互通、互认共用，条件成熟时建立统一的招标投标违法行为记录公告平台。

第十七条 公告的招标投标违法行为记录应当作为招标代理机构资格认定，依法必须招标项目资质审查、招标代理机构选择、中标人推荐和确定、评标委员会成员确定和评标专家考核等活动的重要参考。

第十八条 有关行政主管部门及其工作人员在违法行为记录的提供、收集和公告等工作中有玩忽职守、弄虚作假或者徇私舞弊等行为的，由其所在单位或者上级主管机关予以通报批评，并依纪依法追究直接责任人和有关领导的责任；构成犯罪的，移送司法机关依法追究刑事责任。

第四章 附 则

第十九条 各省、自治区、直辖市发展改革部门可会同有关部门根据本办法制定具体实施办法。

第二十条 本办法由国家发展改革委会同国务院有关部门负责解释。

第二十一条 本办法自2009年1月1日起施行。

关于在招标投标活动中对失信被执行人
实施联合惩戒的通知

（2016年8月30日 法〔2016〕285号）

为贯彻党的十八届三中、四中、五中全会精神，落实《中央政法委关于切实解决人民法院执行难问题的通知》（政法〔2005〕52号）、《国务院关于促进市场公平竞争维护市场正常秩序的若干意见》（国发〔2014〕20号）、《国务院关于印发社会信用体系建设规划纲要（2014—2020年）的通知》（国发〔2014〕21号）、《关于对失信被执行人实施联合惩戒的合作备忘录》（发改财金〔2016〕141号）要求，加快推进社会信用体系建设，健全跨部门失信联合惩戒机制，促进招标投标市场健康有序发展，现就在招标投标活动中对失信被执行人实施联合惩戒的有关事项通知如下。

一、充分认识在招标投标活动中实施联合惩戒的重要性

诚实信用是招标投标活动的基本原则之一。在招标投标活动中对失信被执行人开展联合惩戒，有利于规范招标投标活动中当事人的行为，促进招标投标市场健康有序发展；有利于建立健全"一处失信，处处受限"的信用联合惩戒机制，推进社会信用体系建设；有利于维护司法权威，提升司法公信力，在全社会形成尊重司法，诚实守信的良好氛围。各有关单位要进一步提高认识，在招标投标活动中对失信被执行人实施联合惩戒，有效应用失信被执行人信息，推动招标投标活动规范、高效、透明。

二、联合惩戒对象

联合惩戒对象为被人民法院列为失信被执行人的下列人员：投标人、招标代理机构、评标专家以及其他招标从业人员。

三、失信被执行人信息查询内容及方式

（一）查询内容

失信被执行人（法人或者其他组织）的名称、统一社会信用代码（或组织

机构代码)、法定代表人或者负责人姓名；失信被执行人(自然人)的姓名、性别、年龄、身份证号码；生效法律文书确定的义务和被执行人的履行情况；失信被执行人失信行为的具体情形；执行依据的制作单位和文号、执行案号、立案时间、执行法院；人民法院认为应当记载和公布的不涉及国家秘密、商业秘密、个人隐私的其他事项。

(二) 推送及查询方式

最高人民法院将失信被执行人信息推送到全国信用信息共享平台和"信用中国"网站，并负责及时更新。

招标人、招标代理机构、有关单位应当通过"信用中国"网站（www.creditchina.gov.cn）或各级信用信息共享平台查询相关主体是否为失信被执行人，并采取必要方式做好失信被执行人信息查询记录和证据留存。投标人可通过"信用中国"网站查询相关主体是否为失信被执行人。

国家公共资源交易平台、中国招标投标公共服务平台、各省级信用信息共享平台通过全国信用信息共享平台共享失信被执行人信息，各省级公共资源交易平台通过国家公共资源交易平台共享失信被执行人信息，逐步实现失信被执行人信息推送、接收、查询、应用的自动化。

四、联合惩戒措施

各相关部门应依据《中华人民共和国民事诉讼法》《中华人民共和国招标投标法》《中华人民共和国招标投标法实施条例》《最高人民法院关于公布失信被执行人名单信息的若干规定》等相关法律法规，依法对失信被执行人在招标投标活动中采取限制措施。

(一) 限制失信被执行人的投标活动

依法必须进行招标的工程建设项目，招标人应当在资格预审公告、招标公告、投标邀请书及资格预审文件、招标文件中明确规定对失信被执行人的处理方法和评标标准，在评标阶段，招标人或者招标代理机构、评标专家委员会应当查询投标人是否为失信被执行人，对属于失信被执行人的投标活动依法予以限制。

两个以上的自然人、法人或者其他组织组成一个联合体，以一个投标人的身份共同参加投标活动的，应当对所有联合体成员进行失信被执行人信息查询。

联合体中有一个或一个以上成员属于失信被执行人的，联合体视为失信被执行人。

（二）限制失信被执行人的招标代理活动

招标人委托招标代理机构开展招标事宜的，应当查询其失信被执行人信息，鼓励优先选择无失信记录的招标代理机构。

（三）限制失信被执行人的评标活动

依法建立的评标专家库管理单位在对评标专家聘用审核及日常管理时，应当查询有关失信被执行人信息，不得聘用失信被执行人为评标专家。对评标专家在聘用期间成为失信被执行人的，应及时清退。

（四）限制失信被执行人招标从业活动

招标人、招标代理机构在聘用招标从业人员前，应当明确规定对失信被执行人的处理办法，查询相关人员的失信被执行人信息，对属于失信被执行人的招标从业人员应按照规定进行处理。

以上限制自失信被执行人从最高人民法院失信被执行人信息库中删除之时起终止。

五、工作要求

（一）有关单位要根据本《通知》，共同推动在招标投标活动中对失信被执行人开展联合惩戒工作，指导、督促各地、各部门落实联合惩戒工作要求，确保联合惩戒工作规范有序进行。

（二）有关单位应在规范招标投标活动中，建立相关单位和个人违法失信行为信用记录，通过全国信用信息共享平台、国家公共资源交易平台和中国招标投标公共服务平台实现信用信息交换共享和动态更新，并按照有关规定及时在"信用中国"网站予以公开。

（三）有关单位应当妥善保管失信被执行人信息，不得用于招标投标以外的事项，不得泄露企业经营秘密和相关个人隐私。

第三部分　招标投标流程图

一、公开招标流程图

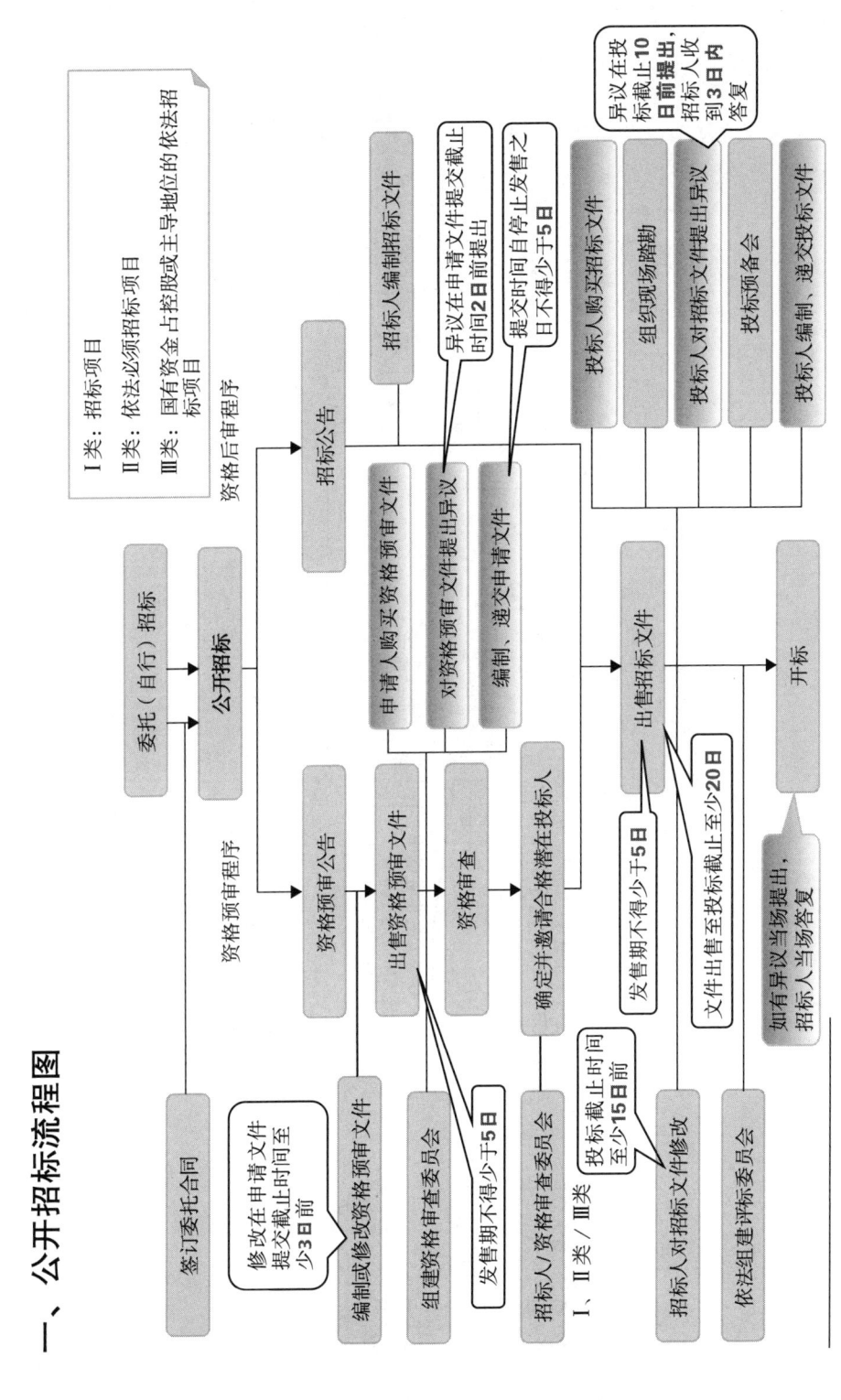

续图

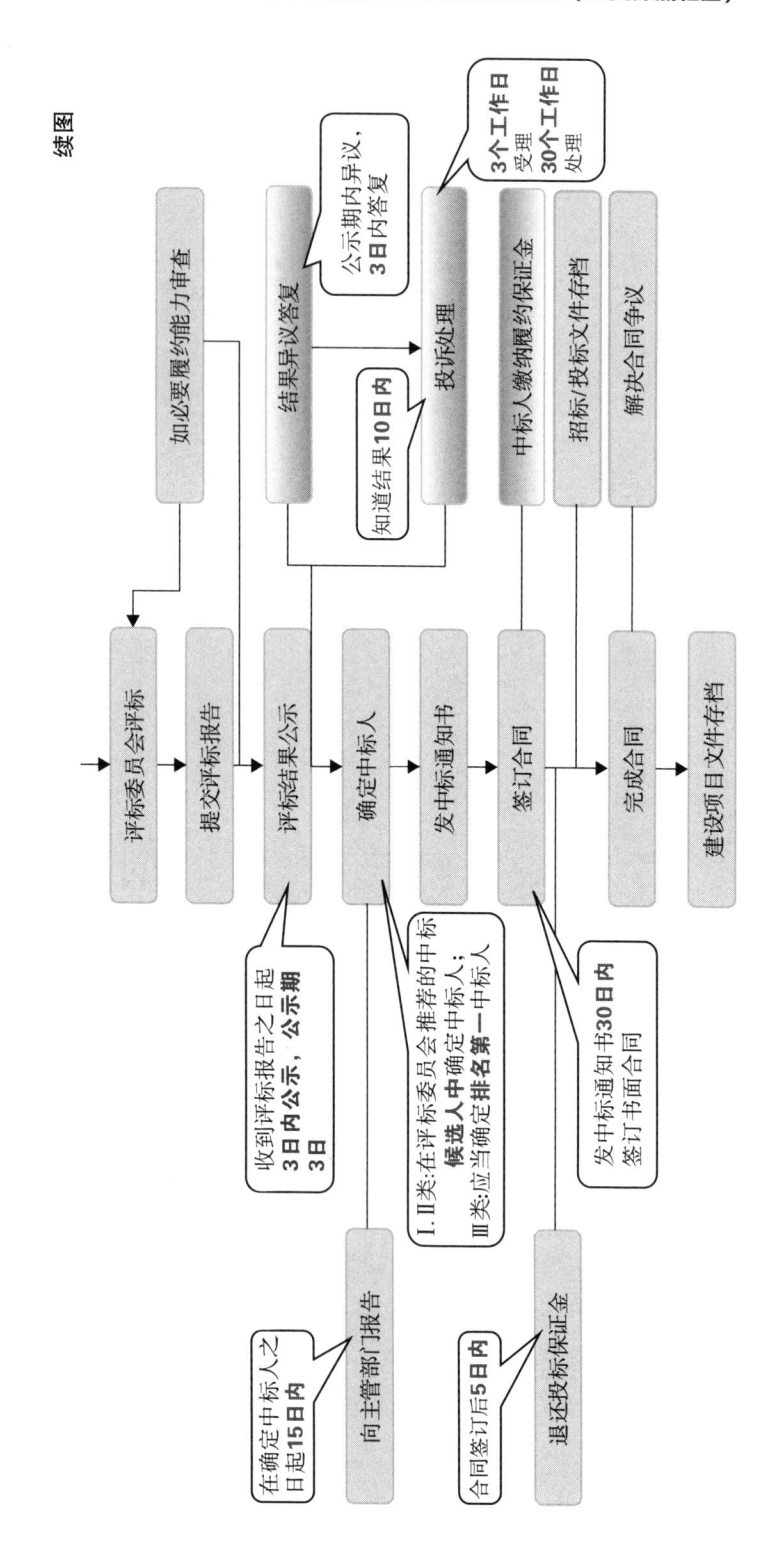

流程节点（从上至下）：
- 评标委员会评标
- 提交评标报告
- 评标结果公示
- 确定中标人
- 发中标通知书
- 签订合同
- 完成合同
- 建设项目文件存档

相关说明标注：
- 如必要履约能力审查
- 结果异议答复（公示期内异议，3日内答复）
- 投诉处理（知道结果10日内；3个工作日受理，30个工作日处理）
- 中标人缴纳履约保证金
- 招标投标文件存档
- 解决合同争议
- 收到评标报告之日起3日内公示，公示期3日
- Ⅰ、Ⅱ类：在评标委员会推荐的中标候选人中确定中标人；Ⅲ类：应当确定排名第一中标人
- 发中标通知书30日内签订书面合同
- 在确定中标人之日起15日内向主管部门报告
- 合同签订后5日内退还投标保证金

二、邀请招标流程图

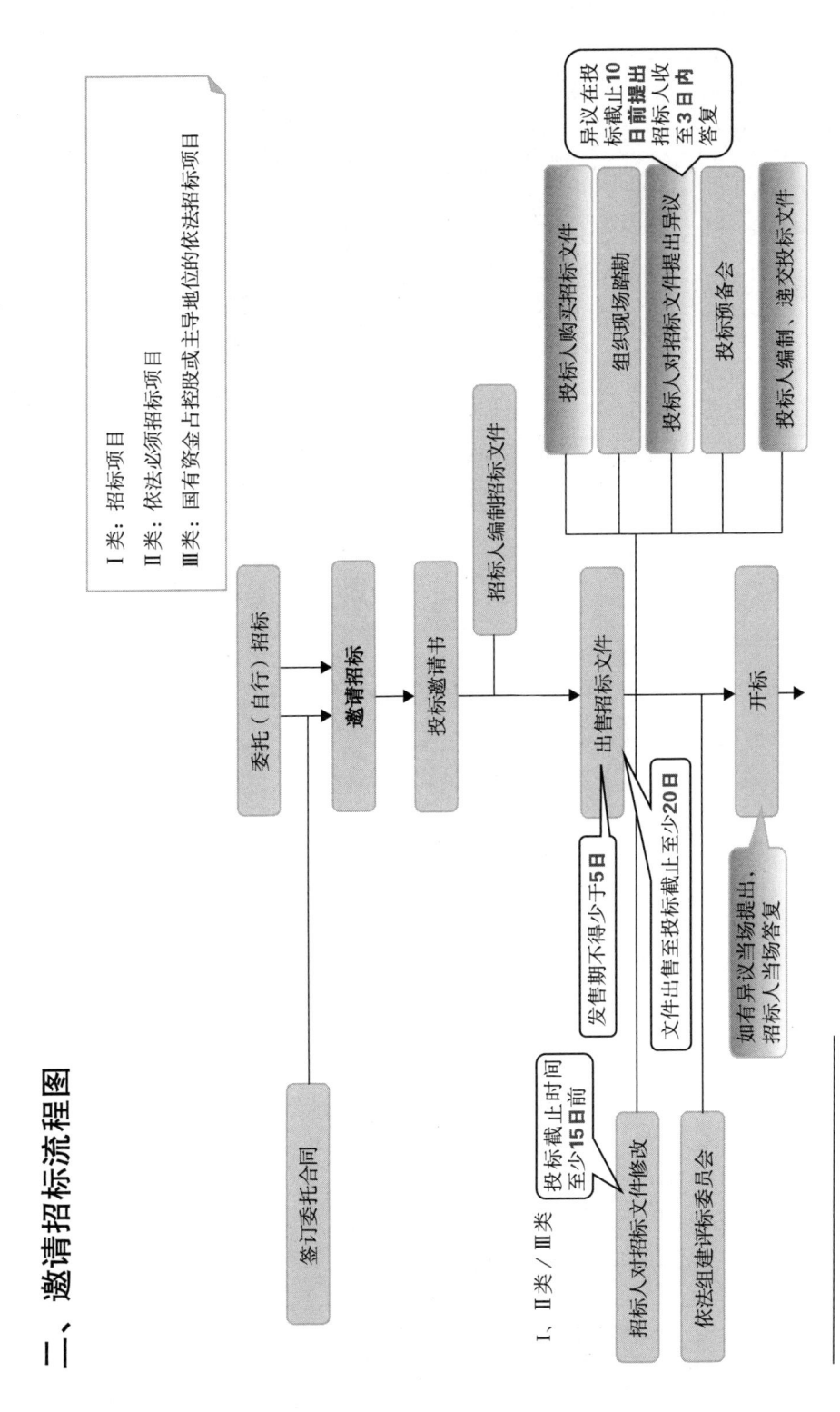

招标项目
- I 类：招标项目
- II 类：依法必须招标项目
- III 类：国有资金占控股或主导地位的依法招标项目

流程：

委托（自行）招标 → 邀请招标 → 投标邀请书 → 招标人编制招标文件 → 出售招标文件 → 开标

- 签订委托合同
- 发售期不得少于5日
- 文件出售至投标截止至少20日
- 如有异议当场提出，招标人当场答复

I、II类/III类：
- 投标截止时间至少15日前
- 招标人对招标文件修改
- 依法组建评标委员会

投标阶段（异议在投标截止10日前提出，招标人收至3日内答复）：
- 投标人购买招标文件
- 组织现场踏勘
- 投标人对招标文件提出异议
- 投标预备会
- 投标人编制、递交投标文件

注：本图参照公开招标流程图编制。邀请招标项目一般不进行资格预审，其余流程与公开招标相同。

续图

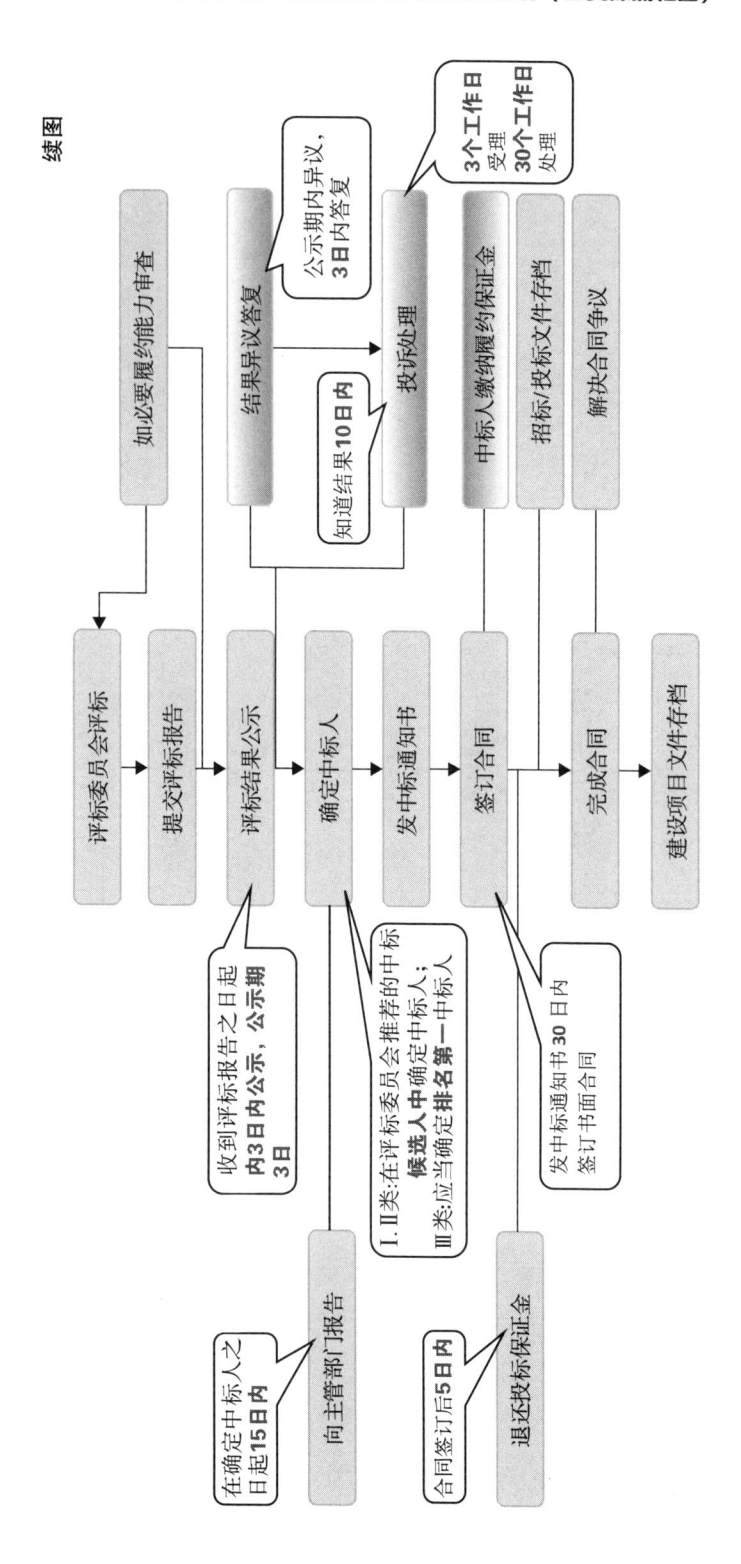

```
评标委员会评标 → 提交评标报告 → 评标结果公示 → 确定中标人 → 发中标通知书 → 签订合同 → 完成合同 → 建设项目文件存档
```

- 如必要履约能力审查
- 结果异议答复（公示期内异议，3日内答复）
- 投诉处理（知道结果10日内 / 3个工作日受理，30个工作日处理）
- 中标人缴纳履约保证金
- 招标投标文件存档
- 解决合同争议

- 收到评标报告之日起3日内公示，公示期3日
- Ⅰ、Ⅱ类：在评标委员会推荐的中标候选人中确定中标人；Ⅲ类：应当确定排名第一中标人
- 发中标通知书30日内签订书面合同
- 在确定中标人之日起15日内向主管部门报告
- 合同签订后5日内退还投标保证金

三、投诉处理流程图

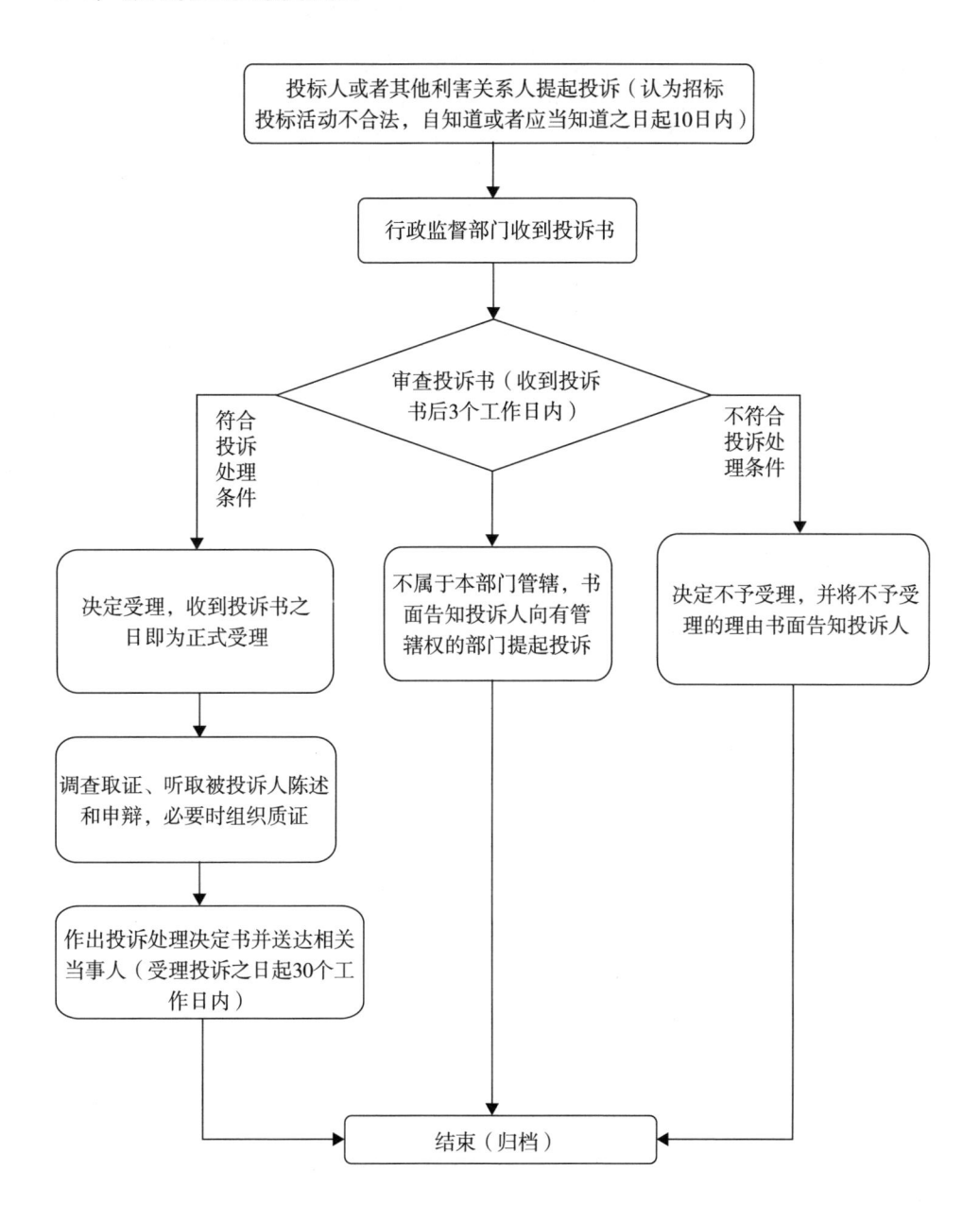

```
投标人或者其他利害关系人提起投诉（认为招标
投标活动不合法，自知道或者应当知道之日起10日内）
              ↓
     行政监督部门收到投诉书
              ↓
     审查投诉书（收到投诉书后3个工作日内）
       ↙         ↓          ↘
   符合          不属于本部门管辖，书      不符合
   投诉          面告知投诉人向有管       投诉
   处理          辖权的部门提起投诉       处理
   条件                                条件
     ↓                                  ↓
决定受理，收到投诉书之                 决定不予受理，并将不予受
日即为正式受理                        理的理由书面告知投诉人
     ↓
调查取证、听取被投诉人陈述
和申辩，必要时组织质证
     ↓
作出投诉处理决定书并送达相关
当事人（受理投诉之日起30个工
作日内）
     ↓
          结束（归档）
```